Franz Heinrich Reusch

Bibel und Natur

Vorlesungen über die mosaische Urgeschichte und ihr Verhältnis zu den Ergebnissen der

Naturforschung

Franz Heinrich Reusch

Bibel und Natur

Vorlesungen über die mosaische Urgeschichte und ihr Verhältnis zu den Ergebnissen der Naturforschung

ISBN/EAN: 9783743464483

Hergestellt in Europa, USA, Kanada, Australien, Japan

Cover: Foto ©ninafisch / pixelio.de

Manufactured and distributed by brebook publishing software (www.brebook.com)

Franz Heinrich Reusch

Bibel und Natur

Bibel und Natur.

Vorlesungen

über die

mosaische Urgeschichte und ihr Verhältniß zu den Ergebnissen
der Naturforschung.

Von

Dr. F. Heinrich Reusch,

Professor der Theologie an der Universität zu Bonn.

Mit Approbation des hochwürdigsten Herrn Erzbischofs von Freiburg.

Freiburg im Breisgau.

Herder'sche Verlagshandlung.

1862.

Druck von J. Kreuzer in Stuttgart.

Seinem

hochverehrten Lehrer, Freunde und Collegen

F. X. Dieringer

gewidmet

von dem Verfasser.

Vorwort.

Diese Schrift ist aus Vorlesungen über die ersten Capitel der Genesis hervorgegangen, welche ich wiederholt an der hiesigen Universität gehalten habe. Ich habe, als ich mein Heft für den Druck vorbereitete und theilweise umarbeitete, die Form von Vorlesungen beibehalten, weil mir dieselbe die populäre, für jeden Gebildeten verständliche Behandlung des Gegenstandes zu erleichtern schien. Was sonst in dem Vorworte zu einer Schrift, wie diese ist, zu sagen wäre, ist in dem ersten einleitenden Vortrage gesagt.

Bonn, im Juli 1862.

Der Verfasser.

Inhalt.

I.

Einleitung.

Die Berichte der ersten Capitel der Bibel über die Schöpfung und die älteste Geschichte der Welt und das Verhältniß dieser kurzen, uralten Berichte zu den Ergebnissen der menschlichen Forschungen auf dem Gebiete der Natur sind bekanntlich gerade in unserm Jahrhunderte der Gegenstand vielfacher Erörterungen geworden und haben eine fast unübersehbare Literatur hervorgerufen. Nichts ist natürlicher als dieses. Auch wenn der Naturforscher von dem übernatürlichen Charakter der Bibel ganz absieht oder denselben leugnet und die Bibel wie jedes andere menschliche Buch behandeln will, kann er ihre Berichte nicht wohl ignoriren: es sind jedenfalls die ältesten derartigen Notizen, die er findet, und ihre ganze Fassung, ihre Bestimmtheit und Sicherheit und dabei ihre Kürze und Einsilbigkeit nöthigt ihn, sich die Frage vorzulegen, in welchem Verhältnisse die Resultate seiner Forschungen zu den Nachrichten des ältesten Schriftstellers einer der ältesten Literaturen stehen. Von viel größerer Wichtigkeit werden diese Fragen, sobald wir auf den theologischen Standpunkt treten. Die Bibel hat in der christlichen Kirche von jeher als ein unter göttlichem Beistande geschriebenes Buch gegolten; wer sie als ein solches anerkennt, für den macht ihr Inhalt darauf Anspruch, wahr zu sein. So wird die Frage, wie sich die Sätze der Bibel zu dem verhalten, was die Naturforschung als unbestreitbare Thatsachen und Wahrheiten ermittelt zu haben glaubt, zu einer Lebensfrage. Sich gegen jede Vergleichung abzuschließen, einfach an der Lehre und den Nachrichten der Bibel gläubig festzuhalten und in diesem Glauben sich durch alle Einreden und Bedenken menschlicher Wissenschaft nicht beirren zu lassen, das mag für den gewöhnlichen Christenmenschen angehen, bei dem Theologen aber und bei jedem, der auf den Namen eines Gebildeten gerechten Anspruch machen will, wäre ein solcher Vorsatz tadelnswerth, bei dem Theologen geradezu sündhaft.

Die Theologie kann unmöglich ihre Würde als die Königin unter den Wissenschaften behaupten, wenn sie sich stolz oder furchtsam isolirt; sie mag dann ihre königliche Würde behalten, aber was hilft eine Königswürde, die von keinem Unterthanen anerkannt wird? So gut die Exegese jede neue Entdeckung auf dem Gebiete der hebräischen, griechischen oder lateinischen Sprachwissenschaft und jeden neu aufgefundenen Coder eines biblischen Buches berücksichtigen muß; so gut die Kirchengeschichte, die Dogmatik und die Dogmengeschichte jede Entdeckung auf dem Gebiete der Patrologie, jedes neu aufgefundene kirchengeschichtliche oder patristische Document, jede correctere Ausgabe eines Kirchenvaters zu beachten und zu verwerthen hat; so gut die speculative Dogmatik den Gang der Entwicklung der Philosophie zu verfolgen und die Sätze, welche die Philosophen ermitteln, entweder zu benutzen oder abzuweisen hat: ebensogut hat die Theologie, wo sie sich mit der Erschaffung der Welt und der ältesten Geschichte der geschaffenen Dinge beschäftigt, also die Dogmatik in der Creationslehre und die Exegese bei der Genesis den Erkenntnissen Rechnung zu tragen, welche die Wissenschaft durch Beobachtungen und Entdeckungen auf dem Gebiete der Schöpfung gewonnen hat oder gewonnen zu haben glaubt.

Also schon die Pflicht, seine Studien wissenschaftlich und gründlich zu betreiben, nöthigt den Theologen, sich über das Verhältniß der Ergebnisse der naturwissenschaftlichen Forschungen zu der Offenbarung zu orientiren. Aber das ist nicht Alles: die Wissenschaft tritt in unserer Zeit aus den Hörsälen, den Studirzimmern und den Laboratorien hinaus auf den öffentlichen Markt; sie wird in Vorträgen, Schriften und Journalen populär gemacht, und wer auf den Namen eines Gebildeten Anspruch machen will, der unterläßt es heutzutage nicht, dergleichen Vorträge zu hören oder dergleichen Schriften zu lesen. Die größten Gelehrten und ernstesten Forscher halten es nicht unter ihrer Würde, über Gegenstände ihrer Fachwissenschaft oder ihrer Lieblingsstudien Vorträge vor sehr gemischten Auditorien zu halten, populäre Handbücher der Astronomie, Geologie u. s. w. zu verfassen und Mitarbeiter an Zeitschriften zu werden, in welchen neben Gedichten, Novellen und Reise-Abenteuern Aufsätze über die Entstehung der Steinkohlen, über Kometen und Sternschnuppen, über Infusionsthierchen und Versteinerungen zusammenstehen. Diese Verbreitung der wissenschaftlichen Erkenntnisse ist gewiß an und für sich etwas Gutes; denn alle Menschen sind berechtigt und verpflichtet, in der Erkenntniß der Wahrheit nach ihren Kräften und Verhältnissen fortzuschreiten. Ein großer Uebelstand dabei ist aber dieses, daß bei weitem die meisten sogenannten Gebildeten über sehr oberflächliche und ungenügende Kenntnisse nicht hinauskommen und der Natur der Sache nach nicht hinauskommen können, daß sie aber in Folge einer natürlichen menschlichen Schwachheit das Ungenügende ihrer Kenntnisse selbst nicht wahrnehmen und darum auf Grund ihrer mangelhaften Kenntnisse urtheilen und räsonniren, und zwar in der Regel um so absprechender und selbstzufriedener urtheilen und räsonniren, je weniger gründlich sie unterrichtet sind. Mit Rücksicht auf diese unausbleiblichen Folgen ist die Popularisirung der Wissenschaft ein Gut von zweideutigem Werthe, unter Umständen wohl ein Uebel zu nennen, zumal wenn, wie das leider nur zu oft der Fall ist, mit der Verbreitung aller Arten von natürlichen Kenntnissen die Verbreitung der wichtigsten aller Kenntnisse, der Religionskenntnisse, und im Zusammenhange damit die sittliche Bildung des Charakters nicht Hand in Hand geht, oder wenn gar eine oberflächliche Darstellung von dergleichen Wissenschaften dazu benutzt wird, den Glauben und die Ehrfurcht vor dem Heiligen zu untergraben.

Aber welchen Werth die Popularisirung der Wissenschaft auch haben mag, sie liegt nun einmal in der Richtung der Zeit. Diese Strömung zu hemmen, steht nicht in unserer Hand; wir müssen also die Welt nehmen, wie sie ist, und dieser Geschmacksrichtung des sogenannten gebildeten Publikums wenigstens in soweit Rechnung tragen, daß wir uns gegen die Kenntnisse und Studien nicht abschließen, die heutzutage so großen Einfluß üben. Es ist das unerläßlich für jeden, der unter den Gebildeten mitzählen will; eine heilige Pflicht aber ist es für den Theologen mit Rücksicht auf die Stellung, welche der Geistliche von Amtswegen in der Welt einzunehmen hat. Es genügt heutzutage nicht mehr, einfach gläubigen Zuhörern das Wort Gottes zu verkünden und heilsbegierigen Seelen die Gnaden der Kirche zu spenden. Der Geistliche kann in Lagen kommen, wo er gutgesinnten und gutgewillten Christen Zweifel und Bedenken aufzuklären hat, welche durch Unterhaltung oder Lectüre bei ihnen angeregt sind; er kann auch in die Lage kommen, Angriffe gegen die Wahrheit kirchlicher Lehren, welche vom Standpunkte irgend einer Wissenschaft aus gemacht werden, zurückweisen zu müssen. Unsere Zeit ist in dieser Hinsicht den ersten christlichen Jahrhunderten nicht unähnlich: wie damals die christlichen Theologen gegen das Heidenthum auf dem Gebiete der Philosophie, der Geschichte u. s. w. und gleichzeitig gegen die in schrecklicher Fruchtbarkeit aufblühenden Ketzereien auf dem Gebiete der eigentlichen Theologie den Kampf aufzunehmen hatten, so hat heutzutage die christliche Theologie gegen das neue Heidenthum, welches — darüber können wir uns keine Illusionen machen — mitten unter uns zu einer Macht heranwächst, gegen Unglauben, Zweifelsucht, Leugnung der Offenbarung überhaupt ebensowohl zu kämpfen wie gegen die Leugnung oder Entstellung einzelner Offenbarungwahrheiten, welche das Wesen der Häresie ist.

Man kann von dem Geistlichen billiger Weise nicht verlangen, daß er mit allen Einzelheiten der Geschichte der einzelnen Völker bekannt ist; aber man darf heutzutage wohl von ihm erwarten, daß er wenigstens eine richtige Anschauung von den geschichtlichen Verhältnissen und Ereignissen hat, welche mit der Geschichte der Kirche oder mit dogmatischen und kirchenrechtlichen Fragen zusammenhangen, und welche vielfach Anlaß zu Vorwürfen gegen die Kirche geben, z. B. von dem Verhältnisse der geistlichen und der welt= lichen Gewalt im Mittelalter, von der Geschichte des Kirchenstaats u. drgl. Man kann von dem Geistlichen nicht verlangen, daß er mit allen Tages= neuigkeiten und mit allen politischen Bewegungen und Ereignissen der Gegen= wart genau bekannt sei; aber er versündigt sich gegen seinen Stand und gegen diejenigen, denen er vorgesetzt ist, wenn er sich nicht wenigstens über diejenigen Ereignisse und Bewegungen der Gegenwart, welche das religiöse und kirchliche Gebiet nahe berühren, also z. B. für den Augenblick über die römische Frage und was damit zusammenhängt, gründlich unterrichtet und sich in den Stand setzt, ein richtigeres Urtheil darüber zu fällen und nöthi= genfalls Andern gegenüber geltend zu machen, als bei dem zeitungslesenden Publikum gang und gäbe ist. Ebenso kann man von dem Geistlichen zwar nicht verlangen, daß er mit allen neuen Entdeckungen auf dem Gebiete der Chemie, Physik, Geologie u. s. w. bekannt sei; aber man darf unter den Verhältnissen, wie sie jetzt einmal sind, von jedem Geistlichen, ja auch von jedem wahrhaft gebildeten Laien, dem sein christlicher Glaube lieb und werth ist, wohl erwarten, daß er eine klare Vorstellung von dem Verhältnisse habe, in welchem die bis jetzt gewonnenen Ergebnisse der Naturforschung zur Offenbarung stehen, und daß er weiß, was von den Behauptungen zu halten ist, die man in dieser Hinsicht am häufigsten zu hören bekommt.

Wenn wir uns gegen die Bewegungen und Bestrebungen auf dem Gebiete des profanen Wissens abschließen wollten, würden wir ganz gegen den Geist unserer Kirche handeln. So unveränderlich auch ihre Glaubens= sätze sind, so wenig Einfluß alle geistigen Bewegungen und Bestrebungen der Jahrhunderte auf den Inhalt ihrer Lehre üben können, so wenig will

die Kirche ihr Dogma als eine todte, starre Formel, so wenig will sie ihre
Lehrverkündigung als eine einfache Wiederholung von feststehenden, unab=
änderlichen Sätzen behandelt sehen. Die Kirche will, daß die Vertreter und
Pfleger ihrer Wissenschaft auch von den Bewegungen auf den angrenzen=
den Gebieten Notiz nehmen, daß sie von dem, was Wahres und Gutes
auf dem Gebiete der profanen Wissenschaft erreicht wird, für die heilige
Wissenschaft Nutzen ziehen, daß sie den Irrthum, der in seiner weitern Ent=
wicklung oder in seinen Consequenzen auch auf das theologische Gebiet hin=
übergreifen kann, bekämpfen helfen.

Diese Grundsätze haben auch die großen Lehrer der Kirche in der Ver=
gangenheit festgehalten. Die bedeutendsten unter den Vätern der griechischen
und lateinischen Kirche haben den Grundsatz ausgesprochen und in ihren
Schriften praktisch durchgeführt, daß der Theologe auch die mit der Theologie
in Berührung kommenden profanen Wissenschaften nicht vernachlässigen und
sich über die freundlichen oder feindlichen Berührungspunkte klar werden
müsse. [1]) Die großen Theologen des Mittelalters haben nicht anders ge=
handelt, ja in so ausgedehnter Weise bei dem Vortrage der Theologie auf
die Philosophie in der weitesten Bedeutung des Wortes Rücksicht genommen,
daß ihnen bekanntlich nicht selten, wiewohl mit Unrecht, der Vorwurf gemacht
worden ist, sie seien in dieser Hinsicht zu weit gegangen.

Mit den Naturwissenschaften haben sich freilich die Theologen der frühern
Jahrhunderte weniger beschäftigt, als mit der Philosophie, aus dem einfachen
Grunde, weil auf dem Gebiete der profanen Wissenschaft die Naturforschung
damals keine so hervorragende Rolle spielte, wie jetzt. Die Naturforschung
ist erst in der letzten Zeit zu einer wirklich wissenschaftlichen Bedeutung ge=
langt, sie ist eins der hervorstechendsten Characteristica der geistigen Bewegung
unseres Jahrhunderts geworden. Wir werden also ganz in die Fuß=
stapfen unserer großen Vorfahren auf dem Gebiete der Theologie ein=
treten, wenn wir diese Bestrebungen der Gegenwart mit derselben Auf=
merksamkeit verfolgen, mit welcher jene die zu ihrer Zeit vorwiegenden
philosophischen Bestrebungen verfolgten und mit welcher sie ganz gewiß
die naturwissenschaftliche Forschung verfolgt haben würden, wenn diese
damals die Geister in demselben Maße beschäftigt hätte, wie sie es
jetzt thut.

---

1) Vergl. Wiseman, Zusammenhang der Ergebnisse rc. übersetzt von Haneberg
(Regensb. 1840) S. 508.

Seit die naturwissenschaftliche Forschung mehr in den Vordergrund getreten ist, haben die Theologen auch nicht unterlassen, diesem Gebiete ihre Aufmerksamkeit zuzuwenden, und es ist dieses nicht bloß mit Zulassung, sondern mit ausdrücklicher Billigung und Ermunterung der Vertreter der kirchlichen Auctorität geschehen. Das Land, in welchem der Stuhl des heiligen Petrus steht, ist in dieser Hinsicht hinter andern Ländern nicht zurückgeblieben; in Rom selbst ist ein eigener Lehrstuhl der Physica sacra an der Universität errichtet worden zum Zwecke der Vergleichung der Resultate der Naturforschung mit den Angaben der hl. Schrift. [1] Eine der größten Zierden der theologischen Wissenschaft in der Gegenwart, Nicolaus Wiseman, hat nicht nur als junger Docent zu Rom, sondern auch noch nach seiner Erhebung zur Cardinalswürde diesen Gegenstand mit besonderer Vorliebe cultivirt, und seine wie die Bestrebungen anderer Schriftsteller sind von den höchsten Vertretern der kirchlichen Lehrauctorität, den römischen Päpsten, in den wärmsten Ausdrücken belobt worden. [2]

Wir versuchen also gar nicht etwas Neues, wenn wir eine Vergleichung zwischen den Resultaten der Naturforschung und den biblischen Angaben anstellen wollen. Eine solche Vergleichung ist schon vielfach angestellt worden und gehört bereits zu den anerkannten Bestandtheilen der theologischen Wissenschaft unseres Jahrhunderts. Eine Orientirung über den Stand der Frage ist mithin für Jeden unerläßlich, der in unserer Zeit auf den Namen eines Theologen Anspruch machen will, ja auch für jeden Laien nothwendig, der sich über seinen christlichen Glauben wissenschaftlich Rechenschaft geben will.

Diese Orientirung aber über das Verhältniß der Ergebnisse der naturwissenschaftlichen Forschung zu der Offenbarung oder, um bei dem uns zunächst vorliegenden Gegenstande zu bleiben, zu dem mosaischen Schöpfungsberichte wird sehr erschwert durch die große Divergenz der Ansichten, welche darüber von verschiedenen Seiten ausgesprochen werden. Auf der einen Seite wird triumphirend behauptet, „die Astronomie ziehe der Altgläubigkeit das Dach über den Köpfen und die Geologie ziehe ihr den Boden unter den Füßen hinweg"; die Entdeckungen auf dem Gebiete der Erdkunde bezeichnet man insbesondere als „das Grabgeläute der mosaischen Kosmogonie", und bereits im Jahre 1806 konnte die französische Akademie achtzig ver-

---

1) Wiseman a. a. O. S. 518.
2) Vergl. Wiseman a. a. O. S. 518.

schiedene geologische Systeme seit Buffon aufzählen, welche alle in einem unverhohlenen und bewußten Gegensatze zu dem biblischen Berichte stehen. Auf der andern Seite sagt z. B. Cuvier: „Moyses hat uns eine Kosmogonie hinterlassen, deren Genauigkeit mit jedem Tage in einer bewunderungswürdigen Weise bestätigt wird ... Die Bücher des Moyses zeigen, daß er ganz vollkommene Begriffe in Bezug auf alle Hauptfragen der Naturwissenschaft hatte. Insbesondere ist seine Kosmogonie, vom rein wissenschaftlichen Standpunkte betrachtet, äußerst merkwürdig, indem die Ordnung, welche er den verschiedenen Epochen der Schöpfung anweist, genau die nämliche ist, wie die, welche aus den geologischen Forschungen hergeleitet wird." Aehnlich ein neuerer französischer Naturforscher, Ampère: „Entweder besaß Moyses eine ebenso gründliche Kenntniß der Naturwissenschaft wie unser Jahrhundert, oder er war inspirirt," und Marcel de Serres: „Die Beziehungen zwischen der Erzählung der Genesis und den neuen Entdeckungen der Naturwissenschaft sind höchst merkwürdig. Das Genie des hebräischen Gesetzgebers erhält daraus einen neuen Glanz und man kann nicht umhin, in ihm entweder eine Offenbarung, die ihm von oben kam, oder doch wenigstens jenen Scharfblick des Genies anzuerkennen, der die Geheimnisse der Natur voraussieht, das Dunkel, womit sie umgeben ist, durchdringt und die wahre Inspiration ausmacht, welche dem Menschen einen Strahl der ewigen Wahrheit zuträgt." [1]

Und gehen wir von diesen allgemeinen Sätzen und — wie ich mit Bezug auf das letzte Citat hinzufügen muß — von diesen allgemeinen Redensarten zum Einzelnen über, so finden wir unter den Apologeten des mosaischen Schöpfungsberichts ebensowohl große und tiefgreifende Differenzen, wie unter den Bestreitern desselben, Differenzen, die hie und da zu einer sehr lebhaften, ja bittern Polemik geführt haben. Während die Einen die Reihe von großen lange dauernden Revolutionen und Entwicklungen, welche die Geologie annehmen zu müssen glaubt, vor die mosaischen sechs Tage verlegen, identificiren Andere dieselben mit eben diesen sechs Tagen; während die Einen eine ganze Wolke von Gründen für die Auffassung der sechs Tage als Perioden von größerer Ausdehnung anführen, sehen Andere in dieser Meinung eine feige, ungerechtfertigte Concession der Exegese an die profane Wissenschaft.

Wer hat Recht? Jedenfalls muß uns diese große Divergenz der An-

---

1) Diese und ähnliche Aeußerungen bei A. Nicolas, Philosophische Studien über das Christenthum, übersetzt von S. Hester (Paderb. 1855) I, 360. 423.

sichten zur Prüfung des Gegenstandes auffordern. Sollten wirklich die Resultate der wissenschaftlichen Untersuchungen so sehr, wie die eben angeführten französischen Gelehrten wollen, zur Bestätigung des mosaischen Berichtes dienen, so dürfen wir ein so brauchbares Mittel zur Vertheidigung der Bibel nicht unbenutzt lassen. Und wenn von der andern Seite ebenso kategorisch die Unvereinbarkeit der Wissenschaft und der Bibel behauptet wird, so kann uns zwar eine solche Behauptung in unserm Glauben an die hl. Schrift nicht wankend machen; denn der Glaube an ein Dogma hat einen festen, göttlichen Grund; aber wohl muß diese Behauptung, zumal wenn sie nicht von frivolen und oberflächlichen Schwätzern, sondern von ernsten Männern und gründlichen Gelehrten ausgesprochen wird, uns zu einer Prüfung des Gegenstandes veranlassen: wir müssen uns in den Stand setzen, über unsern Glauben uns selbst und Andern Rechenschaft zu geben.

Indeß die Ueberzeugung von dem Interesse und der Wichtigkeit des Gegenstandes, den ich zu behandeln gedenke, darf ich wohl bei Ihnen voraussetzen. Eher bedarf es vielleicht einer Verständigung über die Frage, ob und inwiefern ich mich für qualificirt halten und ausgeben darf, Ihre Wißbegierde in Bezug auf diesen Punkt zu befriedigen.

Wer das Verhältniß von zwei Wissenschaften zu einander richtig darstellen will, der muß natürlich mit beiden Wissenschaften bekannt sein. Wer also das Verhältniß der Lehre der Naturwissenschaften und der Lehre der Bibel über die Entstehung und die älteste Geschichte der Welt mit einander vergleichen will, der muß mit den Naturwissenschaften und mit der Exegese vertraut sein; und mit dem größten Anspruch auf Beachtung könnte derjenige in dieser Frage sein Votum abgeben, welcher ein gediegener Naturforscher und ein gediegener Exeget in Einer Person wäre. Dergleichen Männer sind aber selten. Unsere Geologen machen es sich entweder gar nicht zur Aufgabe, die Resultate, welche sie auf dem Gebiete der Geologie gewonnen haben, mit den Sätzen der Genesis zu vergleichen; oder sie gehen von der Voraussetzung aus, daß die Bibel gar kein Recht habe, in dieser Frage mitzusprechen, und daß die Wissenschaft den Meinungen eines jüdischen Gelehrten des zweiten vorchristlichen Jahrtausends höchstens ein historisches Interesse beilegen können; oder wenn sie bona fide eine Vergleichung anstellen oder, von dem Glauben an die Göttlichkeit der Bibel ausgehend, die Vereinbarkeit der Resultate der wissenschaftlichen Forschung mit der Genesis nachzuweisen suchen, mangelt es ihnen in der Regel an der nöthigen exegetischen Bildung und an theologischem Tact.

Auf der andern Seite kann von dem Exegeten nicht erwartet werden, daß er mit der Formation der Erdschichten, mit den Gesetzen der Chemie und Physik und mit andern derartigen Dingen so vertraut sein sollte, wie mit der hebräischen Grammatik, dem biblischen Sprachgebrauche und den Regeln der biblischen Hermeneutik. Es wird dem Theologen in der Regel nichts übrig bleiben, als die Resultate der naturwissenschaftlichen Forschungen von den Meistern auf diesem Gebiete auf Treue und Glauben anzunehmen. Dabei liegt aber die Gefahr nahe, daß er mitunter etwas als sicheres Resultat hinnimmt, was vielleicht nach dem Urtheile der Fachgelehrten noch der Begründung bedürftig ist, und daß er die rechte Bedeutung und Trag= weite einzelner Theile der naturwissenschaftlichen Systeme nicht recht versteht, oder daß er diese falsch anwendet. Der Theologe kommt ferner namentlich leicht in die Versuchung, zu voreilig Concessionen zu acceptiren, welche die Naturforschung jetzt macht, welche aber der Fortschritt der Unter= suchungen wieder in Frage stellen kann, oder ein Concordat zwischen der Naturforschung und der Bibel zu unterschreiben, welches auf den ersten Anblick beiden Theilen gerecht zu werden scheint, welches sich aber nachträg= lich als ein solches herausstellt, bei dem beide Theile ihren Rechten zu viel vergeben haben.

Am schlimmsten pflegt es in dieser Hinsicht denen zu ergehen, welche in beiden Fächern nur Dilettanten sind, welche weder in den Naturwissen= schaften noch in der Theologie recht zu Hause sind, von beiden Fächern etwas wissen und das Mangelnde durch einen unzweifelhaft guten Willen, durch eine aufrichtig gläubige Gesinnung und durch Eifer für die Sache der Bibel ersetzen zu können glauben.

Ich selbst bin weit entfernt, mir irgend welche ausgedehnte und gründ= liche Kenntnisse auf dem Gebiete der Naturwissenschaften zuzuschreiben; selbst= ständige Forschungen habe ich nie angestellt und bin ich gar nicht in der Lage anstellen zu können; ich werde mich in dieser Hinsicht an die Resultate halten müssen, wie sie in einer für jeden Gebildeten zugänglichen Form von den Fachgelehrten vorgelegt werden. Das wird aber auch für unsern Zweck ausreichen, und wenn die große Zahl von Bearbeitungen unseres Gegenstandes, wie ich eben bemerkte, weit davon entfernt ist, zu einer Uebereinstimmung der Ansichten und damit zu einer endgültigen Erledigung des Gegenstandes geführt zu haben, so würde es doch sehr undankbar sein, nicht anzuerkennen, daß diese vielen und manchfaltigen Vorarbeiten heut= zutage die Aufgabe bedeutend erleichtert haben.

Ich glaube, es wird ihnen nicht zur Enttäuschung, sondern eher zur Beruhigung gereichen, wenn ich mit dem Geständniß vor Sie hintrete, daß ich auf dem Gebiete, welches wir zusammen durchwandeln wollen, selbst nichts wesentlich Neues entdeckt, sondern bei weitem mehr dem Studium der ältern und neuern Literatur als dem eigenen Ingenium zu danken habe. In der Theologie kann man nicht zu mißtrauisch gegen das eigene Ingenium sein und nicht genug beherzigen, daß es besser ist, Wahres zu sagen, was nicht neu, als Neues, was nicht sicher wahr ist.

Das Verdienst, welches ich für meine Vorträge über die mosaische Urgeschichte beanspruchen zu dürfen glaube, besteht hauptsächlich darin, daß ich Sie mit genügender Vollständigkeit und namentlich mit möglichster Klarheit und Uebersichtlichkeit über den Stand der Frage orientire. Wir werden damit beginnen müssen, daß wir das Verhältniß der Theologie resp. der Bibel zu den Naturwissenschaften im Allgemeinen festsetzen und uns darüber klar werden, welche Aufschlüsse wir von der Bibel und welche wir von der Naturforschung zu erwarten haben, in welchen Fragen der Offenbarung, in welchen der Naturwissenschaft das entscheidende Wort zusteht. Dann werde ich zunächst das mosaische Heraemeron eregesiren und untersuchen müssen, was die Bibel als gläubig anzunehmende Wahrheit vorträgt und was sie andrerseits der menschlichen Forschung überlassen hat, — welche Stellen und Ausdrücke nach den Regeln der Hermeneutik einen bestimmten Sinn haben, von dem nicht abgegangen werden darf, und welche Stellen und Ausdrücke andererseits einer mehrfachen Deutung fähig sind, also der menschlichen Forschung freien Spielraum lassen. Daran wird sich die Erörterung der Frage anschließen, in welcher Weise und mit welchem Glücke und Erfolge man versucht hat, die Resultate der wissenschaftlichen Untersuchungen mit dem mosaischen Berichte in Einklang zu bringen. Aehnlich wird es darauf mit den Berichten der folgenden Capitel der Genesis gehalten werden.

II.

Auctorität des biblischen Berichtes. — Die Bibel und das Buch der Natur.

In meinem einleitenden Vortrage habe ich bemerkt, daß ich die Zusammenstellung des mosaischen Schöpfungsberichtes und der Ergebnisse der naturwissenschaftlichen Forschungen mit einer vorläufigen Orientirung über das Verhältniß der göttlichen Offenbarung und der menschlichen Forschung im Allgemeinen würde beginnen müssen. Dieser Erörterung muß ich aber die Erledigung einer andern Frage vorausschicken, der Frage nämlich, inwieweit die Berichte über die Urgeschichte, welche uns in den ersten Capiteln der Genesis vorliegen, unter den Begriff der göttlichen Offenbarung fallen.

Bei der Erörterung dieses Punktes können wir die Frage ganz bei Seite lassen, ob die Genesis wirklich von Moyses verfaßt ist. Sie mag mosaischen oder nachmosaischen Ursprungs sein, wir haben sie jedenfalls auf unserem kirchlichen Standpunkte als ein inspirirtes Buch anzuerkennen. Wenn aber die Kirche von den Büchern des Alten und des Neuen Testamentes lehrt, sie seien inspirirt, so ist damit — von den theologischen Controversen über die nähere Bestimmung des Begriffes der Inspiration abgesehen — jedenfalls dieses gemeint, daß den Verfassern ein übernatürlicher Beistand des göttlichen Geistes zu Theil geworden ist, in Folge dessen sie entweder übernatürliche Erkenntnisse oder Erleuchtungen oder eigene natürliche Erkenntnisse, Erfahrungen und Wahrnehmungen so aufgezeichnet haben, daß ihre Aufzeichnungen das Siegel der göttlichen Bestätigung an sich tragen und also gläubig als Wort Gottes im strengen oder minder strengen Sinne anzuerkennen sind. Der Prophet in der weitern Bedeutung des Wortes wurde über zukünftige oder andere dem sich selbst überlassenen menschlichen Geiste verborgene Dinge auf übernatürliche Weise erleuchtet und dann durch den göttlichen Geist angetrieben und in den Stand gesetzt, zum Frommen der Zeitgenossen und der Nachwelt seine Erleuchtungen oder seine prophetischen Reden so niederzuschreiben, daß sein Buch uns getreue und zuverlässige Kunde gibt von den ihm geoffenbarten göttlichen Wahrheiten. Der biblische Historiker dagegen war zunächst darauf angewiesen, das, was er selbst erlebt, gesehen oder gehört, oder das, was er von glaubwürdigen Augen- und Ohrenzeugen vernommen oder durch eine zuverlässige Tradition überkommen, oder das, was er in ältern schriftlichen Quellen gefunden, zusammenzustellen und niederzuschreiben. Wenn aber in diesen Punkten der biblische Geschichtschreiber andern gewissenhaften Historikern im Wesentlichen gleichsteht, so unterscheidet sich doch ein geschichtliches Buch, dem der Charakter der Inspiration zugeschrieben wird, also ein geschichtliches Buch der Bibel, wesentlich von andern Geschichtswerken. Erstens nämlich wurde der biblische Geschichtschreiber durch einen ausdrücklichen göttlichen Auftrag oder wenigstens durch eine innere, ihm selbst vielleicht nicht zum Bewußtsein kommende Einwirkung des göttlichen Geistes zu seiner schriftstellerischen Arbeit veranlaßt, und zweitens stand ihm bei seiner schriftstellerischen Thätigkeit der göttliche Geist in geheimnißvoller Weise erleuchtend, fördernd, von jedem Fehlgriff zurückhaltend und vor jeder Täuschung bewahrend dergestalt zur Seite, daß das Werk, welches aus seiner Feder hervorging, nicht nur als das Produkt eines gewissenhaften und fleißigen Forschers und zuverlässigen Erzählers auf menschliche Glaubwürdigkeit Anspruch hat, sondern mit der Anforderung an uns herantreten darf, daß wir seine Berichte als den Stempel göttlicher Wahrheit und Gewißheit an sich tragend gläubig annehmen.

In dem großen Werke des Moyses, im Pentateuch, treffen diese beiden Arten der Inspiration, welche wir die des Propheten und die des Historikers nennen wollen, zusammen. Gott hat zu Moyses geredet von Mund zu Mund und Moyses hat diese übernatürlichen Offenbarungen namentlich in den drei mittleren Büchern unter Gottes Beistand getreu aufgezeichnet; ein großer Theil seines Werkes ist also hinsichtlich der Inspiration den Schriften der Propheten gleichzustellen. Aber Moyses hat auch Berichte geschrieben über die Geschichte seines Volkes während der vierzig Jahre, die er selbst dessen gottgesandter Führer war, und Berichte über die Ahnen seiner Zeitgenossen und über die Vorzeit bis hinauf zu den Stammeltern unseres Geschlechtes, — jene als Augen- und Ohrenzeuge, diese auf Grund der mündlichen Ueberlieferung, vielleicht auch mit Benutzung älterer Aufzeichnungen. In diesen Theilen seines Werkes tritt er also als biblischer Historiker auf und ist er folglich, da sein ganzes Buch auf den Charakter eines inspirirten Anspruch macht, in der eben dargelegten Weise durch den göttlichen Geist unterstützt und geleitet worden. Beide Klassen von Abschnitten des Pentateuchs aber, die prophetischen und die historischen, haben das mit einander gemein, daß sie, weil beide unter Gottes übernatürlichem Einfluß geschrieben, als mit Gottes Bürgschaft für ihre Wahrheit ausgerüstet, als unzweifelhaft wahr angenommen werden wollen.

Sollte darum auch das erste Capitel der Genesis zu den Abschnitten zu rechnen sein, welche zunächst nicht auf göttlicher Offenbarung, sondern auf menschlicher Forschung beruhen, — wie wir das im Allgemeinen von den nächstfolgenden Capiteln sicher anzunehmen haben, — so würde es dennoch, eben weil nicht bloß auf menschlicher Forschung, sondern auf einer von Gott geleiteten menschlichen Forschung beruhend und unter Gottes jeden Irrthum ausschließendem Beistande aufgezeichnet, auf die nämliche Glaubwürdigkeit Anspruch machen dürfen, als wenn, nach der crassen Auffassung der Inspiration, Gott dem Moyses dieses Capitel gleichsam in die Feder dictirt hätte. Als heterodox wage ich darum nicht einmal die Meinung zu bezeichnen, daß Moyses durch Beobachtung und Nachdenken zu den Erkenntnissen über den Ursprung der Dinge gelangt sei, welche in dem ersten Capitel der Genesis niedergelegt sind und welche einen in der vorigen Stunde citirten französischen Gelehrten zu einer so begeisterten Bewunderung des „Genies des jüdischen Gesetzgebers" hingerissen haben; — als heterodox, sage ich, dürfte selbst diese Meinung nicht zu bezeichnen sein, wenn man, was die Lehre von der Inspiration der Bibel fordert, dabei annimmt, daß der göttliche Geist den Moyses bei diesen Beobachtungen und Speculationen in der Weise unterstützt und bei dem Niederschreiben des Resultates derselben in der Weise geleitet hat, daß jeder Irrthum ausgeschlossen wurde und seine Aufzeichnung den Charakter göttlich verbürgter Glaubwürdigkeit erhielt.

Aber ist diese theologisch unverfängliche Ansicht auch wissenschaftlich haltbar? Abgesehen davon, daß uns nichts dazu nöthigt und darum auch nichts dazu berechtigt, bei Moyses oder irgend einem Weisen der Vorzeit eine solche Tiefe der Speculation und eine solche Gründlichkeit der Forschung auf dem Gebiete der Natur vorauszusetzen, macht die Form des mosaischen Schöpfungsberichtes offenbar auf den unbefangenen Leser gar nicht den Eindruck einer Darlegung von Resultaten menschlichen Nachdenkens und Forschens: in solchen kurzen, festen und apodiktischen Sätzen spricht nicht leicht einer, der etwas durch mühsames Nachdenken und Forschen als Ansicht oder Ueberzeugung gewonnen hat, sondern eher einer, der auf Grund eigener Anschauung oder einer unzweifelhaften Mittheilung etwas weiß. Namentlich aber weist die Sechstheilung des Schöpfungswerkes und die Art und Weise, wie die Heiligung des siebenten Tages durch den Schöpfer damit in Verbindung gebracht wird, deutlich auf eine göttliche Offenbarung als die Quelle des Schöpfungsberichtes hin, wie denn ja später bei der Promulgation der zehn Gebote Gott selbst es ist, welcher spricht: „Sechs Tage sollst du arbeiten und thun all dein Werk; und der siebente Tag ist der Sabbath Jehova's deines Gottes; da sollst du keine Arbeit thun, denn in sechs Tagen hat gemacht Jehova Himmel und Erde und das Meer und alles was darin ist, und am siebenten Tage hat er geruht; darum hat gesegnet Jehova den Tag des Sabbath und ihn geheiligt." [1]

---

1) Er. 20, 9—11.

Aber wem hat denn Gott diese Kenntniß der Schöpfung geoffenbart? Die Antwort scheint nahe zu liegen: dem Moyses, so daß das erste Capitel der Genesis den Abschnitten des Pentateuchs anzureihen wäre, für welche das, was ich die Inspiration des Propheten genannt habe, anzunehmen ist. Indeß sprechen doch sehr gewichtige Gründe gegen diese Ansicht und für die andere, daß die erste Offenbarung der Schöpfungsgeschichte schon lange vor Moyses, wahrscheinlich schon an die ersten Eltern erfolgt ist, daß Moyses durch Ueberlieferung von dieser Offenbarung Kunde erhalten und diese Ueberlieferung unter göttlicher Assistenz getreu aufgezeichnet hat.

Erstens pflegt Moyses Offenbarungen, die ihm selbst zu Theil geworden, mit Worten einzuleiten, die wir hier nicht finden, mit Worten wie: „Und Jehova sprach zu Moyses" oder dergl.

Zweitens ist der Sabbath allem Anscheine nach nicht eine mosaische Institution in dem Sinne, daß erst durch Moyses die Feier des siebenten Tages vorgeschrieben worden wäre; vielmehr weist die biblische Archäologie mit Gründen, deren Aufzählung hier nicht am Orte ist, fast zur Evidenz nach, daß Moyses die Feier des Sabbaths bei seinem Volke bereits vorfand und daß sie durch seine Gesetzgebung nur bestimmter geregelt wurde. Die Feier des siebenten Tages hat aber das Heraemeron zur Voraussetzung.

Drittens endlich wird von verschiedenen neueren Gelehrten, insbesondere von Kurtz [1]) auf folgenden Umstand hingewiesen: Die Sagen aller übrigen Völker im Norden und Süden, im Osten und Westen, so grundverschieden auch der religiöse Geist ist, der darin weht, stimmen, selbst was das Thatsächliche betrifft, in so auffallender Weise und so vielfach bis ins kleinste Detail hinein mit der Darstellung unserer Urkunde überein, daß wir nicht umhin können, die beiderseitigen Berichte auf eine gemeinsame Quelle zurückzuführen. Denn daß die übrigen Völker die übereinstimmenden Züge von Israel her überkommen hätten, ist völlig undenkbar. Somit kann nicht der Verfasser der Genesis, kann überhaupt nicht ein Israelit der selbstständige Concipient der Urkunde sein. Es muß eine gemeinsame Urquelle angenommen werden, aus der Israel, aus der auch die übrigen Völker geschöpft haben, und diese Urquelle muß einer Zeit angehören, in welcher das Menschengeschlecht noch in seiner urzeitlichen Einheit bestand, in welcher es noch nicht durch Verschiedenheit des Wohnsitzes und der Sprache, durch

---

[1]) Bibel und Astronomie S. 57.

scharfe Abgrenzung der Stämme und durch verschiedene Cultur und Religion
gespalten war. Aus jener Urzeit müssen die sich isolirenden Völker solche
übereinstimmende Erinnerungen und Sagen aufgenommen haben. Nach
Maßgabe der verschiedenen geistigen Richtungen, welche sie seit der Trennung einschlugen, bildete sich dann im Volksmunde oder in der priesterlichen
Ueberlieferung dies Erbe des Vaterhauses zu mancherlei Gestaltung um,
jedoch so, daß immer noch die Signatur des Vaterhauses, die Einheit des
Ursprungs ihm unverkennbar aufgeprägt blieb. Müssen wir aber einmal
bis in die Zeit zurückgehen, wo die Völker und Stämme des Menschengeschlechts noch geeint waren, dann hindert uns auch nichts, dann drängt
uns vielmehr vieles dazu, noch einen und zwei Schritte weiter zu thun,
bis in die Zeit Noe's und von da bis in die Zeit Adams zurückzugehen. —
Ich erinnere im Einzelnen nur an einige wenige Züge, in welchen die Kosmogonien der verschiedenen, selbst der von einander entferntesten Völker mit
einander und mit dem mosaischen Schöpfungsbericht so übereinstimmen, daß
man zu der Annahme einer gemeinsamen Quelle dieser Traditionen hingedrängt wird. Das Thohuwabohu der Bibel hat in allen heidnischen Mythologien sein Gegenbild und kommt unter verschiedenen Namen vor von
dem Athor der Aegyptier bis zu dem Chaos, der rudis indigestaque moles
des Dichters der Metamorphosen. Die finstere Nacht und die Wassermasse
sind überall die Hauptzüge in der näheren Beschreibung des Chaos. Die
sechs Tage oder sechs Einzelschöpfungen finden sich in mehreren Kosmogonien von China im Osten bis zu den Etruskern im Westen, und zwar
im Wesentlichen in derselben Reihenfolge wie in der Genesis. Der Mensch
gilt allen Völkern ohne Ausnahme als das letzte Geschöpf; die meisten heidnischen Mythologien kennen seine Bildung aus Lehm der Erde und einige
auch die Bildung des Weibes aus einem Gliede des Mannes.

Die nähern Nachweisungen finden Sie mit großer Ausführlichkeit in
dem fleißigen Werke von Lüken „die Traditionen des Menschengeschlechts"
zusammengestellt, übersichtlicher in der Theologie des Heidenthums von
Stiefelhagen.[1]

Neben diesen großen Aehnlichkeiten finden sich freilich auch sehr wesentliche Differenzen zwischen den heidnischen Kosmogonien einerseits und der
mosaischen andererseits. Der Begriff des eigentlichen Schaffens ist den

---

1) H. Lüken, die Traditionen des Menschengeschlechts oder die Uroffenbarung Gottes unter den Heiden (Münster 1856), S. 28 ff. — F. Stiefelhagen, Theologie des
Heidenthums, (Regensburg 1858), S. 506 ff.

Heiden durchgängig unbekannt. „Nur die biblische Kosmogonie, sagt De=
litzsch,[1]) stellt die reine Idee einer Schöpfung aus nichts dar, ohne ewige
Materie, ohne Mitwirkung eines Mittelwesens oder Demiurgos; im Heiden=
thum scheint diese Idee durch, aber sie ist verdunkelt; die heidnischen Kos=
mogonien setzen entweder eine vorhandene Materie voraus, sind also dua=
listisch, oder sie lassen an die Stelle der Schöpfung die Emanation treten,
sind also pantheistisch. Sodann sind sie alle volksthümlich beschränkten Cha=
rakters, sie haben sich im Zusammenhange der eigenthümlichen mythologischen
Gesammtanschauung der einzelnen Völker und nicht ohne Einfluß ihrer
localen und klimatischen Verhältnisse gestaltet. Am biblischen Schöpfungs=
bericht findet sich nichts dergleichen Particuläres. Und wie sticht endlich
die biblische Kosmogonie durch ihre schlichte und edle historische Form gegen
alle andern ab! Wenn das Gesetzbuch Manu's lehrt, daß der Same der
Urgewässer sich zu einem goldigen Ei gestaltet, in dem Brahma ein ganzes
Schöpfungsjahr ruhevoll sitzt, bis er es spaltet und aus seinen beiden
Hälften Himmel und Erde bildet; wenn die Babylonier erzählen, daß Beel
das Meerweib Homoraka mitten entzwei gespalten und aus einer Hälfte
die Erde, aus der andern den Himmel gemacht, daß er dann sich selber
den Kopf abgeschnitten und daß die Götter die herabtriefenden Blutstropfen
mit Erde zusammen zum Menschen geknetet haben; wenn nach ägyptischer
Vorstellung Num=Ra, der große göttliche Bildner, Götter und Göttinnen
mit seinen Händen schafft und den Sohn der Isis auf der Drehscheibe
bildet: so trägt dagegen die biblische Schöpfungsgeschichte gleich in ihrem
ersten Verse die großartige Einfachheit an der Stirn, welche das Siegel der
Wahrheit ist. Die ganze Erzählung ist nüchtern, bestimmt, klar, concret.
Das Geschichtliche, das erzählt wird, trägt eine Fülle speculativer Gedanken
und poetischer Herrlichkeit in sich, aber es selber ist frei von den Einwir=
kungen menschlicher Dichtung, menschlicher Philosopheme."

Wenn überhaupt unter den verschiedenen Fassungen der Kosmogonie
eine darauf Anspruch machen kann, die ursprüngliche göttliche Offenbarung
über den Hergang bei der Schöpfung getreu zu reproduciren, so ist es
ohne Zweifel die mosaische. Für uns aber macht, wenn wir den Glau=
ben an die Inspiration der Bibel festhalten, der mosaische Schöpfungs=
bericht Anspruch auf mehr als eine bloß relative Wahrheit. Wir müssen,
— das wird Ihnen hoffentlich aus diesen Erörterungen klar geworden sein

---

1) F. Delitzsch, Commentar über die Genesis (3. Aufl. Leipzig 1860) S. 83.

— auf dem theologischen Standpunkte wenigstens folgende Sätze festhalten: 1) Gott hat in alter Zeit, wahrscheinlich dem ersten Menschen, eine Offenbarung über die Erschaffung der Welt zu Theil werden lassen. 2) Diese Offenbarung ist durch die Tradition bis auf Moyses fortgepflanzt worden und Moyses hat dieselbe unter dem Beistande des göttlichen Geistes so aufgezeichnet, daß seine Aufzeichnung die ursprüngliche Offenbarung getreu reproducirt. Also haben wir 3) in dem mosaischen Schöpfungsbericht eine göttliche und darum unzweifelhaft wahre Belehrung über die Erschaffung der Dinge.

Gott hat sich dem Menschen aber nicht bloß durch die Bibel oder überhaupt auf übernatürliche Weise offenbart, sondern auch durch die Natur. „Die Himmel, sagt der Psalmist, erzählen die Herrlichkeit Gottes und das Werk seiner Hände verkündet das Firmament ... und das ist keine Sprache und keine Worte, deren Stimme man nicht hörte, sondern über die ganze Erde geht aus ihr Schall und bis zu den Enden des Erdkreises ihre Rede." [1] Und nach der übereinstimmenden Lehre des Alten und des Neuen Testamentes, wie sie im ersten Capitel des Römerbriefes und im dreizehnten Capitel des Buches der Weisheit vorgetragen wird, ist die Betrachtung der sichtbaren Geschöpfe selbst für den, welcher außerhalb des Bereiches der übernatürlichen Offenbarung steht, ein Mittel, zur Erkenntniß Gottes und seiner Größe zu gelangen.

Wenn aber die Bibel und die Natur beide ein Vehikel der Offenbarung sind, wenn durch beide Gott zu dem Menschen redet, wenn beide gleichsam Bücher sind, von der Hand Gottes geschrieben, daß der Mensch die Wahrheit daraus lese, so kann das, was uns die Bibel lehrt, und das, was uns die Natur lehrt, nicht mit einander in Widerspruch stehen. „Sind wir fest überzeugt," sagt der Cardinal Wiseman, [2] „daß Gott ebensowohl der Urheber unserer Religion sei, wie der Urheber der Natur, so müssen wir auch von Grund aus versichert sein, daß die Vergleichung seiner Werke in diesen beiden Ordnungen unausbleiblich ein übereinstimmendes Resultat liefern müsse." „Denn," fügt ein anderer englischer Gelehrter bei, „ein allweiser und allmächtiger Gott kann nichts geoffenbart haben, was die Naturwissenschaft später als falsch nachweisen kann," [3] — fügen wir

---

1) Pf. 18, 2. 4. 5.
2) Zusammenhang 2c. S. 5.
3) Geology in its relation to revealed religion. By C. B. (Dublin 1853), p. 1.

gleich die andere Seite des Satzes hinzu: die Natur kann den Menschen nichts lehren, was dem widerspräche, was Gott sicher geoffenbart hat. „Bibel und Natur," sagt Kurtz, [1] „insofern sie beide Gottes Wort sind, müssen übereinstimmen. Wo das nicht stattzufinden scheint, da ist die Exegese des Theologen oder die Exegese des Naturforschers eine falsche."

Diesen einfachen aber wichtigen Satz, meine Herren, lassen Sie uns immer festhalten; er kann uns bei den Schwierigkeiten und Hindernissen, die wir auf unserem Wege finden werden, zum Troste und zur Beruhigung gereichen. Die Bibel enthält keinen Irrthum, denn sie ist ein unter Gottes wunderbarem Beistande geschriebenes Buch; auch die Natur lehrt uns keinen Irrthum, denn sie ist das Werk desselben Gottes, dessen Wort die Bibel ist, und Ein und derselbe Gott ist es, der in den Worten der Bibel und in den stummen Zeichen der Natur zu dem Menschengeiste redet. Aber der Menschengeist kann irren. Die Worte der Bibel und die Worte der Natur sind unzweifelhaft wahr; aber wir dürfen nicht vergessen, daß wir diese unzweifelhaft wahren Worte möglicherweise falsch hören und falsch verstehen können, und daß wir ganz sicher falsch gehört oder falsch aufgefaßt haben, wo es uns scheint, als ob die Worte der Bibel und die Worte der Natur widersprechend seien. Allerdings haben wir einen zuverlässigen Commentar zu den Worten der Bibel in den ausdrücklichen Entscheidungen und in der überlieferten Lehre der unfehlbaren Kirche, und wir haben die Gewißheit, daß wir die Worte der Bibel nicht unrichtig aufgefaßt haben, wenn wir die Kirche zur Auslegerin haben. Aber die Kirche hat bei weitem nicht von allen Stellen eine authentische Interpretation gegeben, und der consensus patrum, den sie uns auch zur Richtschnur macht, ist bei vielen Punkten nicht vorhanden. Gerade auf unserm Wege müssen wir durchgängig dieser wohlthätigen Führung entbehren; denn unser Weg führt uns durch ein Gebiet, auf welchem die Weisheit der Kirche, von einigen wenigen festen Landmarken abgesehen, dem eigenen Nachdenken und Forschen ihrer Kinder freien Spielraum gelassen hat.

Sollte also der Fall eintreten, daß ein Satz, den wir mit unsern exegetischen Mitteln aus den Worten der Bibel eruirt haben, mit einem Satze in Widerspruch steht, den die Naturforschung, auf ihre Beobachtungen und Untersuchungen gestützt, als sichere Wahrheit hinstellen zu dürfen glaubt, so haben wir in voraus die Gewißheit, daß hier nicht die Bibel oder die

---

[1] Bibel und Astronomie S. 6.

Natur oder beide zugleich uns Irriges, weil Widersprechendes lehren, daß
vielmehr unsere eigene Kurzsichtigkeit, sei es ein Irrthum des Exegeten, sei
es ein Irrthum des Naturforschers, den vermeintlichen Widerspruch ver=
schuldet hat, daß also eine genauere exegetische Untersuchung des Sinnes
der Bibel oder eine vollständigere und gründlichere Forschung auf dem Ge=
biete der Natur sicher zu einem andern Resultate führen wird.

Diese Gewißheit ist namentlich geeignet, dem Theologen die Unbefangen=
heit und Aufrichtigkeit zu bewahren, welche jeder Forscher, insbesondere aber
der theologische Forscher als eine nothwendige Eigenschaft und als seine
schönste Zierde anzusehen hat. Denken wir uns den Fall, es liege uns ein
Widerspruch der eben beschriebenen Art vor — zwischen der von uns als
richtig angesehenen Auffassung einer Bibelstelle und einer von dem Natur=
forscher als unbestreitbar angesehenen geologischen oder ähnlichen Wahrheit;
es will uns nicht gelingen, zu entdecken, wo der Fehler liegt; die Herme=
neutik verbietet uns, der Bibelstelle eine andere Deutung zu geben und der
Naturforscher behauptet, die Thatsachen, wie sie vorliegen, und die Gesetze,
wie er sie kennt, führten ihn mit Nothwendigkeit zu dem Resultate, welches
er der Bibel entgegenhält: was werden wir da thun? Vor Allem und
unter allen Bedingungen ehrlich sein, und unsere reine und heilige Sache
nicht durch Sophismen und Rabulistereien beflecken; um keinen Preis den
Widerspruch vertuschen und verkleistern, und weder an den Worten der Bibel
deuteln, noch die auf wahrhaft wissenschaftlichem Wege gewonnenen Sätze
des Naturforschers bemängeln. Der größte Gelehrte braucht sich nicht zu
schämen, mit dem Weisen des Alterthums zu gestehen, daß er vieles nicht
wisse. Wir werden also in einem solchen Falle das Geständniß nicht zu
scheuen brauchen, es wolle uns nicht gelingen, den scheinbaren Widerspruch
auszugleichen, wir seien aber dennoch von vornherein überzeugt, daß der
Widerspruch eben nur ein scheinbarer sei und daß derselbe sich werde besei=
tigen lassen, wenn es auch auf dem jetzigen Standpunkte der Wissenschaft
noch nicht gelungen sei. Es wäre das eine Demüthigung, wenn Sie wollen,
eine Schlappe, die wir im Kampfe für die Ehre des Wortes Gottes erleiden;
aber wir suchen ja auch nicht unsere Ehre. Ein solches Geständniß braucht
uns umsoweniger schwer zu fallen, als die Naturwissenschaften in fort=
während er Entwicklung begriffen, in mehrere Zweige kaum über die An=
fänge hinausgekommen sind. Wie wir sehen werden, hat die Vergleichung
der Sätze der Bibel mit den Resultaten der naturwissenschaftlichen Forschungen
seit einem Jahrhundert stetige Fortschritte gemacht; mit jedem Decennium hat

2*

sich das Verhältniß klarer gestaltet; sollten also wirklich jetzt noch dunkele Punkte vorhanden sein, wir dürfen von vornherein nach der Analogie der Vergangenheit schließen, daß das weitere Fortschreiten der Forschung auch darüber Licht verbreiten wird. [1]

Vergessen Sie aber nicht, meine Herren, daß ich nur von einem möglichen Falle gesprochen habe. Ich weiß nicht, daß wirklich ein wesentlicher Punkt vorhanden wäre, wo wir uns mit einem Non liquet begnügen müßten; aber sollte es Ihnen in meinen Vorträgen einmal so scheinen, als ob die Harmonie zwischen Bibel und Wissenschaft bei einem Punkte nicht evident sei, so bitte ich Sie, wohl festzuhalten, daß daraus unserer guten Sache kein Präjudiz erwachsen darf, daß vielmehr die Harmonie sicher auch da vorhanden ist, wo es den Gelehrten im Allgemeinen noch nicht gelungen ist, sie mit Evidenz nachzuweisen, oder wo die Kenntnisse und die Darstellungsgabe des Docenten, welchem Sie Ihre Aufmerksamkeit schenken, nicht soweit reichen wie sein guter Wille.

---

1) „Wer überzeugt ist, daß der Gott der Wahrheit zugleich der Gott der Natur und der Gott der Offenbarung ist, kann es nicht für möglich halten, daß seine Stimme in der einen und in der andern, recht verstanden, von einander abweichen oder seine Geschöpfe irre führen könnte. Thatsachen in der natürlichen Welt bestreiten, weil sie der Offenbarung zu widersprechen scheinen, oder sie so darstellen, daß man sie zwingt, die Stimme dieser zu reden, das ist nur eine andere Form der geschäftigen kurzsichtigen Unehrlichkeit, welche im Interesse Gottes lügt und durch Lug und Trug der Sache des Gottes der Wahrheit dienen will. Mit einem andern und edlern Sinne wandelt der wahre Gläubige unter den Werken der Natur. Die Worte, welche in die ewigen Felsen gegraben sind, sind die Worte Gottes und eingegraben von seiner Hand. Sie können seinem Worte, welches in seinem Buche geschrieben ist, ebensowenig widersprechen, wie die Worte des Alten Bundes, die er mit seiner Hand auf die steinernen Tafeln eingegraben, den Schriftzügen seiner Hand in den Büchern der neuen Offenbarung widersprechen können. Der Mensch mag es schwer finden, alle Aeußerungen der beiden Stimmen mit einander in Einklang zu bringen. Aber was thut das? Er weiß ja, daß sein Erkennen hienieden nur Stückwerk ist und daß der Tag bevorsteht, wo alle scheinbaren Widersprüche zwischen dem, was übereinstimmen muß, werden ausgeglichen werden. Er kann sich bei dieser Gewißheit beruhigen und sich der Gabe des Lichtes erfreuen ohne Besorgniß wegen dessen, was es enthüllen mag. ‚Ein Mann von tiefem Geiste und großer praktischer Weisheit, sagt Sedgwick (Discourse on the studies of the university, p. 153), ein Mann, dessen Frömmigkeit und Wohlwollen viele Jahre vor der Welt geleuchtet und dessen Aufrichtigkeit kein Spötter je bezweifelt hat, (Dr. Chalmers, 1833) sprach in einer großen Versammlung von Männern der Wissenschaft aus allen Theilen des Reiches feierlich die Ueberzeugung aus, daß das Christenthum von dem Fortschritt der Naturwissenschaft Alles zu hoffen und nichts zu fürchten habe.‘ Das ist wahrhaft der Geist des Christenthums und der Wissenschaft zugleich." Quarterly Review, vol. 108 (July 1860), p. 256.

Ich knüpfe nach dieser Digression wieder an den Satz an, welchen ich bereits aus der Schrift von Kurtz angeführt habe. „Bibel und Natur, insofern sie beide Gottes Wort sind, müssen übereinstimmen. Wo das nicht stattzufinden scheint, da ist die Exegese des Theologen oder die Exegese des Naturforschers eine falsche. Denn nicht nur das Letztere, fügt Kurtz ganz richtig bei, sondern auch das Erstere findet leider nur zu häufig statt und hat unsägliche Verwirrung in die Frage nach der Concordanz zwischen Schrift und Natur gebracht."

Um vor solchen Mißgriffen bei unserer Untersuchung über diese Frage gesichert zu sein, werden wir also nun zunächst die Grenzen der Gebiete ab= zustecken haben, auf welchen Gott durch die Bibel einerseits, durch die Natur andererseits zu dem Menschen redet. In dieser Hinsicht ist zunächst folgen= der einfache, aber wichtige Satz festzuhalten: Die übernatürliche göttliche Of= fenbarung hat niemals die Bereicherung unseres profanen Wissens zum Zwecke; darum hat auch die Bibel nirgendwo die Absicht, uns eigentlich naturwis= senschaftliche Belehrungen zu geben.

Dieser Satz ist sowenig etwas Neues und kann sowenig in den Ver= dacht kommen, als sei er etwa eine Concession, welche in neuerer Zeit die Naturwissenschaft der Theologie abgerungen habe, daß er sich vielmehr schon in dem Buche ausgesprochen findet, welches die ganze Periode der Scho= lastik hindurch in allen theologischen Schulen als Compendium gebraucht wurde und welches selbst nur darauf Anspruch macht, eine übersichtliche Dar= stellung der Theologie der Kirchenväter zu sein. Petrus der Lombarde sagt im zweiten Buche der Sentenzen (dist. 23): „Die Erkenntniß der natür= lichen Dinge hat der Mensch durch die Sünde ebensowenig verloren, wie die zur Befriedigung seiner natürlichen Bedürfnisse erforderliche Erkenntniß; darum wird der Mensch in der hl. Schrift nicht über dergleichen Dinge unterrichtet, sondern über die Wissenschaft der Seele, welche er durch die Sünde eingebüßt hat. Hanc scientiam homo peccando non perdidit, nec illam, qua carnis necessaria providerentur. Et idcirco in scriptura homo de hujusmodi non eruditur, sed de scientia animae, quam peccando amisit."

Erlauben Sie mir, weniger zur Bestätigung, als zur weitern Erläute= rung dieses Satzes noch einige Citate aus angesehenen Autoren, Theologen und Naturforschern, Katholiken und Protestanten, folgen zu lassen. Xa= verius Patrizi, einer der tüchtigsten italienischen Exegeten der Gegenwart,

sagt: [1] „Um uns vor dem Irrthum zu sichern, als könne die Naturwissen=
schaft mit der Bibel in Widerspruch gerathen, dürfen wir nicht vergessen,
daß die biblischen Schriftsteller nicht die Absicht haben, naturwissenschaftliche
Fragen zu erörtern und uns über naturwissenschaftliche Dinge nicht in Un=
wissenheit zu lassen."

Einer der geistvollsten Theologen, welche England jemals der Kirche
geschenkt hat, Newman, sagt: [2] „Die Theologie und die Naturwissenschaft
bewegen sich auf zwei gesonderten Gebieten; jede mag auf ihrem Gebiete
lehren, ohne eine Einmischung der andern befürchten zu müssen. Es hätte
allerdings Gott gefallen können, die naturwissenschaftliche Forschung durch
die Offenbarung der Wahrheiten, welche das Object dieser Forschung sind,
unnöthig zu machen. Aber Gott hat das nicht gethan."

„Die Unzufriedenheit derjenigen, sagt der englische Geologe Buckland, [3]
welche eine umständliche Erzählung geologischer Erscheinungen in der Bibel
suchen, beruht auf der unbegründeten Erwartung, in derselben eine geschicht=
liche Belehrung über alle Wirkungen des Schöpfers in einer Zeit zu finden,
mit welcher das Menschengeschlecht in keiner Verbindung steht. Mit eben=
soviel Recht könnten wir die mosaische Urkunde deßhalb unvollkommen nen=
nen, weil sie die Trabanten des Jupiter und die Ringe des Saturnus nicht
erwähnt, als darüber unzufrieden sein, daß wir in ihr eine Geschichte geo=
logischer Erscheinungen nicht finden, deren Einzelheiten in eine Encyclopädie
der Wissenschaften gehören, aber nicht in ein Buch, das zum Führer in Glau=
bensachen und im sittlichen Wandel bestimmt ist."

„Die Bibel, sagt Kurtz, [4] bewährt darin ihren religiösen Charakter,
daß sie nie und nirgends der menschlichen Wissenschaft vorgreift, nie und
nirgends Probleme behandelt, deren Lösung der empirischen Forschung ob=
liegt. Darum kann auch kein Resultat dieser mit der Bibel in Widerspruch
gerathen, keins einen bedrohlichen Conflict mit der geoffenbarten Wahrheit
hervorrufen. Die Offenbarung läßt für die Resultate der Naturforschung
carte blanche. Sie steht weder auf der Seite des Vulcanismus noch des
Neptunismus; sie nimmt nur Partei in Dingen, die die Religion betreffen.
Sie entscheidet so wenig zwischen Neptunisten und Vulcanisten wie zwischen
Homöopathen und Allopathen."

---

1) De interpretatione scripturarum sacrarum (Rom 1844), II, 80.
2) Vorträge und Reden, übers. von G. Schündelen (Köln 1860), S. 276.
3) Bei Reinke a. a. O. S. 37.
4) Bibel und Astronomie S. 397.

Sie sehen aus dem Gesagten, daß es ein vergebliches, ja ein tadelns-
werthes Beginnen sein würde, wollte man aus der Bibel ein astronomisches,
geologisches und überhaupt naturwissenschaftliches System eruiren und dieses
dann als ein durch die Offenbarung garantirtes bezeichnen. Ein System
von Glaubens- und Sittenlehren gibt uns die Bibel; um naturwissenschaftliche Systeme zu entwerfen, ist der Mensch auf die Natur und auf seine
natürlichen Geisteskräfte angewiesen.

III.

Inwiefern spricht die Bibel über Dinge der Natur.

Die allgemeine Orientirung über das Verhältniß der Bibel oder der übernatürlichen göttlichen Offenbarung zu den Naturwissenschaften habe ich in der
vorigen Stunde mit der Erläuterung des Satzes begonnen, daß die Bibel sich
nicht die Aufgabe stellt, uns über die natürlichen Dinge zu belehren, unsere
naturwissenschaftlichen Ansichten zu berichtigen oder unsere naturwissenschaftlichen Kenntnisse zu bereichern, und daß wir darum nicht ein naturwissenschaftliches System aus der Bibel eruiren und dieses als das biblische bezeichnen können. Gott hätte uns allerdings durch übernatürliche Offenbarung
über die Fragen belehren können, welche der Naturforscher aufwirft und
zu beantworten sucht, und wenn Gott uns Offenbarungen über diese Dinge
hätte zu Theil werden lassen, würden wir die Bibel auch in diesen Fragen
ebenso gläubig zur Führerin nehmen müssen, wie in den Fragen über das
Wesen Gottes und die Bestimmung des Menschen. Aber Gott hat dieses
nicht gethan; er hat es vielmehr dem Menschen überlassen, seine geistigen
Anlagen auch dazu zu benutzen, die Dinge der Natur zu beobachten, die
Gesetze der Natur zu erforschen und die Geheimnisse der Natur mehr und
mehr zu ergründen.

An diese erste Wahrheit, daß die Bibel nicht den Zweck hat, uns über
naturwissenschaftliche Fragen ebenso zu belehren, wie über religiöse, ist eine
zweite Wahrheit anzuknüpfen. Den biblischen Schriftstellern wurde eine übernatürliche Erleuchtung durch Gott zu Theil; aber diese Erleuchtung hatte,
wie die göttliche Offenbarung überhaupt, nur die Mittheilung religiöser
Wahrheiten zum Zwecke, nicht die Mittheilung profanen Wissens, und wir
dürfen darum, ohne die den heiligen Schriftstellern schuldige Achtung zu verletzen oder den Lehrsatz von der Inspiration irgendwie abzuschwächen, kühn

zugeben, daß die biblischen Schriftsteller in profanen Wissenschaften, also auch in ihren naturwissenschaftlichen Kenntnissen nicht über ihren Zeitgenossen gestanden, ja die Irrthümer ihrer Zeit und ihres Volkes getheilt haben. Die Elogen auf das Genie oder die naturwissenschaftlichen Kenntnisse des Gesetzgebers der Juden, wie sie mit Rücksicht auf die vermeintliche Anticipation der wissenschaftlichen Errungenschaften unserer Zeit durch die Genesis von einzelnen französischen Gelehrten ausgesprochen werden, [1]) sind also nicht gut angebracht. Durch göttliche Offenbarung ist Moyses hinsichtlich des profanen Wissens nicht über den Bildungs- und Erkenntnißstand seiner Zeit erhoben worden, und daß er in der Lage gewesen sein sollte, sich durch eigenes Denken und Forschen darüber zu erheben, dafür liegen gar keine Beweise vor.

Es kann uns aber auch ziemlich gleichgültig sein, inwiefern die physicalischen Ansichten des Moyses richtig oder irrig gewesen sein mögen; es kommt nur darauf an, welche Ansichten in der Genesis einen Ausdruck gefunden haben, die nicht rein sein Werk, sondern ein göttlich-menschliches Product ist.

Wenn nämlich auch die göttlichen Dinge in der weitesten Bedeutung des Wortes das ausschließliche Object der Offenbarung sind und die Bibel nur die Aufgabe hat, uns über die göttlichen Dinge zu belehren, so kann doch vielfach von den göttlichen Dingen nicht gesprochen werden, ohne daß dabei die Dinge der Natur mit berührt werden, und gerade im ersten Capitel der Genesis sind ja mit der dogmatischen Wahrheit von der Weltschöpfung allerlei physicalische Elemente verwebt. Direct theilt die Bibel immer nur religiöse Wahrheiten mit, aber sie kann dieses mitunter nicht, ohne indirect und beiläufig das Gebiet der Natur mitzuberühren. Wie liegt die Sache in diesem Falle?

Erstens haben wir keinen Grund zu der Annahme, daß bei einer solchen indirecten und beiläufigen Erwähnung der natürlichen Dinge die Bibel den Zweck oder den Erfolg gehabt habe, ihren Lesern auch über die natürlichen Dinge richtigere Ansichten beizubringen oder vollständigere Aufschlüsse zu geben, als sie auf rein menschlichem Wege erlangen konnten oder schon erlangt hatten. Wenn der Prediger Salomon sagt: „Alle Flüsse gehen ins Meer und das Meer wird nicht voll; zu dem Orte, von wo die Flüsse

---

1) S. oben S. 7.

ausgehen, kehren fie zurück,"[1] fo will er damit nicht eine Belehrung über
die Weife geben, wie aus dem Meere die Dünfte auffteigen und den Regen
bilden und fo die Quellen genährt werden; es ift ihm einzig und allein
darum zu thun, im Zufammenhange feines Buches auf den fteten Wechfel
und Kreislauf der irdifchen Dinge hinzuweifen, und diefen veranfchaulicht er
durch die Vergleichung mit einer Erfcheinung auf dem Gebiete der Natur,
die ihm durch eigene Beobachtung bekannt geworden war und die er bei
feinen Lefern als bekannt oder doch als für fie verftändlich vorausfetzen durfte.

Zweitens ift es unbedenklich, daß ein biblifcher Schriftfteller, nament=
lich in der Poefie, eine Auffaffung der natürlichen Verhältniffe und Erfchei=
nungen vorträgt oder feinen Worten zu Grunde legt, welche die Wiffen=
fchaft als unrichtig bezeichnen muß, welche aber trotzdem eine gewiffe Be=
rechtigung hat, da nämlich am Platze ift, wo es fich nicht um den begriff=
lichen und wiffenfchaftlichen, fondern um den anfchaulichen und populären
Ausdruck handelt. Heutzutage zweifelt nicht Mancher mehr daran, daß die
Erde fich um die Sonne und um fich felbft und nicht die Sonne um die
Erde dreht, und doch wird es Niemand einfallen, im gewöhnlichen Leben
und überhaupt da, wo es nicht darauf ankommt, den wiffenfchaftlich correc=
ten, fondern darauf, den verftändlichen und anfchaulichen Ausdruck zu wählen,
anders zu fagen als: die Sonne geht auf und unter, die Sonne hat ein
Drittel ihres Weges zurückgelegt und drgl. Warum follte fich der altteſta=
mentliche Dichter anders ausdrücken, warum nicht fagen: „Der Sonnenball
ift wie ein Bräutigam, hervortretend aus feinem Gemache, erfreut wie ein
Held zu laufen die Bahn. Von der Himmel Ende ift fein Ausgang und
fein Umfchwung bis an ihre Enden."[2] Und welcher Vernünftige wird An=
ftoß daran nehmen, wenn Jofue den Wunfch, das Tageslicht möge fort=
dauern bis zur gänzlichen Befiegung der Feinde, in die Worte einkleidet:
„Sonne, ftehe ftill in Gibeon und Mond im Thale Ajalon," und wenn
der Verfaffer des Buches Jofue die Erfüllung diefes Wunfches durch Got=
tes Wundermacht in den Worten berichtet: „Und es ftand ftille die Sonne
und der Mond hielt ein, bis das Volk fich gerächt hatte an feinen Fein=
den?"[3] Welche perfönliche Anficht Jofue und der biblifche Berichterftatter
über das Verhältniß der Sonne und der Erde hinfichtlich der Umdrehung
gehabt haben, kann uns ziemlich gleichgültig fein; wahrfcheinlich haben fie

[1] Eccl. 1, 7.
[2] Pf. 18, 6. 7.
[3] Jof. 10, 12. 13.

bei den Worten, die sie gebrauchten, gar nicht darüber nachgedacht, und wenn sie darüber nachgedacht haben, haben sie sicher sich die Vorstellung gebildet, welche bis auf Copernicus und Galilei die herrschende war. Der heilige Geist, welcher dem biblischen Schriftsteller beistand, hat das wahre Verhältniß gekannt; aber er wäre — wenn Sie den etwas profanen Ausdruck gestatten wollen — ganz aus seiner Rolle gefallen, wenn er dem biblischen Historiker bei dieser Gelegenheit die Unrichtigkeit der herrschenden Ansicht von der Bewegung der Sonne zum Bewußtsein gebracht und ihn veranlaßt hätte, Ausdrücke zu gebrauchen, welche Galilei als correct hätte gelten lassen. Daß es an jenem Tage in Folge eines göttlichen Wunders ungewöhnlich lange hell geblieben, das will die Bibel uns berichten und das kann jeder aus ihrem Berichte erfahren; uns weitere, astronomische Belehrungen zu geben, lag ihr ganz fern; darum kleidet sie ihren Bericht in Worte die zu allen Zeiten verständlich und insofern, wenn auch nur insofern richtig sind, als für die unbefangene, wenn Sie wollen, naive menschliche Anschauung die Sonne sich täglich von Osten nach Westen bewegt.

Diese nämliche populäre Auffassung liegt zu Grunde, wenn Moyses im ersten Capitel der Genesis Sonne und Mond neben den andern Sternen als die beiden großen Lichter des Himmels erwähnt. Sie sind dieses freilich nicht für den Astronomen, aber wohl für das Auge des Menschen; und wenn es wahnsinnig wäre, wollte Jemand mit Berufung auf Gen. 1, 16 es als Lehre der Bibel hinstellen, die Sonne sei der größte und der Mond der zweitgrößte Stern des Himmels, so wäre es ebenso wahnsinnig, wollte Jemand den Moyses oder den Geist, der ihn inspirirte, darüber tadeln, daß er die schöne Gelegenheit, die astronomischen Begriffe der Juden zu läutern, unbenützt vorübergehen läßt. Für den Zweck der Bibel ist es ganz irrelevant, ob ihre Leser den einen oder den andern Stern für den größten halten, wenn sie nur erfahren und glauben, daß Gott es ist, der die Sterne, ob groß oder klein, geschaffen hat und leuchten läßt zum Nutzen und zur Freude der Menschen.

Wenn also die Bibel von den Dingen der Natur so spricht, wie sie dem menschlichen Auge erscheinen, so ist damit keineswegs diese nach dem Gesagten relativ berechtigte Auffassung als eine absolut richtige bezeichnet, und man muß sich hüten, diese Auffassung nunmehr als die biblische zu bezeichnen: es ist die Auffassung des natürlichen Menschen im Unterschiede von dem Manne der Wissenschaft und dadurch, daß die Bibel sich in dieser Hinficht auf den Standpunkt des natürlichen gewöhnlichen Menschen stellt, will sie dieser Auffassung keine andere Berechtigung geben, als sie schon hat. Man muß sich aber ebensosehr hüten, auf Grund solcher populären, äußerlichen Auffassungen gleich an einen Widerspruch zwischen Bibel und Naturwissenschaft zu denken: die Bibel macht gar keinen Anspruch darauf, in solchen Dingen wissenschaftlich correct, sie macht nur Anspruch darauf, für den unbefangenen Leser verständlich zu sprechen.

Erlauben Sie mir, auch diese Concession, welche der Exeget dem Naturforscher machen kann, gegen den Verdacht der Neuheit und Bedenklichkeit dadurch zu sichern, daß ich ein paar ältere Theologen von unzweifelhafter Orthodoxie als Auctoritäten citire. Im Namen der Kirchenväter mag der hl. Hieronymus sprechen, den die Kirche als „den größten Lehrer in der Auslegung der hl. Schrift" verehrt. Er sagt: „Vieles wird in den heiligen Schriften den zur Zeit herrschenden Ansichten entsprechend, nicht objectiv richtig ausgedrückt — Multa in scripturis sanctis dicuntur juxta opinionem illius temporis, quo gesta referuntur, et non juxta quod rei veritas continebat." [1] — Als Vertreter des Mittelalters mag der hl. Thomas von Aquin auftreten. Er fertigt irgendwo in seiner Summa [2] eine Einwendung, welche auf Grund der buchstäblichen Auslegung einer Bibelstelle gemacht werden konnte, kurzweg mit den Worten ab: „secundum opinionem populi loquitur scriptura, — die Schrift gebraucht hier einen populären Ausdruck, den man nicht urgiren darf." Gerade bei der Erläuterung der Schöpfungsgeschichte macht Thomas wiederholt die Bemerkung, die hl. Schrift bequeme sich der Fassungskraft der Leser an. [3]

---

1) in Jer. 28, 10. 11. cf. in Matth. 14, 8.
2) 1. 2. q. 98, a. 3 ad. 2.
3) Z. B. 1 q. 68, a. 3 c.; q. 70, a. 1 ad 3. — Der Astronom Keppler sagt (Epitome astronomiae Copernicanae p. 138) über diesen Punkt Folgendes: „Die Astronomie eröffnet die Ursachen der natürlichen Dinge, sie untersucht die optischen Täuschungen ex professo. Die heilige Schrift, welche höhere Dinge lehrt, bedient sich der gewöhnlichen Redeweise, um verstanden zu werden, spricht nur ganz beiläufig von natürlichen Dingen nach Maßgabe wie sie erscheinen, als wonach der menschliche Sprachgebrauch gebildet ist. Die Schrift würde sich ebenso ausdrücken, wenn auch alle Menschen Einsicht in die optischen Täuschungen hätten. Denn auch wir Astronomen bilden ja nicht in der Absicht die Astronomie aus, um den gewöhnlichen Sprachgebrauch zu verändern, sondern wir wollen die Pforten der Wahrheit eröffnen, ohne jenen anzutasten. Wir sagen wie das Volk: die Planeten stehen still, gehen zurück . . ., die Sonne gehe auf und unter, sie steige zur Mitte des Himmels empor u. s. w. Dieses sagen wir mit dem Volke, so wie es unsern Augen erscheint, obgleich nichts davon wahr ist, worüber alle Astronomen einig

In der ganzen heiligen Schrift sind die Berührungen der übernatürlichen religiösen Belehrungen, welche ihre eigentliche Aufgabe sind, und der gelegentlichen und indirecten Erwähnungen natürlicher Dinge nur vereinzelt und, wenn man das Gesagte festhält, ohne große Schwierigkeit in Vergleich zu dem Heraemeron. Hier haben wir aber ein ganzes Capitel, in welchem die Bibel sich auf einem Gebiete bewegt, welches sie sonst nur gelegentlich und flüchtig berührt. Sie gibt allerdings auch hier zunächst religiöse, dogmatische Belehrungen, aber diese sind hier aufs innigste verwebt, ich möchte sagen verwachsen mit einem Berichte über Ereignisse auf dem Gebiete der Natur. Die vorausgeschickten allgemeinen Erörterungen werden uns in den Stand setzen, speciell in Bezug auf das Heraemeron in voraus wenigstens einigermaßen zu bestimmen, welches Maß von Mittheilungen über natürliche Dinge wir zu erwarten haben, und welchen Charakter diese Mittheilungen an sich tragen.

Ich habe bereits aus dem ersten Capitel der Genesis ein Beispiel angeführt, wo die Bibel sich im Ausdrucke der gewöhnlichen populären Anschauung anbequemt: sie spricht von zwei großen Himmelslichtern im Unterschiede von den andern Sternen, nicht darum weil Sonne und Mond wirklich die größten Sterne sind, sondern weil sie uns so erscheinen und weil wir sie, wenn wir nicht als Astronomen sprechen, so zu nennen pflegen. Aehnliche Ausdrucksweisen werden uns noch mehr begegnen, und wir werden im Allgemeinen berechtigt sein, bei der Auslegung des Heraemeron den Maßstab anzulegen, welchen wir an einen populären, und nicht den, welchen wir an den Bericht eines Fachgelehrten über Ereignisse und Erscheinungen auf dem Gebiete der Natur anzulegen pflegen.

---

sind. Um wie viel weniger dürfen wir von der göttlich inspirirten Schrift fordern, daß sie mit Hintansetzung des gewöhnlichen Sprachgebrauchs ihre Worte nach dem Leisten der Naturwissenschaft abmesse und mit dunkeln und ungehörigen Redensarten über Dinge, welche die Fassungskraft der zu Unterrichtenden übersteigen, das einfältige Volk Gottes verwirre und sich dadurch selbst den Weg zu ihrem eigentlichen weit erhabenern Ziele versperre."

„Gesetzt, ein Religionsstifter wie Moyses wäre bereits im Besitze aller neuern Erkenntnisse der Astronomie und Geologie gewesen, was hätte es genützt oder vielmehr was hätte es nicht geschadet, wenn er die Sprache des Copernicus, Newton, Laplace, Werner, L. von Buch oder Sir Charles Lyell geredet hätte? Er wäre zweitausend Jahre lang gewiß mißverstanden und mißachtet worden, und dies alles nur, um dem neunzehnten Jahrhundert einige Satisfaction zu geben; denn das zwanzigste Jahrhundert würde schon nicht mehr ganz die Genugthuung des neunzehnten empfunden haben." Ausland 1861, S. 410.

Im Uebrigen ist mit dem hl. Thomas [1]) in Bezug auf das Herae=
meron folgende Distinction zu machen: Einiges, was darin berichtet wird,
gehört ad substantiam fidei, ist wesentlich dogmatischen oder theologischen
Charakters, namentlich die Sätze, welche gleich im ersten Verse der Genesis
ausgesprochen werden: daß die Welt einen Anfang hat und daß sie ge=
schaffen ist. Anderes, was im Heraemeron berichtet wird, ist an sich
nicht dogmatischen oder theologischen Charakters, gehört also per se nicht
ad fidem; aber weil es mit jenen dogmatischen Sätzen verbunden in der
Bibel berichtet wird, gehört es per accidens ad fidem. Die Genesis
berichtet nicht bloß, daß die Welt von Gott geschaffen worden ist — was
eigentlich, strenge genommen, das Dogma ausmacht — sondern sie berichtet
auch über die Art und Weise und über die Ordnung, in welcher die Welt
geschaffen worden ist, und wenn dieser Punkt an sich nicht dogmatischen
oder theologischen Charakters ist, so participirt er doch an dem theologischen
Charakter, weil er in der hl. Schrift mit den an sich theologischen Sätzen
verbunden ist. — Was nun die ersten Sätze, die eigentlich theologischen
Sätze betrifft, sagt Thomas weiter, so darf in Bezug darauf Niemand
eine andere Meinung haben, als die herkömmliche, die traditionelle, die
kirchliche Auffassung. Die Bibel bewegt sich hier auf dem ihr eigenthüm=
lichen Gebiete, auf dem Gebiete der Glaubenswahrheiten; darum spricht
sie sich hier klar und bestimmt aus; der Sinn ihrer Worte ist in dieser
Hinsicht für jeden unbefangenen Leser klar; sie sind vormals von den Juden
und nachmals in der christlichen Kirche immer in einem bestimmten Sinne
verstanden worden; es ist in Bezug auf ihren Sinn ein unanimis consensus patrum und eine traditionelle Auslegung vorhanden, welche nach
den Regeln der Hermeneutik für den Exegeten bindend ist. Anders verhält
es sich mit den andern Elementen des Heraemeron, mit den Sätzen und
Ausdrücken, welche nicht auf das eigentlich Dogmatische, sondern auf das
damit in Verbindung stehende Natürliche Bezug haben. In Bezug auf
diese Dinge, sagt Thomas, wird der Bericht der hl. Schrift von den hei=
ligen Vätern verschieden ausgelegt. Diese Bemerkung ist etwas äußerlich,
aber ganz richtig. Die Scheidung von Licht und Finsterniß, von Wasser
und Land und dergleichen Dinge, welche das Heraemeron berichtet, haben
per se keine dogmatische Bedeutung, sondern nur per accidens, sofern sie
mit dem dogmatischen Satze von der Erschaffung der Welt durch Gott in

---

1) in l. 2. Sent. dist. 12, art. 2.

Verbindung gebracht werden. Nur insoweit also, als diese Dinge mit dem Dogma zusammenhängen, braucht die hl. Schrift sich klar und unzweideutig darüber auszusprechen. Was aber an diesen Dingen nicht den Theologen, sondern den Naturforscher interessirt, das zu lehren geht über den Zweck der hl. Schrift hinaus, und die hl. Schrift hat also nicht den Beruf, sich darüber klar und vollständig zu äußern, da sie überhaupt theologische, und nicht naturwissenschaftliche Belehrungen zu geben hat. Dinge, die ihrer Natur nach nicht Gegenstand der biblischen Offenbarung sind, können aber auch nicht Object der kirchlichen Tradition sein; über naturwissenschaftliche Fragen kann es daher ebensowenig wie über medicinische und grammatische einen consensus patrum oder eine kirchliche Lehrentscheidung geben. Die Kirche ist die unfehlbare Auslegerin der hl. Schrift, aber nur in rebus fidei et morum. Der unanimis consensus patrum ist für den katholischen Exegeten maßgebend, aber wieder nur* in rebus fidei et morum. Wie das hebräische Wort Kikajon bedeutet, unter was für einem Baume oder Strauche also nach dem Berichte der Bibel Jonas den Untergang Ninive's erwartet hat, darüber mögen die Gelehrten discutiren; ein Concil wird die Frage nie entscheiden, und wenn die Väter in Bezug auf diese Frage ebenso einig wären, wie sie darüber uneinig sind, wenn ein unanimis consensus patrum darüber vorhanden wäre, so würde es dem katholischen Exegeten doch unbenommen bleiben, anders zu erklären; denn mit den rebus fidei et morum hat diese Sache gar nichts zu thun. In solchen Dingen findet sich aber auch wohl niemals ein consensus patrum, und wenn also auch in den ersten Capiteln der Genesis nach der Bemerkung des hl. Thomas Vieles vorkommt, was die heiligen Väter und andere Ausleger verschieden gedeutet haben, so ist das ein Beweis dafür, daß erstens diese Stellen und Ausdrücke einer verschiedenen Deutung fähig sind, und daß wir zweitens bei der Auslegung dieser Stellen und Ausdrücke von Seiten der Theologie ziemlich freie Hand haben.

Thomas lehrt also dieses: was im Heraemeron von dogmatischer Bedeutung ist, das wird klar und bestimmt ausgesprochen; was nicht von dogmatischer Bedeutung ist, darüber spricht die Bibel unzweifelhaft richtig, — denn sie ist inspirirt, — aber sie spricht darüber, weil sie nicht den Beruf hat, uns auch über andere als religiöse Fragen zu belehren, nicht klar und unzweideutig, sondern so, daß ihre Worte in dieser Hinsicht eine mehrfache Deutung zulassen. Wegen des inspirirten Charakters der Bibel dürfen wir also erwarten, im Heraemeron keine Irrthümer, auch keine naturwissenschaftliche Irrthümer zu finden; wegen des religiösen Charakters der Bibel dagegen, weil die Bibel nicht den Beruf hat, uns auch über naturwissenschaftliche Dinge zu belehren, und weil sie sich darum über diese Dinge nicht mit derselben Klarheit und Unzweideutigkeit aus= spricht, wie über theologische Dinge, — darum dürfen wir nicht erwarten, im Heraemeron über die Punkte der Geologie, Astronomie u. s. w., welche nicht religiös bedeutsam sind, etwas Neues und für den gewöhnlichen Men= schen sonst nicht Erkennbares zu finden.

Sie werden nach dem Gesagten selbst leicht erkennen, daß mit den Grundsätzen des Fürsten der Scholastiker, wie ich sie entwickelt habe, fol= gende Exposition von Kurtz[1]) vollständig übereinstimmt:

„Es ist allerdings denkbar, daß ein physicalisches Moment in die Offenbarung religiöser Wahrheiten mit verwebt ist, sei es als der noth= wendige Träger der letztern oder als die mehr zufällige Folie und Umgebung derselben. Allerdings kann die religiöse oder ethische Stellung eines Natur= gegenstandes, welche Object der Offenbarung ist, durch die Naturbeschaffen= heit desselben, welche Object naturwissenschaftlicher Forschung ist, in der Art bedingt sein, daß eine irrthümliche Firirung der letztern auch der erstern eine verkehrte Fassung oder eine irreführende Richtung aufprägen würde. So hat ohne Zweifel z. B: die physische Beschaffenheit des Welt= baues, die Gliederung und Zusammengehörigkeit der einzelnen Weltkörper, ihre gegenseitige Bezüglichkeit und dergleichen mehr auch eine religiöse Be= deutsamkeit, die als solche an sich gar wohl Gegenstand der Offenbarung sein könnte, insofern deren Erkenntniß uns eine tiefere, umfassendere oder klarere Einsicht in den göttlichen Weltplan eröffnen würde. Aber auch in solchen Fällen kann eine physicalische Belehrung weder im Zwecke einer sol= chen Offenbarung liegen, noch auch in ihrer Aeußerung, — so daß der sich ihr gläubig hingebende Menschengeist dadurch veranlaßt oder genöthigt wäre, einen bisher festgehaltenen physicalischen Irrthum aufzugeben, oder durch dieselbe befähigt würde, einer künftigen Entwicklung menschlicher Wissenschaft vorzugreifen . . . Die Offenbarung enthält sich für solche Fälle der Beleh= rung, wie ja überhaupt nicht ihre Aufgabe ist, zur Zeit alles und jedes zu offenbaren, was religiös bedeutsam ist. Sie ist vielmehr wie ein Er= zieher, der dem Kinde nicht sogleich alles mittheilt, was er selbst weiß, sondern jedesmal zur Zeit nur das, dessen das Kind für seine Fortbildung

---

1) Bibel und Astronomie S. 10.

unmittelbar bedarf und für deſſen Aneignung es durch ſeine vorangegangene Bildung ſchon herangereift iſt. Ihren göttlichen Charakter bewährt die hl. Schrift in ſolchen Fällen darin, daß alle zukünftige Wiſſenſchaft in ihr Platz findet, daß ſie ſich in nichts verredet hat, daß keine neuere Wiſſenſchaft ihr ein „hätteſt du geſchwiegen" entgegenrufen kann. Wir ſind aber der Zuverſicht, daß einſt — im ewigen Leben — eine Offenbarung viel höherer und umfaſſenderer Art auch die Irrthümer unſerer naturwiſſenſchaftlichen Erkenntniſſe berichtigen, ihre Lücken ergänzen und ihr höheres religiöſes Verſtändniß uns eröffnen werde."

Die Auslegung der nicht rein dogmatiſchen Elemente des Heraemeron wird alſo — das können wir in voraus erwarten — in Einer Hinſicht kein ganz befriedigendes Reſultat liefern. Während wir ganz beſtimmt ſagen können, welche religiöſen Wahrheiten in dem Heraemeron gelehrt werden, können wir nicht ebenſo beſtimmt ſagen, welche naturwiſſenſchaftlichen Wahrheiten darin vorgetragen werden; denn die Bibel hat gar nicht die Abſicht, uns über dergleichen Dinge zu unterrichten; ſie erwähnt ja dieſelben überhaupt nur, ſoweit dieſes für ihren Zweck, das Vortragen religiöſer Wahrheiten, nöthig iſt. Darum ſind ihre Aeußerungen über die Dinge der Natur unbeſtimmt, lückenhaft und mehrdeutig. Die gewöhnlichen hermeneutiſchen Mittel ſetzen uns nicht in den Stand, die Sache beſtimmter, vollſtändiger und unzweideutiger zu machen; denn die Exegeſe ſoll ja nur das eruiren, was die Schrift ſagt, nicht das hinzufügen, was ſie nicht ſagt.

Wollen wir alſo eine beſtimmte und vollſtändige Geſchichte der Entwicklung der Schöpfung haben, ſo kann uns dieſe die Bibel allein nicht geben, weil ſie weder den Beruf noch die Abſicht hat, uns eine ſolche zu geben. Es bleibt uns dann alſo nichts anderes übrig, als die unbeſtimmten, lückenhaften und mehrdeutigen Notizen der Bibel durch das zu vervollſtändigen und zu präciſiren, was uns die naturwiſſenſchaftlichen Forſchungen lehren. Thun wir aber dieſes, ſo erhalten wir eine gemiſchte, eine aus zwei verſchiedenen Quellen geſchöpfte Darſtellung. Das hat aber wieder ſein Bedenkliches; denn während wir für für das, was aus der hl. Schrift geſchöpft iſt, die göttliche Bürgſchaft der Wahrheit haben, kann das, was wir nicht aus der Bibel geſchöpft, ſondern durch menſchliche Forſchung erkannt haben, nur auf menſchliche Gewißheit oder Wahrſcheinlichkeit Anſpruch machen, und es könnte da möglicherweiſe der Fall eintreten, daß der weitere Fortſchritt der naturwiſſenſchaftlichen Forſchung das, was wir als feſtſtehendes Reſultat angenommen, zweifelhaft machte oder als Irrthum erwiese, und daß also die eben erwähnte gemischte Darstellung wieder aufgegeben werden müßte. Darum kann der Theologe nicht strenge genug darauf bestehen, daß man seine Sache von dem Eigenthum der Naturforschung gesondert hält und theologische Lehrsätze mit naturwissenschaftlichen Wahrheiten nicht vermengt, namentlich diesen, wenn sie auch noch so annehmbar scheinen, nicht den Charakter von theologischen Wahrheiten beilegt. Schon der hl. Augustinus und der hl. Thomas ermahnen in dieser Hinsicht sehr dringend zur Vorsicht. „Was die hl. Schrift sicher lehrt, sagt Letzterer, ¹) das müssen wir unerschütterlich festhalten. Wo aber die Worte der hl. Schrift einer mehrfachen Auslegung fähig sind, da muß man sich wohl bedenken, ehe man eine Auslegung als die allein richtige, alle andern als ganz unzulässig bezeichnet; denn es könnte der Fall eintreten, daß der für einzig richtig gehaltene Sinn der betreffenden Stelle — durch Forschungen auf andern Gebieten — als falsch erwiesen würde; und dann könnte der Exeget durch seinen Eigensinn das Ansehen der Schrift compromittiren.“ „Ebenso ist es, sagt Thomas anderswo, ²) sehr bedenklich, in Dingen, welche nicht zum Dogma gehören, vom theologischen Standpunkte aus eine Entscheidung zu geben und die eine Ansicht als die theologisch richtige, die andere als theologisch unrichtig zu bezeichnen. Man soll die den Glaubenswahrheiten nicht widersprechenden Sätze, welche auf dem Gebiete der nicht theologischen Forschung gewonnen werden, benutzen, aber nicht als theologische Wahrheiten hinstellen und ebensowenig als dem Dogma widersprechend bezeichnen.“ „Wenn ein Christ, sagt der hl. Augustinus, ³) irrthümliche naturwissenschaftliche Ansichten vorträgt, so mag er dafür ausgelacht werden; aber wenn er seine irrthümlichen Meinungen als biblische Auffassung vorträgt, so ist das sehr zu tadeln, da Mancher, der es nicht besser weiß, meinen könnte, die Bibel lehre wirklich dergleichen.“

Der Exeget wird also das dogmatische Element des Heraemeron bestimmt und fest hinstellen müssen; was dagegen mit dem Dogma nur per accidens zusammenhängt, darf er nicht bestimmter aussprechen, als die Schrift es ausspricht. Er wird sich also damit begnügen müssen, zu sagen: die Worte der Schrift lassen — exegetisch betrachtet — folgende Auffassungen zu; welche von diesen Auffassungen die richtige ist, das weiß ich als Exeget

---

¹) 1. q. 68 a. 1 c.
²) Opusc. X.
³) de Gen. ad lit. 1, 19, 39.

nicht, und das hat die menschliche Forschung auf andern Gebieten zu er=
mitteln. Solange die menschliche Forschung noch nicht vollständig abge=
schlossen ist — und bei diesem Ziele ist sie leider noch nicht angelangt —
muß ich mich insofern neutral verhalten, als ich keinem Resultate der Geo=
logie u. s. w. das Siegel der Bestätigung durch die Bibel aufdrücken kann;
nur so viel kann ich sagen und beweisen: die wirklich bis jetzt gewonnenen
Resultate finden in der Bibel Platz; sie hat viele weiße Blätter, welche
die Naturforschung beschreiben mag; sie sagt über die natürlichen Dinge so
wenig, daß bis jetzt die Naturforschung noch nicht hat sagen können: Si
tacuisses.

Sie werden bemerkt haben, daß ich in meinem heutigen und theilweise
auch schon in meinem vorigen Vortrage bemüht gewesen bin, das festzustellen,
was wir als Theologen bei der Auslegung des Heraemeron festhalten
müssen und nicht aufgeben dürfen, und auf der andern Seite, was wir
concediren können. Wenn zwei Parteien eine aufrichtige Verständigung
versuchen wollen, so ist es immer am gerathensten, daß sie beide einerseits
die Punkte namhaft machen, auf welchen sie unter allen Umständen bestehen
zu müssen glauben, anderseits sich darüber aussprechen, worauf sie zu ver=
zichten bereit sind. Liegen diese Präliminarien vor, so läßt sich leicht über=
sehen, ob eine Verständigung möglich ist oder nicht.

In Sachen der Theologie gegen die Naturwissenschaften hat also die
Theologie nach den bisherigen Erörterungen folgende Vergleichsvorschläge
zu machen:

1) In der Bibel werden uns religiöse Wahrheiten mitgetheilt; diese
halten wir so fest, wie sie in der Bibel vorgetragen werden; in diesen
Punkten, in rebus fidei et morum, lassen wir uns bei der Auslegung der
hl. Schrift nur von den Regeln der Hermeneutik und von dem Urtheile
unserer Kirche und dem unanimis consensus patrum bestimmen, und müssen
uns alles und jedes Dreinreden von Seiten aller und jeder profanen Wis=
senschaft ein für allemal ganz entschieden verbitten.

2) Die Bibel hat nicht den Zweck, uns naturwissenschaftliche oder
andere profanwissenschaftliche Belehrungen zu geben, und die Inspiration
hatte nicht den Zweck, die biblischen Schriftsteller auf einen höhern wissen=
schaftlichen Standpunkt zu stellen.

3) Die Bibel spricht von den Ereignissen, Erscheinungen und Gesetzen
der Natur so, wie der gewöhnliche Mensch auf Grund dessen, was er wahr=
nimmt, davon redet; die Bibel macht also keinen Anspruch darauf, wissen=

schaftlich präcise und correct davon zu sprechen, sondern nur darauf, sich verständlich auszudrücken.

4) Im Heraemeron sind dogmatische Wahrheiten mit physicalischen Elementen verschmolzen; in Bezug auf das Dogmatische gilt §. 1, in Bezug auf das Andere §. 2. Die dogmatischen Sätze sind unzweideutig und bestimmt, die nicht dogmatischen Sätze sind nicht um ihrer selbst willen, sondern um der dogmatischen willen da; soweit sie für das Dogmatische wichtig sind, ist ihr Sinn klar; was darüber hinausgeht, ist unbestimmt und mehrdeutig. Die Exegese besteht in Beziehung auf diese Dinge nicht auf bestimmten Sätzen und verspricht, alle Resultate der naturwissenschaftlichen Forschung sehr tolerant und wohlwollend zu beurtheilen. So unerbittlich sie an allen dogmatischen Sätzen festhalten muß, so bereitwillig wird sie in andern Stücken ihre Nachgiebigkeit und ihre Hochachtung vor der Schwesterwissenschaft, der Exegese des Buches der Natur, an den Tag legen. Das Einzelne wird weitern Verhandlungen vorbehalten.

5) Die Theologie im Allgemeinen und die Exegese insbesondere ist ihrerseits fest überzeugt, daß es zu einer aufrichtigen und dauernden Einigung mit der Naturwissenschaft ganz sicher kommen wird, wenn diese ihrerseits mit der gleichen Offenheit und Versöhnlichkeit die Hand zum Frieden bietet.

IV.

Die Aufgabe der Naturwissenschaft.

Nachdem ich in der vorigen Stunde die allgemeine Regelung des Verhältnisses der biblischen Offenbarung und der Naturwissenschaft dadurch vorbereitet habe, daß ich auseinandersetzte, in wieweit wir überhaupt in der Bibel Belehrungen über naturwissenschaftliche Dinge zu erwarten berechtigt sind, müssen wir nunmehr die andere Seite der Sache in Betracht nehmen und die Frage beantworten, wie weit die profane Wissenschaft, von der Religion abgesehen, uns über die Dinge der Natur Aufschluß zu geben im Stande ist. Freilich betrete ich mit diesen Erörterungen ein Gebiet, auf dem ich nicht heimathberechtigt und also auch nicht so genau bekannt bin, wie auf dem theologischen. Indeß wird dieser Uebelstand vorerst hoffentlich ohne nachtheilige Folgen sein. Es handelt sich ja zunächst nur um die Regulirung der Grenze zwischen beiden Gebieten und darüber werden wir uns einigen können. Wir können ja von solchen, die auf dem andern Gebiete

3 *

zu Hause sind, hören, wie viel sie für sich in Anspruch nehmen, und wir wissen, wie weit wir uns von unserm, dem theologischen Gebiete im schlimmsten Falle die Grenzpfähle zurückstecken lassen dürfen. Bei der sehr versöhnlichen und nachgiebigen Gesinnung, von welcher, wie Sie Sich aus der vorigen Stunde erinnern werden, die Theologie in dieser Angelegenheit beseelt ist, und bei den sehr ausgedehnten Concessionen, welche sie, ohne ihren Grundsätzen etwas zu vergeben, machen kann, müßten die Herren von der andern Seite sehr unbescheidene Forderungen stellen, wenn die Einigung unmöglich werden soll.

Sie werden es gerechtfertigt finden, wenn ich bei der Festsetzung dessen, was die Naturforschung für sich in Anspruch nehmen kann, zwar nicht ausschließlich, aber doch vorzugsweise solche Forscher zu Worte kommen lasse, die bei ihren Erörterungen gar kein apologetisches Interesse zu Gunsten der Bibel und der Offenbarung verrathen, oder auch sich feindlich gegen dieselben verhalten. Nun zur Sache.

Es unterliegt keinem Zweifel, daß die Naturwissenschaft in unserm Jahrhundert ungeheuere Fortschritte gemacht hat. „Von den Tagen Newton's bis auf unsere Zeit hat man mehr wissenschaftliche Entdeckungen gemacht und eine genauere und ausgedehntere Kenntniß des ganzen Systems der Natur gewonnen, als in Jahrhunderten der frühern Zeit, ja man darf wohl sagen, als seit dem ersten Beginne der Civilisation. Wenn wir Newton's große Entdeckungen ausnehmen, so können wir sogar sagen: in wenig mehr als einem Menschenalter hat unser Jahrhundert größere Entdeckungen gemacht und das Gebiet der eracten Wissenschaften mehr erweitert, als viele Menschenalter vorher, wenigstens seit dem Wiederaufleben der Wissenschaften." [1]) Aber kein Kenner der Naturwissenschaften wird behaupten, sie seien bereits zum Abschluß gediehen und bei ihrem Ziele angelangt.

Die Naturwissenschaft muß von der Beobachtung des thatsächlichen ausgehen. Ihre Aufgabe ist, die unsern Sinnen erkennbaren Gegenstände, Erscheinungen und Ereignisse auf dem Gebiete der Natur zu sammeln, dieselben mit einander zu vergleichen und durch die Vergleichung, Beobachtung und Untersuchung derselben das Wesen der natürlichen Dinge und die Gesetze der Natur zu erforschen. In der Lösung ihrer ersten Aufgabe, der Constatirung des Thatsächlichen, ist nun unstreitig die Wissenschaft weit fort-

---

1) So Wiseman, Reden und Vorträge übers. von Reusch (Köln 1859), S. 332.

geschritten und namentlich hat unser Jahrhundert in dieser Hinsicht die glän=
zendsten Fortschritte aufzuweisen.

Als ich in meinen Jugendjahren in den Elementen der sogenannten
mathematischen Geographie unterrichtet wurde, hatte ich die Namen von
vier kleinen Planeten, sogenannten Asteroiden, sammt den Namen ihrer
Entdecker und der Jahreszahl der Entdeckung zu lernen; Sie wird man
schon mit dieser Geschichte verschont haben; denn zu Ceres, Juno, Pallas,
Vesta sind mittlerweile so viele Asteroiden — ich denke einige sechzig —
hinzugekommen, daß der Olymp beinahe nicht Göttinnen genug hat, um sie
zu benennen. Die Zahl der früher bekannten größern Planeten ist gegen
Ende des vorigen Jahrhunderts um den Uranus, in unsern Tagen noch
um den Neptun vermehrt worden. Herschel hat berechnet, daß es inner=
halb unseres Milchstraßensystems gegen 30 Millionen Sonnen gibt — zäh=
len Sie in jeder Minute hundert, und fahren vom Morgen bis zum Abend
vierzehn Tage lang damit fort, so werden Sie ungefähr Eine Million ge=
zählt haben. Unsere Fernröhre haben nicht nur die Milchstraße sondern auch
schon einen Theil der sogenannten Nebelflecken in Gruppen und Haufen von
einzelnen Sternen aufgelöst. Aber alle diese Entdeckungen eröffnen uns
doch nur Räume im Weltenall, die uns unendlich fern sind, und in die wir
wohl nie hier auf Erden eine volle Einsicht erlangen werden. Was weiß
auch die Astronomie von den Sternen, die uns relativ nahe sind? Die Ge=
setze ihrer Bewegung sind erforscht, wir haben sogar an der strahlenden
Sonne dunkle Flecken, auf der Oberfläche des Mondes Gebirge entdeckt;
aber über die nähere Beschaffenheit selbst dieser Gestirne kann die Astronomie
nur Vermuthungen aussprechen, nicht eigentliche Beobachtungen und darum
nicht feststehende Wahrheiten vorbringen. „Die Erfahrungen über den Bau
der Himmelskörper im Einzelnen, sagt Hermann Burmeister,[1]) sind un=
bedeutend und wegen mangelhafter, nur aus zu großen Entfernungen mit
unzureichenden Hülfsmitteln möglicher Wahrnehmungen kaum geeignet, uns
über die physische Beschaffenheit dieser Körper im Ganzen aufzuklären, ge=
schweige denn von ihrer Bildungsgeschichte, ihren Entwicklungskatastrophen
und ihren Bewohnern eine deutliche Vorstellung zu verschaffen."

Und steigen wir von dem Himmel zur Erde herab, was weiß die
Wissenschaft durch Beobachtung Factisches von dem Erdkörper? Die Geo=
gnosie hat die Rinde desselben untersucht und eine Reihe von verschiedenen

---

1) Geschichte der Schöpfung (6. Aufl. Volksausgabe. Leipzig 1854), S. 1.

Formationen gefunden, ungeſchichtete und geſchichtete, Urgebirge und Ueber=
gangsgebirge und darüber und daneben Flötzgebirge mit ſecundären und
tertiären Formationen u. ſ. w. Sie hat uns auf den großen Leichenacker
der Urwelt geführt und mit manchfaltigen und großartigen Foſſilien in
reicher Fülle bekannt gemacht. Aber alle dieſe Beobachtungen ſind noch
lange nicht zum Abſchluß gekommen. Man hat doch immer nur an ein=
zelnen, verhältnißmäßig kleinen Stellen das, was unter der Oberfläche der
Erde liegt, unterſucht, — der Meeresboden, welcher faſt drei Viertel der
Erdoberfläche einnimmt, iſt uns ſo gut wie ganz unbekannt, — und wo
man am tiefſten in ihr Inneres eingedrungen iſt, da iſt man nach Hum=
boldt's[1] Angabe nicht viel mehr als 2000 Fuß, alſo weniger als $\frac{1}{11}$ Meile
unter dem Niveau des Meeres eingedrungen, alſo etwa bis zum 10,000ſten
Theile des Halbmeſſers der Erde. Denken Sie Sich die Erde durch einen
Globus von 16 Zoll im Durchmeſſer dargeſtellt, ſo iſt das Papier, womit
derſelbe überklebt iſt, ungefähr dick genug, die Erdkruſte darzuſtellen, ſoweit
ſie unterſucht iſt. Der Ritz einer Nadel auf dem Firniß des Globus iſt
verhältnißmäßig ebenſo tief, wie das tiefſte Bergwerk. „Was darunter liegt,
ſagt Humboldt,[2] iſt uns ebenſo unbekannt, wie das Innere der andern
Planeten unſeres Sonnenſyſtems. Wo aber, fährt er fort, alle Kenntniß
der chemiſchen und mineralogiſchen Naturbeſchaffenheit im Innern des Erd=
körpers fehlt, ſind wir wieder, wie bei den fernſten, um die Sonne kreiſen=
den Weltkörpern, auf bloße Vermuthungen beſchränkt."

Das Buch der Natur iſt mithin für den Menſchen noch zum ſehr
großen Theile ein verſchloſſenes Buch, und wenn wir in unſern Tagen ſchon
viel mehr Blätter deſſelben aufgeſchnitten haben, als vor einem halben Jahr=
hundert geleſen werden konnten, ſo wird doch kein Kundiger verkennen,
daß uns noch ſehr Vieles nicht zugänglich iſt, daß der Fortſchritt der
Forſchung uns mit noch manchen jetzt nicht geahnten Data bekannt machen
kann, daß uns Vieles wahrſcheinlich hier auf Erden immer unergründet
bleiben wird, daß die heutige Naturwiſſenſchaft jedenfalls nicht darauf An=
ſpruch machen kann, ihr Gebiet bereits vollſtändig zu kennen und daß eine
abſolute Vollſtändigkeit der Beobachtungen nach menſchlicher Berechnung
wohl für immer ein unerreichbares Ideal bleiben wird. „Erfahrungswiſſen=
ſchaften, ſagt Humboldt,[3] ſind nie vollendet. Die Fülle der ſinnlichen

---

1) Kosmos (Stuttg. 1845) I, 166.
2) Kosmos I, 166. 167.
3) Kosmos I, 65.

Wahrnehmungen ist nicht zu erschöpfen; keine Generation wird sich je rüh=
men können, die Totalität der Erscheinungen zu übersehen."

Die Wissenschaft beschränkt sich aber mit Recht nicht darauf, die Ge=
genstände und Erscheinungen der Natur thatsächlich kennen zu lernen; sie
sucht auch die Phänomene zu erklären, das Wechselverhältniß der Dinge,
die Ursachen und Gesetze der Erscheinungen u. s. w. zu ergründen; erst
dadurch wird ja die Kenntniß der Natur zu einer Wissenschaft. Man
sucht dann weiter zu ermitteln, ob die jetzigen Zustände und Verhältnisse
der Natur vielleicht andere, frühere zur Voraussetzung haben. Die Be=
schaffenheit unseres Erdkörpers insbesondere zeigt deutliche Spuren von ver=
schiedenen Entwicklungsstufen und die Wissenschaft versucht es, die Geschichte
der Erde von ihrem jetzigen Zustande bis zu den ältesten Zeiten hinauf zu
construiren; und gerade dieser letztere Zweig der Naturwissenschaft, die
Geologie, ist es ganz besonders, mit welchem wir uns bei dem biblischen
Schöpfungsbericht auseinander zu setzen haben. — Zu der unvollkommenen
Kenntniß der thatsächlichen Erscheinungen, die ich eben erwähnte, kommt nun
aber hier ein zweiter großer Uebelstand hinzu, nämlich die Unsicherheit der
daraus gezogenen Schlüsse und der darauf basirten Ansichten.

Halten Sie es nicht für anmaßend, wenn ich über die Sicherheit und
Zuverlässigkeit der naturwissenschaftlichen, insbesondere der geologischen An=
sichten der Gegenwart ein Urtheil ausspreche, ohne selbst ein Mann vom
Fache zu sein. Daß noch vieles sehr unsicher ist, kann auch ein Laie er=
kennen und beweisen, und zwar ganz einfach aus der Thatsache, daß aner=
kannte Auctoritäten unter den Fachgelehrten erstens über viele wichtige Fra=
gen uneinig sind, und zweitens es offen eingestehen, daß man von sichern
Resultaten in sehr vielen Dingen noch weit entfernt sei.

In der That, wenn man die Exegese der hl. Schrift mitunter wegen
der großen Uneinigkeit der Exegeten verspottet hat, so könnten wir wenig=
stens den Exegeten des Buches der Natur diesen Spott mit Zinsen zurück=
geben. Ein italienischer Geologe [1]) macht die maliciöse Bemerkung, die
Natur müsse sich schon ganz besonders klar äußern, wenn vier Naturforscher
ganz übereinstimmen sollten.

Ein englischer Geologe, den ich leider nicht namhaft machen kann, da
sein vor einigen Jahren zu Dublin gedrucktes gelehrtes Werk: „die Geologie

---

1) Brocchi bei Pianciani, Erläuterungen zur mosaischen Schöpfungsgeschichte
(Regensb. 1853) S. 36.

in ihrem Verhältniß zur geoffenbarten Religion" [1]) anonym erschienen ist, macht folgende Geständnisse: „In allen menschlichen Künsten und Wissenschaften ist der Fortschritt zur Vollkommenheit ein langsamer und allmäliger. Wir dürfen uns darum nicht wundern, wenn der Mensch in seinen Versuchen, die Phänomene der Natur zu erklären, fehlgreift und oft irre geht. Aber merkwürdig ist es in der That, daß Männer von hoher geistiger Begabung nicht selten als die Vertreter von ganz absurden Theorieen auftreten. Sie entwerfen Systeme, welche mit ihren vorgefaßten Meinungen harmoniren, und diese Systeme werden ihrerseits durch andere über den Haufen geworfen, welche oft minder absurd, aber gewöhnlich nicht minder irrig sind ... Viele der angesehensten Geologen," sagt der Verfasser weiterhin, „sind über mehrere wichtige Punkte nicht einig, und die jetzigen Geologen verwerfen ohne Bedenken die Systeme ihrer Vorgänger."

In diesem letztern Punkte, dem Verwerfen der ältern geologischen Systeme, scheinen die heutigen Geologen allerdings einig zu sein. Ein anderer englischer Gelehrter [2]) sagt, erst seit 50 Jahren sei die Geologie eine Wissenschaft der Beobachtung und der Induction, und nicht der Erfindung geworden; die Träumereien der frühern Geologen hätten die Wissenschaft in Verruf gebracht.

Man erlaubte sich nämlich früher vielfach bei der Darstellung der Geschichte des Erdkörpers Ursachen anzunehmen, welche mit den jetzt geltenden Naturgesetzen nicht harmoniren. Dadurch war natürlich der Phantasie Thür und Thor geöffnet. Davon ist man zurückgekommen und es wird heutzutage anerkannt, daß man von den jetzigen Erscheinungen ausgehen müsse und nur solche Ursachen und Gesetze als in der Vergangenheit wirkend annehmen dürfe, welche sich aus den jetzigen Erscheinungen nachweisen lassen. „Die Gesetze der Natur," sagt Nöggerath, [3]) „auf welche sich die vormaligen und die jetzt erfolgenden Umgestaltungen der Erde gründen, sind immer unverändert dieselben geblieben. Nur bei dieser unzweifelhaften Voraussetzung können die Phänomene der Geologie richtig erklärt werden; und alle Versuche von bezüglichen Erklärungen, welche jener gesetzmäßigen Constanz widersprechen, wie deren in ältern Zeiten vielfach aufgetaucht waren, haben

---

1) Geology in its relation to revealed religion. By C. B. Dublin 1853, p. 1. 5.
2) *J. Trimmer*, Practical Geology and Mineralogy (London 1841), p. 5.
3) Die gesammten Naturwissenschaften populair dargestellt von Dippel u. A. (2. Aufl., Essen 1861) III, 115.

ihren Zweck verfehlt. Die neuere Geologie bewegt sich ausschließlich auf jener festen Basis."

„Wir müssen," sagt Burmeister, [1] „die Umwälzungserscheinungen lediglich aus den Resultaten ableiten, welche uns die Erde in gegenwärtiger Zeit selbst darbietet. Denn noch heute arbeitet die Erde, wie alle wissenschaftlichen Erscheinungen bestätigen, ganz mit denselben Mitteln, deren sie seit ihrer Existenz im Weltraume als individualisirter Körper zur Ausbildung und Umgestaltung ihrer Oberfläche sich bedient hat. Die Basis alles Wissens wird also in ihrer Geschichte ein genaues Studium der Gegenwart sein müssen, und mit den Resultaten dieser Untersuchungen ausgerüstet, werden wir uns an die Deutung und Darstellung früherer Perioden wagen dürfen."

„Die Nothwendigkeit," sagt Cuvier, [2] „in welcher sich die Geologen sahen, Ursachen aufzusuchen, verschieden von denen, welche wir jetzt wirken sehen, ist Schuld, daß sie so viele außerordentliche Hypothesen aufstellten und sich nach so vielen entgegengesetzten Richtungen hin verirrten. Aber, fährt er dann fort, wie viel Verschiedenheit und Widerspruch herrscht nicht auch unter denjenigen Geologen, welche mit mehr Zurückhaltung verfuhren und welche ihre Mittel nicht außerhalb des Gebietes der gewöhnlichen Physik und Chemie suchten!"

Seit Cuvier hat die Geologie sehr große Fortschritte gemacht; aber zu einer Einigung ist es in vielen der Hauptfragen unter den Gelehrten bis zur Stunde noch nicht gekommen. Ueber die Grundfrage, ob die erste Bildung des Erdkörpers auf dem feuerflüssigen oder auf dem wasserflüssigen Wege erfolgt sei, ist man noch ganz uneins. Es hat eine Zeit gegeben, wo es schien, als ob die erstere Theorie, der s. g. Vulcanismus, die andere, den Neptunismus, wissenschaftlich vollkommen überwunden habe. Der Sieg ist aber neuerdings wieder in Frage gestellt; die Neptunisten behaupten in der Chemie eine starke Bundesgenossin gefunden zu haben, und treten wieder zuversichtlicher auf, als je zuvor. Es ist nicht unsere Sache, tantas componere lites; aber wir dürfen constatiren, daß diese lites vorhanden sind. Diese allgemeine Controverse hat dann weitere einzelne Controversen in großer Zahl zur nothwendigen Folge. Der Granit z. B., welcher bei den Geologen als die Felsengrundlage der Erdkruste gilt,

---

1) a. a. O. S. 2.
2) Discours sur les revolutions de la surface du globe (Cinquième édition 1828), p. 43.

ist nach Vielen ganz sicher eine Felsart feurigen Ursprungs und gerade die Form, in welche die einst feuerflüssige Materie unserer Erdkruste zuerst verwandelt wurde. So wird die Sache in der „Natürlichen Geschichte der Schöpfung“ vorgetragen, welche Carl Vogt aus dem Englischen übersetzt hat.[1] Der Uebersetzer macht aber selbst zu dieser Darstellung die lakonische Note: „Gegen den feurigen Ursprung des Granites sind früher schon durch Fuchs, neuerdings aber durch Bischof in Bonn so gegründete Zweifel erhoben worden, daß man kaum noch an denselben glauben kann.“

Man hat bekanntlich auch die Zeit berechnet, welche zwischen den frühern Zuständen unseres Planeten und der Gegenwart liege, ist aber dabei zu sehr widersprechenden Resultaten gelangt. Von der Epoche vor Entstehung der Steinkohlen bis zur jetzigen Periode des Erdkörpers rechnet G. Bischof 1,300,000 Jahre. Eine Berechnung von Arago reducirt diesen Abstand auf 313,600 Jahre, also ungefähr ein Viertel. Später hat Bischof wieder denselben Zeitraum zu 9 Millionen Jahren bestimmt. Das zeigt mindestens, wie Burmeister[2] bemerkt, wie unsicher die numerischen Resultate überhaupt sind, die aus jetzigen Erfahrungen über frühere Zustände gefolgert werden können.

Durch die oft gebrauchte Redensart „die sämmtlichen Naturforscher seien in einer Sache derselben Ueberzeugung“ dürfen wir uns also nicht beirren lassen. Schon Göthe[3] hat davon gesagt: „Diese Versicherung ist das Schrecklichste, was man hören muß. Wer aber die Menschen kennt, der weiß, wie das zugeht: gute, tüchtige, kühne Köpfe putzen durch Wahrscheinlichkeit sich eine solche Meinung heraus; sie machen sich Anhänger und Schüler, eine solche Masse gewinnt eine literarische Gewalt, man steigert die Meinung, übertreibt sie und führt sie mit einer gewissen leidenschaftlichen Bewegung durch. Hundert und hundert wohldenkende Männer, die in andern Fächern arbeiten, die auch ihren Kreis wollen lebendig wirksam, geehrt und respectirt sehen, was haben sie Besseres und Klügeres zu thun, als jenen ihr Feld zu lassen und ihre Zustimmung zu dem zu geben, was sie nichts angeht? Das heißt man alsdann: allgemeine Uebereinstimmung der Forscher.“

---

1) Natürliche Geschichte der Schöpfung u. s. w. [Der englische Titel heißt: Vestiges of the natural history of creation.] Aus dem Englischen nach der sechsten Auflage und mit Zusätzen von Carl Vogt (2. Aufl. Braunschw. 1859), S. 25.

2) a. a. O. S. 135.

3) bei A. Wagner, Geschichte der Urwelt (2. Aufl. Leipz. 1857) I, 31.

Wir brauchen uns selbst kein Urtheil in naturwissenschaftlichen Fragen anzumaßen, wir brauchen nur die Angaben der neuesten und angesehensten Werke auf diesem Gebiete mit einander zu vergleichen, um die Ueberzeugung zu gewinnen, daß bei den meisten derjenigen Fragen, die uns interessiren, von einer allgemeinen Uebereinstimmung der Forscher nicht die Rede sein kann. Man wird uns nicht verwehren dürfen, daß wir aus dieser Wahrnehmung den Schluß ziehen, die Naturwissenschaft sei in Bezug auf viele dieser Fragen gar noch nicht zu gesicherten Resultaten gelangt.

Wahrhaft gründliche Forscher sind darum in der Schätzung dessen, was die Naturwissenschaft wirklich als festes Resultat bezeichnen kann, sehr bescheiden. „Solche Darstellungen," sagt Burmeister, [1] „denen wir den Namen Hypothesen beilegen, werden in unserer Schöpfungsgeschichte immer eine große Rolle spielen müssen, und auf ihrem Gebiete, auf dem der Wahrscheinlichkeit, werden wir uns umsomehr befinden, je ferner der Zeitpunkt, den wir betrachten, der Gegenwart liegt, und je weniger sein Factum durch Thatsachen in gegenwärtiger Zeit sich ergründen und begreifen läßt."

„Die wahre Geognosie, sagt Humboldt, [2] lehrt uns die äußere Erdkruste kennen, wie sie gegenwärtig ist. Das ist eine Wissenschaft, so sicher, wie nur immer eine physicalische beschreibende Wissenschaft sein kann. Dagegen ist alles, was auf den frühern Zustand unseres Planeten Bezug hat . . ., so ungewiß, als die Art, wie sich die Atmosphäre der Planeten gebildet . . . Dennoch liegt die Zeit nicht weit hinter uns, da sich die Geologen vorzugsweise mit diesen Problemen beschäftigten, deren Lösung fast unmöglich ist, mit diesen fabelhaften Zeiten der physicalischen Geschichte der Welt." — „Wer verbürgt uns, sagt Humboldt an einer andern Stelle, [3] daß auch nur die Zahl der lebendigen, im Weltall wirkenden Kräfte bereits ergründet ist?"

Ein französischer Geologe, Alexander Brogniart, schließt ein Werk über die Gebirgsformationen [4] mit den Worten: „Sollten Andere sich hinreichende Kenntnisse der geologischen Naturerscheinungen zutrauen und mit einem so kühnen und durchdringenden Geiste begabt sein, um mit den wenigen Ma-

---

[1] a. a. O. S. 2.
[2] Essai géognostique sur le gisement des roches, p. 5.
[3] Kosmos I, 31.
[4] Die Gebirgsformationen der Erde. Aus dem Französischen von Kleinschrod (1830) S. 366.

terialien, welche wir besitzen, die Schöpfungsweise unseres Erdkörpers darzustellen, so überlassen wir ihnen dieses glänzende Unternehmen gern; wir
fühlen uns weder im Besitze der Mittel noch der Kraft zu der Aufführung
eines so kühnen, vielleicht aber auch so wenig dauerhaften Gebäudes." —
Ganz ähnlich äußert sich ein englischer Forscher, Whewell:[1] „Wir haben
eine Masse von beobachteten Thatsachen aufgehäuft und uns mit ernster
Wißbegierde, aber bis jetzt mit sehr unvollkommenem Erfolge bestrebt, aus
diesen Thatsachen eine klare und zusammenhängende Kenntniß der Geschichte
der Veränderungen der Erde zu entnehmen." — „Freilich können sich die
Naturwissenschaften rühmen," sagt Quenstedt,[2] um nach Deutschland zurück-
zukehren, „daß sie Einzelnes, was an der Oberfläche liegt, mit Sicherheit
heute wissen; demungeachtet ist selbst dieses Einzelne erst durch ein System
von Irrthümern errungen. Denn wenn eine Generation vorher das für
Aberglauben erklärt, was die nächstfolgende sofort über allen Zweifel erhebt, so wird das auf den bescheidenen Beobachter des gebührenden Eindrucks nicht verfehlen. Es sind eben menschliche Ueberzeugungen, die gar
bald wieder in einem andern Lichte erscheinen, wenn ein weiterer Fortschritt
der Wissenschaft uns neue Gesichtspunkte eröffnet. Ohne im Beobachten
zu ermüden, sehnen auch wir uns nach Aufklärung, die uns in diesem Leben
selbst über den gewöhnlichsten Verlauf irdischer Dinge nicht in sonderlicher
Aussicht steht. Ob uns diese Aufklärung je werde, kann der Naturforscher
zwar nicht ausmachen, allein für das Gemüth wäre es hart, wenn der Mensch
sich sagen müßte, der stille Drang seines Innern fände nie Befriedigung."

Wo uns die Wissenschaft in so liebenswürdiger Bescheidenheit entgegen-
tritt, da sind die Aussichten auf eine ehrliche Verständigung sehr günstig.
Der Drang des Innern nach vollkommener Erkenntniß — das anerkennt
auch die Theologie — ist ganz berechtigt, und wird nicht immer ohne Befriedigung bleiben. Im Diesseits wird freilich unser Erkennen immer Stückwerk bleiben. Jedenfalls ist, nach dem Eingeständnisse der Männer der
Wissenschaft selbst, das astronomische, geologische und überhaupt naturwissenschaftliche Wissen unserer Zeit noch Stückwerk — aus dem doppelten
Grunde, weil erstens die Beobachtungen und die constatirten Thatsachen
nichts weniger als vollständig vorliegen und weil zweitens die Fachgelehrten

---

[1] bei Trimmer a. a. O. p. 478.
[2] Sonst und Jetzt. Populäre Vorträge über Geologie (Tübingen), S. 281.

hinsichtlich der aus den Thatsachen zu ziehenden Folgerungen vielfach noch nicht zu übereinstimmenden, also auch nicht zu sichern Resultaten gelangt sind.

Sie bemerken indeß wohl, daß die Hervorhebung dieses Umstandes das Wesen der Sache eigentlich nicht berührt. Die Naturwissenschaft wird uns bereitwillig einräumen, daß ihre Entwicklung noch nicht abgeschlossen ist, und daß sie uns jetzt in manchen Punkten noch keine sichern Resultate vorlegen kann; es ist aber zu hoffen, daß sie immer mehr und immer sichere Resultate gewinnen wird; ist dabei nun nicht zu befürchten und berechtigen nicht vielleicht schon die jetzt vorliegenden Resultate zu der Befürchtung, daß die Resultate der Forschung auf ihrer höchsten Entwicklungsstufe mit den theologischen oder biblischen Wahrheiten in Conflict gerathen werden? Wir könnten auf diese Frage die Antwort geben, daß der bisherige Entwicklungs= gang eher das Gegentheil erwarten lasse; wir könnten darauf hinweisen, daß das Verhältniß zwischen Bibel und Naturwissenschaft oder besser gesagt zwischen Exegeten und Naturforschern im vorigen Jahrhundert ein viel un= freundlicheres gewesen ist, als jetzt, und daß man sich im Laufe der Zeit allmälig näher gekommen ist, daß wir also in dieser Hinsicht, nach dem bisherigen Verlaufe der Dinge, eher hoffnungsvoll als ängstlich der Zukunft entgegensehen dürfen. Aber auch damit kommen wir nicht zu einem gründlichen Frieden. Wir müssen uns vielmehr darüber klar werden, welches die Auf= gabe der Naturwissenschaften ist, welcher Art die Sätze sind, die sie als Resultat ihrer Untersuchungen gewinnen kann, und ob diese Sätze ihrem Wesen nach der Art sind, daß eine Collision mit den Sätzen der Theo= logie überhaupt möglich ist; wir müssen mit andern Worten das Gebiet abstecken, auf welches die Naturwissenschaft als auf ihr rechtmäßiges und ausschließliches Eigenthum Anspruch machen kann, und sehen, ob bei dieser Grenz=Regulirung die Theologie eine Beunruhigung in ihrem Gebiete zu befürchten hat.[1])

„Der Naturforscher setzt sich als Ziel, wie Humboldt[2]) es ausdrückt, die Erscheinungen der körperlichen Dinge in ihrem allgemeinen Zusammen= hange, die Natur als ein durch innere Kräfte bewegtes und belebtes Ganze aufzufassen.“ Die Naturwissenschaft hat es also mit der sichtbaren Welt zu thun, mit den Phänomenen, die wir sehen, hören oder überhaupt wahr= nehmen, also im Allgemeinen mit den materiellen Dingen und ihren Er=

---

1) Zu dem Folgenden vergl. Newman, Vorträge und Reden, S. 267.
2) Kosmos I, Vorr. VI.

scheinungen. Diese Dinge und Phänome werden von der Naturwissen=
schaft constatirt, geordnet, gleichsam katalogisirt, mit einander verglichen und
combinirt und kann dazu benutzt, um aus ihnen die ihnen zu Grunde lie=
genden und für sie geltenden Gesetze zu ermitteln. Die Wissenschaft sucht
die complicirten Phänomene in einfache Elemente und Principien aufzulösen;
aber sobald sie bei den ersten Elementen, Principien und Gesetzen anlangt,
ist ihre Mission zu Ende. „Was ich physische Weltbeschreibung nenne,
sagt Humboldt,[1]) ist die denkende Betrachtung der durch Empirie gegebenen
Erscheinungen als eines Naturganzen." „Die Auffindung von Gesetzen,
sagt er weiter, erscheint in der Erfahrungswissenschaft als das letzte Ziel
menschlicher Forschung."

Der Naturforscher mag die Naturgesetze durch lange Perioden verfol=
gen; er mag untersuchen, durch welche Veränderungen unter dem Einflusse
der Naturgesetze die Materie zu ihrem jetzigen Zustande gelangt ist, welche
andere Zustände dem jetzigen vorhergegangen sind, und welcher Zustand als
der erste anzunehmen ist, von dem alle folgenden Entwicklungen ausgegan=
gen sein können. Die weitere Frage aber: woher stammt die Materie in
diesem ihrem ersten Zustande? ist sie immer dagewesen oder ist sie durch eine
außer ihr stehende Kraft ins Dasein gerufen worden? die weitere Frage:
haben die Naturgesetze immer ihre Geltung gehabt, oder woher rühren sie?
— diese Fragen kann der Naturforscher als solcher nicht beantworten; sie
liegen für ihn extra artem, seine Wissenschaft ist hier incompetent. Der
einzelne Naturforscher mag darüber seine sehr bestimmten Ansichten oder
Ueberzeugungen haben; aber er hat diese nicht als Naturforscher, sondern als
Philosoph oder als Bekenner einer Religion. Wir können sagen: jene erste
Materie nöthigt uns zu der Annahme, daß ein Wesen da sein muß, durch
welches sie ihr Dasein hat; die Gesetze, welche wir in der Natur ent=
decken, nöthigen uns zu der Annahme, es müsse ein Wesen da sein, welches
diese Gesetze gegeben hat; aber wenn wir diesen Schluß machen, bewegen
wir uns schon nicht mehr auf dem Gebiete der Naturwissenschaft, sondern
auf dem Gebiete der Philosophie oder der Religion. Die Naturwissenschaft
sagt darüber nichts und kann darüber nichts sagen. Der Naturforscher kann
sagen: gib mir diesen Stoff und diese Kräfte und ich will die Welt con=
struiren, wie sie jetzt ist; oder: die Welt, wie sie jetzt ist, kann aus diesem
Stoffe und durch die Wirksamkeit dieser Kräfte entstanden sein; aber ob

---

1) Kosmos I, 31. 32.

dieser Stoff und diese Kräfte immer gewesen sind, ob sie von selbst aus nichts geworden sind, ob ein außerhalb dieses Stoffes und dieser Kräfte stehendes Wesen sie hervorgebracht hat — das weiß ich als Naturforscher nicht und das kann mich als Naturforscher nicht einmal interessiren; wen es interessirt — und wen sollte es nicht interessiren? — der mag anderswo die Antwort auf diese Frage suchen, bei der Philosophie, und wenn diese nicht ausreicht, bei der Theologie. „Es ist eine bloße Selbsttäuschung, sagt Kurtz,[1] wenn ein Naturforscher sich einbildet oder Andern einreden will, die Ergebnisse seiner empirischen Forschung hätten ihn zum Leugner der biblischen Lehre von der Weltschöpfung gemacht; nicht die Empirie ist Schuld daran, sondern die Speculation.“ Wenn der Astronom Lalande sagt, er habe den ganzen Himmel durchforscht, aber Gott nicht gefunden, so ist daran nicht die Astronomie Schuld; sie „mag aus der Analogie von Ent- stehungen und Entwicklungen, die noch jetzt Gegenstand der Beobachtung sind, die Entstehung und Ausbildung der Weltkörper zu dem, was sie jetzt sind, begreiflich machen zu können glauben; sie wird es aber nie wagen zu entscheiden, ob die Urstoffe und Urkräfte, von denen sie dabei ausging, ewig gewesen oder in der Zeit geschaffen sind, ob das Zusammenwirken dieser Stoffe und Kräfte zur Bildung der Weltkörper ein bloß zufälliges oder durch einen höhern persönlichen Willen getragenes und beherrschtes ge- wesen ist.“[2]

V.

Die Erschaffung aus Nichts.

Vor dreißig Jahren schrieb ein berühmter deutscher Denker, Schleiermacher, an einen jüngern Freund, den jetzt auch schon verstorbenen Lücke, Folgendes: „Wenn Sie den gegenwärtigen Zustand der Naturwissenschaft betrachten, wie sie sich immer mehr zu einer umfassenden Weltkunde gestaltet, was ahndet Ihnen von der Zukunft, ich will nicht einmal sagen für unsere Theologie, sondern für unser evangelisches Christenthum? .. Mir ahndet, daß wir werden lernen müssen, uns ohne Vieles zu behelfen, was Viele noch gewohnt sind, als mit dem Wesen des Christenthums unzertrennlich verbunden zu denken. Ich will gar nicht vom Sechstagewerk reden, aber

---

1) Bibel und Astronomie S. 12.
2) Kurtz a. a. O. S. 298.

der Schöpfungsbegriff, wie er gewöhnlich construirt wird, ... wie lange wird er sich noch halten können gegen die Gewalt einer aus wissenschaftlichen Combinationen, denen sich Niemand entziehen kann, gebildeten Weltanschauung? ... Was soll denn werden, mein lieber Freund? Ich werde diese Zeit nicht mehr erleben, sondern kann mich ruhig schlafen legen; aber Sie, mein Freund, und Ihre Altersgenossen, was gedenken Sie zu thun?" [1]

Man hat mit Recht zu dieser zaghaften Rede als Parallelstelle die Worte citirt, in welchen die Kundschafter, die Moyses ins gelobte Land geschickt, im Buche Numeri [2] Bericht erstatten: [3] "Es wohnt starkes Volk darin und es sind dort große und ummauerte Städte; wir vermögen nicht hinaufzuziehen gegen dieses Volk, denn es ist stärker als wir. Und sie verschrieen das Land, das sie erkundet hatten, bei den Kindern Israels, indem sie sprachen: das Land, wodurch wir gegangen sind, frißt seine Einwohner, und alles Volk, das wir darin sahen, ist von großer Länge. Wir sahen dort Riesen und wir waren wie Heuschrecken im Vergleich zu ihnen."

Israel hat das Land, das Gott ihm als Eigenthum gegeben, gleichwohl erobert; denn Gott war mit ihm. Wenn wir die Gewißheit haben, daß Gott auch mit uns ist, daß seine Kirche auf einen Felsen gebaut ist, so brauchen wir auch nicht zu befürchten, daß ihre Lehre den Riesen der Naturwissenschaft gegenüber nicht werde Stand halten können. Zu einem Kampfe mit ihnen braucht es ohnehin gar nicht zu kommen; bis jetzt haben wir wenigstens noch allen Grund zu der Annahme, daß Theologen und Naturforscher friedlich neben einander wohnen können. Den Schöpfungsbegriff wenigstens, für den Schleiermacher besorgt war, kann die Naturforschung der Theologie gar nicht streitig machen.

Die erste Aufgabe der Naturwissenschaft ist, wie wir gesehen haben, die materiellen Dinge der Natur und ihre Erscheinungen kennen zu lernen und diese Beobachtungen und Erkenntnisse zu ordnen. Sie hat dann zweitens die den Phänomenen zu Grunde liegenden Kräfte und die für sie geltenden Gesetze zu ermitteln und nach Humboldt's Ausdruck die Erscheinungen der körperlichen Dinge in ihrem allgemeinen Zusammenhange, die Natur als ein durch innere Kräfte bewegtes und belebtes Ganzes aufzufassen. Sie

---

1) Theologische Studien und Kritiken von Ullmann und Umbreit 1829, S. 489.
2) Num. 13, 28 ff.
3) Hengstenbergs Ev. Kirchen-Ztg. 1830, S. 394.

kann drittens — und das gilt insbesondere von der wissenschaftlichen Er=
forschung unseres Erdkörpers — auf Grund dessen, was sie über den jetzigen
Zustand erkannt hat, frühere Zustände zu erkennen suchen und diese Geschichte
des Erdkörpers von der Gegenwart ausgehend möglichst weit in die Ver=
gangenheit hinauf verfolgen. Als Erfahrungswissenschaft hat sie dabei —
das wird jetzt allgemein anerkannt — von dem auszugehen, was sich der
Beobachtung in der gegenwärtigen Zeit darbietet. Eben darum hat sich
die Geschichte der Schöpfung, wie sie die Naturforschung entwirft, zunächst
auf unsern Planeten zu beschränken; denn die Erfahrungen über den Bau
der andern Himmelskörper sind zu diesem Zwecke nicht ausreichend. Bei
der Untersuchung über die frühere Geschichte des Erdkörpers darf aber die
Geologie — auch das wird jetzt allgemein anerkannt — nicht andere Ur=
sachen und Gesetze postuliren, als diejenigen, welche aus den jetzigen Erschei=
nungen nachgewiesen werden können. Sobald sie andere Ursachen und Gesetze
postulirt — wie das von ältern Geologen vielfach geschehen ist — verläßt
sie den Boden der Induction und hört sie mithin auf, eine exacte Wissen=
schaft zu sein.

Die Geologie kann also sagen: Wir finden gegenwärtig die Erde in
dieser factischen Beschaffenheit; wir können durch Beobachtung und Induction
nachweisen, daß diese und jene Kräfte nach diesen und jenen Gesetzen gegen=
wärtig wirksam sind. Vorausgesetzt, daß die nämlichen Kräfte auch früher
wirksam und die nämlichen Naturgesetze auch früher in Geltung gewesen
sind, können wir nachweisen, daß der jetzige Zustand sich durch diese Kräfte
und nach diesen Gesetzen aus einem andern Zustande herausgebildet haben,
daß z. B. das, was jetzt festes Gestein ist, früher eine feuerflüssige oder
wasserflüssige Masse gewesen und aus dieser durch die uns bekannten Kräfte
und unter der Herrschaft der uns bekannten Gesetze zu festem Gestein ge=
worden sein kann. Die Wissenschaft kann bei dieser von der Gegenwart
aus in die Vergangenheit zurückschreitenden Geschichtsdarstellung immer
weiter hinaufgehen und nachweisen, daß auch dem feuer= oder wasserflüssigen
Zustande des Erdkörpers noch ein anderer Zustand vorausgegangen sein und
daß aus diesem Zustande — immer durch die nämlichen Kräfte und nach
den nämlichen Gesetzen — zunächst der feuer= oder wasserflüssige und dann
der feste Zustand sich entwickelt haben könne. Die Wissenschaft betritt bei
diesen Speculationen freilich einen sehr schlüpfrigen Boden. Hypothesen
müssen dabei, wie wir in der vorigen Stunde von Burmeister gehört haben,
eine große Rolle spielen; über eine Wahrscheinlichkeit kann sie nicht hinaus=

kommen und um so weniger hinauskommen, je mehr sie in die Vergangen=
heit hinaufgeht, und sie versucht sich an einem Problem, dessen Lösung
ein Humboldt als fast unmöglich bezeichnet. Indeß, so lange sich die Geo=
logen auf dem Boden der Empirie und der Induction halten, ist gegen
ihre Bemühungen von Seiten der Wissenschaft selbst nichts einzuwenden und
haben auch wir Theologen gar kein Recht, darein zu reden.

Auf diesem Wege kann aber die Naturforschung unmöglich weiter kom=
men, als bis zu irgendwelchen Urstoffen, aus welchen unter der Einwir=
kung gewisser Kräfte und unter der Herrschaft gewisser Gesetze die Dinge
durch eine Reihe von Entwicklungen sich zu ihrem jetzigen Bestande gestaltet
haben. Und wenn sie diese Stoffe und diese Kräfte auch noch sehr verein=
facht, irgend etwas muß sie als vorhanden postuliren. Woher dieser Urstoff
und diese Kräfte sind, das kann sie nicht bestimmen. Sie wird nicht sagen
können, dieselben seien aus nichts von selbst geworden; denn so mannichfaltige
Veränderungen auch die Naturforschung an den Dingen wahrnimmt und
erklären kann, für das Vonselbstentstehen eines Dinges aus nichts kann sie
kein Beispiel anführen. Sie wird also am Ende ihrer Untersuchung bei
dem Dilemma stehen bleiben: irgend eine Materie ist sammt bestimmten
Kräften von Ewigkeit her gewesen, oder sie ist durch irgend eine Causalität,
die außerhalb und vor derselben existirte, schöpferisch hervorgebracht worden.
Welche von diesen beiden Annahmen die richtige ist, das kann die Natur=
forschung nicht entscheiden; denn wenn sie auf ihrem Wege keine schöpferische
Kraft als nothwendig zu postuliren braucht, so kann sie eben darum weder
die Wirklichkeit noch die Unmöglichkeit einer Erschaffung der ersten Substanz,
bei welcher ihr Weg sein Ende erreicht, erweisen.

Burmeister sucht in seiner Geschichte der Schöpfung [1]) den Satz zu er=
weisen: „Der Erdkörper war im Anfange seines Daseins ein weit ausge=
dehnter Gasball; welcher bei allmäliger Verdichtung in Glut gerieth und
durch langsame Abkühlung in seine spätere Beschaffenheit überging.“ Er
bringt diese Hypothese — denn für mehr gibt er selbst diesen Satz nicht
aus — in Verbindung mit der Ansicht des französischen Astronomen La=
place, daß man sich unser ganzes Sonnensystem in seinem uranfänglichen
Zustande als einen einzigen ungeheuern Gasball denken könne, in dem
durch Concentration der Substanzen sich irgendwo ein Mittelpunkt und später
ein fester Kern bildete. Dieser erhielt durch irgend eine äußere Gewalt eine

---

[1]) S. 119.

Bewegung um seine Achse und so wurde der ganze Gasball ein in sich selbst rotirender. Mit der Zeit lösten sich Theile von diesem Gasball ab und bildeten selbstständige Kugeln. Aus dem Centralkern entstand die Sonne, aus diesen Kugeln die Planeten. Man könne noch weiter gehen, meint Burmeister, und annehmen, daß derselbe Anfang, welcher für unser Sonnensystem zulässig erscheine, auch für die übrigen Weltkörper und ihre Systeme Geltung haben könne. Demgemäß sei anzunehmen, daß der ganze Weltraum ursprünglich homogen mit höchst fein zertheilten dunstförmigen Substanzen angefüllt war und daß diese feinen Substanzen die Substrate der gegenwärtig zu Weltkörpern verdichteten Materie gewesen sind.

Nicht zugegeben, aber angenommen, diese „überschwenglichen Theorien", um Burmeisters eigene Bezeichnung zu gebrauchen, seien richtig: woher dann jene Gasbälle oder jene höchst fein zertheilten dunstförmigen Substanzen? und woher jene Kräfte, durch welche diese Substanzen concentrirt, in Rotation gesetzt, zertheilt, verdichtet, in Gluth gebracht und abgekühlt worden sind?

Die Naturforschung weiß darauf keine Antwort. Will sie ihren Principien treu bleiben, so muß sie auch hier den alten Satz zur Geltung bringen: aus nichts wird nichts. Wie aus der Gasmasse die Erde geworden ist, das glaubt sie nachweisen zu können; aber der Weg von der ursprünglichen Gasmasse zu festem Granit ist nur ein Schritt in Vergleich zu dem Wege von dem Nichts zu der allersubtilsten Substanz; ja, da gibt es keinen Weg, den die Naturforschung wüßte; sie müßte da einen Sprung annehmen, und das darf diese Wissenschaft am allerwenigsten. Also der Urstoff und die Urkräfte sind nicht von selbst aus nichts geworden; sie sind entweder ewig oder sie verdanken ihre Existenz einer schöpferischen Kraft. In diesem Dilemma kann aber die empirische Forschung keine Entscheidung geben; folglich kann von Seiten der Naturwissenschaft kein Widerspruch dagegen erhoben werden, wenn die Theologie lehrt: erstens, die sichtbare Welt ist nicht von Ewigkeit, sondern hat einen Anfang; zweitens, sie hat angefangen zu sein durch den Willen Gottes.

Was gegen diese Sätze auch schon eingewendet sein mag, Sie sehen, vom Standpunkte der empirischen Naturforschung kann nichts dagegen eingewendet werden; denn diese muß einräumen, daß solche Fragen gar nicht zu ihrem Bereich gehören. [1] Gerade in Bezug auf diejenigen Fragen also,

---

1) „Das Geheimniß der Erschaffung liegt nicht innerhalb der Grenzen des rechtmäßigen Gebietes der Geologie; sie sagt nichts, aber sie weist aufwärts." *Whewell,* History of the inductive sciences (2. Ed., London 1847) III, 639.

worüber die Theologie sich am bestimmtesten ausspricht und worüber die Exegese aus der hl. Schrift feste und klare Sätze eruirt, gerade in Bezug auf die theologischen Fragen finden wir, daß die Naturforschung sich für incompetent erklären muß. Eine Verständigung in dieser Hinsicht ist also nicht nöthig, da die Grenze zwischen beiden Gebieten ganz scharf gezogen ist. Die Bibel tritt gerade auf dem Punkte, wo die Naturforschung sich für incompetent erklären muß, mit den Sätzen ein: die Welt ist nicht von Ewigkeit, sondern hat einen Anfang, und Gott ist es, der durch seine schöpferische Kraft bewirkt hat, daß sie — in was immer für einer ursprünglichen Daseinsweise es gewesen sein mag — angefangen hat zu sein.

Ich glaube, daß wir auf Grund dieser allgemeinen Erörterungen, ohne noch auf die weitern Berührungen zwischen Theologie und Naturwissenschaft einzugehen, mit dem ersten Verse der Genesis vollkommen ins Reine kommen können.

Der Vers lautet bekanntlich: „Im Anfange schuf Gott den Himmel und die Erde." So ist der Vers von Alters her immer übersetzt worden; so übersetzen auch die Neuern fast ohne Ausnahme. Ich sage: fast ohne Ausnahme; denn Ewald hat eine etwas andere Fassung vorgeschlagen, und diese ist von Bunsen in seinem sogenannten „Bibelwerke für die Gemeinde" recipirt worden. Der Vers soll, mit den beiden nächsten Versen verbunden, durch folgende Periode wiedergegeben werden: „Im Anfange, da Gott Himmel und Erde schuf, und die Erde wüst und öde und Finsterniß über der Urflut war und der Hauch Gottes über dem Wasser webete, sprach Gott: Es werde Licht."

Ich könnte nachweisen, warum diese Uebersetzung auch bei den neuern Erklärern keinen Beifall gefunden hat; aber auf solche rein exegetische Fragen brauche ich hier gar nicht einzugehen. Es handelt sich ja uns zunächst darum, zu wissen, welche theologische Wahrheit die hl. Schrift in diesem Verse lehrt, und wenn wir dieses nach den Regeln der biblischen Hermeneutik festsetzen, kann jene abweichende Uebersetzung, wie Sie sogleich sehen werden, auf sich beruhen bleiben. — Ueberhaupt kann ich bei der Erörterung des ersten Capitels der Genesis, wie ich sie hier zu dem Zwecke gebe, um eine Vergleichung ihrer Angaben mit den Resultaten der naturwissenschaftlichen Forschungen anzustellen, manche Fragen übergehen, die unter diesem Gesichtspunkte keine Wichtigkeit haben, wenn sie auch sonst bei einer theologischen Exegese der Genesis nicht übergangen werden dürfen. Die Frage z. B., ob hier mit Absicht Gott mit dem Namen Elohim und nicht Jehova bezeichnet werde und ob dieser Name eine Hinweisung auf den dreieinigen Gott enthalte,[1] braucht hier gar nicht beantwortet zu werden, da es für unsere Untersuchung genügt zu wissen, daß Gott als der Urheber der Welt bezeichnet wird. Selbst die eregetische Controverse brauche ich hier nur flüchtig zu berühren, ob die Genesis mit „Himmel und Erde" die sichtbare materielle Welt bezeichnen wolle, oder ob „Himmel" die geistige, immaterielle Creatur, die Engelwelt bezeichne oder doch mitbezeichne.[2] Soviel steht fest, die sichtbare Welt, die gesammte materielle Creatur, die auch sonst in der Bibel durch diese Worte bezeichnet wird,[3] ist jedenfalls gemeint, mag noch an etwas Anderes zu denken sein oder nicht. Uns handelt es sich ja aber zunächst nur um die materielle Welt. Von dieser also sagt der erste Vers, Gott habe sie im Anfange geschaffen, — B'reschith bara.

Die gewöhnliche Deutung dieser Worte ist bekanntlich, daß bara, zumal in der Verbindung mit b'reschith, „im Anfange", die creatio ex nihilo, das eigentliche Schaffen bezeichne, aus nichts hervorbringen, seinem Sein oder seiner Substanz nach hervorbringen. Diese Deutung erlaube ich mir aus Gründen, die ihnen sogleich klar werden sollen, mit ein paar Worten zu begründen.

Das allgemeinste hebräische Wort für den Begriff „hervorbringen" ist asah, ganz unserm „machen", dem griechischen ποιεῖν, dem lateinischen facere entsprechend. Eine speciellere Bedeutung als dieses asah haben die beiden Wörter jazar und bara. Jazar entspricht unserm „bilden", dem griechischen πλάσσειν, dem lateinischen formare oder fingere, und wird daher nicht selten mit dem sog. Accusativ des Stoffes verbunden, der auch bei asah möglich ist, weil dieses allgemeinere Wort den Begriff des speciellern nicht ausschließt. Gen. 2, 7 z. B. heißt es: „Gott bildete den Menschen (wie der Zusammenhang zeigt, den Leib des Menschen) aus Staub von der Erde"; wo ich „bildete" übersetzt habe, hat das Hebräische jazar, wobei „Staub" im Accusativ steht, die Septuaginta ἔπλασεν, die Vulgata formavit.

Im Unterschiede von asah und jazar steht erstens bei bara nie der Accusativ des Stoffes, und zweitens wird bara nie von menschlichen Hervorbringungen gesagt, sondern nur vom göttlichen Hervorbringen. Die Grundbedeutung des Wortes ist also jedenfalls „schaffen", und wenn es hie und

---

1) „Man darf nicht sagen, ohne den Unterschied beider Testamente zu verwischen: Elohim ist pluralis trinitatis; aber man sagt vollkommen richtig: die trinitas ist die im Neuen Testamente offenbar gewordene pluralitas von Elohim." Delitzsch, Genesis S. 67.

2) Vgl. Pianciani, Erläuterungen S. 249.

3) Pf. 101, 26. 27 u. f. w. Reinke, Schöpfung der Welt S. 143.

da angewendet wird, wo nicht von eigentlichem Schaffen die Rede ist, so
steht es doch auch dann nur von göttlichen Acten und zwar von wunderbaren, also von solchen Acten, die dem Schaffen gewissermaßen coordinirt sind.
Die Belegstellen für diesen Sprachgebrauch finden Sie in jedem hebräischen
Lexikon und bei jedem gründlichen Commentator zu dieser Stelle. Hier schließt
vollends der Zusatz „im Anfange" jeden andern Begriff aus.

Deßungeachtet macht Bunsen[1]) zu diesem Verse die Bemerkung: die
Frage der Scholastiker, ob Gott die Welt aus nichts geschaffen, werde hier
und überhaupt in der Bibel ganz unberücksichtigt gelassen; daß die jetzige
Gestalt der Welt auf Gott zurückzuführen sei, lehre die Bibel allerdings,
aber über die Frage, woher der Stoff der Welt, geben sie uns keinen Aufschluß. — Die bekannte Stelle im zweiten Buche der Machabäer (7, 28)
kann freilich, wie Bunsen richtig bemerkt, ein protestantischer Theologe nicht
als beweiskräftig anrufen da dieses Buch zu den von von den Protestanten
als Apokryphen bezeichneten Büchern gehört. Aber wenn Bunsen dieser
Stelle auch den Sinn abspricht, der gewöhnlich darin gefunden wird, so
geht er seinerseits zu weit. Wenn es dort heißt: „Siehe an den Himmel
und die Erde und alles, was darauf ist, und wisse ὅτι ἐξ οὐκ ὄντων
ἐποίησεν αὐτὰ ὁ Θεός," so ist es augenscheinlich grobe Willkür, unter τὰ
οὐκ ὄντα nicht das Nichtseiende schlechthin, also das Nichts zu verstehen,
sondern „den unausgeprägten chaotischen Weltstoff", der durch Gott erst sein
wahres Sein erhalten habe und der darum, bevor er von Gott ausgebildet
und gestaltet wurde, als τὰ οὐκ ὄντα, das Nichtseiende, bezeichnet werden
könne. Dieser „Weltstoff" heißt in der Sprache der griechischen Bücher des
Alten Testamentes ἄμορφος ὕλη, „die gestaltlose Masse",[2]) aber nicht τὰ
οὐκ ὄντα, „das Nichtseiende." Wenn sich Bunsen darauf beruft, daß sich
neben der gewöhnlichen Lesart ἐξ οὐκ ὄντων ἐποίησεν αὐτὰ ὁ Θεός, „Gott
hat es aus dem Nichtseienden gemacht", die Variante findet: οὐκ ἐξ ὄντων
ἐποίησεν, „Gott hat es nicht aus Seiendem gemacht", so ist diese Lesart
zwar aus äußern und innern Gründen nicht vorzuziehen, drückt aber den
Gedanken, daß Gott die Welt geschaffen habe, womöglich noch schärfer
aus; denn nach dieser Lesart wird das ποιεῖν ἐξ ὄντων, also das Bilden
der Welt aus Seiendem, aus vorhandenem Stoff einfach negirt.[3]) Dem

1) Bibelwerk I, S. 5 vergl. S. CXL.

2) Weish. 11, 7.

3) Grimm z. d. St. meint sogar, die Variante οὐκ ἐξ ὄντων verdanke ihren Ursprung dem dogmatischen Interesse, da sie das Vorhandensein eines Stoffes deutlicher zu
verneinen scheine, als die gewöhnliche Lesart.

Exegeten, ja dem Philologen überhaupt müssen die Bunsen'schen Versuche, den für den unbefangenen Leser ganz klaren Worten einen andern Sinn unterzulegen, ganz unbegreiflich vorkommen.

Die einzige Stelle, welche Bunsen außerdem noch bespricht, ist die im Hebräerbrief (11, 3), wo der Apostel hervorhebt, daß bei der Weltschöpfung die sichtbaren Dinge, τὰ βλεπόμενα, nicht ἐκ φαινομένων geworden seien. Man kann zugeben, daß der Apostel an dieser Stelle nicht ex professo die Erschaffung der Dinge aus nichts lehren will, wiewohl seine Argumentation doch im letzten Grunde auf diesem Satze beruht; aber ich weiß nicht, was ich dazu sagen soll, wenn Bunsen in einer mehrere Seiten füllenden Abhandlung über diesen Gegenstand nur diese einzige Bibelstelle mit in Betracht zieht und es unterläßt, zu sagen, daß die Bibel an keiner Stelle von einer ewigen Materie spricht, dagegen an zahllosen Stellen hervorhebt, daß Alles von Gott geschaffen worden sei: „durch den Logos ist Alles geworden und ohne ihn ist nichts geworden"; [1] „du, o Herr, hast alles geschaffen, — σὺ ἔκτισας τὰ πάντα, — durch deinen Willen ist es da und ist es geschaffen worden"; [2] „Gott sprach und es ward, er befahl und es stand da [3]); u. s. w. u. s. w.

Eigentliche Exegeten, die den Namen verdienen, mögen sie auch in ihrer theologischen Richtung so weit auseinandergehen, wie unter den neuesten Auslegern der Genesis Keil und Knobel, [4] haben es nie bestritten, daß die Schöpfung aus nichts eine biblische Lehre sei. Eine scholastische Lehre kann man sie vollends nur nennen, wenn man vergißt, daß die Väter der ersten Jahrhunderte einmüthig sich zu dieser Lehre bekennen und daß die beinahe ein Jahrtausend vor der Blüthezeit der Scholastik gehaltene ökumenische Synode von Nicäa in ihrem Symbolum Gott ausdrücklich als factorem visibilium omnium et invisibilium bezeichnet. In der Schrift „die Schöpfung der Welt" von dem jüngern Reinke [5] finden Sie, wenn es dessen bedarf, weitere Beweise für diese Auffassung des ersten Verses der Genesis in größerer Ausführlichkeit, als mir nöthig scheint, zusammengestellt.

Also daran muß die Exegese festhalten, daß die Welt, der Complex

---

1) Joh. 1, 3.
2) Apok. 4, 11.
3) Pf. 32, 9.
4) „Woher und wie Gott den Stoff geschaffen? Nach dem Erzähler gewiß lediglich durch seinen Willen, also aus nichts." Knobel zu Gen. 1, 1.
5) Münster 1859.

alles deſſen, was außer Gott exiſtirt, durch Gott ins Daſein gerufen wor=
den iſt. Ob Gott Himmel und Erde in der Geſtaltung, die ſie jetzt haben,
ob er ſie überhaupt in einer beſtimmten Geſtalt, als einen κόσμος geſchaf=
fen, oder ob er die einfachſten Elemente der Dinge hervorgebracht und dieſe
dann die Entwicklungen hat durchmachen laſſen, welche die Naturforſcher
nachweiſen zu können glauben, — das brauchen wir vorerſt nicht zu ent=
ſcheiden. Der Wortlaut des erſten Verſes der Geneſis läßt beide An=
nahmen zu, und unter den Exegeten älterer und neuerer Zeit haben beide
Auffaſſungen ihre Vertreter: nach Einigen hat Gott Himmel und Erde als
Kosmos, nach Andern als Chaos geſchaffen.

Wenn alſo die Naturforſchung darauf beſtehen ſollte, daß ſie die Welt,
wie ſie jetzt iſt, auf ihre Urſtoffe und Urkräfte zurückführen könne, ſo kann
die Theologie dazu unbedenklich, wenn nicht Concedo, ſo doch Transeat
ſagen, falls man ihr das Recht nicht beſtreitet, zu lehren, daß dieſe Urſtoffe
und Urkräfte nicht immer geweſen, auch nicht von ſelbſt aus dem Nichts
entſtanden, ſondern durch den Willen eines ewigen überweltlichen Weſens
hervorgebracht worden ſind. Dieſe Sätze aber können, wie ich bereits er=
wähnt habe, nicht auf Grund der Ergebniſſe der naturwiſſenſchaftlichen For=
ſchungen beſtritten werden. Ihre Begründung und die Widerlegung der
gegen ſie vorgebrachten Einwendungen gehört alſo nicht zu meiner Aufgabe;
ich verweiſe Sie in dieſer Hinſicht auf die philoſophiſchen und theologiſchen
Erörterungen, wie ſie z. B. in der Apologetik von Boſen[1]) gegeben werden.
Ich erwähne hier nur, daß der Beweis für jene Wahrheiten durch den
Fortſchritt der Naturwiſſenſchaft in keiner Weiſe erſchwert iſt. Wenn die
Wiſſenſchaft wirklich erwieſen hätte, was ſie noch keineswegs erwieſen hat,
daß die Welt aus einer einfachen Materie durch beſtimmte Kräfte und nach
beſtimmten Geſetzen in einer normalen Entwicklung zu ihrem jetzigen Zu=
ſtande geſtaltet worden ſei, ſo würden dadurch jene Sätze in keiner Weiſe
berührt werden. Ein gelehrter philoſophiſcher Schriftſteller der Gegenwart,
Hermann Ulrici,[2]) geht gerade von den Ergebniſſen der neuern Naturfor=
ſchung aus und kommt auf Grund derſelben zu dem Reſultate: Gott iſt
der ſchöpferiſche Urheber der Natur. Er zeigt, daß die moderne Natur=
wiſſenſchaft, weit entfernt, dem Pantheismus, Materialismus und Atheis=
mus in die Hände zu arbeiten, vielmehr in ihren Reſultaten wie in ihren

---

1) Boſen, das Chriſtenthum und die Einſprüche ſeiner Gegner. Eine Apologetik
für jeden Gebildeten. (Freib. 1861) S. 171 ff. 236 ff.
2) Gott und die Natur (Leipz. 1862) S. 255 ff. 327 ff.

Grundbegriffen und Consequenzen zu der gerade entgegengesetzten Weltanschauung führt. Er zeigt insbesondere, daß die bei den Neuern beliebte
Schöpfungstheorie, die ich vorher nach Burmeister vorgetragen habe, überall
eine von der Materie und ihren natürlichen Kräften verschiedene, also nicht
natürliche und sie dennoch beherrschende Macht voraussetzen muß.

Lassen Sie mich diese Erörterungen mit einigen Sätzen aus einer
Rede schließen, welche Cardinal Wiseman vor einigen Jahren gehalten
hat:[1] „Nur zu gewöhnlich setzt man voraus, je mehr es uns gelinge,
die Dinge auf ihre Ursachen zurückzuführen, den Zusammenhang zwischen
diesen und jenen nachzuweisen, die Dinge in ein System zu bringen und
sie nach ihrer Beschaffenheit und nach ihrem Verhältniß zu einander
zu ordnen, um so mehr entfernten wir uns von der Nothwendigkeit,
eine höchste und letzte Ursache anzuerkennen. Man liest und hört oft Bemerkungen wie folgende: ‚Wir können diese Erscheinung erklären; wir
kennen die Gesetze, welche bei ihr wirksam sind; wir brauchen also das
Eingreifen einer höhern Macht nicht anzunehmen, weil diese Erscheinung
mit dem ganzen System des Weltalls im Zusammenhange steht und in
diesem Theile desselben eintreten mußte, wenn nicht andere Theile irgendwie
in Unordnung gerathen sollten.‘ So glaubt man denn, jede neue Entdeckung, welche uns die nähere oder entferntere Ursache von irgend etwas
kennen lehrt, führe uns einen Schritt weiter von der Nothwendigkeit der
Anerkennung einer höchsten und letzten Ursache ab. Wenn sich dann der Geist
in seine eigenen Gedanken und Speculationen vertieft, kommt er allmälig
dahin, seine Untersuchungen als erschöpfend anzusehen; er fühlt sich versucht,
es für etwas Großes zu halten, daß er nicht mehr den alten kurzen Weg
einschlage und Gott unmittelbar die Erscheinungen der Natur hervorrufen
lasse oder doch Gott mit einigen wenigen Schritten als die letzte Ursache
derselben finde; er sucht vielmehr ein ganzes Netz von nähern Ursachen zu
spinnen, die mit einander in Verbindung stehen, um uns dadurch die letzte
Ursache zu verhüllen. — Die gewöhnlichen Denkgesetze sollten uns aber
vielmehr zu dem entgegengesetzten Ziele führen. Wenn Jemand einen Ring,
ein kreisförmig gebogenes Stück Metall auf dem Boden findet, so kommt
er vielleicht, nachdem er es besehen und untersucht, zu dem Schlusse: ‚Das
Stück Metall kann durch einen Zufall diese Gestalt erhalten haben und
hierher gekommen sein.‘ Wenn er es aber aufnimmt und nun findet, daß

---

1) Reden und Vorträge S. 335.

ein ganz ähnlich geformtes Stück Metall damit verbunden ist, so wird er
darin nicht eine Bestätigung seiner ersten Ansicht, sondern vielmehr ein Zei=
chen der bildenden Hand des Menschen erkennen. Und wenn er noch einen
dritten und vierten und noch viele andere Ringe damit verbunden findet,
alle von gleicher Größe, von gleicher Gestalt und gleich fein ausgearbeitet,
— würde er da wohl in seiner ersten Ansicht, er habe es mit einem Werke
des Zufalls zu thun, sich bestärkt fühlen, und nicht vielmehr sich zu der
andern Ansicht hingedrängt sehen, daß nur eine Künstlerhand diesem Werke
das Entstehen gegeben haben könne?"

VI.

Naturwissenschaft und Glaube keine Gegensätze.

Am Schlusse eines meiner frühern Vorträge habe ich, wie Sie Sich
erinnern werden, die Sätze kurz zusammengestellt, auf Grund deren die
Theologie über einen Friedensschluß oder ein Concordat mit der Natur=
wissenschaft verhandeln könne. Es wäre gut, wenn wir diesen Sätzen ähn=
liche entgegenzustellen hätten, in welchen die Naturwissenschaft ihre Ver=
gleichsvorschläge formulirte. Ich finde nun aber solche übersichtliche Sätze
leider von Niemand ausgesprochen, welcher darauf Anspruch machen dürfte,
als anerkannter Vertreter der Naturwissenschaft bei der Abschließung des
Concordats zu fungiren. Selbst die Sätze zu formuliren, würde mir nur
dann zustehen, wenn ich — was leider nicht der Fall ist — ebensowohl Na=
turforscher wie Theologe wäre. Ich muß mich also darauf beschränken, das,
was ich in den beiden letzten Vorträgen über die bisherigen Errungenschaften
und über die Aufgabe der Naturforschung, mit Berufung auf anerkannte
Auctoritäten auf diesem Gebiete, gesagt habe, in einige übersichtliche Sätze
zusammenzudrängen, wobei ich mich natürlich möglichst genau an den Wort=
laut der Auszüge anschließe, welche ich aus den Schriften anerkannt tüch=
tiger und eines apologetischen Interesses zu Gunsten der Bibel nicht ver=
dächtiger Forscher mitgetheilt habe.

1) Die erste Aufgabe der Naturwissenschaft ist, die gegenwärtigen Er=
scheinungen auf dem Gebiete der Natur zu beobachten und zu ordnen, und
durch Induction die gegenwärtig wirksamen Naturkräfte und die gegen=
wärtig geltenden Naturgesetze zu ermitteln. In der Lösung dieser Aufgabe
ist die Wissenschaft weit fortgeschritten, aber nach Humboldts Ausdruck ist

die Fülle der sinnlichen Wahrnehmungen nicht zu erschöpfen, wird keine Generation sich je rühmen können, die Totalität der Erscheinungen zu übersehen, und haben wir keine Bürgschaft dafür, daß auch nur die Zahl der im Weltall wirkenden Kräfte bereits ergründet ist. — Die Theologie muß ihr aufrichtiges Bedauern darüber aussprechen, daß die Resultate der Forschung in dieser Hinsicht noch nicht zum Abschluß gekommen sind; sie kann aber hier in den Fortschritt der Forschung weder hindernd noch fördernd eingreifen, und kann nur versprechen, die wirklichen Resultate, also das, was die Wissenschaft als Thatsache ermittelt oder auf dem Wege der Induction als Naturgesetz wirklich erwiesen hat, einfach anzuerkennen.

2) Die Naturforscher glauben, den Thatbestand zwar nicht vollständig, aber doch genügend zu kennen, um auf Grund desselben die frühern Zustände und Entwicklungen der sichtbaren Dinge ermitteln zu können. Dabei gehen sie von dem Erdkörper aus; denn die physische Beschaffenheit der andern Himmelskörper ist, wie Burmeister sagt, zu unvollkommen bekannt, als daß sich über ihre Bildungsgeschichte etwas sagen ließe. Man kann höchstens von dem, was sich über die Entwicklungsgeschichte der Erde ermitteln läßt, nach der Analogie auch auf die Entwicklungsgeschichte der andern Himmelskörper schließen. Was die Erde betrifft, so wird von den Geologen jetzt allgemein anerkannt, daß ihre Wissenschaft bei den Untersuchungen über die frühern Zustände von dem Grundsatze ausgehen muß, nur die jetzt geltenden Gesetze und die jetzt wirksamen Kräfte der Natur auch als früher geltend und wirksam anzunehmen. Daß früher auch andere Kräfte und Gesetze gewirkt haben können, kann die Wissenschaft freilich nicht bestreiten; aber sie kann, weil sie von den jetzigen Erscheinungen ausgehen muß, darüber nichts ermitteln und darf ihrerseits andern Kräften und Gesetzen in ihren Theorien keinen Platz einräumen. Auf dieser Basis hat die Geologie einige Ermittlungen über die frühern Zustände der Erde gemacht, welche als sichere Resultate ziemlich allgemein anerkannt sind, z. B. daß wir in der Rinde der Erde in den sogenannten Fossilien Reste von Thieren und Pflanzen haben, welche früher auf der Erde existiren. In sehr vielen Punkten aber ist die Wissenschaft über Hypothesen und Wahrscheinlichkeiten noch nicht hinausgekommen, ja, in manchen wichtigen Punkten stehen sich die Ansichten der Geologen selbst noch widersprechend entgegen; zu ganz sichern Resultaten wird, wenigstens in Bezug auf die ältesten Perioden der Geschichte der Erde, die Wissenschaft nach den Aussagen Humboldts, Burmeisters und Anderer wohl schwerlich jemals gelangen. — Die Theologie hat in Bezug

auf diesen Punkt zu bemerken, daß sie kein Bedenken tragen kann, das, was über die frühere Geschichte der Erde als wissenschaftliches Resultat dargelegt werden kann, anzuerkennen; Hypothesen wird sie als Hypothesen, Wahrscheinlichkeiten als Wahrscheinlichkeiten gelten lassen, und als solche mit den Sätzen der Bibel vergleichen, soweit überhaupt eine Berührung zwischen diesen und den geologischen Systemen vorhanden ist.

Ueber diese beiden ersten Punkte werden weitere Verhandlungen im Einzelnen stattzufinden haben; einen dritten Punkt dürfen wird als erledigt ansehen: die Naturwissenschaft kann sich nicht über den ersten Anfang der Dinge aussprechen; sie muß anerkennen, daß gewisse Stoffe und gewisse Kräfte entweder von Ewigkeit her existirt oder einmal angefangen haben zu sein, und wenn die Theologie lehrt, daß die materiellen Dinge sammt ihren Kräften und Gesetzen von einem ewigen Wesen schöpferisch hervorgebracht worden sind, so kann die Naturwissenschaft über diesen Satz gar kein Urtheil abgeben, weil er nicht mehr zu ihrem Bereiche gehört.

In Bezug auf den ersten Vers der Genesis sind wir darum bereits ins Reine gekommen. Sagte die Bibel überhaupt nichts weiter, als: im Anfange schuf Gott Himmel und Erde, so würde von Seiten der Naturforscher die Genesis und von Seiten der Exegeten die Naturforschung überhaupt gar nicht berücksichtigt worden sein. Die gegenseitigen Berücksichtigungen und darum auch die eigentlichen Schwierigkeiten beginnen erst bei den folgenden Versen der Bibel, und diese werden uns fortan beschäftigen.

Ehe ich aber zu den folgenden Versen übergehe, erlaube ich mir, Sie kurz an die volle Tragweite des christlichen Lehrsatzes: Gott hat die Welt geschaffen, zu erinnern, um möglichen Mißverständnissen bei unsern weitern Auseinandersetzungen mit den Naturwissenschaften vorzubeugen. Wenn wir festhalten müssen und nach dem Gesagten auch unbeschadet der Ansprüche der Naturwissenschaft festhalten dürfen, daß Gott der Weltschöpfer ist, so denken wir dabei nicht an den Gott des Pantheismus, welcher nicht außerhalb der Welt existirt, welcher in der Welt, in den Naturgesetzen, in dem menschlichen Geiste in der Weise ist, daß ihm kein anderes Sein zukommt als dieses. Ebensowenig denken wir an den Gott des Deismus, welcher schlechthin außerhalb der Welt ist, welcher der Welt sammt ihren Naturgesetzen allerdings das Dasein gegeben, von diesem Augenblicke an aber die Welt sich selbst oder dem Wirken ihrer Gesetze überlassen hat, ohne irgendwie thätig in den Weltverlauf eingreifen zu können. Zwischen Pantheismus und Deismus in der rechten Mitte steht der Theismus, welcher in der christlichen Gotteslehre seinen reinsten und vollkommensten Ausdruck findet. Wir glauben, um es kurz auszudrücken, an einen Gott, welcher lebt und regiert. Er ist das vollkommenste Wesen, frei von allen Unvollkommenheiten, welche den geschöpflichen Wesen ankleben, begabt mit allen Vollkommenheiten, mit denen überhaupt ein Wesen begabt sein kann. Er ist von Ewigkeit und durch sich selbst, in seinem Sein und in seinem Wirken von keinem andern Wesen abhängig und durch nichts außer ihm Seiendes beschränkt. Er ist ein persönliches Wesen, mit Intelligenz und Willen begabt, aber mit einer unendlichen Intelligenz und mit einem Willen, der nur das seiner Vollkommenheit Angemessene will und der das, was er will, auch verwirklichen kann, so daß seine Macht nur in seinem Wollen ihre Grenze hat. Er ist von Ewigkeit her mit Nothwendigkeit; außer ihm aber hat nichts ein nothwendiges Sein. Er genügt sich selbst und ist allselig in sich selbst und bedarf keines außer ihm seienden Wesens zu seiner Befriedigung. Daß es Wesen außer ihm gibt, ist Folge eines Actes seines freien Willens. Eine Nothwendigkeit zu schaffen war weder außer ihm vorhanden — denn außer ihm ist nichts als durch ihn — noch in ihm selbst; denn er genügte von Ewigkeit sich selbst. Er konnte auch nicht schaffen, und da er durch einen freien Act seines Willens schuf, konnte er auch anders schaffen, eine anders organisirte, eine anders gestaltete Welt. Was er aber geschaffen hat, das ist ein Denkmal seiner Macht, Weisheit und Güte. Alles ist so geschaffen worden, wie er es schaffen wollte; jedes einzelne Ding, ob groß oder klein, jede Sonne und jeder Grashalm, ist dann und da und so ins Dasein getreten, wie er wollte, und seiner Allmacht ist es gleich leicht, ein Sonnensystem und einen Grashalm zu schaffen. Er konnte also die Welt so vollständig geordnet, organisirt und entwickelt aus dem Nichts ins Dasein treten lassen, wie wir sie jetzt sehen; er konnte auch einfache Elemente hervorbringen und in diese die Kraft hineinlegen, sich allmälig zu einer bestimmten Gestaltung zu entwickeln. Das eine war seiner Allmacht so leicht wie das andere, und welches von beiden er gethan, das hing von seiner Weisheit und von seinem freien Willen ab. Die Gesetze, welche in der sichtbaren Welt gelten, sind seine Gesetze; er hätte sie anders geben können, wenn er gewollt hätte; sie gelten, so lange es ihm gefällt; er könnte sie, wenn er wollte, jeden Augenblick ändern, suspendiren oder aufheben, und ob er daran ändert und darin eingreift, oder sie in ununterbrochener stetiger Wirksamkeit bestehen läßt, das hängt allein von seiner Weisheit ab. Er sieht Alles, er lenkt Alles, er sorgt für Alles; seine Macht und Weisheit ist es, welche die Gestirne in ihren Bahnen erhält, welche die Lilien des Feldes kleidet und die Vögel des Himmels speiset, und ohne sein Wissen und Wollen fällt kein Sperling vom Dache und kein Haar von unserem Haupte.

Das ist, in schwachen Zügen entworfen — denn eine würdige Schilderung vermag keines Engels Zunge zu geben — das Bild des Gottes, welcher nach den Worten der Bibel Himmel und Erde geschaffen hat. An diesen Gott müssen wir glauben, wenn wir den Bericht der hl. Schrift über sein Wirken verstehen und wenn wir das Buch der von ihm geschaffenen Natur recht lesen wollen. Wer an diesen Gott glaubt, dem wird sein Wirken aus den Blättern der Bibel und aus den Blättern des Buches der Natur sicher in harmonischer Uebereinstimmung entgegentreten. Wo aber dieser Glaube an den wahren Gott mangelt oder nur in verkümmerter oder verkehrter Gestalt vorhanden ist, da wird der Versuch, Bibel und Natur in Einklang zu bringen, nur nothdürftig oder gar nicht gelingen.

Wenn Sie Leute, die es ganz gut meinen, Bedenken über die Möglichkeit oder gar die Ueberzeugung von der Unmöglichkeit einer Concordanz zwischen Bibel und Wissenschaft aussprechen hören, so werden sie bei näherer Untersuchung finden, daß oft bloße Mißverständnisse in Bezug auf das, was die Bibel wirklich sagt, oder in Bezug auf das, was die Naturwissenschaft wirklich weiß, daran Schuld sind, daß aber mitunter etwas Bedenklicheres zu Grunde liegt, daß solche Leute nämlich, freilich ohne es zu wissen und zu wollen, keine klare Vorstellung und keine feste Ueberzeugung von dem christlichen Schöpfungsbegriffe haben, daß sie entweder, zur pantheistischen Auffassung hinneigend, sich Gott als nur in der Welt und in den Naturgesetzen wirkend vorstellen und seine überweltliche Existenz vergessen, oder daß sie, zur deistischen Auffassung hinneigend, die Verbindung zwischen Gott und Welt und das Einwirken Gottes auf die Welt auf ein Minimum reduciren. Man kann subjectiv ein sehr braver Christ und Katholik sein, und dabei objectiv in theologicis sehr wenig klar und sattelfest. Will man mit solchen Leuten ins Klare kommen, so muß man auf den tiefern Grund des Mißverständnisses zurückgehen. Wollte man mit Jemand über das mosaische Heraemeron disputiren, welcher keine klare und bestimmte Vorstellung davon hat, was es im Sinne des Christenthums heißt: Gott hat die Welt geschaffen, so wäre das ebenso sehr gefehlt, als wollte man Jemand die Lehre von der unbefleckten Empfängniß beweisen, der nicht Christus als den Gottmenschen anerkennt.

Wir müssen also — darauf kam es mir bei dieser Digression an — hier voraussetzen, daß der christliche und biblische Lehrsatz von der Erschaffung der Welt durch Gott in seinem ganzen Umfange, sowie das Christenthum ihn versteht, von beiden Seiten anerkannt wird, daß ein Beweis dafür nicht gefordert wird oder anderswo hergestellt worden ist. Hier braucht der Beweis nicht beigebracht zu werden, da, wie ich ausführlich gezeigt habe, von Seiten der empirischen Naturforschung keine Einrede dagegen erhoben werden kann.

Wenn wir finden, daß manche bedeutende Naturforscher nicht an den Schöpfer im christlichen Sinne glauben, so thut das der Wahrheit dieses letzten Satzes keinen Eintrag. Denn, wie ich schon einmal angedeutet habe, sind es nicht die Resultate ihrer naturwissenschaftlichen Forschungen, durch welche sie den Glauben an den Schöpfer verloren haben. Allerdings liegt für den Naturforscher die Versuchung nahe, über der Erforschung und Betrachtung der nähern Ursachen die höchste und letzte Ursache aus den Augen zu verlieren, sowie für den Anatomen die Gefahr nahe liegt, über der Untersuchung des Organismus des menschlichen Leibes die Seele außer Acht zu lassen. Wenn aber ein Naturforscher ein Leugner der Offenbarung und ein Anatom ein Materialist wird, so ist es nicht ihre Wissenschaft, die sie dahin führt, sondern eine falsche Speculation auf andern Gebieten, und wenn sie zur Unterstützung ihrer philosophischen Irrthümer sich auf ihre naturwissenschaftlichen Forschungen berufen, so ist das ebenso erklärlich, als wenn die Leugner der Wunder und Weissagungen sich auf Zweifel an der Echtheit und Glaubwürdigkeit der biblischen Bücher stützen; es ist aber auch ebenso verkehrt.

Daß die christliche Schöpfungslehre nicht von den Resultaten der naturwissenschaftlichen Forschung gefährdet werden kann, haben wir bereits gesehen. Unsere fernern Untersuchungen werden uns überzeugen, daß wir Alles, was die Bibel uns über die Schöpfungs- und Urgeschichte lehrt, gläubig festhalten und dabei alle wirklichen Resultate der Naturforschung in ihrem vollen Rechte unangetastet bestehen lassen können.

Wir dürfen diese Ueberzeugung um so zuversichtlicher von vornherein aussprechen, als die Erfahrung lehrt, daß man ein sehr gründlicher und eifriger Pfleger der Wissenschaft und ein gläubiger Christ in einer Person sein kann. An glänzenden Beispielen der Art fehlt es weder in der neuern noch in der ältern Zeit, weder unter den Protestanten noch unter den Katholiken.

Der Franciscaner Roger Baco im dreizehnten Jahrhundert, wohl der bedeutendste Vertreter der Naturforschung im Mittelalter, war jedenfalls ein gläubiger Christ, was man auch von seinem philosophischen und theologischen System halten mag. Sein Namensverwandter im sechszehnten Jahrhundert, Franz Bacon von Verulam, hat freilich noch weniger einen ganz makellosen Namen; aber daß die Naturforschung ihn nicht ungläubig gemacht, ersehen Sie schon aus seinem bekannten Ausspruche, daß die oberflächliche Beschäftigung mit der Naturwissenschaft oder Philosophie, wie er sie nennt, vielleicht zum Atheismus führen könne, das tiefere Studium derselben aber zur Religion zurückführe, leves gustus in philosophia movere fortasse ad atheismum, sed pleniores haustus ad religionem reducere, oder wie er es anderswo ausdrückt: Verum est, parum philosophiae naturalis homines inclinare in atheismum, at altiorem scientiam eos ad religionem circumagere. [1]) Wenn nämlich der menschliche Verstand die mittlern Ursachen in ihrer Zerstreuung betrachte, so könne er allerdings bisweilen bei ihnen stehen bleiben und komme so über den Atheismus nicht hinaus; wenn er aber dazu fortschreite, die Verkettung derselben und ihre Verbindung unter einander zu erkennen, so sehe er sich genöthigt, zur Gottheit und göttlichen Vorsehung seine Zuflucht zu nehmen. Ueberhaupt — Sie erlauben, daß ich die folgenden Sätze noch mit anführe, obwohl sie strenge genommen nicht mehr hiehergehören — überhaupt sei der Atheismus mehr auf den Lippen der Menschen als in ihren Herzen. Ein Beweis dafür sei, daß die Atheisten ihre Meinung mit so viel Geschäftigkeit verbreiteten und vertheidigten und Anhänger dafür zu gewinnen suchten, letzteres wohl nur deßhalb, weil sie sich selber mißtrauten und durch die Zustimmung Anderer ihre eigene schwankende Ueberzeugung befestigen möchten. An Gott, so schließt Bacon seine treffenden Bemerkungen, an Gott glauben bloß diejenigen nicht, die ein Interesse daran haben, daß es keinen Gott geben möchte, Deum non esse non credit nisi cui Deum non esse expedit. — In der Einleitung zu seinem Novum Organon bittet Bacon Gott, daß doch nicht durch helleres Entbrennen des natürlichen Lichtes, durch Ausbildung der Naturwissenschaft, Unglaube an die göttlichen Mysterien entstehen, daß vielmehr der von Eitelkeit und Hirngespinsten gereinigte, der Offenbarung sich unterwerfende Verstand dem Glauben geben möchte, was des Glaubens ist.

Von den drei Vätern der neuern Astronomie, Copernicus, Newton und Keppler ist es bekannt, daß sie gläubige und fromme Christen waren.

---

1) Vergl. Freiburger Kirchenlexikon XII, 95.

Daß der Frauenburger Domherr bei Aufstellung seines astronomischen Systems ein gutes theologisches Gewissen hatte, geht schon daraus hervor, daß er es dem damaligen Papste Paul III. widmete. Von Isaac Newton ist bekannt, daß er sich neben seinen mathematischen und astronomischen auch viel mit exegetischen Studien beschäftigte. Seine Bibelgläubigkeit bekunden folgende Stellen aus seinem Werke über den Propheten Daniel: „Wir haben nun Moyses, die Propheten, die Apostel, ja Jesu Worte selbst. Wollten wir ihnen nicht beipflichten, so wären wir ebenso wenig zu entschuldigen, wie die Juden; denn den Propheten zu glauben ist ein sicheres Kennzeichen der wahren Kirche" u. s. w. „Göttlich ist das Ansehen der Propheten, welchen Namen auch Moyses und die Apostel verdienen" u. s. w.

Kepplers religiöse Gesinnung mögen folgende Worte charakterisiren, mit denen er eins seiner astronomischen Werke schließt: „Es bleibt nur übrig, daß ich endlich Augen und Hände von der Beweistafel weg zum Himmel hebe und den Vater des Lichts andächtig und demüthig anflehe. O der du durch das Licht der Natur in uns die Sehnsucht nach dem Lichte der Gnade erweckst, damit du uns durch dieses in das Licht der Glorie versetzest, ich sage dir Dank, Herr und Schöpfer, daß du mich erfreut hast durch deine Schöpfung, da ich entzückt war über die Werke deiner Hände. Siehe, hier habe ich ein Werk meines Berufes vollendet durch so viel Geisteskraft, als du mir gegeben; ich habe den Ruhm deiner Werke den Menschen offenbaret, welche diese Beweise lesen werden, soviel als von seiner Unendlichkeit mein beschränkter Geist fassen konnte. Mein Gemüth strebte, so wahr als möglich zu philosophiren; ist etwas von mir . . . vorgebracht worden, was deiner unwürdig ist, so lehre du mich, daß ich es verbessere. Bin ich durch die bewunderungswürdige Schönheit deiner Werke zur Verwegenheit verführt worden, oder habe ich eigene Ehre bei den Menschen gesucht beim Schaffen eines Werkes, das zu deiner Ehre bestimmt ist, so verzeihe mir es gnädig und barmherzig. Endlich schenke mir die Gnade, daß dieses Werk zu deinem Ruhme und dem Heile der Seelen gereiche und nimmer schade." [1]

Euler, einer der größten Mathematiker des vorigen Jahrhunderts, hat eine eigene Schrift hinterlassen unter dem Titel „Rettung der göttlichen Offenbarung gegen die Einwürfe der Freigeister", worin er sagt: „Was

---

1) Vergl. Hengstenbergs Ev. Kirchen-Ztg. 1830, S. 411. Eine andere Aeußerung von Keppler s. o. S. 27, Note 3.

die von den Freigeistern vorgebrachten Schwierigkeiten und scheinbaren Widersprüche betrifft, welche sie in der hl. Schrift anzutreffen vorgeben, so wird nicht undienlich sein, zuvörderst zu bemerken, daß sich keine so festbegründete Wissenschaft finde, gegen welche nicht eben so wichtige und noch wichtigere Einwürfe gemacht werden können. Ja, es lassen sich darin solche scheinbare Widersprüche ausfinden, welche dem ersten Anblick nach unlöslich scheinen. Da man aber diese Wissenschaften bis auf ihre ersten Gründe untersuchen kann, so wird man in Stand gesetzt, dergleichen Schwierigkeiten vollständig zu heben. Wenn man aber auch nicht vermögend wäre dieses zu thun, so würden doch diese Wissenschaften nichts von ihrer Gewißheit verlieren. Warum sollte denn der hl. Schrift durch ähnliche Einwendungen sogleich alles Ansehen benommen werden? — Die Geometrie wird für diejenige Wissenschaft gehalten, in welcher nichts angenommen wird, was sich nicht aus den ersten Grundsätzen unserer Erkenntniß auf das deutlichste herleiten läßt. Dennoch haben sich Leute von nicht gemeinem Verstande gefunden, welche in der Geometrie sehr große und unauflösliche Schwierigkeiten anzutreffen vermeinten, wodurch sie sich einbildeten, diese Wissenschaft aller Gewißheit beraubt zu haben. Die Einwürfe, so sie dagegen gemacht, sind auch so spitzfindig, daß es keine geringe Mühe und Einsicht erfordert, dieselben gründlich zu widerlegen. Hierdurch pflegt aber bei allen vernünftigen Leuten die Geometrie nichts von ihrem Werthe zu verlieren, wenn dieselben auch nicht gleich im Stande sind, alle diese spitzfindigen Einwendungen aus dem Grunde zu heben. Mit was für Recht können demnach die Freigeister verlangen, daß man die hl. Schrift wegen einiger Schwierigkeiten, welche öfters bei weitem nicht so wichtig sind, als jene, welche gegen die Geometrie gemacht werden, sogleich gänzlich verwerfen soll?"

Unter den französischen Naturforschern der neuern Zeit waren oder sind mehrere der bedeutendsten gläubige Christen; so Cuvier,[1] Brongniart, Deluc, Biot, Ampere[2] und Andere. Marcel de Serres, de Blainville und

1) Die Pariser Zeitung „National" suchte in ihrem Nekrolog über Cuvier den großen Naturforscher wegen seines Glaubens an die Bibel damit zu entschuldigen, daß er als Protestant von frühester Jugend an mit der Bibel vertraut geworden sei und dadurch eine Vorliebe für sie gewonnen habe, der er sich selbst als Mann nicht mehr habe entschlagen können.

2) „Ampere hatte eine feste religiöse Ueberzeugung und sprach sich oft darüber aus gegen den Verfasser dieser Zeilen. Als ihm im Jahre 1836 auf seinem Sterbebette ein Freund eine Stelle aus der Nachfolge Christi vorlesen wollte, sagte er, er wisse das Buch auswendig. Dies waren seine letzten Worte. So erzählt Arago in seinen hinterlassenen Schriften." Passavant im „Katholiken" 1862, I, S. 161.

Andere, sowie der Belgier Waterkeyn, haben eigens die Resultate ihrer Forschungen mit der Bibel in Harmonie zu bringen gesucht. [1])

Besonders fleißig ist bekanntlich in neuerer Zeit die Geologie in England und Nordamerika cultivirt worden. In England, wo es unter den gebildeten Ständen noch nicht zum guten Tone gehört, nicht bibelgläubig zu sein, konnte Chalmers im Jahre 1833 in einer Naturforscher-Versammlung feierlich seine Ueberzeugung aussprechen, daß das Christenthum von dem Fortschritte der Naturwissenschaft Alles zu hoffen und nichts zu fürchten habe, — und, was mehr ist, seine Aeußerung hat sehr großen Beifall gefunden. [2]) Unter den verdienstvollsten englischen Naturforschern sind mehrere streng gläubige protestantische Geistliche wie Buckland, Whewell, Sedgwick, Fleming und Conybeare, und in Amerika Hitchcock. Sehr angesehene Gelehrte haben ausdrücklich bei der Darstellung der Naturwissenschaften sich die Vertheidigung der Bibel angelegen sein lassen; außer Buckland z. B. Hugh Miller. Andere verwahren ihre Wissenschaft wenigstens in sehr kräftigen Ausdrücken gegen den Verdacht, als führe sie zu Resultaten, die mit der Offenbarung nicht in Einklang ständen. Die englischen Handbücher der Geologie enthalten mitunter ein eigenes Capitel über diesen Punkt. [3]) Auch in rein naturwissenschaftlichen Werken von den bedeutendsten englischen und amerikanischen Gelehrten findet man nicht selten Bemerkungen, welche zeigen, daß die Verfasser durch ihre Studien auf dem Gebiete der Natur in ihrer religiösen Gesinnung nicht beirrt worden sind; so bei Richard Owen, Sir Roderick Murchison, [4]) James Prichard, Sir D. Brewster, Jameson, Silliman und Andern, deren Schriften ich in diesen Vorträgen noch öfter

---

1) Der Schweizer Louis Agassiz, früher in Neuschatel, jetzt in Nordamerika, ist in Bezug auf mehrere Punkte (z. B. die Einheit des Menschengeschlechts) in Widerspruch mit der Bibel; er ist aber ein sehr entschiedener Bekämpfer des Materialismus und Deismus. Vergl. Jahrb. für deutsche Theol. 1861, S. 668.

2) S. oben S. 20, Note 1.

3) Vergl. *Trimmer*, Practical Geology and Mineralogy (London 1841) p. 34.

4) Er schließt sein classisches Werk Siluria (über die ältesten Gebirge, welche organische Ueberreste enthalten, London 1854) S. 483 mit dem Satze: „Der Eindruck, welchen das Studium dieser unvergänglichen Urkunden auf meinen Geist gemacht hat, läßt mich hoffen, daß meine Leser den Ansichten beipflichten werden, welche ich in Uebereinstimmung mit vielen Zeitgenossen über die Reihenfolge des Lebens hege; denn wer auf einen Anfang hinblickt und von da aus einen Fortschritt in den lebenden Wesen bemerkt bis zu der Periode, wo der Mensch auf Erden erschien, der muß in solchen Werken wiederholte Kundgebungen eines Planes und unwidersprechliche Beweise der Leitung eines Schöpfers erkennen."

werbe citiren müssen. — In einer amerikanischen naturwissenschaftlichen Zeitschrift [1]) erklärt ein Geologe: „Wir können versichern, daß es sehr viele Geologen sowohl in Europa als in unserm Lande gibt, welche nicht bloß die
Wahrheit der Offenbarung anerkennen, sondern all ihre Hoffnung auf diese
Wahrheit gründen, deren Anhänglichkeit an dieselbe stärker ist als der Tod
und welche es für ihren größten Ruhm und ihr größtes Glück halten, ihre
glorreichen Wahrheiten zu vertheidigen und zu bekräftigen: Männer, die sich
freuen, in jeder Gebirgsbildung die Spuren eines schaffenden und erhalten-
den Gottes zu sehen."

Auch in der deutschen Literatur der Gegenwart finden wir neben un-
gläubigen und irreligiösen Naturforschern eine Reihe von Gelehrten ersten
Ranges, welche in ihren naturwissenschaftlichen Werken eine religiöse Gesinnung an den Tag legen, theilweise auch ihren Glauben an die biblische
Offenbarung offen und freudig bekennen und sich in ihren Werken bestreben,
die Vereinbarkeit der Resultate der Naturforschung mit den Angaben der
Bibel nachzuweisen, z. B. Heinrich Steffens, Heinr. von Schubert, Karl
von Raumer, Joh. Nep. von Fuchs, Andreas und Rudolf Wagner, [2]) J.
Mädler. [3])

Wir wollen auf diese Thatsache nicht mehr Werth legen, als ihr zukommt; aber ganz Unrecht hat der alte ehrliche Claudius nicht, wenn er in
seiner treuherzigen Weise sagt: „Ich leugne nicht, daß ich an diesen Männern meine große Freude habe, — nicht sowohl der Religion wegen; die
kann, versteht sich von selbst, durch Gelehrte nicht verlieren noch gewinnen,
sie mögen klein oder groß sein. Aber es freut, wenn man zum Exempel
so einen der fleißigsten, unverdrossensten Naturforscher, der in ihrem Dienste
grau geworden war und mehr von ihr wußte und erfahren hatte, als die
Meisten von ihr wissen und erfahren haben, — wenn man so einen Vogel
Jupiters mit dem hohen und scharfen Blick, der den von den Nachkommen

---

1) American Journal of Science VIII, 155 (vgl. Ev. K.-Z. 1827, S. 108).

2) „Nie bin ich in meinem immer fester und entschiedener werdenden Glauben an
die Wahrheiten der Schrift, auch in der schließlichen Anschauung der natürlichen Dinge,
irre geworden." R. Wagner in den Jahrb. für deutsche Theol. 1862, S. 168.

3) „Die Himmel erzählen die Ehre Gottes, so sang schon der alte Psalmist; und
wenn die Astronomie vom Himmel stammt, so zeige sie sich dieses Ursprungs würdig.
Sie fördere ihrerseits Gotteserkenntniß, indem sie Wahrheiten erforscht, die uns mit seinen
großen Werken bekannt machen, und Gesetze entwickelt, die den Namen Naturgesetze führen
und mit Recht führen, nicht weil die Natur sie selber gesetzt, sondern weil Gott sie ihr
vorgeschrieben hat." Mädler in den Ges. Naturwiss. III, 551.

bis jetzt mehr bewunderten als benützten Plan und Grund zu einer neuen und wahrhaft großen Philosophie gelegt hat [Bacon], und einen der ersten, wenn nicht den ersten Mathematiker von Europa [Newton], ... wenn man solche Männer mit ihren Einsichten sich nicht weise dünken und sie, nachdem sie in die Geheimnisse der Natur tiefer als Andere eingedrungen waren, lernbegierig und mit dem Hut in der Hand, wie es sich gebührt, neben dem Altar und den größern Geheimnissen Gottes stehen sieht; ... es freut, und man faßt wieder Muth zu der Gelehrsamkeit, die ihre Freunde und Anhänger wirklich mehr wissen und doch dabei vernünftige Leute bleiben läßt und sie nicht zu Narren und Spöttern macht. Und es thut einen sonderlichen Effect, wenn man nun auf der andern Seite von den leichten Truppen mit dem Hut auf dem Kopfe vorbeidefiliren und hochweise die Nase rümpfen sieht." [1]

Freilich gehören bei weitem nicht alle Naturforscher, welche eine feind= liche Stellung der Offenbarung gegenüber einnehmen, zu dem, was Clau= dius „leichte Truppen" nennt. Es sind darunter auch Männer, welche in ihrer Wissenschaft Celebritäten sind. Den meisten Lärm aber machen hier, wie überall, die Mittelmäßigkeiten und Dilettanten.

Aus dem Gesagten werden Sie auch schon entnommen haben, daß Andreas Wagner ganz Recht hat, wenn er in seiner Geschichte der Urwelt sehr kräftig gegen die Auffassung protestirt, als handle es sich um einen Streit zwischen den Naturforschern einerseits und den Theologen andererseits. Ich habe eine Reihe von Naturforschern genannt — darunter Wagner selbst — welche die Auctorität der Bibel gar nicht bestreiten oder sogar vertheidigen. Auf der andern Seite hat Wagner nicht ganz Unrecht, wenn er sagt, gerade die rücksichtslosesten Angriffe gegen die Angaben der Bibel seien von Theologen ausgegangen. Er nennt als Theologen dieser Classe namentlich Ballenstedt, Bretschneider und Strauß. [2] Die beiden ersten sind Theologen aus der jetzt, Gott sei Dank, hinter uns liegenden Blüthezeit des Rationalismus vulgaris, beide längst der verdienten Vergessenheit ver= fallen. Ballenstedt verdiente überhaupt eigentlich gar nicht erwähnt zu wer= den, wenn nicht eine Sudelei, die er unter dem Titel „die Urwelt" hat

---

1) Claudius Werke VI, 122.

2) In England hat sich ihnen Goodwin beigesellt, dessen Aufsatz „über die Kosmo= gonie des Moyses" in den vielbesprochenen Essays and Reviews wissenschaftlich auch sehr unbedeutend ist.

druden laſſen, unbegreiflicher Weiſe drei Auflagen erlebt hätte. [1] Unter
die Theologen gezählt zu werden, berechtigt ihn nur der Umſtand, daß er
irgendwo im Braunſchweigiſchen Prediger war. Ein Seitenſtück dazu hat
in der neuern Zeit einer der Kirchenväter der freien Gemeinden, Wislicenus,
geliefert unter dem Titel: „die Bibel im Lichte der Bildung unſerer Zeit.“
Es ſollen 20,000 Exemplare von dem Wiſche verkauft worden ſein, was
ich ebenſowenig begreifen kann, als daß Weſtermayer ihm die Ehre erwieſen
hat, vier Bände zur Widerlegung deſſelben zu ſchreiben. [2] Der dritte von
Wagner genannte Theologe, David Strauß, der Verfaſſer des Lebens Jeſu,
iſt ein geiſtreicher und ſtilgewandter Literat; aber obwohl er der theologi=
ſchen Facultät als Student und als Docent angehört hat, wird ihn doch
ebenſowenig Jemand im Ernſt zu den Theologen zählen, wie etwa Schiller
zu den Hiſtorikern, wiewohl er bekanntlich weiland Profeſſor der Geſchichte
war. Was Strauß als Naturforſcher betrifft, ſo genügt es daran zu erin=
nern, daß Humboldt, der an ſeinen theologiſchen Anſichten großes Gefallen
fand, ihn ſehr ſtrenge des „naturhiſtoriſchen Leichtſinns“ beſchuldigt. [3]

Da ich einmal in literariſch=kritiſche Bemerkungen über unſern Gegen=
ſtand hineingerathen bin, ſo erlauben Sie wohl, daß ich die Fortſetzung
unſerer Erörterungen auf die nächſte Stunde verſchiebe, und heute mit einer
kurzen Ueberſicht der neuern Literatur ſchließe, auf welche ich theilweiſe ſchon
verwieſen habe, noch mehr aber in den folgenden Vorträgen werde Rückſicht
nehmen müſſen.

Die Naturforſcher, deren Werke wir zu berückſichtigen haben, ſind
dreierlei Art. Die erſte Claſſe bilden diejenigen, welche ſich ganz auf ihr
Gebiet beſchränken, die naturwiſſenſchaftlichen Thatſachen ſammeln und ord=
nen, ihre Concluſionen daraus ziehen und ihre Syſteme und Hypotheſen
darauf bauen, ohne auf die Theologie in freundlicher oder in feindlicher
Weiſe irgend welche oder mehr als vorübergehend Rückſicht zu nehmen. Es
ſind dieſes durchgängig ernſte und gelehrte Forſcher, bei denen wir für unſern
Zweck vieles lernen müſſen über die wirklichen Reſultate der Forſchung; mit
dieſen Reſultaten werden ſich auch die Angaben der Bibel immer in Ein=

---

1) Vergl. Hengſtenbergs Ev. Kirchen=Zeitung 1827, S. 97 ff. — Ueber Bret=
ſchneider ſ. ebend. 1830 S. 393. — Vergl. A. Wagner, Geſch. der Urwelt I,
S. 479.

2) Das Alte Teſtament und ſeine Bedeutung, dargeſtellt mit Rückſicht auf die Be=
hauptungen des modernen Unglaubens. Schaffhauſen 1861.

3) Briefe von Humboldt an Varnhagen von Enſe S. 117.

klang bringen laſſen; Differenzpunkte treten erſt da hervor, wo dieſe Gelehrten das Gebiet der Thatſachen und der wiſſenſchaftlich berechtigten Folgerungen verlaſſen und zu Hypotheſen übergehen. Solche Hypotheſen aufzuſtellen, kann ihnen gewiß nicht verwehrt werden; aber ſie dürfen nicht und wollen durchgängig auch nicht für dieſe dieſelbe Zuverläſſigkeit beanſpruchen, wie für Thatſachen und auf Thatſachen beruhende Schlüſſe. Die perſönlichen religiöſen Anſichten ſolcher Männer mögen ſein, welche ſie wollen, ſie hüten ſich durchgängig, durch dieſelben ihre naturwiſſenſchaftlichen Erörterungen influenziren zu laſſen, und darum iſt es dem Theologen durchgängig mög-lich, von ihren wiſſenſchaftlichen Reſultaten nicht nur Gewinn zu ziehen, ſondern auch ſich mit denſelben auseinanderzuſetzen, mag auch der religiöſe Standpunkt der Urheber derſelben ein ſolcher ſein, den der Theologe perhor-resciren muß. Zu dieſer Claſſe von Naturforſchern iſt Humboldt zu zählen, deſſen Kosmos gewiß darauf Anſpruch machen kann, auch von den Theo-logen berückſichtigt zu werden. [1])

Die zweite Claſſe von Naturforſchern geht von der Darlegung ihrer naturwiſſenſchaftlichen Errungenſchaften und Hypotheſen zu einer Vergleichung derſelben mit den Angaben der Bibel über und kommt zu dem Reſultate, daß dieſe auf dem naturwiſſenſchaftlichen Standpunkte als unhaltbar zu bezeichnen ſeien. An ſie ſchließen ſich die Theologen oder Pſeudo-Theologen an, welche ich eben erwähnte. Dieſe Richtung findet namentlich in der franzöſiſchen Literatur viele Vertreter. Unter den deutſchen Gelehrten der Gegenwart gehören namentlich Carl Vogt und Hermann Burmeiſter zu dieſer Claſſe, wiewohl bei dieſen das polemiſche Element nur in einzelnen Aeußerungen hervortritt und viel mehr brauchbares thatſächliches Material zu finden iſt. Auf dieſe Gelehrten werden wir alſo bei unſern Erörterun-gen vielfach polemiſch oder abwehrend Rückſicht zu nehmen haben.

---

1) Außer Humboldts Kosmos ſind bei den folgenden Vorträgen beſonders benutzt worden: die Geognoſie und Geologie von Nöggerath und die Aſtronomie von Mäd-ler im dritten Bande der „Geſammten Naturwiſſenſchaften", 2. Aufl., Eſſen 1862; — Geologie von Sir Charles Lyell, nach der 5. Aufl. des Originals herausgeg. von B. Cotta; zwei Bände, Berlin 1857. — Principles of Geology, by Ch. Lyell, 4. Ed., 4 Bände, London 1835. — Sonſt und Jetzt. Populäre Vorträge über Geologie von F. A. Quenſtedt, Tübingen. — Lehrbuch der Geologie und Petrefactenkunde von Carl Vogt, 2. Aufl., 2 Bände, Braunſchweig 1854; deſſelben Grundriß der Geologie, Braun-ſchweig 1860, und die Ueberſetzung der „Natürlichen Geſchichte der Schöpfung", 2. Aufl., Braunſchw. 1859. — Geſchichte der Schöpfung von Hermann Burmeiſter, 6. Aufl. (Volks-ausgabe), Leipzig 1856.

Die dritte Classe von Naturforschern geht mit den offenbarungsgläubigen Theologen insofern Hand in Hand, als beide Theile, freilich oft auf verschiedenen Wegen zu dem Resultate kommen, daß Bibel und Naturwissenschaft einander nicht widersprechen, sondern einander bestätigen oder ergänzen. Man kann dabei von der Naturwissenschaft ausgehen und nebenbei die Bibel berücksichtigen, oder die Auslegung des Heraemeron zur Grundlage nehmen und dabei an den betreffenden Stellen zeigen, daß die Ergebnisse der Naturforschung damit nicht in Widerspruch stehen. Ersteres ist der natürliche Weg für die Naturforscher, letzteres für die Theologen, und in der Regel hat es sich gerächt, wenn der umgekehrte Weg eingeschlagen wurde, wenn der Naturforscher als Exeget auftrat oder der Theologe sich in das Gewand des Naturforschers hüllte.

An Werken dieser Art ist namentlich die englische Literatur reich; ich habe Schriften von Buckland und das anonym erschienene Werk „die Geologie in ihrem Verhältniß zur geoffenbarten Religion" bereits erwähnt. [1]) Von französischen Werken dieser Classe sind die Schriften über den biblischen Schöpfungsbericht von Marcel de Serres und Waterkeyn zu nennen. [2]) Unter den deutschen Werken dieser Richtung ist die „Geschichte der Urwelt" [3]) von Andreas Wagner († 1861) das umfassendste und reichhaltigste.

Unter den Werken von Theologen, welche mit Benutzung der von den Naturforschern gesammelten und bearbeiteten Materialien die Harmonie der Bibel und der Wissenschaft nachweisen, sind zuerst die bekannten Vorträge des Cardinals Wiseman zu nennen. Sie machen nicht darauf Anspruch irgendwie erschöpfend zu sein; seit dem Erscheinen derselben ist auch so viel neues Material herbeigeschafft und das ältere so vielfach bearbeitet und dadurch modificirt worden, daß das Buch in manchen Einzelheiten antiquirt ist. Aber die Vorträge haben den bleibenden Werth, daß sie über den Stand

1) *W. Buckland*, Reliquiae diluvianae, London 1823. — Ders., Geology and mineralogy considered with reference to natural theology, London 1836, — ins Deutsche übers. von Agassiz, Neuschatel 1839, und (unter dem Titel „die Urwelt und ihre Wunder") von Fr. Werner, Stuttg. 1837. — Geology in its relation to revealed religion, by *C. B.*, Dublin 1853. — *Hugh Miller*, the testimony of the rocks, Edinburgh 1839. Ders., the footprints of the creator, Edinb. 1850. Vergl. Jahrbücher für deutsche Theologie 1860, S. 760.

2) *Marcel de Serres*, de la cosmogonie de Moïse comparée aus faits géologiques, 3. éd., Paris 1860 (übers. von Steck, Tüb. 1841). — *Waterkeyn*, la science et la foi sur l'oeuvre de la creation, Lüttich 1845.

3) 2. Aufl., 2 Bände, Leipz. 1857.

der Frage im Allgemeinen eine gute Orientirung geben, und daß manche Gesichtspunkte, wenn auch nicht ausgeführt, so doch angedeutet sind, und die Vorträge haben den großen Werth gehabt, daß sie diesen Studien unter den Theologen einen neuen Impuls gegeben haben, — abgesehen von den formellen Vorzügen, der klaren, geistvollen, eleganten und beredten Darstellung, welche alle Schriften dieses großen und liebenswürdigen Mannes zieren. — Aehnlich sind die „Philosophischen Studien über das Christenthum" von Nicolas, der freilich von Hause aus weder Naturforscher noch Theologe ist, — nur daß wir hier statt englischer Nüchternheit und Solidität mitunter französisches Pathos und Phrasenthum finden. Ein anderes französisches Werk „die Kosmogonie der Bibel," Paris 1854,[1]) hat zwar einen Theologen, wenigstens einen Geistlichen, Abbé Sorignet, zum Verfasser, ist aber mehr naturwissenschaftlichen als theologischen Inhalts, und besonders brauchbar wegen der guten übersichtlichen Darstellung der Systeme der französischen Geologen.

In Italien ist über die mosaische Schöpfungsgeschichte ein brauchbares Buch von dem römischen Jesuiten Pianciani in lateinischer Sprache geschrieben; es ist 1853 auch in einer, leider etwas leichtfertig gearbeiteten, deutschen Uebersetzung erschienen.[2])

Aus der neuern deutschen theologischen Literatur ist besonders zu nennen das schon einige Male erwähnte Buch: „Bibel und Astronomie" von J. H. Kurtz, vierte Auflage, 1858. Das Buch hat den Fehler oder besser gesagt den Vorzug, daß es mehr gibt, als dieser Titel verspricht. Zu den Erörterungen über Bibel und Astronomie kommen Erörterungen über andere ähnliche Fragen, welche das Titelblatt nur als „Zugaben verwandten Inhalts" bezeichnet, welche aber an Umfang und Wichtigkeit dem eigentlichen Inhalte nicht nachstehen. Das Buch enthält viel brauchbares Material in einer sehr ansprechenden Darstellung, leider hie und da vermischt mit Ansichten, welche wir auf unserm kirchlichen Standpunkte als dogmatisch unrichtig bezeichnen müssen, und mit manchen Expositionen, die sonst unhaltbar sind. — Weniger bedeutend ist die „Schöpfungsgeschichte" von Keerl, Basel 1861, und noch unbedeutender, ja nach meinem Dafürhalten wissenschaftlich ohne Werth der hieher gehörende erste Band des schon erwähnten Werkes von Westermayer.

---

1) La Cosmogonie de la Bible devant les sciences perfectionnées.
2) Erläuterungen zur mosaischen Schöpfungsgeschichte. Regensb. 1853.

An diese und andere [1]) uns vorliegende Leistungen werde ich also bei meinen Erörterungen anzuknüpfen haben; oder vielmehr, da ich nicht darauf Anspruch mache, die wissenschaftliche Forschung selbstständig weiter zu führen: habe ich mir die Aufgabe gesetzt, auf Grund der vorhandenen Untersuchungen und mit selbstständiger Auswahl und Bearbeitung des darin niedergelegten Materials Sie in übersichtlicher Weise über den jetzigen Stand der Frage zu orientiren.

VII.

Allgemeine Erläuterungen zu dem mosaischen Hexaemeron.

Ich habe früher ausführlich nachgewiesen, daß die Bibel nicht den Zweck verfolgt, uns naturwissenschaftliche Belehrungen, sondern nur den Zweck, uns religiös-sittliche Wahrheiten mitzutheilen. Daß Gott die Welt geschaffen hat, ist augenscheinlich eine solche religiöse Wahrheit und die Bibel bewegt sich also ganz auf ihrem Felde, wenn sie uns in dem ersten Verse der Genesis dieses mittheilt. Aber warum beschränkt sie sich nicht auf diesen einfachen, unbestritten theologischen Satz? warum gibt sie in dem Reste dieses ersten Capitels, was eher in die Naturwissenschaft, als in die Dogmatik und Moral zu gehören scheint: eine Geschichte der Entwicklung des Kosmos?

Wenn Moyses mehr sagt, als: „Im Anfange schuf Gott Himmel und Erde," oder wenn Gott mehr geoffenbart hat als dieses, so muß dieses Mehr auch eine religiös-sittliche, eine theologische Bedeutsamkeit haben, und nur um dieser theologischen Bedeutung willen, nicht um seines naturwissenschaftlichen Interesses willen ist es geoffenbaret worden. Das steht vor Allem fest; und wir brauchen auch in der That das erste Capitel nur aufmerksam zu lesen, um die theologischen Wahrheiten aufzufinden, die darin, wenn auch nicht als dogmatische Sätze formulirt, so doch deutlich genug ausgesprochen werden. Ich will dieselben gleich jetzt, ehe ich zur Erklärung des Capitels übergehe, zusammenstellen, da dieses, wie Sie bald erkennen werden, die weitern Untersuchungen wesentlich erleichtern wird.

---

1) S. Mutzl, die Urgeschichte der Erde und des Menschengeschlechts, Landshut 1845. — F. Michelis, Erklärung der beiden ersten Capitel der Genesis, Münster 1845. — J. H. A. Ebrard, der Glaube an die hl. Schrift und die Ergebnisse der Naturforschung, Königsb. 1861. — Eine Reihe von Aufsätzen in den Zeitschriften „Natur und Offenbarung", Münster 1855 ff. und „Katholik", Mainz 1858 ff.

1) Der allgemeine Satz: „Gott hat Himmel und Erde geschaffen" wird zwar nicht vervollständigt, aber er wird doch anschaulicher gemacht, wenn wir dem allgemeinen Begriffe „Himmel und Erde" eine Aufzählung der hauptsächlichsten Dinge folgen lassen, welche unter diesen Begriff fallen, z. B. die Gestirne, die Pflanzen, die Thiere u. s. w. Nothwendig war es an sich nicht, daß Moyses diese Enumeration folgen ließ, aber er konnte seine Gründe dafür haben, und wir werden diese Gründe später kennen lernen. Was also Moyses in diesem Capitel weiter berichtet, dient schon zur Verdeutlichung und Veranschaulichung seines ersten Satzes. Wir sehen den Himmel mit der Sonne, dem Monde und den Sternen geschmückt und mit Wolken bedeckt, aus denen der Regen sich auf die Erde ergießt; Moyses belehrt uns: Gott ist es, der das Firmament gebildet hat sammt seinen Wasservorräthen, und Gott ist es, der die beiden großen Lichter und die Sterne gemacht und an die Feste des Himmels gesetzt hat, um die Erde zu erleuchten. Wir sehen auf der Erde Festland und Meer, wir sehen das Land bedeckt von Kräutern und Bäumen von manchfaltiger Art, wir sehen die Luft, das Wasser und das Land bevölkert von allerlei Gethier; Moyses belehrt uns: Gott ist es, der das Wasser an Einem Orte sich versammeln und das feste Land hat hervortreten lassen; Gott ist es, der geboten hat, die Erde solle hervorsprossen lassen Kräuter und Bäume nach ihrer Art, d. h. von verschiedenerlei Arten, und zwar Kräuter und Bäume, welche Frucht tragen, die sich also fortpflanzen konnten und von denen die Kräuter und Bäume abstammen, welche wir jetzt sehen; Gott ist es, welcher die großen Seethiere und das kleine Gethier, welches im Wasser sich bewegt, die fliegenden Bewohner der Luft und die großen und kleinen Landthiere gemacht hat nach ihrer Art, d. h. von allerlei Arten; und er hat sie gesegnet und gesagt: seid fruchtbar und werdet zahlreich; er hat ihnen also die Fähigkeit der Fortpflanzung gegeben, und wenn die Thiere, welche jetzt leben, nicht unmittelbar von Gott geschaffen worden sind, so haben sie doch von den Thieren, welche Gott zuerst geschaffen, in der von Gott gewollten und angeordneten Weise ihren Ursprung, sind also doch als Creaturen Gottes zu bezeichnen. Auch das höchste und edelste unter den sichtbaren lebenden Wesen, der Mensch, — Gott hat ihn geschaffen und zwar in geschlechtlicher Verschiedenheit als Mann und Weib, und auch die von ihm geschaffenen Menschen hat Gott gesegnet, und gesprochen: Seid fruchtbar und mehret euch und erfüllet die Erde. Also wir Alle, die wir jetzt auf Erden leben, und Alle, die vor uns gelebt und die Erde bewohnt haben, sind Creaturen Gottes; denn

wir stammen von den Menschen ab, die Gott geschaffen und mit dem Ver=
mögen der Fortpflanzung ausgerüstet hat. — Sie werden zugeben, daß das
Dogma von der Erschaffung der Welt durch Gott für den einfachen, kindlichen
Sinn des Menschen — und an diesen wendet sich die Bibel ja zunächst —
in dieser specialisirenden und individualisirenden Weise viel anschaulicher und
zugleich eindringlicher vorgetragen wird, als wenn sich Moyses auf den für ein
dogmatisches Compendium allerdings genügenden Satz „Im Anfange schuf
Gott Himmel und Erde" beschränkt hätte. Schon unter diesem Gesichtspunkte
also muß es uns als durchaus gerechtfertigt erscheinen, daß Moyses diesen
allgemeinen Satz weiter ausführt; wir können ihm wenigstens nicht den
Vorwurf machen, daß er den Zweck der hl. Schrift, die religiöse Beleh=
rung des Menschen, in den weitern Versen aus dem Auge verloren habe.
Die Naturwissenschaft aber kann gegen die eben angeführten Sätze, wenn
wir von ihrer Einkleidung im mosaischen Heraemeron, die weitern Erörte=
rungen vorbehalten bleibt, vorläufig absehen, keine Einsprache erheben; denn
wenn sie den Satz: Gott hat die Dinge geschaffen, nicht anfechten kann,
so kann sie auch nichts dagegen haben, wenn wir diese und jene Dinge —
in einer Weise, über welche wir uns noch zu verständigen haben, — auf die
göttliche Causalität zurückführen.

2) Wenn wir sagen: Gott hat die Welt geschaffen, so versteht sich
eigentlich von selbst, daß die Welt, wie sie durch Gottes Willen ins Da=
sein trat, auch so beschaffen war, wie Gott wollte, daß das Produkt der
schöpferischen göttlichen Thätigkeit der göttlichen Idee und dem göttlichen
Plane durchaus adäquat war. Es ist aber oft gut, Dinge, die sich von
selbst verstehen, dennoch zu sagen, und so hat auch Moyses Gründe, die eben
angegebene Wahrheit nicht zu verschweigen. Er spricht dieselbe aus, indem
er den Bericht über die einzelnen göttlichen Werke mit den Worten schließt
„und Gott sah, daß es gut war", d. h. daß sein Wille in seinem Werke
seine adäquate Verwirklichung gefunden hatte; denn das nennt Gott gut,
was seiner Idee und dem göttlichen Willen entspricht. — Moyses wiederholt
diesen Satz mehrere Male; ich kann aber nicht umhin, hier mit einigen
Worten auf die eigenthümlich sinnreiche und treffende Weise hinzuweisen, wie
er den Ausdruck anwendet.

Am ersten Tage schafft Gott das Licht und trennt das Licht von der
Finsterniß. „Und Gott sah, daß das Licht gut war" — nicht auch die
Finsterniß, denn sie ist keine Schöpfung Gottes, überhaupt kein Ens, son=
dern nur die Negation des Lichtes.

Am zweiten Tage bildet Gott das Firmament und scheidet zwischen den Wassern unterhalb und oberhalb desselben. Nur der griechische Ueberseer hat hier den Sat "und Gott sah, daß es gut war" — offenbar eine ganz unglückliche Bereicherung des Textes; denn das Werk des zweiten Tages ist kein abgeschlossenes und in sich vollendetes und kann nicht als gut bezeichnet werden, weil die göttliche Idee sich noch nicht ganz verwirklicht hat. Das Firmament wird erst am vierten Tage mit seinen Lichtern verziert, und darauf "sah Gott, daß es gut war;" und die Wasser unterhalb des Firmaments werden erst an Einen Ort versammelt und lassen das trockene Land hervortreten, und erst nachdem diese Scheidung, also der definitive Zustand eingetreten, heißt es: "und Gott sah, daß es gut war."

Nachdem bei jedem einzelnen in sich vollendeten göttlichen Werke diese Bemerkung "Gott sah, daß es gut war" hinzugefügt worden ist, können wir es nur in der Ordnung finden, daß, da nun das Ganze der göttlichen Schöpfung hervorgebracht ist, der göttliche Weltplan also nicht nur in all seinen einzelnen Punkten, sondern als systematisches Ganzes seine Verwirklichung gefunden hat, daß nunmehr die Bemerkung folgt: "Und Gott sah Alles, was er gemacht hatte, und siehe es war sehr gut."

Moyses will mit dieser oft wiederholten Bemerkung also zunächst sagen, daß der göttliche Schöpferwille in der Schöpfung seine adäquate Verwirklichung gefunden habe; die Bemerkung hat aber daneben auch noch eine andere Bedeutung. Gleich in den folgenden Capiteln hat Moyses auch von Creaturen zu berichten, die nicht gut sind: die Schlange, die Verführerin der Menschen, kommt gleich im dritten Capitel vor, und späterhin hat die Genesis noch von Vielem zu berichten, was entweder sittlich oder physisch nicht gut ist. Offenbar auch mit Rücksicht auf dieses hebt Moyses hier hervor: im Anfange war Alles gut; so wie Gott die Schöpfung hervorgebracht hat, war sie gut; was sich also später Böses darin finden mag, das ist nicht Gottes Werk. Sie sehen, wir kommen auch hier wieder auf theologische Wahrheiten, welche im Heraemeron ihren Ausdruck gefunden haben.

3) Nach dem Berichte der Genesis ist der Mensch nicht nur das letzte Glied in der sichtbaren Schöpfung, sondern auch offenbar das Ziel der ganzen sichtbaren Schöpfung. Unmittelbar vor ihm wurden die Thiere geschaffen; dem Menschen wird die Aufgabe und das Recht zugesprochen, über sie zu herrschen. Vor den Thieren wurden die Pflanzen geschaffen; es wird ausdrücklich gesagt, sie seien dazu da, den Menschen und ihren Unterthanen, den Thieren, zur Nahrung zu dienen. Das trockene Land tritt aus der

Wassermasse hervor, um der Pflanzenwelt als mütterlicher Boden, der Thier=
welt und den Menschen als Wohnplatz zu dienen. Ja selbst der Himmel
wird in Beziehung zu dem Menschen gebracht: die Lichter, welche Gott
daran setzt, haben den Zweck, die Erde zu erhellen und zu Zeichen, insbe=
sondere zu Zeichen der Zeitmessung, der Tage und der Jahre zu dienen,
natürlich für den Menschen. Die Bibel bleibt also auch in dieser Hinsicht im
Heraemeron ihrer Mission treu, uns über das Religiöse zu belehren. Im
Verlaufe der Genesis ist zunächst nur von dem Menschen und von seinem
Verhältnisse zu Gott, also von der Religion die Rede, und mit Rücksicht
auf den Menschen wird hier im Anfange der Genesis der Wohnplatz be=
schrieben, den Gott dem Menschen bereitet, und die Wahrheit ausgesprochen,
daß die unvernünftige Creatur um des Menschen willen von Gott hervor=
gebracht worden sei. Auch gegen diese Wahrheit wird von Seiten der Na=
turwissenschaft nichts einzuwenden sein.

4) Moses hatte endlich noch einen besondern religiösen oder theologi=
schen Grund, sich nicht auf den allgemeinen Satz: Gott hat die Welt ge=
schaffen, zu beschränken, sondern das Werk der Schöpfung im Einzelnen zu
beschreiben, und er gibt diesen Grund deutlich genug an. Er vertheilt das
ganze Werk auf sechs Tage; in diesen sechs Tagen werden, wie er im ersten
Verse des zweiten Capitels sagt, Himmel und Erde vollendet; und nachdem
Gott sein Werk in sechs Tagen vollendet, ruht er am siebenten Tage von
all seinem Werke, d. h. er hört auf zu schaffen, cessat ab opere suo, wie
die Vulgata ganz gut übersetzt. Wenn Gott auch wirksam ist bis auf die=
sen Augenblick, wie das Neue Testament [1]) es ausdrückt, und immer wirk=
sam bleiben wird, wie die Schrift an unzähligen Stellen hervorhebt: das
Werk der ersten Hervorbringung der Dinge ist längst abgeschlossen und hat
nur eine bestimmte Zeit gedauert, die wir vorläufig einfach nach dem Aus=
drucke der Genesis sechs Tage nennen wollen, indem wir uns vorbehalten,
die Bedeutung dieses Ausdrucks später zu untersuchen. Wozu also diese
Notiz? Der dritte Vers des zweiten Capitels gibt die Antwort: „Und Gott
hat den siebenten Tag gesegnet und geheiligt, denn an ihm hat er geruht
von all seinem schöpferischen Werke,“ oder an ihm hat sein schöpferisches
Wirken seinen Abschluß erhalten. Die Leser des Pentateuchs wußten, daß
ein göttliches Gesetz ihnen gebot, den siebenten Tag als einen heiligen Tag
zu feiern, ihre äußere Thätigkeit und Arbeit auf sechs Tage zu beschränken

---

1) Joh. 5, 17.

und am siebenten Tage aus Gehorsam gegen Jehova, zu seiner Verehrung, zur Anerkennung seiner Oberherrlichkeit und zum Danke für die göttliche Wohlthat der Erschaffung die irdischen Arbeiten zu unterbrechen und mit religiösen Uebungen zu vertauschen. Und warum, konnten sie fragen, hat Gott sich den siebenten Tag vorbehalten, warum nicht den zehnten oder einen andern? Weil der Sabbath speciell der Verehrung Gottes als des Schöpfers geweiht ist, das gesammte Werk der Schöpfung aber in einer Sechszahl von Einzelwerken verläuft, weil also die Sechszahl die passendste Signatur des Schaffens und Wirkens auch des Menschen ist und ein oftmals wiederkehrendes Fest zu Ehren des Schöpfers am passendsten je nach Ablauf nicht einer Dekade, sondern einer Herade seine Stelle findet.

Die Naturwissenschaft hat zwar gegen die sechs Tage mancherlei einzuwenden und ihre Einwendungen sollen seiner Zeit gehört und berücksichtigt werden; hier kommt es zunächst nur darauf an, zu zeigen, daß Moyses nicht von dem religiösen Gebiete in das naturwissenschaftliche Gebiet übergreift, wenn er in seinem Berichte über die Schöpfung so ins Einzelne geht und von sechs Perioden der Schöpfung spricht, daß vielmehr in diesen Einzelheiten auch ein religiöses Moment liegt, und daß er also, ohne seinem Grundsatze, uns keinerlei rein naturwissenschaftliche Belehrungen zu geben, irgendwie untreu zu werden, dem ersten Satze der Genesis das Heraemeron folgen lassen konnte. Oder, um gleich den correctern Ausdruck zu wählen: auch bei dem Heraemeron bleibt es wahr, was ich als allgemeinen Grundsatz früher nachgewiesen habe: die göttliche Offenbarung hat nicht den Zweck, unsere profanwissenschaftlichen Erkenntnisse zu berichtigen oder zu erweitern, sondern uns religiöse Wahrheiten zu vermitteln, und wo die Offenbarung auch naturwissenschaftliche Elemente mit in ihren Bereich zieht, da werden diese nicht um ihrer selbst willen, sondern nur um der religiösen Momente willen berührt, die damit verschmolzen sind. Wenn Gott also dem Menschen durch die Bibel nicht die einfache Wahrheit, daß er der Weltschöpfer sei, geoffenbart, sondern daran die andern Offenbarungen angeschlossen hat, die den weitern Inhalt des Heraemeron ausmachen, so hat Gott dieses nicht gethan, um uns über die einzelnen Theile der Schöpfung, über die Reihenfolge ihrer Entstehung und die Zeit, in welcher ihre Ausbildung erfolgt ist, zu belehren. Denn das sind Dinge, die an sich nur für den wissenschaftlichen Forscher oder für den Menschen als denkendes Wesen Interesse haben, die religiöse und sittliche Seite des Menschen aber an sich nicht berühren, also Dinge, deren Erforschung Gott dem menschlichen Geiste überlassen kann.

Object der göttlichen Offenbarung können diese Dinge nur dann werden und nur insoweit werden, als sich an dieselben religiöse Wahrheiten anschließen, deren Erkenntniß für den Menschen in religiöser Hinsicht nothwendig oder nützlich ist und deren Erkenntniß dem Menschen nur in Verbindung mit jenen natürlichen Dingen vermittelt werden kann. Diese religiösen Wahrheiten sind für die göttliche Offenbarung Zweck, die andern Dinge zunächst nur Mittel zum Zweck.

Wenn Gott also dem Menschen über das Schöpfungswerk die Offenbarung gegeben hat, die das Heraemeron enthält, so hat er erstens die Theile der Schöpfung aufgezählt, um bei jedem die göttliche Causalität bemerklich zu machen; er hat zweitens diese Theile erwähnt, um uns zu sagen, daß Alles, was Gott schuf, gut war, d. h. der göttlichen Idee entsprechend und frei von dem Bösen, welches wir wahrnehmen; er hat drittens die einzelnen Creaturen der Reihe nach aufgezählt bis zum Menschen als dem letzten göttlichen Werke, um uns zu sagen, daß der Mensch wie der Zeit nach der Abschluß, so dem Zwecke nach der Mittelpunkt der Schöpfung sei; er hat viertens die Vollendung der Schöpfung in einer Sechszahl von Tagen oder Einzelschöpfungen beschrieben, um die Heiligung des letzten unter je sieben Tagen als religiöse Pflicht darzustellen.

Nachdem wir nun die theologischen Wahrheiten, welche das Heraemeron mittheilen will, erforscht haben, kommen wir zu der Einkleidung, welche diese Wahrheiten in der Bibel erhalten haben, und da ist der Punkt, wo die Berührung zwischen Offenbarung und Naturwissenschaft beginnt. Die Interpretation des ersten Abschnittes der Genesis, welche ich jetzt zunächst zu geben habe, braucht nicht gerade eine erschöpfende zu sein; manche exegetische Fragen, namentlich sprachliche, werde ich übergehn oder kurz abmachen dürfen, da sie für unsern Zweck von untergeordneter Bedeutung sind; ich habe vorzugsweise nur das zu erläutern, was für die später anzustellende Vergleichung mit den Resultaten der naturwissenschaftlichen Forschung von Wichtigkeit ist.

Ich brauche auch nicht die zunftmäßige Form eines Commentarius perpetuus zu wählen. Da ich den Wortlaut des betreffenden Capitels als Ihnen bekannt und Ihrem Gedächtnisse präsent voraussetzen darf, kann ich zunächst allgemeinere Erläuterungen geben, welche die Hauptschwierigkeiten erledigen, so daß die Noten zu einzelnen Versen nur noch einiges Wenige nachzutragen haben werden.

Von den vier theologischen Sätzen, welche ich eben als im Heraemeron enthalten nachgewiesen habe, ist der dritte von bedeutendem Einfluß

auf die ganze Composition des Berichtes gewesen. Wenn Moyses sich die
Aufgabe stellt, den Menschen als denjenigen darzustellen, für welchen Gott
andere Dinge geschaffen habe, so dürfen wir von vornherein erwarten, daß
er unter den geschaffenen Dingen vorzugsweise diejenigen erwähnen oder
hervorheben wird, welche zu dem Menschen in einer besondern und directen
Beziehung stehen, und daß er diese Dinge selbst wieder unter dem Gesichts=
punkte ihrer Beziehung zum Menschen behandeln wird. So finden wir
denn, daß er, nachdem er im ersten Verse die Erschaffung des Himmels und
der Erde, also der ganzen Welt, kurz erwähnt hat, sich im Folgenden zu=
nächst mit der Erde beschäftigt. Gleich der zweite Vers beginnt „Und die
Erde war wüst und öde" — von dem Himmel ist vorerst nicht die Rede,
und wo im Folgenden von ihm gesprochen wird, da geschieht es nur mit
Rücksicht auf seine Beziehung zur Erde: Gott bildet das Firmament, um
einen Theil der die Erde bedeckenden Wassermasse aufzunehmen, und er schafft
die Sterne, um die Erde zu erleuchten und um den Menschen als Zeichen
der Zeitmessung zu dienen. Wie es sonst um den Himmel bestellt ist, in
welchem Verhältnisse die Sterne zu einander stehen, ob auch sie Vegetation
und lebende Wesen haben und dergleichen Fragen berührt Moyses mit kei=
nem Worte; denn er will uns nicht über alles Einzelne berichten, was
Gott erschaffen, sondern nach der allgemeinen Bemerkung, daß Gott über=
haupt Alles geschaffen, im Einzelnen nur über das, was Gott für den
Menschen geschaffen. Man spricht darum nicht ganz genau von einer
Kosmogonie des Moyses; es handelt sich ihm zunächst nur um die
Geogonie, und von dem, was außer der Erde zum Kosmos gehört,
spricht er nur insoweit, als es in einer nähern Beziehung zur Erde steht.
Man muß also den mosaischen Schöpfungsbericht einseitig und unvollständig
nennen; aber das ist kein Fehler desselben, sondern eine nothwendige Eigen=
schaft. Es wäre sehr auffallend, wenn die Bibel mehr sagte, als sie sagt;
denn dann würde sie von der Regel abweichen, uns nur religiöse Belehrun=
gen zu geben und die natürlichen Dinge nur insoweit zu berühren, als die=
ses die Mittheilung religiöser Belehrungen erfordert. Diese Unvollständigkeit
und Einseitigkeit charakterisirt darum auch den weitern Bericht über die
Ausbildung der Erde: die Scheidung von Wasser und Land, die Erschaf=
fung der Pflanzen und Thiere ist Alles, was Moyses berichtet; denn das
ist Alles, was zunächst für die Charakterisirung der Stellung des Menschen
in der sichtbaren Welt erforderlich war. Das Innere des Erdkörpers, die
Gebirgsformationen, den Umfang von Wasser und Land, die rationelle Ein=

theilung der Pflanzen und Thiere und dergleichen Dinge berührt Moyses nicht, nicht darum weil seine naturwissenschaftlichen Erkenntnisse soweit nicht reichten — wiewohl dieses unbedenklich zuzugeben ist — sondern darum, weil diese Dinge für das, was er darstellen wollte, keine wesentliche Bedeutung hatten. Wir brauchen gar nicht anzunehmen, daß Moyses mehr über die Beschaffenheit der Erde und dergleichen gewußt hat, als er sagt; aber hätte er mehr gewußt, er würde doch nicht mehr gesagt haben; denn er wollte überhaupt nur aufzeichnen, was ihm über die religiöse Seite der Entstehungsgeschichte der sichtbaren Welt mitzutheilen gut schien oder vielmehr von Gott aufgetragen war.

Eine beabsichtigte und in der Natur der Sache liegende Einseitigkeit, Unvollständigkeit und Lückenhaftigkeit ist also das erste Charakteristikum des mosaischen Berichtes über die Entstehung der sichtbaren Welt. Eine zweite Eigenschaft des mosaischen Schöpfungsberichtes ist die populäre, wenn Sie wollen, unwissenschaftliche Darstellung. Weil die Bibel nie und nimmer sich die Aufgabe setzt, uns profanwissenschaftliche Belehrungen zu geben, darum spricht sie auch, wie ich früher ausführlich auseinandergesetzt, nie die Sprache der Wissenschaft, sondern die Sprache des gemeinen Mannes. Sie will nicht zum Behufe geologischer, astronomischer, geographischer, überhaupt profanwissenschaftlicher Studien gelesen werden, sondern zum Behufe religiöser Belehrung; sie redet darum nicht in Ausdrücken, die vor der Wissenschaft als correct bestehen können, sondern in Ausdrücken, die dem gewöhnlichen Menschen verständlich sind; sie knüpft also, wenn sie von Dingen der Natur redet, einfach an die Anschauungen und Auffassungen an, die sich dem Menschen bei der unbefangenen, oberflächlichen und kindlichen Betrachtung der Natur ergeben. Für den Naturforscher ist die Atmosphäre der Erde mit wässerigen Dünsten geschwängert, die sich unter Umständen zu Wolken gestalten und als Regen auf die Erde herabfallen; für die Anschauung des nicht reflectirenden Menschen und darum auch für die biblische Darstellung befindet sich ein Wasservorrath oberhalb der R'kia haschamajim, „der Feste des Himmels", wie die Vulgata das Wort deutet, oder besser „des Gezeltes des Himmels". Für die Anschauung des Menschen und darum auch der Bibel hat der Himmel zwei große Lichter, Sonne und Mond, und daneben das Heer der Sterne, — die Astronomie mag zu dieser Eintheilung sagen, was sie will. Der Botaniker und der Zoologe mögen lachen oder sich entsetzen über die Classen, in welche Pflanzen und Thiere im Heraemeron eingetheilt werden; es sollen eben gar keine schulgerechte Eintheilungen sein; denn die Bibel will uns ja kein System der Botanik und Zoologie geben, sondern nur eine Aufzählung der Geschöpfe, und für diesen Zweck ist ihre Eintheilung ganz angemessen. Die Pflanzenwelt wird Vers 12 einge= theilt: erstens in Bäume, zweitens in Kräuter; es ist nicht ganz sicher ob der hebräische Text mit dem Ausdrucke „Grün" noch eine dritte Classe, etwa die Gräser u. dergl. bezeichnen will. Die Eintheilung ist so unwissen= schaftlich wie möglich; aber sie genügt ganz vollständig, wenn uns bloß gesagt werden soll, Gott habe die Pflanzen alle, ob groß oder klein, ge= schaffen. Ganz derselben Art ist das zoologische System des Heraemeron: 1) Wasserthiere, 2) Luftthiere, 3) Landthiere. Die Wasserthiere werden eingetheilt in a) tanninim gedolim, cete grandia, die großen Seethiere, wo= zu natürlich auch die Wallfische gehören, b) die kleinen Wasserthiere. Die Luftthiere werden nicht weiter specialisirt: es sind zu ihnen aber offenbar außer den Vögeln noch zu zählen die Fledermäuse, Fliegen, Mücken, über= haupt col oph canaph, omne volatile, alles was Flügel hat. Die Land= thiere werden eingetheilt in a) behemah, jumenta, die Hausthiere b) chaj= jath haarez, bestiae terrae, die wilden Thiere c) haremes, reptilia, das kleine Gethier, welches kriecht, d. h. nach hebräischem Sprachgebrauch, wel= ches sich unmittelbar auf der Erde fortbewegt, Ratten und Mäuse, Schlan= gen, Würmer, ungeflügelte Insekten u. s. w. Auch diese, wissenschaftlich ganz ungenügende Enumeration genügt vollständig, um uns die Wahrheit mit= zutheilen, daß alle Thiere, mögen sie im Wasser, in der Luft oder auf dem Lande sich bewegen, groß oder klein sein, von Gott geschaffen sind.

Drittens tritt diese populäre, anschauliche Darstellungsform auch in der Art und Weise hervor, wie das Wirken Gottes selbst geschildert wird. Uns eine adäquate Vorstellung von dem göttlichen Wesen und Wirken zu machen, ist nicht möglich; wollen wir uns von Gott und seinem Wirken eine Vorstellung machen oder eine Schilderung davon entwerfen, so müssen wir die Züge dazu, gleichsam die Farben zu dem Bilde von dem herneh= men, was unserer Anschauung und Erkenntniß zugänglich ist, also von den geschaffenen Dingen und zwar vorzugsweise von dem Geschöpfe, welches nach dem Bilde und Gleichnisse Gottes gemacht worden ist, von dem Men= schen. Daher in der hl. Schrift die sogenannten Anthropomorphismen, die Uebertragung von Ausdrücken, welche zunächst zur Bezeichnung menschlicher Handlungen dienen, auf analoge göttliche Handlungen. — Diese anthro= pomorphistische Darstellungsweise herrscht in dem ganzen Schöpfungsbericht; und eben dadurch wird er zu einem so anschaulichen Gemälde. Der Ver=

6*

faſſer des Berichtes ſpricht, als ob er bei dem göttlichen Schöpfungswerke zugegen, der Augenzeuge deſſelben geweſen; das iſt er freilich nicht, aber der Schöpfungshergang iſt dem Menſchen, wie ich früher nachgewieſen, ge= offenbart worden, und ſo wurde derjenige, welcher dieſe Offenbarung erhielt, in übernatürlicher Weiſe gleichſam zum Augenzeugen des göttlichen Wirkens gemacht und kann darum in dieſer Weiſe ſprechen. Für die wiſſenſchaftliche Darſtellung müſſen natürlich die einzelnen Sätze aus der Sprache der An= ſchauung in die Sprache des Begriffs überſetzt werden.

In dieſer Sprache ſagen wir: das Licht iſt durch Gottes Willen ge= worden; wir geben aber unſern Willen durch Sprechen, durch Befehlen zu erkennen; daher ſagt der Verfaſſer der Geneſis „Gott ſprach: Es werde Licht, und es ward Licht" u. ſ. w. — Gott bewirkt dann weiter, daß Licht und Finſterniß regelmäßig mit einander abwechſeln; der jetzt beſtehende regelmäßige Wechſel von Helle und Dunkel beruht auf einer göttlichen Ord= nung; dieſen Wechſel bezeichnet die menſchliche Sprache mit den Namen: Tag und Nacht. Das drückt der Verfaſſer des Heraemeron ſo aus: „Gott ſchied zwiſchen dem Lichte und der Finſterniß, und er nannte das Licht Tag und die Finſterniß nannte er Nacht." — Aehnlich in den folgenden Verſen: Gott macht die Feſte und trennt zwiſchen den Waſſern unter= und oberhalb der= ſelben und nennt die Feſte Himmel; und er läßt die Waſſer unterhalb des Himmels ſich an Einen Ort ſammeln und das trockene Land hervortreten, und er nennt die Sammlung der Waſſer Meer und das trockene Land Erde, d. h. die Scheidung zwiſchen den auf der Erde und den in der Atmoſphäre befindlichen wäſſerigen Elementen, und die Bildung deſſen, was wir den Himmel nennen, und die Theilung der Oberfläche der Erde in das, was wir Meer und Land nennen, das Alles beruht, ſowie wir es jetzt ſehen und wie wir das Sachverhältniß in der Sprache zum Ausdruck gebracht haben, auf einer göttlichen Anordnung. [1])

Auch der im erſten Theile meines heutigen Vortrags bereits ausführ= licher beſprochene Ausdruck „Und Gott ſah, daß es gut war" iſt als ein Anthropomorphismus zu bezeichnen. Der menſchliche Künſtler blickt nach Vollendung ſeiner Arbeit auf das Werk, welches er geſchaffen, zurück, und

---

1) Intelligitur ubique per hoc quod dicitur *vocavit*: dedit naturam vel proprietatem, ut possit sic vocari. *Thom.* 1 q. 69, a. 1 extr. — „Indem Gott die Dinge ſcheidet, ſcheidet er eben damit auch Begriffe und Namen. Das iſt der Sinn des gött= lichen Nennens. Die menſchliche Unterſcheidung iſt nur das Echo der den Dingen von Gott aufgeprägten Schiedlichkeit." Delitzſch, Geneſis, S. 111.

er nennt es gut, er ist befriedigt, wenn das Werk der Idee entspricht, die er vorher von demselben gehabt. Bei Gott bedarf es eines solchen prüfenden und vergleichenden Blickes nicht; wenn also von ihm gesagt wird: „Er sah, daß es gut war," so wird damit nur die Thatsache constatirt, daß die göttliche Idee in dem göttlichen Werke ihre adäquate Verwirklichung gefunden habe.

Nach diesen allgemeinen Erläuterungen kann ich nunmehr in der nächsten Stunde zur Erklärung der einzelnen Sätze des mosaischen Schöpfungsberichtes übergehen, soweit dieselben für unsern Zweck einer Erklärung bedürfen.

VIII.
Erklärung von Gen. 1, 1—8.

Bei der Interpretation der einzelnen Theile des mosaischen Schöpfungsberichtes, mit welcher ich heute beginne, übergehe ich die Frage nach der Bedeutung der sechs Tage, weil ich darüber eine ausführliche Erörterung folgen zu lassen gedenke. Es wird unbedenklich sein, daß ich die Bezeichnung „Tag" vorläufig beibehalte.

Der erste Vers: „Im Anfange schuf Gott Himmel und Erde," spricht die Wahrheit aus, daß die ganze sichtbare Welt durch Gott ihr Dasein erhalten habe. Ob Gott gleich die Welt in ihrer jetzigen oder überhaupt in einer bestimmten Organisation geschaffen, oder ob er die einfachen Elemente der Welt aus nichts geschaffen und die Kräfte und Gesetze ihrer Entwicklung hineingelegt habe, das wird in diesem Satze nicht entschieden; denn die Worte: „Gott hat Himmel und Erde geschaffen" passen für beide Fälle.

Da Moyses zunächst eine Geogonie, nicht eine Kosmogonie zu geben hat, so fährt er, den Himmel vorerst nicht weiter erwähnend, fort: „Und die Erde war wüst und öde". Diese Worte enthalten zunächst einen Gegensatz zu der folgenden Darstellung. Die Erde war, als der Mensch als ihr Beherrscher eingesetzt wurde, als Wohnplatz für ihn eingerichtet. Das Land war von dem Meere geschieden, und dieses in feste Grenzen gebannt; es war bekleidet mit Vegetation, und Land, Wasser und Luft waren bevölkert mit Thieren; die Erde war von dem Wolkenhimmel umhüllt und von den Gestirnen erleuchtet. So war es nicht von Anfang an; diesem geordneten Zustande ist vielmehr ein anderer Zustand vorausgegangen, in welchem sich von dieser Scheidung der Elemente und von der Existenz der Einzelwesen dem Blicke noch keine Spur darbot; diesen Zustand beschreibt Moyses mit den Worten: die Erde war Thohuwabohu, „wüst und öde", und an diesen chaotischen Zustand hat Gott bei der Bildung des jetzigen geordneten Zustandes angeknüpft, oder aus diesem chaotischen Zustande ist die Erde nach dem Willen und unter der Einwirkung Gottes zu ihrem spätern Zustande ausgebildet worden.

Dieses ist das Einzige, was sich in Bezug auf Vers 2 als sicheres exegetisches Resultat bezeichnen läßt; die Frage: war dieser dem jetzigen Zustande vorhergehende chaotische Zustand der ursprüngliche, der Zustand, in welchem die Erde im ersten Momente existirt hat, oder ist diesem chaotischen Zustande ein anderer, geordneter Zustand vorhergegangen — oder mit andern Worten: hat die Erde vor dem Sechstagewerke nur als Chaos existirt, oder sind dem Chaos bereits andere Gestaltungen vorhergegangen, so daß das Chaos durch die Trümmer einer vorhergegangenen Gestaltung gebildet worden wäre, diese Frage kann die Exegese nicht beantworten. Als Gott dem Menschen die im Heraemeron enthaltenen Offenbarungen über das Schöpfungswerk mittheilte, da wurde dem übernatürlich erleuchteten Blicke des Menschen zuerst der chaotische Zustand vorgeführt, aus welchem sich der spätere geordnete Zustand entwickelte. Dieser Zustand ist also jedenfalls der erste, den der Mensch durch göttliche Offenbarung kennen lernte; ob es aber auch überhaupt der erste ist, in welchem die Welt existirt hat, das sagt die Offenbarung nicht.

Der Inhalt und die Verbindung der ersten Verse kann also in doppelter Weise aufgefaßt werden. Erstens: Im Anfange erschuf Gott Himmel und Erde, und zwar war die Erde, sowie sie zuerst von Gott geschaffen wurde, wüst und öde, und sie erhielt ihre Gestaltung und Ausschmückung erst durch weitere Einwirkungen Gottes. Oder zweitens: Im Anfang schuf Gott Himmel und Erde — das wird als allgemeiner summarischer Satz hingestellt, und das Folgende ist nicht enge damit zu verbinden, sondern als ein neuer Absatz zu denken: Die Erde hat sich aber, ehe sie so wurde, wie sie jetzt ist, in einem Zustande des Wüst- und Oedeseins befunden, und dieser Zustand fing an in den jetzigen überzugehen mit dem Anbruch des Lichtes, Vers 3. — Die erste Auffassung hat das für sich, daß dabei ein schöner Zusammenhang zwischen dem ersten und zweiten Verse und ein guter Fortschritt des Gedankens von Vers 1—3 hergestellt wird, aber auch die zweite Auffassung ist nicht als exegetisch unzulässig zu bezeichnen.

Wir haben also bis jetzt nur folgende biblische Angaben über die Urgeschichte der Welt:

1) Alle Dinge haben den Grund ihres Seins in der schöpferischen Macht Gottes.

2) Dem Zustande, in welchem sich die Erde beim ersten Auftreten des Menschengeschlechts befand, ist ein anderer, ungeordneter, chaotischer Zustand vorhergegangen. Ob dieser chaotische Zustand der ursprüngliche war, oder ob ihm irgend ein anderer vorhergegangen ist, das entscheidet die Bibel nicht; wenn die Wissenschaft darüber etwas weiß, so kann sie also den biblischen Bericht ergänzen.

Wie lange hat der Zustand des Thohuwabohu gedauert? Der Exeget kann auf diese Frage nur antworten: das weiß ich nicht. Die Genesis gibt nur an, daß sich die Erde in diesem Zustande befunden habe, als Gott anfing sie zu gestalten; wie lange aber der Zustand gedauert, darüber sagt sie nichts. Auch wenn wir über die Dauer der sechs Tage etwas wüßten, könnten wir die Frage nicht beantworten. Denn der Anfang des ersten Tages ist doch wohl von dem Werden des Lichtes an zu datiren, und die Zeit des Thohuwabohu fällt also vor den ersten der sechs Tage. Wenn die Wissenschaft also die Zeit genauer bestimmen will, welche von dem ersten Anfange des Weltalls bis zum Anfange der jetzigen Gestaltung der Erde verflossen ist — die Bibel läßt ihr darin freien Spielraum.

Der Zustand des Thohuwabohu wird im zweiten Verse der Genesis so beschrieben: „Und die Erde war wüst und öde und Finsterniß war über der Wassermasse (oder wie die hebräische Sprache in ihrer Vorliebe für poetisch-anschauliche Bezeichnungen es ausdrückt: Finsterniß war über dem Antlitz der Wassermasse) und der Geist Gottes schwebte über den Wassern.“

Zur Erklärung der hier gebrauchten Ausdrücke ist auf das Folgende zu sehen: wüst und öde wird die Erde genannt, weil die spätere Ausschmückung und Belebung durch die Pflanzen- und Thierwelt noch nicht da war; von einer Wassermasse ist die Rede, weil das trockene Land erst am dritten Tage dadurch sichtbar wird, daß das Wasser sich an Einem Orte versammelt; als von Finsterniß bedeckt schildert die Genesis diese Wassermasse, weil das Licht ja erst am ersten Tage hervortritt.

Sie sehen, diese Beschreibung des chaotischen Zustandes ist wesentlich eine negative; es wird nur angegeben, was jetzt noch nicht da war, sondern erst im Verlaufe des Sechstagewerkes hinzukam. Die Beschreibung ist ferner, können wir hinzufügen, wesentlich eine oberflächliche: es wird nur das von der Erde beschrieben, was ins Auge fällt: ihre Oberfläche ist Waſſer und darüber iſt es dunkel; wie es im Erdinnern ausſieht, ob die feſten Beſtandtheile unter dem Waſſer ſchon vorhanden und nur von dem Waſſer verdeckt ſind, oder ob die ganze Erde ſich noch im flüſſigen Zuſtande befindet, das ſagt die Geneſis nicht. Es mögen im Innern die gewaltigſten Gährungen und Revolutionen im Gange, chemiſche und mechaniſche Kräfte in Thätigkeit, Feuer und Vulkane in Glut ſein: das geiſtige Auge des Menſchen, dem Gott die Schöpfungsgeſchichte offenbart, ſieht nichts davon; es erkennt nur, daß die Erde dem Auge noch nicht das ſchöne Bild darbietet, welches wir jetzt ſehen, daß Alles noch von Waſſer und Dunkel verhüllt iſt.

Sie ſehen, auch die Charakteriſtik des chaotiſchen Zuſtandes, welche uns die Bibel gibt, fällt ſehr dürftig und lückenhaft aus; wenn die Wiſſenſchaft mehr darüber weiß, wenn ſie namentlich über die Beſchaffenheit des Erdinnern und über die in Wirkſamkeit befindlichen Kräfte etwas entdeckt hat, wir können ihre Entdeckungen willkommen heißen; denn die Geneſis ſagt uns weniger über dieſe Zeit, als wir wiſſen möchten, und zu wenig, als daß wir fürchten müßten, dieſes Wenige könne mit dem Vielen, was die Naturforſchung weiß oder vermuthet, nicht in Einklang gebracht werden.

Die Beſchreibung, welche die Geneſis von dem Thohuwabohu gibt, iſt keine anſprechende; denn ſie beſteht nur aus den Zügen: Wüſte und Oede, Waſſermaſſe und Finſterniß. Nur der letzte Satz des zweiten Verſes fügt dem Bilde eine hellere Farbe, einen freundlichen oder doch hoffnungsvollen Zug bei: „und der Geiſt Gottes ſchwebte über den Waſſern," oder wie das hebräiſche Wort mit Rückſicht auf die verwandten Dialekte wohl richtiger überſetzt wird und ſchon von einigen Kirchenväter überſetzt worden iſt: „der Geiſt Gottes brütete über den Waſſern." Das Chaos ſteht alſo unter dem Einfluß des göttlichen Geiſtes und iſt dazu beſtimmt, daß Leben daraus hervorgehen ſoll, wie aus dem Ei, auf welchem der Vogel brütet. Die chaotiſche Maſſe, ſowie ſie da iſt, iſt keine Gottes würdige Creatur, ſie iſt auch nicht hervorgebracht worden, um ſo zu ſein, wie ſie iſt, ſondern um das rohe Material zu vollkommenern Geſtaltungen zu ſein; und daß der Keim dieſer vollkommenern Geſtaltungen in ihr liegt, oder daß über dieſer ungeordneten Materie die göttliche Intention und die göttliche Macht vorhanden iſt, ſie zu etwas Geordnetem und Vollkommenem zu geſtalten, das drückt Moyſes in den Worten aus: „der Geiſt Gottes ſchwebte über oder brütete auf den Waſſern."

Aeltere und neuere, gläubige und rationalistische Ausleger haben den Satz anders übersetzt, nämlich: „und ein Wind Gottes schwebte oder fuhr dahin über den Wassern." Diese Uebersetzung ist exegetisch unzulässig. Ruach bedeutet allerdings zunächst „Hauch" und darum auch „Wind," und zu dem Ausdrucke „Wind Gottes" lassen sich die Ausdrücke „Berge Gottes, Cedern Gottes" u. drgl. als Parallelen citiren; wie diese Ausdrücke gewaltige Berge, gewaltige Cedern bezeichnen, so würde „Wind Gottes" einen gewaltigen Sturm bezeichnen. Aber jene Ausdrücke sind ausschließlich poetisch, und Ruach Elohim kommt im ganzen Alten Testamente niemals in dieser, sehr oft aber in der andern Bedeutung „Geist Gottes" vor. Zudem paßt das Verbum rachaph, mag man es mit „schweben" oder „brüten" übersetzen, nicht recht zu einem Sturme. Ich kann umsomehr über diese Uebersetzung mit diesen kurzen Bemerkungen hinweggehen, als der stimmberechtigten Ausleger, welche sich dafür entscheiden, nur sehr wenige sind und fast alle bei der gewöhnlichen Uebersetzung „Geist Gottes" stehen bleiben. Ob und inwiefern mit diesem Ausdrucke „Geist Gottes" das bezeichnet werde, was wir im christlich-theologischen Sprachgebrauche unter dem heiligen Geiste verstehen, die dritte Person in der Gottheit, diese Frage kann ich hier ganz übergehen. Das Alte Testament bezeichnet mit dem Namen „Geist Gottes" die nach außen wirkende, gestaltende, erhaltende, belebende, vervollkommnende göttliche Kraft, und bei diesem Begriffe können wir auf unserm Standpunkte stehen bleiben.

Wir haben also aus den beiden ersten Versen folgende exegetische Resultate gewonnen:

1) Gott hat Alles geschaffen, oder: alle Dinge außer Gott haben den Grund ihres Seins in dem Schöpferwillen und der Schöpfermacht Gottes.

2) Die Erde hat sich nicht immer in dem geordneten Zustande befunden, in welchem sie sich bei dem ersten Erscheinen der Menschen auf derselben befand; vielmehr ist diesem Zustande ein Zustand des Wüst- und Oedeseins vorhergegangen.

3) In dieser Zeit war die Erde nicht erhellt, und die Oberfläche bot den Anblick einer großen Wassermasse dar.

4) Auch in diesem Zustande befand sich die Erde oder die Materie, woraus die Erde entstanden ist, unter dem Einflusse der göttlichen Macht und war bestimmt, durch Gottes Einwirkung gestaltet zu werden. Ueber diese Gestaltung berichtet das Folgende von Vers 3 an.

Ich darf indeß den zweiten Vers, auch nachdem wir diese Resultate gewonnen haben, noch nicht verlassen. Ich habe gesagt, die Worte der heiligen Schrift gäben uns keinen Aufschluß darüber, ob der chaotische Zustand, welcher Vers 2 beschrieben wird, der erste Zustand der Erde gewesen, oder ob demselben schon ein anderer, geordneter Zustand vorhergegangen sei, so daß das Chaos des Verses 2 durch die Zerstörung einer frühern Gestaltung gebildet worden wäre. Daß diese letztere Auffassung exegetisch und überhaupt theologisch zulässig sei, habe ich bereits bemerkt; ich könnte mich auf diese Bemerkung beschränken, wenn mich nicht die Fassung, in welcher diese Deutung vielfach vorgetragen wird, zu einigen weitern Erläuterungen nöthigte.

Einzelne Vertreter dieser Ansicht sind nämlich nicht zufrieden damit, daß sie als exegetisch zulässig anerkannt wird, sondern so intolerant, Alleingültigkeit für sie zu beanspruchen. Dagegen müssen wir uns verwahren. Was zunächst die Behauptung betrifft, der zweite Vers könne oder müsse übersetzt werden: „die Erde wurde wüst und öde", sc. nachdem sie vorher gestaltet gewesen war, so ist dieselbe unrichtig. Nach den Regeln der hebräischen Grammatik, mit deren Erörterung ich Sie verschonen will, muß übersetzt werden: „die Erde war wüst und öde". [1] — Weiterhin hat man gesagt, wenn es im ersten Verse heiße, „Gott schuf den Himmel und die Erde," so lasse sich mit diesen Ausdrücken die Ansicht nicht vereinigen, daß Gott die Welt zunächst nur ihrer Substanz nach, ohne ihre spätere Ordnung und Gestaltung hervorgebracht habe, da diese noch gestaltlose Materie nicht als Himmel und Erde bezeichnet werden könne. Auch das ist unrichtig: der Ausdruck „Himmel und Erde" bezeichnet nach hebräischem Sprachgebrauch überhaupt nicht zwei gesonderte Begriffe, sondern den Einen Begriff, den wir mit dem Worte „Welt" bezeichnen. Den Satz, daß Gott der Weltschöpfer sei, kann aber Moyses in einer doppelten Weise an die Spitze seines Schöpfungsberichtes stellen, entweder als summarische Zusammenfassung des ganzen Berichtes, — also: Im Anfange schuf Gott die Welt und zwar so sc. — oder als erstes Glied des ganzen Berichtes — also: Im Anfange schuf Gott die Welt, aber die Erde nicht gleich in ihrer vollendeten Gestaltung u. s. w.

Weiterhin sagt man, daß Tohuwabohu Verwüstung nach einem geordneten Zustande bedeute, ergebe sich aus den andern Stellen, an welchen der Ausdruck vorkomme. Er kommt in dieser Zusammensetzung nur einmal

---

[1] Vergl. Kurtz, Bibel sc. S. 90.

bei Isaias und einmal bei Jeremias vor, [1]) beide Male in der Beschreibung
eines durch göttliche Strafgerichte verwüsteten Landes. Beide Propheten
haben sicher dabei an unsere Stelle gedacht, und wie konnten sie auch ein
wüst und öde liegendes Land kürzer und kräftiger schildern, als durch Vergleichung mit dem Chaos des mosaischen Berichtes? Das Tertium com-
parationis liegt nicht darin, daß der mit diesen Worten bezeichnete Zustand
auf einen geordneten Zustand gefolgt ist, sondern darin, daß er zu einem
geordneten Zustande einen schroffen Gegensatz bildet, bei den Propheten
einen Gegensatz zu dem vorhergegangenen, in der Genesis zu dem darauf
folgenden Zustande der Ordnung.

Wenn man weiter behauptet, [2]) Wüstenei und Finsterniß könnten unmöglich von Gott geschaffen sein, eine chaotische Schöpfung sei Gottes nicht
würdig u. drgl., darum müsse das Chaos des zweiten Verses als ein später
eingetretenes angesehen werden, so erinnere ich an das, was ich eben noch
bemerkt habe: die chaotische Masse ist an sich keine Gottes würdige Creatur;
sie ist aber auch nicht geschaffen worden, um so zu bleiben, wie sie war,
sondern um als Material zu vollkommenern Gestaltungen zu dienen. Daß
aber die Welt zunächst als ungestaltete Materie hervorgebracht wird, um
durch eine Reihe von weitern schöpferischen Acten gestaltet zu werden, kann
nicht als Gottes unwürdig bezeichnet werden. [3])

Besonnene Vertreter der Ansicht, um die es sich handelt, werfen auch
alle diese und andere nicht stichhaltige Gründe über Bord und begnügen
sich, wie Kurtz, [4]) mit dem Satze: „Die Ansicht von einer zwischen der
Urschöpfung des Himmels und der Erde und der Belebung der Erde im
Sechstagewerke stattgefundenen Verwüstung der Erde und der dadurch
nöthig gewordenen Restitution und Neuschöpfung kann aus Gen. 1 nicht
erwiesen werden, aber das ganze Capitel enthält auch nichts, wodurch sie
ausgeschlossen würde." Damit habe ich mich bereits einverstanden erklärt.

Mit der Hypothese von einer Restitution der ursprünglich vollendet
erschaffenen und dann verwüsteten Erde wird aber gewöhnlich noch eine
andere Hypothese in Verbindung gebracht. Wenn man nämlich fragt:

---

1) Is. 34, 11; Jer. 4, 23.

2) Westermayer a. a. O. S. 12.

· 3) Si informitas tempore praecessit formationem materiae, non fuit hoc ex impo-
tentia Dei, sed ex ejus sapientia, ut ordo servaretur in rerum conditione, dum ex im-
perfecto ad perfectum adducerentur. *Thom.* 1 q. 66, a. 1 ad 1.

4) a. a. O. S. 91.

warum ist denn die ursprüngliche Gestalt der Erde verwüstet worden, so daß es der Restitution und Neuschöpfung bedurfte, welche im ersten Capitel der Genesis beschrieben wird? so erhält man die Antwort: Ein Theil der von Gott geschaffenen Engel ist bekanntlich gefallen, sicher vor dem Sündenfalle des Menschen, wobei ein gefallener Engel ja als Versucher auftritt, — nach der gewöhnlichen Ansicht der Theologen bald nach ihrer Erschaffung, also jedenfalls vor dem Ende, vielleicht vor dem Beginne der sechs Tage des ersten Capitels der Genesis. So weit ist alles richtig; aber nun sagt man weiter: dieser Fall der Engel hat die Verwüstung der Erde zur Folge gehabt, und den nach dieser Verwüstung eingetretenen Zustand der Erde beschreibt Moyses Vers 2. Wie Neuere es ganz hübsch ausgedrückt haben: „Indem der hohe Engelfürst in der Wahrheit nicht bestand, gerieth diese Welt in Zornbrand, und das Thohuwabohu ist die rudis indigestaque moles, in welche Gott jene geistliche, nun widergöttlich entzündete Welt, indem er sie materialisirte, zusammenzog und zu Boden schlug, um sie zum Substrat einer Neuschöpfung zu machen, welche damit begann, daß er das Chaos der in Feuergewalt gerathenen ursprünglichen Welt ganz und gar unter Wasser setzte.[1]) Es war dieses das erste, später leider nicht einzig gebliebene Beispiel, wo die Flamme des hochauffahrenden, nach Herrschaft und Zerstörung strebenden, seines Gelingens schon gewissen Stolzes zu Wasser wurde.“[2])

Es sind keine geringe Auctoritäten, welche — mit mancherlei Modificationen im Einzelnen — diese Ansicht vertreten, unter den Philosophen und Naturforschern Jakob Böhme, Friedrich Schlegel, Julius Hamberger, Heinrich von Schubert, Andreas Wagner; unter den Theologen Kurtz, Baumgarten, Delitzsch und Andere protestantischer Seits, Leopold Schmid, Michelis und Westermayer katholischer Seits. Ich werde später auf diese Ansicht zurückkommen und begnüge mich für jetzt mit folgenden Bemerkungen. Die Ansicht scheint mir theologisch unbedenklich, wenn man sie so formulirt: Es ist möglich, daß die Verwüstung der ursprünglichen Gestaltung der Erde mit dem Falle der Engel zusammenhängt. Die hl. Schrift und die kirchliche Tradition bieten aber nichts dar, worin diese Ansicht eine Stütze fände. Der neueste und zugleich entschiedenste Vertreter derselben[3]) gibt dieses selbst zu und sucht nur zu erweisen, daß Moyses und die Kirchen-

---

1) Delitzsch, Genesis S. 103.
2) Schubert bei Delitzsch a. a. O. S. 613.
3) Westermayer a. a. O. S. 46.

väter ihre Gründe gehabt haben könnten, über die Sache zu schweigen, und daß der Satz richtig sein könne, ohne sich in Schrift und Tradition direct ausgesprochen zu finden. In Bezug auf die Kirchenväter sagt auch Kurtz, [1] man habe sie wohl bisweilen als Zeugen aufgeführt, er könne aber die Ansicht bei ihnen nicht finden. Die geologischen Thatsachen, von denen man behauptet, daß sie uns nöthigen, die Verwüstung in Vers 2 auf Rechnung der gefallenen Engel zu setzen, werden wir später kennen lernen; vorerst handelt es sich nicht um eine geologische Frage, — denn die Geologie weiß einfach gar nichts von Engeln, — sondern um eine theologische, und zu deren Erledigung sind Schrift und Tradition zu berücksichtigen und nicht die Geologie. In dieser Hinsicht aber können wir nur dieses zugeben: Die Meinung, daß das Thohuwabohu mit dem Falle der Engel in einem ursächlichen Zusammenhange stehe, findet in der Schrift und Tradition ebenso wenig eine Stütze wie eine Widerlegung.

Wie wir uns jenen ursächlichen Zusammenhang aber denken sollen, das weiß ich nicht. Wie er gewöhnlich gedacht wird, kann ich mich mit der Sache nicht befreunden. Wenn die Verwüstung eine Folge des Falles der Engel war, so werden wir uns die Engel nicht als rein geistige Wesen zu denken haben. Sie haben eine Leiblichkeit, durch welche ihr Zusammenhang mit der materiellen Welt begründet ist; die gefallenen Engel müssen in ähnlicher Weise, wie jetzt die Menschen, Bewohner der Erde gewesen sein — die nicht gefallenen Engel sind nach Kurtz wohl noch jetzt Bewohner der Firsterne — durch ihren Fall ist sie zerstört, durch das Sechstagewerk wiederhergestellt und nun zur Wohnstätte der Menschen gemacht worden. Consequenz läßt sich dieser Auffassung nicht absprechen, wie sie am ausführlichsten von Kurtz dargelegt und ohne wesentliche Modificationen durch Westermayer adoptirt oder eigentlich abgeschrieben worden ist. Aber die letzte Consequenz ist nicht unbedenklich. Die Kirche bezeichnet die Engel als unkörperliche Wesen, und wenn auch einige Kirchenväter und Theologen den Engeln nicht absolut jede, sondern nur die der menschlichen ähnliche Leiblichkeit absprechen zu müssen glauben, so muß man sich, scheint mir, doch jedenfalls die Leiblichkeit der Engel der menschlichen Leiblichkeit ähnlicher denken, als das Dogma gestattet, wenn man aus ihr den ursächlichen Zusammenhang zwischen dem Engelfalle und dem chaotischen Zustande der Erde erklären will.

---

[1] a. a. O. S. 164.

Doch wir haben uns jetzt lange genug bei dem Thohuwabohu aufge=
halten. Lassen Sie mich das, was wir für die folgenden Erörterungen
festzuhalten haben, noch einmal kurz zusammenfassen und dann in der Er=
klärung unseres Capitels fortfahren. Die Erde, das lernen wir aus Vers
2, hat sich nicht immer in dem geordneten Zustande befunden, in welchem
sie sich bei dem ersten Auftreten der Menschen auf derselben befand. Sie
war vorher wüst und öde, sie war nicht erhellt und ihre Oberfläche bot
den Anblick einer großen Wassermasse dar. Wie lange dieser Zustand ge=
dauert, und ob er der erste Zustand der Erde oder ein auf einen frühern,
geordneten Zustand folgender gewesen ist, das sagt Vers 2, das sagt über=
haupt die Bibel nicht.

Von Vers 3 an wird nun die Gestaltung dieser chaotischen Masse
beschrieben, also das, was die Theologen creatio secunda nennen. Moyses
beginnt mit einem Satz, den man seit alter Zeit vielfach mit Recht als ein
Beispiel von erhabener Darstellung angeführt hat:[1] „Und Gott sprach:
Es werde Licht, und es ward Licht." Er fährt fort: „Und Gott sah das
Licht, daß es gut war. Und Gott trennte zwischen dem Lichte und zwischen
der Finsterniß. Und Gott nannte das Licht Tag und die Finsterniß nannte
er Nacht. Und es ward Abend und es ward Morgen, Ein Tag."

Von diesen Sätzen wird später ausführlicher die Rede sein müssen,
namentlich von dem eigenthümlichen Umstande, auf den man oft mit trium=
phirendem Hohne hingewiesen hat, daß am ersten Tage das Licht, erst am
vierten Tage die Gestirne geschaffen worden seien. Vorläufig bemerke ich
bloß, daß in den Worten der Genesis über die Natur und das Wesen
des Lichts gar nichts gesagt wird; ob das Licht eine Materie oder nur
ein Zustand oder eine Bewegung einer Materie ist und dergleichen
Fragen werden hier gar nicht beantwortet. Der dritte Vers sagt nur, es
sei in Folge eines göttlichen Willensactes hell geworden, also das eine
Prädicat des Chaos, die Finsterniß, aufgehoben worden. Die Finsterniß
wird aber nicht ganz beseitigt, sondern nur als absolute; sie verliert ihre
Alleinherrschaft, sie wird in bestimmte Schranken gebannt und ihr Verhält=
niß zum Lichte wird festgesetzt: Gott trennt zwischen dem Lichte und der
Finsterniß. Dieses Verhältniß ist das des regelmäßigen Wechsels; diesen
Wechsel zwischen Hell und Dunkel bezeichnet die Sprache mit Tag und Nacht,

---

1) Die Stelle bei Longinus, wo dieser Satz als Beispiel erhabenen, von erhabenem
Geiste zeugenden Ausdrucks angeführt wird, ist jedoch von Spengel und Creuzer der In=
terpolation verdächtigt worden. Vergl. Delitzsch, Genesis S. 613.

und wenn also Moyses sagt: „Gott nannte das Licht Tag und die Finsterniß Nacht", so ist der Sinn dieser Worte: der Wechsel zwischen Licht
und Finsterniß, den die menschliche Sprache mit den termini Tag und Nacht
bezeichnet, beruht auf einer göttlichen Anordnung. Dieser Wechsel tritt jetzt
gleich ein: Gott läßt es hell werden, also ist Tag; nach einer Zeit, über
deren Dauer nichts gesagt wird, tritt wieder Dunkel ein, also Nacht, aber
nur, um nachdem sie ihre Zeit gehabt, wieder dem Lichte Platz zu machen,
dessen zweites Erscheinen der Beginn eines zweiten Tages ist. „Es ward
Abend und es ward Morgen, Ein Tag."

Zur Erklärung des Umstandes, daß hier und ebenso in allen folgen-
den analogen Sätzen der Abend vor dem Morgen genannt wird, verweist
man gewöhnlich auf die hebräische Sitte, den bürgerlichen Tag mit dem
Abend beginnen zu lassen. Das ist aber eine ganz unglückliche Erklärung.
Moyses konnte sich gar nicht anders ausdrücken, als er sich ausdrückt.
Der erste Schöpfungstag beginnt mit dem Erscheinen des Lichtes, also mit
dem Morgen; der natürliche Tag geht zu Ende mit dem Zurücktreten des
Lichtes und dem Wiedereintreten der Nacht, also mit dem Abend; der zweite
Tag beginnt wieder mit dem Morgen; die Nacht, welche zwischen dem
Abend des ersten und dem Morgen des zweiten natürlichen Tages liegt,
macht also mit dem ersten natürlichen Tage einen einmaligen Wechsel von
Tag und Nacht, also einen bürgerlichen Tag, ein νυχϑήμερον aus. Wenn
Moyses nicht sagt: es ward Abend und Nacht und damit war Ein Tag
zu Ende, sondern: es ward Abend und Morgen ein Tag, so ist das nur
ein kurzer Ausdruck für: es ward Abend und Nacht und diese bis zum
folgenden Morgen schloß den ersten Tag ab; und Moyses wählt gerade
diesen Ausdruck, um zu dem zweiten Tage, der mit dem Morgen beginnt,
überzuleiten.

Am ersten der sechs Tage wurde also die Finsterniß, welche nach
Vers 2 die Wassermasse des Chaos bedeckte, beseitigt. Das Werk des
zweiten Tages bezieht sich nun auf diese Wassermasse selbst. Vers 6:
„Und Gott sprach: Es werde eine Feste inmitten der Wasser und sie sei
scheidend (oder: ein Scheidendes, oder: so daß sie scheide) zwischen Wassern
und Wassern", d. h. wie der folgende Vers zeigt, so daß ein Theil der
in Vers 2 erwähnten Wassermasse oberhalb, ein Theil unterhalb dieser Feste
ist. Vers 7: „Und Gott machte die Feste und schied zwischen den Wassern unterhalb der Feste und den Wassern oberhalb der Feste. Und es
geschah also", oder, wie wir im Deutschen construiren würden: „Und nach-

dem dieses geschehen war, nannte Gott die Feste Himmel. Und es ward Abend und es ward Morgen ein zweiter Tag."

Ich habe in der Uebersetzung vorläufig das Wort Rakia nach dem firmamentum der Vulgata durch Feste wiedergegeben. Das Wort bezeichnet aber wahrscheinlich etwas Ausgespanntes, ein ausgespanntes Tuch oder Gezelt oder Teppich, so daß bei dieser Bezeichnung der Himmel nicht als ein festes Gewölbe, sondern als ein über die Erde ausgespanntes Zelt gedacht ist, wie der Psalmist (103, 2) sagt: "Du spannst den Himmel aus wie ein Gezelt." Natürlich läßt sich aus der Beibehaltung dieses in der hebräischen Sprache geläufigen anschaulich poetischen Ausdrucks nicht schließen, daß sich Moses den Himmel als ein Gewölbe oder Gezelt vorgestellt habe — freilich wissen wir auch nicht das Gegentheil; die Frage ist auch ohne alle Bedeutung.

Die Exegeten fragen, ob hier unter dem Himmel, — denn so nennt Gott das Gezelt, — das coelum sidereum oder das coelum aëreum, der Sternenhimmel oder der Wolkenhimmel zu verstehen sei. Ich glaube, man kann diese Frage zunächst mit einer Gegenfrage beantworten: sollte Moses überhaupt zwischen Sternenhimmel und Wolkenhimmel unterscheiden? Ich glaube nicht; wenigstens findet sich im Heraemeron nichts, was uns nöthigte, über die ganz allgemeine und vage Bedeutung des Wortes hinauszugehen, wonach dasselbe das bezeichnet, was wir in der scheinbaren Gestalt eines Gewölbes oder Gezeltes über die Erde ausgespannt sehen, also dasselbe, was auch wir mit dem ganz vagen Worte Himmel bezeichnen.

Ein Theil der großen Wassermasse, welche in der Beschreibung des Chaos in Vers 2 erwähnt wird, hebt sich also am zweiten Tage von der Erde empor, während der andere Theil zurückbleibt; es tritt eine Scheidung der Wasser ein in himmlische und in irdische Wasser. Was ist unter den Wassern oberhalb der Feste des Himmels zu verstehen? Sehr gewichtige Auctoritäten sprechen sich für die Ansicht aus, daß die Wassermasse des chaotischen Zustandes am zweiten Tage in der Weise getheilt worden sei, daß, gleichwie aus dem untern Wasser am dritten Tage der Erdkörper gebildet wurde, so die obern Wasser das Substrat für die Bildung der Himmelskörper lieferten, die am vierten Tage hervortraten. [1]) Die richtige An-

---

1) So Delitzsch in den ersten Auflagen seines Commentars zur Genesis (in der dritten spricht er sich schwankend aus) und Kurtz in den ersten Auflagen von "Bibel und Astronomie." In den spätern Auflagen hat Kurtz die Ansicht aufgegeben.

ficht ift aber ohne Zweifel die andere: das Waffer oberhalb der Fefte des Himmels ift das Wolkenwaffer und das Werk des zweiten Tages ift, um es kurz zu fagen, die Bildung der Erdatmofphäre. Ein Theil des Waffers, welches in dem chaotifchen Zuftande die Oberfläche der Erde ausmachte, fteigt in Dünften von der Erde empor und bildet den die Erde umgebenden Dunftkreis.

Die verfchiedenen Gründe, welche für diefe Anficht und gegen die zuerft angeführte fprechen, brauche ich nicht aufzuzählen, wenn ich Einen Grund namhaft machen kann, der die Streitfrage allein entfcheidet, und ein folcher Grund ift unfchwer zu finden. Woraus und wie die Geftirne gebildet find, darüber hatte Moyfes zu berichten gar keine Veranlaffung. Denn da er, wie ich in der vorigen Stunde nachgewiefen, nur eine Geogonie, nicht eine Kosmogonie fchreiben will, hat er von den Sternen nur in foweit zu reden, als fie auf die Erde Bezug haben, und das thut er beim vierten Tage. Dagegen wäre feine Darftellung in auffallender Weife lückenhaft, wenn er nicht von der Atmofphäre und fpeciell von den Wolken redete, da der Regen, welcher nach der Anfchauung des gewöhnlichen Menfchen und der Bibel aus den Wolken herabfällt, wefentlich nöthig ift zum Gedeihen der Vegetation, und diefe hinwiederum im Heraemeron zum Menfchen in die engfte Beziehung gebracht wird. Wir bleiben alfo dabei ftehen, daß das Werk des zweiten Tages die Bildung der Erdatmofphäre ift.

IX.

Erklärung von Gen. 1, 9—31.

Das Werk des erften Tages ift, wie wir in der vorigen Stunde gefehen haben, die Hervorbringung des Lichtes, das Werk des zweiten Tages, die Bildung der Erdatmofphäre durch die Scheidung der Waffermaffe des Chaos in Waffer oberhalb und unterhalb des Himmelszeltes.

Wenn am Schluffe des zweiten Tages die Bemerkung: „und Gott fah, daß es gut war", nicht fteht, fo hat das, wie ich früher bereits nachgewiefen habe, feinen guten Grund. Das Werk diefes Tages ift kein in fich abgefchloffenes und das Refultat deffelben kein vollendetes; denn dem Himmel fehlten noch die Geftirne und der Erde noch die Scheidung von Waffer und Land. Das göttliche Werk ift alfo auf der Stufe, die es am zweiten Tage erreicht, noch nicht gut, d. h. die göttliche Idee ift noch nicht zur adäquaten Verwirklichung gelangt, erwartet diese vielmehr erst von den folgenden Tagen.

Ich komme zum dritten Tage. Sein Werk zerfällt in zwei Theile. Erstens werden Wasser und Land geschieden. „Und Gott sprach: Es sollen sich sammeln die Wasser unterhalb des Himmels an Einem Ort, und es soll gesehen werden (oder erscheinen) das Trockene. Und es geschah also. Und Gott nannte das Trockene Land, und die Versammlung der Wasser nannte er Meer. Und Gott sah, daß es gut war.“ — Die Benennung der jetzt als geschieden hervortretenden festen und flüssigen Theile der Erdoberfläche weist, wie früher erwähnt wurde, darauf hin, daß Gott jetzt den definitiven Zustand habe eintreten lassen, welchen die menschliche Sprache mit den Ausdrücken „Land und Meer“ bezeichnet. Wie für Licht und Finsterniß definitiv das Verhältniß des Nacheinander, so wird für Wasser und Land definitiv das Verhältniß des Nebeneinander bestimmt. — Ich habe „Meer“ übersetzt; im hebräischen Text steht der Plural, Jammim, den auch die Vulgata beibehalten hat, maria. Es ist indeß, wie Delitzsch bemerkt, mehr ein intensiver als ein numerischer Plural, der das Weltmeer oder den Ocean bezeichnet, oder den Begriff, welchen wir mit dem Worte Meer verbinden, wenn wir es im Gegensatze zu Land gebrauchen, während der Singular ein einzelnes Meer bezeichnen würde. Daß die Ströme, die ins Meer fließen, und die Landseen und Binnenmeere, welche gleichsam versprengte Theile des Weltmeeres sind, hier nicht erwähnt werden, wird Ihnen nicht auffallen. Es handelt sich ja nur um die Scheidung von Wasser und Land im Ganzen und Großen.

Vergleichen wir den Zustand, in welchem sich die Erde jetzt, am dritten Tage, befindet, mit dem Zustande, in welchem sie sich vor dem ersten Tage befand, so wird uns die Beschreibung dieses frühern Zustandes noch klarer werden. Jetzt ist das trockene Land hervorgetreten, damals wurde die Oberfläche der Erde als Th'hom und Majim, als ungeheure Wassermasse bezeichnet. Jetzt ist es hell, jene Wassermasse war von Finsterniß bedeckt. Diese beiden Characteristica des Chaos sind also beseitigt. Nur das dritte ist noch da: die Erde war wüst und öde; das ist sie noch jetzt, und dieser Mangel ist also noch zu beseitigen. Gott beginnt damit noch am dritten Tage; denn das zweite Werk des dritten Tages ist die Hervorbringung der Vegetation.

Vers 11—13: „Und Gott sprach: Es lasse sprossen die Erde Grün, Kräuter, welche Samen tragen und Fruchtbäume, welche Frucht bringen nach ihrer Art, worin ihr Same ist, auf der Erde.[1]) Und es geschah also, und es brachte hervor die Erde Grün, Kräuter, welche Samen tragen nach ihrer Art, und Bäume, welche Frucht bringen, worin ihr Same ist, nach ihrer Art. Und Gott sah, daß es gut war. Und es ward Abend und es ward Morgen ein dritter Tag."

Schon der hl. Thomas von Aquin weist nach dem Vorgange des hl. Augustinus darauf hin, daß die Hervorbringung der Vegetation ganz passend noch als Werk des dritten Tages bezeichnet werde. Weil die Pflanzen unbeweglich an der Erde haften, sagt er,[2]) darum wird ihre Hervorbringung als zur Formation der Erde gehörend angesehen. Denselben Gedanken spricht Kurz recht schön so aus: „Die Pflanzenwelt, im mütterlichen Boden festgewurzelt und seine Blöße mit einem prachtvollen Gewande verhüllend, hat kein integrirendes, für sich bestehendes Dasein. Darum ist auch ihre Entstehung noch demselben Tagewerk zugewiesen, welches dem Festlande, dem sie leibeigen angehört, seine freie Existenz errang." Auf der andern Seite werden aber doch die beiden mit einander verbundenen Werke der Scheidung von Wasser und Land und der Bekleidung des Landes mit der Vegetation als zwei bei ihrer Verbindung selbstständige Werke dadurch gekennzeichnet, daß der Bericht über das Werk des dritten Tages zweimal sagt „und Gott sprach" und zweimal „und Gott sah, daß es gut war." Itaque, sagt Augustinus,[3]) et uno die ista junguntur et iteratis verbis Dei distinguuntur ab invicem.

Der Ausdruck „Kräuter und Bäume nach ihrer Art" weist darauf hin, daß Gott nicht einerlei, sondern mancherlei Pflanzen, also verschiedene Genera und Species habe hervorsprossen lassen. Die Specialisirung oder Eintheilung der Pflanzenwelt ist, wie ich schon früher erwähnte, ganz oberflächlich und äußerlich, da es dem Moyses nur darauf ankommt, die Wahrheit auszusprechen, daß Gott alle Pflanzen, große und kleine, hervorgebracht habe. Kräuter und Bäume werden deutlich von einander unterschieden. Dagegen sind die Exegeten nicht einig darüber, und die Frage braucht für unsere Zwecke nicht zur Entscheidung gebracht zu werden, ob Moyses neben Bäumen und Kräutern noch eine dritte Klasse von Pflanzen namhaft macht, welche

---

1) Die Worte „auf der Erde" sind eine nähere Bestimmung zu dem Vorhergehenden: die Erde soll die drei Pflanzengattungen über der Erde, d. h. als Bekleidung ihrer selbst hervorbringen. S. Delitzsch, Genesis S. 112.

2) 1 q. 69, a. 1.

3) de gen. l. imperf. c. 10, §. 35.

sich dann von den beiden andern dadurch unterscheidet, daß das Hervor=
bringen von Samen für die oberflächliche Anschauung bei ihr gar nicht oder
doch nicht so deutlich hervortritt, wie bei den beiden andern Klassen, — also
das Gras und dergleichen. Der hebräische Ausdruck dese, „Grün" kann
dieses bedeuten und ich halte die angegebene Deutung für die richtige. An=
dere verstehen darunter die beiden andern Klassen, Bäume und Kräuter, zu=
sammen auf ihrer ersten Entwicklungsstufe, als junge Pflänzchen. Diese
Deutung hat ihr Bedenkliches; besser ist jedenfalls die Deutung der Vulgata,
welche das Wort „Grün" mit dem unmittelbar folgenden verbindet, also:
„Grün der Kräuter", d. i. grüne Kräuter.

Nicht ohne Grund hebt aber Moyses hervor, daß Gott samentragende
Bäume und Kräuter geschaffen habe, d. h. daß er den ersten von ihm
geschaffenen Pflanzen=Individuen die Kraft der Fortpflanzung verliehen habe
und daß also auch die jetzt existirende Pflanzenwelt, eben wegen ihrer Ab=
stammung von der am dritten Tage geschaffenen Vegetation, als Schöpfung
Gottes anzusehen sei.

In welcher Weise die Pflanzen hervorgebracht worden sind, ob Gott
die Keime derselben oder die Kraft sie hervorzubringen in die Erde hinein=
gelegt hatte und diese Keime und Kräfte also am dritten Tage dem gött=
lichen Willen entsprechend die Pflanzen hervorsprossen ließen, oder ob Gott
jetzt durch sein Wort die Pflanzenwelt aus nichts geschaffen, darüber sagt
die Genesis nichts. Gott dem Allmächtigen ist das Eine so leicht wie das
Andere; welchen Modus Gott gewählt hat, das interessirt Moyses gar nicht,
da es ihm genügt, anzudeuten, daß die Existenz der Pflanzen auf die
göttliche Causalität zurückzuführen sei. Das sagen diese Verse deutlich
genug; im Uebrigen wählt Moyses Ausdrücke, welche uns das Aeußerliche
des Vorganges anschaulich darstellen. Vorher ist die Erde kahl und nackt,
nach dem schöpferischen Worte Gottes ist sie mit Pflanzen bekleidet. Jetzt
läßt die Erde die Pflanzen hervorsprossen, wie wir es ausdrücken; welche
andere Ausdrücke konnte Moyses passender wählen, wo er von dem Er=
scheinen der ersten Pflanzen spricht?

Mit dem Ende des dritten Tages sind wir in der Mitte des Sechs=
tagewerks angekommen. Was noch folgt, bildet nicht nur insofern eine
Parallele zu dem, was vorhergegangen, als beides je drei Tagewerke aus=
macht; vielmehr entsprechen auch die einzelnen Tagewerke der zweiten Hälfte
der Schöpfungswoche den einzelnen Tagewerken der ersten Hälfte in einer
in die Augen springenden Weise. Am ersten Tage ward das Licht, am

vierten Tage werden die leuchtenden Himmelskörper; am zweiten Tage wurde das irdische Wasser von dem Himmelswasser geschieden und der Himmel gebildet, am fünften Tage werden die irdischen Gewässer von Thieren belebt und in der Luft erscheinen die Vögel des Himmels; am dritten Tage trat das trockene Land hervor und wurde mit Pflanzen bekleidet, am sechsten Tage erhält es seine Bewohner, die Landthiere und die erhabensten unter den lebenden Wesen, die Menschen. — Diesen schönen Parallelismus heben nicht nur neuere Erklärer hervor; schon der hl. Thomas von Aquin hat ihn bemerkt. [1])

Der Bericht über das Werk des vierten Tages lautet Vers 14—19: „Und Gott sprach: Es sollen Lichter (oder: Leuchten, luminaria) sein an der Feste des Himmels, um zu trennen zwischen dem Tage und zwischen der Nacht; und sie sollen sein zu Zeichen und zu Zeiten und zu Tagen und Jahren; und sie sollen werden zu Lichtern an der Feste des Himmels, um zu leuchten (oder: um es hell zu machen) über der Erde. Und es geschah also. Und Gott machte die zwei großen Lichter, das große (oder: größere) Licht zu beherrschen den Tag und das kleine (oder: kleinere) Licht zu beherrschen die Nacht, und die Sterne. Und Gott setzte sie an die Feste des Himmels, um zu leuchten über der Erde und um zu herrschen am Tage und in der Nacht und um zu trennen zwischen dem Lichte und zwischen der Finsterniß. Und Gott sah, daß es gut war. Und es ward Abend und es ward Morgen ein vierter Tag."

Es wird hier zunächst sehr ausführlich angegeben, welchen Zweck und welche Bestimmung die Sterne für die Erde haben. Sie sollen erstens werden zu Lichtern an der Feste des Himmels, um zu leuchten oder um es hell zu machen über der Erde. Da es schon am ersten Tage hell geworden ist über der Erde, so können diese Worte nur den Sinn haben, daß das Licht, welches Gott am ersten Tage hervorgebracht, fortan für die Erde an die Gestirne geknüpft sein soll.

Die Sterne sollen zweitens trennen zwischen dem Lichte und der Finsterniß, wie es Vers 18, oder zwischen dem Tage und der Nacht, wie es Vers 17 ausgedrückt ist. Auch die Trennung von Licht und Finsterniß, d. h. die Festsetzung des Wechsels von Hell und Dunkel, die wir Tag und Nacht nennen, ist schon ein Werk des ersten Tages. Hier wird dieses Werk

---

1) Thom. 1 q. 70, a. 1 c.; q. 71, a. 1 c. — Delitzsch, Genesis S. 88. (Anders Knobel und Keil.)

also dadurch vervollständigt, daß der Wechsel von Tag und Nacht an die Gestirne geknüpft wird, und zwar vorzugsweise an Sonne und Mond. Das wird poetisch oder doch bildlich Vers 17 so ausgedrückt: „sie sollen herrschen am Tage und in der Nacht" und zwar hat das größere unter den beiden großen Himmelslichtern speciell die Aufgabe, zu beherrschen den Tag, das kleinere sammt den andern Sternen,[1]) zu beherrschen die Nacht.

Drittens sollen die Sterne nach Vers 17 „sein zu Zeichen und zu Zeiten und zu Tagen und Jahren." Es ist nicht viel damit gewonnen, wenn man zur Erklärung dieser etwas sonderbaren Ausdrucksweise sagt, wir hätten hier eine Hendiadys für „zu Zeichen der Zeiten" rc. Die Sache liegt vielmehr so: die Sterne sollen dem Menschen allgemein zu Zeichen dienen, z. B. zu Vor- und Merkzeichen physischer Ereignisse, wie der Witterung, insbesondere aber „zu Zeiten", d. h. zu Zeichen des Zeitenwechsels, als Maß oder Norm der Zeitrechnung, und zwar zur Bestimmung der Zeiten im Allgemeinen, also der Jahreszeiten, der Zeiten für Ackerbau und Schifffahrt, der Festzeiten u. s. w., und speciell zur Bestimmung der Tage und Jahre, also der Zeitrechnung in der gewöhnlichen Bedeutung des Wortes.

Sie sehen, alle diese drei Punkte geben nur die Bestimmung und den Zweck der Gestirne für die Erde an; was sie sonst für Zwecke haben mögen und welches ihre Beschaffenheit sein mag, das gibt Moyses gar nicht an und brauchte er nach dem allgemeinen Zwecke des Heraemeron gar nicht anzugeben. In einer Geogonie oder noch genauer gesagt: in einer Schilderung der Zubereitung des Wohnplatzes des Menschen finden die Sterne, und zwar zunächst Sonne und Mond, alle andern Sterne nur beiläufig, nur insofern einen Platz, als die Erde durch sie erhellt wird, und als zwischen ihnen und der Erde ein solches Verhältniß besteht, daß der Wechsel von Tag und Nacht und überhaupt der Zeitenwechsel und was damit zusammenhängt, für die Erde an das Auf- und Untergehen der Sterne und der sonstigen regelmäßig wiederkehrenden Veränderungen in dem Verhältniß die Sterne zur Erde geknüpft ist.

Da die Gestirne aber für die mosaische Geogonie nur wegen ihres Verhältnisses zur Erde und zum Menschen Bedeutung haben, so konnte Moyses sie im Heraemeron auch erst da erwähnen, wo dieses Verhältniß einzutreten begann. Dieses geschah am vierten Tage. Die Worte der

---

1) Pf. 135, 7—9: „Er machte große Lichter, die Sonne, zu herrschen am Tage, den Mond und die Sterne, zu herrschen in der Nacht."

Genesis nöthigen also gar nicht zu der Annahme, daß die Sterne erst am vierten Tage überhaupt zu sein angefangen hätten; sie können immerhin längst existirt haben, ohne daß Moyses von seinem Standpunkte aus von ihnen Notiz zu nehmen brauchte; für die Erde beginnen sie erst am vierten Tage zu existiren, denn erst jetzt wird das Verhältniß zwischen ihnen und der Erde von Gott firirt; darum werden sie auch erst jetzt erwähnt. Diese vorläufige Andeutung mag hier genügen; ich werde gerade auf diesen Punkt ohnehin nochmals ausführlicher zurückkommen müssen. Ich bemerke nur noch, daß es exegetisch ganz ungerechtfertigt ist, wenn einige Ausleger [1]) unter den Sternen in Vers 18 nur die Planeten verstehen wollen. Moyses unterscheidet hier offenbar nicht zwischen Planeten und Firsternen; beide gehören zu den himmlischen Lichtern.

Das Werk des fünften und sechsten Tages ist die Erschaffung der lebenden Wesen, und zwar werden am fünften Tage, der Bildung der Atmosphäre und der Scheidung der Wasser am zweiten Tage entsprechend, die Wasser- und Luftthiere geschaffen, am sechsten Tage, dem Hervortreten und Bekleiden des Landes am dritten Tage entsprechend, die Landthiere und der Mensch.

Ueber den fünften Tag heißt es Vers 20—23: „Und Gott sprach: Es sollen wimmeln die Wasser von einem Gewimmel lebendiger Wesen, und Geflügel soll fliegen über der Erde an der Fläche (eigentlich: über dem Antlitz) der Feste des Himmels. Und Gott schuf die großen Seethiere und alle die kriechenden lebenden Wesen, von denen wimmeln die Wasser, nach ihren Arten, und alles gefiederte Geflügel nach seiner Art. Und Gott sah, daß es gut war. Und Gott segnete sie, indem er sprach: Seid fruchtbar und werdet zahlreich und erfüllet die Wasser im Meere und das Geflügel werde zahlreich auf der Erde. Und es ward Abend und es ward Morgen ein fünfter Tag."

Ich nehme gleich die zwei folgenden Verse (24 und 25) von dem sechsten Tagewerke hinzu: „Und Gott sprach: Es bringe hervor (oder: lasse hervorkommen) die Erde lebende Wesen nach ihrer Art, große Thiere (oder: Hausthiere) und Gewürm und Thiere der Erde nach ihrer Art. Und es geschah also. Und es machte Gott (oder: es machte Gott nämlich) die Thiere der Erde nach ihrer Art und die großen Thiere (oder: Hausthiere) nach ihrer

---

1) Keerl, Schöpfungsgeschichte S. 396, Ebrard, der Glaube an die hl. Schrift, S. 29 u. A.; f. dagegen Kurtz, Bibel und Astron. S. 96.

Art und alles Gewürm der Erde nach seiner Art. Und Gott sah, daß es gut war."

Ueber die populäre und äußerliche Eintheilung der Thierwelt habe ich bereits gesprochen. Nicht in sechs Abtheilungen oder in zwölf, wie die moderne wissenschaftliche Zoologie, theilt Moyses das Thierreich, sondern in drei und zwar ganz äußerlich, je nachdem die Thiere in der Luft, im Wasser oder auf dem Lande leben, — einer Eintheilung, welche sich mit keinem wissenschaftlichen System in Harmonie bringen läßt, welche aber dem Moyses vollständig genügte, da es ihm nur auf die Hervorhebung der Wahrheit ankommen konnte, daß alle Thiere, wo immer sie leben mögen, Geschöpfe Gottes sind. Unter diesem Gesichtspunkte sind auch die weitern Eintheilungen der Wasser- und der Landthiere zu beurtheilen. Jene werden in große und kleine eingetheilt, diese entweder ebenso, oder nach der richtigern Deutung anderer Exegeten in drei Classen, a) B'hema, in der Vulgata jumenta, die Hausthiere, das Vieh, b) Chajjath haarez, bestiae terrae, die wilden Thiere, c) Remes, reptilia, das kleine Gethier.

Was die Art und Weise der Hervorbringung der Thierwelt betrifft, so wird wohl nicht ohne Absicht Vers 21, wo die Beschreibung der Hervorbringung der Thiere beginnt, das Wort bara gebraucht, das erstemal seit Vers 1. Das Wort, welches Vers 1 das Ausnichtserschaffen bezeichnet, kann zwar auch von der creatio secunda gebraucht werden, da bei Gott das Bilden aus einem vorhandenen Stoffe insofern auch als Schaffen bezeichnet werden kann, als der Stoff jedenfalls ein von Gott im eigentlichen Sinne geschaffener ist. Wenn aber das Wort hier zum erstenmale nach Vers 1 gebraucht wird, so scheint dieses auf die Mittheilung des Lebens an die Thiere hinzuweisen, welche jedenfalls ein schöpferischer Act ist.

Mehr wird über die Art und Weise der Hervorbringung der Thiere nicht gesagt. Vers 24 heißt es in Bezug auf die Landthiere: „Gott sprach: Es lasse hervorkommen, oder: es bringe hervor (producat) die Erde lebende Wesen"; aber Vers 25 heißt es: „und Gott machte die Thiere der Erde". Wir werden uns die Sache ähnlich zu denken haben, wie bei der Bildung des Menschenleibes; von der Erde nimmt Gott den Stoff zur Formation der Thierleiber und durch seinen schöpferischen Willen belebt er sie. In ähnlicher Weise kann er auch die Wasser- und die Luftthiere geschaffen haben. Der Text sagt darüber aber gar nichts. Es heißt Vers 20 nur: „Gott sprach: Es sollen wimmeln die Wasser von einem Gewimmel lebendiger

Wesen und Geflügel soll fliegen über der Erde", d. h. die Waffer, welche jetzt noch ohne lebende Wesen sind, sollen mit einer großen Anzahl von solchen angefüllt sein, und in der Luft, welche jetzt noch ohne Bewohner ist, sollen geflügelte Thiere umherfliegen; und dann Vers 21: „Und Gott schuf die Seethiere" u. s. w.

Die Vulgata hat die Worte des Verses 20 übersetzt: *Producant aquae reptile* u. s. w. Diese Abweichung vom Hebräischen ist unwesentlich. Hieronymus hat gesagt: das Waffer soll die Thiere hervorbringen oder hervor-, in die Erscheinung treten laffen, wie es gleich darauf Vers 24 auch im hebräischen Terte heißt: die Erde soll Thiere hervorbringen. Etwas weniger unverfänglich ist die lateinische Uebersetzung des Verses 20 bei den folgenden Worten: Producant aquae reptile animae viventis *et volatile super terram* sub firmamento coeli, d. h. das Waffer soll hervorbringen erstens die Wafferthiere, zweitens die fliegenden Thiere. Die ältern Ausleger und Theologen, welche nur die Vulgata berücksichtigen, haben mancherlei, zum Theil scharfsinnige und sinnreiche Vermuthungen darüber vorgetragen, warum Gott nicht bloß die Wafferthiere, sondern auch die Vögel und sonstigen geflügelten Thiere gerade aus dem Waffer habe hervorgehen laffen. Auch in einem Hymnus unsers Breviers wird die Sache so dargestellt: Gott läßt die aus dem Waffer entstandenen Thiere, ex aqua ortum genus, theils in den Tiefen des Oceans, partim remittis gurgiti, die Wafferthiere, — theils hebt er sie in die Lüfte empor, partim levas in aëra, die Luftthiere. Das Zurückgehen auf den hebräischen Tert überhebt uns aber dieser Erörterungen; denn nach dem Hebräischen ist einfach zu übersetzen: „Gott sprach: Es sollen wimmeln die Waffer von einem Gewimmel lebendiger Wesen, und Geflügel oder geflügelte Thiere sollen fliegen über der Erde."

Nehmen wir gleich eine Stelle des folgenden Capitels hinzu. Vers 19 heißt es von den Landthieren und Luftthieren: „Gott bildete von der Erde (de humo) alles Gethier des Feldes und alles Geflügel des Himmels." Jedenfalls haben wir uns also, wie gesagt, die Erschaffung der Thiere insofern ähnlich zu denken, wie die des Menschen, als der Leib aus bereits vorhandenem Stoffe gebildet und das Lebensprincip von Gott schöpferisch hinzugethan wurde.

In Bezug auf die Erschaffung der Thiere ist nun noch Eins zu bemerken. Bei den Pflanzen wurde hervorgehoben, daß Gott samentragende, also fortpflanzungsfähige Pflanzen geschaffen habe, und damit indirect ausgesprochen, daß auch die jetzige Pflanzenwelt, als von der Pflanzenwelt des dritten Tages abstammend, als Schöpfung Gottes anzusehen sei. Parallel damit heißt es in dem Berichte über den fünften Tag: „Und Gott segnete sie (die Thiere) und sprach: Seid fruchtbar und werdet zahlreich und erfüllet das Waſſer im Meere, und die fliegenden Thiere sollen zahlreich werden auf der Erde;" d. h. Gott gab den von ihm geschaffenen Thieren den Trieb und die Fähigkeit der Fortpflanzung und Vermehrung. Was von den Waſſer= und den Luftthieren gilt, gilt, wie sich von selbst versteht, auch von den Landthieren; auch sie haben das Vermögen und den Trieb der Fort= pflanzung erhalten. Und eben, weil sich dieses, nachdem es von den andern Thieren gesagt ist, von selbst versteht, brauchte Moyses nicht auch in dem Berichte über die Erschaffung der Landthiere zu sagen: „Und Gott segnete sie" u. s. w.

Uebrigens bemerkt Delitzsch [1]) ganz richtig: „Daß die Thiere von einem gemeinschaftlichen örtlichen Schöpfungsmittelpunkte aus entstanden seien, sagt Moyses nicht, und ebensowenig sagt er, daß jede Art mit einem einzigen Paare begonnen und von da aus sich vermehrend über ihre jetzigen Wohn= bezirke verbreitet habe. Aeltere Naturforscher, wie Linné, und auch neuere hegen nicht ohne Einfluß des biblischen Berichtes diese von ihm ganz und gar nicht begünstigte Ansicht. Was der biblische Bericht vom Menschen sagt, darf man nicht auf die Thierwelt übertragen. Daß anfangs z. B. nur zwei Ameisen und Bienen, Büffel und Antilopen geschaffen worden seien, das sind Einbildungen, die jeder auf eigene Hand hegen mag, die man aber nicht auf die Bibel stützen darf. Es ist ein ganz ander Ding um die Einheit des Menschengeschlechts und um die Einheit einer Thier= gattung oder Thierspecies. Die Einheit dieser letzteren besteht, wenn sie auch mit vielen Exemplaren zugleich beginnt. Dieses ist auch offenbar die Anschauung unseres Berichtes, daß das durch Gottes Machtwort hervorge= rufene Thierleben sich allenthalben gleichzeitig am fünften Tage in Waſſer und Luft, am sechsten auf dem Lande zu regen begann."

Das Werk des sechsten Tages umfaßt aber außer der Erschaffung der Landthiere auch die Erschaffung des Menschen. Auch der Mensch ge= hört, so bemerkt der hl. Augustinus zu dieser Stelle, [2]) zu den terrena ani- mantia, zu den die Erde bewohnenden lebenden Wesen, und mit Rücksicht

---

1) Genesis, S. 116.
2) de gen. l. imp. c. 16, §. 55.

darauf fällt seine Erschaffung und die der Landthiere auf Einen Tag; mit Rücksicht aber auf den Vorzug der Vernünftigkeit und der Gottebenbildlichkeit des Menschen wird besonders von ihm geredet, nachdem der Bericht über die Landthiere mit der üblichen Formel „Und Gott sah, daß es gut war“, abgeschlossen ist. — Daß der Mensch ein wesentlich anderes Geschöpf ist, als diejenigen Creaturen, von welchen bisher die Rede war, zeigt schon die Beschreibung, welche Moses von seiner Erschaffung gibt, V. 26—31: „Und Gott sprach: Wir wollen den Menschen machen nach unserem Bilde, nach unserer Aehnlichkeit, und sie sollen herrschen über die Fische des Meeres und über die Vögel des Himmels und über das Vieh und über die ganze Erde und über alles Gewürm, welches kriecht auf der Erde. Und Gott schuf den Menschen nach seinem Bilde, nach dem Bilde Gottes schuf er ihn, Mann und Weib schuf er sie. Und Gott segnete sie und Gott sprach zu ihnen: Seid fruchtbar und werdet zahlreich und erfüllet die ganze Erde und unterwerfet sie, und herrschet über die Fische des Meeres und über die Vögel des Himmels und über alle Thiere, welche kriechen auf der Erde. Und Gott sprach: Siehe, ich gebe euch alles Kraut, welches Samen trägt, welches ist auf der Oberfläche der ganzen Erde, und alle Bäume, an welchen Baumfrucht ist, welche Samen trägt, daß sie euch seien zur Speise. Und allen Thieren der Erde und allen Vögeln des Himmels und Allem, was kriecht auf der Erde, in welchem Lebensodem ist, gebe ich alles Grün des Krautes zur Speise. Und es geschah also. Und Gott sah Alles, was er gemacht hatte, und siehe, es war sehr gut. Und es ward Abend und es ward Morgen der sechste Tag.“ [1]

Die wesentlich andere, höhere Natur des Menschen wird hier schon dadurch angedeutet, daß Gott seinen Rathschluß, ihn zu schaffen, vorher ausspricht. „Diese Welt und ihre Theile, sagt der hl. Gregor von Nyssa,[2] werden gleichsam ohne Weiteres durch die göttliche Macht geschaffen, indem sie auf Gottes bloßen Befehl ‚Es werde‘ ins Dasein treten; der Erschaffung des Menschen aber geht eine Ueberlegung vorher, und der Schöpfer beschreibt erst mit Worten, was werden soll. Wie der Mensch sein, welchem Urbilde er ähnlich sein, wozu er werden, was er, wenn er geworden, thun, was er beherrschen soll: das Alles bestimmt die göttliche Rede, damit der Mensch schon vor seiner Erschaffung seiner erhabenen Würde theilhaftig

---

1) Der sechste Schöpfungstag wird als der letzte durch den Artikel — eigentlich: „ein Tag, der sechste“ — vor den übrigen ausgezeichnet. Keil z. d. St.

2) de opif. hom. c. 3.

werde, und noch ehe er ins Dasein getreten, die Herrschaft der Welt er-
lange."

Die Hervorhebung der Gottebenbildlichkeit des Menschen ist der Hauptpunkt, wodurch der Mensch von allen andern bisher erwähnten Creaturen
unterschieden wird. Den Plural in den Worten: „laßt uns den Menschen
machen nach unserem Bilde", könnte man als pluralis communicativus
fassen, so daß Gott in diesen Worten die Engel anredete; denn der Mensch
könnte an sich wohl als nach dem Bilde auch der Engel geschaffen bezeichnet
werden, sofern auch die Engel an der Gottebenbildlichkeit Theil haben. Indeß wird diese Auffassung durch den folgenden Vers ausgeschlossen, wie schon
der hl. Augustinus [1]) hervorhebt; denn Moyses sagt, als ob er sich nicht bestimmt genug ausdrücken könnte: „Und Gott schuf den Menschen nach seinem
Bilde, nach dem Bilde Gottes schuf er ihn." Darum, fährt Augustinus
fort, ist jener Plural als eine Hinweisung auf die Dreifaltigkeit anzusehen.
Das ist bei den Vätern die gewöhnliche Auffassung und sie heben dabei
hervor, daß sehr schön in den Worten „laßt uns machen" und „nach
unserm Bilde" die Mehrpersönlichkeit Gottes, daneben aber in dem
Singular „Bild" und „Gott schuf den Menschen nach seinem Bilde" die
Einheit des göttlichen Wesens hervorgehoben werde.

Die Frage, in wieweit diese patristische Exegese berechtigt sei, hängt
mit der andern umfassendern Frage zusammen, in wieweit wir überhaupt
im Alten Testamente eine Andeutung der Trinität zu finden haben. Da
diese Frage mit unserm Gegenstande nichts zu thun hat, so gehe ich darüber
mit der Bemerkung eines neuern geistreichen Auslegers der Genesis [2]) hinweg, welche die Auffassung, die mir die richtige scheint, auf einen kurzen
Ausdruck bringt. „Wir haben hier auf dem alttestamentlichen Standpunkte
den pluralis majestatis, welcher, neutestamentlich angeschaut, wenigstens die
Tendenz zum pluralis trinitatis hat."

Die Frage, worin die Gottebenbildlichkeit des Menschen bestehe und
inwiefern zwischen Bild Gottes und Aehnlichkeit Gottes zu unterscheiden sei,
wird von den Theologen verschieden beantwortet. Sehen wir von der dogmatischen Seite der Frage, die uns hier nichts angeht, ganz ab, so ist auf
exegetischem Standpunkte jedenfalls zunächst zu sagen, daß die Gottebenbildlichkeit des Menschen in der ihm übertragenen Herrscherwürde besteht.

---

1) Civ. D. 16, 6.
2) Delitzsch, Genesis, 2. Aufl. I, 109. Delitzsch selbst hält übrigens den Plural
für einen pluralis communicativus.

„Gott sagt nicht bloß, bemerkt der hl. Chrysostomus [1]) sehr treffend, laßt uns den Menschen machen nach unserm Ebenbilde, sondern zeigt auch durch die unmittelbar folgenden Worte, in welchem Sinne er das Wort Bild gebraucht. Er sagt: sie sollen herrschen 2c. Mit Rücksicht also auf die Herrschaft spricht er von dem Bilde, nicht mit Rücksicht auf etwas Anderes." — Die Herrscherwürde des Menschen schließt aber das Andere ein, daß er eine unsterbliche, vernünftige und freie Seele hat, so daß hinwiederum auch die andern Väter und Theologen in ihrem Rechte sind, wenn sie diese Punkte als diejenigen namhaft machen, worin die Gottebenbildlichkeit des Menschen bestehe.

In dieser Würde des Menschen als eines von Gott gesetzten und Gott ähnlichen Beherrschers der sichtbaren Welt liegt auch der eigentliche Grund davon, daß er zuletzt geschaffen wird. Man kann zwar auch darauf hinweisen, daß überhaupt im Heraemeron ein Fortschritt vom Niedern zum Höhern, vom Unvollkommenern zum Vollkommenern stattfindet und daher billig die höchste und vollkommenste unter den sichtbaren Creaturen die Reihe derselben schließe. Man kann auch darauf hinweisen, daß der Mensch, wie das vierte allgemeine Lateranconcil sagt, das Bindeglied ist zwischen der rein geistigen Creatur, die im Anfange geschaffen, und der materiellen Creatur, deren Erschaffung am sechsten Tage vollendet wurde. Aber der Hauptpunkt ist doch der, welchen der hl. Gregor von Nyssa [2]) in folgendem Satze hervorhebt: „Es wäre nicht passend gewesen, wenn der Herrscher früher da gewesen wäre, als die Unterthanen; vielmehr mußte, erst nachdem die Herrschaft bereitet war, der König auftreten. Darum ist der Mensch zuletzt geschaffen worden, nicht als ob er geringfügig und darum ans Ende gestellt wäre, sondern weil er, sobald er geschaffen war, auch gleich ein König über seine Unterthanen sein sollte."

Daß die irdischen Creaturen um des Menschen willen, zu seinem Dienste und Nutzen da sind, ist ja, wie ich früher bereits hervorgehoben habe, eine der vier religiösen Wahrheiten, deren Darlegung der Zweck des mosaischen Heraemeron ist. Sie wird hier in den Sätzen ausgesprochen, worin Gott den Menschen als den Beherrscher der ganzen Erde bezeichnet und speciell hervorhebt, daß, wenn die Pflanzenwelt nicht bloß ihm, sondern auch der

---

1) hom. 8. in Gen.
2) de opif. hom. c. 2.

Thierwelt zur Nahrung überwiesen ist, die Thiere hinwiederum zu seinem Dienste und Nutzen bestimmt sind.

Ich kann hier gleich eine Einwendung beseitigen, welche von einigen Naturforschern gegen die Genesis vorgebracht worden ist. Sie hängt mit den andern Einwendungen, welche ich später im Zusammenhange besprechen werde, ohnehin nur lose zusammen und reducirt sich, wie Sie gleich sehen werden, auf ein bloßes Mißverständniß. Die Bibel lehrt, sagt man, der Tod sei durch die Sünde Adams in die Welt gekommen; sie sagt weiter ausdrücklich, der Mensch und die Thiere seien ursprünglich auf vegetabilische Nahrung angewiesen gewesen. Nun zeigen aber die Reliquien der urweltlichen Thiere, welche wir in den Gebirgsschichten begraben finden, daß schon in der Urwelt Thiere andere Thiere verschlangen; die großen Saurier z. B. waren Raubthiere, die sich hauptsächlich von Fischen nährten; ihre versteinerten Excremente, die sogenannten Koprolithen, beweisen ihre große Gefräßigkeit und enthalten noch erkennbare Reste thierischer Nahrung. Zudem hat man an den Knochen urweltlicher Thiere noch deutliche Krankheitsspuren gefunden. „So einleuchtende Beweise hat man, sagt Oersted, daß das körperliche Uebel, Untergang, Krankheit und Tod älter sind als der Sündenfall." „Da hilft kein Spreizen des Glaubens, ruft Carl Vogt den Theologen zu, noch fromme Salto mortale's, um über diesen Stein hinwegzukommen, der in eurem Garten liegt: der Tod hat von Anfang an existirt." [1]

Die Thatsachen, auf welche sich diese Herren berufen, können wir ohne alle Prüfung anerkennen und also zugeben, daß es vor dem Sündenfalle fleischfressende Thiere gegeben hat und Thiere gestorben und getödtet worden sind. Damit steht nicht die Bibel in Widerspruch, sondern höchstens eine unrichtige oder doch sehr zweifelhafte Auslegung einiger Bibelstellen. Wenn die Schrift lehrt, durch die Sünde Adams sei der Tod in die Welt gekommen, so will sie damit offenbar nur sagen, durch die Sünde habe der Mensch die ihm verliehene Gnadengabe der leiblichen Unsterblichkeit verloren. Daß der Mensch nicht gestorben sein würde, wenn Adam nicht gesündigt hätte, ist also Lehre der Bibel; daß auch den Thieren ursprünglich die Unsterblichkeit und Leidenslosigkeit verliehen worden sei, lehrt die Bibel nirgendwo. Wenn es ferner in der Genesis heißt, Gott habe den Menschen zum Beherrscher der Thiere gemacht und ihm die Pflanzen zur Speise gegeben,

---

1) Vergl. Delitzsch, Genesis S. 124.

und auch „allen Thieren alles Grün des Krautes" zur Speise bestimmt, so wird das freilich von manchen ältern und neuern Exegeten so ausgelegt, daß Gott ursprünglich den Menschen und die Thiere auf vegetabilische Nahrung angewiesen habe. Aber diese Deutung ist so wenig eine allgemein anerkannte, daß der hl. Thomas von Aquin kein Bedenken trägt, die Meinung, die jetzt fleischfressenden Thiere hätten sich ursprünglich von Pflanzen genährt, als unvernünftig zu bezeichnen.[1] Die Frage, ob Gott den Menschen ursprünglich ausschließlich auf vegetabilische Nahrung angewiesen habe, können wir hier bei Seite lassen, wiewohl der Exeget auch diese unbedenklich verneinen kann. Was aber die Thiere betrifft, so können die Worte Gottes: „Allen Thieren der Erde gebe ich alles Grün des Krautes zur Speise" mit dem hl. Thomas so verstanden werden, daß Gott damit das Pflanzenreich dem gesammten Thierreiche, nicht aber allen einzelnen Thierclassen zur Nahrung überweist. Ich glaube, daß diese Deutung, rein exegetisch betrachtet, von den geologischen Thatsachen ganz abgesehen, die richtige ist. Carl Vogt's Stein liegt also nicht im Garten der Bibel, sondern höchstens im Garten derjenigen Exegeten, welche die andere Meinung vertreten. Diese mögen ihn wegwälzen, wir können ihn ruhig liegen lassen.

X.

Erläuterungen zum zweiten Capitel der Genesis.

Ueber die Art und Weise, wie Gott den Menschen geschaffen habe, berichtet das Hexaemeron nur: „Und Gott schuf den Menschen nach seinem Bilde, Mann und Weib schuf er sie." Mit dem Worte „der Mensch" wird hier nicht der erste Mensch als Individuum, sondern der Mensch als Genus bezeichnet; denn nachdem Gott gesagt hat: „laßt uns den Menschen machen", fügt er gleich bei: „und sie, die Menschen, sollen herrschen." Die Worte: „Mann und Weib schuf er sie" deuten an, daß Gott den Menschen in geschlechtlicher Verschiedenheit geschaffen habe. Die wunderliche Ansicht einiger jüdischen Ausleger und einiger ältern und neuern Philosophen,[2] daß der erste Mensch von Gott ursprünglich als Androgyn erschaffen worden sei, findet in diesem Satze der Genesis keinen Anhaltspunkt, sondern eine

---

1) 1 q. 96, a. 1 ad 2. Vergl. Pianciani S. 221. Kurz S. 404.
2) Böhme, Oetinger, Baader, Pabst, Hamberger, Ennemoser.

direkte Widerlegung. Hätte Moyses gesagt: „Gott schuf den Menschen nach seinem Bilde, als Mann und Weib schuf er ihn", so könnte dieses allenfalls der Deutung Raum geben, daß Gott den ersten Menschen als Mann und Weib in Einer Person geschaffen habe; aber selbst diese Ausdrucks= weise würde zu dieser Auffassung nicht nöthigen; denn nach dem hebräischen Sprachgebrauch kann der Singular haadam die collective Bedeutung „die Menschen" haben und kann nach einem solchen Collectivum das Pronomen im Singular oder Plural gesetzt werden. Wenn nun Moyses nicht den grammatisch zulässigen Singular, sondern den Plural gebraucht, nicht sagt: „Mann und Weib schuf er ihn", sondern: „schuf er sie", so ist damit jede andere Deutung ausgeschlossen, als die oben vorgetragene. Wenn also Delitzsch [1] bemerkt: „Es ist, als ob der Verfasser, um dieser androgynen Anschauung zuvorzukommen, otham, sie, nicht otho, ihn, geschrieben hätte, was nicht unstatthaft gewesen wäre," — so ist diese Bemerkung ganz tref= fend, und ich glaube derselben nur die beiläufige Notiz beifügen zu müssen, daß die Bemerkung, wahrscheinlich ohne daß ihr Urheber es wußte, in einer ganz ähnlichen Fassung schon bei Augustinus [2] vorkommt, welcher sagt: „Damit Niemand glaube, es seien in dem Einen Menschen beide Geschlech= ter gewesen, zeigt Moyses, daß er den Singular nur wegen der einheitlichen Verbindung, propter conjunctionis unitatem, gebraucht und darum weil das Weib aus dem Manne gebildet worden ist. Darum fügt er gleich den Plural bei: er schuf sie."

Daß Gott nur Ein Menschenpaar geschaffen habe, folgt aus dem ersten Capitel der Genesis nicht; darüber, wie überhaupt über den Hergang der Erschaffung des Menschen belehrt uns Moyses erst im zweiten Capitel. Dort heißt es Vers 7: „Und es bildete Gott der Herr den Menschen aus Staub von der Erde und hauchte in seine Nase den Odem des Lebens, und es ward der Mensch zu einem lebenden Wesen," das heißt, wenn wir den Satz seiner anschaulich=anthropomorphistischen Ausdrucksweise entkleiden: Gott bil= det aus vorhandenem Stoffe, den er von der Erde entnimmt, den Leib des Menschen und belebt dieses Gebilde und macht es zu einem Menschenleibe dadurch, daß er ihm die Seele mittheilt oder einschafft. Die Seele ist es also, durch deren Mittheilung das Gebilde aus Staub das wird, was es

---

1) Genesis, 2. Aufl. S. 112. In der dritten Aufl. S. 124 neigt sich Delitzsch selbst zu der andern Ansicht hin.

2) de gen. ad. lit. 3, 22, 34.

vorher nicht war, ein lebendes Wesen; die Seele ist also, wie der technische Ausdruck der Dogmatik lautet, die forma corporis, und zwar, da von keinem andern lebengebenden Princip des Leibes die Rede ist, die forma unica et immediata corporis. Durch den anthropomorphistischen Ausdruck „einhauchen" wird die Seele als etwas Unkörperliches dargestellt, nicht als ein Ausfluß des göttlichen Wesens. In die Nase wird der Lebensodem gehaucht, oder nach der Uebersetzung der Vulgata in das Angesicht, weil sich durch das Athmen der Mensch für die sinnliche Wahrnehmung als lebendes Wesen zeigt. [1]

Der hebräische Ausdruck, welchen ich mit „Odem des Lebens" übersetzt habe, nach dem Vorgange der Vulgata, welche spiraculum vitae hat, und nach dem Vorgange des Buches der Weisheit, welches mit Rücksicht auf unsere Stelle von dem πνεῦμα ζωτικόν, spiritus vitalis, spricht, den Gott dem Menschen eingehaucht habe [2] — dieser hebräische Ausdruck, sage ich, wird an einer andern Stelle der Genesis [3] auch von dem Lebensprincip der Thiere gebraucht. Man wird also nicht sagen dürfen, es werde mit diesem Ausdruck die vernünftige Seele des Menschen als solche bezeichnet. Er ist vielmehr zunächst der technische Name für das, wodurch die lebenden Wesen, Menschen und Thiere, lebende Wesen sind. [4] Daß dieses Lebensprincip bei dem Menschen ein wesentlich anderes sei, als bei dem Thiere, sagt also Moyses in diesem Ausdrucke nicht; er sagt es aber sonst deutlich

---

1) „Die Bildung des Menschen aus Erdenstaub und die Einhauchung des Lebensathems dürfen wir uns nicht so mechanisch vorstellen, als ob Gott zuerst eine menschliche Figur aus Erdenstaub gebildet und dann den zur menschlichen Gestalt geformten Erdenkloß durch Einhauchung seines Lebensathems zu einem lebendigen Wesen gemacht habe. Die Worte wollen θεοπρεπῶς verstanden sein. Durch eine Wirkung göttlicher Allmacht entstand der Mensch aus Erdenstaub und wurde in demselben Momente, wie der Staub kraft der schaffenden Allmacht sich zur Menschengestalt bildete, von dem göttlichen Lebenshauche durchdrungen und zu einem lebendigen Wesen geschaffen, so daß man nicht sagen kann, der Leib sei eher entstanden als die Seele. Wenn es heißt: Gott hauchte ihm den Lebensathem in seine Nase, so ist klar, daß diese Beschreibung nur das Phänomen des Lebens hervorhebt, das Athmen, an welchem das Leben äußerlich zur Erscheinung kommt. Folglich kann das Einhauchen in die Nase nur den Sinn haben, daß Gott vermöge seines Hauches dasjenige Lebensprincip hervorbrachte und mit dem Leibesgebilde einte, welches alles Leben des Menschen Ursprung wurde und sein Dasein fort und fort durch das zur Nase aus- und eingehende Athmen bekundet." *Keil z. d. St.*

2) Weish. 15, 11.

3) 7, 22.

4) Et *animam viventem* et *spiritum vitae* etiam in pecoribus invenimus, sicut loqui divina scriptura consuevit. *Aug. Civ. D.* 13, 24.

genug. Der Mensch wird nach dem Bilde Gottes geschaffen und zum Be-
herrscher der übrigen sichtbaren Geschöpfe bestimmt; Gott verkündet ihm nach
dem weitern Berichte unseres Capitels ein Gebot; er benennt ferner die
Thiere und wird sich seiner wesentlichen Verschiedenheit von ihnen bewußt.
Das Alles deutet bestimmt genug an, daß der Mensch mit Intelligenz und
Freiheit begabt und also durch ein höheres Lebensprincip belebt ist, als das
Thier. Der Bericht über die Schöpfung selbst legt dieses schon nahe: die
Thiere entstehen auf Gottes Schöpferwort und in einer Vielheit von In-
dividuen; dagegen schafft Gott zuerst Einen Menschen, und die Bildung des
Leibes und die Mittheilung der Seele werden von einander unterschieden,
zum Zeichen, daß die Seele jedes Menschen eine für sich seiende und
daß die Seele von dem Körper verschieden ist und auch ohne denselben existiren kann.

Der erste Mensch wird nach dem Berichte des zweiten Capitels nicht
im Paradiese geschaffen, sondern, wie es Vers 8 und 15 heißt, „Gott nahm
den Menschen, den er gebildet hatte, und führte ihn in den Garten." Dadurch wird angedeutet, wie der hl. Thomas [1]) bemerkt, daß der Aufenthalt
im Paradiese mit zu den übernatürlichen Gaben, nicht zu den der menschlichen Natur gebührenden und darum unverlierbaren Gütern gehörte.

Dann sagt Gott 2, 18: „Es ist nicht gut, daß der Mensch allein sei;
ich will ihm machen eine Hülfe ihm entsprechend." Gott hat zunächst Ein
menschliches Individuum, und zwar einen Mann geschaffen; aber damit war
der göttliche Schöpfungsplan noch nicht vollständig verwirklicht; denn Gott
wollte den Menschen in geschlechtlicher Verschiedenheit erschaffen; der jetzige
Zustand, wo nur ein Mann da war, entsprach also noch nicht der göttlichen
Idee und war also nach dem der Genesis dafür geläufigen Ausdrucke „nicht
gut", und ehe gesagt werden kann: „Gott sah, daß es gut war", muß die
göttliche Idee vollständig verwirklicht sein, also der zuerst geschaffene Mensch
ein adjutorium simile sibi, eine adäquate Hülfe, seine nach der göttlichen
Idee nothwendige Ergänzung in dem Weibe haben.

Demnächst führt Gott dem Menschen die Thiere vor und er benennt
sie, findet aber für sich keine ihm entsprechende Hülfe, wie es Vers 20 heißt.
Das Benennen der Thiere involvirt die Erkenntniß ihres Wesens, und mit
dieser Erkenntniß der Thiere wird der Mensch auch zu der Erkenntniß ge-

---

1) 1 q. 102, a. 4.

führt, daß er von ihnen wesentlich verschieden und daß also unter ihnen kein ihm gleichgeartetes Wesen, mithin keine adäquate Hülfe vorhanden ist.

Nachdem auf diese Weise dem Menschen zum Bewußtsein gebracht worden ist, daß ihm diese Hülfe mangelt, führt Gott seinen Schöpfungs= plan aus, und zwar so, daß er den Leib des Weibes aus einem dem Manne im Schlafe entnommenen Theile seines Leibes bildet und dieses Gebilde in derselben Weise durch Einschaffung der Seele belebt, wie vorhin bei dem Manne. In dem Weibe erkennt der Mann die ihm mangelnde adäquate Hülfe und ein ihm durchaus gleichartiges Wesen. Das spricht er, als Gott sie zu ihm führt, in den Worten aus: „Diese denn ist Bein von meinem Bein und Fleisch von meinem Fleische; diese soll genannt werden ischa, Männin, denn vom Manne, isch, ist sie genommen worden."

Nun folgt das, was die Genesis schon im ersten Capitel berichtet hat: „Und Gott segnete sie und sprach zu ihnen: Seid fruchtbar und werdet zahl= reich und erfüllet die Erde", d. h. Gott hat den Menschen das Vermögen und die Bestimmung der Fortpflanzung gegeben und den Stand der Ehe eingesetzt, dessen erster und wesentlichster natürlicher Zweck, die generatio et educatio prolis, in diesen Worten angedeutet wird, während der zweite natürliche Zweck der Ehe, die gegenseitige Hülfeleistung und Unterstützung der Gatten, durch Bezeichnung des Weibes als Hülfe des Mannes ange= deutet wird, sowie die Monogamie durch die Erschaffung Eines Menschen= paares und die Unauflöslichkeit der Ehe durch Bildung des Weibes aus dem Manne und durch die Worte: „Darum wird der Mensch Vater und Mutter verlassen und seinem Weibe anhangen und sie werden sein zu Einem Fleische."

Mit der Erschaffung der Menschen ist die Reihe der göttlichen Schöpfungen geschlossen und die Schöpfung als Ganzes vollendet; „und Gott sah Alles, was er gemacht hatte, und siehe, es war sehr gut." Singula tantum bona erant, simul autem omnia valde bona, oder wie Delitzsch diese Worte des hl. Augustinus, vielleicht wieder unbewußt, wiedergibt: „Als Einzelnes ist es gut, als einheitlich zusammengefaßtes harmonisches Ganzes ist es nun sehr gut.[1]

„Und es waren vollendet Himmel und Erde und all ihr Heer", oder wie die Vulgata frei, aber sehr gut übersetzt: et omnis ornatus eorum. Anderswo[2] heißt es: „die Himmel und all ihr Heer, die Erde und Alles,

---

1) *Aug.* Conf. 13, 28. Delitzsch, Genesis S. 126.
2) 2 Esdr. 9, 6.

was darauf ist." — „Und es hatte vollendet Gott am siebenten Tage sein Werk, welches er machte, und er ruhte am siebenten Tage von all seinem Werke, welches er gemacht hatte," — oder wie wir den Satz, dem Genius unserer Sprache entsprechend, construiren würden: Da nun Gott am siebenten Tage all sein Werk vollendet hatte, ruhte er. „Und Gott segnete den siebenten Tag und heiligte ihn, weil er an ihm ruhte von all seinem Werke, welches er geschaffen hatte."

Die hergebrachte Uebersetzung „Gott ruhte" ist insofern nicht ganz treffend, als in dem hebräischen Worte schabath nicht der Begriff des Aus= ruhens, sondern nur der des Aufhörens liegt, weshalb die Vulgata Vers 3 auch cessare übersetzt. Der Sinn ist also einfach: Gott hatte sein Werk vollendet und schuf nun nicht mehr; er hörte auf, ganz neue Creaturen her= vorzubringen, und hat seitdem, wie der hl. Thomas [1]) erläuternd beifügt, nichts ganz und gar Neues hervorgebracht, nichts, was nicht irgendwie in der Schöpfung der sechs Tage präexistirt hätte, sei es materialiter, wie die unorganischen Gegenstände, die der Substanz nach schon damals vorhanden waren; sei es causaliter, wie die Individuen, die jetzt gezeugt werden, in den ersten Individuen ihrer Species; sei es endlich secundum similitudinem, wie die Menschenseelen, welche bei der Zeugung von Gott geschaffen wer= den, aber doch nur als Individuen eines Genus von Wesen, welches bereits im Hexaemeron in den Seelen der ersten Eltern vertreten war.

Daß hier die Formel fehlt: „Und es ward Abend und es ward Mor= gen der siebente Tag" hat seinen Grund einfach darin, daß auf diesen Tag kein neuer Schöpfungstag mehr folgt, daß mit dem Anbruch des siebenten Tages das Hexaemeron, welches Moyses hier beschreiben wollte, zu Ende ist. Er fügt nur noch die Notiz bei, daß Gott mit Rücksicht auf das Sechs= tagewerk den siebenten Tag geheiligt habe, d. h., daß Gott — ob jetzt gleich nach der Schöpfung, oder später, darüber wird nichts gesagt — den siebenten Tag für die Menschen als einen heiligen, zum Andenken an die Erschaffung zu feiernden Tag eingesetzt habe.

Diese Notiz ist wesentlich; denn sie erklärt es, wie ich früher hervor= gehoben habe, warum Moyses oder die göttliche Offenbarung sich nicht darauf beschränkt, uns zu sagen, daß Gott alles geschaffen habe, sondern ausdrücklich erwähnt, daß Gott in sechs Tagen geschaffen habe. Es wird also durch diese Notiz dem Hexaemeron der Charakter einer religiösen Be=

---

1) 1 q. 73 a. 1.

lehrung aufgedrückt, den wir früher als ein nothwendiges Requisit der biblischen Mittheilungen erkannt haben.

Mit dem dritten Verse des zweiten Capitels ist der erste Abschnitt der Genesis zu Ende, — unsere Capitelabtheilung, die bekanntlich erst aus dem Mittelalter stammt, ist hier, wie auch sonst mitunter, nicht passend. Mit Vers 4 beginnt der zweite Abschnitt, der als Ganzes nicht mehr in den Bereich unserer Erörterungen gehört. Einiges daraus habe ich aber vorher bei dem Berichte über die Erschaffung des Menschen herübernehmen müssen, und ein paar Bemerkungen über das Verhältniß dieses zweiten Abschnittes zum ersten müssen Sie mir noch gestatten, zumal man vielfach durch eine unrichtige Auffassung dieses Abschnittes die Fragen, die uns beschäftigen, unnöthiger Weise verwirrt und erschwert hat.

Der Abschnitt beginnt mit einer Ueberschrift: „Dieses, folgendes ist" — oder: Es folgt nun — „die Geschichte des Himmels und der Erde" u. s. w. [1]) Dergleichen Ueberschriften finden sich in der Genesis noch mehrere; sie haben den Zweck, den Anfang eines neuen Abschnittes und also den Abschluß des vorhergegangenen Abschnittes zu markiren. Nachdem die Erschaffung der Welt in sechs Tagen berichtet worden ist, will Moyses also zu einem neuen Gegenstande übergehn. Sehen wir nun nach, was der Inhalt dieses zweiten Abschnittes ist, so finden wir Folgendes: die Beschreibung des Paradieses, die Erschaffung des Weibes, das Verbot, von einem Baume des Paradieses zu essen, die Versuchung des Menschen, den Sündenfall und die Vertreibung des Menschen aus dem Paradiese. Moyses berichtet also, wenn wir diese Punkte zusammenfassen, in welchem Zustande sich der Mensch ursprünglich befunden habe und wie er aus diesem Zustande in einen andern versetzt worden sei. Wie wird das in der Ueberschrift ausgedrückt? Sie lautet in einer Uebersetzung, deren philosophische Rechtfertigung uns hier zu weit führen würde:[2]) „Dieses ist die Geschichte des Himmels und der Erde, als sie geschaffen waren, als gemacht hatte Gott der Herr Erde und Himmel." — Die Erschaffung des Himmels und der Erde, will Moyses sagen, ist im ersten Abschnitte erzählt worden, nun folgt die Geschichte der sichtbaren Schöpfung, — freilich zunächst nur des Menschen, aber er ist ja der Mittelpunkt der sichtbaren Schöpfung, und darum ist die Menschengeschichte auch

---

1) Mit Unrecht halten viele Ausleger diesen Satz für eine Unterschrift des ersten Abschnittes. S. dagegen Keil z. d. St. und Kurz, Einheit der Genesis, Berlin 1846, S. LXXIII.

2) S. Keil z. d. St.

die Weltgeschichte, und die Bezeichnung Weltgeschichte wird hier der Be=
zeichnung Menschengeschichte vorgezogen, um den Zusammenhang mit dem
vorhergehenden Abschnitte, der die Weltschöpfung zum Gegenstande hatte,
erkennbar zu machen.

Für den Zweck des zweiten Abschnittes, die Darstellung der Urgeschichte
der Menschen, ist aber der Bericht des ersten Abschnittes in zwei Punkten
nicht vollständig genug und also einer Ergänzung bedürftig. Der erste Schau=
platz, auf dem sich der Mensch bewegt, ist das Paradies, und in der
Geschichte des ersten wichtigen, freilich in sehr trauriger Weise wichtigen
Ereignisses der Weltgeschichte spielt das Weib eine hervorragende Rolle.
Da nun das Paradies im ersten Abschnitte gar nicht, das Weib nur indirekt
erwähnt ist, so muß über beide Punkte ein genauerer Bericht nachgetragen
werden. Aber warum wurde denn über diese Punkte nicht an der betref=
fenden Stelle des ersten Abschnittes gleich das Nöthige beigefügt? Weil
das für den Zweck des ersten Abschnittes, die Mittheilung der Wahrheit,
daß Gott Alles in sechs Tagen geschaffen, nicht paßte und weil das die
schöne harmonische Gliederung des ersten Abschnittes gestört haben würde.

Um also über die Entstehung des Paradieses berichten zu können, muß
Moyses hier auf die Entstehung der Pflanzenwelt am dritten Tage zurückkom=
men. Das thut er, indem er zunächst in Vers 5 den Zustand der Erde am
dritten Tage vor der Erschaffung der Vegetation beschreibt: „Alles Gesträuch
des Feldes war noch nicht auf der Erde und alles Kraut des Feldes war
noch nicht aufgegangen. Denn nicht hatte Gott der Herr regnen lassen auf die
Erde und der Mensch war nicht da, das Land zu bebauen." Der Regen
und die Pflege des Menschen sind jetzt die Bedingungen, unter denen die
Pflanzenwelt gedeiht; diese Bedingungen waren damals noch nicht vorhan=
den; also konnten Pflanzen in der Weise, wie wir es jetzt regelmäßig ge=
schehen sehen, noch nicht hervorsprossen; die ersten Pflanzenexemplare mußten
also durch eine andere Causalität entstehen.

Vers 6 heißt es dann weiter: „Und ein Nebel stieg auf von der Erde
und tränkte die ganze Oberfläche des Landes"; man wird ergänzen müssen:
indem er als Regen oder Thau darauf niederfiel. Dadurch wurde also der
Boden für die Hervorbringung der Vegetation geeignet gemacht und nun
folgte die Erschaffung der Pflanzen, wie sie am dritten Tage des Heraeme=
ron bereits berichtet ist. Davon wird hier nicht nochmals ausdrücklich ge=
sprochen, weil es bereits geschehen ist; es wird nur nachgetragen, was im
ersten Abschnitte nicht ohne Störung des Zusammenhanges hätte erzählt werden

können, was aber für das Verständniß des zweiten Abschnittes wesentlich ist: „Und es pflanzte Gott der Herr", natürlich am dritten Tage, „einen Garten in Eden und ließ hervorsprossen aus der Erde allerlei Bäume" u. s. w.

Darauf folgt der zweite Punkt, welcher im Heraemeron nur ganz kurz berührt wurde, hier aber ausführlich berichtet werden mußte, die Erschaffung des Weibes, worüber ich vorhin schon redete.

In Vers 19 wird zwar auch von der Erschaffung der Thiere gesprochen: „Und es bildete Gott der Herr aus der Erde alle Thiere der Erde und alle Vögel des Himmels, und er führte sie zu dem Menschen, daß er sie benännte." Aber das Hebräische kann auch übersetzt werden: „Und Gott der Herr hatte gebildet" u. s. w. Auch werden im Hebräischen bekanntlich oft Sätze gram= matisch coordinirt, welche logisch subordinirt sind. Statt der eben gegebenen wörtlichen Uebersetzung gibt Hieronymus folgende sinngetreue: „Als Gott der Herr alle Thiere gebildet hatte, führte er sie zum Menschen"; noch deutlicher könnten wir so übersetzen: Gott der Herr führte alle Thiere, welche er gebildet hatte, zu dem Menschen. Die Erschaffung der Thiere wird also nur erwähnt als Einleitung zu der hier zu erzählenden Hinführung derselben zum Menschen. Von der Pflanzenschöpfung spricht also das zweite Capitel mit Rücksicht auf das Paradies, von der Thierschöpfung mit Rücksicht auf die Benennung der Thiere durch den Menschen und mit Rücksicht auf die Verbindung, in welcher diese zu der Erschaffung des Weibes steht.

Dieses ist das richtige Verhältniß der beiden Abschnitte: der zweite ist die Fortsetzung des ersten, gibt aber zugleich in einigen Punkten eine Ergänzung des ersten. Diese Disposition des Stoffes ist allerdings eigen= thümlich und für den, welcher die Art und Weise, wie die Genesis über= haupt ihren Stoff gliedert und behandelt, nicht kennt oder nicht beachtet, einigermaßen auffallend. In Folge davon ist auch die Darstellung und Ausdrucksweise, wie Sie bemerkt haben werden, in einigen Sätzen unserm Geschmacke etwas fremd und für den an die Redeweise der Genesis nicht gewöhnten Leser nicht ganz klar und ohne Schwierigkeiten. Nehmen wir aber zur Vergleichung nur gleich den Anfang des nächstfolgenden Abschnit= tes, Capitel 5, 1 ff.: „Dieses ist das Buch der Zeugungen (oder: das Ge= schlechtsbuch) Adams. Als Gott den Menschen schuf, machte er ihn nach dem Bilde Gottes. Mann und Weib schuf er sie und segnete sie und nannte sie Mensch am Tage, da sie geschaffen wurden. Und Adam lebte 130 Jahre und zeugte nach seiner Aehnlichkeit, nach seinem Bilde", d. h.

einen Menschen wie er selbst war, „und nannte ihn Seth. Und Adam
lebte nach der Erzeugung Seths noch 800 Jahre und zeugte Söhne und
Töchter. Und Adam lebte im Ganzen 930 Jahre und starb" u. s. w. Die
Erschaffung des Menschen nach dem Bilde Gottes und in geschlechtlicher Verschiedenheit sammt dem göttlichen Segen der Fortpflanzung ist bereits, wie
wir gesehen haben, im ersten und zweiten Capitel berichtet worden; im
vierten Capitel ist nach der Geschichte Kains und Abels auch die Geburt
des Seth und sogar schon die Geburt seines Sohnes Enos erzählt worden.
Und doch wird im fünften Capitel das Alles noch einmal recapitulirt, weil
es zur Vollständigkeit dieses Capitels, welches eine genealogische und zugleich chronologische Uebersicht der Zeit von Adam bis Noe geben soll, erforderlich war.

Es wäre eine andere Disposition des Stoffes möglich gewesen; aber
wir haben die Berichte der Genesis zu nehmen, wie sie uns vorliegen, und
was wir auch von der Gruppirung und Stilisirung derselben denken mögen,
Moyses hat sich jedenfalls für den unbefangenen und denkenden Leser klar
genug ausgesprochen.

Nicht nur die Schwierigkeiten der Ausgleichung zwischen Bibel und
Naturwissenschaft, sondern auch die eregetischen Schwierigkeiten werden eher
vermehrt als vermindert, wenn man, wie Einige trotzdem oder ebendarum
gethan haben, das zweite Capitel als einen zweiten, von dem ersten verschiedenen oder dem ersten widersprechenden Schöpfungsbericht ansieht, oder
annimmt, es werde hier über eine zweite, von der ersten verschiedene
Pflanzen- und Thierschöpfung berichtet. Eine Kritik dieser Auffassung werden Sie mir erlassen; diejenige, welche ich Ihnen vorgetragen habe, läßt
sich eregetisch rechtfertigen, und wir dürfen also bei unsern weitern Untersuchungen, bei der Vergleichung der Angaben der Genesis mit den Resultaten der naturwissenschaftlichen Forschungen, den zweiten Abschnitt mit Ausnahme der paar Ergänzungen zum ersten Abschnitt unberücksichtigt lassen.

Die meisten falschen Deutungen des zweiten Abschnittes hangen übrigens, wie Ihnen bekannt sein wird, mit der Reihe von Versuchen zusammen, welche man, seit der französische Arzt Astruc vor hundert Jahren den
ersten Anstoß dazu gegeben, mit einer bewunderungswürdigen Ausdauer
immer aufs neue wieder gemacht hat, die Genesis anatomisch zu zergliedern
und in eine Reihe von Fragmenten oder in zwei oder drei Urkunden von verschiedenen Verfassern aufzulösen. Daß der Verfasser der Genesis schriftliche
Aufzeichnungen von mehrern ältern Verfassern nicht nur benutzt, sondern

auch theilweise ohne alle oder ohne bedeutende Aenderungen seinem Werke einverleibt habe, können auch diejenigen zugeben, welche an der alten, durch viele Gründe gestützten Ansicht festhalten, daß Moyses der Verfasser der Genesis sei. So könnten wir denn auch unbedenklich zugeben, daß mit 2, 4 ein zweiter, von dem Verfasser des Heraemeron verschiedener Erzähler eintrete. Aber zwingende Gründe dafür sind nicht vorhanden. Namentlich kann der Umstand, daß im Heraemeron Gott immer Elohim genannt wird, von 2, 4 an dagegen consequent Jehova Elohim, nur dem oberflächlichen Leser als Indicium zweier verschiedener Erzähler erscheinen. Die beiden Gottesnamen Elohim und Jehova und die andern seltenern Gottesnamen können an manchen Stellen promiscue gebraucht sein; wenn die beiden Namen für Gott den Hebräern so geläufig waren, wie z. B. uns die Be= zeichnungen Christus und der Heiland, so konnte ein und derselbe hebräische Schriftsteller gewiß nach Belieben, der Abwechslung halber oder aus son= stigen Rücksichten hier Jehova und hier Elohim schreiben. An den meisten Stellen der Genesis aber läßt sich der Grund, weßhalb hier Elohim und dort Jehova steht, unschwer erkennen, und eine genauere Prüfung der Sache kann nur dazu dienen, uns Achtung vor dem Tiefsinn und der geistvollen Darstellung des alten jüdischen Geschichtschreibers einzuflößen. Elohim ist die Bezeichnung Gottes als eines mächtigen, ehrfurchtgebietenden, überwelt= lichen Wesens, Jehova dagegen die Bezeichnung Gottes, sofern er nicht nur über die Welt erhaben ist, sondern sich zu der Welt, speciell zum Menschen herabläßt, sich dem Menschen offenbart und mit dem Menschen ein inniges Freundschafts= oder Bundesverhältniß eingeht. Darum ist es Elohim, der im ersten Capitel die Welt durch sein Wort hervorbringt; aber indem sich Gott im zweiten Abschnitte zum Menschen herabläßt, ihn in das Paradies setzt, ihm sein Gebot gibt und ihn in übernatürlicher Weise leitet und er= zieht, heißt er Jehova. Wenn aber nicht der einfache Name Jehova, son= dern der sonst selten vorkommende zusammengesetzte Name Jehova Elohim gebraucht wird, so will der Verfasser der Genesis damit augenscheinlich andeuten, daß der Jehova des zweiten Abschnittes mit dem Elohim des ersten identisch ist.

Ich recapitulire nun, nachdem ich die Erklärung des biblischen Schö= pfungsberichtes vollendet habe, noch einmal die Sätze, welche, wie ich frü= her nachgewiesen, als der Hauptinhalt des Heraemeron bezeichnet werden müssen. Es sind folgende vier:

1) Alles, was außer Gott existirt, hat den Grund seines Seins in Gott, ist von Gott geschaffen worden.

2) Alles, was Gott hervorgebracht hat, war, sowie es Gott geschaffen hat, gut, d. h. der göttlichen Idee entsprechend und darum auch frei vom Bösen.

3) Die Erde und was darauf ist und was damit zusammenhängt, ist um des Menschen willen geschaffen worden.

4) Die Schöpfung ist in sechs Tagen vollendet worden, und an diese Thatsache knüpft sich die Institution des Sabbaths.

Die drei ersten Sätze sind, wie Sie sehen, rein theologischer Natur und gehören ausschließlich dem theologischen Gebiete an. Die Naturforschung kann, wie ich früher nachgewiesen habe, der Natur der Sache nach über die erste Entstehung der Dinge gar keine Auskunft geben; es kann sie auch nicht interessiren und sie kann nichts darüber ermitteln, in welchem Verhältnisse die Wirklichkeit der sichtbaren Dinge zu der Idee des Schöpfers steht und welche Zweckbeziehung die andern sichtbaren Geschöpfe zu dem Menschen haben. In Bezug auf die drei ersten Punkte im Allgemeinen ist also eine Collision zwischen der Bibel und der Naturwissenschaft nicht möglich, oder nur möglich, wenn letztere ihre natürlichen Grenzen überschreitet und sich auf das Gebiet der Theologie hinüber wagt. Nur in Bezug auf die Einkleidung, welche diese Sätze in dem biblischen Berichte gefunden haben, kann die Naturwissenschaft vielleicht das eine oder andere Bedenken erheben, worauf bei den folgenden Erörterungen Rücksicht zu nehmen sein wird.

Dagegen ist in Bezug auf den letzten Punkt die Naturwissenschaft offenbar berechtigt, ein Wort mitzusprechen. In welcher Reihenfolge, in welchen Zwischenräumen, in welcher Zeit die einzelnen Classen von Geschöpfen ins Dasein getreten sind oder sich entwickelt haben, das ist eine Frage, welche auch den Naturforscher interessiren muß und zu deren Lösung auch er Mittel hat. Dieser vierte Punkt, die Erschaffung der Dinge in sechs Tagen, wird also fortan in den Vordergrund treten. Um aber das Verhältniß der Bibel und der Naturwissenschaft in Bezug auf diesen Punkt festsetzen zu können, muß ich zunächst die exegetischen Erläuterungen des ersten Abschnittes der Genesis durch eine Untersuchung über die Frage vervollständigen, was wir uns unter den sechs Tagen des Heraemeron zu denken haben. Ich habe bisher unbedenklich den Ausdruck sechs Tage gebraucht; Sie werden Sich aber erinnern, daß ich im voraus erklärt habe, ich wolle durch die Beibehaltung dieses Ausdrucks die Frage über die Dauer des Hexaemeron in keiner Weise präjudiciren. Jetzt wird sich eine Verständigung über die eigentliche Bedeutung dieses Ausdrucks nicht mehr verschieben lassen; wir müssen uns jetzt darüber klar werden: spricht die Genesis von sechs Tagen in der gewöhnlichen buchstäblichen Bedeutung oder nennt sie Tage längere Perioden?

Ich bitte Sie aber, nicht zu vergessen, daß ich vorerst noch fortwährend als Exeget spreche, d. h. daß ich noch nicht untersuche, ob der Verlauf der Schöpfung sechs Tage oder eine längere Zeit umfaßt, sondern nur, was die Genesis über die Dauer des Schöpfungsverlaufes berichtet und was nicht. Erst nachdem wir uns klar gemacht haben, was die Bibel über die Chronologie der Schöpfung lehrt, können wir zu der weitern Frage übergehen, was die Naturwissenschaft über denselben Gegenstand lehrt, um dann weiter zu sehen, inwieweit die beiderseitigen Angaben harmoniren oder differiren.

Die Frage nach der Dauer der sechs Tage des ersten Capitels der Genesis werde ich also zum Thema meines nächsten Vortrags machen. Für heute nur noch eine einleitende Bemerkung. Es wird sich um die Frage handeln: darf der Exeget annehmen, daß die sechs Tage nicht als Zeiträume von je vierundzwanzig Stunden aufgefaßt werden müssen, daß Zeiträume von unbestimmter, von sehr langer Dauer darunter verstanden werden können? Ich werde zu beweisen versuchen, daß diese Frage mit einem ganz aufrichtigen Ja zu beantworten, daß die letztere Auffassung der sechs Tage theologisch und exegetisch unbedenklich, ebenso unbedenklich ist, wie die andere.

Bemerken Sie wohl, ich sage nicht bloß: unbedenklich, sondern: ebenso unbedenklich wie die andere Ansicht. Denn die Sache liegt, wie ich zeigen werde, nicht so, daß die erste, mehr buchstäbliche Auffassung der sechs Tage eigentlich die Herzensmeinung der Theologie sei, die sie am liebsten festhalten möchte, wenn es anginge, und daß die andere Auffassung der sechs Tage nur eine Concession sei, zu der sich die Theologie um des lieben Friedens willen oder um sich der Angriffe von Seiten der Naturwissenschaft zu erwehren, nothgedrungen herbeiließe, die sie aber viel lieber zurücknähme, wenn das von Seiten der ihn gegenüberstehenden Wissenschaft zugelassen würde. So wird die Sache mitunter von ängstlichen Gemüthern oder von unklaren Köpfen dargestellt; aber das ist ganz irrig. Wenn es auch gar keine Naturwissenschaft gäbe, könnte ein Exeget die sechs Tage für unbestimmte Perioden erklären, und ehe man an eine Wissenschaft der Geologie im heutigen Sinne dachte, und ohne von den Einwendungen der Natur= wissenschaft gegen das Heraemeron das Mindeste zu ahnen, hat kein Ge= ringerer als der hl. Augustinus eine Deutung der sechs Tage vorgetragen, welche Ihnen, wenn ich sie im Verlaufe dieser Erörterung mittheilen werde, als eine sich von der buchstäblichen Deutung sehr weit entfernende erscheinen wird.

Was die theologische Zulässigkeit der freiern Auffassung der sechs Tage betrifft, so erinnere ich ferner noch daran, daß diese Meinung von vielen grundkatholischen Gelehrten entweder für die allein richtige erklärt, oder wenn sie von ihnen aus andern Gründen bekämpft wird, als kirchlich ganz un= verdächtig bezeichnet, und daß sie in Werken vorgetragen wird, welche im Mittelpunkte der Orthodorie, in Rom selbst, mit allen durch die kirchlichen Verordnungen vorgeschriebenen Approbationen der geistlichen Censurbehörde gedruckt worden sind.[1]) Von mehr oder minder orthodor kann bei dieser Frage nicht die Rede sein; denn sie hängt mit dem Dogma nur so entfernt zusammen, daß eine kirchliche Entscheidung in dieser Frage gar nicht zu fürchten, oder richtiger gesagt, gar nicht zu hoffen ist. Wenn es aber un= kirchlich ist, Ansichten vorzutragen, welche kirchlichen Lehrentscheidungen direct oder indirect zuwiderlaufen, so ist es auf der andern Seite ebensowenig kirchlich als wissenschaftlich, in Fragen, die ganz außerhalb des Bereiches der kirchlichen Lehrentscheidung liegen, die Bezeichnungen „mehr oder minder orthodor, von der Kirche begünstigt, von der Kirche zugelassen" und drgl. anzuwenden. Die Kirche ist in Bezug auf unsere Frage ganz neutral und wir können also ganz unbefangen an die Untersuchung über die wissenschaftliche, zunächst die exegetische Berechtigung der verschiedenen Auf= fassungen der sechs Tage gehen.

XI.

Die „sechs Tage."

Ich habe heute zu untersuchen, was unter den sechs Tagen des mo= saischen Schöpfungsberichtes zu verstehen sei. Diese Untersuchung wird aber, wie ich in der vorigen Stunde bereits hervorgehoben habe, zunächst eine

---

1) Vergl. **Pianciani** a. a. O. S. 24.

rein exegetische sein, d. h. ich werde das, was die Naturwissenschaft über die Dauer des Verlaufs der Schöpfungsgeschichte lehrt, vorerst ganz bei Seite lassen und ganz abgesehen davon untersuchen, was die Genesis darüber berichtet. Wir können also die Frage so formuliren: Welche Zeitdauer hat der Exeget auf seinem Standpunkte für den Verlauf der Erschaffung der Dinge vom ersten göttlichen Schöpfungsacte bis zur Vollendung der Schöpfung zu postuliren? oder: welche Zeit läßt die Genesis zwischen dem Anfange der schöpferischen Thätigkeit Gottes und der Erschaffung der letzten Creatur, des Menschen, verfließen? oder, da mit dem ersten schöpferischen Acte Gottes die Zeit überhaupt beginnt: welche Zeit ist nach der Darstellung der Genesis vor dem ersten Auftreten des Menschengeschlechts verflossen?

Der Kürze halber will ich die Zeit, welche mit der Erschaffung des Menschen beginnt, die historische, die vorhergehende Periode die vorhistorische Zeit nennen. Die Ausdrücke sind nicht ganz treffend, aber bequem, wenn Sie die Güte haben wollen, sich das Richtige dabei zu denken: die vorhistorische Zeit beginnt mit dem, was im ersten Verse der Genesis „im Anfange" genannt wird, mit dem Zeitpunkte, vor welchem überhaupt keine Zeit war, sondern nur die Ewigkeit; sie geht von da bis zur Vollendung der Erschaffung, also bis zum Ende des ersten Capitels der Genesis; die historische Zeit beginnt mit Adam und Eva.

Die historische Zeit, soweit sie im Alten Testamente behandelt wird, bis zum Beginne der christlichen Aera, umfaßt nach den chronologischen Angaben der Bibel ungefähr vier Jahrtausende; die Chronologie ist nicht ganz sicher, uns kann es aber hier auf ein paar Jahrhunderte mehr oder weniger nicht ankommen. Wir können also sagen: die Erschaffung der ersten Menschen fällt nach den Angaben der Bibel 4—5000 Jahre vor Christi Geburt, und unser Problem ist: wie viele Tage oder Jahre oder Jahrtausende waren nach den Angaben der Genesis bereits verflossen, als der Mensch geschaffen wurde? Wenn die historische Zeit bis auf diesen Tag sechs bis sieben Jahrtausende umfaßt, wie groß ist die Ausdehnung der vorhistorischen Zeit?

Sie begreifen leicht, daß die eigentliche unbekannte Größe in dieser mathematischen Aufgabe der Begriff des hebräischen Wortes Jom ist, welches ich bisher immer mit Tag übersetzt habe. Daß diese Uebersetzung richtig ist, bedarf keines Beweises; ich kenne keine einzige Bibelübersetzung, welche anders übersetzt hätte. Aber was ist unter Tag im ersten Capitel der Genesis zu verstehen?

Tag bedeutet erstens im Gegensatze zu Nacht die Zeit, wo es hell ist, wo die Sonne scheint. In dieser Bedeutung kommt das Wort offenbar im sechszehnten Verse des Hexaemeron vor, wo es heißt, die Sonne beherrsche den Tag und der Mond beherrsche die Nacht. Das ist der sogenannte natürliche Tag. Daneben sprechen wir aber zweitens von dem bürgerlichen Tage, welcher die Zeit des einmaligen Wechsels von Sonnenlicht und Finsterniß, von Tag und Nacht, also vierundzwanzig Stunden umfaßt. In dieser Bedeutung kommt das Wort Tag im vierzehnten Verse des Hexaemeron vor, wo gesagt wird, die Gestirne, speciell Sonne und Mond, seien dazu bestimmt, daß der Mensch danach die Zeiten, in specie die Tage und Jahre berechne. Sehen wir, ob wir mit diesen beiden Bedeutungen des Wortes beim Hexaemeron ausreichen.

Nach Vers 16 machte Gott zwei große Leuchten, die eine, die Sonne, um zu beherrschen den Tag, die andere, den Mond, um zu beherrschen die Nacht, „und er setzte sie an die Feste des Himmels, daß sie leuchteten über die Erde hin und beherrschten den Tag und die Nacht. Und Gott sah, daß es gut war.“ Damals hat offenbar der regelmäßige Wechsel von Tag und Nacht im Anschluß an das Auf- und Untergehen der Sonne begonnen, und wenn es nun heißt: „Und es ward Abend und es ward Morgen der vierte, der fünfte und der sechste Tag,“ so kann der Exeget unbedenklich unter diesen drei Tagen drei mal vierundzwanzig Stunden oder Tage verstehen, wie sie noch jetzt verlaufen.

Aber dieselbe Formel: „es ward Abend und es ward Morgen“ ꝛc. kommt vorher schon dreimal vor; was haben wir uns also unter den drei ersten Tagen vorzustellen? — Wenn der vierte, fünfte und sechste Tag je vierundzwanzig Stunden gedauert haben, so werden auch der erste, zweite und dritte Tag je vierundzwanzig Stunden gedauert haben. So scheint es, und ein Mathematiker wird gegen diese Folgerung schwerlich etwas Stichhaltiges vorbringen können; der Exeget aber wird sich bedenken. Die Bibel pflegt nicht in abstracten Ausdrücken zu reden, und die Definition von Tag, welche der Mathematiker für richtig halten kann, ist damit nicht auch schon die in der Bibel geltende. In Vers 4 heißt es, nachdem das Licht geworden, habe Gott dasselbe von der Finsterniß geschieden, und das Licht Tag, die Finsterniß aber Nacht genannt, d. h., wie ich bei der Erklärung dieses Verses nachgewiesen habe, Gott setzte damals das Verhältniß des

Lichtes und der Finsterniß fest und zwar das Verhältniß des regelmäßigen Wechsels, welches die menschliche Sprache mit Tag und Nacht bezeichnet. Wenn es nun gleich darauf heißt: „Es ward Abend und Morgen Ein Tag", so dürfen wir daraus folgende Definition entnehmen: der Tag ist die Zeit des einmaligen Wechsels von Licht und Finsterniß. Vom vierten Tage an ist dieser Wechsel an die Sonne geknüpft und dauert also vierundzwanzig Stunden; aber vor dem vierten Tage ist er nicht an die Sonne geknüpft, und wir wissen also nicht, wie lange dieser Wechsel damals gedauert hat. Wir wissen also nicht, wie lang die drei ersten Tage gewesen sind. Möglich, daß Gott sogenannte dies artificiales bewirkt hat, etwas unsern jetzigen Tagen in jeder Hinsicht, auch hinsichtlich der Dauer Analoges; aber möglich ist auch, daß diese ersten drei Tage Jahrtausende lang gewesen sind. Nach der Genesis haben Licht und Finsterniß je einmal gewechselt; mehr sagt sie nicht und mehr darf darum auch der Exeget aus ihr nicht entnehmen.

Wir haben also nunmehr für die vorhistorische Zeit drei Tage von je vierundzwanzig Stunden und drei Tage von unbestimmt langer Dauer. Dazu kommt noch drittens die Zeit des Thohuwabohu, die der zweite Vers schildert, die Zeit, während welcher die Erde nach der Erschaffung wüst und öde war; denn der erste der sechs Tage beginnt, wie ich früher nachgewiesen, mit dem Werden des Lichtes. Wie lange die Nacht gedauert, die mit dem ersten Anbruch des Lichtes zu Ende ging, wie viel Zeit also die Erde, die Gott im Anfange geschaffen, wüst und öde und von Wasser und Finsterniß bedeckt gewesen ist, das sagt die Genesis nicht. Die vorhistorische Zeit zerfällt mithin nach dieser Auffassung in drei Perioden:

Die erste geht vom Anfange der Zeit bis zum Anbruch des Lichtes, — wie lange sie gedauert, wissen wir nicht.

Die zweite geht vom Anbruch des Lichtes bis zur Einsetzung der Sonne und des Mondes in die Herrschaft über Tag und Nacht. Diese Periode hat drei Tage gedauert; wie lang aber diese Tage waren, wissen wir nicht.

Die dritte umfaßt die drei letzten Tage des Heraemeron, welche nach dieser Auffassung Zeiträume von vierundzwanzig Stunden sind.

Ueber die Gesammtdauer der vorhistorischen Zeit gibt uns also die Genesis keine bestimmte Auskunft; der Exeget muß mithin in diesem Punkte seine Unwissenheit gestehen, und wenn der Naturforscher durch seine Forschungen die Dauer der vorhistorischen Zeit ermittelt hat, so hat er von dem Exegeten in Bezug darauf — von andern damit zusammenhangenden

Punkten vorerst noch abgesehen — keinen Widerspruch, eher freundlichen Dank zu erwarten.

Das ist die erste Auffassung der sechs Tage. Sie wird von ältern und neuern Exegeten vorgetragen und verstößt gegen kein Gesetz der biblischen Hermeneutik. Einige nehmen dabei an, der chaotische Zustand habe nur einen Augenblick gedauert, Gott habe gleich nach der Hervorbringung der chaotischen Materie gesprochen: „Es werde Licht", und auch die drei ersten Tage seien Zeiträume von vierundzwanzig Stunden gewesen, so daß die ganze vorhistorische Zeit nur sechs mal vierundzwanzig Stunden betragen würde. Das ist möglich; aber die Genesis sagt dieses, wie ich gezeigt habe, nicht ausdrücklich, und wir sind nicht berechtigt, als Angabe der Bibel zu bezeichnen, was sie nicht sicher und deutlich sagt. Wir halten also als exegetisches Resultat das fest, was ich so eben dargelegt habe, und gehen zu der zweiten Deutung der sechs Tage über, wonach Perioden von unbestimmter Dauer damit bezeichnet werden. Daß diese Deutung kirchlich unbedenklich sei, habe ich in der vorigen Stunde bereits nachgewiesen. Es handelt sich also bloß darum, ob sie exegetisch zulässig ist.

Man kann bekanntlich einer guten Sache keinen schlimmern Dienst erweisen, als wenn man zu ihrer Vertheidigung schlechte Gründe vorbringt. Ich glaube, die in Frage stehende Ansicht, daß die sechs Tage unbestimmte Perioden seien, würde, wenn sie reden könnte, mitunter in den Stoßseufzer ausbrechen: Herr, bewahre mich vor meinen Freunden. — Mir persönlich wenigstens hat in Bezug auf diese Ansicht nichts so große Bedenken verursacht, als die Reihe von faulen Gründen, die man dafür vorgebracht hat.

Wer etwas hebräisch und Exegese versteht, kann sich eines mitleidigen Lächelns nicht erwehren, wenn man allen Ernstes versichert: Das Wort Jom, dessen sich der hebräische Text bedient, bezeichnet mehr einen unbestimmten Zeitraum, als einen bestimmten, begrenzten.[1] Auch die Araber bezeichnen durch das Wort Jaumun, dessen Verwandtschaft mit dem hebräischen Jom augenscheinlich ist, eine Zeitperiode.[2] Was die Ausdrücke Ereb und Boker betrifft, so bedeuten dieselben im Hebräischen allerdings Abend und Morgen, aber auch Ereb Verwirrung, Mischung und Abänderung, Boker Ordnung, Anordnung. Und da jeder neue Schöpfungsact mit einer gewaltigen Aufregung der Naturkräfte beginnen mußte, dagegen mit Vollendung der in ihm bezweckten Schöpfungsstufe endigte, was ist natürlicher

---

1) S. Mutzl, die Urgeschichte der Erde S. 5.
2) Pianciani a. a. O. S. 18.

als der Ausdruck: Verwirrung — Ordnung?"[1] — Wir würden also nicht übersetzen müssen: Es ward Abend und Morgen Ein Tag, sondern: Es ward Verwirrung und es ward Ordnung Eine Periode.

Den Herren Marcel de Serres und Sebastian Mutzl kann man dergleichen nicht so hoch anrechnen; sie haben den allerbesten Willen und mögen ganz gründliche Geologen sein, aber sie sind keine Theologen, am allerwenigsten Exegeten, und wenn Jemand bona fide einmal Unsinn spricht in Dingen, die er von Amtswegen nicht zu wissen braucht, so soll man das milde beurtheilen. Aber verwunderlich und betrübend zugleich ist es, wenn ein so gelehrter Theologe, wie der römische Jesuit Pianciani, solchen thörichten Dingen Eingang gestattet in sein sonst in mehrfacher Hinsicht verdienstliches Buch über das Heraemeron.

Was das eben angeführte Specimen von arabischer Erudition betrifft, so braucht man nicht mehr Arabisch zu verstehen, wie ich, um zu wissen, daß das arabische Jaumun nach Etymologie und Bedeutung mit dem hebräischen Jom identisch ist, und zunächst ebensowenig eine unbestimmte Periode bezeichnet, wie dieses Wort. Daß das hebräische Jom mehr einen unbestimmten, als einen bestimmten, begränzten Zeitraum bezeichne, ist wieder rein aus der Luft gegriffen. Ich habe vorhin aus dem Heraemeron selbst nachgewiesen, daß Jom zunächst einen ganz bestimmten, begränzten Zeitraum bezeichnet. Gott trennte zwischen dem Lichte und der Finsterniß und nannte das Licht Jom, Tag, und die Finsterniß Nacht. Jom ist also die Zeit, wo es hell ist, im Gegensatze zur Nacht. Weiterhin setzt Gott die Sonne ein, zu herrschen über den Tag — Jom ist also die Zeit, wo die Sonne am Himmel steht. Ferner sind die Gestirne bestimmt zur Messung der Zeiten, der Tage und der Jahre; da sind die Tage offenbare Zeiträume, deren mehrere, 300 und einige, ein Jahr ausmachen, also Perioden von 24 Stunden. — Die Wörter Ereb und Boker mögen sich auf Verbalstämme zurückführen lassen, welche „verwirren" und „ordnen" bedeuten, aber damit ist uns wenig geholfen. Die Etymologie ist auch im Hebräischen eine unsichere Führerin, wenn wir die Bedeutung eines Wortes ermitteln wollen — das lucus a non lucendo hat auch in den semitischen Sprachen seine Seitenstücke; — der sicherste Weg zur Feststellung der Bedeutung eines hebräischen Wortes ist immer die Untersuchung des Sprachgebrauchs, und im biblischen Sprachgebrauch heißen Ereb und Boker ohne allen Zweifel zunächst Abend und Morgen.

---

1) Mutzl a. a. O.

Ich will Sie nicht mit einer Aufzählung und Kritik anderer unhalt-
barer Argumente für die Deutung der sechs Tage als größerer Perioden
aufhalten. Das muß jedenfalls festgehalten werden: Jom heißt zunächst
Tag, so gut wie Ereb und Boker Abend und Morgen. Aber ein Wort
kann recht gut neben seiner Grundbedeutung andere, abgeleitete, neben seiner
eigentlichen Bedeutung andere, übertragene Bedeutungen haben, und wir
müssen sehen, ob Jom in der Bibel auch zur Bezeichnung anderer Zeiträume
als eines Tages gebraucht wird. Vom Plural ist dieses unzweifelhaft „in
den Tagen des Noe" ist so viel als: zur Zeit, da Noe lebte; dergleichen Ausdrücke weist die Concordanz zu Dutzenden auf. „Am Ende von Tagen" heißt
Genesis 4, 3 und sonst soviel als: nach geraumer Zeit u. s. w. Aber da
steht immer der Plural. Indeß kommt auch der Singular ähnlich vor:
„an jenem Tage" heißt bei den Propheten oft: in jener Zeit, gewöhnlich
von der messianischen Zeit. Das Unglück, welches über Israel kommen soll,
heißt „der Tag des Verderbens, der Tag des göttlichen Zornes" und dergl.
Col hajjom heißt nicht bloß „den ganzen Tag", sondern auch „allezeit,
immer". B'jom, wörtlich „am Tage", mit folgendem Genitiv oder Infi-
nitiv ist vollständig zur Partikel geworden und mit „als, wenn, nachdem"
zu übersetzen. Die göttliche Drohung im Paradiese ist z. B. nicht zu übersetzen: „am Tage, da ihr davon essen werdet", sondern einfach: „wenn ihr
davon essen werdet, werdet ihr sterben". Gleich unmittelbar nach dem
Heraemeron, welches die Erschaffung der Welt in sechs Tagen berichtet,
steht ein Ausdruck, der wörtlich übersetzt lauten würde: „an dem Tage der
Erschaffung des Himmels und der Erde" [1]) — er soll aber nur bedeuten:
„als Himmel und Erde geschaffen wurden oder waren."

Also Jom hat im Hebräischen nicht immer die Bedeutung „Tag" im
buchstäblichen Sinne, sondern wird auch da gebraucht, wo von unbestimmten
Zeiträumen oder unbestimmt von Zeit die Rede ist. Diese weitere Bedeutung ist aber natürlich nur eine abgeleitete oder übertragene, und Tag die
ursprüngliche und eigentliche. Die Hermeneutik lehrt nun aber, man solle
bei der Erklärung einer Stelle zunächst bei der eigentlichen Bedeutung der
Wörter stehen bleiben und zu den abgeleiteten und übertragenen Bedeutungen
nur dann greifen, wenn irgend ein vernünftiger Grund vorhanden sei, von
der eigentlichen Bedeutung abzugehen. — Die Frage also, ob im ersten
Capitel der Genesis ein Grund vorhanden ist, der uns berechtigt, von der

---

1) Gen. 2, 4.

Bedeutung Tag abzugehen, können wir umsoweniger umgehen, als die eben angeführten Stellen allerdings zeigen, daß „Tag, Jom" auch gebraucht wird, wo nicht von eigentlichen Tagen die Rede ist, keine der angeführten Stellen aber, wie Sie wohl bemerkt haben werden, unserer Stelle ganz analog ist.

Wollen wir die Sache gleich beim rechten Ende anfassen, so müssen wir mit der Frage beginnen: was hatte Moyses für ein Interesse dabei, uns zu erzählen, oder besser: was für einen Zweck hatte Gott dabei, uns zu offenbaren, nicht nur daß die Welt von ihm geschaffen, daß sie gut ge= schaffen, daß sie um des Menschen willen geschaffen, sondern auch, daß sie in sechs Tagen geschaffen sei? Offenbar wird uns das nicht berichtet, damit wir einen chronologischen Anhaltspunkt hätten oder einen Anstoß und Leitfaden zu geologischen Untersuchungen; die Bibel hat, wie ich Ihnen, ich fürchte bis zum Ueberdruß, wiederholt habe, immer zunächst und direct nur die Mittheilung religiöser Belehrungen zum Zweck, und ob die Welt in sechs oder in acht Tagen, in einem Augenblicke oder in einigen Jahrtausenden ihre jetzige Gestaltung erlangt hat, das würde Moyses ebensowenig der Er= wähnung werth erachten, als die Zahl der Jahre, welche die einzelnen Pharaonen regiert haben, und das würde Gott uns nie und nimmer ge= offenbart haben — wenn er nicht den Juden das Gesetz gegeben hätte: „an sechs Tagen sollst du arbeiten und am siebenten sollst du ruhen." Das ganze Zählen der Tage im ersten Capitel der Genesis: erster, zweiter u. s. w. bis sechster Tag, hat gar keinen andern Zweck, als die Notiz in den ersten Versen des zweiten Capitels vorzubereiten: „Und den siebenten Tag" — von dem ja natürlich gar nicht die Rede sein könnte, wären nicht sechs Tage vorhergegangen — „den siebenten Tag segnete Gott und heiligte ihn." Das göttliche Sechstagewerk und der darauf folgende göttliche Sabbath einerseits, und die Woche, die sechs Arbeitstage und der Sabbath ander= seits bilden eine Parallele, und zwar nicht eine willkürliche, zufällige, son= dern eine von Gott gewollte und gewirkte Parallele. Die Schöpfungswoche ist das göttliche Urbild, unsere Woche das irdische Abbild. Der chronolo= gische Grundbegriff, von dem wir ausgehen müssen, ist mithin nicht der Tag, sondern die Woche. Von sieben Tagen, worunter der letzte der Tag des Ruhens Gottes ist, spricht Moyses nur, weil sieben Tage, wor= unter der Ruhetag der letzte ist, eine Woche ausmachen. Also auf den Begriff Hebdomas kommt es an, nicht auf den Begriff Tag. Daß die Siebenzahl in dem Schöpfungsverlauf eine bestimmte Stelle hat, das ist religiös bedeutungsvoll, und durfte darum nicht übergangen werden; ob es

9*

eine Siebenzahl von Minuten, von Stunden, von Tagen, von Jahren oder von Jahrtausenden ist, das ist an und für sich unwesentlich. Es würde eine viel stärkere Abweichung von dem mosaischen Schöpfungsbericht sein, wollten wir sagen, Gott habe die Welt in fünf oder in acht Tagen geschaffen, als wenn wir sagen wollten, Gott habe sie in sechs Jahrtausenden geschaffen; denn ob Gott in einem Augenblicke oder in einem Jahrtausend die Scheidung von Wasser und Land eintreten läßt und die übrigen schöpferischen und weltbildenden Acte vollzieht, ist auf dem religiösen Standpunkte ziemlich gleichgültig, wenn nur festgehalten wird, daß Gott und nur Gott das Eine und das Andere vermag. Aber die Zahl ist nicht so gleichgültig. Wenn Gott bestimmt hat, daß einer nicht von je sechs oder je acht, sondern gerade von je sieben Tagen von den Menschen gefeiert werden soll zu Ehren des Weltschöpfers und zum Dank und Preis für die Wohlthat der Erschaffung, dann muß der Verlauf der Schöpfung eine Hebdomas gewesen sein, in welcher die letzte Monas dem von Gott vorgeschriebenen Ruhetage entspricht, während die sechs vorhergehenden Monaden den Arbeitstagen entsprechen.

Daß die ganze Schöpfungsgeschichte in sieben Zeiträume zerfällt, hat mithin für die göttliche Offenbarung nur Wichtigkeit wegen der von Gott gewollten Analogie zwischen der göttlichen Schöpfungswoche und der menschlichen Woche. Diese Analogie wäre freilich am vollkommensten, wenn die Einheiten der einen Hebdomas auch den Einheiten der andern Hebdomas gleich wären, wenn also die sieben Tage des Schöpfungsberichtes sieben mal vierundzwanzig Stunden wären, wie die Tage unserer Woche. Aber die Analogie ist doch auch noch vorhanden, wenn die eine Hebdomas aus andern Einheiten besteht, als die andere, wenn also die Schöpfungswoche nicht eine Hebdomas von vierundzwanzigstündigen Tagen ist, sondern von größern Perioden; denn das Wesentliche, die Siebenzahl bliebe auch in diesem Falle in ihrem vollen Rechte. Der siebente Tag der göttlichen Schöpfungswoche ist ja jedenfalls kein Tag im gewöhnlichen Sinne — Gott ruht noch jetzt in dem Sinne, in welchem dieses bei der Beschreibung des siebenten Tages von ihm gesagt wird, d. h. er ist nicht mehr in der Weise schöpferisch thätig, wie bei dem Sechstagewerke. Nehmen wir einmal an, auch die sechs Tage seien größere Perioden gewesen, vielleicht nicht einmal Perioden von gleicher Dauer; wir haben ja gesehen, daß auch bei der ersten buchstäblichen Auffassung der sechs Tage die drei ersten Tage nicht als vierundzwanzigstündig angenommen zu werden brauchen. Also, gesetzt: die Schöpfung, wie sie Moyses beschreibt, sei in sechs Perioden von längerer, vielleicht ungleicher Dauer verlaufen, wie konnte Moyses diese Perioden nennen? Er konnte sie mit einem eigentlichen oder mit einem bildlichen Ausdrucke bezeichnen. Wollte er einen bildlichen Ausdruck gebrauchen, so lag nichts näher, als sie Tage zu nennen, mit Rücksicht auf die Analogie zwischen der göttlichen Schöpfungswoche und der menschlichen Woche; diese Analogie konnte er gar nicht deutlicher und kürzer hervorheben, als wenn er den Namen der Theile der menschlichen Woche geradezu auf die Theile der Schöpfungswoche übertrug. That er dieses, so drückte er sich für seinen Zweck deutlich genug aus; denn seine Leser mußten nun aus seiner Darstellung das Verhältniß entnehmen, in welchem die Einsetzung des Sabbaths zu der Vollendung der Schöpfung steht, und das ist ja Alles, was Moyses wollte. Soviel mußte er sagen, um die Institution des Sabbaths zu erklären; mehr brauchte er nicht zu sagen, wenn er keinen andern Zweck hatte, als diesen; und da er keinen andern Zweck hatte, namentlich nicht den Zweck, uns geologische Erkenntnisse zu vermitteln, so würde er über seine Aufgabe hinausgehen, aus seiner Rolle fallen, wenn er mehr sagte, wenn er uns über die Dauer der Theile der Schöpfungs= woche belehrte, wenn er also den Ausdruck Tag vermieden und dafür Jahr= tausend oder Jahrtausende gesagt hätte. Oder: Gott hat den Sabbath eingesetzt; um die Institution des Sabbaths zu motiviren, mußte Gott dem Menschen offenbaren, daß die Woche, deren Abschluß der Sabbath ist, ihr Urbild habe in einer göttlichen Woche, bestehend aus sechs Zeiten der schöp= ferischen Thätigkeit und einer Zeit des göttlichen Ruhens. Soviel mußte Gott offenbaren; mehr war nicht nöthig, wenn die Offenbarung ihren religiösen Charakter strenge festhalten wollte. Sollte aber nicht mehr offen= bart werden, wollte Gott die Siebenzahl in seinem Schöpfungswerke offen= baren, ohne über die Dauer der Einheiten, die diese Siebenzahl ausmachen, etwas zu offenbaren; so mußte er diese Einheiten so benennen, wie sie in der abbildlichen menschlichen Hebbomas heißen, also Tage.

Sie sehen, die hermeneutische Regel, es sei zu präsumiren, daß ein Wort in seiner eigentlichen Bedeutung gebraucht sei, wenn nicht Gründe da seien, es in übertragener Bedeutung anzuwenden, — bleibt bei dieser Auffas= sung ganz in ihrem Rechte: es war hier ein Grund vorhanden, die Bezeich= nung Tag auf die Schöpfungsperioden zu übertragen, nämlich die Verbin= dung, welche zwischen der Schöpfungshebbomas und der menschlichen Woche besteht; also sind wir nicht genöthigt, bei der eigentlichen Bedeutung des

Wortes „Tag" stehen zu bleiben, dürfen vielmehr annehmen, die Bezeich=
nung Tag sei von den Bestandtheilen der Woche auf die Bestandtheile des
Urbildes der Woche, der Schöpfungsperiode, übertragen. [1]

Bei dieser Auffassung verschwindet die Schwierigkeit von selbst, welche
sonst den Vertretern dieser freiern Auffassung der sechs Tage am meisten
zu schaffen gemacht hat. Man wendet ihnen vielfach ein: das Wort Tag
könne unter Umständen eine größere Periode bezeichnen; wo aber, wie im
ersten Capitel der Genesis, das Wort Tag mit den Ausdrücken Abend und
Morgen verbunden sei, da sei nothwendig an einen eigentlichen Tag zu
denken. Darauf ist zu antworten: Wenn der ganze Schöpfungsverlauf
bildlich eine Woche, und jeder einzelne Theil desselben bildlich ein Tag ge=
nannt werden kann, so ist nichts natürlicher, als daß der Anfang und das
Ende eines solchen figürlichen Tages gleichfalls figürlich als Morgen und
Abend bezeichnet werden. Das ist gerade so in der Ordnung, als wenn
der Heiland in der Parabel von den Arbeitern im Weinberge die ganze
Zeit, innerhalb welcher die Menschen sich den himmlischen Lohn verdienen
sollen, als einen Tag, und nun consequenter Weise die Zeit, wo der Ein=
zelne seine Thätigkeit beginnt, als dritte, sechste, neunte und eilfte Stunde des
Tages bezeichnet.

Auch andere Bedenken, welche man gegen die Deutung der sechs Tage
als größerer Perioden vorbringen kann, treffen diese Auffassung nicht. Ein
lieber Freund [2] hat mir Folgendes eingewendet: „Gibt der gläubige Bibel=
erklärer durch eine soweit vom Wortlaute abweichende Deutung eines Textes,
der offenbar keine Gleichnißrede ist, stillschweigend zu, daß die Offenbarung
überhaupt so unbestimmt in der Wahl ihrer Worte sei und selber so wenig
für richtiges Verständniß ihrer Angaben sorge, welche Waffen gibt er den
Gegnern seines Glaubens in die Hand!" Ich gebe weder ausdrücklich noch
stillschweigend zu, daß die Offenbarung überhaupt unbestimmt in der

---

1) „Die Aufeinanderfolge von sechs Perioden göttlicher Schöpferthätigkeit mit darauf
folgender Ruheperiode ist der Grund der spätern Wochenfeier. Der Mensch arbeitet sechs
Tage und feiert am siebenten. Die Absicht des heiligen Schriftstellers, in den sieben Ab=
schnitten der Schöpfung das Vorbild der Woche zu geben, erklärt uns den Ausdruck Tag,
welchen er für jeden jener Abschnitte anwendet. Er will eine Gotteswoche schildern.
Wie lang ein Tag dieser Gotteswoche nach unserm Maße gewesen sei, läßt sich nicht be=
stimmen." Haneberg, Gesch. der bibl. Offenbarung (2. Aufl., Regensb. 1852), S. 13.

2) Dr. Vosen in dem Programm des katholischen Gymnasiums an Marzellen zu
Köln für 1860—61. (Die beiden Vorlesungen über die sechs Tage waren bereits im
„Katholiken" Jahrg. 1861, I, S. 284 ff. gedruckt.)

Wahl ihrer Worte ist. Wo es sich um Offenbarungen handelt, spricht die Bibel sehr bestimmt und sorgt durch die Wahl ihrer Ausdrücke für das richtige Verständniß ihrer Angaben. Aber Object der Offenbarung sind nur religiös-sittliche Wahrheiten und Dinge, welche in religiöser Hinsicht bedeutsam sind; andere Dinge berührt die Offenbarung nur insoweit, als es für die Mittheilung religiöser Wahrheiten erforderlich ist. Die religiöse Wahrheit, welche hier bei dem Heraemeron in Betracht kommt, ist die Feier des Sabbaths zu Ehren des Weltschöpfers oder die Heiligung des siebenten Tages. Diese Wahrheit wird in ganz bestimmten und verständlichen Ausdrücken vorgetragen: die göttliche Schöpfungswoche ist das Urbild der menschlichen Woche, das entnimmt jeder aus dem mosaischen Bericht, und das ist das Einzige, was jeder daraus entnehmen muß. Ob die göttliche Woche gleich der menschlichen sieben mal vierundzwanzig Stunden oder sieben andere Zeiträume umfaßt hat, das ändert an der Sache gar nichts und darüber brauchte sich darum die Bibel gar nicht bestimmter auszusprechen. Es scheint allerdings eine himmelweit „vom Wortlaute abweichende Deutung des Textes" zu sein, wenn ich sage: was hier Tag genannt wird, kann möglicher Weise ein Zeitraum von Jahrtausenden gewesen sein; aber die Abweichung scheint größer zu sein, als sie wirklich ist. Ich halte fest, daß die Schöpfungszeit eine Woche war, und das muß festgehalten werden, weil sie sonst kein Urbild der menschlichen Woche sein könnte; das ist aber auch das Einzige, was wesentlich ist; ob es eine Hebdomas von Tagen, Jahren oder größern Perioden war, das ist von ganz untergeordneter Bedeutung. Wenn darum auch wirklich, wie mein Freund weiter bemerkt, „der schlichte Leser den im heiligen Texte stehenden Ausdruck ganz anders versteht", das heißt: an Tage von vierundzwanzig Stunden denkt, so ist der Schaden gar nicht so groß. Ich möchte diese Auffassung gar nicht einmal unrichtig nennen: Moyses will sieben Tage verstanden haben, — das muß der „gelehrte Exeget" mit dem schlichten Leser festhalten; ob eigentlich oder bildlich so genannte Tage zu verstehen sind, ist hier eine Frage, welche für den Zweck der biblischen Offenbarung ganz irrelevant ist. Aus dem Berichte des Buches Josue über das Stillestehn der Sonne entnimmt jeder Exeget der Gegenwart ganz dasselbe, was alle schlichten Leser aller Zeiten daraus entnommen haben: daß jener Tag von Gott verlängert worden sei. Daß dieses aber nicht wirklich durch eine Hemmung der Bewegung der Sonne bewirkt worden ist, haben bis auf Copernicus wahrscheinlich alle Bibelleser nicht gewußt und wissen vielleicht noch jetzt manche nicht — ohne allen Schaden für ihre Seele.[1]) Wenn darum weiter bemerkt wird: „War es ja doch der nämliche Federstrich, ob Moyses Weltperiode oder ob er Tag schrieb, und würde ihn doch wohl die göttliche Inspiration vor solch einer unglücklichen Wahl seiner Worte bewahrt haben müssen," so kann ich dagegen bemerken, daß es dem Verfasser des Buches Josue auch nicht mehr Mühe gemacht haben würde, zu schreiben: der Tag wurde verlängert, als zu schreiben: die Sonne stand still, und daß ihn die göttliche Inspiration auch nicht davor bewahrt hat, die Worte zu wählen, welche er gewählt hat. Unglücklich gewählt kann man den Ausdruck Tag zur Bezeichnung der einzelnen Perioden, welche die göttliche Schöpfungswoche ausmachen, auch nicht nennen; eher glücklich gewählt, weil die Parallele zwischen der göttlichen Schöpfungswoche und der menschlichen Woche nicht wohl kürzer und deutlicher hervorgehoben werden konnte, als dadurch, daß die Bezeichnung der Theile der menschlichen Woche auf die Theile ihres Urbildes übertragen wurde. Durch diesen Umstand ist, wie ich bereits erwähnt habe, der Gebrauch des Wortes „Tag" in einer übertragenen Bedeutung gerechtfertigt, obwohl wir hier allerdings „keine Gleichnißrede" vor uns haben. Daß man auf demselben Wege die biblischen Ausdrücke „Sohn Gottes", „ewiges Feuer", „Himmel" u. s. w. umdeuten könne, kann ich am allerwenigsten zugeben. Wo es sich um theologisch wichtige Dinge handelt, — und nur in diesem Zusammenhange wird durchgängig z. B. die Bezeichnung „Sohn Gottes" vorkommen, — da muß die Bibel sich bestimmt und unzweideutig aussprechen, und sie thut es; auch wird sich da kein genügender Grund finden lassen, von der eigentlichen Bedeutung des Wortes abzugehen. Hier dagegen haben wir erstens einen Grund für den Gebrauch des Wortes „Tag" in einer abgeleiteten Bedeutung gefunden, und zweitens haben wir gesehen, daß — ganz der Sitte der hl. Schrift entsprechend — das theologisch Wichtige, daß die menschliche Woche die göttliche Schöpfungswoche zum Urbilde hat, ganz klar und bestimmt ausgesprochen wird und nur die in theologischer Hinsicht unwichtige Frage ohne bestimmte und klare Ant-

---

1) „Man kann eine ganz neue Auslegung einiger mosaischen Stellen und Wörter in unserer Materie nicht verwerfen. Es handelt sich ja hier nicht um Glaubens- und Sittenlehren, sondern um Zeitrechnung. Der Fortschritt in den Naturwissenschaften bewirkt auch manchmal, daß wir den Sinn einiger Stellen in Profanschriftstellern besser auffassen; noch viel mehr kann also dieser Fortschritt Licht über das Wort Gottes verbreiten, wenn dasselbe von geschaffenen Dingen handelt." Pianciani a. a. O. S. 8.

wort bleibt, ob die Tage der Gotteswoche auch vierundzwanzig Stunden lang gewesen seien.

Ich glaube also trotz dieser Einwendungen die Deutung der sechs Tage, wie ich sie vorgetragen habe, festhalten zu können. Vollkommen einverstanden bin ich dagegen mit der Kritik, welcher mein Recensent eine andere Auffassung unterworfen hat. Man könnte, haben Einige gemeint, die sechs Tage als die Hauptdata der Weltentwicklung ansehen. Dieselben brauchten dann nicht unmittelbar auf einander gefolgt, sondern könnten durch längere Zeiträume von einander getrennt sein. An sechs Tagen hätte der Schöpfer unmittelbar in die Entwicklung der Erde eingegriffen, zwischen diesen Tagen wäre die Entwicklung ihren geordneten Weg gegangen. Moyses hätte dann jene sechs Tage der göttlichen Schöpferthätigkeit in seinem Berichte erwähnt, diese Entwicklungsperioden aber mit Stillschweigen übergangen, weil jene für die Heilsgeschichte, diese nur für die Naturgeschichte Bedeutung hätten.[1]) Dagegen wird ganz treffend bemerkt: Nicht nur tritt dann der Zusammenhang zwischen dem menschlichen Sabbath in der göttlichen Schöpfungswoche zu sehr zurück, sondern der Satz: „Es ward Abend und es ward Morgen Ein Tag, ein zweiter Tag" u. f. w. behält nur dann seine rechte Bedeutung, wenn er so verstanden wird, daß der Morgen der Morgen des nächstfolgenden Tages ist. Der Satz „und es ward Morgen" leitet, wie ich früher nachgewiesen habe, zum folgenden Tag über, und Moyses würde sich ganz anders haben ausdrücken müssen, wenn er nicht sechs unmittelbar auf einander folgende Tage in dem göttlichen Sabbath ihren Abschluß finden lassen wollte.

Diese letzte Auffassung werden wir also als exegetisch unhaltbar ganz bei Seite lassen müssen; eine weitere Erörterung der beiden andern behalte ich mir für die nächste Stunde vor.

XII.

Die „sechs Tage". Fortsetzung.

Ich glaube in meinem letzten Vortrage wenigstens dieses unumstößlich bewiesen zu haben, daß es unwahr ist, wenn man sagt, die vorhistorische Zeit, die Zeit, welche vor dem ersten Erscheinen des Menschengeschlechts auf

---

[1]) Pianciani a. a. O. S. 28 führt diese Ansicht an.

Erden verflossen ist, habe nach der Darstellung der Genesis nur sechs mal
vierundzwanzig Stunden gedauert. Dem ersten Tage, welcher begann, als
Gott sprach: Es werde Licht! geht jedenfalls die Zeit vorher, welche die
Erde in ihren Elementen vorhanden, aber noch wüst und öde war. Ob
diese Zeit einen Augenblick oder Jahrtausende gedauert, darüber sagt die
Genesis kein Wort. Weiterhin habe ich nachgewiesen, daß sehr starke Gründe
für die Annahme sprechen, daß Moyses von sechs Schöpfungstagen und
einem göttlichen Ruhetage zunächst nur darum spricht, weil die Institution
der aus sechs Arbeitstagen und einem Ruhetage bestehenden menschlichen
Woche mit dem Schöpfungsverlauf zusammenhängt. Der Sabbath ist von
Gott eingesetzt zum Andenken an die Vollendung der Schöpfung oder nach
dem Ausdrucke der Genesis an das göttliche Ruhen nach dem Schaffen.
Wenn dem Sabbath aber das göttliche Ruhen als Urbild zu Grunde liegt,
so muß als Urbild der sechs Tage, nach deren Verlauf jedesmal der Sab=
bath eintrifft, die Zeit des göttlichen Schaffens angesehen werden. Mithin
ist Moyses berechtigt, die Zeit des göttlichen Schaffens und des göttlichen
Ruhens zusammengenommen als eine der menschlichen Woche urbildlich ent=
sprechende göttliche Woche zu bezeichnen. That er das, so lag nichts näher,
als die Zeit des göttlichen Schaffens, welche der Zeit des göttlichen Ruhens
vorherging, wie die sechs Arbeitstage dem Sabbath vorhergehen, sechs Tage
zu nennen. War aber der Ausdruck Tag gerechtfertigt, so waren auch die
Ausdrücke Morgen und Abend als bildliche Bezeichnungen des Anfangs und
Endes dieser bildlich sogenannten sechs Tage ganz unbedenklich.

Also die Benennung sechs Tage war die passendste, welche Moyses
wählen konnte, die Zeit, welche damit bezeichnet werden soll, mag so lang
oder so kurz sein, wie sie will. Fragen wir nun aber weiter: wie lang ist
denn jeder dieser Tage gewesen, so weist uns die Bibel mit dieser Frage
einfach ab. Du bist ein Geschöpf Gottes, würde sie dem Fragenden ant=
worten, und du sollst deinen Schöpfer dadurch ehren, daß du am siebenten
Tage deine irdischen Arbeiten und Geschäfte unterbrichst. Nachdem Gott ge=
schaffen hat, hat er aufgehört zu schaffen; so sollst auch du, nachdem du
gearbeitet hast, aufhören zu arbeiten; dein Ruhen soll eine dankbare Erinne=
rung an Gottes Ruhen sein, welches auf sein Schaffen gefolgt ist, wie der
Sabbath auf die Werktage folgt. Das Schaffen Gottes war die Reihe
der sechs Werktage, welche mit dem göttlichen Sabbath die Gotteswoche
ausmachen. Mehr brauchst du nicht zu wissen.

Aber der Mensch möchte doch mehr wissen, freilich nicht der Mensch als Knecht Gottes, sondern der Mensch als denkendes Wesen, dem der Trieb innewohnt, sich über das Wesen und die Gesetze der Dinge, die ihn um= geben, klar zu werden. Dieser Trieb des denkenden Menschen ist berechtigt, von Gott selbst dem Menschen eingepflanzt; aber diese seine Wißbegierde zu befriedigen, verweist Gott den Menschen auf den Gebrauch seiner natür= lichen Kräfte; diese Wißbegierde zu befriedigen, ist nicht Aufgabe der über= natürlichen Offenbarung, und es ist darum unrecht von dem Menschen, von der Bibel eine Antwort auf Fragen zu verlangen, deren Lösung nicht seine religiöse, sondern nur seine wissenschaftliche Erkenntniß fördern würde. Dazu ist die Bibel nicht da. Wollen wir also über die Dauer der vorhistorischen Zeit etwas Bestimmtes ermitteln, so haben wir das auf dem naturwissen= schaftlichen Wege zu versuchen; die Exegese wird keinen Protest dagegen erheben, wenn wir auf diesem Wege zu dem Resultate gelangen, daß die wahre Dauer dessen, was die Genesis sechs Tage nennt, mehr oder weniger als sechs mal vierundzwanzig Stunden beträgt.

Zur weitern Erläuterung und Vervollständigung dessen, was ich über die sechs Tage bereits vorgetragen habe, will ich noch zwei Auffassungen derselben kurz darlegen. Die erste ist die, welche der hl. Augustinus in mehrern seiner Werke vorträgt. Augustinus behandelt die Frage über die sechs Tage sehr ausführlich und man sieht es seinen Erörterungen an, daß er derselben viel Nachdenken gewidmet hat, aber auch, daß es ihm nicht recht hat gelingen wollen, darüber ganz ins Klare zu kommen. „Es ist sehr schwer, arduum atque difficillimum est,“ sagt er an einer Stelle,[1] wo er seine Untersuchung beginnt, „zu ermitteln, was Moyses mit diesen sechs Tagen hat sagen wollen,“ und er schließt dann seine Darlegung mit dem Geständnisse: „Wer eine andere Deutung wünscht, der mag sie suchen und mit Gottes Hülfe finden. Es ist nicht unmöglich, daß ich selbst eine andere, den Worten der Schrift entsprechendere finde. Denn ich trage meine jetzige Deutung nicht so vor, als ob ich behaupten wollte, es könne nicht eine andere, bessere gefunden werden.“[2] In einem spätern Werke[3] spricht er sich nicht entschiedener aus: „Welcher Art diese Tage sind, das ist für uns sehr schwierig oder auch unmöglich zu denken, um wie viel mehr zu sagen.“ Diese Aeußerungen zeigen deutlich, daß es eine kirchlich anerkannte oder in der Kirche herrschende Ansicht über die sechs Tage zur Zeit des hl. Augustinus

---

1) de gen. ad lit. 4, 1.
2) ibid. 4, 23.
3) Civ. D. 11, 6.

nicht gab, da er sonst gewiß diese vorgetragen, erläutert und vertheidigt haben
würde. Zur Zeit des hl. Thomas von Aquin stand es in dieser Hinsicht
nicht anders. Dieser beginnt[1]) seine Erörterung über die Frage mit dem
Satze: „Augustinus stimmt in diesem Punkte mit andern Exegeten nicht
überein." Er trägt dann die beiden Ansichten vor und bemerkt ausdrücklich,
er wolle keiner präjudiciren, weil die Differenz wohl exegetisch, aber nicht
dogmatisch wichtig sei. Also ein neuer Beweis dafür, daß wir bei der Ermittlung der Bedeutung der sechs Tage von Seiten der Kirchenlehre ganz
freie Hand haben, und daß die Frage unter dem dogmatischen Gesichtspunkte
von untergeordneter Bedeutung ist.

Von nicht geringem Einflusse auf die Auffassung des hl. Augustinus
ist die Deutung gewesen, die er einer andern alttestamentlichen Stelle gegeben hat. Im Buche Ecclesiasticus[2]) heißt es: Qui manet in aeternum,
creavit omnia simul, das heißt: der Ewige hat Alles zumal, Alles ohne
Ausnahme geschaffen. Augustinus verstand dieses aber so: der Ewige hat
Alles zugleich, in Einem Augenblicke geschaffen. War diese Deutung richtig
— und Augustinus hielt sie irrthümlich für richtig — so entstand die Frage,
wiefern denn Moses Recht behalten könne, wenn er berichte, Gott habe in
sechs Tagen geschaffen.[3]) Der hl. Thomas antwortet, jener Satz des
Jesus Sirach, daß Gott Alles auf einmal geschaffen habe, beziehe sich auf
die Hervorbringung der Dinge ihrer Substanz nach, von welcher Moyses
im ersten Verse spricht: „Im Anfange schuf Gott Himmel und Erde";
dadurch werde nicht ausgeschlossen, daß Gott die durch Einen Schöpferact
hervorgebrachte Materie in sechs Tagen gestaltet habe. Diese eigentlich sehr
nahe liegende Ausgleichung des scheinbaren Widerspruchs finde ich aber bei
Augustinus nicht. Er sah sich also genöthigt, die zeitliche Aufeinanderfolge
der einzelnen Schöpfungen, welche das Hexaemeron berichtet, durch eine
andere Deutung der sechs Tage zu beseitigen. So kommt er zu der Ansicht,
es handle sich nicht um sechs aufeinanderfolgende und von einander verschiedene Tage, sondern um Einen Tag, der im Berichte des Moyses sechs mal
wiederholt werde, idem dies sexies repetitus.[4]) Die Werke der sechs
Tage sind also nicht als chronologisch auf einander folgend, sondern nur
als logisch von einander verschieden zu verstehen. Es wird gelehrt, daß

---

1) 1 q. 74, a. 2.
2) 8, 1.
3) *Aug.* de gen. ad lit. 4, 33.
4) Civ. D. 11, 30.

Gott die Dinge geschaffen, daß er die Elemente und Reiche der Natur von
einander geschieden und daß er dieselben belebt und ausgeschmückt habe; aber
das soll nur eine logische Explication der schöpferischen Thätigkeit sein, nicht
eine chronologisch-historische Darstellung derselben.

Aber wo bleibt da der sechs mal wiederholte Satz: Es ward Abend
und es ward Morgen Ein Tag, ein zweiter Tag u. s. w.? „Tag" bezeichnet hier nicht die Zeit, sagt Augustinus, sondern die Erkenntniß der
Engel, und die Sechszahl der Tage die Erkenntniß der sechs logischen Theile
des Schöpfungsplanes durch die Engel, und Abend und Morgen sind bildliche Bezeichnungen der beiden Seiten der Erkenntniß der Engel, der Erkenntniß aus der Anschauung der Wirklichkeit und der Erkenntniß der Idee der
Dinge, der cognitio vespertina et matutina, wie die Scholastiker auf Grund
dieser Theorie des hl. Augustinus diese Arten der Erkenntniß bezeichnen.

Es wird nicht nöthig sein, die weitere Entwicklung dieser Ansicht bei
Augustinus mitzutheilen, und ebensowenig, sie eingehend zu prüfen. Augustinus ist unvergleichlich groß in seinen scharfsinnigen und geistvollen specu-
lativ-dogmatischen Erörterungen und in seinen tiefsinnigen und warmen
ascetisch-homiletischen Betrachtungen; aber die Exegese, als nüchterne Darlegung des Sinnes der hl. Schrift, ist namentlich da, wo es sich nicht um
dogmatisch wichtige Stellen handelt, nicht seine starke Seite. Das zeigt sich
auch hier. Seine Auslegung des Heraemeron hat zwar mit einigen Modificationen auch noch bei einigen Neuern Anklang gefunden. [1]) Man hat
angenommen, das erste Capitel der Genesis stelle nur den göttlichen Schöpfungsplan dar, so daß am Schlusse des Heraemeron die Dinge nur noch
in ihrem Existenzgrunde, in dem Schöpfungswillen Gottes existirten, aber
noch nicht wirklich. Von der Art und Weise, wie dieser Schöpfungswille
Gottes in der Zeit sich vollzog, würde dann weiter nichts gemeldet, als
was das zweite Capitel über die Hervorbringung der Pflanzen und die
Bildung der Thiere und der Menschen berichtet. Es bedarf aber wohl
keines Beweises, daß gegen eine solche Auffassung sich die ganze Darstellung im ersten Capitel sträubt und daß wir diese nur als eine Schilderung
von aufeinanderfolgenden göttlichen Schöpfungsacten auffassen können.

Das aber können wir aus dieser eigenthümlichen Auffassung des hl.
Augustinus lernen, wie wenig Gewicht unter dem theologischen Gesichtspunkte
auf die chronologische Bestimmung des Heraemeron gelegt wird. Augustinus

---

1) Vergl. „Katholik" 1858, I, S. 22, — auch „Natur und Off." II, 57. III, 299.

hat seine Ansicht ohne irgendwelche Rücksicht auf die Naturwissenschaft und auf die von dieser erhobenen Einwendungen gegen das Heraemeron vorgetragen, und doch entfernt sich diese Auffassung von der buchstäblichen Auffassung der sechs Tage weiter, als irgend eine neuere; und Augustinus trug diese Ansicht unbedenklich vor, weil er wohl erkannte, daß es der Offenbarung nur darauf ankommen könne, den Satz von der Erschaffung aller Dinge durch Gott in seiner ganzen Schärfe und in seinem ganzen Umfange auszusprechen, daß sie sich aber hinsichtlich der Dauer des Schöpfungsverlaufs auf die unbestimmtesten Andeutungen beschränken dürfe, da dieser Punkt zunächst nicht von religiöser Bedeutsamkeit ist.

Die zweite Auffassung, welche ich erwähnen zu müssen glaube, ist in neuerer Zeit von Kurtz in seinem Buche „Bibel und Astronomie" [1] vorgetragen worden. Ich habe früher nachgewiesen, daß das mosaische Heraemeron auf göttlicher Offenbarung und zwar auf einer göttlichen Offenbarung an die ersten Menschen beruht. Nur durch eine Offenbarung konnte der Mensch über das, was vor seiner Zeit lag, das erfahren, was im ersten Capitel der Genesis berichtet wird. In welcher Weise hat aber Gott den Menschen über den Schöpfungsverlauf unterrichtet? Kurtz antwortet: Ganz in derselben Weise, wie die Propheten über die Entwicklungen und Ereignisse der über ihre Gegenwart hinausliegenden Zukunft von Gott belehrt wurden. Die Quelle aller menschlichen Geschichtschreibung ist die Autopsie, das eigene Schauen und Erleben, sei es das selbsteigene des Berichterstatters oder das fremde, ihm durch Ueberlieferung zugekommene. Nur was der Mensch selbst gesehen oder erlebt hat, ist Gegenstand menschlicher Geschichtschreibung. Die Geschichte, welche der Mensch von sich aus schreiben mag, kann also erst mit dem Anfange des Menschengeschlechts selbst beginnen und sie muß mit der Gegenwart des Geschichtschreibers endigen. Aber jenseits dieser beiden Grenzmarken der menschlichen Autopsie liegt auch noch eine Geschichte, auf der einen Seite als Vergangenheit — das, was ich die vorhistorische Zeit genannt habe — auf der andern Seite als Zukunft. Beiderlei Geschichte, die der vorhistorischen Zeit und die der Zukunft, liegt außer dem Bereich der menschlichen Erkenntniß; nur Gott, außer und über Zeit und Raum stehend, schaut rückwärts und vorwärts, für ihn gibt es keine Vergangenheit und keine Zukunft, sondern nur ewige Gegenwart. Der Mensch kann nur durch göttliche Offenbarung von der vorhistorischen Zeit und von der

---

[1] S. 73.

Zukunft etwas Zuverläſſiges erfahren. Wie vermittelt ſich nun dieſe gött=
liche Offenbarung dem Menſchen? Göttliche Offenbarung über vormenſch=
liche Geſchichte kommt in der Bibel nur ein einziges Mal vor, im Herae=
meron, göttliche Offenbarung über die Zukunftsgeſchichte dagegen unzählige
Male bei den Propheten. In welcher Weiſe aber wird den Propheten die
Offenbarung der Zukunft vermittelt? Dadurch, daß der Geiſt Gottes, für
den es keine Schranken der Zeit, keine Vergangenheit und keine Zukunft,
ſondern nur ewige Gegenwart gibt, der alſo das zeitlich Zukünftige als ein
ſtets Präſentes ſchaut, den Geiſt des Propheten momentan und theilweiſe über
die Schranken der Zeit und des Raumes erhebt, und ihn an der göttlichen
Fähigkeit, auch die Zukunft als Gegenwart zu ſchauen, theilnehmen läßt.
Die Propheten erkennen, das weiß jeder Leſer ihrer Weiſſagungen, die
Zukunft durch ein übernatürliches geiſtiges Schauen. Was liegt nun näher,
als dieſelbe Art der göttlichen Offenbarung auch auf den entgegengeſetzten,
aber analogen Fall anzuwenden, wo nicht die Zukunft, ſondern die vor=
menſchliche Vergangenheit Object der göttlichen Offenbarung iſt, alſo anzu=
nehmen, daß der Menſch auch über den Schöpfungsverlauf dadurch von
Gott unterrichtet worden iſt, daß Gott ſeinen Geiſt momentan und theil=
weiſe über die Schranken der Zeit und des Raumes erhob und ſeinem gei=
ſtigen Auge das Vergangene als Gegenwärtiges vorführte?

Dieſe Auffaſſung wird, wie Kurtz mit Recht hervorhebt, durch den
Charakter der moſaiſchen Schöpfungsurkunde beſtätigt. Wir finden darin
eine Lebendigkeit der Perception, eine Anſchaulichkeit der Darſtellung, ein
maleriſches Colorit der Schilderung, die uns faſt mit Nothwendigkeit zu der
Annahme führen, daß hier Selbſtgeſchautes berichtet werde. Ich habe bei
der Erklärung der einzelnen Abſchnitte auf dieſe Anſchaulichkeit der Dar=
ſtellung wiederholt hingewieſen. Wenn wir nun aber annehmen dürfen,
daß der Menſch durch ein übernatürliches geiſtiges Schauen den Schöpfungs=
hergang erkannt hat, ſo ſehen Sie leicht, welche Bedeutung zunächſt dieſer
Eintheilung des ganzen Hergangs in ſechs Tagewerke beizulegen iſt. Die
einzelnen Tagewerke ſind lauter prophetiſch=hiſtoriſche Tableaus, die ſich vor
dem geiſtigen Auge des Menſchen entfalten, welchen Gott dieſer Offen=
barung würdigt; es ſind Scenen der ſchöpferiſchen Thätigkeit Gottes, deren
jede ein Hauptmoment des großen Schöpfungsdrama's, eine Hauptphaſe
der Entwicklung darſtellt. Vor dem Blicke des Sehers entfaltet ſich eine
Scene nach der andern, bis endlich in der Siebenzahl derſelben der hiſtoriſche
Verlauf der Schöpfung ſich ihm vollſtändig dargeſtellt hat.

Indem die göttliche Offenbarung beginnt, sieht der Mensch nichts; denn alles ist von Dunkel umhüllt; Gott spricht: es werde Licht, und es wird Licht, und der Mensch sieht nun die Erde von Wasser bedeckt und kann darum den ersten Zustand derselben in den Worten beschreiben: die Erde war wüst und öde und Finsterniß über der Wassermasse. Das Licht weicht wieder der Finsterniß und der erste Act in dem göttlichen Schöpfungs= drama, dessen Zeuge der Mensch ist, ist zu Ende. Der Vorhang hebt sich wieder, es wird wieder hell und nun sieht der Mensch, wie Gott die Wassermasse theilt in die himmlischen und die irdischen Wasser — zweiter Act. Es wird zum dritten Male hell, und nun läßt Gott das Land her= vortreten und das Wasser sich an Einem Orte sammeln, und er bekleidet das Land mit Pflanzen — dritter Act. So folgen sechs Acte aufeinander, jeder von dem andern durch das zwischentretende Dunkel getrennt. Wie soll der Erzähler diese Acte nun passender bezeichnen, denn als Tage? wie das Dunkel= und Hellwerden, welches dem Niederfallen und Sichheben des Vorhangs entspricht, passender schildern, als mit den Worten: Es ward Abend und es ward Morgen.

Sie sehen, auch bei dieser Auffassung kommen wir wieder zu dem Resultate, daß Tag im ersten Capitel zunächst in einer bildlichen Bedeutung zu nehmen ist. Aber warum hat denn Gott dem Menschen den Schöpfungs= hergang als ein Quasi=Drama gerade in sechs Acten vorgeführt? Offenbar müssen wir wieder antworten: die Schöpfung wird in Verbindung gebracht mit der Institution des Sabbaths; da dieser der siebente Tag ist, müssen sechs Schöpfungstage vorhergegangen sein. Man hat Kurtz nun zwar den Vorwurf gemacht, er habe die ganze Sache zu sehr auf das Gebiet der Subjectivität hinübergespielt; nach seiner Darstellung hätten die Tage gar keine objective Realität mehr, da sie nur in der göttlichen Offenbarung über den Schöpfungshergang an den Menschen und also nur für den Menschen vorhanden seien. Mir scheint, dieser Vorwurf ist ungerecht: die Tage ge= hören allerdings nur zu der Form der Offenbarung über den Schöpfungs= hergang und sind insofern nur subjective, ideelle Tage; aber sie sind eben nicht bloß ideell, wenn ihnen in dem Schöpfungshergange selbst etwas Reelles entspricht, und das will Kurtz auch nicht leugnen. Die Schöpfung zerfällt in eine Sechszahl von göttlichen Acten, sei es, daß diese einzelnen Schöpfungsacte nur logisch auf einander folgen, wie Augustinus will, sei es, daß es sechs chronologisch auf einander folgende Schöpfungsacte sind.

Insofern sind die sechs Tage jedenfalls etwas Reales; nur der Benennung Tag kommt keine Realität zu.

Wir haben also nunmehr vier Auffassungen der sechs Tage kennen gelernt:

1) Die sechs Tage sind eigentliche Tage, d. h. Zeiträume, die durch den einmaligen Wechsel von Licht und Finsterniß bestimmt sind.

2) Die sechs Tage sind Perioden, über deren Dauer die Genesis nichts bestimmt, die also Zeiträume von vierundzwanzig Stunden oder von kürzerer oder von längerer Dauer gewesen sein können, die aber als Tage bezeichnet werden wegen des Aehnlichkeitsverhältnisses, in welchem sie zu den sechs Arbeitstagen der Woche stehen.

3) Die sechs Tage gehören nur zur äußern Einkleidung des Schöpfungsberichtes und bezeichnen nicht ein chronologisches, sondern nur ein logisches Nacheinander.

4) Die sechs Tage gehören nur zu der Form, in welcher der Schöpfungshergang dem Menschen geoffenbart wurde.

Von keiner dieser Auffassungen kann gesagt werden, daß sie exegetisch unzulässig sei, wiewohl die dritte sich mehr als die andern, ja soweit von den Buchstaben der hl. Schrift entfernt, daß sie kaum zu rechtfertigen sein dürfte. Ich persönlich finde die zweite Auffassung am ansprechendsten; welcher Auffassung aber Sie auch immer ihren Beifall geben mögen, so viel dürfen wir als sicheres Resultat für die weitern Erörterungen zu Protokoll nehmen: über die wahre Dauer der vorhistorischen Zeit, der Zeit, die beim Beginne der menschlichen Geschichte bereits verflossen war, läßt uns die Genesis im Dunkeln; denn auch bei der ersten Auffassung haben wir, wie Sie Sich erinnern werden, nur folgende chronologische Data erhalten: 1) drei Tage von vierundzwanzig Stunden, die drei letzten Tage; 2) drei Tage, den ersten, zweiten und dritten Tag, welche durch den einmaligen Wechsel von Licht und Finsterniß gebildet wurden, über deren Dauer aber die Genesis nichts sagt; endlich 3) die dem ersten Tage vorhergehende Zeit, da die Erde wüst und öde war, eine Zeit, über deren Dauer die Genesis kein Wort sagt.

Die erste Hälfte meiner Aufgabe, die Darlegung dessen, was die Bibel über die Entstehung der sichtbaren Schöpfung lehrt, ist hiemit zu Ende geführt, und es erübrigt mir nunmehr noch, diese Sätze der Bibel mit den Resultaten der naturwissenschaftlichen Forschung vergleichend zusammenzustellen. Es liegt natürlich ebensowenig in meiner Aufgabe, wie in meinen

Kräften, alle Resultate der naturwissenschaftlichen Forschung in Bezug auf die Urwelt in derselben Vollständigkeit zusammen zu stellen, in welcher ich die Sätze der Bibel zusammengestellt und erörtert habe. Meine Vorträge haben ja, wie ich von vornherein angekündigt habe, nur den Zweck, den Satz zu beweisen, daß die Bibel über die Urwelt nichts lehre, was von Seiten der Naturwissenschaft als unrichtig erwiesen sei. Ich habe also nur diejenigen Resultate der Naturforschung zu besprechen, von denen behauptet worden ist oder behauptet werden könnte, sie ständen im Widerspruch mit den Angaben der Bibel. Ein Widerspruch zwischen dem, was die Bibel, und zwischen dem, was die Natur den Forscher wirklich lehrt, ist, wie ich früher ausführlich auseinander gesetzt habe, darum von vornherein als unmöglich zu bezeichnen, weil Bibel und Natur denselben Urheber haben und in beiden dasselbe allweise Wesen, wenn gleich in verschiedener Sprache, zu dem Menschengeiste redet. Wo also ein Widerspruch vorhanden zu sein scheint, da haben wir entweder die Bibel nicht recht verstanden oder aus dem, was wir in der Natur erkennen, falsche Schlüsse gezogen. Wo also behauptet wird, daß Bibel und Naturforschung nicht harmoniren, da wird der Vertheidiger der Harmonie zwischen beiden einen von folgenden zwei Wegen einzuschlagen haben: entweder muß er beweisen, daß das, was man als feststehendes Resultat der naturwissenschaftlichen Forschung den Angaben der Bibel gegenüber stellt, kein feststehendes Resultat, sondern ein Irrthum der Naturforscher ist, und das müßte er natürlich nicht mit theologischen, sondern mit naturwissenschaftlichen Gründen nachweisen; oder aber er muß beweisen, daß die Behauptung eines Widerspruchs zwischen der Bibel und den Resultaten der naturwissenschaftlichen Forschung auf einer unrichtigen Auffassung der Worte der Bibel beruht; er nimmt dann also das, was man als Resultat der naturwissenschaftlichen Forschung bezeichnet, als feststehende Wahrheit an und zeigt, daß die Bibel entweder dieselbe Wahrheit vorträgt, oder wenigstens sich so ausspricht, daß ihre Worte diese Wahrheit nicht negiren, oder daß sie über den Gegenstand gar nichts sagt, also der Naturwissenschaft freie Hand läßt.

Sie werden mit mir einverstanden sein, wenn ich sage, daß es Vermessenheit von mir sein würde, auf eigene Faust den ersten Weg zu betreten, die von den Naturforschern als feststehend angesehenen Sätze mit naturwissenschaftlichen Gründen zu bekämpfen. Von einer Bestreitung angeblicher Resultate der naturwissenschaftlichen Forschung kann bei mir nur dann die Rede sein, wenn mir die Naturforscher selbst die Waffen dazu bieten, d. h. wenn den

Meinungen der Einen Meinungen Anderer gegenüber stehen. So lange die Naturforscher selbst — ich meine natürlich solche, die in ihrer eigenen Zunft als Meister anerkannt sind — über irgend einen Punkt noch wesentlich differiren, kann von keinem eigentlichen Resultate der Forschung die Rede sein, und können wir also auch noch keine Vergleichung mit der Bibel anstellen. Wo aber die stimmberechtigten Naturforscher übereinstimmen, da werde ich mich hüten, das, was sie als Thatsache anerkennen, zu bezweifeln; da werde ich also nachweisen, daß mit diesen Thatsachen die Worte der Bibel in ganz gutem Einklang stehen, und daß der scheinbare Widerspruch in einer unrichtigen Auffassung der Bibelworte seinen Grund hat.

Es wird am einfachsten sein, wenn ich, nachdem ich über den Bericht der Genesis im Zusammenhange gesprochen habe, die Einwendungen, die man dagegen erhoben hat, nach den einzelnen naturwissenschaftlichen Disciplinen classificire, auf deren Lehrsätze dieselben gestützt werden.

In der nächsten Stunde werde ich die astronomischen Bedenken gegen den biblischen Bericht erörtern, demnächst die geologischen u. s. w. Für heute gestatten Sie mir aber noch eine Bemerkung über einen Punkt, der sich am besten im Anschluß an die Festsetzung der Bedeutung der sechs Tage des ersten Capitels der Genesis erledigen läßt.

Sie haben gesehen, daß mit diesen sechs Tagen eigentlich so gut wie gar kein chronologisches Datum gegeben ist, daß uns die hl. Schrift gestattet, die vorhistorische Zeit, die Zeit, welche vor dem Auftreten des Menschengeschlechts verflossen ist, uns so kurz oder so lang zu denken, als wir für gut halten, daß sie selbst uns gar keine bestimmte Belehrung über die wirkliche Dauer dieser Zeit zu geben beabsichtigt, und daß sie sich also ganz neutral verhält gegenüber den menschlichen Versuchen, durch Erforschung der jetzigen Beschaffenheit der Schöpfung und durch darauf gegründete Schlußfolgerungen und Vermuthungen die Dauer der vorhistorischen Zeit genauer zu bestimmen. Die Naturforscher sind zwar, wenn sie sich über die Dauer der Entwicklungsperioden aussprechen, welche die Erde vor dem Auftreten des Menschengeschlechts durchgemacht haben soll, mit ungeheuren Summen sehr freigebig. Burmeister[1]) erklärt es für unmöglich, das Alter der ganzen Erde nach Jahrtausenden bemessen zu wollen. „Jahrtausende, sagt er, sind Maaße für historische oder mythische Erinnerungen, in den Zeiträumen der Weltschöpfung bedeuten sie gar nichts. Wie der Weltenraum nur mit Mil-

---

1) Gesch. der Schöpfung S. 191.

lionen von Meilen durchmeſſen werden kann, ſo zählt man im Weltalter
auch nur nach Millionen von Jahren.“

So groß aber auch der Unterſchied zwiſchen ſolchen Summen und ſechs
Tagen zu ſein ſcheint, die ſechs Tage der Geneſis ſammt der Zeit des chaotiſchen Zuſtandes ſind, wie wir geſehen haben, dehnbar genug, um nöthigenfalls alle dieſe Millionen Jahre aufnehmen zu können. Es wird keinem
beſonnenen Exegeten einfallen zu ſagen: dieſe Berechnungen der Aſtronomen
und Geologen ſind falſch, denn die Bibel lehrt, Himmel und Erde ſeien in
in ſechs Tagen geſchaffen; wir müſſen aber auch unſerſeits den Naturforſchern das Recht beſtreiten, zu ſagen: der Schöpfungsbericht der Bibel
iſt falſch, denn die Wiſſenſchaft beweiſt, daß die Materie Millionen von
Jahren vor dem erſten Menſchen exiſtirt und verſchiedene ſehr lange dauernde
Entwicklungsproceſſe durchgemacht hat. Es gibt der Punkte genug, wo die
Verſtändigung zwiſchen Exegeten und Naturforſchern ihre großen Schwierigkeiten hat; in dieſem Punkte iſt ſie bei gutem Willen ganz leicht. Die
Bibel lehrt uns nur, Gott habe in einer Woche die Bildung des Wohnplatzes der Menſchen vollendet, gibt uns aber keine Auskunft darüber, ob
und welche Zeit dem Beginne dieſer Woche vorhergegangen und wie lang
die Tage dieſer Gotteswoche geweſen ſeien. Sie überläßt alſo die Berechnung dieſer Zeit ganz ohne Vorbehalt der Naturwiſſenſchaft. Wenn dieſe
zu ſichern Reſultaten darüber gelangen kann, ſo hat die Bibel nichts dagegen einzuwenden. Ich glaube nachweiſen zu können, daß dergleichen ſichere
Reſultate noch nicht viele gewonnen ſind und daß ſich zu den ungeheuern
Ziffern einige Fragezeichen machen laſſen; aber dieſe Bedenken ſind keine
exegetiſchen. Ob es die Naturforſchung jemals zu einer geſicherten Chronologie der Schöpfung bringen wird, iſt ſehr fraglich; aber von Seiten der
Bibel hat ſie bei ihren Berechnungen ebenſowenig Einſprache als Unter-
ſtützung zu erwarten.

Ich komme ſpäter auf dieſen Punkt zurück; bei unſern Auseinander-
ſetzungen mit der Aſtronomie und Geologie können wir aber nach dem Ge-
ſagten die Chronologie der vorhiſtoriſchen Zeit, wie ſie die Aſtronomen und
Geologen aufſtellen, als Exegeten unbedenklich paſſiren laſſen.

XIII.

Astronomie und Bibel.

„Die neuere Astronomie fand es verkehrt, daß die Erde, der Planet, vor seinem Centralkörper, der Sonne, nicht nur geschaffen sei, sondern daß auch außer der Abwechslung von Tag und Nacht schon Scheidung der Elemente und Vegetation auf derselben ohne die Sonne sollte stattgefunden haben; daß zur Erschaffung und Ausbildung der Erde ganze fünf Tage, zur Hervorbringung der Sonne sammt allen Firsternen, Planeten und Monden hingegen nur ein einziger Tag sollte verwendet worden sein; daß überhaupt die sämmtlichen Himmelskörper, welche die neuern Entdeckungen als zum Theil die Erde an Umfang weit übertreffende Sphären ausgewiesen haben, hier im Sinne der alten Welt und des jetzigen gemeinen Mannes nur als Accidentien, als dienende Lichter und Zeitmesser der Erde aufgeführt werden."

So faßt David Strauß in seiner sogenannten Glaubenslehre die Einwendungen zusammen, welche vom Standpunkte der Astronomie aus gegen das mosaische Heraemeron erhoben worden sind.

Bleiben wir zunächst bei den letzten Sätzen stehen, so ist allerdings ganz richtig, daß die Genesis die Erde, — in Uebereinstimmung mit der Anschauung des jetzigen gemeinen Mannes, wie Strauß sagt, — als den wichtigsten Theil der Schöpfung darstellt, die Millionen andern Himmelskörper nur als Accidentien, als Lichter und Zeitmesser der Erde, ja nur Sonne und Mond einzeln, die ganze Masse der viel größern und herrlichern andern Gestirne mit dem einzigen Worte „die Sterne" erwähnt. Das ist Alles wahr; ich gebe es so unbedenklich zu, daß ich als meine aufrichtige Ueberzeugung ausspreche: wenn Moyses so viel Astronomie gewußt hätte, wie der gelehrteste Astronom unseres Jahrhunderts — was ich nicht für wahrscheinlich halte — so würde er sich dennoch ganz so ausgedrückt haben, wie er sich jetzt ausdrückt.

Für den Astronomen ist allerdings die Erde nur einer, und nicht einmal der größte der Planeten, welche um die Sonne kreisen, die Sonne ist selbst nur einer von vielen gleich herrlichen oder herrlichern Firsternen, und vielleicht kreisen, wie unsere Planeten um die Sonne, so die Sonnen um eine Centralsonne. Aber Moyses hatte gar nicht die Absicht und nicht die Aufgabe, uns über Astronomie zu belehren; er stellt sich darum auch gar

nicht auf den wissenschaftlichen Standpunkt der Astronomen. Er will reli=
giöse Belehrungen mittheilen und zwar seinen Zeitgenossen und der Nach=
welt. Darum erwähnt er nur, was religiös bedeutsam ist, und er trägt
dieses in einer allgemein verständlichen Fassung vor, also nicht in der
Sprache der Wissenschaft, sondern in der des gemeinen Mannes.

In Bezug auf die Sterne hat er zunächst mitzutheilen, daß auch sie,
wie überhaupt alle sichtbaren Dinge, von Gott geschaffen sind; dazu genügen
die allgemeinen Worte: „Im Anfange schuf Gott Himmel und Erde". Weiter=
hin hat Moyses gar nicht die Absicht, eine Kosmogonie zu schreiben, sondern
höchstens eine Geogonie, oder besser gesagt: nachdem er die eine Wahrheit
vorgetragen, daß Gott Alles geschaffen habe, was wir sehen, will er die
weitere Wahrheit vortragen, daß Gott dem Menschen, dem letzten und
höchsten der sichtbaren Geschöpfe, vorher seinen Wohnplatz zubereitet habe,
daß Alles, was der Mensch um sich herum sieht, von Gott und für ihn,
den Menschen, geschaffen und gestaltet worden sei. In einer solchen Geo=
gonie aber, wie sie Moyses schreiben will, brauchen die Gestirne nur inso=
weit erwähnt und berücksichtigt zu werden, als sie zu der Erde in Bezie=
hung stehen. Die Erde ist gewiß auf dem astronomischen Standpunkte nicht
als der Mittelpunkt oder Hauptpunkt des Weltalls anzusehen — aber für
Moyses ist sie der Mittel= und Hauptpunkt, denn sie ist der Schauplatz
der ganzen Reihe von Ereignissen, die er in seinem Werke erzählen will,
der Schauplatz der ganzen Geschichte, zu welcher sein Schöpfungsbericht
bloß die Einleitung bildet. In welchem Verhältniß die Erde zu den andern
Körpern der Sternenwelt steht, das interessirt Moyses in der Genesis ganz
und gar nicht; für ihn hat die Erde selbst nur Interesse als der Wohnplatz
der Menschen, denn die Beschreibung der gesta Dei inter homines, nicht
die „physische Weltbeschreibung" [1]) ist sein Thema. Moyses steht also
nothwendig nicht auf dem astronomischen, sondern auf dem irdischen, näher
auf dem menschlichen Standpunkte und nur von diesem Standpunkte aus
betrachtet er die Dinge. Was die Sterne für sich sind, was sie für ein=
ander sind, was sie für den Himmelsraum sind, das mag die Astronomie
untersuchen; die Bibel kann sich nur für die Frage interessiren, was sie für
den Menschen sind, und diese Frage wird von ihr mit genügender Voll=
ständigkeit dahin beantwortet, daß die Sterne, um Strauß' eigene Worte
beizubehalten, dienende Lichter und Zeitmesser der Erde sind.

---

[1]) Humboldt.

Unter diesem Gesichtspunkte ist es nun weiter ebenso richtig, als es unter dem astronomischen Gesichtspunkte unrichtig ist, daß die Sonne als das größte, der Mond als das zweitgrößte Himmelslicht bezeichnet wird und daß neben diesen beiden großen Lichtern die Millionen andern Sterne nur nebenbei erwähnt werden. Sie sind für den Menschen — ich meine nicht für den wissenschaftlich forschenden Menschen, sondern für den Menschen als Knecht Gottes, wie ihn die Bibel im Auge hat, — von viel geringerer Bedeutung als Sonne und Mond; [1]) sie sind unter diesem Gesichtspunkte nur dazu da, daß sie mit ihrem flimmernden Lichte die dunkeln Nächte erhellen, daß sie durch ihr nächtliches Gefunkel die Menschen erfreuen, daß der Wanderer und der Schiffer sich an ihnen orientire, daß der Astronom an ihnen seinen Scharfsinn übe und — zuletzt, aber nicht zum mindesten, auch darum, daß der Mensch, indem er sie betrachtet, mag er unbefangen in die nächtliche Sternenpracht des Himmels blicken oder an der Hand der Wissenschaft die weiten Räume des Himmels im Geiste durchwandern und die Bahnen der Gestirne durchmessen — daß der Mensch durch die Betrachtung dieser Wunderwerke die Größe und Weisheit des Meisters erkennen und anbeten lerne, der alles dieses geschaffen hat und erhält.

In der physischen Erdbeschreibung nimmt Palästina eine sehr untergeordnete Stelle unter den Ländern, und Bethlehem eine noch untergeordnetere unter den Städten ein; in der Religionsgeschichte aber ist Palästina mehr als Amerika und Bethlehem mehr als London. Welche Stelle in einem System der Astronomie der Erde, der Sonne, dem Monde und den andern Sternen anzuweisen sein mag, im ersten Capitel der Bibel konnte ihnen keine andere angewiesen werden, als ihnen Moyses angewiesen hat.

Mit diesem ersten Punkte hängt das zweite Bedenken zusammen, welches Strauß ausspricht, indem er es verkehrt findet, „daß zur Erschaffung und Ausbildung der Erde ganze fünf Tage, zur Hervorbringung der Sonne sammt allen Firsternen, Planeten und Monden hingegen nur ein einziger Tag verwendet worden sei". — Darauf ist zu antworten: 1) Wer an einen allmächtigen Gott glaubt, der glaubt auch, daß es Gott möglich war, die

---

1) „Wie Chrysostomus (hom. 6 in gen.) sagt, werden Sonne und Mond die beiden großen Lichter genannt, nicht mit Rücksicht auf ihre Quantität, sondern mit Rücksicht auf ihre Wirksamkeit und Kraft; denn wenn auch andere Sterne größer sind als der Mond, so wird doch die Wirkung des Mondes auf Erden mehr empfunden, und er erscheint den Sinnen größer." Thomas von Aquin 1 q. 70, a. 1 ad 5.

ganze Sternenwelt in Einem Augenblicke zu schaffen, also auch in Einem Tage.
2) Es hindert uns nichts, unter den Tagen der Genesis nicht nur überhaupt
größere Perioden, sondern auch Perioden von ungleicher Dauer zu verstehen,
also uns nöthigenfalls den Tag, an welchem die Sterne geschaffen wurden,
so lang zu denken, als der Astronomie erforderlich scheint. Endlich drittens
und hauptsächlich: der Bericht über den vierten Tag des Heraemeron spricht
gar nicht von der Hervorbringung der Sonne und der Sterne; die Genesis nöthigt uns gar nicht zu der Annahme, daß die Sterne erst am vierten Tage geschaffen oder gebildet worden sind. Das Heraemeron, als eine
Geogonie, nicht Kosmogonie, hat mit der Bildung der Sterne gar nichts zu
schaffen; es berichtet bloß über die Bildung der Erde und spricht darum
auch bei dem vierten Tage nicht davon, wann und wie die Sterne gebildet
worden seien, sondern davon, daß sie an diesem Tage in ihr jetziges Verhältniß zur Erde oder umgekehrt die Erde in ihr jetziges Verhältniß zu
ihnen gebracht worden sei. Die Genesis sagt nicht, daß die Sterne erst
am vierten Tage geworden seien, sie sagt überhaupt nicht, wann sie geworden
sind — sondern nur, daß sie am vierten Tage für die Erde geworden
seien, daß von diesem Tage an das Verhältniß zwischen Erde und Sternen
begonnen habe, in Folge dessen die Sterne Lichter und Zeitmesser für die
Erde sind. — Die Ausbildung der Sterne, wenn eine allmälige und langsame Formation derselben stattgefunden hat, mag vor der Formation der
Erde bereits vollendet gewesen oder mit der Formation der Erde während der drei ersten Tage parallel gelaufen sein, davon zu reden hatte
Moyses gar nicht den Beruf; in seiner Geogonie durften die Sterne erst
da erwähnt werden, wo ihr Verhältniß zur Erde regulirt und firirt wurde,
oder wo die Formation der Erde soweit fortgeschritten war, daß sie dem
Sternensysteme als ein einzelnes Glied eingefügt wurde. [1)]

---

1) „Eben darum, weil die Beschreibung des vierten Tagewerkes von Sonne und
Mond sowohl, wie von den Sternen sich ausschließlich an das hält, was sie für die
Erde sind, und nicht im mindesten darauf Bezug nimmt, was sie für sich sein sollen,
eben darum muß es als eine ungehörige Folgerung bezeichnet werden, wenn man sich darauf steifen wollte, Sonne und Mond sowohl wie der gesammte Firsternhimmel seien erst
am vierten Tage, d. h. nachdem die Erde als Weltkörper völlig ausgebildet war, wirklich geschaffen, d. i. erst jetzt aus dem Nichts ins Dasein gerufen worden. Wie die
Urkunde nichts darüber aussagt, was diese Himmelskörper für sich sind, so sagt sie auch
nichts darüber, wann und wie sie zu dem geschaffen seien, was sie für sich sind. Zwar
wird das vierte Tagewerk, gerade wie alle andern, durch das schöpferische ‚Gott sprach:
Es werde' eingeführt, aber es steht auch dabei, was und wozu die Sterne werden sollen,

Die Hypothesen der Naturforscher über die Bildung der Sterne, ins=
besondere unseres Sonnensystems, kann der Exeget getrost auf sich beruhen
lassen, auch die früher bereits erwähnte, [1] bei den neuern Astronomen be=
liebteste Hypothese von Laplace. Die Naturwissenschaft mag nachweisen,
daß die Sterne durch allmälige Verdichtung und Erstarrung einer gasarti=
gen Urmasse, eines kosmischen Nebels oder Weltdunstes entstanden sein
können; sie kann nicht nachweisen, daß sie so entstanden sein müssen,
daß nicht Gott ebensowohl die Sterne gleich in einem ausgebildeten Zu=
stande geschaffen haben könnte. Ueber Hypothesen wird man hier nie hinaus=
kommen, und gegen jene Laplace'sche Hypothese lassen sich mancherlei natur=
wissenschaftliche Bedenken vorbringen. [2] Eine Hauptstütze dieser Hypothese
ist, wie Humboldt [3] hervorhebt, gerade in der neuesten Zeit erschüttert wor=
den. Wenn man nämlich bisher gewöhnlich annahm, in den sogenannten
Nebelflecken sei noch jetzt dergleichen Sternstoff in den Himmelsräumen vor=
handen, so entscheiden sich jetzt bedeutende Auctoritäten für die Ansicht, die
Nebelflecke seien alle, was von vielen mit Hülfe der vervollkommneten op=

---

nämlich zu Leuchtern, die da scheinen auf Erden. Wenn sie das früher nicht waren,
sondern erst jetzt wurden, so ist den Worten der Urkunde völlige Genüge geschehen;
denn dies jetzt erst eintretende, erst jetzt regulirte und fixirte Verhältniß des Sternen=
himmels zur Erde ist ebensowohl ein Act und Ergebniß schöpferischer Thätigkeit, wie die
Regulirung des Verhältnisses zwischen Licht und Finsterniß, zwischen Land und Meer. —
So heißt es auch ,Gott setzte sie in die Rakiah des Himmels', — ganz natürlich; denn
da die Rakiah den Erdhimmel bezeichnet, der erst am zweiten Tage geschaffen war, so
konnten die Sterne, wenn sie auch vor dem zweiten Tage schon da waren, noch nicht als
in der Rakiah stehend angesehen werden, sondern konnten erst ihre Stellung an diesem
Himmel einnehmen, sobald sie für die Erde etwas zu sein anfingen. — Nicht minder leicht
und ungezwungen erklärt sich auch das ,Gott machte Sonne, Mond und Sterne'
in Vers 16; denn für die Erde richtete er sie erst jetzt zu und für die Erde fingen
sie erst jetzt an vorhanden zu sein. Es ist aber keineswegs damit ausgeschlossen, daß sie
zu dem, was sie für sich sind, schon weit früher gemacht waren. Es bleibt also unent=
schieden, ob Sonne, Mond und Sterne erst nach der Erde erschaffen seien, oder ob sie
zwar schon vor der Erschaffung der Erde in völlig ausgebildetem Zustande da waren,
aber erst jetzt ihre Bestimmung für die Erde ihnen gegeben wurde, oder endlich ob ihre
Ausbildung mit der Erde gleichzeitig vorgegangen und mit ihr gleichen Schritt ge=
halten, so daß also am vierten Tage erst die Ausbildung beider soweit fortgeschritten war,
daß sie von jetzt an in das ihnen bestimmte bleibende Verhältniß zu einander treten
konnten." Kurz, Bibel und Astron. S. 101.

1) S. oben S. 56.
2) Ulrici, Gott und die Natur. S. 263.
3) Kosmos III, 48.

tischen Instrumente bereits constatirt ist, nämlich dicht zusammengedrängte Sternhaufen. [1]

Einen andern Grund für die Annahme einer allmäligen Entstehung der Sterne findet man darin, [2] daß man nachgewiesen zu haben glaubt, die Himmelskörper, welche unser Sonnensystem bilden, befänden sich in sehr verschiedenen Dichtigkeitsgraden und böten noch verschiedene Phasen der Verdichtung dar. Mercur soll dichter sein als die Erde, alle andern Planeten weniger dicht, Jupiter viermal lockerer gefügt als die Erde, mithin nicht viel consistenter als Wasser, Saturn am lockersten von allen Planeten. Die Substanz der Kometen scheint dunstförmig zu sein; so glaubt man denn, auch die Planeten seien von einem solchen dunstförmigen, elastisch-flüssigen Zustande ausgegangen und mehr oder weniger auf dem Wege der Verdichtung vorgerückt. Nach der Analogie der Planeten könnten dann auch die andern Sterne einen solchen Entwicklungsproceß durchgemacht haben, der natürlich ungeheure Zeiträume ausfüllen würde. — Sie sehen aber leicht, daß das Alles nur Hypothesen sind und daß es sich also bis jetzt noch gar nicht um sichere Resultate der Naturforschung handelt, die wir mit der Genesis vergleichen könnten. Es ist leider nicht einmal Aussicht vorhanden, daß man dereinst hinsichtlich der Entwicklungsgeschichte der Gestirne zu sichern Resultaten gelangen werde; denn gerade Burmeister, von dem ich die eben vorgetragene Notizen entlehnt habe, gesteht es ganz offen ein, daß wir über die physische Beschaffenheit der Gestirne wegen ihrer zu großen Entfernungen nicht viel wissen und darum auch über ihre Bildungsgeschichte nichts ermitteln können. [3]

Aber selbst wenn feststände, was nicht feststeht, daß die Sterne einen viele Jahrtausende dauernden fortschreitenden Gestaltungsproceß durchgemacht

---

[1] „Wenn ein Nebelfleck sich in stärkern Fernröhren ganz oder größtentheils in einzelne Sternpunkte auflösen läßt, so wird er fortan zur Klasse der Sternhaufen gezählt.... Roße hat eine große Anzahl bisher durchaus unauflöslicher Nebelflecke durch sein Teleskop in Sterne aufgelöst, und er glaubt, daß alle Nebelflecke, wenn auch vielleicht nicht durch unsere jetzigen Hülfsmittel auflösbar, doch in der Wirklichkeit Sternhaufen sind. Im Allgemeinen hat die Ansicht dieses unermüdlichen und glücklichen Forschers die meiste Wahrscheinlichkeit." Mädler in den Ges. Naturw. III, 649. 652. — „Nach den neuesten Ansichten, nach den wichtigen Beobachtungen von Lord Roße und Bond wird es wahrscheinlich, daß alle Nebelflecke, selbst die, welche durch die größte Kraft der optischen Instrumente noch nicht ganz aufgelöst wurden, dicht zusammengedrängte Sternenschwärme sind." Humboldt. Kosmos III, 48.

[2] Burmeister, Gesch. der Schöpfung. S. 119.

[3] a. a. O. S. 1.

hätten, so würde der Exeget sich darüber keine Sorge zu machen brauchen. Die biblische Chronologie der vorhistorischen Zeit ist sehr dehnbar; wir dürfen die Zeit, da die Erde wüst und öde war, und die drei ersten Tage des Heraemeron uns so lang denken, wie die Naturwissenschaft es wünscht.

Damit kommen wir zu einer andern chronologischen Schwierigkeit. Die Schnelligkeit des Lichtes nach den neuesten Berechnungen auf etwa 42,000 geographische Meilen in der Secunde angenommen, [1] lehren die Astronomen, daß die uns zunächst stehenden Firsterne erst nach acht bis zwölf Jahren, die Sterne der zwölften Größe erst nach vier Jahrtausenden auf der Erde hätten sichtbar werden können, und daß somit die Sterne der Milchstraße und der Nebelflecke viele Myriaden ja vielleicht Millionen von Jahren hätten geschaffen sein müssen, ehe ihr Licht die Erde hätte erreichen können. Und doch sind sie nicht nur uns sichtbar, sondern, soweit menschliche Erinnerung reicht, immer sichtbar gewesen. [2]

Die Astronomen mögen selbst die möglichen Zweifel an der Zuverläſſigkeit dieser Angaben prüfen. Man hat z. B. eingewendet, es sei keineswegs zweifellos, daß der Lichtstrahl, dessen Geschwindigkeit im Aether unseres Planetensystems allerdings auf nur 42,000 Meilen für die ganze lange Secunde beschränkt ist, auch überall im Weltall an diesen Schneckenschritt gebunden sei. Kurz selbst, der diese Einwendung vorbringt, legt ihr im Ernste kein Gewicht bei, und die Behauptung der Astronomen, daß es Sterne gibt, deren Licht nach den Naturgesetzen Jahrtausende gebraucht, bis es zu uns kommt, müssen wir vorläufig annehmen. Man könnte aber dazu mit einem englischen Naturforscher [3] bemerken: „Warum sollte Gott diese Sterne nicht gleich so geschaffen haben können, daß von dem ersten Augenblicke ihrer Existenz an ihre Strahlen bis zur äußersten Entfernung reichten, und daß das Licht, welches jetzt von ihnen zu uns dringt, sich in den Spuren bewegt, welche der erste, mit dem Sterne selbst aus der Hand des Schöpfers hervorgegangene Lichtstrahl für die folgenden gebahnt hat?“

---

1) Humboldt, Kosmos III. 91.

2) Kurz S. 307. Vgl. Mädler S. 653: „W. Herschel schätzte die Zeit des Lichtes für den entferntesten, durch sein Teleskop noch sichtbaren Nebelfleck auf zwei Millionen Jahre. Seine Zeitgenossen fanden die Berechnung zu kühn; aber es ist nicht schwer, zu zeigen, daß sie noch beträchtlich unter der Wirklichkeit bleibt.“ Mädler erhielt durch seine Berechnung für die Entfernung der Nebelflecke 80 Millionen, als Minimum 32 Millionen Jahre Lichtzeit; ersteres würde in Meilen ausgedrückt, auf eine 21ziffrige Zahl führen.

3) C. B. Geology etc. p. III.

Wer an einen allmächtigen Schöpfer glaubt, der wird wenigstens die Möglichkeit nicht bestreiten, daß er die Sterne so geschaffen haben könne, daß auch die entferntesten gleich mit der Erde durch ihre Lichtstrahlen in Verbindung gesetzt waren, während für die spätere Verbreitung des Lichts die Gesetze gegeben wurden, welche die Astronomie durch Beobachtung ermittelt hat.

Aber genöthigt sind wir zu dieser Annahme nicht; es handelt sich ja nur um einige tausend oder Millionen Jahre der vorhistorischen Zeit, und da die Genesis über die Gesammtdauer der vorhistorischen Zeit ganz und gar keine chronologische Angaben enthält, so kann der Exeget es sehr ruhig ansehen, wenn die Astronomie für die Ausbildung der Sterne und für die Ankunft der ersten Lichtstrahlen derselben auf der Erde eine sehr lange Zeit postulirt. Die Bibel sagt nicht, daß die vorhistorische Zeit von so langer Dauer gewesen sei, aber sie sagt ebensowenig, daß sie von kürzerer Dauer gewesen sei; sie muß sich in dieser, für ihren Zweck ebenso irrelevanten, wie für die menschliche Forschung interessanten Frage einfach neutral halten.

Aber, — und jetzt kommen wir zu der gefährlichsten astronomischen Einwendung, die Strauß an der angeführten Stelle nicht scharf genug ausgesprochen hat, — ist es nicht absurd, daß Moyses die Sonne erst am vierten Tage entstehen, oder doch über die Erde leuchten läßt, während das Licht, das doch, wie jedes Kind weiß, nur durch die Einwirkung der Sonne entsteht, bereits am ersten Tage gewesen sein soll?

Zunächst ist aber die Schwierigkeit hier gar nicht die, daß Moyses nicht zu wissen scheint, was jedes Kind weiß, sondern die, daß er es ohne allen Zweifel wußte — er sagt ja Vers 17 so deutlich wie möglich, Sonne und Mond seien von Gott dazu bestimmt, zu leuchten, oder es hell zu machen über der Erde — und daß er trotzdem, daß er dieses weiß, berichtet, es sei vor der Sonne schon hell gewesen.[1] Die Sache liegt mithin so: vom vierten Tage an ist nach dem Berichte des Moyses das Licht, die Helle auf der Erde regelmäßig an die Gestirne geknüpft; aber auch schon vor dem Augenblicke, in welchem die Erde in dieses Verhältniß zu den Gestirnen trat, war es hell über der Erde; denn die Worte: „Gott sprach: es werde Licht und es ward Licht" besagen eben nicht mehr als dieses, daß es auf Gottes Befehl hell geworden sei.

---

[1] Kurtz, S. 302.

Ist das also möglich, daß das Licht, welches für uns jetzt an die Sonne gleichsam gebunden ist, wie es Moyses Vers 17 selbst sagt, vordem unabhängig von der Sonne für die Erde existirt hat? Ich antworte mit der Gegenfrage: Was ist das Licht? Die Wissenschaft hat diese Frage noch nicht beantwortet; diese allbekannte Erscheinung ist ihr vielmehr das nach Grund und Wesen unbekannteste Phänomen. [1] Vormals hielt man bekanntlich das Licht für eine von dem leuchtenden Körper ausströmende feine Materie. Statt dieser Ansicht, der sogenannten Emanationstheorie, hat später die Vibrations= oder Undulationstheorie Eingang gefunden, wonach das Licht durch ganz feine Erzitterungen der kleinsten Theile der leuchtenden Körper entsteht und diese Erzitterungen oder Schwingungen durch eine ebenfalls äußerst feine und überall verbreitete Materie, die man Aether genannt hat, in ähnlicher Weise fortgepflanzt wird, wie der Schall durch die Luft. Neuere Forscher neigen sich ferner zu der Ansicht, daß das Licht und die übrigen sogenannten Imponderabilien, Wärme, Magnetismus, Electricität, wesentlich mit einander verwandt sind und mit einander im Zusammenhange stehen. [2]

Wie es sich auch darum verhalten mag, die Genesis greift in diese Theorien gar nicht ein. Sie sagt nur, es sei auf Gottes Befehl hell geworden. Wie Gott diese Helle bewirkt habe, davon sagt sie nichts, und wenn jetzt die Erde regelmäßig durch die Sonne erhellt wird, so wird doch die Naturwissenschaft, deren Quelle ja nothwendig und ausschließlich die Beobachtung der jetzt sich darbietenden Erscheinungen ist, nie beweisen können, daß, ehe das jetzige Verhältniß der Erde zur Sonne festgesetzt war, daß also vor dem vierten Tage des Hexaemeron Gott nicht durch irgend welche andere Mittel das Hellesein sollte bewirkt haben können.

Die neuere Naturwissenschaft wird den Satz, daß ohne Sonne ein Hellesein auf Erden gar nicht möglich gewesen sei, umsoweniger festhalten können, als sie nicht nur erklärt, „wie das Licht der Sonne entstehe, sei ihr gänzlich unbekannt," [3] sondern auch erstens es sehr wahrscheinlich ge=

---

1) Ulrici, Gott und die Natur. S. 72. „Das Licht, bemerkt Eisenlohr kurzweg, ist die Ursache der Helle," womit wir nur erfahren, was die Wirkung des Lichtes, nicht aber, was das Licht selbst ist. Er fügt bei: „Ueber seine eigentliche Natur hat man noch keine Gewißheit, obschon man sehr viele Eigenschaften desselben kennt. Darum gründen sich alle Versuche zur Erklärung der Lichterscheinungen auf Hypothesen."

2) Ulrici, S. 87. 97. 108.

3) Koppe in den Ges. Naturwiss. I, 85.

macht hat, daß die Quelle des Lichtes für die Erde nicht der Sonnenkörper selbst, sondern eine Photosphäre ist, welche den an sich dunkeln Sonnen-körper umgibt, [1]) und als zweitens viele Naturforscher mit Humboldt [2]) in dem Nordlichte und einigen andern Phänomenen einen Beweis finden, daß „ein Planet außer dem Lichte, welches er von dem Centralkörper, der Sonne, empfängt, sich eines eigenen Lichtprocesses fähig zeigt." Wenn aber nach Humboldts Ausdruck „der Urquell des irdischen Lichtes so mannichfaltig ist," und wenn die Wissenschaft noch jetzt das, was die Erde regelmäßig erleuchtet, das Sonnenlicht, von dem Sonnenkörper selbst unterscheiden muß, wer will behaupten, daß vor dem Eintreten der jetzigen Ordnung der Dinge, vor der Vollendung der Organisation des Planetensystems, welches das Werk des sogenannten vierten Tages ist, nicht auf einem andern als dem jetzt gewöhn-lichen Wege Licht hätte erzeugt werden können?

Wenn aber Licht da war und mit dem Lichte, was die Genesis weder ausdrücklich aussagt noch ausschließt, Wärme und die übrigen Imponderal-bilien, so konnte auch die Vegetation existiren, deren Hervorbringung das zweite Werk des dritten Tages ist. Jetzt ist zum Gedeihen der Pflanzen regelmäßig Licht und Wärme der Sonne erforderlich; waren aber vor dem vierten Tage Licht und Wärme nicht in der Weise, wie jetzt, für die Erde an die Sonne gebunden, so war auch die Vegetation damals nicht in der Weise, wie jetzt, von der Sonne abhängig.

Wenn Strauß auch dagegen Bedenken erhebt, daß vor der Erschaffung der Sonne oder richtiger gesagt, vor der Festsetzung des jetzigen Verhält-nisses der Erde zur Sonne nach der Genesis schon der Wechsel von Tag und Nacht stattgefunden habe, so ist das ein bloßes Mißverständniß. Erst am vierten Tage setzt Gott Sonne und Mond ein, zu beherrschen den Tag und die Nacht und zu sein Zeichen der Tage und Jahre, d. h. in unsere begriffliche Ausdrucksweise übersetzt: erst jetzt beginnt das regelmäßige schein-bare Auf- und Untergehen der Sonne oder das regelmäßige Rotiren der

---

1) „Um den an sich dunkeln Sonnenkörper ist eine leuchtende Gasart verbreitet, die man im Gegensatz zu unserer Atmosphäre Photospäre (Lichthülle) genannt hat." Mädler S. 563. „Es thut kaum mehr Noth, gegen diejenigen, die, wie schon Celsus und die Manichäer, an dem Lichte vor Erschaffung der Sonne, der Quelle des Lichtes, Anstoß nehmen, daran zu erinnern, daß das Sonnenlicht nicht von der Sonne selbst kommt, sondern von einer Hülle, die ihren Körper umgibt und deren hin und wieder sich ereig-nendes Zerreißen uns zuweilen einen Blick in das Dunkel darunter gestattet." Delitzsch, Genesis S. 93.

2) Kosmos I, 207.

Erde um sich selbst und um die Sonne, wornach die Tage und Jahre bemessen werden. Vor dem vierten Tage kennt dieses die Genesis nicht. Die drei ersten Schöpfungstage sind entweder mit den drei andern bildlich zu verstehen, in der Weise wie ich es nachgewiesen habe — oder sie haben doch nur dieses mit unsern Tagen gemein, daß sie durch den einmaligen Wechsel von Licht und Finsterniß bewirkt wurden. Und wenn es schon in dem Berichte über den ersten Tag Vers 4 heißt: „Gott schied das Licht von der Finsterniß und nannte das Licht Tag und die Finsterniß Nacht," so heißt dieses, wie ich in den eregetischen Erörterungen zu diesem Verse nachgewiesen habe, nur soviel: Gott hat, nachdem er das Licht hervorgebracht, das Verhältniß des Lichtes und der Finsterniß festgesetzt, und zwar ist dieses von Gott festgesetzte Verhältniß das regelmäßige Nacheinander und Wechseln von Licht und Finsterniß, welches wir mit Tag und Nacht bezeichnen. Daß dieser Wechsel von Tag und Nacht jetzt gleich regelmäßig alle vierundzwanzig Stunden einmal stattgefunden habe, sagt die Genesis wieder nicht; sie scheint vielmehr andeuten zu wollen, daß dieses erst mit dem vierten sogenannten Schöpfungstage begonnen habe.

Lassen wir alle Mißdeutungen bei Seite, so gibt uns die Genesis also nur folgende Andeutungen, die etwa auf den Namen von astronomischen Sätzen Anspruch machen könnten:

1) Gott hat bewirkt, daß die Erde, schon ehe sie in ihr jetziges Verhältniß zur Sonne gesetzt war, erhellt wurde.

2) Dieses Licht war — sammt andern Naturkräften, die die Genesis nicht ausdrücklich erwähnt, aber ebensowenig ausschließt, wie vielleicht die Wärme — so beschaffen, daß die von Gott hervorgebrachte Vegetation bei demselben existiren konnte; lange braucht dieselbe das Sonnenlicht nicht entbehrt zu haben, denn das nächste göttliche Werk, welches auf die Hervorbringung der Vegetation folgt, ist die Firirung des Verhältnisses der Erde zur Sonne.

3) Ob dieses Licht ein dauerndes oder ein intermittirendes war, sagt die Genesis nicht. Ein einmaliger Wechsel von Licht und Finsterniß binnen je vierundzwanzig Stunden braucht in dieser ersten Hälfte des Hexaemeron gar nicht angenommen zu werden; es braucht überhaupt kein Wechsel von Licht und Finsterniß für diese Zeit angenommen zu werden, wenn man nicht der ersten, buchstäblichern Interpretation der sechs Tage vor der andern, freiern den Vorzug geben will.

Die astronomische Wissenschaft — um bei diesen drei Punkten vorerst

stehen zu bleiben — kann nicht beweisen, daß die Existenz eines solchen
Lichtes unmöglich gewesen sei; denn ihre Beobachtungen, mithin auch ihre
sichern Conclusionen sind auf die Zeit beschränkt, seit welcher das jetzige
Verhältniß zwischen der Erde und den andern Himmelskörpern besteht; über
die frühern Zustände kann sie höchstens Vermuthungen aussprechen und der
Natur der Sache nach, wenn sie den Boden der Empirie nicht verlassen
will, über Vermuthungen nie hinauskommen. Mithin ist bis hieher von
einem Widerspruch zwischen Bibel und Astronomie keine Rede. Wir haben
vielmehr gesehen, daß auch die Beobachtung und Erforschung der jetzt vorhandenen Thatsachen zeigt, daß wir uns das Licht für die Erde von der
Sonne getrennt denken dürfen. Wenn diese Beobachtungen richtig sind, so
darf die Astronomie die angeführten biblischen Sätze umsoweniger anfechten,
die sie übrigens selbst dann nicht würde bestreiten können, wenn weitere
Forschungen die Theorien Humboldts und anderer Meister modificiren
sollten.

Weiter dürfen wir aber nicht gehen; es ist vollkommen genügend,
wenn wir sehen, daß die Bibel in dieser Hinsicht nichts lehrt, was mit
den erwiesenen Sätzen der Astronomie in Widerspruch steht, und ich warne
Sie ganz entschieden vor den Versuchen, welche Nicolas und andere französische Schriftsteller [1]) hier anstellten, zu beweisen, daß die Worte der Genesis oder vielmehr die Folgerungen, die sie aus diesen Worten ziehen, mit
den neuesten Theorien über die Natur des Lichtes vollkommen harmoniren,
daß Moyses also in Folge der Inspiration oder durch den Scharfblick seines
Genies bereits das erkannt habe, was die Wissenschaft erst jetzt gefunden,
und daß hier die Bibel der Wissenschaft ihre Stütze und ihre Autorität leihe.

Das sind ganz schiefe Auffassungen: die Bibel hat nirgendwo den
Beruf, in Fragen, welche ausschließlich dem Bereich der Wissenschaft angehören, ein Votum abzugeben; Moyses ist weder durch sein eigenes Genie,
noch durch die Inspiration zu einer tiefern Einsicht in die Natur gelangt,
als sie seine Zeitgenossen und die Jahrhunderte nach ihm besessen; und wir
dürfen um der Ehre der Bibel selbst willen, nie und nimmer die wenigen
Sätze, welche sie über Dinge der Natur auf ihrem Standpunkte aussprechen
muß, mit den Sätzen, welche die Naturwissenschaft in ihrer Weise eruirt,
dergestalt combiniren. Die Bibel sagt nicht mehr, als was ich eben in drei
— wissenschaftlich angesehen, sehr unbestimmten — Sätzen zusammengestellt

---

1) Nicolas, I, 355. *Sorignet,* Cosmogonie de la Bible p. 225.

habe, und wenn man mehr als dieses daraus entnehmen will, muß man es zuvor in ihre Worte hineintragen, was bekanntlich eine exegetische Tod=sünde ist.

Auch was die Bibel weiter über die andern Gestirne sagt, ist gar nicht geeignet, uns über astronomische Wahrheiten zu belehren, was die Bibel ja auch gar nicht beabsichtigt. Wir nehmen dafür gar nichts weiter in Anspruch, als dieses, daß es den astronomischen Wahrheiten nicht wider=spricht. Es sind folgende Sätze:

1) Die Erde ist zwar nach der Lehre der Astronomen nur ein sehr untergeordnetes Glied des Sternensystems; aber sie ist für denjenigen, der die Geschichte der Menschheit und zwar die religiöse Seite der Geschichte der Erdenbewohner darstellen will, wie die Bibel, so sehr die Hauptsache, daß die andern Himmelskörper nur soweit in Betracht kommen, als sie zu dem Menschen in Beziehung stehen; daher erwähnt die Genesis Sonne, Mond und Sterne nur als die himmlischen Lichter und Zeitmesser der Erde.

2) In Bezug auf die Entstehung der Gestirne lehrt die Genesis, daß sie nicht von Ewigkeit sind und daß sie den Grund ihres Seins in Gottes Schöpferwillen haben; ob sie von Gott so geschaffen worden, wie sie jetzt sind, oder in irgend einem elementaren Zustande, das berichtet die Genesis nicht; wann sie geschaffen worden sind, ob vor oder nach dem Zeitpunkte, in welchem die Erde anfing ihre jetzige Gestaltung zu erlangen, darüber berichtet sie ebensowenig.

3) Die Genesis erwähnt die Gestirne erst da, wo das jetzt bestehende Verhältniß zwischen ihnen und der Erde firirt wurde; denn erst da fingen sie an für den Berichterstatter irgendwelches Interesse zu haben. Dieses war am sogenannten vierten Tage der vorhistorischen Zeit; wie lange vor dem Beginne der historischen Zeit dieses war, sagt die Genesis nicht.

4) Der Exeget der Genesis kann, wenn die Astronomie dieses zugeben will, annehmen, der vor dem vierten Tage vorhandene Lichtstoff oder das Lichtagens sei am sogenannten vierten Tage dergestalt mit den Gestirnen für die Erde verbunden worden, daß die Erde nun nicht zunächst in Fin=sterniß zurückfiel und nun Minuten, Jahre und Tausende und Millionen von Jahren zu warten hatte, bis ein Stern nach dem andern ihr sein Licht nach den für die jetzigen Verhältnisse berechneten Zeitfristen zusandte, son=dern daß sie der ganzen Lichtfülle zugleich theilhaftig wurde. Da die eigentliche Natur des Lichtes für die Astronomen und Physiker noch so räth=selhaft, und da die Wissenschaft wohl nicht berechtigt ist, aus den Beob=

achtungen der jetzigen Zustände Schlüsse zu ziehen für frühere, möglicher Weise ganz verschiedene Zustände, so scheint diese unter Andern von A. Wagner[1]) vorgetragene Hypothese nicht als unhaltbar bezeichnet werden zu dürfen. Glaubt aber die Astronomie darauf bestehen zu müssen, daß die Sterne, welche jetzt sichtbar sind und wohl schon seit sechs Jahrtausenden sichtbar waren, viele Jahrtausende vor dem Beginn der historischen Zeit bereits die Lichtstrahlen entsendet haben müßten, damit sie in der historischen Zeit die Erde erreichen könnten, so kann der Exeget ohne Bedenken Transeat sagen. Der Begriff von der Dauer der vorhistorischen Zeit, den der Exeget aus der Bibel entnimmt, ist so dehnbar, daß es ihm auf einige Millionen Jahre nicht anzukommen braucht.

Vielleicht schon vor Jahrhunderten hat Gott die prachtvollen Urwälder ferner Länder entstehen lassen, die in unserer Zeit zum ersten Male das Auge eines kühnen Reisenden oder wißbegierigen Forschers mit ehrfurchts= vollem Staunen erblickt hat; wie, wenn es wahr wäre, was die Astrono= men sagen, daß schon vor vielen Jahrtausenden Gott von den fernsten Gestirnen die Strahlen entsendet hat, welche heute unser Auge treffen, wenn wir gleichgültig, forschend oder andächtig zum Himmel aufblicken! In cha= ritate perpetua dilexi te, spricht der Herr.[2])

XIV.

Die Geologie. Neptunismus und Plutonismus.

Die Geologie beschäftigt sich mit der Erforschung der innern Structur unseres Erdballs. Sie sucht die Erscheinungen zu ermitteln, welche eine Folge dieser Structur sind, und leitet aus denselben die Gesetze ab, nach welchen diese Erscheinungen selbst in ihrer historischen Folge oder in ihrer Verbindung mit einander auftreten müssen. Die Grundlage der Wissenschaft ist die Erforschung des Baues des Erdkörpers, so wie derselbe gegenwärtig besteht, gleichsam die Anatomie des Erdkörpers oder eigentlich der uns allein zugänglichen Rinde desselben. An der Hand der Thatsachen zurückschreitend, sucht sie dann zur Erkenntniß des gesammten Erdballs, zu Schlüssen über das Verhalten seines Innern und über seine frühern Zustände bis zu seiner

---

1) Geschichte der Urwelt I, 512.
2) Jer. 31, 3.

Entstehung hinauf zu gelangen. Den rein empirischen Theil der Wissenschaft, welcher sich mit der Zusammensetzung und dem jetzigen Zustande der Erdrinde beschäftigt, nennt man auch wohl Geognosie, und versteht dann unter Geologie oder Geogonie den speculativen Theil der Wissenschaft, der sich mit der Entstehungs- und Ausbildungsgeschichte unseres Planeten beschäftigt. Indeß lassen sich diese beiden Zweige der Wissenschaft praktisch kaum von einander sondern und sie werden darum gegenwärtig gewöhnlich unter dem Namen Geologie zusammengefaßt. Von der Geologie unterscheidet sich die Mineralogie oder Oryktognosie, sofern sich diese mit der Kenntniß und Anordnung der einzelnen Mineralien beschäftigt, aus welcher ein großer Theil der Erdrinde zusammengesetzt ist. Eine andere Hülfs- oder Zweig-Wissenschaft der Geologie ist die Paläontologie, Fossilien-, Petrefacten- oder Versteinerungskunde, die Kenntniß von den organischen Körpern, von den Thieren und Pflanzen, welche in einem mehr oder weniger veränderten Zustande in der Erdrinde gefunden werden. Davon wird später noch genauer die Rede sein.

Zunächst interessirt uns hier der Theil der Geologie, welcher sich mit den ältern Zuständen und frühern Entwicklungen und Umgestaltungen des Erdkörpers beschäftigt. Die Wissenschaft hat dabei von der Kenntniß des jetzigen Zustandes und der jetzt herrschenden Gesetze auszugehen und kann nur durch Schlußfolgerungen auf Grund dieser Wahrnehmungen zu einer Kenntniß der frühern Zustände gelangen. Das erkennen, wie ich schon früher angegeben habe, die neuern Geologen von Bedeutung alle an, und weisen alle Hypothesen ab, bei denen angenommen werden müßte, daß früher andere Naturgesetze wirksam gewesen seien, als jetzt. Sie sind nur uneinig darüber, ob anzunehmen ist, daß die noch heute wirkenden Ursachen stets in gleichem Maße, in gleicher Stärke und in gleichem Umfange, wie jetzt, gewirkt haben — eine Ansicht, die besonders der englische Geologe Sir Charles Lyell vertritt —, oder ob, wie die Meisten wollen, angenommen werden darf, daß das Maß der Wirkungen derselben Ursachen in verschiedenen Zeiten verschieden, in der ältern Zeit viel größer war, als jetzt. Damit soll nicht die Möglichkeit bestritten werden, daß früher auch andere Kräfte und Gesetze gewirkt haben können; aber die Geologie darf das für ihre Conclusionen nicht voraussetzen, weil sie den Charakter einer positiven Wissenschaft nicht bewahren kann, wenn sie nicht die jetzigen Zustände zur Grundlage nimmt.

Ich habe schon früher darauf hingewiesen, daß der gegenwärtige Zustand der Erde der Wissenschaft nur erst zu einem kleinen Theile bekannt ist. Es ist gut, an diese Thatsache hier noch einmal zu erinnern. Man hat bis jetzt doch immer nur an verhältnißmäßig kleinen Stellen das, was unter der Oberfläche der Erde liegt, genauer untersuchen können — der Meeresboden, welcher beinahe drei Viertel der Erdoberfläche einnimmt,[1] ist uns so gut wie ganz unbekannt; — und wo man am tiefsten in das Innere der Erde eingedrungen ist, da ist es nur bis etwa zum zehntausendsten Theile des Halbmessers, so daß auch die tiefsten Bergwerke und Bohrlöcher nach einem treffenden Vergleich Nöggeraths[2] im Verhältniß zu dem Durchmesser der Erdkugel nur Mückenstiche sind. Was darunter liegt, ist nach Humboldts früher angeführten Bemerkungen uns ganz unbekannt und nur durch Vermuthungen zu erschließen. Die Tragweite der bestimmten Folgerungen, zu welchen wir durch Beobachtungen berechtigt sind, berechnet Lyell[3] auf etwa den vierhundertsten Theil des Erdinnern von der Oberfläche bis zum Centrum.

Mithin ist es nicht eine durch Beobachtung constatirte Thatsache, sondern nur eine wissenschaftliche Vermuthung, wenn man sagt: Die Erde besitzt eine etwa sechs geographische Meilen dicke Kruste, innerhalb welcher ein feuerflüssiger Kern steckt; sie kann also mit einem Ei verglichen werden, wo die Kruste der Schale, Dotter und Eiweiß dem innern Erdkern entsprechen würden. Dieser Vergleich von Vogt[4] kann uns aufs neue wieder zur Anschauung bringen, wie wenig wir eigentlich von der Erde wissen: die Oberfläche der Schale ist uns nur theilweise bekannt, in die Schale selbst sind wir nur stellenweise eingedrungen, nirgendwo ist dieselbe in ihrer ganzen sechs Meilen großen Dicke durchstochen, und Eiweiß und Dotter hat also noch Niemand gesehen und wird wahrscheinlich nie Jemand zu sehen bekommen; von seiner Beschaffenheit wissen wir nur durch Vermuthungen.

Zwischen den geognostischen Thatsachen und den geologischen Vermuthungen werden wir also wohl unterscheiden müssen. Thatsachen sind nach dem bekannten englischen Sprüchworte eigensinnig und wir werden uns also nicht einfallen lassen, gegen sie anzugehen; aber die geologischen Theorien können auf unbedingte Anerkennung nicht Anspruch machen, da Wahr-

---

1) Humboldt, Kosmos I, 305.
2) Ges. Naturwiss. III, 138.
3) Geologie, herausg. von B. Cotta I, 2.
4) Grundriß der Geologie §. 24.

scheinlichkeiten und Möglichkeiten nothwendig bei ihnen eine große Rolle spielen müssen.

Ausschließlich auf Möglichkeiten oder höchstens Wahrscheinlichkeiten ist aber die Geologie bei dem Theile ihres Gebietes angewiesen, der uns besonders interessirt, bei der Darstellung der ältern Geschichte des Erdkörpers, oder wie Vogt[1]) diese Aufgabe sehr hübsch bezeichnet, bei der Entzifferung der Chronik, welche in die Erdrinde eingezeichnet ist. Die zu entziffernde Chronik liegt uns, wie wir gesehen haben, zunächst gar nicht vollständig vor, weil unsere Kenntniß der geognostischen Thatsachen nur unvollständig ist;[2]) und was uns davon vorliegt, damit verhält es sich ähnlich, wie mit den Keil-Inschriften in Assyrien und Babylonien: die Gelehrten müssen erst den Schlüssel zur Entzifferung finden, die Bedeutung der einzelnen Zeichen und die Bedeutung der aus ihnen zusammengesetzten Worte erforschen, ehe wir die Schrift lesen und verstehen können. Daß die Geologen mit ihren Entzifferungsversuchen noch nicht wesentlich weiter gekommen sind, als Lassen, Rawlinson und Oppert mit den ihrigen, darf aber der Laie wohl schon aus der unbestrittenen Thatsache schließen, daß bis zur Stunde die Chronik von den Sachverständigen sehr verschieden, theilweise widersprechend gelesen und gedeutet wird.

Oder, um mit Burmeister[3]) ohne Bild zu sprechen: „Die Basis alles Wissens in der Geschichte der Erde muß ein genaues Studium der Gegenwart sein, und mit den Resultaten dieser Untersuchungen ausgerüstet, werden wir uns an die Deutung und Darstellung früherer Perioden wagen dürfen. Wir werden, wenn wir auf Erscheinungen stoßen, welche über Wahrnehmungen in gegenwärtiger Zeit hinausreichen, zu Erklärungen uns wenden, die auf Aehnlichkeiten mit gegenwärtigen Begebnissen ruhen, und werden diesen Aehnlichkeiten um so größere Wahrscheinlichkeit verleihen können, je allseitiger wir sie mit Erscheinungen der Gegenwart zu vergleichen und durch allgemeine Naturgesetze zu unterstützen im Stande sind. Solche Darstellungen, denen wir den Namen Hypothesen beilegen, werden in

---

1) a. a. O. §. 2.

2) „Der geologische Bericht ist eine Geschichte der Erde, die unvollkommen aufbewahrt und in einem stets wechselnden Dialect geschrieben ist, von der wir nur den letzten Theil besitzen, der sich vorerst nur auf zwei bis drei Länder bezieht. Von diesem Theile ist hie und da ein kurzes Capitel erhalten und von jeder Seite hie und da ein paar Zeilen." Lyell (vgl. Jahrb. für deutsche Theol. 1861, 696).

3) Gesch. der Schöpfung S. 2.

unserer Schöpfungsgeschichte immer eine große Rolle spielen müssen, und auf ihrem Gebiete, auf dem der Wahrscheinlichkeit, werden wir uns um so mehr befinden, je ferner der Zeitpunkt, den wir betrachten, der Gegenwart liegt."

Ich wähle zur Veranschaulichung ein ganz bekanntes Beispiel. Eine flüssige Masse, welche um ihre Are gedreht wird, nimmt, wie die Beobachtung zeigt, nicht die Gestalt einer vollkommenen Kugel, sondern die eines Sphäroids an, dessen einer Durchmesser etwas kürzer ist, als der andere. Das ist also ein durch Beobachtung constatirtes mechanisches Gesetz. Eine durch Beobachtung constatirte Thatsache ist es ferner, daß die Erde, von den Unebenheiten der Oberfläche abgesehen, ein der Kugelform genähertes, an den Polen abgeplattetes Sphäroid bildet, daß der Polarhalbmesser etwa 2⅕ geographische Meilen kürzer ist, als der Aequatorialhalbmesser. Wenn die Geologen nun den Schluß ziehen, diese Gestalt der Erde lasse sich durch die Annahme erklären, daß dieselbe sich früher in einem flüssigen Zustande befunden habe, so ist dagegen nichts einzuwenden. Sagt man aber, aus der angeführten Thatsache folge, daß sich die Erde früher in diesem Zustande befunden haben müsse, so ist das zu weit gegangen. Es bleibt noch immer möglich, daß die Erde diese Gestalt auf andere Weise erhalten oder von Anfang an gehabt hat. Selbst angenommen, es könnten keine wissenschaftlichen Gründe für die eine oder die andere dieser Annahmen angeführt werden, so haben die Geologen auch noch nicht erwiesen und können niemals erweisen, daß diese Annahmen wissenschaftlich unhaltbar seien. Es stehen hier Hypothesen gegen Hypothesen, und für die zuerst erwähnte Hypothese spricht nichts weiter, als der angeführte Beweis der Möglichkeit, die man als Wahrscheinlichkeit bezeichnen kann, so lange nicht auch für die Möglichkeit der andern Hypothesen positive Argumente angeführt werden können, ohne daß man aber berechtigt wäre, jene Hypothese als gesichertes Resultat der geologischen Forschungen zu bezeichnen.

Aehnlich verhält es sich, wie wir sehen werden, mit den meisten geologischen Theorien über die frühern Zustände der Erde, und wir dürfen uns also immerhin das Recht vorbehalten, zwischen wissenschaftlich erwiesenen Thatsachen und Möglichkeiten oder Wahrscheinlichkeiten eine strenge Scheidung vorzunehmen, ehe wir uns auf eine Vergleichung der Resultate der geologischen Forschung mit den Angaben der hl. Schrift einlassen.

Ich bitte Sie aber, diese skeptischen Betrachtungen über die Geologie nicht so deuten zu wollen, als verkännte ich es, daß diese Wissenschaft schon

Vieles ergründet und große Fortschritte gemacht hat und in einem stetigen, sehr erfreulichen Fortschreiten begriffen ist. Daß gar Vieles noch dunkel und zweifelhaft ist, liegt theilweise in der Natur der Sache, theilweise auch darin, daß die Geologie noch eine verhältnißmäßig junge Wissenschaft ist. Erst in der zweiten Hälfte des vorigen Jahrhunderts hat man eigentlich angefangen, auf streng wissenschaftlichem Wege die Geschichte des Erdkörpers zu erforschen. Ein Jahrhundert ist aber ein jugendliches Alter für eine Wissenschaft, und wir dürfen uns darum nicht beklagen, wenn die Jünger und Meister der Geologie Vieles noch nicht mit Sicherheit ermittelt haben und sich mit ihren Theorien noch feindlich gegenüber stehen, wie Wasser und Feuer.

Wie Wasser und Feuer, sage ich; denn darin liegt, von geringern Differenzen abgesehen, eine Hauptdifferenz, daß die Einen, die Neptunisten, die Erde auf mechanischem und chemischem Wege aus dem Wasser sich ge= stalten lassen, die Andern, die Plutonisten und Vulcanisten, einen feurigen Ursprung der Erde annehmen. Ueber diese beiden geologischen Systeme werde ich also auf Grund der neuesten mir zugänglichen geologi= schen Handbücher zunächst zu referiren haben. Um Sie aber von vorn= herein darüber zu orientiren, in wieweit die Bibel bei diesem Gegenstande interessirt ist, stelle ich die Einwendung, welche man auf Grund der geolo= gischen Lehren gegen die Richtigkeit der biblischen Lehre erhoben hat, und gegen welche ich also den biblischen Bericht zu vertheidigen habe, in der Form eines Syllogismus an die Spitze unserer Untersuchung:

„Die Bibel lehrt, daß die Erdbildung auf neptunischem Wege statt= gefunden habe; die Geologie aber hat es außer allen Zweifel gesetzt, daß nicht das Wasser, sondern vielmehr das Feuer die ursprüngliche und ent= scheidende Triebkraft bei der Bildung der Erde abgegeben hat; folglich stehen Bibel und Geologie mit einander in Widerspruch."

Gegen die Consequentia in diesem Syllogismus läßt sich nichts ein= wenden; wir müssen also sehen, wie es um die beiden Prämissen bestellt ist. Wir können den Syllogismus über den Haufen werfen, wenn es uns gelingt, nachzuweisen, daß eine der beiden Prämissen falsch ist. Ganz ge= wiß aber werden Sie mir zugeben, daß der Schlußsatz falsch, also der an= gebliche Widerspruch zwischen Bibel und Geologie nicht vorhanden ist, wenn ich den Beweis herstellen kann, daß beide Prämissen falsch sind, daß weder die Bibel die neptunistische Theorie vorträgt, noch die Geologie die pluto=

nistische Theorie außer allen Zweifel gesetzt hat. Ich mache mich dazu anheischig, beides zu beweisen, und beginne mit dem zweiten Punkte.

Beide Theorien, die neptunistische und die plutonistische, müssen von den Erscheinungen ausgehen, welche die Gegenwart der Beobachtung darbietet. Wir finden nun aber, daß Wasser und Feuer in der Bildung und Umgestaltung der Erdrinde thätig sind. Die Thätigkeit des Feuers zeigt sich am augenfälligsten bei den Vulcanen, welche die Erhebung von Bergen und Inseln bewirken, Lava, Asche und andere Stoffe ausspeien u. s. w. und wahrscheinlich auch eine Hauptursache der Erdbeben und ihrer Folgen für die Erdoberfläche sind. Die Thätigkeit des Wassers ist eine doppelte, eine chemische und eine mechanische. Stoffe, welche im Wasser chemisch aufgelöst sind, bilden Niederschläge, Kalktuff, Kalksinter, Tropfsteine, Travertin und drgl. Solche Bildungen finden wir z. B. in unsern Tropfsteinhöhlen und in den großen gemauerten Kanälen aus der Römerzeit, welche Trinkwasser längs der Heerstraßen aus der Eifel nach Köln führten, und welche jetzt im Innern mit einem prachtvollen marmorartigen Kalksinter bedeckt sind, der sich aus diesem Wasser abgesetzt hat. Viel bedeutender, als diese chemischen Niederschläge, sind die mechanischen Sedimente von festen Materialien, welche durch das Wasser, namentlich der Flüsse, von einem Punkte zum andern getragen und dann abgelagert werden. So sind z. B. die Delta's an den Mündungen des Nil, des Ganges, des Rheins und anderer Flüsse entstanden. Herodot nennt nicht mit Unrecht ganz Niederägypten ein Geschenk des Nils. Man hat berechnet, daß z. B. der Ganges und der Mississippi alljährlich einige tausend Millionen Cubikfuß fester Substanzen im Wasser schwebend oder aufgelöst mit sich fortführen.

Aus diesen und andern Thatsachen ergiebt sich, daß Wasser und Feuer in der Gegenwart bei der Umgestaltung der Erdoberfläche thätig sind. Die Annahme ist also berechtigt, daß sie auch in frühern Zeiten in anologer Weise gewirkt haben. Wir finden nun, wenn wir von der Erdoberfläche aus tiefer gehend die Erdrinde untersuchen, durchgängig eine schichtweise Absetzung ihrer Bestandtheile. Diese Schichten kehren nicht bloß in verschiedenen Ländern wieder, sondern folgen auch regelmäßig in derselben Reihe auf einander. An vielen Orten fehlen einzelne der parallelen Schichten in der Reihenfolge; aber nirgends treten gewisse Schichten in einer andern normalen Folge auf, als sie sonst oder gewöhnlich aufzutreten pflegen. Von diesen geschichteten Formationen[1] nimmt man allgemein an, daß sie sich

1) Formation nennt man eine Anhäufung von Gesteinen, die durch Alter, Ur-

durch allmälige Ablagerung aus dem Wasser gebildet haben. Dafür spricht auch ihre innere Beschaffenheit. Sie bestehen in der Regel aus Stoffen, die nicht im Wasser auflösbar sind, und haben ganz entschieden alle Eigenschaften, welche wir noch jetzt an eben gebildeten wässerigen Niederschlägen, den Sedimenten, wahrnehmen. Ferner enthalten diese geschichteten Formationen Versteinerungen, also Reste von organischen Körpern. Die organischen Substanzen sind aber nicht feuerbeständig. Folglich können sich die Schichten, welche Versteinerungen enthalten, niemals in einem feurigflüssigen oder geschmolzenen Zustande befunden haben, sondern nur in wässeriger Auflösung oder Mischung.

Für alle parallel geschichteten und Versteinerungen enthaltenden Formationen wird darum von allen Geologen, Plutonisten wie Neptunisten, ein neptunischer Ursprung angenommen.

Aber die Erdrinde besteht nicht durchweg aus geschichteten Lagen, ein großer Theil derselben hat ein anderes Gefüge. Diese ungeschichteten Formationen finden sich nicht in parallelen Schichten, sondern ohne Regelmäßigkeit in der Lagerung und Aufeinanderfolge unter, zwischen und über den geschichteten Formationen, bestehen aus mehrern gemengten, vollkommener oder unvollkommener krystallisirten Mineralien, sind theilweise reich an schönen Gesteinen und allerlei Metallen, aber ohne alle Versteinerungen. Von einigen dieser ungeschichteten Gesteinen wird allgemein anerkannt, daß sie vulcanischen Ursprungs sind. So werden die Basalte wenigstens zum großen Theile von allen Geologen für alte Laven von Vulcanen gehalten. Bei der Hauptmasse der ungeschichteten Formationen aber, die aus Granit, Porphyr, Serpentin, Gneiß, Glimmerschiefer u. s. w. bestehen, beginnt der Gegensatz zwischen Neptunismus und Plutonismus. Die Plutonisten nehmen nämlich von diesen Gesteinen an, daß sich dieselben früher in einem feurigflüssigen Zustande befunden haben. Weiter gehend, glauben sie dann annehmen zu dürfen, daß das Innere der Erde sich noch jetzt in einem feurigflüssigen Zustande befinde. Sie gründen diese Annahme namentlich auf die beobachtete Thatsache, daß die Wärme stetig zunimmt, je tiefer wir in das Innere der Erde eindringen, — ferner auf die Existenz der Vulcane, welche nach dieser Theorie offene Kamine sind, die mit dem flüssigen Erdkern in Verbindung stehen. Wird die Richtigkeit der Theorie soweit zu-

---

sprung oder Zusammensetzung einen gemeinsamen Charakter an sich tragen. So spricht man von geschichteten und ungeschichteten, vulcanischen und neptunischen, Süßwasser- und meerischen, erzführenden und erzarmen Formationen.

gegeben, so ist es nur consequent, weiter anzunehmen, daß der ganze Erd=
körper vormals eine feuerflüssige, geschmolzene Masse gewesen und aus die=
sem Zustande nach und nach durch allmälige Abkühlung auf der äußern
Oberfläche in den festen Zustand übergegangen sei. Während die Erde er=
kaltete, erstarrte zunächst die äußerste Lage und bildete eine feste Kruste,
auf welcher sich nun Wasser ansammeln und die verschiedenen geschichteten
Systeme nach und nach sich niederschlagen konnten. Die Unebenheiten der
Erdkruste, die Berge und Thäler, die Seebecken und Landstrecken, wurden
durch den Gegenstreit des innern feuerflüssigen Kernes gegen die zunehmende
Schichtenmasse der Kruste durch Hebungen erzeugt, welche durch die im
Innern eingeschlossenen Dämpfe bedingt wurden. Durch diese Hebungen
wurden die äußern Schichten aufgewulstet, gewölbartig emporgehoben, zer=
klüftet, zerrissen, theilweise sogar überstürzt. An vielen Orten traten die
hebenden Massen zu Tage, wo sie dann in der Form krystallinischer Gesteine
erscheinen und namentlich im Granit ihren Urtypus zeigen. An andern
Orten ging der Aufbruch nicht so tief, daß die hebenden Massen selbst hät=
ten zu Tage treten können, und dann zeigen sich nur die untern Schichten
in mehr oder minder gewölbartiger Stellung. Wieder an andern Orten
sind die feuerflüssigen Massen in Gänge und Spalten der geschichteten For=
mationen eingedrungen und finden sich dort als krystallinische Gesteine.
Mitunter haben auch die feuerflüssigen Massen und die bei ihrer Hebung mit=
wirkenden Dämpfe die geschichteten Formationen, mit denen sie in Berührung
kamen, umgestaltet. — So haben in alter Zeit die feurigflüssigen Massen des
Erdinnern auf die Gestaltung der Erdrinde eingewirkt; die jetzigen vulcani=
schen Ausbrüche sind nur noch schwache Nachkommen jener Kraftäußerungen,
welche in frühern Zeiten viel gewaltiger und ausgedehnter gewesen sein
müssen.

Diese plutonistische Theorie ist in neuerer Zeit namentlich durch den
Schotten Hutton (1795) und durch den großen deutschen Geologen Leopold
von Buch vertheidigt worden. Auch Humboldt bekennt sich zu derselben.
Einige Auszüge aus dem ersten Bande des Kosmos[1]) mögen die eben
gegebene Entwicklung derselben noch weiter verdeutlichen. Die Erde hat
sich ursprünglich in einem feuerflüssigen Zustande befunden und durch Ab=
kühlung hat sich eine feste Erdrinde gebildet. Die Gebirgsarten aber, welche

---

1) I, 258.

jetzt die Erdrinde bilden, können mit Rücksicht auf ihren Entstehungsproceß in vier Claſſen getheilt werden:

1) Eruptionsgeſtein, welches aus dem Innern der Erde in geſchmol-zenem oder in weichem, mehr oder minder zähem Zuſtande hervorgebrochen, also vulcaniſchen oder plutoniſchen Urſprungs iſt: Granit, Porphyr, Ba-ſalt u. ſ. w.

2) Sedimentgeſtein, welches aus tropfbaren Flüſſigkeiten, in denen die Stoffe chemiſch aufgelöſt oder denen ſie beigemengt waren, niedergeſchlagen oder abgeſetzt, also neptuniſchen Urſprungs iſt; dahin gehören nach Hum-boldt namentlich Schiefer, Kalkſteine, Steinkohlenablagerungen u. ſ. w. Die älteſten Sedimente, meint Humboldt, haben ſich wahrſcheinlich aus mehr oder minder heißen Waſſern gebildet zu einer Zeit, wo die Wärme der obern Erdrinde noch ſehr beträchtlich war. In dieſer Hinſicht hat ge-wiſſermaßen auch bei den Sedimentſchichten, beſonders bei den älteſten, eine plutoniſche Einwirkung ſtattgefunden; aber dieſe Schichten ſcheinen ſchlamm-artig in ſchiefriger Structur unter großem Druck erhärtet, nicht, wie der Granit, Porphyr und Baſalt, durch Abkühlung erſtarrt zu ſein. Dieſe Schich-ten würden ſich ganz gleichförmig horizontal über einander gelagert haben und die Oberfläche der Erde eine ganz einförmige Fläche ohne Gebirgszüge bil-den, wenn nicht das vorher beſchriebene Eruptionsgeſtein ſeinen hebenden und erſchütternden Einfluß auf dieſe Sedimentbildungen ausgeübt hätte.

3) Das Eruptionsgeſtein hat aber nicht bloß erſchütternd und hebend, die Schichten aufrichtend und ſeitwärts ſchiebend gewirkt; ſein Hervortreten hat auch Veränderungen in der chemiſchen Zuſammenſetzung der Stoffe und in der Natur des innern Gewebes zur Folge gehabt. Durch dieſe chemiſch umwandelnde Einwirkung des plutoniſchen Geſteins auf die neptuniſchen Schichten ſind die Gebirgsarten entſtanden, welche Humboldt als eine dritte Claſſe unter dem Namen der metamorphoſirten oder umgewandelten Maſſen aufführt; dahin zählt er Gneiß, Glimmerſchiefer, Marmor u. ſ. w.

4) Die vierte Claſſe bezeichnet Humboldt als Agglomeratbildungen oder Trümmergeſtein, welches aus mechaniſch zertheilten oder zertrümmerten und durch thon- und kalkartige Bindemittel wieder mit einander verkitteten Maſſen der drei vorhergenannten Claſſen zuſammengeſetzt iſt; dahin gehören die grob- und feinkörnigen Sandſteine.

Sie ſehen, in dieſer Theorie, welche, nach den neueſten Lehrbüchern der Geologie zu urtheilen, als die von den Meiſten anerkannte bezeichnet werden darf, muß ſich Pluto mit Neptun in die Herrſchaft theilen; aber

die erste und gewaltigste Thätigkeit hat doch bei der Erdbildung das Feuer
ausgeübt. Das Wasser hat an der Erdrinde geformt und gemodelt; je
tiefer wir aber in dieselbe eindringen und je weiter wir in der Geschichte
der Erdbildung zurückgehen, um so mehr ist es das Feuer, welches sich wirk=
sam zeigt.

Ich komme nun zur Darstellung der zweiten Theorie, der neptunisti=
schen. Dem Feuer wird hier nicht alle Betheiligung bei der Bildung der
Erdkruste abgesprochen, — das gestatten natürlich nicht die vulcanischen Er=
scheinungen, deren Zeugen wir noch jetzt sind. Die Basalte z. B. werden
auch von Neptunisten als großentheils vulcanische, aus der Tiefe hervor=
gequollene Massen angesehen. Aber die Vulcane gelten in dieser Theorie
nur als locale Erscheinungen, die an gewissen Stellen in geringer Tiefe
ihren Heerd haben und deren Ausbrüche durch chemische Reactionen bedingt
werden. Ein feuerflüssiger Erdkern existirt nach dieser Ansicht gar nicht.
Demgemäß wird dann weiter angenommen, daß die Erde sich vormals nicht
in einem feuerflüssigen Zustande befunden habe, sondern in einem in Wasser
aufgelösten, oder in einem durch das Wasser bewirkten, theils festweichen,
theils flüssigen oder aufgelösten Zustande. Durch mechanische Wirkungen,
den Druck u. s. w., und noch mehr durch chemische Processe verschiedener
Art nahm dieser Urbrei allmälig eine feste Gestalt an, und es entstanden
krystallinische Formen und vor und nach die einzelnen Gebirgsarten. Die
meisten derjenigen Gesteine, welche nach der ersten Theorie ursprünglich feuer=
flüssige Massen gewesen und in diesem Zustande von unten herauf gepreßt
sind, waren nach dieser Theorie ursprünglich wässerige Niederschläge und
Ablagerungen, die sich allmälig durch chemische Umwandlung, Metamorpho=
sirung und Krystallisirung zu ihrem jetzigen Zustande bildeten. So die
Granite, Porphyre, Grünsteine u. s. w. Aus derselben Umwandlung, sowie
aus der beständigen Auflösung und Umkrystallisirung, welche im Innern der
Gesteinschichten vor sich geht, werden dann auch viele Erscheinungen erklärt,
welche nach der ersten Theorie als Folgen der vulcanischen Wirkung und
der Reaction des feuerflüssigen Erdkerns gegen die starre Rinde aufgefaßt
werden. Die Erdbeben z. B. können häufig dadurch bewirkt werden, daß
in der Tiefe Gypsschichten und andere in Wasser auflösbare Schichten
durch unterirdische Sickerwasser ausgewaschen und nach und nach weggeführt
werden, daß dann die obern Schichten dadurch ihrer Unterstützung beraubt
werden und nachsinken und zusammenstürzen und die dadurch erzeugten Er=
schütterungen sich stoßweise wellenförmig in Kreisen ausbreiten. Auf diese

Weise glaubt man die Erdbeben namentlich in solchen Gegenden erklären zu können, wo sich keine Vulcane in der Nähe nachweisen lassen.

Das sind die Grundzüge der neptunistischen Theorie, wie sie von dem genialen Begründer der wissenschaftlichen Geologie in Deutschland, Abraham Gottlieb Werner († 1817) aufgestellt und von Spätern — natürlich mit allerlei Modificationen — ausgebildet worden ist. Sie schien im Verlaufe der Geschichte der Geologie eine Zeit lang mehr und mehr Terrain zu verlieren; aber in der letzten Zeit hat sie namentlich in der Chemie und ihrer Anwendung auf die Geschichte der Erdbildung wieder eine neue Stütze gefunden. In letzterer Hinsicht ist die Theorie namentlich von Gustav Bischof und von Otto Volger ausgebildet worden; sonst wird der Neptunismus unter Andern noch von Nepomuk von Fuchs, von Schafhäutl, und besonders eifrig von Andreas Wagner vertheidigt. [1])

Welche Theorie den Vorzug verdient, das zu erörtern geht über meine Kräfte und über meine Aufgabe hinaus. Für unsern Zweck genügt es vollkommen, zu wissen, daß die neptunistische Theorie nicht als eine sicher falsche und die plutonistische nicht als die einzig richtige wissenschaftlich erwiesen ist.

Daß dieses aber nicht der Fall und daß die geologische Wissenschaft in Bezug auf die ältere Entwicklungsgeschichte des Erdkörpers noch nicht zu gesicherten Resultaten gelangt ist, das dürfen wir, ohne daß wir uns ein Urtheil über die Sache selbst anmaßen, aus der Thatsache folgern, daß bedeutende Auctoritäten in den wesentlichsten Punkten noch bis zur Stunde entgegengesetzter Ansicht sind. Vernehmen Sie zum Schlusse die Aussage eines in dieser Hinsicht competenten und gewiß einer Parteilichkeit für die Theologen nicht verdächtigen Zeugen. Carl Vogt sagt in seinem Grundriß der Geologie: [2]) „Die theoretischen Ansichten über die Bildung der festen Erdkruste im allgemeinen, sowie der Gebirge im besondern befinden sich gegenwärtig in einem Zustande von Gährung, aus welchem namentlich zwei schroff einander gegenüber stehende Betrachtungsweisen hervortreten dürften, innerhalb welcher die übrigen mehr vermittelnden Ansichten sich bewegen." Er skizzirt dann diese beiden Ansichten, die er die physicalische und die chemische Theorie nennt; es sind die beiden Theorien, die ich unter den gewöhnlichen

---

1) Geschichte der Urwelt I, 18 ff. „Betrachtungen über den gegenwärtigen Standpunkt der Theorien der Erdbildung nach ihrer geschichtlichen Entwicklung in den letzten fünfzig Jahren," in den Sitzungsberichten der k. bayerischen Akademie der Wiss., Jahrg. 1860, S. 375 ff.

2) §. 340.

Namen des Plutonismus und Neptunismus besprochen habe, großentheils
gerade unter Zugrundelegung dieser Skizze von Vogt. „Diese einander ge=
genüberstehende Theorien," fährt er fort, „widersprechen sich in den meisten
Punkten so sehr, daß kaum eine Vermittlung möglich scheint." Er hält mit
Recht eine solche nicht für unmöglich; aber bis jetzt ist sie noch nicht ge=
funden und steht noch nicht einmal in naher Aussicht. „Es handelt sich,"
um Vogts eigene Worte zu gebrauchen, „es handelt sich hier, wie in so vielen
andern Feldern der Naturbeobachtung um die genaue Erforschung eines jeden
einzelnen Falles und um die Erschließung der daraus hervorgehenden Ur=
sachen, nicht aber um die allgemeine Anwendung absoluter Theorien, welche
für den einen Fall gelten können, für den andern aber ungerechtfertigt wären."
Das heißt doch mit dürren Worten gesagt, daß die geologische Wissenschaft
bis jetzt noch nicht in der Lage ist, mit Sicherheit über die Beschaffenheit
der frühern Entwicklungen des Erdkörpers etwas zu sagen, daß alles, was
man darüber sagt, nur den Werth einer Hypothese hat und daß von Re=
sultaten der geologischen Forschung, die wir mit den Angaben der heiligen
Schrift vergleichen könnten, wenigstens in dieser Hinsicht einfach nicht die
Rede sein kann.

XV.

Neptunismus und Plutonismus. Fortsetzung.

Man hat behauptet, Bibel und Geologie ständen mit einander in Wi=
derspruch, weil die Bibel die Bildung des Erdkörpers aus dem Wasser
lehre, die Geologie dagegen es unzweifelhaft gemacht habe, daß nicht das
Wasser, sondern vielmehr das Feuer die ursprüngliche und entscheidende Trieb=
kraft bei der Bildung der Erde abgegeben habe.

In der vorigen Stunde habe ich nachgewiesen, daß der letzte Theil
dieser Behauptung unrichtig ist. Es ist jedenfalls von der Geologie noch
nicht außer allen Zweifel gesetzt, wie die Erdbildung stattgefunden hat, ob
durch Wasser oder durch Feuer. Neptunisten und Plutonisten stehen sich
bis jetzt noch gegenüber und die Neptunisten scheinen keineswegs gesonnen
zu sein, die Waffen zu strecken, vielmehr sind sie, nachdem vor einiger Zeit
der Plutonismus beinahe zur Alleinherrschaft gelangt zu sein schien, gerade
in der Gegenwart, wie Kurtz[1]) richtig bemerkt, mit einer ganz respectabeln

---

1) Bibel und Astron. S. 395.

Rüstung von Forschungen, Thatsachen und Erfahrungen, namentlich auf dem Gebiete der Chemie, und mit einer Energie und Zuversicht und mit einer Gewißheit endlichen vollen Sieges auf den Kampfplatz getreten, die wenigstens soviel bezeugt, daß der Neptunismus noch nicht wissenschaftlich todt ist. „Die Geologie," sagt Pfaff, [1]) selbst Plutonist, in Uebereinstimmung mit den angeführten Sätzen von Vogt, „befindet sich gegenwärtig in Beziehung auf diese Fragen in einem Uebergangsstadium; die Uebergriffe des Plutonismus haben eine nothwendige Reaction zu Gunsten des Neptunismus hervorgebracht, von der sich noch nicht absehen läßt, wie weit sie führen und was das Ende davon sein wird."

Wir könnten also, wie die Sachen jetzt stehen, einfach sagen: Die Geologen mögen erst ihre eigenen Kämpfe ausfechten, ehe sie mit der Bibel anbinden; sie mögen erst unter sich ausmachen, ob der Plutonismus oder der Neptunismus im Rechte ist; nachdem das festgestellt ist, kann man eine Vergleichung des so gewonnenen Resultates der wissenschaftlichen Forschung mit den Angaben der Bibel anstellen; bis jetzt kann von einem Resultate der wissenschaftlichen Forschung noch nicht die Rede sein, da sich noch zwei Theorien entgegenstehen, welche beide darauf Anspruch machen, richtig zu sein.

Sie sehen aber wohl, das wäre nur ein Waffenstillstand, nicht ein Frieden zwischen Geologie und Bibel, und dabei dürfen wir uns nicht beruhigen. Es ist ja doch möglich, nach der Meinung Vieler sogar wahrscheinlich, daß die Plutonisten endlich einen entscheidenden Sieg davon tragen, daß weitere geologische Forschungen zu dem sichern Resultate führen, daß das Feuer die ursprüngliche und entscheidende Triebkraft bei der Bildung der Erde gewesen sei. Es ist auch nicht unmöglich, daß eine ganz neue Theorie wissenschaftliche Geltung erlangt und so zwar der Plutonismus, aber auch der Neptunismus ganz beseitigt wird. Bei den raschen Fortschritten welche die Naturwissenschaften in unserm Jahrhunderte machen, wäre es sogar möglich, daß in nicht ferner Zeit, vielleicht noch bei unsern Lebzeiten, der Plutonismus oder eine andere nicht neptunistische Theorie nicht mehr als Hypothese, sondern als wissenschaftlich begründetes System der Bibel entgegenträte; was dann?

Der eben angeführte Schluß: Bibel und Geologie widersprechen einander in Bezug auf die Erdbildung, ruht auf den zwei Prämissen: 1) die Bibel vertritt die neptunistische Ansicht, 2) die Geologie hat die plutonistische

---

1) Schöpfungsgeschichte S. 389.

Ansicht als richtig erwiesen. Die zweite Prämisse ist für jetzt falsch, könnte aber möglicherweise in der Zukunft wahr, oder durch eine andere, besser begründete ersetzt werden; wie verhält es sich also um die erste? Ich habe schon in der vorigen Stunde erklärt, daß ich sie gleichfalls für falsch halte, und ich gehe nunmehr daran, zu beweisen, daß sie falsch ist und immer falsch bleiben wird. Wenn ich dieses beweisen kann, so ist natürlich der ganze Syllogismus über den Haufen geworfen, und der Satz: Bibel und Geologie widersprechen einander in Bezug auf die Erdbildung, ist falsch, selbst für den Fall, daß der Plutonismus oder eine andere dem Neptunismus entgegengesetzte Theorie als einzig richtig wissenschaftlich erwiesen werden könnte.

Also: die Bibel vertritt nicht den Neptunismus; das hätte ich zu beweisen, und zu diesem Beweise darf ich mich bereit erklären, weil es sich dabei nicht um eine geologische, sondern um eine exegetische Frage handelt, also um eine Frage, welche im Gegensatze zu den bisher erörterten Materien in mein Fach einschlägt.

Ein geistreicher geologischer Schriftsteller, ein gemäßigter Plutonist, Quenstedt, sagt kurzweg: [1] „Moyses war Neptunist." Er glaubt, diesen Umstand sogar erklären, von seinem Standpunkte aus entschuldigen zu können, indem er beifügt: „Die alte Heimath der Erzväter im Lande Ur (in Chaldäa) und später Aegypten boten zu wenig vulcanische Erscheinungen dar, und die Macht der Wasser in den großen Stromländern mußte so in die Augen springen, daß der Bildungseinfluß des flüssigen Elementes nur zu sehr sich in den Vordergrund drängte." Dagegen ist zunächst zu bemerken: Vorausgesetzt, aber nicht zugegeben, daß Moyses sich überhaupt damit befaßt hat, die geologische Beschaffenheit der Länder, in denen er lebte und mit denen er bekannt war, zu untersuchen, und vorausgesetzt, aber wieder nicht zugegeben, daß Moyses auf Grund dieser Untersuchungen oder auf Grund der ihm bekannt gewordenen Ansichten Anderer der neptunistischen Theorie gehuldigt hat, so kann das den Exegeten sehr wenig interessiren. Für den Exegeten fragt es sich nur, ob in dem Buche, welches Moyses unter dem übernatürlichen Beistande des Geistes Gottes geschrieben hat, die neptunistische Theorie vorgetragen wird; denn nicht, was Moyses persönlich gemeint hat, sondern was die Bibel ausspricht, hat der Exeget als wahr anzunehmen. Daß die Bibel aber die neptunistische Theorie vortragen

---

[1] Sonst und Jetzt S. 194.

wird; denn nicht was Moyses persönlich gemeint hat, sondern was die Bibel ausspricht, hat der Exeget als wahr anzunehmen. Daß die Bibel aber die neptunistische Theorie vortragen sollte, können wir von vornherein nicht erwarten; denn, um auf unser altes Axiom zurückzukommen, die Bibel hat nur den Zweck, uns religiöse Wahrheiten zu vermitteln, nie und nimmer den Zweck, uns über naturwissenschaftliche Fragen zu belehren, also auch gewiß nicht den Zweck, in Sachen des Neptunismus gegen den Plutonismus ein Urtheil zu fällen. Höchstens können wir soviel von vornherein als möglich zugeben: die Bibel kann Gelegenheit haben, bei dem Vortrage der religiösen Wahrheit von der Erschaffung der Dinge durch Gott sich so auszusprechen, daß ihre Worte indirect die eine oder die andere Art und Weise der Gestaltung des Erdkörpers lehren. Mehr können wir auf keinen Fall von Quenstedts Aeußerung gelten lassen, als dieses: die biblische Darstellung der Bildung der Erde scheint auf der neptunistischen Auffassung zu beruhen oder in ihrer Ausdrucksweise diese Anschauung zu begünstigen.

So faßt denn auch einer der entschiedensten Neptunisten der Gegenwart, Andreas Wagner, die Sache auf. Er sagt:[1] „Mit dem ältesten Geologen der Welt, mit Moyses, und mit einem andern Weisen des Alterthums von ungewöhnlicher Begabung, mit dem Apostel Petrus, erkennt auch der Neptunismus an, daß die Erde ‚aus Wasser und im Wasser bestanden durch Gottes Wort‘, und er ist im Stande, diese Annahme auf wissenschaftlichem Wege zu rechtfertigen.“

Der Neptunismus wird wohl thun, sich auf den wissenschaftlichen Weg zu beschränken und Moyses und Petrus in Ruhe zu lassen. Jener kann nur sehr uneigentlich der älteste Geologe der Welt genannt werden und der Apostel Petrus nur ebenso uneigentlich ein Weiser des Alterthums von ungewöhnlicher Begabung. Seine Begabung, soweit sie uns interessiren kann, war eine übernatürliche durch den Geist Gottes, darum aber auch seine Weisheit eine auf die übernatürlichen Dinge beschränkte. Dem Moyses und dem Petrus große Kenntnisse in der Geologie zuzuschreiben und sie als Auctoritäten in geologischen Controversen zu citiren, ist ganz verkehrt.

Auf eine Begründung der Ansicht, daß Moyses und Petrus Neptunisten gewesen seien, läßt sich Wagner nicht ein — es lag das auch nicht in seiner Aufgabe. Ich finde aber einen Versuch, diese Ansicht zu begründen, zu meiner Verwunderung in einem der neuesten Bücher über den Gegenstand,

---

1) Geschichte der Urwelt I, 142.

in der Schöpfungsgeschichte von Keerl, also einem Theologen. Ich sage „zu meiner Verwunderung"; denn ich habe bis dahin allen Ernstes geglaubt, die Theologen hätten allgemein darauf verzichtet, mit den Neptunisten und überhaupt mit einer Partei unter den Geologen gemeinsame Sache zu machen. Hören wir also die Gründe, welche dieser neueste exegetische Vorkämpfer des Neptunismus vorbringt. Er sagt[1]): „Man könnte vielleicht behaupten, es würde der plutonistischen Ansicht ergehen, wie dem kopernicanischen System, das als der Bibel widersprechend lange und heftig angefeindet worden sei und jetzt auch von den Orthodoxesten angenommen werde. Allein es verhielt sich mit der Annahme des plutonischen Ursprungs der Erde ganz anders, als mit dem copernicanischen System. Die Schrift hat sich nirgends gegen das letztere ausgesprochen, dagegen sagt sie klar und unzweideutig, die Erde sei aus Wasser entstanden (2. Petr. 3, 5)."

Wenn der hl. Petrus mit diesen Worten wirklich klar und unzweideutig den neptunistischen Ursprung der Erde lehren wollte, so wäre die Stelle höchst merkwürdig. Während es den biblischen Schriftstellern sonst nur auf theologische Lehrsätze ankommt, würden wir dann hier einen geologischen Lehrsatz haben. Das wäre eine sehr merkwürdige Ausnahme von der eben noch besprochenen Regel, daß die hl. Schrift Dinge, welche Object der Naturforschung sind, nur dann und nur insoweit berührt, als es bei dem Vortrage religiöser Wahrheiten erforderlich ist. Sehen wir aber die Stelle im Zusammenhange an, so ergibt sich, daß dem hl. Petrus nichts ferner lag, als die Leser seines Briefes über eine geologische Frage, wenn auch nur indirect, zu orientiren. Er spricht im dritten Capitel seines zweiten Briefes von solchen, welche an die Ankunft des Herrn zum letzten Gerichte nicht glauben, und lehrt, der Tag des Herrn werde kommen wie ein Dieb in der Nacht; dann würden die Himmel mit großem Krachen vergehen, die Elemente vor großer Hitze zerschmelzen und die Erde sammt den Werken auf ihr verbrennen. Ein solches Gericht der Vernichtung, fügt der Apostel bei, sei ja schon über die Erde ergangen, das Gericht der Sündfluth: Himmel und Erde waren aus Wasser und durch Wasser mittelst Gottes Wort entstanden, da ist die alte Welt durch Wasser überschwemmt zu Grunde gegangen. — Es bedarf gar keines Beweises dafür, daß hier der Apostel keine neue Belehrungen vortragen will, sondern zur Begründung und Erläuterung dessen, was er über die Zerstörung der Welt

---

1) Schöpfungsgeschichte S. 433.

durch Feuer lehrt, seine Leser auf das verweist, was sie bereits über das frühere Gericht wußten — und woher anders wußten, als aus dem Berichte der Genesis? Dieser lehrt, will der Apostel sagen, daß ursprünglich eine Wassermasse da war, aus welcher durch Gottes Wort der Himmel gebildet und die Erde hervorgetreten ist und daß Gott durch das Strafgericht der Sündfluth den ursprünglichen Zustand, wo die Erde wüst und öde und mit Wasser bedeckt war, hat wieder eintreten lassen. Nicht also auf den neptunischen Ursprung der Erde, sondern auf den Bericht der Genesis über die Bildung der Erde nimmt der hl. Petrus Bezug, und wir sind nicht berechtigt, in seinen Worten ein deutlicheres Zeugniß für den Neptunismus zu finden, als Moyses in der Genesis dafür ablegt — also gar keines, denn auch Moyses lehrt nicht den neptunischen Ursprung der Erde, wie ich jetzt beweisen werde.

Im Heraemeron heißt es Vers 2: „Die Erde war wüst und öde und Finsterniß über der Wassermasse und der Geist Gottes schwebte über den Wassern." Nachdem Gott am ersten Tage das Licht hervorgebracht, also die Herrschaft der Finsterniß beseitigt hat, trennt er am zweiten Tage die obern und die untern, die himmlischen und die irdischen Wasser, d. h. wie ich früher nachgewiesen habe, er bildet die Erd-Atmosphäre. Am dritten Tage läßt er das trockene Land aus dem Wasser hervortreten, und bekleidet dasselbe mit der Vegetation, worauf am fünften und sechsten Tage die lebenden Wesen hinzukommen. Das könnte so verstanden werden, wie die Neptunisten wollen, daß Vers 2 den Zustand beschriebe, wo die Erde nur als große Wassermasse vorhanden war, in welcher die Bestandtheile derselben aufgelöst oder erweicht sich vorfanden, und daß am dritten Tage die Bildung des festen Erdkörpers aus dieser flüssigen Masse vollendet gewesen sei. Aber es handelt sich nicht darum, ob die Worte so verstanden werden können, sondern darum, ob sie so verstanden werden müssen. Und diese Frage muß entschieden verneint werden. Zunächst ist festzuhalten, daß Moyses überhaupt nicht von der Bildung des Erdkörpers an sich zu reden hat, sondern von der Gestaltung der Erde zum Wohnplatze für den Menschen; darum interessirt ihn nicht das Erdinnere, sondern die Erdoberfläche, und seine Geogonie ist darum eine oberflächliche in der eigentlichen Bedeutung des Wortes. — Ferner ist bei der Auslegung des Vers 2 festzuhalten, daß dieser Vers einen Gegensatz zu dem Folgenden bildet: Jetzt sehen wir die Erde in Land und Meer getheilt, beide Theile von Thieren bewohnt, die Erde mit der Vegetation bekleidet, Alles von den Gestirnen erhellt.

Das Alles, lehrt Moyses, ist durch Gottes Wort so geworden; so war es nicht von Anbeginn; dem jetzigen Zustande der Erde ist ein anderer vorhergegangen, in welchem dieses Alles nicht da war. Wie soll nun Moyses diesen ersten chaotischen Zustand anders schildern, als er thut: „Die Erde war wüst und öde," d. h. ohne Vegetation und lebendige Bewohner; ja Wasser und Land waren noch gar nicht geschieden, die Erde bot sich dem Blicke des Menschen als eine einzige große Wassermasse dar, und auch das Licht mangelte noch; also: „Finsterniß war über der Wassermasse." So erkennt sie der Blick des Menschen, den Gott über die Geschichte der Schöpfung unterrichtet: die Oberfläche der Erde ist Wasser und darüber ist es dunkel, bis es auf Gottes Befehl hell wird und das trockene Land aus den es bedeckenden Wassern hervortritt. Im Innern der Erde mögen die gewaltigsten Gährungen und Revolutionen im Gange, chemische und mechanische Kräfte in Thätigkeit, Feuer und Vulkane in Glut sein: davon hat Moyses nichts zu berichten.

Oder dem Zustande der Erde, welcher Vers 2 beschrieben wird, mag ein anderer vorhergegangen sein: die Erde mag eine feurig-flüssige, glühende und allmälig erstarrende Masse gewesen sein, ehe sie sich als eine von Wasser bedeckte Masse darstellte; oder die Erde mag, wie einige neuere Theologen wollen, früher schon in einem vollendeten geordneten Zustande existirt haben und von Gott zerstört worden sein, um neu gebildet zu werden: davon hat Moyses nichts zu berichten; sein Bericht beginnt erst da, wo das Wasser die Oberfläche der Erde bildete. Alle Gestaltungsprocesse, welche das Innere der Erde durchgemacht haben mag, und alle Gestaltungsprocesse, welche vor den ersten Tag des Heraemeron gefallen sein mögen, brauchte Moyses gar nicht zu erwähnen; denn er will keine wissenschaftliche, vollständige und gründliche Geogonie liefern, sondern nur einen Bericht über die Gestaltung der Erde zum Wohnplatze für den Menschen, und für diesen Zweck ist das vollkommen genügend, was Moyses sagt, nämlich: die Thierwelt und die Pflanzenwelt sind durch Gott geschaffen worden; das Licht ist durch Gott hervorgebracht worden; die Trennung von Wasser und Land ist durch Gott bewirkt worden; und ehe alles dieses durch Gott gemacht wurde, war es nicht da: es war dunkel und das Wasser bedeckte noch das Land.

Keerl trägt wieder viel zu viel in die Worte der Bibel hinein, wenn er sagt: „Die Schrift versetzt überall die Bildung und Vollendung der Berge in das dritte Tagewerk." [1]) Die Genesis berichtet über die Bildung und

---

1) S. 478.

Vollendung der Berge einfach gar nichts. Sie sagt nur, am dritten Tage habe Gott die Scheidung von Wasser und Land eintreten lassen. Als diese eintrat, war natürlich das feste Land und die Unebenheit der Erdoberfläche vorhanden, ohne welche diese Scheidung nicht hätte eintreten können. Ob aber diese Unebenheit durch Hebung der einen oder durch Senkung der andern Theile bewirkt worden ist, ob die festen Bestandtheile der Erde erst jetzt von den flüssigen getrennt worden sind, oder ob diese festen Bestand= theile schon vor dem dritten Tage vorhanden und die Bildung der Uneben= heiten der Erde schon vor dem dritten Tage begonnen und weit vorgerückt war, darüber sagt Moyses gar nichts; seine Worte bleiben wahr, wenn am dritten Tage diese Gestaltung so weit gediehen war, daß das Land aus dem Wasser hervortrat. Wir werden uns also auf exegetischem Stand= punkte jeder Zeitbestimmung für die Bildung der Gebirge enthalten müssen und ebensowenig sagen dürfen, sie falle auf den dritten Tag, wie, sie falle in die Zeit des Thohuwabohu. Sie kommt in dem Schöpfungsberichte des Moyses einfach gar nicht vor, und wird nur indirect als wenigstens theil= weise geschehen erwähnt, sofern sie durch die Scheidung von Wasser und Land vorausgesetzt wird.

Noch tadelnswerther ist es, wenn man den Psalm 104 und andere Stellen der poetischen Bücher des Alten Testaments in diese Controverse hineinzieht. Es ist augenscheinlich nur eine poetische Ausmalung der kurzen Beschreibung, welche Moyses von der Scheidung von Wasser und Land am dritten Tage gibt, wenn der Psalmist sagt:

Jehova stützte die Erde auf ihre Grundfesten,
Sie wanket nicht ewig und immerdar.
Mit Wasserschwall wie mit einem Gewand hattest du sie bedeckt,
Auf Bergen stehen Gewässer;
Vor deinem Schelten fliehen sie,
Vor deiner Donnerstimme fahren sie hinweg —
Es steigen Berge, sinken Thäler, —
An den Ort, den du ihnen gegründet.
Grenzen setzest du, die sie nicht überschreiten,
Daß sie nicht zurückkehren, die Erde zu bedecken. [1]

Wer wird in solchen poetischen Worten Belehrung über die Bildung der Gebirge suchen?

Wie weit übrigens Keerl in seinem Eifer geht, mögen Sie daraus er=

---

[1] Pf. 104 (103), 5 ff. nach dem Hebräischen.

sehen, daß er sogar mit einem Theil der Neptunisten selbst Händel anfängt, mit denjenigen nämlich, welche meinen, die Erde möge sich ursprünglich in einem theils flüssigen, theils festweichen Zustande befunden haben. Ein solcher Zustand scheint Keerl [1] „der Schriftaussage, welche die ganze Masse der Erde aus und durch Wasser entstehen läßt, nicht zu entsprechen." Also Wasser und nichts als Wasser und alle andern Substanzen „in Wasser aufgelöst oder abgymirt" — das ist der ursprüngliche Zustand der Erde; denn es steht geschrieben: aus und durch Wasser ist die Welt entstanden. Das heiße ich eine Bibelstelle urgiren, in Fragen, worin sie gar nicht urgirt werden will. Der hl. Petrus und Moyses haben gar nicht die Absicht, uns über den naturhistorischen Proceß der Erdbildung zu belehren und wir sind also gar nicht berechtigt, aus ihren Worten mehr zu lernen, als dieses, daß die Erde vormals mit Wasser bedeckt gewesen ist und daß nach Gottes Willen die Scheidung von Wasser und Land auf der Erdoberfläche eingetreten ist. Diese Notiz ist aber mit dem plutonistischen, wie mit dem neptunistischen System vereinbar, und Delitzsch [2] hat also ganz Recht, wenn er sagt, der biblische Schöpfungsbericht nöthige uns durchaus nicht, dem Plutonismus mit solchem biblisch=apologetischen Eifer entgegenzutreten, wie es von Keerl geschieht.

Was dieser sonst noch zu Gunsten seiner Auffassung vorbringt, ist sehr schwach. Er beruft sich darauf, daß auch die ältesten Völker ohne Ausnahme das Wasser als den Mutterschooß der Erde betrachten. Auf diese Uebereinstimmung der Schöpfungssagen der verschiedenen alten Völker unter einander ist insofern Gewicht zu legen, weil sie auch mit dem mosaischen Berichte übereinstimmen und darum, wie ich früher erwähnt habe, die an die ersten Menschen geschehene göttliche Offenbarung über die Schöpfung, welche uns im Heraemeron berichtet wird, als die Grundlage der Sagen der Völker angesehen werden darf. Da nun in dieser Offenbarung der älteste Zustand der Erde als Wassermasse erscheint, so erklärt sich jene Uebereinstimmung der Schöpfungssagen unter einander aus ihrer Uebereinstimmung mit der Genesis und es ist mithin aus jener nicht mehr zu folgern als aus dieser.

Wenn Keerl den Neptunismus dadurch zu empfehlen sucht, daß er sagt, derselbe brauche nicht so viele Hunderttausende oder Millionen von

---

1) S. 434.
2) Genesis S. 611.

Jahren für die Bildung der Erde zu postuliren, als der Plutonismus, so ist das ein ganz verfehltes Argument. Wenn wir uns einmal entschließen können, die vorhistorische Zeit uns länger zu denken, als sechsmal vierundzwanzig Stunden — und das hat, wie ich gezeigt habe, gar kein Bedenken — so kann es uns auf einige Millionen Jahre gar nicht ankommen.

Die Bibel begünstigt also die neptunistische Theorie nicht, ebensowenig freilich die plutonistische. Ich kann es nur als einen ganz verfehlten Gedanken ansehen, wenn Delitzsch [1]) meint, der Satz: „die Erde war wüst und öde" könne einen feurigen, der nächste Satz: „und Finsterniß war über der Wassermasse" den darauf gefolgten wässerigen oder mit Wasser überschwemmten Zustand der Erde bezeichnen, so daß also schließlich sogar eine biblische Begründung des Plutonismus herauskäme. In den drei Sätzen des zweiten Verses: „Und die Erde war wüst und öde, und Finsterniß war über der Wassermasse, und der Geist Gottes war über der Wassermasse" sollen offenbar nicht zwei oder drei auf einander folgende Zustände, sondern ein Zustand der Erde geschildert werden, der Zustand der ἄμορφος ὕλη im Gegensatz zu der durch das Sechstagewerk bewirkten Ordnung und Gestaltung.

Wir bleiben also dabei: die Genesis und überhaupt die Bibel berichtet nur, daß in der vorhistorischen Zeit einmal Wasser die Oberfläche der Erde gebildet hat. Dagegen hat aber kein Geologe etwas einzuwenden: die Neptunisten natürlich gar nichts, aber auch die Plutonisten nichts; denn auch sie erkennen, wie wir gesehen haben, wenigstens die sogenannten geschichteten Formationen als durch wässerige Niederschläge gebildet an. Darin stimmen also alle Geologen unter einander und mit Moyses überein; wenn ein Theil der Geologen außer und vor diesen neptunischen Gestaltungsprocessen andere plutonischen Charakters statuirt, der andere Theil der Geologen auch die andern Formationen für neptunische erklärt, wenn also in dieser Hinsicht zwischen den Geologen selbst Widerspruch herrscht, so sehen wir, daß gerade hier ein Widerspruch zwischen Bibel und Geologie nicht stattfinden kann, weil die Bibel über diesen Gegenstand gar nicht spricht. Wer immer also auch zuletzt den Sieg davon tragen mag, Neptun oder Pluto oder ein Dritter, die Genesis hat nichts zu fürchten; denn sie erscheint gar nicht auf dem Kampfplatze. Ihr Bericht beginnt erst da, wo auch die Geologen einig sind, und beschränkt sich auf das, was auch Geologen als unbestreitbar ansehen.

---

1) Genesis S. 611.

Wenn die Geologie noch mehr als feststehendes Resultat gewonnen haben wird, wenn sie uns mit Gewißheit wird sagen können, welche Gestaltungsprocesse im Innern der Erde und vor der Uebersluthung der Erde, von der die Genesis spricht, vor sich gegangen sind, dann können diese Resultate zur Ergänzung des seiner Natur nach dürftigen und unvollständigen Berichtes der Genesis über die Gestaltung des Erdkörpers benutzt werden. Bei dem Streite aber über Neptunismus und Plutonismus sollte man die Genesis beiderseits aus dem Spiele lassen, und ihre Angaben weder als Bestätigung geologischer Theorien noch als durch solche Theorien widerlegt ansehen; denn sie hat mit diesem Streite gar nichts zu schaffen.

Unsere Untersuchungen haben uns also, um das zum Schlusse noch einmal hervorzuheben, das Resultat geliefert, daß die Bibel den geologischen Theorien der Erdbildung nicht nur nicht widerspricht, sondern überhaupt das Gebiet der Geologie in dieser Hinsicht kaum berührt. Die Genesis gibt im ersten Capitel allerdings eine Geogonie, aber doch nur eine unvollständige; sie hat über die Gestaltung der Erde nur insofern zu berichten, als die Erde der Wohnplatz der Menschen und der Schauplatz der Ereignisse ist, welche der Pentateuch in seinen folgenden Abschnitten zu erzählen hat. Darum spricht sie nur von der Scheidung von Wasser und Land, von der Bildung der Erdatmosphäre und des Wolkenhimmels, von den Relationen der Gestirne zur Erde oder eigentlich zu den Menschen, von der Hervorbringung der Pflanzen= und Thierwelt; denn nur diese Punkte sind von Wichtigkeit, wenn wir die Erde als Wohnplatz des Menschengeschlechts in Betracht ziehen. In der Geologie als selbstständiger Wissenschaft sind aber eben diese Punkte nur von untergeordneter Bedeutung; bei weitem wichtiger ist hier die Frage, auf welche Weise, durch welche mechanische und chemische Processe sich der Erdkörper gebildet hat, welches die ursprüngliche Daseinsform der Gebirgsarten und überhaupt der Masse gewesen ist, die jetzt unsern Erdkörper ausmacht. Für die Geologie ist also die eine Reihe von Fragen von hervorragender Wichtigkeit, für die Genesis eine andere Reihe. Daher sind hier die Berührungspunkte zwischen Geologie und Bibel nicht zahlreich. Die Bibel berichtet nichts, als was die Geologie längst gewußt und anerkannt hat, daß vor dem Auftreten des Menschengeschlechts die Erde einmal mit Wasser bedeckt gewesen ist. Im Uebrigen sind die Ausdrücke der Bibel so unbestimmt und allgemein, daß daraus weder der Neptunist Argumente zur Bestätigung seiner Theorie, noch der Plutonist Waffen zur Bekämpfung der biblischen Kosmogonie hernehmen kann.

XVI.

Die Theorien der Erdbildung.

Bei der Erörterung der Stellung der Bibel zu den verschiedenen geologischen Theorien der Erdbildung, welche uns in den letzten Stunden beschäftigt hat, haben wir das Resultat gewonnen, daß die Bibel keine dieser Theorien begünstigt und mit keiner derselben in Widerspruch steht, daß sie sich vielmehr, wenn wir ihre Worte unter dem geologischen Gesichtspunkte betrachten, so unbestimmt ausspricht, daß die Geologen ihre Aussagen weder als wichtig noch als verfänglich bezeichnen können.

Wir finden das immer so: die Bibel spricht sich scharf und unzweideutig aus, wo sie von dem spricht, was ihres Berufes ist, von religiösen Wahrheiten; wo sie dagegen bei dem Vortrage religiöser Belehrungen einmal genöthigt ist, das Gebiet der profanen Wissenschaft zu berühren, da sind ihre Worte so wenig präcise, so vag und unbestimmt, daß jeder Leser verstehen kann, um was für religiöse Wahrheiten es sich handelt — und darauf kommt es der Bibel ja an — daß aber die profanwissenschaftliche Forschung einerseits durch die Angaben der Bibel nicht gefördert wird und keine neue Aufschlüsse erhält, andererseits aber auch niemals einen Punkt findet, wo die Bibel mit sichern Resultaten der Forschung in Widerspruch geriethe.

Der inspirirte Charakter der hl. Schrift zeigt sich natürlich vorzugsweise in dem, was sie sagt, in den Belehrungen über Gott und die göttlichen Dinge, welche die biblischen Schriftsteller uns nicht aus dem Ihrigen geben konnten, welche sie vielmehr der übernatürlichen Erleuchtung und dem Gnadenbeistande des göttlichen Geistes verdanken. Aber wir erkennen diesen übernatürlichen Beistand des göttlichen Geistes, der den biblischen Schriftstellern zu Theil geworden ist, auch in dem, was die Bibel nicht sagt. Die biblischen Schriftsteller haben gewiß in manchen Punkten des natürlichen menschlichen Wissens, in Fragen der Astronomie, Geologie und dergl., den Ansichten und Irrthümern ihrer Zeit gehuldigt; die Gefahr lag also nahe, daß sie in ihren Aufzeichnungen diese ihre Ansichten mit einfließen ließen und so mit den religiösen Wahrheiten Anschauungen über profane Gegenstände vermengten, die der Fortschritt der Wissenschaften als Irrthümer nachweisen konnte. Und doch ist das nie der Fall: in der Ausdrucksweise schließen sich die biblischen Schriftsteller vielfach an die Anschauungen ihrer Zeit an, aber nur insoweit, als dieses ganz unbedenklich ist und noch heute

ebenso geschehen würde, wie wenn sie z. B. sagen: die Sonne sei das
größte Gestirn oder die Sonne gehe auf und unter und bewege sich und
stehe still. Aber sonst finden wir in der Bibel nie profanwissenschaftliche
Angaben, welche mit den Resultaten der Forschung in Conflict kämen.
Durchgängig schweigt die Bibel über solche Dinge, und wo sie davon reden
muß, sagt sie nicht mehr, als im Interesse der religiösen Belehrung gesagt
werden muß, und das ist so wenig und wird so unbestimmt ausgedrückt,
daß den Resultaten der wissenschaftlichen Forschung vollständig Carte blanche
gelassen wird. Da ist Gottes Finger: der göttliche Geist hat die biblischen
Schriftsteller zur rechten Zeit und in der rechten Weise reden gelehrt, aber
er hat sie auch zur rechten Zeit und in der rechten Weise schweigen gelehrt.

So ist es denn auch, wie wir gesehen haben, bei dem, was das
Hexaemeron über die Erdbildung referirt: Die Neptunisten thun unrecht,
wenn sie die Angaben der Genesis als eine Bestätigung ihrer Ansichten
citiren, und die Plutonisten thun unrecht, wenn sie glauben, durch ihre
Theorie die Bibel eines geologischen Irrthums überführen zu können: Moyses
lehrt eben nichts, als daß Wasser und Land nicht immer so geschieden gewesen sind, wie jetzt, und daß die Scheidung derselben durch Gott bewirkt
worden ist, und das ist, vom Standpunkte der geologischen Wissenschaft
angesehen, eine ganz unschuldige Notiz, die unsere geologischen Kenntnisse
gar nicht erweitert oder vermehrt — was sie ja auch gar nicht bezweckt
— und die ebenso wenig mit den geologischen Theorien in Widerspruch
kommen kann.

Sie sehen daraus zugleich, wie der Glaube an die Wahrheit dessen,
was die Bibel lehrt, den Fortschritt der geologischen Forschungen in keiner
Weise hemmen kann. Eben weil die Bibel so wenig, so gut wie gar nichts
sagt, was der Geologe auf seinem Standpunkte als wichtig anzusehen hätte,
läßt sie der geologischen Forschung völlig freie Hand, und es ist ein bloßes
Vorurtheil, wenn man meint, ein Geologe, der an die göttliche Offen=
barung glaubt, der namentlich auch an die göttliche Eingebung der hl.
Schrift und darum an die Wahrheit alles dessen glaubt, was die hl.
Schrift sagt, könne nicht mit der Unbefangenheit, mit der Freiheit des
Geistes und mit der Consequenz, folglich auch nicht mit dem Erfolge geolo=
gische Untersuchungen, Forschungen und Studien betreiben, wie ein Gelehrter,
der in seinen Ueberzeugungen durch keinerlei Rücksichten gegen die Bibel
gefesselt sei, der bei seinen Untersuchungen gar nicht durch die Befürchtung
einer möglichen Collision mit der Bibel gestört werde. — Das ist, wie

gesagt, ein bloßes Vorurtheil; der bibel= und offenbarungsgläubige Geologe braucht sich als Geologe von jedem andern nicht zu unterscheiden; denn er hat in der Bibel keinen Leitfaden der Geologie, von dem er nicht abweichen dürfte. Die Bibel macht gar keinen Anspruch darauf, in rein naturwissen= schaftlichen Fragen ein Wort mitzusprechen, und Sie werden Sich erinnern, daß ich es wiederholt vom theologischen Standpunkte aus ganz entschieden mißbilligt habe, wenn einzelne bibelgläubige Naturforscher die Aussagen der Bibel oder vielmehr das, was sie fälschlich als Aussagen der Bibel an= sahen, in die Discussion naturwissenschaftlicher Fragen hineinzogen.

Nicht auf dem Gebiete der Naturwissenschaft, sondern auf dem Gebiete der Religion tritt die Bibel als Lehrerin auf: nicht astronomische, geologische und physicalische Thatsachen und Theorien will sie uns lehren, sondern Glaubenssätze und Sittenregeln. Diese aber lehrt sie so, daß sie auf un= bedingten Glauben und Gehorsam Anspruch macht. Daß Alles, was außer Gott existirt, durch Gottes freien Willen seine Existenz hat, das ist Lehre der hl. Schrift und dafür verlangt sie Glauben von dem Astronomen und Geologen sogut wie von dem Bauern; aber daß die Erde auf neptu= nischem oder daß sie auf plutonischem Wege ihre jetzige Gestaltung erlangt hat, das lehrt die Bibel nicht; das mögen die Geologen unter sich aus= machen; darüber mögen sie verschiedener Meinung sein: wenn der Plutonist an das Dogma von der Schöpfung glaubt, kann er mit seiner Theorie ein ebensoguter Christ sein, wie der Neptunist mit der seinigen. Ueber Gott und die göttlichen Dinge hat Gott durch die Offenbarung die Menschen belehrt, aber mundum tradidit disputationi eorum, wie der weise Salomon sagt.[1] An Gott und die göttliche Offenbarung sollen die Naturforscher aller Parteien glauben; in andern Dingen mögen sie unter sich disputiren. Was wir zu glauben haben, das steht fest und daran wird nichts geändert; aber in Fragen der profanen Wissenschaft kann der gläubige Christ dem unbegrenzten Fortschritt huldigen.

Diese allgemeinen Bemerkungen geben dem Theologen zugleich die nöthigen Regeln zur Beurtheilung der verschiedenen geologischen und über= haupt naturwissenschaftlichen Systeme und Theorien.

Nehmen wir z. B. die Theorie der Erdbildung, welche bei den Neuern den meisten Beifall gefunden hat.[2] Die zahlreichen elementaren Substan=

---

1) Pred. 3, 11.
2) Nach Burmeister, Gesch. der Schöpfung S. 126 ff. und Nöggerath, Ges. Naturwiss. III, 312 ff.

zen, aus denen unsere Erde besteht, waren zuerst in den Verhältnissen, in welchen sie wirklich constituirende Bestandtheile des Erdkörpers sind, dunst=förmig unter einander gemischt. Aus dieser gasartigen Mischung schieden sich zuerst die schwersten Metalle aus und bildeten einen festen oder flüssigen Kern, der nach und nach durch Anziehung gleichartiger Theile sich vergrö=ßerte. In dem nach und nach eingetretenen fernern Stadium war die Erde eine heißflüssige Kugel, umgeben von einer Atmosphäre, welche aber aus viel mehr Stoffen bestand, als unsere jetzige, da Wasser, Chlor, Schwefel und andere Stoffe damals nur erst gas= und dampfförmig vorhanden waren. Die Temperatur des Weltenraumes ist sehr niedrig und wirkte also erkaltend auf den heißen Erdkörper. Die Dämpfe in der obern Region der Atmosphäre kühlten sich ab und dadurch entstanden Niederschläge auf der heißen Erde. Das so in den flüssigen Zustand übergegangene Wasser mit seinem Gehalte an andern Stoffen wurde hier sogleich, anfangs wohl noch ehe es die Erde erreichte, von neuem erhitzt, abermals in Dampf verwan=delt und stieg von neuem auf. Dieser Hergang mußte sich sehr oft wieder=holen. Durch die fortwährende Wärmeabnahme erstarrte aber zuletzt die Kugel an ihrer Oberfläche, und es entstand die erste feste Kruste der Erde aus den geschmolzenen Massen der Erden, Alkalien und Metallen. Der Erd=kern kühlte sich fortwährend ab und zog sich dadurch immer mehr zusammen. Es entstanden leere Räume zwischen der festgewordenen Rinde, da diese für ihren Inhalt zu groß geworden war, und die über diesen Räumen liegende Gesteinsrinde senkte sich örtlich ein, und erhielt Runzelungen an der Ober=fläche, welche Brüche und Spalten zur Folge hatten. Eingesunkene Schol=len drückten auf den feuerflüssigen Kern; durch Oeffnungen und Spalten drangen flüssige Gesteine zur Oberfläche empor; theilweise richteten sie die Schollen der festgewordenen Erdrinde auf und kitteten diese gehobenen schie=ferigen Massen in mehr oder minder geneigter Richtung an einander. An den ganz gebliebenen Stellen wurden die Schiefermassen aber immer dicker. Die zwischen die Schollen gedrungenen und dazwischen erkalteten Massen bil=deten mit jenen die ersten, wohl noch nicht sehr hohen Berge und Bergrücken. Nach vielfachem Zertrümmern und Aneinanderkitten gewann endlich die Erd=kruste, welche natürlich durch die fortwährende Erkaltung im Innern nach un=ten zu auch immer dicker wurde, einen gewissen Halt; die Zerspaltungen er=folgten nun spärlicher und die Oberfläche ward ruhiger und fester. Die fort=dauernden Niederschläge aus der Atmosphäre erhielten immer mehr und mehr einen bleibenden Aufenthalt auf der Erde. Es entstand nach und nach ein großes Weltmeer, welches vielleicht ganz oder doch beinahe ganz die Erde bedeckte, so daß höchstens einige Granitinseln daraus emporragten. Es war siedend heiß, und enthielt noch viele andere Stoffe als Wasser, wirkte auch chemisch auflösend und mechanisch zerstörend auf die Erdkruste. Diese aufgelöst oder mechanisch zertrümmert im Wasser enthaltenen Theile setzten sich an ruhigen Orten als erste neptunische Bildung, als Thonschiefer und Grauwacke, ab. Während der Bildungszeit dieser Formationen nahm die Erkaltung der Erdoberfläche so bedeutend zu, daß sie für organische Wesen bewohnbar wurde. Die Eruptionen und die neptunischen Ablagerungen, welche durch jene immer mit gehoben wurden, vermehrten die Masse des Landes oder eigentlich die der Inseln. Um diese Zeit erhielt die Erde die erste Vegetation und die ersten Thiere, zunächst See- und Sumpfpflanzen und Seethiere. — Die Veränderungen, welche die Erde seitdem noch erlitten hat, lassen wir vorläufig bei Seite. Was die Zeit betrifft, welche für diese Geschichte der Erdbildung postulirt werden muß, so läßt sich dieselbe in Ziffern nicht wohl angeben. Wenn man indeß bedenkt, wie sehr eine feurigflüssige oder gar eine gasartige Masse von den ungeheuren Granitmassen verschieden ist, die jetzt einen Haupttheil der Erdrinde ausmachen, und wenn man auf die Reihe von Gestaltungen und Revolutionen zurückblickt, welche nach der eben gegebenen Darstellung der Erdkörper durchgemacht haben muß, so wird man kaum mit einigen hunderttausend Jahren ausreichen und eher geneigt sein, in die Millionen hineinzugreifen. Gustav Bischof verlangt, um beispielsweise eine Ziffer anzuführen, 353 Millionen Jahre.

Gesetzt, diese Theorie der Erdbildung läge einem Theologen vor; er soll darüber sein Urtheil abgeben, d. h. nicht erklären, was er persönlich davon hält, ob sie ihm wissenschaftlich haltbar oder zulässig erscheint, sondern ob es ihm scheint, daß man diese Theorie aufstellen könne, ohne mit der Bibel oder überhaupt mit der geoffenbarten Religion in Conflict zu kommen. Also, um die Sache noch praktischer zu fassen, gesetzt, einem theologischen Censor würde diese Theorie vorgelegt, um zu entscheiden, ob einem Buche, welches sie enthält, die kirchliche Approbation ertheilt werden könne, womit bekanntlich nicht erklärt werden soll, daß der Inhalt des Buches richtig sei, sondern nur, daß er der Lehre der Kirche nicht widerspreche. Was wird der Censor thun? Wenn er vernünftig ist, wird er unbedenklich das Manuscript zurücksenden, nachdem er sein Imprimatur oder wenigstens Imprimi permittitur darauf gesetzt; denn sowie ich die Theorie eben vorgetragen, kommt darin kein einziger Satz vor, den der Theologe als sententia haeresim sapiens oder temeraria bezeichnen dürfte. Ob naturwissenschaftliche Ketzereien oder Verwegenheiten darin vorkommen oder nicht, darum hat sich der theologische Censor nicht zu kümmern; das mag der Autor mit seinen Zunftgenossen ausmachen. — Wenn den englischen Zeitungen zu glauben ist, was freilich von ihren Berichten über italienische Angelegenheiten im Allgemeinen nicht gilt, so hat vor einigen Decennien in einer zu Rom — jedenfalls mit geistlicher Censur — erscheinenden Zeitschrift eine Abhandlung gestanden, worin bewiesen werden sollte, natürlich nicht mit theologischen, sondern mit naturwissenschaftlichen Argumenten, die Sonne sei gar nicht so groß, wie man gewöhnlich annehme, — wenn ich mich recht erinnere, nur sieben oder zwölf Ellen im Durchmesser.[1]) Das war ganz in der Ordnung. Ich meine so: wenn ein italienischer Gelehrter Lust hatte, sich mit dieser Thesis vor der Welt lächerlich zu machen, und wenn die Redaction der betreffenden Zeitschrift ihm zu diesem Zwecke einige Seiten zur Disposition stellte, so hatte der Magister Sacri Palatii oder wer sonst in diesem Fall des geistlichen Censoramtes waltete, gar nicht den Beruf, sich ins Mittel zu legen. Eine theologische Ketzerei lag nicht vor, und so strenge die kirchlichen Behörden in diesem Punkte sind, und das von Rechts wegen, so tolerant sind sie in jeder andern Hinsicht. Der Cardinal Wiseman bezeichnet es mit Recht als eine bemerkenswerthe Thatsache, daß man in dem römischen Inder viele geschichtliche Werke, metaphysische Abhandlungen und politische oder besser gesagt: antisociale Broschüren finde, aber vergebens nach naturwissenschaftlichen, astronomischen oder geologischen Büchern suche.[2])

Rücksichtlich der Bildung der Erde ist Lehre der Bibel und darum auch Lehre der Kirche, wie ich früher nachgewiesen, Folgendes:

1) Die Erde ist, wie Alles, was außer Gott ist, nicht von Ewigkeit.

2) Sie hat den Grund ihres Seins in Gott, ist durch Gottes Willen geschaffen worden.

---

1) Als Pendant dazu mag die 1740 erschienene Schrift des Hirschberger Gymnasialrectors G. Hensel erwähnt werden: „Cosmotheoria biblica restaurata oder Neues mosaisches Weltsystem, darinnen aus göttlichen und natürlichen Gründen erwiesen wird: 1) daß die Erde festsehe; 2) daß die Sonne laufe; ... 4) daß die himmlischen Körper zwar groß, aber nicht von so abscheulicher Größe seien, als wie sie heutiges Tages insgemein vorgegeben werden ... mit Kupfern zum Preise des großen Schöpfers, Rettung der Wahrheit, wie jedermänniglich, so vornehmlich der studirenden Jugend zum nützlichen Unterricht an das Licht gestellt."

2) Vgl. den Vortrag über „die Kirche und die Wissenschaft" in der Belletr. Beilage zu den „Köln. Blättern" Nro. 83.

3) Ihre wirkliche Existenzweise ist der göttlichen Idee und dem göttlichen Willen entsprechend; wenn sie also verschiedene Gestaltungsprocesse durchgemacht hat, so ist dieses dem göttlichen Willen entsprechend geschehen. Diese dogmatischen Sätze werden freilich in der eben vorgetragenen Theorie der Erdbildung nicht ausdrücklich ausgesprochen und anerkannt, aber sie werden auch nicht dadurch negirt, und können der Theorie beigefügt oder eingefügt werden, ohne daß dieselbe dadurch alterirt würde.

Die wissenschaftliche Forschung kann ja auch, da sie auf der Empirie basirt, niemals bis zu dem letzten Grunde hinaufgehen. Der erste Grundsatz der Naturwissenschaft ist: aus nichts wird nichts; sie kann mithin nur die Veränderungen der existirenden Dinge, nicht die Anfänge ihrer Existenz zum Gegenstande ihrer Untersuchung machen. In der vorgetragenen Theorie wird zu erklären versucht, wie unsere Granitmassen aus der gasartigen oder feuerflüssigen Materie der Urzeit entstanden seien; aber woher diese ursprüngliche Materie, und woher die Naturkräfte, durch deren Einwirkung der Gestaltungsproceß zu Stande kam, — darüber wurde nichts gesagt, und darüber kann die Geologie auch nichts sagen. Sie kann sagen: gib mir diese Materie und gib mir diese Kräfte, so will ich die jetzige Erde construiren; aber auf dieses δός μοι ποῦ στῶ kann sie nie verzichten. Der Uebergang vom Gas zum Granit ist eine Kleinigkeit in Vergleich zu dem Uebergang vom Nichts zu der allerfeinsten Materie. Vom Nichts zum Sein gibt es überhaupt keinen Uebergang als den durch den Schöpferwillen Gottes vermittelten. Die Geologie muß mithin annehmen, entweder daß die ursprüngliche Materie ewig ist, oder daß sie durch eine außer ihr seiende Causalität geworden ist, und welche von diesen beiden Annahmen die richtige sei, das ist keine naturwissenschaftliche, sondern eine philosophische und theologische Frage.

In der vorgetragenen geologischen Theorie mußten also folgende Fragen unbeantwortet bleiben, weil sie auf dem Gebiete der Naturwissenschaft überhaupt nicht beantwortet werden können: Woher ist die erste Materie, durch deren Entwicklung und Umgestaltung die Erde entstanden ist? Woher kommt es, daß diese erste Materie nicht in ihrem ursprünglichen Zustande geblieben ist? Woher kommt der erste Anstoß zu der Reihe von Veränderungen? Wie ist die Fähigkeit und der Trieb zu den Entwicklungen in die Materie hineingekommen, oder woher sind die Kräfte, die abkühlend, verdichtend, erstarrend und verhärtend auf die Materie eingewirkt haben, und woher die Gesetze, nach welchen die Gestaltungsprocesse gerade zu diesem Ziele geführt haben? Die Beantwortung dieser Fragen gehört, wie gesagt,

nicht in die Geologie; werden sie aber richtig beantwortet, so ist die vorgetragene Theorie ganz unbedenklich. Sie würde dann so lauten: Gott
hat ursprünglich eine gasartige Mischung von Stoffen hervorgebracht,
welche fähig war, unter bestimmten Bedingungen verschiedene Gestaltungsprocesse durchzumachen. Diese Bedingungen hat Gott eintreten lassen, und
so ist nach Gottes Willen durch die Einwirkung der von Gott geschaffenen
und in Thätigkeit gesetzten Naturkräfte die von Gott geschaffene ursprüngliche Materie im Verlaufe einer langen Zeit zu unserm Erdkörper gestaltet
worden. Diese Auffassung harmonirt vollkommen mit dem mosaischen Heraemeron; denn wenn Moyses sagt: „Im Anfange schuf Gott Himmel und
Erde," so behauptet er damit nur, daß die Welt nicht ewig und daß sie
durch Gott geworden ist, sagt aber nichts darüber, in welcher Daseinsweise die Welt von Gott geschaffen wurde. Wenn Moyses weiter sagt:
„Gott sprach: es werde Licht; Gott theilte die Wasser; Gott sprach:
das trockene Land soll hervortreten" u. s. w., so bleiben diese Worte vollkommen wahr, wenn wir annehmen, daß im Verlaufe der nach Gottes
Willen eintretenden und durch die von Gott geschaffenen und geleiteten
Naturkräfte bewirkten verschiedenen Gestaltungsprocesse zu einer von Gott
bestimmten Zeit das Licht erschienen, die Theilung der Wasser und die
Scheidung von Wasser und Land eingetreten sei. Wenn Moyses endlich
sagt, in sechs Tagen sei die Vollendung des Himmels und der Erde bewirkt worden, so ist das, wie wir gesehen haben, keine eigentlich chronologische Angabe und braucht uns gar nicht zu hindern, Millionen von Jahren als die Zeit der Gestaltungsprocesse der Erde anzunehmen.

Die vorgetragenen und andere ähnliche geologische Theorien sind also,
— was immer auch auf dem Standpunkte der geologischen Wissenschaft
selbst davon zu urtheilen sein mag — in theologischer Hinsicht ganz unverfänglich. Deluc und Ampere z. B., welche derartige Theorien vorgetragen
haben, waren durchaus gläubige Christen. Aber factisch wird die Theorie
freilich nicht immer in dieser unbedenklichen Weise vorgetragen. Die Versuchung liegt hier auch sehr nahe, falsche philosophische und theologische Vor-
stellungen einzumengen. So wird von ältern französischen Naturforschern, wie
von Buffon und Lamarck,[1] zwar noch ein Schöpfer erwähnt; aber er schafft
nur zwei Dinge, la matière et la nature, einen Urstoff und die Naturgesetze, und nachdem Gott diesen Act vollzogen, tritt er vom Schauplatze

---

1) Vgl. *Sorignet*, Cosmogonie p. 194.

ab, die weitern Gestaltungsprocesse verlaufen nun von selbst und es ist
Sache des Zufalls oder Sache der Naturnothwendigkeit, daß der Urstoff
unter der Herrschaft der Naturgesetze sich nach und nach zu dem gestaltet,
was wir jetzt sehen. In der consequentesten Weise wird in der von Vogt
aus dem Englischen übersetzten „Natürlichen Geschichte der Schöpfung" diese
Theorie durchgeführt. Gott hat die Materie geschaffen und gleichzeitig solche
Naturgesetze gegeben, daß ohne irgend welches weitere Eingreifen von seiner
Seite seitdem die Geschichte der Welt verlaufen ist. Es ist nur Inconsequenz,
meint der Verfasser, wenn man diesen naturgesetzlichen Verlauf der Dinge
auf die Ausbildung der Sonnensysteme und auf die Ausbildung unseres
Erdkörpers aus einer mit gewissen Anlagen und Kräften begabten Materie
beschränkt. Ganz in derselben Weise ist die Entstehung der ersten organischen
Wesen, die allmälige Ausbildung der verschiedenen Pflanzen und Thiere
und die Vervollkommnung der letztern zum Menschen zu erklären. Auch die
Geschichte der Menschheit beherrscht jenes System von Naturgesetzen, in
welchen von Anfang an alles geordnet ist und in welchen alles so erschöpft
wird, daß die Welt sich nach ihnen ausschließlich regiert. Sie sehen leicht,
wie in dieser Theorie die Lehre von der Vorsehung und von der gesetz=
mäßigen Ordnung der Schöpfung in einer Weise gefaßt wird, daß der
Gott, der lebt und regiert, ganz in den Hintergrund tritt, daß von einer
freien Herrschaft Gottes über die Welt und ihre Gesetze nicht mehr die
Rede sein kann, daß der Mensch die Stellung, welche ihm das Christen=
thum zu Gott und zu der Welt anweist, verliert, und daß eine übernatür=
liche Offenbarung Gottes an die Menschen von vornherein als eine Unmög=
lichkeit bezeichnet werden muß.

Diese deistische Anschauung ist aber selbst wieder nur eine unglück=
liche Halbheit und Mittelmäßigkeit. Wenn in diesem System ein überwelt=
liches Wesen nur noch dazu postulirt wird, die Materie zu schaffen und die
Naturgesetze zu geben, so liegt nichts näher, als noch einen Schritt weiter
zu gehen, und zu sagen, was der deutsche Uebersetzer des englischen Werkes
in seiner cynischen Weise ausspricht: „Ein selbstbewußtes, außer der Welt
stehendes Wesen, welches nach der Erschaffung der Weltmaterie und nach
der Gebung der Naturgesetze sich in Ruhe setzt, ist lächerlich. Die Materie
ist ebensowenig geschaffen, als die Naturgesetze gegeben; beide sind noth=
wendige, gegenseitig bedingte Dinge, die keinen Dritten zum Urheber haben."
So wird das pantheistische Dogma von Kraft und Stoff an die Stelle
des theistischen von dem Gott, welcher lebt und regiert, gesetzt, — der

letzte und tiefste Gegensatz, auf welchen der wissenschaftliche Kampf zwischen Wahrheit und Irrthum zurückgeführt werden muß.

Es liegt nicht in meiner Aufgabe, auf diesen Principienkampf einzugehen. Ich wollte hier nur zwei Sätze in Erinnerung bringen, die für unsere Untersuchungen von Wichtigkeit sind:

1) Die Frage nach dem letzten Grunde und Zwecke der sichtbaren Dinge liegt nicht im Bereiche der empirischen Naturwissenschaft, sondern im Bereiche der Philosophie und Theologie. Wenn sich also die Naturforschung auf das ihr eigenthümliche Gebiet beschränkt, wird sie an sich weder zum Theismus noch zum Pantheismus führen, und wenn der Naturforscher sich an die Fragen hält, welche zu dem Bereiche seiner Wissenschaft gehören, hat er weder von theistischen, noch von pantheistischen Ansichten auszugehen. Rein naturwissenschaftliche Werke werden also selbst dann, wenn sie von Verfassern herrühren, deren theologische oder philosophische Ansichten falsch oder incorrect sind, theologisch unbedenklich sein.

2) In praxi wird es sich aber kaum vermeiden lassen, daß bei den naturwissenschaftlichen Erörterungen die philosophischen oder theologischen Ansichten der Verfasser durchblicken, daß die Scheidung zwischen dem, was der Verfasser als Naturforscher ermittelt hat, und dem, was er als Philosoph oder als Bekenner einer theologischen Ansicht denkt, nicht immer deutlich hervortritt, und daß also manches als Resultat seiner naturwissenschaftlichen Forschung erscheint, was nur ein Resultat seiner philosophischen und theologischen Speculation ist. Es liegt weiterhin sehr nahe, daß Jemand absichtlich seine philosophischen und theologischen Ansichten mit in die Darstellung der Resultate der Naturforschung verwebt; gerade so gut, wie die vorhin vorgetragene Theorie der Erdbildung durch die Einfügung der angeführten christlichen Lehrsätze eine ganz unverfängliche Gestalt erhalten kann, geradesogut kann sie auch mit deistischen oder pantheistischen Lehrsätzen verknüpft und dadurch ganz unchristlich gemacht werden. Das Gefährliche liegt in solchen Fällen, wo naturwissenschaftliche Fragen mit falschen philosophischen und theologischen Meinungen vermengt werden, darin, daß weniger scharfblickende oder weniger unterrichtete Leser nicht immer erkennen, wo der Naturforscher und wo der Philosoph oder Theologe spricht, und manches als ein Resultat der naturwissenschaftlichen Forschung ansehen, was nicht Resultat dieser Forschung ist und es nicht sein kann, was vielmehr nur von dem andern Gebiete hinübergenommen ist. Da sich nun die Naturforschung rühmt, und wo sie sich auf ihrem Gebiete hält, mit Recht rühmt, daß alle

ihre Resultate nur durch Beobachtung des Thatsächlichen und streng wissen=
schaftliche Induction gewonnen würden und also auf Zuverläſſigkeit den
gegründetsten Anspruch hätten, so kann mit dieser Vermengung von Natur=
wiſſenſchaft und Naturphiloſophie der ärgste Mißbrauch getrieben werden.
Und wer weiß nicht, daß die Naturwiſſenſchaften gerade in unſerer Zeit
vielfach so mißbraucht werden, und mit um so mehr Erfolg mißbraucht
werden, als die Beſchäftigung mit dieſem Zweige des menſchlichen Wiſſens
gerade in der Richtung unſerer Zeit liegt? Wahrhaft gründliche Forſcher
trifft dieſer Vorwurf am allerwenigsten: ich habe in den vier Bänden von
Humboldts Kosmos kein Dutzend Sätze gefunden, welche theologiſch be=
denklich wären. Aber an die wiſſenſchaftlichen Forſcher hängt ſich hier mehr
als auf andern Gebieten der Schwarm der Halbwiſſer, Literaten und
Büchermacher. Was der Geologe Quenstedt[1]) von ſeiner Wiſſenſchaft klagt:
„es fehlt nicht an Abenteurern, die, wenn ſie überall geſcheitert, hier glück=
lich ihren letzten Rettungsanker auswerfen", das gilt von den Naturwiſſen=
ſchaften überhaupt. Daher denn die zahllosen populären Bearbeitungen der=
ſelben und die unzähligen naturwiſſenſchaftlichen Aufſätze in den für das
ſogenannte gebildete Publikum beſtimmten Zeitſchriften, in welchen gedankenlos
oder abſichtlich mit dem leicht zu affectirenden Schein naturwiſſenſchaftlicher
Erudition, oft in einer gewandten und glänzenden ſtiliſtiſchen Darſtellung
der chriſtliche Glaube dadurch bekämpft wird, daß man wirkliche Reſultate
der Forſchung mit bloßen Hypotheſen und mit philoſophiſchen Anſichten ver=
mengt als wiſſenſchaftlich erhärtete Wahrheiten den Lehren der Offenbarung,
und namentlich den Angaben der Bibel oder dem, was man für bibliſche
Lehre ausgibt, gegenüberſtellt. Ein unterrichteter und nachdenkender Leſer
wird davon keinen Schaden haben; aber wie viele Leſer dieſer Sachen
können auf dieſe Prädicate Anspruch machen?

Dieſen Thatſachen gegenüber müſſen wir feſthalten: erstens daß wegen
des Mißbrauchs einer Sache die Sache ſelbſt nicht verworfen werden darf,
daß wir also die Naturwiſſenſchaften als ſolche nicht minder zu ehren und
zu achten oder mit Mißtrauen anzuſehen haben, weil viel Unfug mit
ihnen getrieben wird, und zweitens daß in unſerer Zeit der Chriſt, welcher
auf den Namen eines Gebildeten Anspruch macht, und daß namentlich der
Theologe die Naturwiſſenſchaften nicht ignoriren darf. Selbſtändige natur=
wiſſenſchaftliche Forſchungen ſind nicht Jedermanns Sache und auch nicht

---

1) Sonſt und Jetzt, S. 19.

nothwendig für uns. Aber über folgende Worte müssen wir uns klar werden:

1) wir müssen wissen, was in den Bereich der Naturwissenschaft fällt und was nicht, über welche Fragen wir also von dieser Wissenschaft Auskunft erwarten dürfen und über welche nicht;

2) wir müssen wissen, was wirkliches Resultat der naturwissenschaftlichen Forschung und was nur Vermuthung einzelner, wenn auch vieler Naturforscher ist, also nur als naturwissenschaftlich möglich oder wahrscheinlich bezeichnet werden darf;

3) wir müssen wissen, was die Offenbarung überhaupt und die Bibel insbesondere über die Punkte lehrt, welche auch Gegenstand der Naturforschung sind.

Auf Grund dieser Erkenntnisse wird es uns nicht schwer werden, auch die wissenschaftlich begründete Ueberzeugung zu gewinnen, daß zwischen der richtig verstandenen Lehre der Offenbarung und den wirklichen Resultaten der Naturforschung kein Widerspruch vorhanden ist. Wir werden also auch in den Darstellungen, welche einen solchen Widerspruch behaupten, die Trugschlüsse, welche in der Argumentation vorkommen, erkennen und Andern bemerklich machen können.

Lassen Sie mich nach dieser Digression, welche Ihnen den allgemeinen Zweck meiner Vorträge wieder in Erinnerung bringen sollte, noch einmal auf die besprochene, bei vielen neuern Geologen beliebte Theorie der Erdbildung zurückkommen. Wir können als Theologen diese Theorie, wie ich sie vorgetragen habe, passiren lassen, sofern es eben nur eine geologische Hypothese ist und die Lehren der Offenbarung darin zwar nicht anerkannt und ausgesprochen, aber auch nicht negirt werden; sollen wir aber diese Theorie nicht nur passiren lassen, sondern anerkennen, so müssen wir dieselben durch einige theologische Sätze nicht mobificiren, aber vervollständigen:

1) Die Materie, von welcher diese Theorie ausgeht, ist von Gott aus nichts geschaffen worden, und die Kräfte und Naturgesetze, welche bei der Gestaltung und Entwicklung der Materie thätig sind, sind von Gott hervorgebracht worden — Omnia per ipsum facta sunt.

2) Die Materie hat sich entwickelt und gestaltet und die Naturkräfte und Naturgesetze sind bei dieser Gestaltung thätig gewesen — nicht zufällig und nicht nach blinder Nothwendigkeit, sondern nach Gottes Willen und nach Gottes Plan. Alles hat sich so entwickelt, wie Gott von Ewigkeit

her es vorhergesehen und vorher gewollt hat — sine ipso factum est nihil, quod factum est.

3) Wenn Gott wirklich diesen Gang eingehalten hat, daß er die Dinge in der einfachsten und elementarsten denkbaren Gestalt erschaffen und durch eine Reihe von ihm gewollter und durch die Naturkräfte bewirkter Gestaltungsprocesse hindurch und im Verlaufe von Millionen Jahren allmälig zu ihrer vollendeten Gestaltung hingeführt hat — wenn Gott wirklich diesen Gang eingehalten haben sollte, so müssen wir darauf bestehen, daß Gott auch den andern Modus hätte wählen können, die Dinge in einer andern Gestalt ins Dasein treten zu lassen. Wir müssen festhalten, daß z. B. Gott die Granitmassen entweder ursprünglich als gasartige Substanz oder als feuerflüssige Substanz oder in Wasser aufgelöst, oder aber als festes Gestein, wie wir es jetzt sehen, hat schaffen können. Das Eine war Gott ebenso leicht als das Andere, und welchen der verschiedenen Modi des Schaffens Gott wählte, das hing von seinem freien Willen ab. Den Umfang seiner Macht brauchte Gott dabei nicht in Erwägung zu ziehen; denn sein Können ist nicht geringer als sein Wollen. In seiner unendlichen Weisheit wird er einen Modus des Schaffens gewählt haben, welcher seinen Zwecken angemessen war.

4) Die Offenbarung belehrt uns nicht darüber, in welcher Weise Gott die Erde wirklich geschaffen, ob er zunächst ihre Grundstoffe hervorgebracht und diese allmälig sich hat gestalten lassen, oder ob er den Erdkörper gleich in seiner jetzigen oder in einer der jetzigen ähnlichen Gestalt erschaffen hat; die Genesis spricht sich darüber nicht aus, und sonst finden wir in der Bibel nirgend eine Angabe darüber.

5) Wir können auch aus dem, was wir über Gott und sein Wesen und seine Eigenschaften durch die Offenbarung wissen, nicht durch Schlußfolgerungen ermitteln, welche Weise der Erschaffung Gott habe wählen müssen. Wenn Gott die Erde und überhaupt die sichtbare Welt in ihrer vollendeten Gestalt ebenso leicht schaffen konnte, wie in ihren einfachen Grundstoffen, so scheint es nahe zu liegen, zu denken, Gott müsse auch diesen, den kürzesten und einfachsten Weg gewählt haben. Wenn Gott den Erdkörper als feste Masse schaffen konnte — und das konnte er — warum sollte er dann den Umweg wählen, eine gasartige Masse zu schaffen und diese sich allmälig verdichten und verhärten zu lassen? Aber diese Schlußfolgerung wäre doch voreilig: wir können überhaupt nicht a priori festsetzen, was Gott thun müsse und thun werde; Gottes Wege sind nach der Schrift

nicht unsere Wege, und Gott kann aus besondern weisen Absichten jenen Umweg bei der Erschaffung der Dinge eingeschlagen haben, ohne daß wir im Stande zu sein brauchen, diese göttlichen Absichten klar zu erkennen.

Die Theologie ist mithin nicht im Stande, zu bestimmen, welche Art der Erdbildung Gott gewählt habe, und läßt in dieser Hinsicht den Forschungen und Hypothesen der Geologen einen weiten Spielraum, so lange dieselben nicht gegen die hier vorgetragenen theologischen Sätze verstoßen; und das wird nur dann geschehen, wenn die Geologen in ihre geologischen Theorien ihre persönlichen theologischen oder philosophischen Ansichten einmengen.

XVII.

Die Theorien der Erdbildung. Fortsetzung.

In der vorigen Stunde habe ich die Frage erörtert, welche Stellung die Bibel und überhaupt die Offenbarung den geologischen Theorien gegenüber einnehme, durch welche man die allmälige Ausbildung des Erdkörpers aus einer einfachen, mehr elementaren Daseinsform zu seiner jetzigen Gestaltung zu erklären versucht. Wir sind dabei zu folgendem Resultate gekommen:

1) Der Theologe muß festhalten, daß Gott der Allmächtige die Erde in jeder ihm beliebigen Daseinsform erschaffen konnte, in ihrer jetzigen Gestalt eben so leicht, wie in der allerelementarsten Gestalt. Der Theologe kann aber nicht wissen, in welcher der verschiedenen möglichen Daseinsformen Gott die Erde wirklich geschaffen hat; denn die Offenbarung spricht sich darüber nicht aus, und es wäre vermessen, wollte der Mensch, auf seine Conclusionen und Anschauungen gestützt, behaupten, Gott habe in dieser Weise schaffen müssen und in jener Weise nicht schaffen können. Wenn also die Geologie nachweisen könnte, daß die Erde nicht von Anfang an in ihrem jetzigen Zustande oder in einem dem jetzigen ähnlichen Zustande existirt habe, so könnte die Theologie dagegen nichts einwenden, müßte ihrerseits aber auf dem Satze bestehen, daß die Erde ihr Dasein, welcher Art dasselbe auch im Anfange gewesen sein mag, jedenfalls dem schöpferischen Willen Gottes zu verdanken habe. Das ist aber ein Satz, welcher, wie ich wiederholt nachgewiesen, von der Geologie unbedingt zugegeben und jedenfalls nicht bestritten werden kann, weil er gar nicht in den Bereich der geologischen Wissenschaft

fällt, die es nur mit den Veränderungen der existirenden Materie, nicht mit dem Entstehen der Materie zu thun hat.

2) Wenn die Erde nicht in ihrer vollendeten Gestalt erschaffen worden ist, so muß sie eine Reihe von Gestaltungsprocessen durchgemacht haben, ehe sie ihre jetzige Gestaltung erlangte. Wenn die Geologie über die Art und Weise und über den Verlauf dieser Gestaltungsprocesse etwas ermitteln kann, so hat die Theologie ihrerseits dagegen nichts einzuwenden; das Wenige, was die Bibel in dieser Hinsicht lehrt, wird sich mit den geologischen Resultaten um so leichter in Einklang bringen lassen, als es sich bei den geologischen Theorien vorzugsweise um das Erdinnere handelt, im mosaischen Heraemeron so gut wie ausschließlich um die Erdoberfläche. Die Theologie muß nur auch hier wieder den Satz festhalten, daß alle Gestaltungsprocesse der Erde durch Kräfte und nach Gesetzen bewirkt worden sind, welche in Gott ihren Ursprung haben, und daß sie zu dem Resultate geführt haben, welches Gott beabsichtigte, — daß also nicht zufällig oder durch blinde Nothwendigkeit, sondern nach dem Willen und Plane des Schöpfers das, was ursprünglich geschaffen wurde, sich zu unserer jetzigen Erde gestaltet hat. Und das kann wieder jeder Geologe als solcher zugeben oder doch nicht bestreiten, welche persönlichen philosophischen und theologischen Ansichten er auch sonst haben mag.

3) Was die Zeit betrifft, welche verflossen ist von dem ersten Augenblicke der Existenz der Erde bis zu dem Augenblicke des ersten Auftretens des Menschengeschlechts, also um den früher gewählten kurzen Ausdruck zu gebrauchen, was die Dauer der vorhistorischen Zeit betrifft, so gibt uns die Bibel hierüber keine bestimmte Aufschlüsse. Wie man auch die sechs Tage der Genesis verstehen mag, jedenfalls lehrt, wie wir gesehen haben, die Genesis nicht, daß die vorhistorische Zeit nur sechsmal vierundzwanzig Stunden gedauert habe; denn vor den sechs Tagen kennt sie noch eine Zeit, da die Erde wüst und öde war, und über die Dauer dieser Zeit sagt sie gar nichts; und nach der Deutung, die ich als die wahrscheinlichste nachgewiesen zu haben glaube, haben wir uns auch unter den sechs Tagen nicht nothwendig Zeiträume von je vierundzwanzig Stunden zu denken. Wenn also die Geologie über die Dauer der vorhistorischen Zeit etwas ermitteln kann, so braucht sie auch in dieser Hinsicht keine Einsprache von Seiten der Theologie zu befürchten.

Sie sehen also, im Ganzen und Großen stellt sich ein Verhältniß zwischen der Geologie und der Offenbarung heraus, welches am allerwenigsten als ein Verhältniß des Widerspruchs bezeichnet werden kann. Die Offenbarung belehrt uns über die Dinge, welche die Geologie in den Bereich ihrer Untersuchungen ziehen kann, sogut wie gar nicht; sie hat ja auch gar nicht den Beruf, uns dergleichen Belehrungen zu ertheilen. Sie läßt mithin der wissenschaftlichen Forschung ganz freien Spielraum, und wenn ein Geologe sich aufrichtig zu dem Satze bekennt, welchen die Offenbarung lehrt — daß Gott der Schöpfer aller Dinge ist — so kann er im Uebrigen die kühnsten Hypothesen und Theorien über die Erdbildung vortragen, und braucht als geologischer Forscher an Unbefangenheit und Consequenz hinter keinem Andern zurückzustehen.

Wenn trotzdem die geologischen Theorien von Seiten der Theologen Widerspruch gefunden haben, so kann das nur auf Mißverständnissen und Fehlgriffen von der einen oder von der andern Seite beruhen. Fangen wir, wie billig, bei uns selbst an, und bekennen wir, quod intra muros peccatur. Es hat Theologen gegeben und es gibt deren noch, welche an den geologischen Theorien darum Anstoß nehmen, weil sie die vielen Jahrtausende, die in diesen Theorien figuriren, mit den sechs Tagen des Heraemeron nicht glauben in Einklang bringen zu können. Das ist sehr engherzig. Weder das erste Capitel der Genesis noch sonst eine Stelle der Bibel gibt uns über die Dauer der vorhistorischen Zeit irgend etwas Bestimmtes an, und wenn die Geologen und, wie wir früher gesehen haben, auch die Astronomen eine sehr lange Dauer der vorhistorischen Zeit postuliren, so mag man diese Ansicht bekämpfen wie man will; es ist jedenfalls verkehrt, ich möchte sagen sündhaft, wenn man die Bibel in diesen Streit hineinzieht. Diese sagt gar nichts darüber und wir müssen als Theologen, im Interesse der Bibel selbst, ganz energisch dagegen protestiren, wenn man durch irgend welche Interpretationskünste die Bibel etwas darüber sagen läßt. Wenn also über die Dauer der vorhistorischen Zeit ein Theologe und ein Geologe Händel bekommen, so wissen wir, was wir davon zu halten haben: der Geologe hat vielleicht Unrecht, — er könnte möglicher Weise Schlüsse gezogen haben, die wissenschaftlich nicht berechtigt sind, und also etwas zu wissen vorgeben, was er nicht weiß; das wäre möglich — aber der Theologe hat ganz sicher immer Unrecht; denn er weiß gar nichts von der Sache und kann nichts davon wissen. Was er über die Frage meint oder für wahrscheinlich hält, das mag er vertreten; er ist aber nicht berechtigt, seine persönliche Ansicht ohne weiteres als Lehre der Bibel zu citiren.

Weiterhin könnte ein Theologe auf folgenden Scrupel verfallen: „Die

Geologen lehren, die Erde sei ursprünglich eine in Wasser erweichte oder eine feuerflüssige oder gar eine gasartige Masse gewesen und habe eine Reihe von Gestaltungsprocessen durchgemacht, bis sie so wurde, wie sie jetzt ist oder wie sie war, als Gott sie zum Wohnplatze der ersten Menschen machte; der Glaube lehrt, Gott habe die Macht, zu schaffen, was und wie er wolle, also auch die Macht, die Erde gleich in dem Zustande zu schaffen, in welchem sie geeignet war, der Wohnplatz der Menschen zu werden" — soweit ist Alles richtig; aber nun kommt der Fehler: „es ist gar nicht anzunehmen, daß Gott das, was er gleich auf einmal hervorbringen konnte, auf einem so weiten und nutzlosen Umwege sollte hervorgebracht haben. Wenn die Erde geschaffen ist, um der Wohnplatz des Menschen zu sein, warum soll sie denn Gott so viele Jahrtausende vorher geschaffen und erst durch so viele Gestaltungsprocesse zu ihrem Zwecke geeignet gemacht haben, wenn er dies in viel kürzerer Zeit ebensogut erreichen konnte?" — Wenn ein Theologe so sprechen wollte, so wäre er, wie gesagt, sehr im Irrthum; davon könnten wir ihn, da er ein Theologe ist, durch Bibelstellen überzeugen: „Unbegreiflich sind die Rathschlüsse Gottes und unerforschbar seine Wege." [1] „Wo warst du, als ich gründete die Erde? Sage mir an, wenn du Einsicht hast. Wer setzte fest ihr Maß, wenn du es weißt? oder wer hat ausgespannt über selbe die Meßschnur? Worauf sind ihre Pfeiler festgestellt oder wer senkte ihren Eckstein ein, als mich lobten allzumal die Morgensterne und alle Söhne Gottes jubelten?" [2]

Die Offenbarung lehrt uns nur, daß Gott die Erde auf einmal vollendet oder durch lange Gestaltungsprocesse hindurch hervorbringen konnte, je nachdem er wollte; sie lehrt uns nicht, welchen von diesen beiden Wegen Gott gewählt hat, ob den kürzesten oder den sogenannten Umweg; sie lehrt uns aber wohl, daß wir kein Recht haben, Gottes Thun nach unserm Maßstabe zu beurtheilen und daß wir nicht von unserm Standpunkte aus entscheiden können, was der göttlichen Weisheit und Macht angemessen sei und was nicht. Gott kann also seine Absichten dabei gehabt haben, wenn er viele Jahrtausende vor der Erschaffung des Menschen anfing, die Erde und die andern Himmelskörper zu bilden; und wenn Gott dieses wirklich gethan hat, und wir können keinen Grund dafür entdecken, weshalb er es gethan, so haben wir uns in Demuth vor der Unbegreiflichkeit Gottes zu beugen und

---

1) Röm. 11, 33.
2) Job 38, 4—7.

dürfen nicht sagen: weil wir nicht begreifen können, warum Gott dieses
gethan haben sollte, kann er es auch nicht gethan haben.

Ob aber Gott wirklich die Erde solange vor der Erschaffung des
Menschen zu bilden angefangen und so viele und complicirte Gestaltungs=
processe hat durchmachen lassen, darüber lehrt die Offenbarung nichts.
Wenn die Geologie in dieser Hinsicht etwas Sicheres ermitteln kann, so
kommt sie mithin mit der Bibel in keiner Weise in Conflict, und der Theo=
loge thut also sehr unrecht, wenn er solche Angaben der geologischen Wis=
senschaft mit theologischen Waffen glaubt bekämpfen zu dürfen.

Das sind die Fehler und Mißgriffe, welche in dieser Frage von Theo=
logen begangen werden können; hüten wir uns also davor, die Bibel etwas
sagen zu lassen, was sie nicht sagt, und etwas als theologische Wahrheit
auszusprechen, was nur persönliche Meinung irgend eines Theologen ist.

Auf der andern Seite werden aber auch von vielen Geologen große
Fehler begangen und dadurch Zwistigkeiten mit den Theologen hervorgerufen,
die in der Sache selbst gar keinen Grund haben. Der schlimmste Fehler
ist der, welchen ich schon in der vorigen Stunde ausführlicher besprochen
habe, daß man nämlich deistische oder pantheistische Ansichten in die natur=
wissenschaftlichen Forschungen und Theorien einmengt. Die Theologen haben
vollkommen Recht, wenn sie gegen solche Theorien protestiren; sie werden
dann aber, wenn sie recht zu distinguiren wissen, nicht die geologische Seite
dieser Theorieen angreifen, sondern die theologischen und philosophischen Irr=
thümer, die man mit einfließen läßt, und die man ausscheiden kann, ohne
irgend ein Resultat der naturwissenschaftlichen Forschung anzutasten.

Ein zweiter Fehler, der von Seiten der Geologen vielfach begangen
wird, ist der, daß sie feststehende Thatsachen und wissenschaftlich begründete
Schlußfolgerungen und bloße Hypothesen und Möglichkeiten nicht gehörig
auseinander halten. Humboldt hat gewiß recht, wenn er sagt: „Neben
dem sichern Wissen steht das Vermuthen und Meinen. Eine philosophische
Naturkunde strebt, sich über das enge Bedürfniß einer bloßen Naturbeschrei=
bung zu erheben. Sie besteht nicht in der sterilen Anhäufung isolirter That=
sachen. Dem neugierig regsamen Geiste des Menschen muß es erlaubt sein,
aus der Gegenwart in die Vorzeit hinüberzuschweifen — zu ahnen, was
noch nicht klar erkannt werden kann, und sich an den alten, unter so vieler=
lei Formen wiederkehrenden Mythen der Geognosie zu ergötzen." [1]) Das

---

1) Kosmos I, 248.

ist alles ganz richtig; aber wir dürfen dies verlangen, daß man das, was man weiß, von dem unterscheidet, was man nur meint oder vermuthet, — die Thatsachen, welche die Gegenwart darbietet, von dem, was der neugierig regsame Geist des Menschen in Bezug auf die Vorzeit annimmt, — das, was man klar erkennt, von dem, was man ahnt; daß man nicht vergißt, was Humboldt anderswo [1]) sagt: „Wo der eigenthümlichen Natur gewisser Probleme nach Messungen und unmittelbare sinnliche Wahrnehmungen fehlen, ruht nur wie ein Dämmerlicht auf Resultaten, zu welchen, ahnungsvoll getrieben, die geistige Anschauung sich erhebt.“

In dieser Hinsicht sind aber manche Naturforscher nicht strenge genug. Daß die Erde keine Kugel, sondern an den Polen abgeplattet ist, ist z. B. eine unbestreitbare Thatsache; über den Grund dieser Thatsache kann aber die Geologie nur Vermuthungen aussprechen. Man findet darin bekanntlich einen Hauptbeweis für die Annahme, daß die Erde vormals eine weiche oder flüssige Masse gewesen sei, die sich dann in Folge der Rotation um die Sonne nicht zu einer Kugel, sondern zu einem Sphäroid gestaltet habe. Ich will nicht untersuchen, ob durch diese Annahme die eigenthümliche Gestalt der Erde vollkommen befriedigend erklärt wird; wäre das der Fall, so müßte man doch immer noch unterscheiden zwischen der geologischen Thatsache, daß die Erde abgeplattet ist, und der geologischen Vermuthung, daß dieses seinen Grund in ihrem ursprünglich weichen oder flüssigen Zustande habe. Man kann die Thatsache gelten lassen — und kein Vernünftiger wird sie bestreiten — und doch die darauf basirende Vermuthung bezweifeln. Wenn wir z. B. sagen wollten, Gott hat die Erde ursprünglich als ein Sphäroid geschaffen, so wird kein Geologe im Stande sein, uns zu beweisen, daß das nicht möglich sei. Zwischen der betreffenden Thatsache und der zu ihrer Erklärung aufgestellten Hypothese zu unterscheiden, sind wir um so mehr berechtigt, als letztere keineswegs von allen Geologen anerkannt wird. Lyell z. B. verwirft dieselbe und bezeichnet die Meinung, die Erde habe ursprünglich eine andere Gestalt gehabt, als jetzt, als eine unerwiesene Voraussetzung. [2])

In noch viel bedenklicherer Weise werfen manche Geologen Thatsachen und Vermuthungen durcheinander in dem, was sie von dem sogenannten Centralfeuer sagen. Aus der Beobachtung, daß unter der Oberfläche der

1) Kosmos III, 189.
2) Principles of Geology (4. Ed.) II, 352. 372.

Erde die Temperatur zunimmt, zusammengenommen mit den Erscheinungen der Vulcane, der heißen Quellen, der Erdbeben u. drgl., folgert man, daß das Innere der Erde sich in einem feuerflüssigen Zustande befinde; diese angebliche Thatsache in Verbindung mit der eben erwähnten Abplattung wird dann als Hauptstütze für die Ansicht von einem frühern feuerflüssigen Zustande des ganzen Erdkörpers verwendet. Selbst angenommen aber, die Existenz des Centralfeuers sei erwiesen, so folgt daraus gar nicht nothwendig, daß in demselben Zustande, in welchem sich jetzt das Innere der Erde befindet, sich ursprünglich die ganze Erde befunden haben müsse. „Aus der gegenwärtigen Form der Dinge," sagt Humboldt, [1] „ist nicht auf die ganze Reihe der Zustände zu schließen, welche sie bis zu ihrer Entstehung durchlaufen haben." Also wenn die Erde jetzt ein feuerflüssiger Kern mit fester Schale oder Kruste ist, ist nicht ohne Weiteres zu schließen, daß sie ursprünglich eine feuerflüssige Masse ohne solche Schale gewesen sein müsse, höchstens, daß sie das gewesen sein könne. Nun gehört aber das Centralfeuer selbst, auf welchem diese Hypothese beruht, nicht zu den geologischen Thatsachen, sondern auch nur zu den geologischen Hypothesen. Vulcane, Erdbeben und heiße Quellen sind allerdings Thatsachen; aber es gibt, wie wir gesehen haben, [2] Geologen, welche dieselben ohne die Annahme eines Centralfeuers erklären zu können glauben. Auch das ist eine Thatsache, daß man überall, wo man tief unter die Oberfläche der Erde hinabgedrungen ist, eine Zunahme der Temperatur verspürt hat; die Zunahme ist aber nicht überall dieselbe: in einigen Bergwerken kommt schon auf 42, in andern erst auf 355 Fuß Tiefe eine Zunahme der Temperatur um Einen Grad; ferner hat man dieselbe Zunahme der Temperatur auch in Gruben bemerkt, die hoch über dem Meeresspiegel liegen, also von dem feurigen Erdkerne weiter entfernt sind. Aber sehen wir auch von diesen Differenzen ab und halten wir die allgemeine Thatsache fest, daß, je tiefer man unter die Oberfläche gekommen, um so höher die Temperatur ist, so ist die Folgerung, daß im Innern der Erde eine Schmelzhitze herrscht, doch nur unter der Voraussetzung zulässig, daß die Progression in der Zunahme der Wärme auch in der Tiefe, wohin unsere Betrachtungen nicht reichen, nach demselben Gesetze fortschreitet. Zu dieser Voraussetzung sind wir aber keineswegs genöthigt. Es ist wissenschaftlich nicht erwiesen, daß nicht die Wärme bis zu einem

---

1) Kosmos I, 99.
2) S. 172.

Marimum zunehmen und dann stehen bleiben oder wieder abnehmen könne. Die Wärme des Erdinnern, welche man beobachtet hat, kann möglicher Weise mit electrochemischen Processen zusammenhängen. Daß die Feuerflüssigkeit des Erdinnern auf diesem Wege nicht erwiesen werden kann, dürfen wir Laien unbedenklich schon daraus schließen, daß nicht nur Andreas Wagner, [1] sondern auch andere Geologen, wie Lyell [2] und Greenough [3] die Hypothese von dem Centralfeuer verwerfen und als geologischen Mythus oder Phantasiegebilde behandeln. Wenn aber noch nicht einmal constatirt ist, ob das Erdinnere wirklich feuerflüssig ist, so gehört die ganze Theorie von dem frühern feuerflüssigen und gasförmigen Zustande der Erde jedenfalls nur in das Reich der Hypothesen, und zwar zu denjenigen Hypothesen, deren Grundlagen nichts weniger als gesichert sind. Die ganze Periode in der Geschichte der Erdbildung, welche ich in der vorigen Stunde vorgetragen habe, hat mithin keinen größern Werth, als die mythische Periode in der Geschichte eines Volkes.

Ich habe nachgewiesen, daß wir die vorgetragene Theorie der Erdbildung vom theologischen Standpunkte aus als zulässig bezeichnen dürfen. Sollte die Geologie also wirklich einmal dahin kommen, diese Theorie zur wissenschaftlichen Evidenz zu erheben, so liegt darin für die Bibel und die Offenbarung gar keine Gefahr. Aber für jetzt ist diese Theorie nur eine Hypothese; wir brauchen sie also auf unserm Standpunkte ebensowenig zu bekämpfen als anzuerkennen. Nach dem jetzigen Stande der wissenschaftlichen Forschung ist zu sagen: es ist möglich, daß die Erde sich in dieser Weise gestaltet hat; es ist aber bis jetzt noch nicht nachgewiesen, daß nicht Gott die Hauptmasse des Erdinnern — von den Formationen der Erdrinde vorläufig abgesehen — gleich in einer Daseinsform erschaffen haben könnte, die von der jetzigen nicht wesentlich verschieden war. Der Theologe braucht, wie ich nachgewiesen habe, diese Ansicht nicht festzuhalten; wer es aber will, der darf es, denn sie ist nach dem jetzigen Stande der Wissenschaft eine Ansicht, welche ebensowenig widerlegt ist, als die Theorien von einer Bildung der Erde in Millionen Jahren wissenschaftlich erwiesen sind.

Es ist auch kaum zu erwarten, daß die Geologie in Bezug auf den Verlauf der Erdbildung über bloße Hypothesen hinauskomme und daß sie

---

1) Geschichte der Urwelt I, 81.

2) Principles etc. II, 356.

3) Address delivered at the anniversarym eeting of the geological society of London. By *G. B. Greenough*. London 1834, p. 22. Vgl. *C. B.* Geology etc. p. 170.

jemals eine Theorie zur Evidenz nachweisen werde. Denn bedenken wir nur, welche Mittel der Geologie für die Begründung ihrer Theorien zu Gebote stehen. Sie muß ausgehen von den Erscheinungen und Entwicklungen, die sie jetzt beobachtet, und kann nach der Analogie auf frühere Entwicklungen zurückschließen; aber, wie Humboldt an der schon angeführten Stelle sagt, dieser Rückschluß auf die frühern Zustände und Entwicklungen ist immer unsicher, und jedenfalls muß man, wenn man von dem jetzigen Zustande aus in die frühern Zustände zurückgeht, irgendwo aufhören. In irgend einem Zustande muß die Erde ursprünglich gewesen oder geschaffen worden sein, und mit Sicherheit kann die empirische Forschung nicht ermitteln, welcher der verschiedenen Zustände, die die Erde durchlebt haben könnte, wirklich der erste gewesen ist.

Lassen Sie mich die Sache an einigen Beispielen klar machen. Wir sehen viele Menschen auf verschiedenen Altersstufen von der Kindheit bis zum Greisenalter; aus diesen empirischen Beobachtungen abstrahiren wir uns allgemeine Regeln zur Beurtheilung des Alters der Menschen überhaupt, und auf Grund dieser Regeln können wir von einem uns ganz unbekannten Menschen, den wir sehen, sagen: er wird ungefähr so alt sein. Man kann sich dabei irren, aber Niemand wird von einem ausgewachsenen Manne sagen: er ist ein Jahr alt. Diese Regeln werden für alle Menschen gelten — nur für zwei nicht: Adam und Eva werden als ausgewachsene Menschen geschaffen worden sein; nach der Analogie würde also Jemand, der sie am Tage ihrer Erschaffung gesehen hätte, haben sagen müssen: sie werden mindestens fünfzehn bis zwanzig Jahre alt sein, und doch waren sie noch nicht einen Tag alt. Bei jedem andern Menschen von derselben Größe und Entwicklung können wir von dem jetzigen Zustande auf eine Reihe von Entwicklungen zurückschließen, die er durchgemacht haben muß, ehe aus dem Kinde ein Mann wurde; bei den ersten Menschen trifft diese Analogie nicht zu, sie haben kein Kindes- und Jugendalter durchlebt, wie wir.

Man kann aus den sogenannten Jahresringen, ja schon nach der Größe ungefähr berechnen, wie alt ein Baum ist; wir müssen nach unsern Beobachtungen und nach der Analogie von einem Eichbaum, den wir nicht mehr umarmen können, wenigstens sagen: er steht länger als zehn Jahre. Aber dürften wir diese Schlüsse auch auf die Bäume des Paradieses anwenden? wäre es nicht wenigstens möglich, daß Gott das Paradies und überhaupt die erste Vegetation der Erde in einem Augenblicke aus nichts

hervorgebracht, darunter Eichen und Cedern, die uns als Greise von hundert Jahren erscheinen würden, während sie erst Kinder von Einem Tage
waren? — Chateaubriand malt irgendwo diesen Gedanken in poetischer
Weise so aus: Wenn die Erde von Gott in wenigen Tagen mit der Vegetation bekleidet und mit lebenden Wesen bevölkert worden ist und nun endlich der Mensch geschaffen wurde, so gehörte es mit zur Vollständigkeit und
Harmonie des Naturbildes, welches sich seinen Augen darbot, daß auf den
Bäumen die verlassenen Nester der vorigjährigen Vögel zu sehen und die
Ufer des Meeres mit Muscheln bestreut waren, in denen früher Schalthiere
gewohnt. Und doch war die Welt noch ganz neu und die Nester und
Muscheln waren nie bewohnt gewesen.

Das ist natürlich phantastisch; aber um nüchterne Wahrheit zu sprechen: die empirische Forschung der Menschen kann nur Schlüsse nach der
Analogie bilden; aber irgendwo muß die Reihe ihrer Schlüsse abgebrochen
werden. Wenn der Naturforscher nicht von dem Glauben an die Ewigkeit
der Materie ausgeht, muß er zugeben, daß die Materie der Erde in irgend
einer Daseinsform durch den schöpferischen Willen Gottes zu existiren angefangen hat. Diese erste Daseinsform könnte der Geologe, wenn er mit
Schlüssen nach der Analogie fortfahren wollte, auf eine frühere Daseinsform reduciren; denn auch sie wird Spuren einer vorhergegangenen Existenz
an sich tragen; und doch hat sie vorher keine andere Existenz gehabt, als
in den Gedanken Gottes.

Nehmen wir noch einen andern Punkt hinzu: Wenn man Jemand,
welcher mit den Erfindungen der neuern Zeit nicht bekannt wäre, ein Da-
guerrotyp zeigte, welches eine große Anzahl von Figuren darstellt, und ihn
fragte: wie lange meinst du wohl, daß der Künstler an diesem Bilde, das
trotz seiner geringen Größe so treffend ähnlich ist, gearbeitet hat? Er wird
gewiß auf einige Wochen oder Monate rathen, und doch ist es in einigen
Secunden entstanden.[1] — Wenn der Geologe die Massen der Granit-
gebirge betrachtet und von dem Gedanken ausgeht, sie seien durch allmälige
Erstarrung oder Abkühlung aus einer flüssigen Materie entstanden, so wird
er mindestens einige hunderttausend Jahre postuliren, um ihre Ausbildung
nach den ihm bekannten Naturgesetzen erklären zu können. Sollte es aber

---

1) Schubert, Weltgebäude S. 565. Vgl. Delitzsch, Genesis S. 106: „Wenn
Moyses (Ps. 89, 4) sagt, daß tausend Jahre für Gott wie Ein Tag, so ist nicht minder
wahr, was Petrus hinzufügt (2 Petr. 3, 8), daß Ein Tag für ihn wie tausend Jahre,
d. h. er kann an Einem Tage vollbringen, was an sich tausend Jahre zu fordern scheint."

unmöglich sein, daß das, was nach dem jetzt geltenden natürlichen Laufe der Dinge eine solche Zeit zu seiner Entstehung gebrauchen würde, durch Gottes Allmacht in einem Augenblicke hervorgebracht worden sei? Die Geologie wird das nicht behaupten können; denn sie kann wohl berechnen, was die Naturgesetze zu bewirken vermögen, nachdem sie angefangen haben, zu existiren, und was aus einer Materie werden kann, wenn die Naturgesetze in einer bestimmten Weise auf sie einwirken; sie kann weiter Vermuthungen von größerer oder geringerer Wahrscheinlichkeit darüber aufstellen, welche Reihe von Veränderungen dem jetzigen Zustande der Erde vorhergegangen sein könne; aber sie kann nicht nachweisen, daß diese ganze Reihe von möglichen Veränderungen auch wirklich dem jetzigen Zustande vorausgegangen sei, daß nicht Gott, dem diese ganze Reihe der verschiedenen möglichen Gestaltungen des Erdkörpers vorlag, statt mit der ersten, elementarsten Gestaltung zu beginnen, gleich mitten in die Reihe hereingegriffen und, die ersten Gestaltungen gleichsam überspringend, die Erde gleich in einer spätern Daseinsform hervorgebracht habe. Das kann die Geologie nicht beweisen; wie gesagt liefern auch die Thatsachen der Abplattung der Erde, der Zunahme der Wärme im Innern und dergl. keinen schlagenden Beweis dafür.

Die Sache steht demnach so: viele Geologen vermuthen und glauben die Vermuthung plausibel machen zu können, daß die Erde in einer langen Reihe von Jahrtausenden durch eine Reihe von Gestaltungsprocessen allmälig aus einer flüssigen oder aus einer gasartigen Masse zu ihrer jetzigen Gestalt sich ausgebildet habe. Darauf hat der Theologe zu antworten: Gegen diese Hypothese ist vom Standpunkte der Bibel und überhaupt der Offenbarung nichts einzuwenden; es ist jedem Christen unbenommen, diese Hypothese anzunehmen. So viel und nicht mehr hat der Theologe als Theologe darauf zu antworten. Nebenbei darf aber Jeder, er mag Theologe sein oder nicht, noch Folgendes erwiedern: Es handelt sich eingestandenermaßen hier nur um geologische Theorien oder Hypothesen; ehe ich dieselben schlechthin für wahr halte, darf ich doch wohl verlangen, daß man diese Theorien überzeugend beweist; wenn das gelingen sollte — was ich sehr bezweifle — werde ich sie gern anerkennen; bis jetzt sehe ich keinen Grund, nicht auch eine andere Ansicht für zulässig zu halten, nämlich folgende: Gott hat die Hauptmasse der Erde im Wesentlichen so geschaffen, wie sie jetzt ist; ob sie aus einem feuerflüssigen Kern mit einer festen Kruste besteht, oder wie ihr Inneres beschaffen ist, das ist nicht ermittelt; aber so wie es beschaffen ist, hat es Gott gleich erschaffen. Von der festen Erd-

krufte, die wir kennen, find zunächst diejenigen Formationen, von denen sich
nur nachweifen läßt, daß fie fich aus einem andern Zuftande gebildet haben
können, nicht aber, daß fie fich wirklich in einem andern Zuftande befun=
den haben, im Wefentlichen fo gefchaffen worden, wie wir fie jetzt finden.
Seit der Erfchaffung können hier Veränderungen auf mechanifchem und
chemifchem Wege ftattgefunden haben; die Geologie kann aber nicht viel
Sicheres darüber ermitteln. Wir befchränken mithin die Verfuche der Geo=
logie, die Bildung der Beftandtheile der Erde zu erklären, auf diejenigen Be=
ftandtheile der Erdrinde, von denen fich beweifen läßt, daß fie fich wirklich
früher in einem andern Zuftande befunden haben; von dem Andern nehmen
wir an, daß es unmittelbar von Gott gefchaffen worden ift. Wir werden
Hebungen und Senkungen von Theilen der Erdoberfläche, Aenderungen der
Vertheilung von Waffer und Land und dergleichen Umgeftaltungen aner=
kennen, wo die geognoftifchen Thatfachen mit Sicherheit darauf fchließen
laffen. Wir werden annehmen, daß Theile der Erdrinde vulcanifche Pro=
ducte find, wo fich nachweifen läßt, daß Vulcane thätig gewefen. Wir
werden ferner in viel größerer Ausdehnung annehmen, daß das Waffer bei
der Bildung der Erdrinde thätig gewefen ift, namentlich bei der Bildung
derjenigen Formationen, in welchen wir Refte von organifchen Wefen, von
Pflanzen und Thieren, eingefchloffen finden, von denen alfo angenommen
werden muß, daß fie nicht von Anfang an in ihrer jetzigen Lage und
Befchaffenheit dagewefen find, fondern fich erft gebildet haben, als fchon
die organifche Schöpfung exiftirte. Das find die fogenannten gefchichteten
Formationen. Freilich find, wie die Geologen felbft hervorheben,[1] diefe
gefchichteten Bildungen nicht in dem Sinne neue Producte, als wären fie
von außen her zu den bereits vorhandenen Beftandtheilen der Erde hinzu=
gekommen; fie find von Anfang der Schöpfung an als Beftandtheile der
Erdrinde dagewefen, aber an andern Stellen und theilweife in anderer
Form, und find nur durch verfchiedene Vorgänge, bei denen das Waffer
eine Hauptrolle fpielte, dislocirt und umgewandelt worden. In ähnlicher
Weife, wie das noch jetzt gefchieht, find Kalk, Sand, Thon und dergl.
durch das Waffer von dem einen Orte zu andern weggefchwemmt, manche
Mineralien im Waffer aufgelöft und dann an andern Orten und in andern
Verbindungen aus dem Waffer abgefetzt worden und demnächft verhärtet.
Der Erdkörper ift alfo durch diefe Bildung der Schichten nicht größer und

---

1) Burmeifter, Gefch. der Schöpfung S. 271.
Reufch, Bibel und Natur.   14

seine Rinde im Ganzen nicht dicker geworden, sondern es hat nur eine Versetzung der Materien von der einen Stelle zur andern und eine theilweise Umgestaltung derselben aus einem Zustande in den andern stattgefunden.

Bei dieser Theorie lassen wir die Abschnitte der Geologie ganz bei Seite, welche nur Hypothesen über die Beschaffenheit des Erdinnern und über mögliche frühere Zustände des Erdkörpers vor der Existenz seiner festen Rinde enthalten; aber wir räumen den Abschnitten der Geologie ihr gebührendes Recht ein, welche sich nicht auf Hypothesen beschränken müssen, sondern sich auf Beobachtung des Faktischen und auf sichere Induction stützen, also denjenigen Abschnitten, welche sich mit der Bildung des vulcanischen Eruptionsgesteins und der neptunischen Sedimente der Erdrinde beschäftigen. In diesen Abschnitten allein kann die Geologie auf den Namen einer positiven Wissenschaft Anspruch machen und wirkliche Resultate der Forschung aufweisen; jene Abschnitte sind nur eine Zusammenstellung von Hypothesen und Speculationen, [1] denen auf unserm Standpunkte umsoweniger Werth beizulegen ist, als die Widersprüche und Meinungsverschiedenheiten der Geologen selbst nicht nur sehr zahlreich und tiefgreifend sind, sondern auch wenig Aussicht auf eine Ausgleichung derselben vorhanden ist.

Von dieser Auffassung wird kein Geologe behaupten können, daß sie nicht nüchtern und vernünftig sei, und von ihr wollen wir fortan ausgehen. Daß es nicht Furcht ist, wenn sich der Theologe bei der Vergleichung der biblischen Angaben mit der Geologie auf diese Punkte beschränkt, brauche ich nicht nochmals zu beweisen. Denn ich habe gezeigt, daß sich auch die am weitesten gehenden geologischen Theorien nicht als der Bibel widersprechend nachweisen lassen. Nicht wegen möglicher Widersprüche

---

1) „Die bestimmtere Aufgabe des Geologen zur Ermittlung der Erdgeschichte beginnt erst von dem Augenblicke an, wo durch die Ablagerung verschiedenartiger Schichten auf der Erdoberfläche sich eine feste Rinde sich bildet und bestimmte Epochen sich abzeichnen. Es herrscht hier etwa ein ähnliches Verhältniß, wie in der Geschichte des Menschengeschlechtes [eines Volkes]; erst von dem Zeitpunkte an, wo durch urkundliche Nachweisungen der Chronologie ein festerer Haltpunkt gegeben werden kann, beginnt die eigentliche Geschichte, vorher verliert sich Alles in dem Dunkel der Mythe. Die Urkunden der Geologie sind die geschichteten Gesteine in ihrer Aufeinanderlagerung. Die mythische Zeit der Erdgeschichte ist diejenige, wo jene Urkunden noch fehlen.... Eine exacte auf Thatsachen beruhende Wissenschaft, wie die Geologie sein soll, kann sich nicht mit geistreichen Phantasien begnügen, sondern muß ihre Schlüsse auf die Beobachtung stützen; sie muß lieber ihre Unwissenheit bekennen, als die Armuth der Thatsachen durch ungegründete Annahmen ersetzen." Vogt, Lehrb. der Geol. II, 330.

gegen die Bibel, sondern wegen der wissenschaftlichen Unsicherheit und des wesentlich bloß hypothetischen Charakters der geologischen Theorien der Erd= bildung brechen wir also die Unterhandlungen mit den Geologen in Bezug auf diesen Theil ihrer Forschungen ab. In Bezug auf den andern Theil wollen wir die Unterhandlungen mit um so größerer Bereitwilligkeit fort= setzen. Es wird sich dabei wesentlich um die Resultate der Zweig= oder Hülfswissenschaft der Geologie handeln, welche unter dem Namen der Pa= läontologie gerade in unserer Zeit mit besonderem Eifer und Erfolg cultivirt worden ist.

XVIII.

Die Paläontologie.

Als eine der wichtigsten Zweig= oder Hülfswissenschaften der Geologie wird gegenwärtig allgemein anerkannt die Paläontologie oder Fossi= lien=, Petrefacten= oder Versteinerungskunde. Sie ist auch von besonderer Wichtigkeit für die Festsetzung des Verhältnisses der Resultate der Naturwissenschaften zu der biblischen Urgeschichte, und wir müssen uns darum genauer mit dem Gegenstande bekannt machen.[1]

Mit dem Namen Fossilien bezeichnet man die organischen Körper, Thiere und Pflanzen, oder Theile davon, welche in den Gebirgschichten der Erdrinde begraben, gewöhnlich in einem mehr oder minder verändertem Zustande, sich vorfinden. Der Name Petrefacten, Versteinerungen, paßt wenigstens nicht auf diejenigen organischen Körper, welche sich in der ganzen ursprünglichen Zusammensetzung ihrer Elementarstoffe erhalten haben, wie die Insecten und Pflanzentheile, die in Bernstein oder Steinsalz eingeschlossen vorkommen, die im Eise Sibiriens eingeschlossenen Mammuthe und Rhinoce= rosse, deren Fleisch sich so gut erhalten hatte, daß es von den Hunden gefressen werden konnte, und drgl. Das sind indeß seltene Fälle; gewöhnlich sind von den Thier= und Pflanzenkörpern, welche in die sich verhärtende Masse der Gebirgschichten eingeschlossen wurden, die weichern Theile der Auflösung, Verwesung und Zerstörung verfallen und darum in der Regel nur die festern und härtern Theile der Organismen gut erhalten, von den Pflanzen beson=

---

1) Die folgenden einleitenden Erörterungen hauptsächlich nach Nöggerath, Ges. Naturwiss. III, 166.

ders Stämme, Zweige und harte Früchte, von den Thieren die Knochen, Schuppen, Zähne, Hörner, Muscheln u. s. w.

Manche organische Körper, namentlich Pflanzen, sind verkohlt oder mumisirt in den Braunkohlen und Steinkohlen. Andere, namentlich Thier=körper, sind ausgelaugt oder verwittert, d. h. sie haben die thierische Gallerte und andere animalische Stoffe durch eine allmälige Zerstörung und Aus=laugung verloren und haben in diesem veränderten, calcinirten Zustande auch mehr oder weniger ihre Farbe, Härte und Schwere eingebüßt. Andere organische Körper sind von ursprünglich flüssigen und dann verhärteten Mineralmassen, z. B. Kalksinter oder Kalktuff, überzogen oder gänzlich ein=gehüllt, incrustirt oder überrindet, wie der technische Ausdruck lautet. Die eigentliche Versteinerung oder Petrificirung aber beruht auf der scheinbaren gänzlichen Verwandlung eines organischen Körpers unter Beibehaltung seiner Form in eine mineralische Substanz. Die festern Theile eines organischen Körpers sind bekanntlich porös; die Poren werden durch die in Wasser aufgelöste Mineralmasse ausgefüllt; die Substanz des organischen Körpers wird allmälig chemisch weggeführt und der mineralische Stoff tritt an seine Stelle und verhärtet sich; so hat zuletzt ein Austausch der organischen Bestandtheile gegen mineralische stattgefunden, ohne daß dabei eine wesent=liche Veränderung der ursprünglichen Form eintrat.

Mitunter hat auch ein organischer Körper, welcher, gänzlich aufgelöst, in seinem Bestande fortgeführt und verschwunden ist, die Gestalt seiner äußern Form auf der einhüllenden Mineralmasse eingedrückt hinterlassen. So sind z. B. Baumstämme, welche in irgend ein Gestein eingeschlossen wurden, später verwest und ihre Bestandtheile gänzlich weggeführt; an deren Stelle entstand so ein hohler Raum; in diesen drang eine mineralische Masse ein, welche uns jetzt die Gestalt des vormals dagewesenen Stammes darstellt.

Zu diesen Abdrücken gehören auch die fossilen Thierfährten oder Fuß=tapfen, Ichniten oder Ichnolithen. Auf der Oberfläche einer noch nicht ganz erhärteten Thonschichte z. B. hat ein Thier, welches darüber hinging, vertiefte Eindrücke, das plastische Bild seiner Fußsohlen, zurückgelassen. Nachdem sich die Thonschichte mit diesen Eindrücken verhärtet hatte, hat sich eine neue Schichte darüber gebildet, durch welche diese Eindrücke oder Vertiefungen ausgefüllt wurden, und wir finden jetzt die Sohlenbilder in der untern Schicht vertieft, an der obern im Relief.

Erst vor etwas über dreißig Jahren hat ein schottischer Geistlicher,

Dr. Duncan, diese foſſilen Fußtapfen zuerſt beobachtet;[1]) ſeitdem hat man ſie mehrfach gefunden. Eine Thierart, welcher man ſolche Fußtapfen zu= ſchreibt, hat man Chirotherium, Händethier, genannt, weil ſie eine entfernte Aehnlichkeit mit dem Abdruck einer menſchlichen Hand haben. Daß dieſe Eindrücke wirklich von Thieren herrühren und nicht etwa in anderer Weiſe entſtanden ſind, ſcheint feſtzuſtehen. Man hat der Eindrücke, wie geſagt, ſchon viele gefunden und zwar reihenweiſe hinter einander, die Art und Größe des Schrittes andeutend, und ſo, daß man bei vierfüßigen Thieren die Fährten der Vorderfüße und der Hinterfüße unterſcheiden kann.

Eine andere Art ſolcher Eindrücke, die ſogenannten foſſilen Regentropfen, ſcheinen ſich dagegen nicht zu bewähren. Man findet nämlich zuweilen auf Sandſteinſchichten kleine rundliche Eindrücke und auf der darüber liegenden Schichte entſprechende gerundete Bildungen im Relief. Man hat nun an= genommen, dieſe Eindrücke ſeien durch niederfallende Regentropfen erzeugt, von einem Regen, der in der uralten Zeit fiel, als jene Sandſteine ſich zu verhärten anfingen. In einem Falle hat man ſogar beſtimmen zu können geglaubt, von welcher Richtung der Regen kam, da die Ränder der Ein= drücke auf der einen Seite etwas erhaben ſind, gerade ſo wie es jetzt der Fall ſein würde, wenn ein ſchrägkommender Regen auf eins unſerer Sand= ufer fiele. Ich muß geſtehen, daß dieſe Notizen von foſſilen Regentropfen mir immer etwas wie Schwindel vorgekommen ſind; ich würde es aber natürlich nicht gewagt haben, den Geologen gegenüber, die das beſſer wiſſen müſſen, dieſe frivole Vermuthung auszuſprechen. Da finde ich denn zu meinem Troſte, daß Vogt[2]) zu den foſſilen Regentropfen folgende Note macht: „Dieſe Eindrücke ſind neuerdings in weit wahrſcheinlicherer Weiſe durch Verwitterung des Cementes der Sandſteinmaſſen oder auch durch Zurücklaſſen von Luftbläschen auf der Oberfläche des von Wellen bedeckten Sandes erklärt worden. Je nach der Beſchaffenheit des Cementes ſtellt ſich dieſe oberflächliche Veränderung früher oder ſpäter bei den meiſten Bauſand= ſteinen ein.‟

Man hat Verſteinerungen ſchon ſeit Jahrhunderten gekannt; es hat aber lange gedauert, ehe man ſich eine richtige Vorſtellung von der Ent= ſtehung derſelben machte, und noch länger, ehe man ihre Wichtigkeit für die

---

1) Vgl. Quarterly Review, vol. 110, p. 109. Lyell, Geologie II, 86. 100. 173.
2) In einer Anmerkung zu der „natürlichen Geſchichte der Schöpfung‟ S. 74. Vgl. C. B. Geology p. 144.

geologische Wissenschaft erkannte. Sehr verbreitet war vormals die Ansicht, diese wie Muscheln, Knochen oder Pflanzen gestalteten Steine kämen nicht von organischen Wesen her, sondern seien durch eine vis plastica, durch eine eigenthümliche bildende Kraft der Natur producirt, gleichsam Spielereien der Natur, lusus naturae, wie man darum diese lapides figurati vielfach nannte. Eigenthümlich geformte, in ihrer Gestalt organischen Körpern entfernt ähnliche Krystalle, Tropfsteine, vom Wasser abgespülte Steine und drgl. gibt es freilich;[1]) aber daß sich die Meinung, die Fossilien seien auch nichts Anderes, so lange hat erhalten können, ist sehr auffallend. Noch bis ins achtzehnte Jahrhundert hinein hat diese Meinung ihre Vertreter gefunden.[2]) Von einem deutschen Professor wird erzählt, seine Schüler hätten ihm die Freude gemacht, Sterne, Sonnen, Monde und andere abenteuerliche Figuren von Stein anfertigen zu lassen und an den Orten einzugraben, wo der gelehrte Mann seine geognostischen Untersuchungen anstellte. Er sei durch diese Entdeckungen, die natürlich keine versteinerte organische Wesen sein konnten, in seiner Meinung, daß die lapides figurati überhaupt nur Naturspiele seien, befestigt worden, und habe den schlechten Witz seiner Schüler erst erkannt, als ein Folioband über den Gegenstand mit schönen Abbildungen jener wunderlichen Figuren bereits gedruckt war.[3]) Noch im Jahre 1696, als man bei Burgtonna ein ganzes Mammuthskelett ausgrub, erklärte das Collegium medicum auf Befragen des Herzogs von Gotha die Knochen für ein Naturspiel; nur der Bibliothekar des Herzogs traf das Richtige.[4]) Quenstedt hebt ausdrücklich hervor, der Kampf gegen die Naturspiele sei merkwürdiger Weise nicht von den Naturforschern von Profession, sondern von Laien, namentlich Geistlichen zu Ende geführt worden.

Nachdem die Fossilien als Reste organischer Wesen anerkannt waren, fragte man, wie sie in die Gebirgsschichten hineingekommen seien, und es lag nun sehr nahe, Wirkungen der Sündfluth darin zu sehen. Diese Ansicht wurde im vorigen Jahrhundert namentlich durch den Engländer Woodward und den Schweizer Mediciner und Naturforscher Johann Jakob Scheuchzer vertreten.[5]) Ein fossiles Gerippe, welches man 1725 bei Oeningen am

---

1) *C. B.* Geology p. 125. 149. Quenstedt, Sonst und Jetzt S. 198.
2) Wiseman, Zusammenhang S. 233.
3) *Sorignet*, Cosmogonie p. 3.
4) Wagner, Gesch. der Urwelt II, 386.
5) Sonst und Jetzt S. 239.
6) Quenstedt, Sonst und Jetzt S. 205. 238.

Bodensee fand, figurirt bei ihm als homo diluvii testis, und als ein „Monu=
ment, welches umsomehr aufmerkungswürdig, weil es unstritt von der Sünd=
fluth abstammt, gestalten es nicht nur einen Theil, sondern ein halbes Bein=
gerüste vorzeiget . . . in ordentlicher, eines erwachsenen Menschen Beingerüst
ähnlicher Art und Ebenmaß, kurz ein recht seltenes Denkmal jenes ver=
fluchten Menschengeschlechtes der ersten Welt," oder, wie der Diaconus
Miller sagt, der die einzelnen Capitel des Scheuchzerschen Buches im
Geschmacke der damaligen Zeit mit erbaulichen Knittelversen verzierte:

> Betrübtes Beingerüst von einem alten Sünder,
> Erweiche Stein und Herz der neuen Bosheitskinder.

Leider hat sich später herausgestellt, daß das Gerippe gar nicht von einem
Menschen herrührte, sondern von einem geschwänzten Frosch aus der Familie
der Salamander, der dann in der Paläontologie den Namen Andrias
Scheuchzeri behalten hat.

Soviel war an der Ansicht von dem Zusammenhang der Fossilen mit
der Sündfluth richtig, daß dieselben mit Niederschlägen aus dem Wasser
zusammenhangen. Aber sowie man mit dem Thatbestande vollständiger und
genauer bekannt wurde, ergab sich auch die wissenschaftliche Unmöglichkeit
der Annahme, daß die Fossilien alle auf die Sündfluth, daß sie überhaupt
alle auf Eine Zeit zurückzuführen seien. Sie finden sich in Tiefen, welche
von der bloß einjährigen Uebersluthung zur Zeit des Noe gar nicht berührt
sein können; sie finden sich auch nicht durch einander gemischt, wie wir das
bei Ablagerungen von der Sündfluth erwarten müßten, sondern gewöhnlich in
besondern Formationen besondere Classen, in der einen bloß Seethiere und
Seepflanzen, in der andern nur Landthiere und Landpflanzen u. s. w. Aus
diesen und manchen andern Gründen wird gegenwärtig allgemein angenom=
men, daß die Fossilien zum größten Theile antediluvianisch sind und in viel
älterer Zeit bei der Bildung der Gebirgsformationen, welche wir früher
unter dem Namen der geschichteten als neptunischen Ursprungs kennen ge=
lernt haben, eingeschlossen worden sind.

Während man vormals die Versteinerungen mehr als Curiositäten sam=
melte, haben sie jetzt eine große wissenschaftliche Bedeutung erlangt. Weil
es sich aber, wie ich schon angedeutet habe, nicht bloß um eigentliche Ver=
steinerungen handelt, sondern überhaupt um die Reste der vorweltlichen orga=
nischen Wesen, die in den Gebirgsformationen eingeschlossen sind, so nennt
man die Wissenschaft, die sich mit denselben beschäftigt, jetzt statt Petrefac=

tenkunde lieber Fossilienkunde oder Paläontologie, Lehre von den (organischen) Wesen, die in alter Zeit existirt haben.

Die Paläontologie ist aber für die Naturforschung in doppelter Weise von Bedeutung. Sie lehrt uns erstens Pflanzen und Thiere kennen, welche größtentheils jetzt nicht mehr existiren, welche aber auf der Erde existirt haben. Die Zoologie und Botanik als die wissenschaftliche Behandlung der jetzt existirenden Thiere und Pflanzen findet mithin in diesen ausgestorbenen Thieren und Pflanzen eine Ergänzung, und unsere wissenschaftliche Erkenntniß des Pflanzen- und Thierlebens der Erde wird erst dadurch zu einer vollständigen, daß sie die Flora und Fauna, wie der Gegenwart, so auch der Vergangenheit umfaßt. Nach Quenstedt darf man jetzt 25,000 fossile und 100,000 lebende Thierspecies annehmen; kännten wir die Gebirgsschichten der ganzen Erdfläche so genau, wie die von Mitteleuropa, so würde sich natürlich die Zahl der fossilen Thierspecies vervielfachen. Eine gründliche Darstellung der Zoologie kann heutzutage die fossilen Thiere unmöglich ignoriren. Pflanzenspecies sind in geringerer Zahl — man zählt 4—5000 — erhalten und natürlich minder vollkommen conservirt, aber immerhin bemerkenswerth zur Vergleichung mit der jetzigen Flora. Auch von manchen Thieren sind nur Theile erhalten, oft nur einzelne Knochen, Zähne und dergleichen; aber die vergleichende Anatomie der Thiere ist jetzt soweit fortgeschritten, daß man auch aus diesen spärlichen Resten oft mit ziemlicher Sicherheit auf die ganze Gestalt des Thieres schließen, also das Thier gleichsam reconstruiren kann. [1]

Zweitens ist die Paläontologie von großer Wichtigkeit für die Geologie, insofern die Fossilien ein Hauptmittel sind für die Bestimmung des relativen Alters der Gebirgsformationen, in welchen sie vorkommen. Ich habe früher die allgemeine Eintheilung der Gebirgsformationen in ungeschichtete und geschichtete besprochen und dabei schon erwähnt, daß in jenen keine Versteinerungen vorkommen. Man hält die Hauptmasse der ungeschichteten Formationen, welche unter den geschichteten liegt, für die ältesten Bestandtheile der Erdrinde und nennt sie daher die Urgebirge. Die geschichteten Formationen haben ihren Namen davon, daß sie in parallelen Schichten über einander gelagert sind, und zwar durchgängig überall in derselben Reihenfolge, wenn auch selten ohne Lücken. Wollen wir die einzelnen Formationen, welche überhaupt vorkommen, mit den Buchstaben des Alphabets bezeichnen,

---

[1] Vgl. Vogt, Lehrb. der Geologie II, 604.

so kommt nirgendwo die ganze Folge A—Z vor, gewöhnlich nur einzelne Buchstaben, im günstigsten Falle einzelne Buchstabenfolgen, also z. B. hier ABEF, so daß C und D fehlen, anderswo BDE, so daß A und C fehlen und dergl., aber regelmäßig nie ACBD, so daß C unter, statt über B läge. Dieser Theil der Erdrinde hat sich nach der übereinstimmenden Ansicht aller Geologen durch einen allmäligen Absatz der Schichten aus dem Wasser gebildet. Werner nannte diesen Theil der Erdrinde Flötzgebirge im Gegensatze zu den Urgebirgen, die regelmäßig darunter, und zu dem Fluthland oder aufgeschwemmten Lande, welches regelmäßig darüber liegt. Die untersten, also zunächst über den Urgebirgen liegenden Schichten der Flötzgebirge nannte er dann Uebergangsgebirge, die darauf folgenden Glieder der Flötzgebirge theilt er in ältere, mittlere und jüngere Formationen. Im Auslande kam eine Dreitheilung der über den Urgebirgen liegenden Formationen auf; die Uebergangsgebirge nebst einigen zunächst daran sich anschließenden Gebilden nannte man primäre Schichten, die Hauptmasse der Flötzgebirge secundäre und die obersten Sedimente tertiäre Schichten. Andere Namen und Eintheilungen kann ich vorläufig übergehen. Zu jeder dieser Haupt-Abtheilungen gehört aber eine ganze Reihe von verschiedenen Schichten, welche man in verschiedener Weise benennt, — theils nach ihren Bestandtheilen, z. B. Steinkohlen-Formation, Kreide-Formation u. s. w., Lias von einer englischen Bezeichnung einer Sorte Kalkstein, Trias-Formation, weil dieselbe überall aus den drei Bestandtheilen buntem Sandstein, Muschelkalk und Keuper zusammengesetzt ist, — theils nach Gegenden, wo sie vorkommen, z. B. die silurische Formation von dem Theile des westlichen Englands, wo in der römischen Zeit das Volk der Siluren gewohnt haben soll, devonische Formation von der englischen Grafschaft Devonshire, permische Formation von dem ehemaligen Königreich Perm in Rußland, Jura-Formation von dem schweizerischen und französischen Jura u. s. w.

Eine Hauptaufgabe der Geologie war nun, zunächst die Grenzen der einzelnen Formationen zu bestimmen, wo sie über einander geschichtet vorkommen, und dann das relative Alter derselben anzugeben, namentlich auch zu bestimmen, welche von den verschiedenen Formationen verschiedener Gegenden einander parallel, d. h. muthmaßlich aus derselben Periode sind. Dabei hat man natürlich zunächst die Materien berücksichtigt, aus welchen sie bestehen, dann aber auch die in ihnen vorkommenden Fossilien, und zwar hat man in neuerer Zeit auf diesen letzten Punkt ganz besonderes, ja fast ausschließlich Gewicht gelegt. So sehen Sie, wie die Paläontologie für die Geologie von Wichtigkeit geworden ist. Man hat gefunden, daß jede Formation durch eine anders geartete Fauna und Flora bezeichnet wird, und nun natürlich geschlossen, daß Schichten, deren Fossilien gleich sind, derselben Periode angehören. Solche Fossilien, welche gewissen Schichten in verschiedenen Ländern gemeinsam und zugleich diesen Schichten eigenthümlich sind, so daß sie weder in ältern noch in neuern Schichten vorkommen, welche also für ihre Schichten charakteristisch sind, nennt man Leitfossilien, Leitmuscheln, Leitpflanzen u. s. w., weil sie leitende Kennzeichen für die geologische Bestimmung der Formationen abgeben, in denen sie vorkommen. Von einer Gebirgschichte z. B., in welcher sich die sogenannte Pantoffelmuschel findet, mag es in der Eifel, in Westfalen, in Frankreich oder in England sein, wird der Geologe gleich sagen, sie gehöre der devonischen Formation an; denn nur in dieser, in keiner andern findet sich diese Versteinerung.

So gewinnen die paläontologischen Merkmale der Formationen eine chronologische Bedeutung, und die Geologen können sagen, die Fossilien verträten ihnen gewissermaßen die Stelle von Inscriptionen, in welchen, wenn auch nicht Jahreszahl und Datum, so doch gewisse allgemeine Zeitbestimmungen ausgedrückt seien, die uns wenigstens das relative Alter der betreffenden Schichten erkennen lassen. Wie uns punische, griechische oder römische Inschriften darüber belehren, daß die betreffenden Monumente aus der Zeit der Karthager, der Griechen oder der Römer stammen, so schließen die Geologen aus der Anwesenheit dieser oder jener Fossilien auf die geologische Periode, in welcher diese Schichten abgesetzt worden sind. Freilich können diese Zeitbestimmungen nur relative und ungefähre sein; es kann durch sie nur ganz allgemein die Frage, ob früher oder später, und sofern es sich um die Dauer der Bildungsprocesse handelt, die Frage, ob länger oder kürzer, nicht aber die Frage über das absolute Wann und Wie lange zur Beantwortung gebracht werden. [1]

Mit Rücksicht auf die paläontologischen Merkmale hat man in neuerer Zeit eine Eintheilung der geschichteten Gebirgsbildungen vorgenommen, die uns besonders interessiren muß. Die erste Classe nennt man die Formationen der azoischen Periode; sie umfaßt die untersten, unmittelbar auf dem Granit der Urgebirge ruhenden Gebirgsmassen, Gneiß, Glimmerschiefer und Urthonschiefer, in welchen sich keine Versteinerungen finden, von denen man also annimmt, daß sie sich in der Zeit abgelagert haben, als es noch

---

1) Naumann bei Nöggerath a. a. O. S. 237.

keine organische Wesen auf der Erde gab; daher azoische Periode. Die folgenden, Versteinerungen enthaltenden Formationen werden dann als Formationen der paläozoischen, der mesozoischen und der känozoischen Periode bezeichnet — also als Bildungen der ältern, mittlern und neuern Zeit des organischen Lebens auf der Erde. Unter dem Namen der recenten Periode kann man in eine fünfte Classe die durch Niederschläge entstandenen Gebirgsbildungen der historischen Zeit zusammenstellen, also die Koralleninseln, Flußdelta's, Dünen, Kalksinter-Ablagerungen, Torflager u. s. w.[1]

Fürchten Sie nicht, daß ich bei diesen geologischen und paläontologischen Erörterungen die Genesis aus dem Auge verloren habe. Die Uebersicht, welche ich Ihnen vorgetragen, war nöthig, zur Orientirung über die Fragen, welche uns jetzt beschäftigen werden. Als ein gesichertes Resultat der geologischen Forschung kann zunächst dieses bezeichnet werden, daß die Fossilien enthaltenden Schichten der Erdrinde sich nach einander durch allmälige Ablagerung und Verhärtung gebildet haben, nachdem Pflanzen und Thiere bereits auf

---

1) Zur Orientirung über die verschiedenen Bezeichnungen mag folgende Uebersicht der geschichteten Formationen dienen:

I. Azoische Periode (1. 2.)	1. Gneiß- und Glimmerschieferformation.	A. Uebergangsgebirge (1—4.)
	2. Urthonschieferformation.	
II. Paläozoische Periode (3—6.)	3. Silurische Formation.	
	4. Devonische Formation (Old Red Sandstone).	
	5. Steinkohlenformation.	B. Flötzgebirge (5—9.)
	6. Permische Formation (Rothes Todtliegendes, Kupferschiefer, Zechstein).	
III. Mesozoische Periode (7—9.)	7. Trias (bunter Sandstein, Muschelkalk, Keuper).	
	8. Jura (schwarzer, brauner und weißer Jura — Lias, Oolith, Wealden ꝛc.).	
	9. Kreideformation.	
IV. Känozoische Periode (10—13.)	10. Eocäne Formation.	C. Tertiärgebirge (10—12.) *Braunkohlenformation u. Molassenformat.*
	11. Miocäne Formation.	
	12. Pliocäne Formation.	
	13. Pleistocäne Formation.	D. Diluvium oder quartäre (quaternäre) Bildungen (13.)
V. Recente Periode		E. Alluvium.

der Erde existirten. Wie viele solcher auf einander folgender Ablagerungen stattgefunden haben und welche Zeit eine jede für sich in Anspruch genommen hat, das können die Geologen, wie wir gehört haben, in Ziffern nicht angeben. Daß es aber sehr lange gedauert haben müsse, bis alle diese Formationen, von denen manche stellenweise mehrere tausend Fuß mächtig sind, ihre jetzige Gestalt erhielten, darüber sind die meisten Geologen einig, und die Berechnungen, welche sie beispielsweise über einzelne Punkte angestellt haben, können uns nicht nur zeigen, wie unsicher solche Berechnungen sind, sondern auch zugleich die Bedeutung des „sehr lange" einigermaßen veranschaulichen. Von der Zeit vor Entstehung der Steinkohlenformation, welche nur eine Schichte der paläozoischen Periode ausmacht bis zu der recenten Periode rechnet Arago 313,600, G. Bischof sogar 1,300,000 und ein anderes Mal 9 Millionen Jahre. [1] Eine andere Berechnung stellt Quenstedt [2] an: „Zu den 400 Fuß mächtigen Saarbrücker Kohlgebirgen gehörte, wenn sie sich aus vegetabilischen Massen bilden sollten, ein Holzberg von 2400 Fuß. Nun weiß man, daß unser Wald alle hundert Jahre kaum eine Holzschicht von 2 Zoll trägt, folglich verlangte jene ganze Holzmasse mindestens 1½ Millionen Jahre zu ihrem Wachsthum, und eine entsprechende Zeit zur Verkohlung. Es ist nun zwar wahrscheinlich, daß diese urweltliche Flora viel schneller emporschoß als die gegenwärtige, auch mag die Verkohlung in der urweltlichen Zeit viel rascher vor sich gegangen sein, als unter den jetzigen Verhältnissen möglich ist; aber es ist auch das zwischenliegende Gebirge, worin die Kohle eingebettet ist, in Rechnung zu bringen. Schon Herodot hörte von ägyptischen Priestern, daß der Nilschlamm unterhalb Memphis alle 100 Jahre kaum eine Elle wachse; neuere Untersuchungen haben dieses Maaß sogar auf 3—4 Zoll herabgedrückt. Da nun das Bett der Kohle, der Schieferthon, zu den feinsten Schlammniederschlägen gehört, welche wir kennen, so verlangt die Ablagerung des Gebirges Zeiträume, welche uns schwindeln machen. Unendlich und abermals unendlich scheint uns die Bildungszeit schon einer einzigen Formation, sofern wir bekannte Maßstäbe anlegen; wie mag es da erst mit dem Ganzen aussehen!"

Was sollen die Theologen zu solchen Summen sagen? Sie werden Sich nicht wundern, wenn ich Ihnen vorschlage, über diese Schwierigkeit zur

---

[1] Burmeister, Gesch. der Schöpfung S. 135.
[2] Sonst und Jetzt S. 170.

einfachen Tagesordnung überzugehen. Nach dem, was ich früher ausführlich erörtert habe, können sich die Theologen mit den Geologen in chronologische Erörterungen gar nicht einlassen, aus dem einfachen Grunde, weil uns die Bibel gar keine Chronologie der vorhistorischen Zeit gibt, die Theologen also gar nicht in der Lage sind, sich darüber eine Ansicht zu bilden. Wir lassen also die geologischen Ansichten für das gelten, was sie werth sind, d. h. wir geben als Theologen gar kein Urtheil darüber ab, erklären sie weder für falsch noch für richtig. Wenn der einzelne Theologe sich ein Urtheil darüber bilden will, so mag er das mit sich selbst und mit den Geologen abmachen, die in dieser Hinsicht übrigens nichts weniger als einig, ja eigentlich nur in dem Einen Punkte einig sind, daß sie alle derartigen Berechnungen für ganz unsicher erklären. ¹) Die Bibel läßt ihnen ganz freie Hand. Von einer Collision zwischen Bibel und Geologie kann also bis hierhin gar nicht die Rede sein.

Die eigentliche Schwierigkeit, welche die Paläontologie dem Theologen bereitet, und auf welche wir näher eingehen müssen, liegt in etwas ganz Anderm. Die Genesis berichtet, am dritten Tage seien die Pflanzen geschaf-

---

1) „Weil denn doch fortwährend die Geologen auf die langen Zeiträume bei der Gebirgsbildung pochen, als ob sie dieselben bereits mit mathematischer Sicherheit festgestellt hätten, so mag ihren Ueberschwenglichkeiten eine Bemerkung von Göppert, die er bei der Erörterung der auf nassem Wege erfolgenden Umwandlung der Vegetabilien in Steinkohlenmasse ausspricht, entgegengehalten werden: Innerhalb welchen Zeitraumes alle diese Bildungen vor sich gingen, vermag Niemand auch nur annäherungsweise zu schätzen. Ich sah Vegetabilien in dem Kochpunkte nahem Wasser nach 1¾ Jahren in Braunkohle, und Wasserdämpfen ausgesetztes Tuch nach 6 Jahren in glänzend schwarze Kohle sich verändern, welche längst anerkannte Thatsache ich denjenigen in Erinnerung bringe, die da meinen, ihren geologischen Mittheilungen durch Citiren von Millionen oder Billionen Jahren ein größeres Interesse zu verleihen." Wagner, Gesch. der Urwelt II, 516. — „Zur Bildung der verschiedenen Reihenfolgen von Schichten, die wir in dem Kohlengebirgen treffen, Millionen von Jahren zu fordern, würde nicht zu viel sein. Man muß indeß bedenken, daß die Grundzahlen, auf welche die Berechnungen gebaut werden, unserm Klima entnommen sind, und daß bei einer ungemein üppigen Vegetation, wie sie nothwendig zur Kohlenzeit herrschen mußte, die Production von Kohlenstoff auf Kosten der in der atmosphärischen Luft verbreiteten Kohlensäure weit bedeutender sein mußte." C. Vogt, Lehrbuch der Geologie II, 311. — „Wir können nicht bestimmen, wie viel Zeit es brauchte, um eine Schichte von einer gewissen Dicke abzusetzen. Wollte man den Maßstab der jetzigen Schichtenbildung auf dem Grunde des Meeres anlegen, so müßte es schon zur Bildung von fußdicken Schichten Tausender von Jahren bedurft haben. Allein diese Rechnung erscheint außerordentlich unsicher, da einerseits es noch an genauen Messungen fehlt, anderseits Localverhältnisse den größten Einfluß auf schnellere oder langsamere Schichtenbildung ausüben." Daf. II, 337.

fen worden, am fünften die Wafferthiere und Luftthiere, am fechsten die
Landthiere. Wir haben hier also erftens drei Schöpfungen von organischen
Wefen, und zweitens werden die Pflanzen als die ältesten Organismen bezeichnet, auf welche erft nach einem Zwischenraume die Thiere in der angegebenen Ordnung folgten. Die Paläontologie aber lehrt uns zunächft eine
andere chronologische Reihenfolge der Organismen kennen: in der unterften
Formation der paläozoischen Periode, der filurischen, finden wir allerdings
Refte von Pflanzen, aber nur von einigen Gattungen Seepflanzen, Tangen
und Schwämmen, und daneben auch fchon Refte von Seethieren, und zwar
diefe in größerer Manichfaltigkeit. Erft in der dritten Formation diefer
Periode, im Steinkohlenfyftem, erscheinen die Pflanzen maffenhaft, während
man fchon in der zweiten, der devonischen Formation in den letzten Jahren
Refte eines Landthiers gefunden hat. Die Reihenfolge der Genesis: Pflan-
zen, Waffer= und Luftthiere, Landthiere scheint fich also in der Paläontologie
nicht zu bewähren. Ferner find wenigftens die meiften Paläontologen der
Anficht, es feien mehrere auf einander folgende Schöpfungen von organischen
Wefen anzunehmen, fo daß das organische Leben auf der Erde im Laufe
der Zeit mehrere Male vernichtet und wieder erneuert worden fei. Jede diefer
Schöpfungen aber habe Pflanzen und Thiere umfaßt und es laffe fich ein
Fortfchritt insofern nachweifen, als Pflanzen und Thiere im Allgemeinen
zuerft in den unvollkommenften Claffen und dann allmälig in immer voll=
kommenern und der jetzigen Flora und Fauna näher ftehenden Bildungen
aufträten.

Sie fehen, hier ift einer eingehenden Vergleichung der Refultate der
paläontologischen Forfchungen mit den Angaben der Bibel nicht auszuweichen.
Die Gelehrten haben fich fchon vielfach mit der Ausgleichung des Wider=
fpruchs, der hier obzuwalten scheint, befchäftigt, haben aber zu diefem Zwecke
verfchiedene Wege eingefchlagen, fo daß fich hier diejenigen, welche in der
Anerkennung der Thatfache, daß Bibel und Paläontologie fich nicht wider=
fprechen, übereinstimmen, in der Art und Weife, wie fie die Harmonie beider
herftellen, von einander abweichen und in der Begründung ihrer Ausgleichungs=
verfuche einander fchroff gegenüber ftehen, ja einander entschieden, theilweise
heftig bekämpfen.

Diefe Zwietracht in unferm eigenen Lager braucht uns nicht zu beun=
ruhigen. Die verfchiedenen Wege, welche eingefchlagen werden, führen alle
zu demfelben Ziele, zu der Ueberzeugung, daß Bibel und Paläontologie mit
einander in Einklang zu bringen find; daß fich noch keine Einigung darüber

hat erzielen lassen, welcher von diesen verschiedenen Wegen der richtige ist, hat seinen Grund hauptsächlich darin, daß die paläontologische Forschung noch nicht zum Abschluß gelangt ist. Sowie die Paläontologen ihre Beobachtungen und ihre wissenschaftlichen Folgerungen vervollkommnen, wird in demselben Maße allmälig der eine oder der andere Weg mehr an Wahrscheinlichkeit gewinnen und sich zuletzt wohl mit Sicherheit einer als der richtige bezeichnen lassen. Bei dem jetzigen Stande der wissenschaftlichen Forschung müssen wir uns begnügen, nachzuweisen, daß der Bericht der Genesis mehrere Deutungen zuläßt, nach welchen er mit den Resultaten der paläontologischen Forschung harmonirt, oder daß derselbe an mehrern Stellen für die Resultate der geologischen und paläontologischen Untersuchungen carte blanche läßt. Wenn wir jetzt noch nicht sagen können, welches dieser weißen Blätter die Naturforscher mit ihren Resultaten beschreiben können, so genügt es doch augenscheinlich für den Beweis, daß ein Widerspruch nicht vorhanden ist, wenn wir die Existenz mehrerer weißer Blätter nachweisen können.

Die Darlegung der verschiedenen Ausgleichungsversuche wird uns in den nächsten Stunden beschäftigen.

XIX.

Die Flora und Fauna der Urwelt von der des Heraemeron unterschieden.

Von der Pflanzen- und Thierwelt der ältern Zeit unserer Erde, wie sie uns die Paläontologie kennen lehrt, würde man sich eine unrichtige Vorstellung machen, wenn man annehmen wollte, sie unterscheide sich von der jetzigen Flora und Fauna im Allgemeinen durch einen riesigen und grotesken Charakter. Wir finden allerdings urweltliche Pflanzen und Thiere, die diesen Charakter an sich tragen; aber dieser Charakter ist keineswegs der allgemeine und auch nicht der ausschließliche. [1])

Equiseten oder Schachtelhalme gibt es auch jetzt, aber es sind Pflanzen, die im Allgemeinen keinen Fuß, höchstens vier Fuß hoch und daumendick werden; in den Versteinerungen findet man Schachtelhalme von Arm- und Schenkeldicke. Unsere Lycopodien oder Bärlappen sind Ranken mit verzweigten dünnen Stengeln, welche sich zwischen dem Heidekraut auf

1) Wagner, Gesch. der Urwelt I, 378. — Natur und Offenbarung III, 462.

dem Boden hinziehen; die entsprechenden Pflanzenarten der Steinkohlenfor=
mation waren Bäume von beträchtlicher Größe. Die Farrenkräuter unserer
Zonen sind nur winzig im Vergleich zu den riesigen Arten der Vorzeit;
nur in den Tropengegenden erlangen sie auch jetzt noch einen baumartigen
Wuchs, stehen aber dort vereinzelt, nicht in dichten Gruppen zu Waldungen
vereint, wie das in der Steinkohlenperiode der Fall gewesen sein muß.
Aber in der Periode, wo wir diese und andere Pflanzenarten in größerer
Ausbildung finden, fehlen auf der andern Seite unsere Eichen, Palmen
und sonstigen Pflanzenriesen. Im Ganzen und Großen kann jedenfalls
nicht behauptet werden, daß im Vergleich mit den großen Bäumen der
jetztweltlichen Flora unter den Bäumen der Urwelt riesige Formen vorhanden
gewesen wären; denn man hat bis jetzt keinen fossilen Baumstamm von
mehr als vier Fuß im Durchmesser gefunden. Und wenn sich von vielen
kleinen Pflanzenarten keine Versteinerungen vorfinden, so ist das wohl eher
auf die Weichheit und Zartheit ihres Baues, welche sie zur Erhaltung in
versteinerter Form nicht geeignet machte, als auf einen wirklichen Mangel
solcher Arten zu schieben.

Zu den eigenthümlichsten Gestalten der urweltlichen Fauna gehören die
Reptilien, namentlich die Saurier oder Eidechsen=Arten der Lias= und Jura=
Formationen. Bei dem Plesiosaurus z. B. vereinigten sich mit dem Kopfe
einer Eidechse die Zähne des Krokodils, mit einem ungeheuern, dem Körper
einer Schlange ähnlichen Halse der Rumpf und der Schwanz eines Säuge=
thieres, die Rippen des Chamäleon und die Schwimmfüße des Wallfisches.
Das Thier schwamm wahrscheinlich wie ein Schwan mit S=förmig gebogenem
Halse und lebte von Fischen; das schließen die Naturforscher aus den ver=
steinerten Excremente, den sogenannten Koprolithen, welche noch Schuppen
und Gräten der verspeisten Fische enthalten. Man hat Exemplare von
9—27 Fuß Länge gefunden; der Hals ist aber länger als der Rumpf.
Die verwandten Ichthyosaurier wurden bis zu 40 Fuß lang. Noch eigen=
thümlicher ist der Pterodactylus oder die fliegende Eidechse. Sie hatte
Fittiche wie Fledermausflügel, die aber bloß von dem fünften Finger der
Vordergliedmaßen ausgespannt wurden. Dieser Finger, bei allen andern
Thieren der kleinste, erreicht bei diesem die doppelte Länge des Rumpfes
und ragt weit vorwärts geschoben über die vier andern Zehen ebensoviel
hervor. Die Naturforscher haben lange geschwankt, ob sie das Thier unter
die Säugethiere, Vögel oder Reptilien einreihen sollten; jetzt wird es den
letztern zugezählt. Die Pterodactylen waren übrigens kleine Thiere, deren

Rumpf den eines Sperlings oder einer Krähe kaum übertraf. Ein Reptil der Kreideformation, der Mosasaurus, welches zwischen Eidechsen und Krokodilen in der Mitte steht, muß, nach dem Kopfe zu urtheilen, den Sie im Poppelsdorfer Museum ansehen können, einige zwanzig Fuß lang gewesen sein. Der Salamander, welcher bei Scheuchzer als fossiler Mensch, homo diluvii testis figurirt — zum Andenken daran Andrias Scheuchzeri genannt — ist nach den neuern Untersuchungen gar nicht ein so räthselhaftes Thier, wie man nach den frühern abweichenden Ansichten darüber vermuthen sollte. Es war eine drei Fuß lange Salamanderart, nicht wesentlich verschieden von der, welche sich noch heutzutage in Japan findet.

Das größte vierfüßige Säugethier der Urwelt, 15—20 Fuß lang, war das Dinotherium giganteum; es hatte, was bei keinem andern Thiere vorkommt, im Unterkiefer zwei große abwärts und rückwärts gebogene Stoßzähne. Man glaubt, daß es gewöhnlich in Binnenseen und Flüssen gelebt, mit den Stoßzähnen die Wurzeln und Pflanzen auf dem Grunde der Gewässer hervorgezogen und dann mit dem Rüssel die Nahrung zum Munde geführt habe. Ob es, wie einige Naturforscher wollen, die Stoßzähne auch als Waffe benutzt hat, und als Anker, so daß sich das schwimmende Thier mit ihnen am Ufer einhackte, um ohne Gefahr schlafen und athmen oder sich besser ans Land ziehen zu können, will ich dahingestellt sein lassen. [1]

Das Mammuth, Elephas primogenius, ist dem noch lebenden asiatischen Elephanten nahe verwandt und war wenig größer, aber plumper geformt, als dieser. Merkwürdig ist die große Verbreitung dieses Thieres. Von Spanien, Algerien und dem Kaukasus finden sich seine Ueberreste bis nach Sibirien, und zwar stellenweise in ungeheuern Massen; aus Sibirien werden die fossilen Stoßzähne centnerweise ausgeführt und wie Elfenbein verarbeitet. Wenn die Thiere dort gelebt haben, muß das Klima von Sibirien damals jedenfalls milder gewesen sein, als jetzt, braucht aber nicht gerade warm gewesen zu sein. Das wollige Haar des Mammuth deutet an, daß es in einem kältern Klima leben konnte, als der Elephant, und die

---

1) Vogt, (Natürliche Gesch. der Schöpfung S. 114) bemerkt indeß: „Man kennt bis jetzt nur den Schädel des Dinotherium, ist also noch nicht berechtigt, von Umfang, Länge ꝛc. des Thieres zu sprechen." Auch die Beschreibung, welche oben, meist nach Nöggerath und Burmeister, von andern urweltlichen Thieren gegeben ist, beruht zum Theil auf bloßen Vermuthungen.

Naturforscher berechnen, daß es noch jetzt bis zum 60. oder 70. Grade nördlicher Breite würde leben und Nahrung finden können.

Wenn die andern eben besprochenen Organismen der Urwelt denen der Gegenwart auch viel ferner stehen als das Mammuth dem Elephanten, so ist es doch, wie ich im Anfange der Stunde sagte, eine phantastische Uebertreibung, wenn man sich die Pflanzen und Thiere der Urwelt in über= wiegend paraboren oder gigantischen Formen vorstellt. Allerdings treten, wie wir gesehen haben, höchst seltsame Gestalten auf; allein auch die Jetzt= zeit entbehrt solcher seltsamen Formen nicht, wie dies die Schnabelthiere, Ameisenigel und Faulthiere beweisen. Und was die Größe jener urwelt= lichen Thiere anbelangt, so haben wir unter den lebenden Amphibien aller= dings keine, die sich mit den riesenhaften Formen der fossilen messen können; dagegen ernähren unsere Meere in ihrem Schooße die gigantischen Typen der Walle, die an Größe alle der frühern Welt übertreffen. Sind auch viele kolossale Formen der Urwelt nicht mehr in dem jetzigen Bestande der Dinge repräsentirt, so sind andere gigantische Gestalten an ihre Stelle ge= treten, so daß in Bezug auf Größe der organischen Formen der gegenwärtige Naturbestand nicht im Nachtheile gegen den frühern ist. [1]) Daß auf der andern Seite der Urwelt auch die winzig kleinen thierischen Organismen nicht gefehlt haben, sehen wir daraus, daß von den kleinen Schalthieren, die man Foraminiferen oder Polythalamien nennt, mehrere hundert Fuß mächtige Ablagerungen der Kreideformation gebildet worden sind; Milliarden von ihren Leichen gehörten dazu, um einen einzigen Cubikfuß Kreide zusammen= zusetzen. [2]) In den zu Bausteinen dienenden Kalksteinen von Paris sind Milioliten von der Größe eines Hirsenkorns in solchen Massen aufgehäuft, daß man wohl sagen kann, Paris sei großentheils aus diesen Schalthierchen erbaut. [3])

Vergleichen wir aber die urweltliche Flora und Fauna mit der jetzigen im Allgemeinen, so stellt sich heraus, daß sie von derselben sehr verschieden ist, und zwar um so verschiedener, je höher wir in das Alterthum hinauf oder je tiefer wir in den Gebirgsschichten hinabgehen.

Auch die Pflanzen und Thiere der ältesten geologischen Periode, der sogenannten paläozoischen, lassen sich in die großen Rahmen der Classen= abtheilungen der jetzigen Flora und Fauna einreihen; aber es sind Gattungen

---

1) Wagner, Gesch. der Urwelt II, 337.
2) Vogt, Lehrb. der Geol. I, 560.
3) Wagner, Gesch. der Urwelt II, 510. Vgl. Lyell, Geologie I, 35.

und Familien, die jetzt nicht mehr existiren, ja die schon in der nächsten geologischen Periode nicht mehr vorkommen, sondern durch andere, gleichfalls von den jetzigen verschiedene Gattungen und Familien ersetzt werden. Erst die jüngsten Schichten zeigen bei einer Vergleichung mit der jetzigen Thier- und Pflanzenwelt Gemeinsamkeit neben Verschiedenheit. Im Einzelnen ist hier noch vieles unsicher, man hat ja nur einen kleinen Theil der Erdrinde untersucht und auch bei den Theilen, die man untersucht hat, ist manches in dieser Hinsicht zweifelhaft und manches muß der Natur der Sache nach immer zweifelhaft bleiben; aber so viel glauben die Paläontologen wohl als gesichertes Resultat ansehen zu dürfen: es ist eine Reihe von verschiedenen, zeitlich auf einander folgenden Floren und Faunen anzunehmen, die der unsrigen vorausgegangen und die von der unsrigen um so verschiedener sind, je früher sie existirt haben. Danach hätten wir uns also die Sache wohl so vorzustellen: Als die Erde für die Aufnahme organischer Wesen geeignet war, ist sie mit Pflanzen und Thieren bevölkert worden. Diese erste Pflanzen- und Thierwelt ist untergegangen und in Gebirgsformationen, die sich bildeten, begraben worden. Es folgte eine neue Pflanzen- und Thierwelt, die dasselbe Schicksal theilte, und dieser Proceß hat sich noch mehrere Male wiederholt — wie oft, wollen wir für jetzt dahingestellt sein lassen — einige Gelehrte nehmen an, bis zu dreißigmal. Zuletzt ist die Pflanzen- und Thierwelt auf der Erde erschienen, welche in ihrer natür- lichen Nachkommenschaft noch jetzt existirt.

Wie verhält sich nun diese paläontologische Theorie zu dem mosaischen Berichte über die Erschaffung der Pflanzen und Thiere? Ich habe schon in der vorigen Stunde angedeutet, daß diese Frage verschieden beantwortet wird. Hören wir zuerst Eine Antwort. Sie ist meines Wissens zuerst von dem mehrfach erwähnten englischen Gelehrten Buckland gegeben worden, hat bei sehr Vielen Anklang gefunden und ist in Deutschland namentlich durch Kurtz und nach ihm durch Andreas Wagner vertheidigt worden. Sie lautet: Moyses berichtet nur über die Erschaffung der jetzigen Pflanzen- und Thierwelt; von den ältern Floren und Faunen, mit welchen uns die Paläontologie bekannt macht, redet er gar nicht. Daß Moyses darüber schweigt, kann uns nicht wundern. Er will ja überhaupt keine voll- ständige Geschichte der Entwickelung der Erde schreiben, sondern eine Ge- schichte der Ausbildung und Ausschmückung der Erde zum Wohnplatze für den Menschen. Er erwähnt darum das, was zum Menschen in Beziehung steht, übergeht aber das, was eine solche Beziehung nicht hat. Wir haben

15*

dieſe Unterſcheidung ſchon bei dem gemacht, was Moyſes über die Geſtirne und was er über die Scheidung von Waſſer und Land berichtet. Halten wir dieſen Geſichtspunkt feſt, ſo mußte Moyſes über die Erſchaffung der Pflanzen und Thiere berichten, ſofern dieſelben zum Dienſte des Menſchen beſtimmt ſind. Dieſen Geſichtspunkt deutet er ſelbſt an, indem er berichtet, Gott habe den Menſchen zum Beherrſcher der Thierwelt gemacht und die Pflanzenwelt ihm und ſeinen Unterthanen zur Nahrung beſtimmt. Unter dieſem Geſichtspunkte konnte Moyſes die in den Gebirgsſchichten begrabenen Pflanzen und Thiere mit Stillſchweigen übergehen; denn ſie haben anerkanntermaßen nicht gleichzeitig mit dem Menſchen, mithin auch nicht direct für ihn exiſtirt. Sie ſtehen zu dem Menſchen in demſelben Verhältniß wie die Mineralien — es ſind ja mineraliſch gewordene organiſche Körper — und werden darum ebenſowenig erwähnt wie die Mineralien.

Sie ſehen, wenn wir dieſes feſthalten, können der moſaiſche und der paläontologiſche Bericht über die Pflanzen und Thiere einander nicht ergänzen oder beſtätigen, aber auch ebenſowenig einander widerſprechen. Sie werden ſo von einander geſchieden, daß gar kein directer Berührungspunkt übrig bleibt. Von den Pflanzen und Thieren, welche uns die Paläontologie kennen lehrt, ſpricht Moyſes gar nicht, und von den Pflanzen und Thieren, deren Erſchaffung Moyſes als das Werk des dritten, fünften und ſechsten Tages berichtet, kann die Paläontologie nur etwa in den Schichten Spuren finden, welche ſie der recenten Periode, alſo der hiſtoriſchen Zeit zuweiſt, nicht aber in den vielen Schichten der ältern Zeit.

Daß dieſe Anſicht inſofern exegetiſch zuläſſig iſt, als dabei ſtatuirt wird, daß die Pflanzen- und Thierſchöpfung, welche Moyſes erzählt, nicht die erſte geweſen ſei, kann nach der eben gegebenen Darlegung nicht beſtritten werden. Daß Gott nichts Anderes geſchaffen habe, als was im Heraemeron erwähnt wird, ſagt Moyſes nirgendwo. Er lehrt, alles, was außer Gott exiſtire, ſei von Gott geſchaffen worden, und alles, was der Menſch um ſich herum ſieht, ſei von Gott in einer Schöpfungswoche, in einer beſtimmten Ordnung und zu einem beſtimmten Zwecke, für den Menſchen, geſchaffen worden; alle einzelnen Theile der Schöpfung und alle einzelnen Phaſen der ſchaffenden und bildenden Thätigkeit Gottes aufzuzählen und zu ſchildern, auch diejenigen, die zu dem Menſchen in keiner nähern Beziehung ſtehen, dazu lag keine Veranlaſſung vor, nachdem in dem Satze: Gott hat Himmel und Erde geſchaffen, die Wahrheit, daß ohne

Gott nichts geworden sei, was geworden ist, mit genügender Klarheit ausgesprochen war.

Acceptiren wir diese Deutung, so fällt die auf die Paläontologie gestützte Einwendung gegen den biblischen Bericht, welche ich am Schlusse der
vorigen Stunde angeführt habe, von selbst weg. Wenn die Paläontologie
die chronologische Reihenfolge der organischen Wesen, welche die Genesis
angibt: Pflanzen, Wasser- und Luftthiere, Landthiere — nicht bestätigt, sondern
eine andere Reihenfolge ihr gegenüberstellt, so verschlägt das gar nichts.
Die Reihenfolge der Paläontologie bleibt in ihrem Rechte und die Reihenfolge der Bibel auch; diese für die Flora und Fauna der Jetztzeit, jene für
die Floren und Faunen der frühern Zeit, von denen die Bibel schweigt.

Damit ist die paläontologische Forschung von aller Rücksichtsnahme
auf die Bibel gänzlich entbunden; sie kann rein nach ihren Untersuchungen
der Erdrinde die älteste Geschichte der organischen Wesen verzeichnen. Sie
kann lehren: Das organische Leben hat auf der Erde mit den relativ unvollkommensten Formen begonnen, sei es zuerst mit Pflanzen, sei es zuerst mit
Thieren, sei es mit beiden gleichzeitig; diese ersten Organismen sind untergegangen und durch neue, anders beschaffene, vollkommenere ersetzt worden,
und dieser Wechsel hat sich oftmals wiederholt. Die Paläontologen mögen
es unter sich ausmachen, ob diese urweltlichen Floren und Faunen durch
plötzliche Katastrophen oder durch langsames Aussterben untergegangen sind,
ob der Untergang auf der ganzen Erde gleichzeitig oder in den verschiedenen
Gegenden nach einander, ob überall und immer in derselben Weise oder in
dieser Gegend und dieses Mal so, in jener Gegend und jenes Mal anders
erfolgt ist, ob jedes Mal das organische Leben ganz von der Erde verschwunden und dann ganz neu wiederhergestellt worden ist oder ob jedes
Mal oder einige Male ein Theil der Organismen sich aus der einen
Periode in die andere hinübergerettet hat. Das sind alles Fragen, welche
die Gelehrten beschäftigt haben und auch fortan beschäftigen mögen; wir
Theologen wollen ihnen aufrichtig Glück dazu wünschen, wenn ihnen die
Lösung gelingt; aber es interessirt uns Theologen gar nicht, ob und wie
diese Fragen gelöst werden. Denn über alles das wissen wir aus un-
sern Quellen gar nichts. Erst wo die paläontologische Geschichte der
Organismen der Erde aufhört, fängt die biblische Geschichte der Erde an.
Als die letzte Flora und Fauna der Paläontologie untergegangen war,
schuf Gott zuerst die Pflanzen, dann die Wasser- und Luftthiere und dann

die Landthiere, welche in ihren Nachkommen noch jetzt existiren, welche also der Zeit angehören, von der die Paläontologie keine Urkunden mehr hat.

Die Paläontologie hat also ein großes Gebiet, auf welches die Bibel gar keinen Anspruch erhebt: ihr gehört die ganze Masse der Uebergangs= und Flötzgebirge, die ganze Reihe der Formationen der paläozoischen und der mesozoischen Periode; sie kann darüber schalten und walten, wie sie will. Bei den obersten Schichten, denen der tertiären oder känozoischen Periode, beginnt erst die Grenzprovinz ihres Reiches. Es kann hier gefragt werden, ob sich nicht wenigstens in den obersten Schichten dieser Periode schon Ueberreste auch von denjenigen Pflanzen und Thieren finden, über deren Erschaffung die Bibel berichtet. Aber die Grenzregulirung soll auch hier nicht zur Grenzstreitigkeit werden; wir wollen uns vorbehalten, die Sache zu untersuchen; aber wir können uns in voraus bereit erklären, auch auf diese Provinz zu verzichten, wenn die Paläontologie auf ihren Besitz Werth legt. Die Paläontologen mögen selbst entscheiden, ob die Fossilien dieser Schichten directe Ahnen der jetzt lebenden Pflanzen= und Thiergenerationen sind oder nicht; nach ihrem Ausspruch soll dann entschieden werden, ob sie zu der urweltlichen oder zu der am dritten Tage des Heraemeron beginnenden Reihe der Organismen gehören.

Mich dünkt, die Naturwissenschaft kann sich bei diesem Vergleich nicht beklagen und muß die Großmuth der Theologie anerkennen, die ihr alles einräumt, was sie zur freien Entwicklung der Paläontologie nur bedürfen kann. Eine Einwendung gegen den biblischen Bericht ist von Seiten der Paläontologie nun gar nicht möglich, und insofern kann auch die Theologie mit diesem Vergleich nur zufrieden sein. Aber laufen wir nicht Gefahr, während wir nach außen hin den Frieden sichern, im eigenen Lande zu Unordnungen und Mißhelligkeiten Anlaß zu geben; d. h. um ohne Bild zu sprechen, sind denn auch die Theorien der Paläontologen, wie ich sie in allgemeinen Umrissen skizzirt habe, in jeder Hinsicht theologisch unbedenklich, oder müssen wir auf dem theologischen Standpunkte noch irgend welche Reservationen machen?

Daß die Annahme dieser paläontologischen Perioden nicht gegen den Bericht der Genesis über die Schöpfung der Pflanzen und Thiere verstößt, habe ich gezeigt; daß die lange Zeit, welche für diese paläontologischen Perioden postulirt wird, mit den sechs Tagen des Heraemeron nicht in Widerspruch steht, habe ich schon früher bemerkt. Da aber das erste Capitel der Genesis die ganze vorhistorische Zeit umfaßt, indem es mit „im An=

fange" beginnt und mit der Vollendung der Schöpfung oder mit den ersten Menschen schließt, so kann gefragt werden, in welchen Theil der vorhistorischen Zeit nach der Darstellung der Genesis die paläontologischen Perioden fallen. Die vorhistorische Zeit zerfällt nach der Darstellung der Genesis in die Zeit vor den sechs Tagen und in die sechs Tage selbst. Mit den ersten der sechs Tage können jene Perioden nicht zusammenfallen; denn bis zum dritten Tage waren Wasser und Land noch nicht geschieden, können also die Pflanzen und Thiere der Urwelt, die ja nicht alle dem Meere angehörten, nicht existirt haben. Mithin müssen sie vor dem ersten der sechs Tage existirt haben; denn als der erste Tag mit dem Werden des Lichtes begann, war die Erde wüst und öde und mit Wasser bedeckt. Folglich müssen dem Zustande der Erde, welchen der Vers 2 in den Worten beschreibt: „Und die Erde war wüst und öde und Finsterniß über der Wassermasse" andere Zustände vorhergegangen sein, in welchen die Erde für das organische Leben, dessen Spuren die Paläontologie aufweist, geeignet war.

Sie erinnern Sich, daß ich bei der exegetischen Erläuterung des ersten Capitels der Genesis [1]) schon darauf hingewiesen habe, daß der Annahme nichts im Wege stehe, es werde uns im Heraemeron nicht die erste Gestaltung, sondern eine Neugestaltung der Erde geschildert, und das Thohuwabohu des zweiten Verses sei nicht der erste Zustand der Erde, sondern die Grenzscheide zwischen einer frühern und der durch das Sechstagewerk begründeten jetzigen Gestaltung derselben.

Wir bekommen nach dieser Theorie folgenden Grundriß der Geschichte der Erdbildung: Im Anfange hat Gott Himmel und Erde geschaffen; das lehrt die Bibel; ob aber die Erde in einer fertigen Gestaltung erschaffen wurde, oder in einem elementaren Zustande, aus welchem sie sich zu einer Gestaltung entwickelte, das lehrt die Bibel nicht. Die Geologie kann also hier mit ihren Theorien der Erdbildung anknüpfen. Die Erde ist dann von Anfang an oder in einem bestimmten spätern Zeitpunkte mit organischen Wesen bevölkert worden; hier folgt die Geschichte der Organismen, wie sie die Paläontologie gibt. Die letzte paläontologische Flora und Fauna wurde durch eine Katastrophe vertilgt, deren Folgen der zweite Vers der Genesis schildert: die Erde wurde von Wasser und Finsterniß überdeckt. Nun folgte die Neubildung, welche im Heraemeron beschrieben wird: das Licht tritt hervor, ein Theil der Wasser steigt in Dünsten auf und bildet die Atmo-

---

[1]) S. 86.

sphäre, das Land tritt aus dem Wasser hervor, und nun schafft Gott eine neue Pflanzen- und Thierwelt.

Diese Auffassung ist exegetisch unbedenklich; denn die Ergänzung des biblischen Berichtes vor Vers 2 oder die Annahme, daß Moyses über die Phasen der Erdentwicklung, welche dem Thohuwabohu vorausgehen, mit Stillschweigen hinweggegangen sei, habe ich früher als zulässig nachgewiesen. Diese Auffassung hat ferner den Vortheil — wenigstens sehen Viele darin einen Vortheil; ich habe mich früher darüber erklärt, warum ich gar keinen Werth darauf lege — daß dabei der buchstäblichen Auffassung der sechs Tage gar nichts im Wege steht. Denn daß das Hervortreten des Lichtes, das Emporsteigen der Wasserdünste, das Hervortreten des Festlandes und die Erschaffung der organischen Wesen rasch auf einander gefolgt und in sechsmal vierundzwanzig Stunden vollendet sein könne, unterliegt keinem Zweifel, und von Seiten der Geologie kann nichts dagegen eingewendet werden, da wir die von ihr postulirten Tausende oder Millionen von Jahren bereits sämmtlich vor dem ersten Tage untergebracht haben. Indeß darauf brauchen wir, wie gesagt, gar kein Gewicht zu legen, da wir gesehen haben, daß wir uns die sechs Tage kürzer oder länger als vierundzwanzig Stunden denken dürfen, ohne mit der Bibel in Conflict zu kommen.

Einen Haken hat die Sache aber doch noch. Wie verhält es sich mit dem vierten Tagewerke, der Bildung der Gestirne oder, richtiger gesagt, der Festsetzung des jetzigen Verhältnisses der Erde zur Sonne und den andern Gestirnen? Jene paläontologischen Perioden werden doch nicht ohne Sonnenlicht und auch nicht ohne Erdatmosphäre gewesen sein — letztere soll erst am zweiten Tage gebildet worden sein. Die versteinerten Thiere haben Augen gehabt und an vielen versteinerten Bäumen finden wir sogar die Jahresringe zum deutlichen Zeichen, daß auch damals Licht vorhanden war und sogar der Jahreswechsel, — also auch wohl der Wechsel von Tag und Nacht stattgefunden hat.

Die Geologen schließen aus der Beschaffenheit der urweltlichen Pflanzen und Thiere, daß die atmosphärischen, klimatischen, überhaupt die natürlichen Verhältnisse der Erde damals anders gewesen seien, als jetzt; die meisten glauben, daß damals die Temperatur eine höhere und auf der ganzen Erde gleichmäßiger gewesen sei. Indeß, welcher Art die Zustände der Erde in dieser Hinsicht waren, läßt sich unmöglich mit Sicherheit bestimmen, noch viel weniger also, wodurch dieselben bewirkt wurden. Daß auch in jener Urzeit Licht und eine Atmosphäre vorhanden war, schließt die Genesis gar nicht aus; denn es steht nichts im Wege, ihren Bericht so zu verstehen, daß es schon vor dem Thohuwabohu hell gewesen und am ersten Tage auf Gottes Befehl wieder hell geworden und nunmehr der jetzt geltende Wechsel von Tag und Nacht festgesetzt und daß am zweiten Tage die jetzige Atmosphäre der Erde gebildet worden sei. Ob auch in der Urzeit das Licht, welches die Erde erleuchtete, an die Sonne gebunden war, — daß das Licht auch von der Sonne getrennt gedacht werden kann, haben wir früher gesehen, — oder, wie Einige wollen, eine Photosphäre die Erde umgab, mag dahin gestellt bleiben. Die Genesis widerspricht auch der ersten Annahme nicht; denn als Werk des vierten Tages braucht, wie ich früher gezeigt habe, nicht die Bildung der Gestirne angenommen zu werden, auch nicht die erste Verbindung des Lichtes mit ihnen, sondern nur die Einsetzung derselben in ihre jetzige Function der Erleuchtung der Erde. Erst seit dem dritten Tage findet die jetzige Erleuchtungsweise der Erde durch die Gestirne statt; an den drei ersten Tagen war das noch nicht so, entweder weil die Gestirne die leuchtende Kraft noch nicht hatten, oder — und das wäre nach dieser Theorie das Richtige — weil die Erde sammt ihrer Atmosphäre an diesen Tagen für das Licht nicht empfänglich und die Bildung der Erde und ihrer Atmosphäre erst am vierten Tage soweit fortgeschritten war, daß nunmehr das Licht der Sonne und der andern Gestirne in der jetzt geltenden Weise auf sie einwirken konnte. Vor dem Thohuwabohu mag sich die Erde immerhin in einem Zustande befunden haben, der dem jetzigen analog, wenn auch nicht gleich war; das sagt Moyses nicht, weil sein Bericht diese Zeit überhaupt nicht berührt; aber ebendarum schließen seine Worte dieses auch nicht aus.

Daß ich hier in Bezug auf manche Einzelheiten mich so unsicher ausdrücke und nur von Möglichkeiten spreche, werden Sie nicht mißverstehen. Was die Bibel betrifft, so sage ich mit voller Sicherheit und Klarheit: sie spricht sich über diese Dinge, weil sie nicht zu ihrem eigentlichen Bereiche gehören, gar nicht oder in so unbestimmten und allgemeinen Ausdrücken aus, daß wir zwar die religiös wichtigen Sätze aus ihrem Berichte vollkommen sicher entnehmen können, aber auf die für die Naturwissenschaft wichtigen Fragen keine Antwort erhalten. Sie läßt somit für die Resultate der naturwissenschaftlichen Forschung weiten Raum, und daß wir über jene ältesten Zeiten unseres Planeten so wenig mit Bestimmtheit sagen können und dem, was wir darüber sagen, so viele Vielleichts beifügen müssen, ist nicht Schuld der Bibel, die gar nicht den Beruf hat, uns darüber zu belehren, sondern hat seinen Grund allein darin, daß die Naturwissenschaft, der die Bibel die Erforschung dieser Dinge ganz anheim gibt, zu gesicherten Resultaten noch nicht gelangt ist und der Natur der Sache nach auch nicht gut gelangen kann.

Von einem Widerspruche zwischen Bibel und Paläontologie kann also nicht die Rede sein, wenn wir, was die Bibel uns nicht verwehrt, die paläontologischen Perioden vor das Sechstagewerk verlegen. Halten wir diese Theorie also als eine jedenfalls zum Ziele führende Lösung fest. Sollten sich die andern Ausgleichungsversuche, die ich in den nächsten Stunden besprechen werde, als unzulänglich erweisen, so wird das nichts schaden. Wir können dann immer noch zu der heute vorgetragenen Theorie zurückkehren, durch welche die Harmonie zwischen Bibel und Paläontologie jedenfalls hergestellt werden kann.

XX.

Fortsetzung.

Ich erinnere mich, in einer englischen Zeitschrift einmal die Vermuthung gelesen zu haben, die Versteinerungen seien ein Teufelsspuk, den der Erzfeind des Menschengeschlechts angerichtet habe, um die Geologen zu dupiren und die Menschen in ihrem Glauben an die Bibel irre zu machen. Veranlaßt war dieser Scherz — denn mehr sollte es natürlich nicht sein — durch die Einwendungen, welche auf Grund der Paläontologie gegen die Richtigkeit des biblischen Schöpfungsberichtes vorgebracht werden. Ich habe nun in der vorigen Stunde schon gezeigt, daß Paläontologie und Bibel ganz gut neben einander bestehen können, wenn man mit vielen Gelehrten annimmt, daß die Pflanzen- und Thierwelt, welche uns die Paläontologie kennen lehrt, nicht identisch sei mit derjenigen, deren Erschaffung im Heraemeron berichtet wird, daß sie vielmehr einer frühern Gestaltung der Erde angehörte, welche von der jetzigen, im Heraemeron bewirkten Gestaltung durch das Thohuwabohu getrennt wird. Die Art und Weise, in welcher diese Theorie von einigen deutschen Gelehrten entwickelt wird, hat mich aber unwillkürlich an jene Teufelshypothese erinnert, und ich kann nicht unterlassen, indem ich die Theorie selbst als wissenschaftlich zulässig erweise, gegen einige Ausschreitungen zu protestiren, die mitunter mit der Theorie in Verbindung gebracht werden, aber keineswegs nothwendig mit ihr zusammenhangen.

Sie erinnern Sich, daß ich früher nachgewiesen habe, [1] die Worte der Genesis ständen der Annahme nicht im Wege, daß der jetzigen Gestaltung der Erde eine andere vorhergegangen, und daß der Zustand, den der zweite Vers der Genesis beschreibt: „die Erde war wüst und öde" u. s. w., nicht bloß die Wiege der jetzigen durch das Sechstagewerk bewirkten Gestaltung, sondern auch das Grab der frühern Gestaltung der Erde gewesen sei. Das Heraemeron beschreibt dann nicht die erste Formation, sondern eine Neugestaltung, eine Restitution der Erde. Mit dieser, wie gesagt, zulässigen Restitutionshypothese wird nun von Vielen eine andere Hypothese in Verbindung gebracht, welche ich gleichfalls früher besprochen habe. [2] Die Verwüstung des frühern Zustandes, deren Folge die Wüste und Oede des zweiten Verses ist, wird mit dem Fall der Engel in Verbindung gebracht und dann consequenter Weise angenommen, die gefallenen Engel seien vor dem Falle Bewohner der Erde gewesen. Meine Bedenken gegen diese Hypothese im Allgemeinen habe ich früher bereits vorgetragen; gegen die Verbindung, in welche dieselbe mit der Paläontologie gebracht wird, erheben sich aber neue, noch schwerere Bedenken.

Die Ansicht wird von Westermayer [3] mit Zugrundelegung der Argumentationen von Kurtz, Delitzsch und Andern [4] so vorgetragen: Die Organismen, welche in unsern Gebirgen versteinert liegen, haben wohl nicht schon damals auf der Erde existirt, als dieselbe die Wohnstätte der später gefallenen Engel war. Denn „die Thier- und Pflanzenwelt konnte kein entsprechendes Meublement für ein von Engeln bewohntes Haus sein, und gerade das Ungeheuerliche und Schreckliche, Mordsüchtige und Unschöne, das in den versteinerten Ueberresten der urweltlichen Thiere zu Tage tritt, hätte unmöglich das Auge von Engeln entzücken können, da wir Menschen schon nur mit einem gewissen mit Staunen vermischten Grauen derlei Exemplare betrachten können." Die Erschaffung und der Untergang der urweltlichen Thiere fällt also nicht vor die Verwüstung der ursprünglichen Gestalt der Erde, welche im zweiten Verse der Genesis als Thohuwabohu bezeichnet wird, sondern in den Verlauf der Zeit, welche das Thohuwabohu umfaßt. Gott wollte

---

1) S. 86.
2) S. 91.
3) Die Erschaffung der Welt S. 37.
4) Kurtz, Bibel und Astron. S. 539. Delitzsch, Genesis S. 166. Drechsler bei Delitzsch S. 624. Keerl, Schöpfungsgesch. S. 537.

die in Folge des Engelfalls zerstörte Welt für den Menschen restituiren. Den
Beginn dieser schöpferischen Thätigkeit Gottes deutet die Genesis in den
Worten an: der Geist Gottes schwebte oder brütete über den Wassern.
Als nun aber „durch das befruchtende Brüten des göttlichen Geistes über
den Wassern des Abgrundes sich schöpferische Kräfte zu regen begannen,
da merkten die Teufel, die in der urweltlichen Finsterniß als in ihrem Ur-
eigenen hausten, daß sie aus ihrem Eigenthum vertrieben, wenigstens in
ihrer Wohnung beengt werden sollten, und sie suchten darum den Schöpfungsplan Gottes zu vereiteln und boten alles auf, was ihnen noch geblieben war an Macht und Kraft, um die neue Schöpfung zu verhindern
oder doch zu mißleiten." Mit Zulassung des Schöpfers haben also „dämonische Gewalten, als der Geist Gottes schaffend auf die Wasser zu wirken
begann, in dieses Brüten des göttlichen Geistes hineingewirkt, nicht zwar
als schöpferische Potenzen, wohl aber so, daß sie auf eine uns unbekannte
Weise die fruchtschwangern Gewässer mißleiteten und monströse Geburten,
unnatürliche Vermischung, gegenseitiges Morden, Krankheit und Tod unter
den von Gott geschaffenen Thiergeschlechtern heimisch machten." So entstanden „die schrecklichen und mörderischen Ungeheuer, diese Carricaturen und
Fratzen der Schöpfung." Das göttliche Schaffen war also zugleich „ein
Ringen mit Gewalten des Argen. Ganze von Gott ins Dasein gerufene
Generationen erlagen der Verderbniß jener Gewalten und mußten deshalb
hinweggetilgt werden." Sie wurden in den Gebirgsschichten begraben und
Gott „ließ nun im Sechstagewerk allen Ernstes den Teufel seine Macht fühlen
und sein Beginnen als elend und eitel erscheinen."

Man muß den Vertretern dieser Ansicht die Gerechtigkeit widerfahren
lassen, daß sie dieselbe nicht aus der hl. Schrift zu erweisen versuchen. Im
zweiten Verse der Genesis, sagt Kurtz, steht ebensowenig etwas von einem
Falle der Engel wie von einem Untergange ganzer Welten des Lebens.
Von dem Falle der Engel wissen wir nur etwas aus andern Stellen der
hl. Schrift und von dem Untergange vieler organischer Wesen aus den
Resultaten der Geologie, und es ist also nur eine Hypothese, wenn diese
beiden Ereignisse mit einander und mit dem Thohuwabohu der Genesis in
seinen ursächlichen Zusammenhang gebracht werden. Auch Westermayer gibt
zu, daß seine Ansicht höchstens darauf Anspruch machen könne, mit der Bibel
nicht in Widerspruch zu stehen. Er räumt auch die weitere Thatsache ein,
daß sich bei den Kirchenvätern keine Spur von dieser Hypothese findet. Er
glaubt dieses Schweigen der Väter mit ihrer Furcht vor den Gnostikern

und Manichäern entschuldigen zu müssen, deren dualistischen Systemen gegenüber es mehr als unklug gewesen sein würde, „durch das Vortragen einer
solchen Lehre Oel ins Feuer zu gießen." Die älteste Spur dieser Ansicht,
welche man nachweisen kann, ist eine Aeußerung des englischen Königs
Edgar im zehnten Jahrhundert: da Gott die Engel nach ihrem Falle von
der Erde vertrieben, worauf diese in ein Chaos verwandelt worden sei, habe
er nun die Könige auf der Erde eingesetzt, damit Gerechtigkeit auf der Erde
herrsche. [1]

Indeß eine Ansicht ist nicht schon darum zu verwerfen, weil sie neu ist;
es wird nur, wenn es sich um theologische Dinge handelt, nachzuweisen
sein, daß die neue Ansicht mit den alten feststehenden Sätzen harmonirt.
Ich gestehe nun zunächst, daß ich mir keine rechte Vorstellung davon zu
machen weiß, wie dämonische Gewalten in das göttliche Schaffen „hinein-
wirken," „die göttlichen Schöpfungsversuche verkehren und mißleiten" konnten u. s. w. Mag aber damit gemeint sein, die Teufel hätten bewirkt, daß
die Schöpfungen Gottes nicht seiner Idee entsprechend ausfielen, oder sie
hätten die von Gott geschaffenen Thiergeschlechter corrumpirt, jedenfalls paßt
dieses besser zu der dualistischen Lehre von einem guten und einem bösen
Gotte, die sich ebenbürtig gegenüberstehen, als zu der Stellung, die dem
Teufel in der christlichen Lehre angewiesen wird. Der Dualismus wird
freilich ausdrücklich dadurch ausgeschlossen, daß dem Teufel die schöpferische
Kraft abgesprochen und sein Eingreifen in die Schöpfung von Gottes Zulassen abhängig gemacht wird. Aber was sollen wir uns als Motiv und Zweck
dieser göttlichen Zulassung denken? Wenn Delitzsch und Westermayer sagen:
„Die Schöpfung der Erdwelt war gewissermaßen ein Kampf des Schöpfers
mit dem Satan und seinen Mächten, wie die Erlösung ein Kampf des
Erlösers mit dem Satan und seinen Mächten ist," so trifft diese Analogie
nicht zu. Daß der Teufel Gewalt hat, die Menschen zu versuchen und
ihnen dadurch Gelegenheit zu bieten, sich mit der ihnen von Gott gegebenen
Willensfreiheit für Gott zu entscheiden, und daß der Erlöser den Menschen
aus der Gewalt des bösen Feindes befreit, der er durch seine Schuld an-

---

1) Tholuck, Vermischte Schriften II, 230. Was Delitzsch (Genesis S. 106. 613)
aus dem angelsächsischen Dichter Caedmon (im 7. Jahrh.) anführt, enthält nur den Gedanken, der sich auch bei den Kirchenvätern findet (Klee, Dogmengesch. I, 275), die
Menschen seien geschaffen, um die gefallenen Engel zu ersetzen. Auch die Stelle, welche
Delitzsch aus den dem hl. Augustinus untergeschobenen Quaestiones ex V. et N. T. q. 2
anführt, gehört nicht hieher. Vgl. Kurtz, Bibel und Astron. S. 164.

heimgefallen, ist ganz etwas anderes, als daß Gott sich dazu herbeigelassen haben sollte, sich vom Teufel bei der Erschaffung der unvernünftigen Creaturen Opposition machen zu lassen. Jedenfalls müßten die naturwissenschaftlichen Gründe sehr stark sein, welche einer theologisch so wenig ansprechenden Ansicht Eingang verschaffen sollen. Aber dies scheint mir gerade der schwächste Punkt der ganzen Argumentation zu sein. Von der urweltlichen Flora wird wohlweislich ganz geschwiegen und aus der Thierwelt werden nur die unschönen und ungeheuerlichen Gestalten hervorgehoben. Ich habe aber gestern bereits bemerkt, daß es ein bloßes Mißverständniß ist, wenn man sich die urweltlichen Thiere durchgängig als Ungeheuer und Fratzen vorstellt; es kommen daneben die zierlichsten und prachtvollsten Bildungen vor. An Gestalten, die dem gewöhnlichen Geschmacke nicht zusagen, fehlt es auch der jetzigen Fauna nicht, und es ist am Ende nur consequent von Westermayer, wenn er auch Krokodile, Kröten und Spinnen noch mit dem Teufel in Verbindung bringt, sie als absolut und unter allen Umständen häßlich bezeichnet und dieses daraus erklärt, daß der Satan auch aus der jetzigen Schöpfung noch nicht vollständig verdrängt sei und die Formen und Instincte so vieler Thiere und Pflanzen sein häßliches, grauenhaftes und mörderisches Wesen symbolisiren müßten. [1]) Biblisch ist, fürchte ich, diese Anschauung nicht; das Krokodil wenigstens und daneben das Nilpferd, für den gewöhnlichen Geschmack auch gerade kein schönes Thier, werden im Buche Job in den Reden Jehova's [2]) als Zeugen der göttlichen Macht und Erhabenheit vorgeführt. Dieses sentimentale und oberflächliche Krittisiren einzelner Creaturen ist hier gar nicht angebracht. Will man über den Werth eines Dinges urtheilen, sagt Thomas von Aquin, [3]) so hat man nicht irgend eine besondere Beziehung desselben ins Auge zu fassen, sondern das Ding für sich und in seiner Beziehung zum Weltganzen zu betrachten; im Universum aber hat jedes Einzelne seinen Platz.

Wenn Kurtz [4]) „Raub, Krieg, Mord und Tod" als etwas „positiv Ungöttliches" bezeichnet, welches „Gott durch die Schöpfung nicht in die Urwelt hinein gelegt haben, dessen Entstehen erst durch Mißbrauch und störenden Eingriff eines widergöttlichen freien Willens bedingt gewesen sein könne", so ist das eine sehr sonderbare Auffassung. Die Sterblichkeit der

---

1) S. 45.
2) Cap. 40.
3) 1. q. 49 a. 3.
4) S. 543.

Thiere wird doch nicht als etwas ursprünglich von Gott nicht Gewolltes anzusehen sein, und was „Raub, Krieg und Mord" in der Thierwelt betrifft, so ist es, wie ich schon früher erwähnt habe, [1] gar nicht nöthig, — der hl. Thomas sagt sogar: es sei unvernünftig, — anzunehmen, daß auch unsere jetzigen Raubthiere vor dem Falle des Menschen keine Fleischfresser gewesen seien; warum sollte also Gott nicht auch in der Urzeit gefräßige Raubthiere geschaffen haben?

Wenn wir also annehmen, die in den Gebirgsschichten begrabenen Pflanzen und Thiere gehörten einer dem Heraemeron vorausgegangenen Schöpfung an, so thun wir das, ohne uns für die Teufelshypothesen verantwortlich machen zu lassen, welche Einige mit jener Annahme in Verbindung gebracht haben.

Noch einen anderen Mißgriff muß ich abweisen, den Anhänger dieser Ansicht sich haben zu Schulden kommen lassen. Die ältesten Versteinerungen zeigen uns, wie ich erwähnt habe, die unvollkommensten Pflanzen und Thiere; je mehr wir der Gegenwart nahe kommen, um so mehr finden wir auch die höhern Pflanzen= und Thierarten vertreten. Es klingt nun wenigstens sehr bedenklich, wenn Schubert diese urweltlichen Organismen als „unmittelbare Ausgeburten einer Schöpferkraft bezeichnet, welche bei jedem Pulsschlage ihres Bewegens eine Fülle des mannchfaltigsten Lebens über die Sichtbarkeit ergoß." [2] Wenn sich Schubert die göttliche Schöpferkraft nicht als eine unbewußt und unwillkürlich wirkende denkt — und das thut er gewiß nicht — so hat er sich wenigstens sehr incorrect ausgedrückt. Ebenso incorrect ist die Aeußerung von Keerl: [3] „Es ist als ob die ganze Natur in jener Urzeit in fortwährenden Geburtswehen läge, bis sie den Mittelpunkt gefunden hat, in dem sie ruhen kann. Kein Produkt, das sie hervorbringt, will genügen; sie zerbricht alle Formen, die nach und nach entstehen, und birgt sie in einem steinernen Grabe, bis sie endlich die Gestalt gefunden hat, die ihr entspricht." Dergleichen Aeußerungen im Munde von Theologen oder Vertheidigern der Bibel sind nur geeignet, Spöttereien zu provociren, wie die von Vogt, über den Schöpfer, der fünfundzwanzig Mal oder noch öfter die Erde mit ihren Organismen ändert, bis er endlich das Rechte trifft.

---

1) S. 110.

2) Gesch. der Natur I. 487 — angeführt und gebilligt von Wagner, Gesch. der Urwelt II, 343.

3) Schöpfungsgesch. S. 463.

Die urweltlichen Floren und Faunen sind ebensowohl Erzeugnisse der frei und mit Weisheit und Macht schaffenden Thätigkeit Gottes gewesen, wie unsere jetzige Thier= und Pflanzenwelt, und wenn sie von dieser verschieden waren, so hat das seinen Grund darin, daß Gott sie verschieden hat schaffen wollen; wenn sie untergegangen sind, so sind sie nach dem Willen und weisen Plane Gottes untergegangen.

Warum Gott diese Wesen geschaffen und dann hat untergehen und versteinern lassen, ehe die jetzige Thier= und Pflanzenwelt geschaffen wurde und der Mensch auf der Erde als ihr Beherrscher erschien, das ist eine Frage, die man aufwerfen kann. Ich lasse sie vorläufig unbeantwortet; aber die bisher vorgetragenen Antworten sind jedenfalls falsch, sowohl die, welche eine Corruption dieser Schöpfungen durch die Dämonen annimmt, als die, welche dieselben als unmittelbare und ungenügende Ausgeburten der göttlichen Schöpferkraft bezeichnet.

Die Naturwissenschaft aber hat jedenfalls gar kein Interesse an der Frage nach dem Zwecke dieser frühern Schöpfungen und an den speciellen Fragen, die ich heute erörtert habe. Solche Fragen haben die Theologen unter sich abzumachen; was ich also heute polemisirend vorgetragen, das waren innere Angelegenheiten, durch welche das Gebiet der Paläontologie gar nicht berührt wird. Diese kann nur verlangen, daß die Theologen die Resultate der paläontologischen Untersuchungen über die Beschaffenheit und über die Art und Weise der Einschließung der urweltlichen Organismen in die Gebirgsschichten anerkennen — und das haben wir gethan. Wie wir uns dann diese Thatsachen in dem System der Theologie zurechtlegen, das ist unsere Sorge.

Dagegen ist es nicht eine theologische, sondern eine rein naturwissenschaftliche Untersuchung, wenn man über die Art und Weise, wie die Pflanzen und Thiere der Urwelt untergegangen und die Reste derselben in den Gebirgsschichten erhalten worden sind, Näheres zu ermitteln wünscht. Diese Untersuchung kann die Theologen an sich nicht interessiren, weil — wenigstens nach der Theorie, die wir bis jetzt kennen gelernt haben — diese Pflanzen und Thiere gar nicht in der Bibel erwähnt werden; der Geologe aber kann in derselben Weise, wie über die frühern Perioden der Entwicklungsgeschichte der Erde überhaupt, so auch über diesen Punkt durch wissenschaftliche Beobachtungen und Combinationen einiges ermitteln. Mit Sicherheit ist freilich bis jetzt noch nicht viel ermittelt; das liegt in der Natur der Sache, namentlich in der Unvollständigkeit der bis jetzt vorliegenden Be=

obachtungen und in den Schwierigkeiten, auf welche alle Versuche, die frühern Zustände und Entwicklungen der Erde genauer zu beschreiben, nothwendig stoßen müssen.

Mit ziemlicher Sicherheit kann man erkennen, ob die fossilen Pflanzen und Thiere auf dem Lande oder im Wasser, und in letzterm Falle, ob sie in Meerwasser oder in Süßwasser, also in Flüssen, Landseen u. s. w. gelebt haben. Der Untergang derselben ist jedenfalls auf verschiedene Weise erfolgt. Die am Boden festgewachsenen Thiere, wie z. B. Muschelbänke, sind durch allmäligen Absatz von Gesteinsarten, welche sie umhüllten, zu Grunde gegangen. In andern Fällen scheinen plötzliche Ereignisse, wie Veränderungen des Meeresniveaus, Durchbrüche von Gasarten und drgl. Massen von Thieren getödtet zu haben. Ein vulcanischer Ausbruch mitten im Meere, den man in der Nähe von Sicilien in der Gegenwart beobachtet hat, tödtete eine ungeheure Menge von Seethieren in der Umgebung. Aehnliche Ereignisse haben gewiß den Untergang solcher versteinerter Thiere verursacht, welche wir, obgleich sie sich sonst leicht fortbewegen konnten, massenhaft zusammen versteinert finden. So bemerkt Buckland[1]) in Bezug auf eine Fundstätte von fossilen Fischen in Italien: „Die Umstände, unter welchen die fossilen Fische hier gefunden werden, scheinen darauf hinzudeuten, daß sie plötzlich umkamen, wahrscheinlich als sie in jenen Theil des Meeres geriethen, der damals für sie verderblich wurde. Ihre Skelette liegen parallel mit den Schichten des sie einschließenden kalkigen Schiefers; sie sind immer ganz und liegen so dicht beisammen, daß oft viele Individuen in einem einzigen Block enthalten sind. Alle müssen an dieser fatalen Stelle umgekommen und sogleich in die damals sich absetzende Kalkmasse eingehüllt worden sein; denn der Umstand, daß gewisse Individuen noch Spuren von ihrer Farbe behalten haben, beweist hinlänglich, daß sie begraben wurden, ehe eine Zersetzung der weichen Theile eintreten konnte. Auf dieselbe Weise können wir uns vorstellen, daß schlammiges Wasser, vielleicht mit verderblichen Gasen gemischt, durch Niederschlag eine Reihe mächtiger Mergel- und Thonlager gebildet und zugleich die daselbst befindlichen Meeresbewohner eingeschlossen habe."

Die Pflanzen, welche sich in den Steinkohlenformationen versteinert finden, sind fast ausschließlich Landpflanzen, namentlich baumartige Farrenkräuter und Bäume, die zwischen diesen und Nadelhölzern in der Mitte stan-

---

1) Die Urwelt S. 79.

den. Zum Theil scheinen diese Pflanzen durch Ueberfluthungen aus den damaligen Wäldern fortgerissen und ähnlich wie das Treibholz auf den Boden von Seen, Flußmündungen und Meeren oder in muldenförmige Becken zusammengeschwemmt und dort in Steinkohle verwandelt worden zu sein. Bei den meisten Steinkohlenlagern ist es aber nach neuern Untersuchungen wahrscheinlich, daß sie sich an der Stelle gebildet haben, wo die Bäume und Pflanzen gewachsen waren. Die Vegetation ist dann zuerst in den Zustand eines Torfmoors übergegangen und dann in Folge einer Versenkung vom Meere überschwemmt und mit einer Lage von Sand und Schlamm überdeckt worden; eine spätere Erhebung hat dann den Schlamm in trockenes Land verwandelt und in den Stand gesetzt, einen neuen Wald zu tragen, der dann nachher ebenfalls in ein Torflager verwandelt worden ist. Durch die Wiederholung dieses Processes sind die abwechselnden Lagerungen von Kohle, Sandstein und Thonschiefer gebildet worden, welche die Kohlengruppe constituiren. [1])

Wir dürfen uns nun aber die Bildung der geschichteten Formationen nicht so vorstellen, als seien solche und andere Processe, welche ihre Bildung zur Folge hatten, immer gleichzeitig und ebenmäßig auf der ganzen Erdoberfläche vor sich gegangen. In diesem Falle müßten sich die geschichteten Formationen in allen Ländern der Reihe nach über einander finden. Dem ist aber nicht so, wie ich früher bereits erwähnt habe. Alle Formationen, welche die Geologen aufzählen, finden sich wohl nirgends und mehrere finden sich nur an wenigen Orten. Die Triasformation z. B. erstreckt sich hauptsächlich über das mittlere Deutschland, die Juraformation über Mittel-Europa, findet sich aber gar nicht in andern bisher untersuchten Erdtheilen, wie namentlich in Amerika. Andere Formationen sind in den verschiedenen Ländern sehr ungleichmäßig entwickelt. Wir dürfen also annehmen, daß zu derselben Zeit, in welcher auf einem Theile der Erdoberfläche eine Gebirgsschicht in der Bildung begriffen war, auf einem andern Theile sich eine andere bildete und wieder andere Theile Festland und Meer waren, wo Pflanzen und Thiere fortlebten. So wäre es also denkbar, daß das Pflanzen- und Thierleben, nachdem es einmal begonnen hatte, bei der Bildung der einzelnen Formationen nicht jedesmal ganz wieder unterging und dann vollständig wieder erneuert wurde, sondern daß es immer auf gewissen Theilen der Erdoberfläche von der einen Periode in die andere hinübergerettet wurde.

---

1) Vogt, Lehrb. der Geol. I, 308 ff.

Wenn das richtig wäre, brauchte also nur eine einzige urweltliche Pflanzen- und Thierschöpfung, nicht eine Reihe von Schöpfungen angenommen zu werden.

Das ist die Ansicht einiger Naturforscher;[1] die meisten glauben aber doch mehrere Neuschöpfungen annehmen zu müssen. Denn, wie ich schon früher erwähnt habe, sind die Pflanzen und Thiere der ersten paläontologischen Periode, der paläozoischen, von denen der folgenden, der mesozoischen, und diese wieder von denen der känozoischen im Allgemeinen so verschieden, daß sich nicht wohl eine Abstammung der jüngern Organismen von den ältern annehmen läßt. Einzelne Arten könnten sich aus der einen Periode in die andere hinüber erhalten haben; jedenfalls die große Mehrzahl der Organismen der ältern Periode aber scheint untergegangen und dann die Hauptmasse der Organismen der folgenden Periode jedesmal neu geschaffen worden zu sein.[2]

Indeß diese Frage können wir ganz dem Paläontologen überlassen; wenn wir auf dem theologischen Standpunkte Eine Pflanzen- und Thierschöpfung zugeben dürfen, welche dem Heraemeron vorausgegangen ist, so können wir auch zwanzig solcher Schöpfungen zugeben, und dürfen es also der Naturforschung anheimgeben, zu bestimmen, wie viele Schöpfungen stattgefunden haben.

Sie sehen auch hier wieder, wie thöricht die Meinung sein würde, daß ein Gelehrter, welcher an die Auctorität der hl. Schrift glaube, nicht mit derselben Unbefangenheit und Freiheit und darum auch nicht mit demselben Erfolge den naturwissenschaftlichen Forschungen obliegen könne, wie derjenige, welcher durch die Rücksicht auf die Bibel und die Theologie überhaupt gar nicht gehemmt sei. Daß alles, was überhaupt in der sichtbaren Welt existirt, seine Existenz dem Willen Gottes verdankt, daß alles so geworden ist, so existirt hat und so untergegangen oder umgestaltet worden ist, wie Gott wollte, das hat der christlich gläubige Geologe allerdings festzuhalten, während der ungläubige Forscher annehmen mag, daß eine ewige Materie nach ewigen Naturgesetzen sich gestaltet und umgestaltet habe: das ist aber auch die einzige Differenz zwischen beiden, und das ist, wie Sie leicht einsehen werden, gar keine naturwissenschaftliche, sondern eine philosophisch-

---

1) Prevost, de Blainville u. A. bei *Sorignet*, Cosmogonie p. 83. 210. Lyell, Geologie II, 526. Quenstedt, Sonst und Jetzt S. 228.

2) Ab. Brongniart bei *Sorignet* p. 71, Murchison, Siluria p. 461 ff. Vogt, Lehrb. der Geol. II, 338. 389.

theologische Differenz, eine Controverse, deren Entscheidung über die Aufgabe der Naturwissenschaft hinausgeht und der Philosophie und Theologie anheimzugeben ist. In Bezug auf das, was die Aufgabe der Paläontologie ausmacht, ist der christliche Forscher in keiner Weise ungünstiger gestellt, als der ungläubige oder gegen die Religion gleichgültige: er kann die Beschaffenheit, die Aufeinanderfolge und das relative Alter der einzelnen Formationen erforschen, die Fossilien derselben charakterisiren und classificiren, über die Bedingungen, unter welchen sie gelebt haben, und über die Katastrophen oder Evolutionen, durch welche sie untergegangen und versteinert worden sind, über die Zahl und die Dauer dieser Perioden des organischen Lebens auf der Erde und dieser Schichtenbildungen seine wissenschaftlichen Combinationen und Vermuthungen aussprechen; — bei alledem braucht er gar nicht zu fürchten, gegen die Bibel, gegen die Lehre der Kirche oder irgend einer christlichen Confession zu verstoßen. Wenn Buckland und Wagner in manchen Punkten der Paläontologie nicht mit Vogt und Burmeister harmoniren, so sind das Differenzen, welche nicht auf den religiösen Gegensatz zwischen den beiden Forscherpaaren, sondern auf naturwissenschaftliche Gründe zu reduciren sind, und denen darum auch Differenzen zwischen Buckland und Wagner und zwischen Vogt und Burmeister, und Uebereinstimmungen zwischen Buckland und Vogt einerseits und Wagner und Burmeister anderseits zur Seite gestellt werden könnten. Solche Streitfragen sind rein innere Angelegenheiten der Paläontologen, die das Gebiet der Theologie ebenso wenig berühren, wie die theologischen Auseinandersetzungen mit Westermayer und Andern, die mich heute beschäftigt haben, das Gebiet der Paläontologie berühren.

Sie sehen weiterhin, daß es eine ganz schiefe Auffassung sein würde, wenn man denken wollte, die Theologen oder die Kirche sähen die paläontologischen Forschungen mit ungünstigen Augen an. Dazu ist nicht der Schatten eines Grundes vorhanden. Das Beste kann mißbraucht werden, und wenn die Resultate der paläontologischen Forschung zu Einwendungen gegen die Bibel oder die Offenbarung überhaupt benutzt werden, so haben wir diese Einwendungen ebenso abzuwehren, wie philosophische oder historische Einwendungen; aber auf die Wissenschaft der Paläontologie kann darum ebensowenig ein Schatten fallen, wie auf die Philosophie oder Geschichtsforschung. Ein unmittelbares Interesse für die Theologie haben die paläontologischen Forschungen nur in den Punkten, wo sie den biblischen Schöpfungsbericht und andere theologische Fragen berühren. Diese Berührungspunkte sind aber, wie wir gesehen haben, weder zahlreich, noch der Art, daß eine feindliche Collision zu befürchten wäre. Das ganze übrige große Gebiet der Paläontologie kann den Theologen direct gar nicht interessiren; von den wissenschaftlichen Fortschritten auf diesem Gebiete hat er weder etwas zu fürchten noch etwas zu hoffen. Der Kirche kann es mithin an sich ganz gleichgültig sein, ob die Paläontologie fortschreitet oder nicht; ebenso gleich= gültig, als ob die Maschinenbaukunst und das Eisenbahnwesen weiter aus= gebildet werden oder nicht. Insofern aber die Ausbildung und Anwendung der Kräfte des Geistes, die wissenschaftliche Erforschung der Natur und ihrer Gesetze, die Erweiterung und tiefere Begründung aller Erkenntnisse eine des Menschen würdige, ja eine dem Menschen von Gott gesetzte Aufgabe ist, muß die Kirche für jeden Fortschritt der Wissenschaft und Kunst In= teresse haben, und die Geschichte der Jahrhunderte läßt uns die Kirche demgemäß erkennen als die mütterliche Beschützerin und Pflegerin der Wis= senschaften und Künste.

Was wir jetzt, Dank den Forschungen der Astronomen, über die Wun= der des gestirnten Himmels wissen, ist geeigneter, uns eine Vorstellung von der Erhabenheit dessen zu geben, dessen Ruhm die Himmel erzählen, als die dürftigen und beschränkten astronomischen Kenntnisse unserer Vorfahren in alter Zeit. Ohne Propheten zu sein, dürfen wir behaupten, daß auch die Erkenntniß der Pflanzen= und Thierwelt, welche in uralter Zeit unsere Erde bekleidet und bevölkert hat, je mehr sie durch den Fortschritt der Pa= läontologie an Ausdehnung und Klarheit gewinnen, umso mehr auch dazu beitragen wird, uns die Macht, Weisheit und Güte des Schöpfers in über= wältigenderer Weise zur Anschauung zu bringen, als sie aus den jetzt existi= renden organischen Gebilden allein erschlossen werden kann.[1]

---

1) „Die bis jetzt gesammelten Beweise für eine genaue Analogie zwischen den er= loschenen und den recenten Species gestatten uns nicht mehr zu zweifeln, daß dieselbe Harmonie der Theile und Schönheit der Einrichtungen, welche wir in der lebenden Schö= pfung bewundern, die organische Welt auch in den fernsten Perioden der Vergangenheit in gleichem Maaße charakterisirt hat. Indem wir so unsere Kenntniß der unerschöpflichen Mannichfaltigkeit, welche sich in der lebenden Natur entfaltet, vermehren und die unend= liche Weisheit und Macht, die sie entwickelt, bewundern, wird diese Bewunderung noch durch den Gedanken erhöht, daß wir nur die letzten aus einer Reihe vorher lebender Schöpfungen vor uns sehen, deren Zahl oder Grenze in der Vergangenheit sich nicht einmal abschätzen läßt." Lyell, Geologie II, 527.

XXI.

Die Flora und Fauna der Urwelt mit der des Heraemeron identificirt.

Wie ich in den letzten Stunden nachgewiesen habe, kann einem Widerspruche zwischen der Bibel und der Paläontologie dadurch vorgebeugt werden,
daß wir die fossilen Pflanzen und Thiere, welche uns die Paläontologie
kennen lehrt, von den Pflanzen und Thieren, deren Erschaffung das mosaische
Heraemeron berichtet, unterscheiden und frühern Perioden der Erdbildung
zuweisen, welche vor das Heraemeron fallen und über welche die Genesis
nichts sagt. Gegen diese Annahme erhebt Delitzsch[1]) mit Andern die Einrede: „Es ist unmöglich, mit dem biblischen Schöpfungsbericht eine dem
fünften Tage vorausgegangene Thierschöpfung [und eine dem dritten Tage
vorausgegangene Pflanzenschöpfung] zu vereinbaren". Das ist irrig; Moyses
will im ersten Capitel der Genesis beschreiben, wie die Erde von Gott zum
Wohnplatze für die Menschen bereitet worden ist, nicht aber eine vollständige
Geschichte der Entwicklung des Erdkörpers geben. Er hat darum manches
von dieser Geschichte nicht berührt, weil es in keiner directen Beziehung zu
dem Zwecke seines Berichtes stand, und konnte mithin auch die frühern
Organismen, wenn es deren gegeben hat, mit Stillschweigen übergehen,
weil sie jedenfalls nicht direct zum Nutzen der Menschen bestimmt waren,
weil der Mensch nicht auch über diese Thiere, wie über die des fünften und
sechsten Tages, zum Herrscher gesetzt und die Flora der Urwelt nicht, wie
die des dritten Tages, zur Nahrung für den Menschen und die ihm unter-
gebenen Thiere bestimmt war. Der Bericht der Genesis macht freilich,
wenn wir ihn ohne Rücksicht auf die Resultate der naturwissenschaftlichen
Forschung lesen, den Eindruck, als hätte das organische Leben überhaupt
erst am dritten Tage begonnen, als seien die am dritten Tage geschaffenen
Pflanzen und die am fünften und sechsten Tage geschaffenen Thiere die
ersten und einzigen, die Gott überhaupt geschaffen. Der Verfasser der
Genesis scheint nichts davon zu ahnen, jedenfalls haben die sämmtlichen
Leser der Genesis bis in das vorige Jahrhundert hinein nichts davon geahnt, daß schon eine Menge von Pflanzen und Thieren existirt hatte und
untergegangen war, ehe Gott am dritten Tage sprach: die Erde soll hervorsprossen lassen Grün u. s. w. — Es ist wohl möglich, daß Moyses nichts

---

1) Genesis S. 117.

davon geahnt hat; er brauchte auch nichts davon zu wissen, noch weniger etwas davon zu sagen. Die Offenbarung, welche uns im ersten Capitel der Genesis aufgezeichnet ist, sollte uns darüber belehren, daß Gott die Pflanzen und Thiere, die wir jetzt um uns herum sehen, oder ihre Vorfahren zum Dienste des Menschen geschaffen habe. Das sagt uns Moyses in ganz deutlichen Worten; uns auch über die Flora und Fauna einer frühern Periode Mittheilungen zu machen, hatte die Offenbarung keine Veranlassung, und in religiöser Hinsicht ist also die Unwissenheit der frühern Leser der Bibel, ja die Unwissenheit des Moyses selbst in Bezug auf diesen Punkt ebenso irrelevant, wie ihre Unbekanntschaft mit der Zahl der Asteroiden, welche unsere Väter sicher nicht gekannt haben, und welche wir wahrscheinlich selbst noch nicht genau kennen. Die Bibel hat nicht den Beruf, uns über die Dinge der Natur in der Weise zu belehren, wie es die Aufgabe der Naturwissenschaft ist.

Der mosaische Schöpfungsbericht hindert uns also nicht, wie Delitzsch meint, jener Ansicht von frühern Pflanzen- und Thierschöpfungen beizupflichten, welche ich in den letzten Stunden entwickelt habe. Dagegen stimme ich Delitzsch bei, wenn er weiter sagt: es liege weder in dem Schrifttexte noch in den urweltlichen Entdeckungen eine Nöthigung, dem dritten Tage eine Reihe von ältern Pflanzen- und Thierschöpfungen vorausgehen zu lassen. Thun wir das aber nicht, so müssen wir die Flora und Fauna der Paläontologie mit zu den am dritten, fünften und sechsten Tage geschaffenen Organismen rechnen und die Evolutionen und Katastrophen, durch welche, wie wir gesehen haben, die urweltlichen Organismen in den Gebirgsschichten begraben wurden, in das Heraemeron verlegen.

Das ist, wie gesagt, exegetisch zulässig. Was zunächst die Zeit betrifft, welche die Geologie für die Bildung der Gebirgsschichten postulirt, so kann diese nur dann Schwierigkeiten machen, wenn man annimmt, daß wenigstens die drei letzten der sechs Tage von vierundzwanzigstündiger Dauer gewesen seien. Die Exegeten, welche an dieser Auffassung der Tage festhalten zu müssen glauben, sind also auf die Verständigung zwischen Bibel und Paläontologie beschränkt, welche ich bisher vorgetragen habe. Wenn Sie aber durch meine frühern ausführlichen Erörterungen die Ueberzeugung gewonnen haben, daß wir von dieser buchstäblichen Bedeutung des Wortes Tag unbedenklich abgehen dürfen, so wird es keiner weitern Erläuterung bedürfen, wenn ich sage: jeder Tag des Heraemeron sei lang genug, um so viele Jahrtausende zu umspannen, als die Paläontologie zu postuliren

für nothwendig hält. Wenn ferner am dritten Tage Land und Meer von
einander geschieden werden, so ist damit nicht gesagt, daß von nun an die
Grenzen beider unabänderlich festgesetzt seien, und daß nicht die Erhebungen
des Meeresbodens und die Ueberfluthungen des Landes hätten stattfinden
können, welche nach der Lehre der Geologen bei der Bildung der Erdrinde
mitthätig gewesen sind. Daß Land und Meer von einander geschieden
wurden und daß Gott festsetzte, fortan sollten beide neben einander existiren
und das Land nicht wieder auf die Dauer vom Wasser verschlungen wer=
den: das ist das erste Werk des dritten Tages. „Daß mit dem Schlusse
des dritten Tages das Erdrelief schlechthin unabänderlich festgestellt gewesen
sei, sagt der Bericht nicht." [1] Nachdem Moyses die epochemachende und
grundlegende Thatsache, daß das Festland aus dem Wasser hervorgekommen
und so für die Aufnahme der Pflanzen, der Landthiere und des Menschen
eine Stätte bereitet worden sei, berichtet hat, können weitere Veränderungen,
welche im Einzelnen mit dem Festlande vor sich gegangen sein mögen, kein
Interesse für ihn haben, weil dieselben jene Thatsache nicht modificiren.
Also dürfen wir mit Delitzsch sagen: „Für den Gestaltungsproceß der Erd=
oberfläche [die Bildung der fossilienhaltigen Erdschichten] ist jenseits des
dritten Tages bis zur Schöpfung des Menschen weiter Raum, und es steht
nichts im Wege, anzunehmen, daß dieser Gestaltungsproceß mit Katastrophen
verbunden war, welche die [Pflanzenschöpfung des dritten und die] Thier=
schöpfung des fünften und sechsten Tages durchbrachen und ganze Genera=
tionen verschlangen."

Der Bericht des Moyses klingt zwar so, als ob nur je Ein Schö=
pfungsact zuerst die Pflanzen, dann die Wasser= und Luftthiere und zuletzt
die Landthiere ins Dasein gerufen, und zwar die Vorfahren unserer jetzigen
Flora und Fauna; denn die Bestimmung der von Gott geschaffenen Pflanzen
und Thiere, sich fortzupflanzen, wird ausdrücklich hervorgehoben. Indeß
sind wir auch hier keineswegs genöthigt, bei dieser zunächst liegenden Auf=
fassung stehen zu bleiben. Daß die Pflanzen= und Thierwelt, die wir um
uns herum sehen, eine Schöpfung Gottes ist, und daß die Hervorbringung
der Pflanzen und der Thiere eine bestimmte Stelle in dem sechsactigen gött=
lichen Schöpfungsdrama eingenommen hat, das sind, wie ich früher nach=
gewiesen habe, zwei Thatsachen, welche eine religiöse Bedeutsamkeit haben
und darum in dem biblischen Schöpfungsberichte klar und bestimmt ausge=

---

1) Delitzsch, S. 118.

sprochen werden mußten. Wenn die Paläontologen mit ihrer Behauptung recht haben, daß nicht je Eine, sondern mehrere aufeinanderfolgende Pflanzen- und Thierschöpfungen stattgefunden haben, daß zwischen diese einzelnen Schöpfungen Katastrophen und Evolutionen fallen, durch welche die vorhergehenden Schöpfungen ganz oder theilweise vernichtet oder versteinert worden sind, daß ganze Mengen von Arten untergegangen und durch neue Arten ersetzt worden sind, so bilden alle diese Thatsachen keinen Widerspruch, sondern nur eine weitere Ausführung und Detaillirung jener beiden Thatsachen. Es bleibt auch dann vollkommen richtig, daß unsere jetzige Pflanzen- und Thierwelt von der von Gott geschaffenen abstammt und daß die Entstehung der ersten Pflanzen eines der charakteristischen Ereignisse des dritten, die Entstehung der Thiere charakteristische Ereignisse des fünften und sechsten Tages der göttlichen Schöpfungswoche gewesen sind. Die Detaillirung der ältesten Geschichte der Flora und Fauna, welche die Paläontologie versucht, hatte nicht die religiöse Bedeutsamkeit, welche diesen beiden Thatsachen zukommt, und durfte also in dem biblischen Schöpfungsberichte wegbleiben.

Wenn wir aber annehmen dürfen, daß die Gestaltung der Erdoberfläche hinsichtlich der Vertheilung von Wasser und Land zwar am dritten Tage, wie die Genesis berichtet, begonnen, sich dann aber in mancherlei Modificationen im Einzelnen auch über den Schluß des dritten Tages hinaus fortgesetzt hat, so unterliegt es auch gar keinem Bedenken, anzunehmen, daß die Erschaffung der Pflanzen zwar den dritten Tbg charakterisirt, das heißt: nicht vor dem dritten Tage, sondern zuerst am dritten Tage stattgefunden, daß sie aber auch an den folgenden Tagen fortgesetzt oder wiederholt worden ist, und daß Moyses Letzteres nicht ausdrücklich berichtet, weil die charakteristischen Werke der folgenden Tage andere waren. In derselben Weise dürfen wir uns dann auch die Erschaffung von Wasser- und Luftthieren, die am fünften Tage begann, am sechsten fortgesetzt denken. „Die Werke der einzelnen Schöpfungstage sind," wie Delitzsch[1]) es ausdrückt, „nur grundlegend; der dadurch eingeleitete Proceß des Werdens erstreckt sich über sie hinaus. Nicht wie lange, sondern wie viel Mal Gott geschaffen, will sich darstellen."

Wenn diese Auffassung des biblischen Schöpfungsberichtes exegetisch zulässig ist — und ich glaube nicht, daß dieses einem gegründeten Bedenken unterliegt — so lassen sich auch die Perioden der Paläontologie mit den

---

1) Genesis S. 110.

Perioden combiniren, welche im ersten Capitel der Genesis als dritter bis
sechster Tag bezeichnet werden. Der Unterschied zwischen dem biblischen
und dem paläontologischen Berichte ist ganz derselbe, wie zwischen der biblischen und der wissenschaftlichen, geologischen Darstellung der Erdbildung überhaupt: Die Bibel berichtet in großen allgemeinen Umrissen mit bestimmter
Hervorhebung der göttlichen Causalität und mit Rücksicht auf die Zweck-
beziehungen der Erde und dessen, was darauf ist, für den Menschen; die
Detaillirung überläßt sie der Naturforschung, und durch diese können wir
also über vieles Aufschluß erhalten, was die Bibel als Offenbarungsur-
kunde mitzutheilen nicht die Aufgabe hatte, was sich aber in die allgemeinen
Umrisse des biblischen Berichtes einfügen läßt, ohne daß die Wahrheit und
die religiöse Tendenz desselben irgendwelche Modification erlitte.

Eine solche Combination des biblischen Berichtes und · der Resultate
der paläontologischen Forschungen würde also etwa folgenden Grundriß der
Geschichte der organischen Wesen ergeben: Zuerst sind Pflanzen geschaffen
worden, dann Wasser- und Luftthiere, dann Landthiere; wir haben also die
Erschaffung von dreierlei Organismen anzunehmen. Es haben aber mehr als
drei Erschaffungen organischer Wesen stattgefunden: bei der ersten wurden
bloß Pflanzen hervorgebracht; bei der zweiten entweder wieder bloß Pflanzen
oder Pflanzen- und Wasser- und Luftthiere; bei der dritten entweder Organismen einer dieser drei Arten, also entweder Pflanzen oder Wasserthiere oder Luftthiere, oder zwei dieser Arten, oder alle drei, oder zugleich
mit diesen drei Arten oder mit einer oder zweien derselben zugleich Landthiere. Bei den folgenden Schöpfungen sind alle Combinationen der genannten Classen der organischen Wesen biblisch zulässig; die Paläontologen
mögen darunter wählen. Die Resultate dieser einzelnen Schöpfungen sind
dann jedesmal ganz oder theilweise bei der in dieselben Perioden fallenden
Bildung der geschichteten Formationen der Erdrinde untergegangen und theilweise versteinert. Ob die einzelnen Katastrophen das organische Leben auf
der Erde jedesmal ganz oder in welcher Ausdehnung sie dasselbe zerstört
haben, ob nach allen oder nach einzelnen Katastrophen eine gänzliche Neuschöpfung oder nur eine Vervollständigung der Organismen stattgefunden
hat, mögen die Paläontologen entscheiden. Wenn sie mit ziemlich allgemeiner Uebereinstimmung lehren, daß bei den einzelnen Schöpfungen organischer Wesen ein allmälger Fortschritt von unvollkommnern zu vollkommenern Formen zu bemerken sei, so haben wir unserseits gar nichts dagegen
zu erinnern. Auch die Frage, ob schon gleich nach der ersten bloß Pflanzen

umfaſſenden Schöpfung ein erſter Verſteinerungsproceß ſtattgefunden habe, oder erſt, nachdem durch weitere Schöpfungen auch Thiere hinzugekommen waren, auch dieſe Frage zu beantworten, überlaſſen wir der Paläontologie. Desgleichen mag ſie über die Dauer aller dieſer Entwicklungsperioden ſagen, was ſie will; auf eine Reviſion der geologiſchen Jahreszahlen haben wir ein für alle Mal verzichtet: unſere Tage ſind dehnbar genug, um beliebig viele Jahrtauſende zu umſpannen.

Sie ſehen auch hier wieder, wie ſehr freigebig wir mit unſern Con= ceſſionen ſein dürfen, ohne der Bibel etwas zu vergeben, und wie wenig die Bibel in das eingreift, was die Naturwiſſenſchaft mit Recht als ihre Domaine anſieht.

Nur Ein Punkt ſcheint noch Schwierigkeiten zu machen. An der Reihen= folge: Pflanzen, Waſſer= und Luftthiere, Landthiere — muß der Exeget, ſcheint es, wenigſtens inſoweit unbedingt feſthalten, als er keinem Thiere die Prio= rität vor den Pflanzen, keinem Landthiere die Priorität vor den Waſſer= und Luftthieren einräumen darf. Was das Letztere betrifft, ſo unterliegt es auch von Seiten der Paläontologie keinem Bedenken: in den ſiluriſchen Formationen, den unterſten der paläozoiſchen Periode, hat ſich eine Maſſe von Waſſerthieren, aber kein Landthier gefunden; erſt in der folgenden Formation, der devoniſchen, hat ſich ein einzelnes eidechſenähnliches Reptil gefunden, welches für ein Landthier gehalten wird.[1] Der erſte Punkt da= gegen, die Priorität der Pflanzen vor den Waſſerthieren, ſcheint von Seiten der Paläontologie beanſtandet werden zu können; denn die ſiluriſchen For= mationen enthalten verhältnißmäßig ſpärliche Pflanzenüberreſte und zwar nur Meerespflanzen, ſogenannte Fucoiden — Landpflanzen haben wir in einigen Arten erſt aus der devoniſchen Zeit — daneben aber ſehr zahlreiche Ueber= reſte von Thieren,[2] ſo daß alſo zwar nicht die Priorität der Thiere, aber doch die Gleichzeitigkeit derſelben mit den Pflanzen und damit ein Wider= ſpruch zwiſchen Paläontologie und Bibel erwieſen ſcheint. Sehen wir, ob ſich nicht auch bei dieſem Punkte eine Ausgleichung erzielen läßt.

Ebrard[3] verſucht eine ſolche in folgender Weiſe: „Das erſte Capitel der Geneſis enthält keine Aufſchlüſſe über das Detail der Bildung der Erdoberfläche und der nacheinander auftretenden Organismen. Gleichwohl

---

1) Das Telerpeton Elginense; vgl. *Murchison*, Siluria p. 254. Lyell, Geologie II. 149.

2) Vogt, Lehrb. der Geol. I. 215. 230. — Wagner, Geſchichte der Urwelt I. 379.

3) Der Glaube an die hl. Schrift und die Ergebniſſe der Naturforſchung S. 61.

muß aber diejenige Reihenfolge der Schöpfungen, welche hier geoffenbart wird, der objectiven Wirklichkeit entsprechen, so nämlich, daß sie den Gang der objectiv wirklichen Geschichte der Erdbildung und ihrer Organismen nach den Hauptumrissen angibt. Verlassen und vergessen wir nun einmal das erste Capitel der Genesis und befragen wir die Paläontologie. Wie würde sich die Geschichte der Erde und ihrer Organismen darstellen, wenn die Ergebnisse der Geologie nach ihren Hauptumrissen kurz zusammengesetzt werden sollten?

„Ich glaube, ein Naturforscher, welcher dieser Aufgabe sich unterzöge, würde nicht bloß auf die Qualität, sondern auch auf die Quantität und Menge der in den einzelnen Formationen vorkommenden organischen Reste Rücksicht nehmen. Er würde von den spärlichen, sehr selten und vereinzelt vorkommenden organischen Resten in der Uebergangsformation [in den silurischen und devonischen Formationen] Umgang nehmen; dagegen würde die Steinkohlenformation ihm als ein wirkliches, wichtiges, epochemachendes Hauptglied erscheinen. Da sind es nicht einzelne sporadische Organismen, die hier und da auftreten; da zeigt sich vielmehr die Erdoberfläche, soweit sie aus dem Meere hervorragt, bedeckt mit einer Riesenvegetation, mit welcher verglichen die sämmtlichen organischen Ueberreste aus der frühern Periode sammt den Thierüberresten aus der Kohlenperiode selbst geradezu als verschwindende Größe erscheinen. Will man also die dominirenden Hauptglieder in der Reihe der Schöpfungen Gottes aufführen, so muß man sagen: nachdem zuerst Strecken Landes aus dem Meere hervorgetreten waren, war die erste massenhaft und dominirend auftretende Welt von Organismen eine Welt von Pflanzen. Gerade so lesen wir es aber in der Genesis, 1, 9—13.

„Gehen wir nun weiter. Die organischen Reste im bunten Sandstein, sowie die im Keupersandstein [der Triasgruppe, also in der mesozoischen Periode] erscheinen ihrer Menge nach wiederum gleich Null und sind wesentlich nur schwache Fortsetzungen der einmal geschaffenen Pflanzenwelt. Dagegen tritt zwischen buntem und Keupersandstein, im Muschelkalk [dem dritten Gliede der Triasgruppe], zum ersten Male massenhaft eine Thierwelt auf und zwar Polypen, Korallen, Radiaten, Terebrateln, Muscheln, Schnecken und auch bereits Saurier (Eidechsen). Diese Ueberreste sind in unglaublicher Menge vorhanden, so daß ganze ungeheure Steinmassen oft ganz aus den Ueberresten der Schalen jener Thiere zu bestehen scheinen. Welch ein Gewimmel von Thieren muß in jenen Gewässern gewesen sein, aus welchen der Muschelkalk sich niederschlug! Die Juraformation erscheint uns alsdann lediglich als die zweite, nur noch vollkommenere und massenhaftere Periode dieses Auftretens der Wasserthiere; es treten andere, neue Gattungen und Arten auf, aber der Hauptcharakter der Bildungsperiode bleibt derselbe. Wie also in der Steinkohlenformation das Pflanzenreich massenhaft und dominirend auftritt, so im Muschelkalk und der Juraformation das Reich der schwimmenden und kriechenden Wasserthiere von den Polypen und Korallen an herauf durch die Schalthiere bis zu den Fischen und Sauriern. Genau so lesen wir es Gen. 1, 20 ff.

„Aber die Vögel? Daß die Gerippe der Vögel sich nicht so gut erhalten konnten, als die der Eidechsen und als die Muschelschalen, ist begreiflich. Die Wasserthiere lebten im Wasser oder Schlamm und wurden alsbald nach ihrem Verenden im Schlamm begraben, vom Schlamm durchdrungen und so durch Versteinerung erhalten. Die Vögel, auf dem trocknen Festlande lebend, verwesten. Wir dürfen also von vorn herein nicht erwarten, massenhafte Spuren von Vogelgerippen zu finden, und aus diesem Befunde keine falschen Schlüsse gegen ein massenhaftes Vorgekommensein von Vögeln ziehen. Vereinzelte Spuren von Vögeln kommen aber in der That in derselben geologischen Periode vor. — Vereinzelte Spuren von Säugethieren kommen schon im Jura vor; aber diese vereinzelten Ansätze verschwinden völlig gegen das Auftreten einer fertigen Welt von Säugethieren, welche uns erst in der Molasse [in der känozoischen Periode] begegnet.

„Und nun nehme man noch den merkwürdigen Umstand hinzu, daß die in der Kohlenformation vorkommenden Pflanzenarten in allen Zonen der Erde die nämlichen sind, daß also in der Kohlenperiode ein klimatischer Unterschied auf Erden noch nicht bestand, und die Erde nur durch ihre eigene Wärme, noch nicht durch die Sonne erwärmt wurde, daß hingegen in der Trias- und Juraformation die Spuren klimatischer Unterschiede eintreten; so schiebt sich in der Naturforschung wie in der Bibel zwischen die Kohlenperiode (den dritten Tag) und die Trias-Jura-Kreide-Periode (den fünften Tag) die Organisation der jetzigen siderischen Verhältnisse unseres Erdkörpers, welche die Genesis als das Werk des vierten Tages berichtet.“

In Uebereinstimmung mit dieser Darstellung von Ebrard sagt auch der Erlanger Geologe Pfaff,[1] wenn man die Ergebnisse der Geologie in wenige übersichtliche Sätze zusammenfassen wolle, so müsse man sagen, daß die

---

[1] Bei Ebrard S. 68.

organische Schöpfung mit dem Pflanzenreiche begonnen habe und daß dann zunächst nur Wasserthiere, demnächst die Landthiere, besonders die Säugethiere gefolgt seien, — ganz wie in der Bibel.

Diese Darstellung hat jedenfalls den Nutzen, uns die Uebereinstimmung der Paläontologie und der Bibel im Ganzen und Großen zur Anschauung zu bringen. Wenn einzelne fossile Thiere in der Paläontologie früher vorkommen, als nach diesem System richtig wäre, so wäre das nach Ebrard als Ausnahme zu betrachten und darauf kein Gewicht zu legen. Ich weiß indeß doch nicht recht, ob wir von den Paläontologen verlangen dürfen, von diesen Ausnahmen zu abstrahiren und namentlich, wie Ebrard vorschlägt, die vor der Kohlenperiode vorkommenden Organismen ganz außer Rechnung zu lassen, zumal dieselben nicht so spärlich sind, wie er angibt. Aufrichtig gesagt, kann ich es auch mit meinem exegetischen Gewissen nicht recht vereinigen, zuzugeben, daß vor der Erschaffung der Pflanzen schon Thiere, wenn auch nur einzelne Meeresthiere geschaffen worden seien. Auf die Zahl kann es hier nicht so sehr ankommen; die thierischen Organismen werden in der Genesis von den Pflanzenorganismen scharf unterschieden, und eine vollständige Lösung der obwaltenden Schwierigkeit scheint mir darum nicht gegeben zu sein, so lange nicht die Priorität der Pflanzen vor allen Thieren als paläontologisch möglich erwiesen ist.

Aus diesem Grunde kann ich mich auch mit der Auffassung nicht befreunden, welche Pianciani[1]) vorträgt. Er meint, man könne zugeben, daß die Thiere der untersten paläozoischen Schichten vor den Pflanzen existirt hätten; es seien ja im Allgemeinen nur Meeresthiere der Art, welche den Alten ganz unbekannt gewesen, jedenfalls nicht von ihnen zum Thierreiche gezählt worden, und ohnehin vor der Erschaffung der Pflanzen schon wieder untergegangen seien. Ich glaube, wir müssen dieses unbedingt als biblische Angabe festhalten, daß die Pflanzen vor allen Thieren geschaffen worden sind.

Sehen wir also, ob die Ergebnisse der Untersuchung der ältesten paläozoischen Formationen damit in Widerspruch stehen. Ein englischer Naturforscher, welcher die Schichten der Erdrinde sehr treffend als die Blätter eines großen Buches bezeichnet, aus welchem wir die Geschichte der Erde und ihrer Organismen in der ältesten Zeit lesen könnten, beginnt seine

---

1) Erläuterungen ꝛc. S. 196.

Darstellung der einzelnen paläontologischen Perioden mit dem Satze: „Die ersten Blätter des Steinbuches sind durch Feuer beschädigt. Es wird von allen Geologen zugegeben, daß die Felsen des sogenannten Gneiß- und Glimmerschieferystems [die untersten geschichteten Formationen] nach ihrer Ablagerung einer so starken Hitze ausgesetzt waren, daß, wären auch orga= nische Reste in ihnen verschüttet worden, keine Möglichkeit da wäre, dieselben erhalten zu sehen. Wäre es demnach auch erwiesene Thatsache, daß keine Pflanzen= und Thierreste in diesen Gesteinen vorkommen, so kann daraus noch nicht mit Sicherheit geschlossen werden, daß dergleichen damals nicht existirten." [1] Was hier als „von allen Geologen zugegeben" bezeichnet wird, ist nun freilich eine Ansicht, welche Andere vielmehr sehr zweifelhaft nennen. Nach den Untersuchungen Bischofs ist nämlich die Umwandlung der Gneiße und Glimmerschiefer, wie überhaupt aller geschichteten krystalli= nischen Gesteine, viel eher dem Wasser als dem Feuer zuzuschreiben. Auf welchem Wege aber die Metamorphosirung dieser Gesteine auch vorgegangen sein mag, welche man, weil sie versteinerungslos sind, als die der azoischen Periode bezeichnet, die Geologen können nach dieser Darstellung zugeben, daß dieselben Fossilien enthalten haben, welche bei der Umwandlung zerstört worden sind, und dieses können dann fossile Pflanzen gewesen sein.

Indeß dürfen wir auf dieses Argument kein großes Gewicht legen; denn Murchison, welcher die ältesten paläozoischen Schichten am sorgfältigsten untersucht hat, glaubt den Beweis hergestellt zu haben, daß die silurischen Formationen die Ueberreste der ersten Organismen enthalten, die überhaupt auf der Erde existirt haben, und daß also die Schichten, die man der azoi= schen Periode zuweist, niemals, auch nicht vor ihrer Metamorphosirung Fos= silien enthalten haben. [2] Wollen wir also die Priorität der Pflanzen vor den Thieren nachweisen, so müssen wir uns auf die silurischen Formationen beschränken. Landpflanzen finden sich nun freilich nach Murchison erst in den obersten silurischen Schichten, Seepflanzen aber schon in den untersten; [3] und zwar will man an einigen Orten unmittelbar auf den azoischen For= mationen Schichten gefunden haben, welche versteinerte Seepflanzen und keine Thiere enthalten. [4] Wir können also sagen: die Untersuchung der

---

1) Natürl. Gesch. der Schöpfung S. 27.
2) Siluria p. 21. 469.
3) Siluria p. 492.
4) Vogt, Lehrb. der Geol. I, 219. Natürl. Geschichte der Schöpfung S. 29. — Quenstedt, Sonst und Jetzt S. 111.

älteſten Formationen zeigt, daß die Pflanzen vielleicht vor den Thieren, je=
denfalls gleichzeitig mit den erſten Thieren exiſtirt haben und verſteinert
worden ſind. Mithin iſt die Annahme nicht unzuläſſig, daß Pflanzen vor
den Thieren geſchaffen worden ſeien.

Humboldt[1]) bemerkt zwar einmal: „Nichts ſcheint zu beweiſen, wie
man aus theoretiſchen Anſichten über Einfachheit der erſten Lebensformen
hat annehmen wollen, daß das vegetabiliſche Leben früher als das anima=
liſche auf der alten Erde erwacht ſei, daß dieſes durch jenes bedingt ſei.“
Aber andere Naturforſcher führen doch beſſere Gründe als theoretiſche An=
ſichten dafür an, daß das animaliſche Leben durch das vegetabiliſche bedingt
ſei. Der Phyſiologe Johannes Müller ſagt[2]) ganz beſtimmt: „Die Nah=
rungsſtoffe der Thiere ſind ſchon organiſch zuſammengeſetzte Materien der Thiere
und Pflanzen. Den Thieren ſind die Pflanzen nöthig, weil nur dieſe das
Vermögen beſitzen, organiſche Verbindungen aus unorganiſchen zu erzeugen,
und alſo durch die Pflanzen das neue Material in die große Dekonomie
der Natur gebracht wird, welches ſodann von den Pflanzen an die pflanzen=
freſſenden Thiere und von dieſen wieder an die Fleiſchfreſſer gebracht wird.“
Es wird ſich darum nichts dagegen einwenden laſſen, wenn Burmeiſter[3])
ſagt: „Die Entſtehung von Thieren vor aller Vegetation iſt ſchon deshalb
unmöglich, weil die Thiere der Vegetabilien zu ihrer Exiſtenz bedürfen.
Freſſen gleich viele Thiere andere Thiere, ſo freſſen doch dieſe zuletzt immer
Pflanzen, und das Thier als Begriff aufgefaßt, nimmt nichts in ſeine
Subſtanz auf, was nicht ſchon in irgend einer Form als organiſche Materie
exiſtirt hat. Daher kann auch in der älteſten Schöpfungsperiode kein thie=
riſcher Organismus vor vegetabiliſchen gelebt haben, wenn es gleich denkbar
iſt, daß beide in kurzen Pauſen nach einander entſtanden und ſchon ſehr
früh nach einander lebten.“

Jedenfalls genügt folgende Theorie, um die Vereinbarkeit der bibliſchen
und der paläontologiſchen Reihenfolge der Organismen nachzuweiſen: Zuerſt
ſind Pflanzen geſchaffen worden, nach der Geneſis am dritten Tage; dann
folgte am fünften Tage die Hervorbringung der erſten Waſſerthiere, und
nun erſt, alſo nachdem Pflanzen und Waſſerthiere exiſtirten, folgte die Bildung
der älteſten Schichten der paläozoiſchen Periode, in denen wir darum Pflan=

---

1) Kosmos I, 293.
2) Handbuch der Phyſiologie (4. Aufl. Coblenz 1844), I, 36. 44.
3) Geſch. der Schöpfung S. 393.

zen und Thiere finden. Diese ältesten Schichten sind ausschließlich marin. Von den auf dem Lande lebenden Organismen treten die Pflanzen unzwei= felhaft vor den Thieren auf. Jedenfalls können also die Seepflanzen vor den Seethieren, die Landpflanzen vor den Landthieren geschaffen sein. Ja die Landpflanzen können auch vor den ältesten Seethieren geschaffen worden sein und auf dem Lande existirt haben, während sich auf dem Meeresboden die ältesten silurischen Schichten bildeten.

Fassen wir schließlich das, was wir als exegetisch und geologisch zu= lässig heute erkannt haben, kurz zusammen, so erhalten wir folgende Dar= stellung der Schöpfungsgeschichte der Erde: Gott hat die Erde in dem chao= tischen Zustande erschaffen, welchen der zweite Vers der Genesis beschreibt. Die erste Periode der Bildung dieser chaotischen Masse umfaßt das Her= vortreten des Lichtes, die Ausscheidung eines Theiles der Wassermasse zur Bildung der Atmosphäre und das Hervortreten des trockenen Landes. Am Schluße dieser Periode sind die Urgebirge und die ältesten geschichteten Ge= birge vorhanden, es existirt das Land mit seinen Flüssen und Seen und das Meer, es existiren das Licht sammt Wärme und den andern Impon= derabilien und die Atmosphäre, freilich in einem andern, als dem jetzigen, aber in einem mit Sicherheit nicht näher zu bestimmenden Zustande. Die zweite Periode beginnt mit der Entstehung der Vegetation auf dem Lande und im Meere. Sie ist also entstanden und hat vielleicht eine Zeit lang existirt, ohne daß noch die Erde in ihrem jetzigen Verhältnisse zur Sonne stand. Wie lange dieser Zustand gedauert hat, gibt die Genesis nicht an; sie läßt das Eintreten der Erde in ihr jetziges Verhältniß zur Sonne und den übrigen Gestirnen auf das Entstehen der Vegetation folgen, überläßt es aber der Naturforschung zu bestimmen, ob die Vegetation längere Zeit oder nur — was jedenfalls ganz unbedenklich ist — einige Stunden unter andern, als den jetzigen siberischen, atmosphärischen und klimatischen Ver= hältnissen existirt hat. Nachdem diese eingetreten waren, wurden die Thiere hervorgebracht, zuerst die Wasser= und Luftthiere, demnächst die Landthiere. Ob mehrere auf einander folgende Schöpfungen dieser Hauptgruppen der organischen Wesen stattgefunden haben, darüber sagt die Genesis nichts; die Naturforscher dürfen dieses, ohne mit der Bibel in Conflict zu gerathen, unbedenklich annehmen und weiterhin aus der Beschaffenheit der geschichteten Formationen, deren Bildung in diese zweite Periode fällt, zu ermitteln suchen, in welcher Reihenfolge die einzelnen Gattungen der Pflanzen= und Thierwelt auf der Erde existirt haben, welche Gattungen in den einzelnen

Gebirgsschichten ihr Grab gefunden, welche vor dem Auftreten des Men=
schengeschlechts erloschen sind und welche alle die geologischen Katastrophen
und Bildungen überdauert oder erst nach denselben hervorgebracht und die
Urahnen der jetzt lebenden Pflanzen und Thiere geworden sind. Auch die
Bezeichnung Tag, womit die Genesis die einzelnen Perioden der göttlichen
Schöpfungswoche benennt, in chronologische Data zu übersetzen, bleibt der
Naturforschung überlassen.

Sie sehen, auch nach dieser Auffassung bleibt der Naturforschung völlig
freie Hand auf ihrem Gebiete; und es bleibt auch bei dieser Auffassung
wahr, was ich bei der ersten in der vorigen Stunde bemerkt habe: der
Glaube an die Bibel, an die Offenbarung und an die Lehre der Kirche ist
der naturwissenschaftlichen Forschung in keiner Weise hinderlich, und die
Kirche hat von dem Fortschritt derselben für die Auctorität der Bibel keine
Gefahr zu fürchten. Die Naturwissenschaft bedarf noch sehr der Erweite=
terung und tiefern Begründung ihrer Erkenntnisse; aber der weitere Fort=
schritt in dieser Hinsicht kann das Verhältniß derselben zur Bibel nicht
wesentlich modificiren, und dieses Verhältniß ist ein solches, daß nur Kurz=
sichtigkeit oder böser Wille auf der einen oder der andern Seite den Frie=
den zwischen Theologen und Naturforschern stören kann.

XXII.

Bibel und Paläontologie.

Die beiden in den letzten Stunden vorgetragenen Theorien, welche zur
Vereinbarung des biblischen Schöpfungsberichtes und der Geologie oder
specieller der Paläontologie aufgestellt worden sind, unterscheiden sich haupt=
sächlich dadurch, daß in der ersten die Entwicklungsperioden der Geologie
zwischen den ersten und zweiten Vers der Genesis, in der zweiten in den
Bericht über die vier letzten Tage der Genesis eingereiht werden. Nach
der ersten Theorie bilden die urweltliche Flora und Fauna eine Schöpfung,
welche bereits untergegangen war, ehe die Schöpfung der sechs Tage be=
gann, nach der zweiten sind es untergegangene Glieder der Schöpfung der
sechs Tage selbst. Die von den Geologen postulirte Zeit wird in der ersten
Theorie dadurch gewonnen, daß ein unbestimmt langer Zwischenraum zwi=
schen dem ersten göttlichen Schöpfungsacte und dem chaotischen Zustande an=
genommen wird, aus welchem die jetzige Gestaltung der Erde hervorging,

in der zweiten Theorie dagegen dadurch, daß die sechs Tage, deren buch=
stäblicher Auffassung bei der ersten Theorie nichts Wesentliches im Wege
steht, als längere Perioden gedeutet werden. Die erste Theorie ist, wie
ich bereits angedeutet habe, namentlich von Buckland und andern englischen
Gelehrten ausgebildet worden; unter den deutschen Gelehrten vertheidigt
sie Kurtz mit der größten Entschiedenheit und mit einer oft zuweit gehenden
Lebhaftigkeit gegen die Harmonisten oder Concordisten, wie er die Anhänger
der andern Theorie nennt. Wagner ist in der zweiten Auflage seiner Ge=
schichte der Urwelt von der in der ersten Auflage vertheidigten concordistischen
Ansicht zu der von Kurtz übergegangen. Die concordistische Theorie wird
namentlich in den französischen Werken von Marcel de Serres und Nicolas
vorgetragen, ferner von dem Italiener Pianciani und von vielen Deutschen.

Ich habe nachgewiesen, daß beide Theorien mit der hl. Schrift in Ein=
klang stehen; bei beiden ist anzunehmen, daß der Verfasser der Genesis
etwas mit Stillschweigen übergeht, bei der ersten die geologischen Ereignisse,
welche dem Sechstagewerk vorausgegangen sind, bei der zweiten die geolo=
gischen Ereignisse, welche in das Sechstagewerk hineinfallen; aber die eine
wie die andere Reticenz ist eine solche, welche uns nach dem ganzen Cha=
rakter und der Tendenz des mosaischen Berichtes nicht verwundern kann.
Ich habe weiterhin nachgewiesen, daß beide Theorien vollständig genügen,
um die Bibel gegen alle Einwendungen von Seiten der Paläontologie sicher
zu stellen, daß also ein wirklicher Widerspruch zwischen der Bibel und den
Resultaten der Naturforschung auch hier nicht vorhanden ist, und daß dem
Theologen zwei Wege offen stehen, um dem scheinbaren Widerspruche aus=
zuweichen.

Sie könnten mich nun fragen, welcher von den beiden Wegen denn
der richtige sei, da nicht wohl beide zugleich richtig sein können? Ich werde
mir aber erlauben dürfen, auf diese Frage Ihnen eine ganz bestimmte Ant=
wort schuldig zu bleiben. Daß ich persönlich sehr geneigt bin, den zweiten
Weg für den richtigen zu halten und mich also der Fraction der Concor=
disten anzuschließen, das offen zu bekennen, trage ich zwar kein Bedenken,
obschon Kurtz diese Fraction der unbegreiflichen Hartnäckigkeit zeiht und be=
hauptet, sie häufe Widersprüche auf Widersprüche, die jedes Kind einsehen
und kein Verstand der Verständigen beseitigen könne.[1] Ich bitte Sie aber,
auf diese meine persönliche Prädilection keinen Werth zu legen, und hoffe,

***

1) Bibel und Astron. S. 429.

Sie laffen mir die Gerechtigkeit widerfahren, daß ich diefelbe bis auf diefe Stunde nie habe durchblicken laffen. Wollte ich meine Vorliebe für die eine Anficht — meine Ueberzeugung von der Richtigkeit derfelben kann ich kaum fagen — auch Ihnen beibringen, fo müßte ich mich auf eine aus= führliche Prüfung und Abwägung der theologifchen und naturwiffenfchaft= lichen Argumente einlaffen, welche für und gegen jede der beiden Theorien vorgebracht werden. Das wäre aber noch ein fchweres Stück Arbeit und ein Thema, bei welchem Ihnen wahrfcheinlich noch eher als mir die Geduld ausgehen würde. Eine Entfcheidung zwifchen den beiden Theorien ift auch zur Löfung der Aufgabe, die ich mir bei meinen Vorträgen gefetzt, gar nicht nöthig. Um den Glauben, daß die Bibel mit der Paläontologie nicht in Widerfpruch fteht, wiffenfchaftlich zu begründen und die Behauptung zu widerlegen, ein folcher Widerfpruch fei vorhanden und die Bibel dadurch als nicht irrthumlos erwiefen — ift nur erforderlich, den Beweis herzuftel= len, daß die Bibel nichts fagt, womit die Refultate der wiffenfchaftlichen Forfchung in Widerfpruch ftehen — und das habe ich bewiefen, indem ich die Wege gezeigt habe, auf welchen der fcheinbare Widerfpruch befeitigt werden kann; daß ich diefer Wege zwei ftatt eines gezeigt habe, kann die Paläontologen gar nicht weiter intereffiren. Endlich, und das ift der Haupt= punkt, hält mich von einer Entfcheidung über den Werth der beiden frag= lichen Theorien die goldene Regel ab, welche der hl. Auguftinus [1]) in Be= zug auf die Interpretation des Heraemeron gibt: „Wenn die hl. Schrift fich über dunkele und unfern Augen fernliegende Gegenftände in Worten ausfpricht, welche, ohne daß das Dogma berührt wird, einer verfchiedenen Auslegung fähig find, fo follen wir uns wohl bedenken, ehe wir uns für eine diefer Auslegung als die einzig richtige entfcheiden und unfere Anficht als Sinn der heiligen Schrift bezeichnen. Denn eine forgfältigere Un= terfuchung könnte unfere Anficht als unbegründet erweifen und wir würden dann eine Niederlage erleiden im Kampfe, nicht für die hl. Schrift, fondern für unfere eigene Meinung." Daß die hl. Schrift fich in den Punkten, die hier in Betracht kommen, nicht unzweideutig, nicht fo vollftändig und be= ftimmt ausfpricht, wie über dogmatifche Fragen — das unterliegt keinem Zweifel; welche von den beiden hier in Betracht kommenden Theorien die richtige ift, das zu entfcheiden, hängt mithin mehr von der Geologie als von der Exegefe ab. Eine definitive Entfcheidung über die beiden Theorien

---

1) de gen. ad lit. 1, 18.

zu geben, ist folglich so lange noch nicht an der Zeit, als die geologischen Forschungen noch nicht zum Abschluß gebracht sind. So weit sind wir aber leider noch nicht. Namentlich sind die Paläontologen über viele Punkte ihrer Wissenschaft noch nicht ins Reine gekommen, und es ist nicht gewiß, daß die paläontologischen Systeme nicht im Laufe der Zeit noch bedeutende Modificationen erleiden werden.

Glauben Sie nicht, daß ich in dieser Hinsicht zu skeptisch urtheile; hören Sie die Vertreter der Wissenschaft selbst. Vogt erklärt im Jahre 1854: „Die Paläontologie ist noch eine sehr junge Wissenschaft, deren Principien erst seit einigen Jahren festgestellt werden konnten,"[1] und Lyell spricht im Jahre 1858 die Ueberzeugung aus, daß wir uns in Bezug auf einzelne Punkte erst auf der Schwelle der Forschung befinden und, wie in den letzten fünfzig Jahren, so auch in der nächsten Hälfte des Jahrhunderts wiederholt in der Lage sein werden, unsere frühern Ansichten zu modificiren.[2] Lyell äußert dieses namentlich in Bezug auf die Reihenfolge, in welcher die einzelnen Classen der organischen Wesen in den Gebirgsformationen zuerst vorkommen. In dieser Hinsicht sind in der That durch Entdeckungen der letzten Decennien die frühern Ansichten mehrfach modificirt worden. Früher galt es als unzweifelhaft, daß erst in der Kohlenformation Landthiere und Landpflanzen vorkämen; jetzt hat man solche auch in der vorhergehenden devonischen Formation gefunden.[3] Vor dem Jahre 1844 galt es bei Vielen als unzweifelhaft, daß Reptilien erst im permischen Zeitalter existirt hätten; im Verlauf von zehn Jahren wurde ihre Existenz erst in der Kohlenperiode, dann sogar vor derselben constatirt. Vor dem Jahre 1818 glaubte man allgemein, daß die ältesten Reste von warmblütigen Vierfüßlern erst in känozoischen Schichten vorkämen; seitdem hat man solche im Jura und sogar in der Trias gefunden, also in den mesozoischen Bildungen.[4] Da noch manche Theile der Erde gar nicht oder doch nicht vollständig erforscht sind, so müssen wir darauf gefaßt sein, daß noch mehr dergleichen thatsächliche Berichtigungen der Darstellungen der Geschichte des organischen Lebens, welche unsere Lehrbücher geben, nöthig werden.

Es kommt hinzu, daß auch da, wo man den Thatbestand sehr genau untersucht hat, große Schwierigkeiten und Dunkelheiten nicht selten sind. Es

---

1) Lehrb. der Geologie II, 382.
2) Geologie II, 267.
3) Natürliche Geschichte der Schöpfung S. 51.
4) Lyell, Geologie II, 262.

ist oft schon schwer, mitunter unmöglich, die Grenze zwischen zwei auf einander liegenden Formationen zu bestimmen; es finden sich Schichten, welche in jener Localität mehr der untern, in dieser mehr der obern Formation sich anschließen und deshalb bald der einen, bald der andern zugerechnet werden.[1] Noch schwieriger ist es oft zu bestimmen, welche Schichten in verschiedenen Ländern einander parallel oder äquivalent, also derselben Zeit zuzuweisen sind. In den ältesten Formationen sind zwar überall, wo man sie untersucht hat, die Fossilien im Wesentlichen gleich, aber bei den jüngern Formationen bieten dieselben in verschiedenen Gegenden oft nur wenige Vergleichungspunkte dar; die einzelnen Schichten folgen hier an verschiedenen Orten sogar mitunter in ganz verschiedener Ordnung auf einander.[2]

Was das Verhältniß der Organismen der einen Formation zu denen der folgenden betrifft und das Verhältniß der jüngsten Fossilien zu den noch jetzt existirenden Organismen, so haben die Paläontologen sich noch nicht darüber einigen können, ob und in wieweit ein genealogischer Zusammenhang zwischen denselben angenommen werden könne, ob die spätern als nach dem Untergange der ältern ähnlichen Arten geschaffen oder als von diesen abstammend anzusehen seien. Die Einen halten die Annahme einer Reihe von Einzelschöpfungen für nothwendig, die Andern die Annahme einer Abstammung der jüngern Faunen von den ältern für zulässig. Die Entscheidung dieser Controverse, sagt Vogt,[3] sei vom theoretischen Standpunkte aus nicht möglich; es handle sich dabei um die Beurtheilung der speciellsten Thatsachen und besonders um die Begrenzung der Variationen, welche eine Species erleiden könne, und die Entscheidung werde erst dann gegeben sein, wenn von jeder Muschel u. s. w. nachgewiesen sei, in wiefern sich deren specifische Charaktere abändern könnten. Sie sehen, das ist noch eine weit aussehende Aufgabe.

Bei meinen bisherigen Erörterungen habe ich das, was die neuesten wissenschaftlichen Darstellungen der Paläontologie als sicher oder wahrscheinlich angeben, auf Treue und Glauben angenommen und gezeigt, daß damit der Exeget ganz gut zurecht kommen kann. Am Schlusse dieser Erörterungen durfte ich diese Bemerkung über die Unsicherheit mancher Punkte nicht zurückhalten; ich weise namentlich auch darum darauf hin, und meine Zurück-

---

1) Vogt, Lehrb. der Geologie II, 390.
2) Vogt a. a. O. I, 561.
3) Natürliche Geschichte der Schöpfung S. 137.

haltung in Bezug auf die Entscheidung über die Richtigkeit der beiden neben einander gestellten Theorien zu erklären.

Wir wollen also diese Entscheidung der Zukunft überlassen, d. h. dem weitern Fortschritt der Naturwissenschaft, und uns für jetzt mit dem für unsern Zweck vollständig genügenden Resultate begnügen: was die Bibel sagt, ist nicht der Art, daß es mit den Resultaten der paläontologischen Forschung in Widerspruch kommen könnte; ihr Bericht über die Schöpfung der Erde ist vielmehr so beschaffen, daß er für die Resultate, welche die Paläontologie gewonnen hat und noch gewinnen kann, carte blanche läßt. Solcher weißen Blätter haben wir zwei gefunden; es mag der Naturwissenschaft überlassen bleiben, das eine oder das andere zu beschreiben.

Unter diesen Umständen brauche ich auch die Darlegung der beiden Theorien, welche ich in den letzten Stunden gegeben habe, nicht durch eine Kritik der weitern Ausführung zu vervollständigen, welche dieselben in den Werken ihrer respectiven Vertreter gefunden haben. Was ich vorgetragen habe, genügt für unsern Zweck. Ich habe dabei die betreffenden Schriften dankbar benutzt, lehne aber entschieden alle Verantwortlichkeit für das ab, was außerdem in diesen Schriften vorgetragen wird. Es steht viel mehr Gutes und Brauchbares darin, als ich habe mittheilen können; aber es ist auch manches darin enthalten, was ich zu vertreten gar keine Lust habe, was ich vielmehr als nicht beweisend, als unhaltbar oder geradezu als irrig ansehe. So erinnern Sie Sich, daß ich die sogenannte Restitutionshypothese als zulässig erwiesen, dabei aber alle Verantwortlichkeit für die Rolle abgelehnt habe, welche in der Fassung, die Westermayer und Genossen dieser Hypothese gegeben haben, dem Teufel zugewiesen wird. Ebenso habe ich die Zulässigkeit der concordistischen Ansicht nachgewiesen und dabei mehrfach den Commentar zur Genesis von Delitzsch citirt; damit will ich aber keineswegs auch das als richtig angesehen haben, was Delitzsch weiterhin über unsern Gegenstand sagt. Er meint nämlich, unsere Pflanzen und Thiere stammten von denjenigen ab, deren Erschaffung im zweiten Capitel der Genesis berichtet werde; die Pflanzen- und Thierwelt, deren Erschaffung im Heraemeron berichtet werde, sei im Innern der Gebirge begraben. Diese Ansicht scheitert, von andern exegetischen Gründen abgesehen, an dem früher [1]) gelieferten Beweise, daß das zweite Capitel überhaupt gar keinen selbstständigen Schöpfungs-

---

1) S. 117 ff.

bericht, sondern nur eine Ergänzung und Weiterführung des im ersten Capitel enthaltenen Berichtes enthält.

Es kann nun noch die Frage aufgeworfen werden: wenn wirklich Pflanzen und Thiere mannichfaltiger Art und in großer Zahl auf der Erde existirt
haben und bei der Bildung der Gebirgsformationen versteinert worden sind,
ehe der Mensch und die ihn umgebende Pflanzen= und Thierwelt geschaffen
wurde, welchen Zweck haben dann jene urweltlichen Organismen gehabt?
Wozu überhaupt diese ganze Reihe von Gestaltungen und Revolutionen,
von Hervorbringungen und Vernichtungen auf der Erde, ehe dieselbe zur
Wohnstätte des Menschengeschlechts eingerichtet wurde? Und warum hat
Gott, der ja doch der Allmächtige ist, die Erde sammt ihren Organismen
nicht gleich so geschaffen, wie sie geeignet war, der Wohnplatz des Menschen
zu werden? Das sind gewiß Fragen, die man aufwerfen kann und deren
Beantwortung man wünschen muß. Und doch brauche ich gar kein Bedenken zu tragen, offen zu gestehen: das weiß ich nicht. Die göttliche Offenbarung hat uns nicht darüber belehrt, und sie brauchte uns darüber nicht
zu belehren, da sie ja überhaupt alle diese Hervorbringungen und Veränderungen, welche nach der Aussage der Geologen dem Auftreten des Menschengeschlechts vorausgegangen sind, nicht erwähnt. Wir wissen ja überhaupt
von diesen Gestaltungen eigentlich nichts aus der Bibel, sondern alles nur
aus der Geologie. Wir können die Lehre der Geologen als richtig anerkennen, weil die Bibel nichts lehrt, was derselben widerspräche, und wir müssen diese Lehre aus der Bibel nur dadurch ergänzen, daß wir sagen: alle
diese geologischen Ereignisse sind durch Gottes Schöpfermacht und Vorsehung
bewirkt worden. Dagegen kann die Naturwissenschaft ihrerseits keine Einsprache erheben, und somit ist der Friede zwischen Theologie und Naturwissenschaft besiegelt, ohne daß er dadurch gestört werden könnte, daß die
theologische Speculation, der allein diese Frage anheimfällt, vielleicht nicht
im Stande ist, nachzuweisen, warum Gottes Macht und Weisheit gerade
in dieser Weise die Erde gestaltet hat.

Gott ist allmächtig; eben darum kann er auch in seinem Wirken nach
außen verschiedene Wege einschlagen. Aber Gottes Wirken ist auch für den
Menschen unbegreiflich, und wir können darum, wie ich schon einmal erwähnte, niemals sagen, Gott könne etwas nicht gethan haben, weil wir
nicht einsehen, warum er es gethan haben sollte. Wir müssen glauben, daß
Gott, wenn er wollte, in einem einzigen Augenblicke, durch einen einzigen
schöpferischen Act die Erde so hätte hervorbringen können, wie sie zum Wohn-

platze für den Menschen geeignet war. Wir dürfen aber nicht behaupten, daß diese Art des Schaffens die einzige Gottes würdige Art sei und daß mithin Gott so habe schaffen müssen; denn es steht uns überhaupt nicht zu, a priori zu bestimmen, wie Gott gewirkt haben müsse, sondern nur, a posteriori zu ermitteln, wie Gott gewirkt hat. Haben wir dieses erkannt, so müssen wir sagen: dieses Wirken Gottes ist ein Ausfluß seiner Macht und Weisheit. Wir können dann weiter zu erkennen suchen, wie sich Gottes Macht und Weisheit in diesem seinem Wirken manifestirt. Gelingt es uns, die Absichten Gottes und die Art und Weise, wie er sie verwirklicht hat, zu erkennen, so werden wir mit klarer Erkenntniß seine Macht und Weisheit preisen. Gelingt es uns nicht, diese klare Erkenntniß zu gewinnen, so werden wir gleichwohl weder an Gottes Macht und Weisheit zweifeln, noch zu der Meinung kommen, Gott müsse anders gewirkt haben.

Eine religiöse Betrachtung der Geschichte findet in zahllosen geschichtlichen Ereignissen eine Bestätigung der Wahrheit, daß Gott der weise Lenker der Geschicke der Menschen und der Völker ist; stoßen wir aber auf geschichtliche Ereignisse, in denen wir Beweise der göttlichen Leitung nicht zu erkennen, bei denen wir nicht zu sagen vermögen, welchen göttlichen Absichten dieselben dienen, so werden wir darum nicht meinen, diese Ereignisse seien sine numine eingetreten; noch weniger werden wir die Thatsächlichkeit der Ereignisse ableugnen; wir werden vielmehr sagen: wenn uns die Thatsachen selbst in ihrem ganzen Zusammenhange und mit allen ihren Umständen, Ursachen und Folgen genauer bekannt wären, könnten wir den Finger Gottes vielleicht deutlicher darin erkennen; wir dürfen auch die Hoffnung aussprechen, daß der weitere Fortschritt der geschichtlichen Forschung, bei den Ereignissen der Gegenwart und der nähern Vergangenheit auch die Entwicklung der zukünftigen Zeit, im Allgemeinen aber der Fortschritt der geschichtsphilosophischen Speculation uns noch manche geschichtlich providentielle Räthsel lösen werde.

Ebenso verhält es sich mit dem, was das Buch der Natur über die Urzeit der Erde uns berichtet. Unsere erste Aufgabe ist, aus dem, was die Geologie und Paläontologie von der in den Gebirgsschichten enthaltenen Chronik enträthseln kann, einen vollständigen Ueberblick über die Geschichte der Erde in der vormenschlichen Zeit zu gewinnen. Erst an zweiter Stelle kann dann die Betrachtung dieser geschichtlichen Thatsachen unter dem religiös-pragmatischen Gesichtspunkte folgen, also die Untersuchung der Frage, wie sich in diesen naturgeschichtlichen Thatsachen Gottes Macht und Weisheit kund thut, und welche Ansichten Gott bestimmt haben, so zu handeln, wie er nach Ausweis der Thatsachen gehandelt hat. Daß diese Frage noch nicht gelöst ist, kann uns umsoweniger beunruhigen oder verwundern, als eine ähnliche Frage auf einem verwandten, aber uns viel näher liegenden Gebiete gleichfalls noch ihrer vollkommen genügenden Lösung harrt. Wenn wir die Natur in ihrer jetzigen Gestaltung betrachten, so finden wir im Großen und im Kleinen, in der Organisation des Weltbaus und des Erd= körpers, in den Gesetzen, welche die klimatischen und sonstigen natürlichen Verhältnisse der Erde bestimmen, in dem Ineinandergreifen der organischen Wesen im Allgemeinen, in dem Bau der einzelnen Thiere und Pflanzen, in der körperlichen Organisation des Menschen — wir finden, sage ich, in allem, was Gegenstand der religiös=philosophischen Naturbetrachtung werden kann, viele Spuren der Macht und Weisheit Gottes; aber bei der Be= schränktheit unserer geistigen Kräfte und bei der unendlich großen Masse und Mannichfaltigkeit des Materials ist es gewiß nicht zu verwundern, daß die Aufgabe dieser Art der Naturbetrachtung, „die Analyse der Gedanken des Schöpfers zu geben, wie dieselben in der Schöpfung sich offenbaren,"[1]) noch lange nicht vollständig gelöst ist, daß es noch vieles im Ganzen des Kos= mos und in den einzelnen Gliedern desselben gibt, bei welchem wir die Ab= sichten und Zwecke des Schöpfers noch nicht zu deuten wissen. Wenn das aber von der Natur gilt, wie sie jetzt ist, so kann es uns noch viel weniger verwundern, wenn wir über den Zweck der Naturgegenstände und Natur= ereignisse nichts mit Sicherheit sagen können, welche der ältesten Vergangen= heit angehören und uns in ihrem thatsächlichen Bestande und Verlaufe nur durch die Beobachtung der Folgen, die sie zurückgelassen, und durch wissen= schaftliche Combinationen und Hypothesen bekannt werden.

Wozu dient all die Pracht jener tropischen Pflanzenwelt, wozu dient all die Mannichfaltigkeit jener Thierwelt, welche in den Urwäldern von Amerika Jahr aus Jahr ein ihre Herrlichkeit entfalten, leben und vergehen, ohne daß seit den Tagen der Schöpfung je ein menschliches Auge sie gesehen? Sage mir das, und ich will dir sagen, wozu die Flora und Fauna gedient hat, deren versteinerte Reste wir aus dem Schooße der Erde graben. Wie die Blätter vom Baume fallen, wie Milliarden von Blüthen nicht zur Reife kommen im unermeßlichen Vorrathe des göttlichen Reichthums, und dennoch bekannte und unbekannte Zwecke nach den weisen Absichten des Schöpfers erfüllt haben, ehe

---

1) So Agassiz; vgl. Jahrb. für deutsche Theol. VI (1861), 675.

sie ihr kurzes Dasein beendigten, so mögen durch seine Macht und Weis=
heit ganze Perioden von Thier= und Pflanzenschöpfungen gelebt haben und
vergangen sein, deren Zwecke der Ewige kennt, der Erkenntniß des Menschen
aber verhüllt hat.

Es gibt zahllose Sterne, welche kein menschliches Auge gesehen hat,
ehe die Fernrohre erfunden waren, viele, die erst in unserm Jahrhundert
entdeckt worden sind, und wie wir mit Sicherheit vermuthen dürfen, viele,
welche noch nicht entdeckt sind und nie von der Erde aus werden wahrge=
nommen werden; auch diese Sterne haben ihren Zweck und ihre Bedeutung
in dem ganzen Sternensystem. Die Seligen, welche über den Sternen wan=
deln, werden das erkennen; wir können es nur vermuthen, und für uns
haben diese fernen Welten also zunächst nur die Bedeutung, daß die Un=
endlichkeit der Schöpfung uns die Unendlichkeit des Schöpfers veranschaulicht.

Die neuern Naturforscher haben mit Hülfe des Mikroskops eine ganz
neue Thierwelt entdeckt, von welcher unsere Vorfahren keine Ahnung hat=
ten: in einem Cubikzoll Wasser leben oft nach Ehrenbergs Berechnung
Millionen Infusionsthierchen, und die Wassergräben, Teiche und Sümpfe
eines einzigen nicht sehr bedeutenden Landstriches mögen eine größere Zahl
der mikroskopischen Thiere in sich hegen, als das ganze übrige Thierreich
der Erdoberfläche überhaupt umfaßt. Auch diese Wesen haben gewiß ihre
Bedeutung für das ganze System der Schöpfung, ja wir dürfen annehmen,
daß sie für das System nothwendig sind und daß die Schöpfung, wie sie
ist, ohne dieselben nicht würde existiren können, obschon wir den Zweck,
welchem sie dienen, nicht oder wenigstens noch nicht zu erkennen vermögen.

So haben auch die urweltlichen Pflanzen und Thiere gewiß ihren
Zweck und ihre Bedeutung für das ganze System der Creaturen Gottes,
wiewohl wir denselben noch nicht klar erkennen und nicht nachzuweisen ver=
mögen. Man hat bereits wenigstens von einem Theile der Organismen
der Urwelt im Einzelnen nachgewiesen, wie sie Zeugniß ablegen von der
Weisheit des Schöpfers, [1]) und wir können nach Lyells Ausdruck [2]) „nicht
mehr daran zweifeln, daß die Harmonie der Theile und die Schönheit der
Einrichtungen, welche wir in der lebenden Schöpfung bewundern, die orga=
nische Welt auch in den fernsten Perioden der Vergangenheit in gleichem
Maße charakterisirt hat." Auch dieses läßt sich in den Ergebnissen der

---

1) Besonders Buckland, die Urwelt und ihre Wunder S. 88 ff.
2) Geologie II, 527.

Naturforschung schon jetzt erkennen: die verschiedenen Entwicklungsstadien, welche die organische Schöpfung Hand in Hand mit der unorganischen, der Bildung des Erdkörpers, durchlief, stehen in einem so innigen Zusammenhange unter einander und überall zeigt sich eine solche Harmonie und Folgerichtigkeit in ihrem Verlauf wie in ihren waltenden Principien, daß selbst Forscher wie Burmeister nicht umhin können, einen bestimmten Plan mit bestimmten Gesichts- und Zielpunkten in der Geschichte der organischen Natur anzuerkennen. [1] Agassiz spricht die begeisterte Erwartung aus, daß die zukünftige Naturwissenschaft „die mannichfaltigen Bande, welche alle Thiere und Pflanzen als den Einen lebensvollen Ausdruck einer, gleich einem großartigen Epos im Laufe der Jahrtausende zur Ausführung gelangten, gigantischen Conception des Schöpfers umschlingen, mit wachsender Genauigkeit bestimmen und mit zunehmender Klarheit und Angemessenheit des Ausdrucks beschreiben werde." [2]

Gott hat alles zu seiner Ehre geschaffen, die unvernünftigen Creaturen zu dem Zwecke, daß die vernünftigen Geschöpfe daraus seine Macht, Weisheit und Güte erkennen. Wir dürfen also erwarten, daß eine vollkommenere Kenntniß der Erde, ihrer Beschaffenheit, ihrer Einrichtung, ihrer Organismen und ihrer Geschichte uns in immer großartigerer Weise zeigen wird, wie wunderbar die Macht, Weisheit und Güte des Schöpfers zum Nutzen des Menschen in der weitesten Bedeutung des Wortes thätig gewesen ist. Auch diese Zweckbeziehung der sichtbaren Schöpfung zu den vernünftigen Creaturen wird in Bezug auf die untergegangenen Gestaltungen der Erde und ihrer Organismen mit dem weitern Fortschritt der geologischen Forschung immer deutlicher hervortreten.

Die Geologen sagen z. B., die üppige Vegetation der Kohlenperiode scheine dazu gedient zu haben, durch Absorption die Luft von dem Uebermaß der Kohlensäure und von andern dem animalischen Leben schädlichen Stoffen zu reinigen und dadurch das Wohnen der luftathmenden Thiere auf der Erde zu ermöglichen, und zugleich für die spätere Zukunft jene mineralischen Massen aufzuspeichern, die uns zur Erwärmung dienen, und ohne welche wir uns manche Fortschritte der modernen Civilisation, Dampfmaschinen, Eisenbahnen u. dgl., kaum als möglich denken können. In ähnlicher Weise kann die Hervorbringung anderer organischer Wesen und die Bildung

---

1) Ulrici, Gott und die Natur S. 291.
2) Jahrb. für deutsche Theol. VI, 678.

der Schichten, in denen sie ihr Grab gefunden, entweder eine direkte Beziehung auf den Nutzen des Menschen haben, oder ein nothwendiges Mittelglied in der Kette von Evolutionen bilden, durch welche Gott die Erde zu der Gestaltung hingeführt hat, in welcher sie den Menschen zur Wohnstätte zu dienen geeignet war. Der Fortschritt der geologischen Forschung wird uns ohne Zweifel immer deutlicher zeigen, daß in den geologischen Entwicklungen System ist, daß ein weises Wesen in bewußter Hinarbeitung auf ein bestimmtes Ziel und nach einem, wenn auch complicirten, doch festen und klaren Plane bald gestaltend, bald zerstörend gewirkt hat. Freilich konnte Gott Steinkohlen in beliebiger Quantität aus nichts schaffen und die Erde gleich so aus dem Nichts hervorrufen, wie sie an dem Tage war, als der erste Mensch auf ihr geschaffen wurde. Die Offenbarung lehrt uns, daß er das nicht gethan habe. Lesen wir die Bibel ohne alle Rücksicht auf die Resultate der Naturforschung und verstehen wir ihren Bericht ganz buchstäblich, so hat Gott nicht in einem Augenblicke die Erde in vollendeter Gestalt geschaffen, sondern in sechs Tagen sie aus dem chaotischen Zustande, in welchem er sie geschaffen hatte, herausgebildet. Also auch auf diesem Standpunkte muß es anerkannt werden, daß es des göttlichen Wesens nicht unwürdig ist, den Weg des allmäligen Gestaltens statt des Weges der fertigen Hervorbringung zu wählen, und schon den Kirchenvätern lag das Problem vor, warum Gott jenen Weg eingeschlagen habe und wie er auf jenem Wege seine Macht und Weisheit manifestire. Das Problem wird nur modificirt, wenn wir auf Grund der Resultate der Naturforschung die sechs Tage sammt der Zeit des Chaos als eine längere Periode verstehen und die geologischen Entwicklungen in den mosaischen Bericht einreihen.

Der philosophischen und theologischen Speculation ist damit ein neues weites Feld eröffnet und eine neue, lohnende Aufgabe gestellt. Der Cardinal Wiseman weist in einem seiner Vorträge [1]) sehr schön nach, wie die Kirche die großen geistigen Entwicklungen der verschiedenen Jahrhunderte in ihren Dienst genommen und wie sie, ohne irgend welche Veränderung ihres Wesens, eine merkwürdige Empfänglichkeit und Bildsamkeit gegenüber den geistigen Strömungen der verschiedenen Zeitalter bewiesen habe. Wie aber in andern Zeiten die Philosophie, die Kunst, die classische Literatur in dem geistigen Leben vorherrschten, so könne, sagt der Cardinal, die naturwissen-

---

1) Die Kirche und die Wissenschaft, übersetzt in der „belletristischen Beilage zu den Kölnischen Blättern" Nr. 83.

schaftliche Forschung als die charakteristische Strömung unserer Zeit bezeichnet werden, und es könne darum gar nicht ausbleiben, daß auch diese neue Phase der menschlichen Bestrebungen ihrer erkennbaren Eindrücke auf der Kirche zurücklasse.

Wir stehen jetzt erst im Anfange dieser neuen Entwicklung der Wissenschaft. Die Natur in ihren Einzelheiten und in ihrem Zusammenhange, in ihren Erscheinungen und in ihren Gesetzen ist keiner Zeit noch so bekannt gewesen, wie unserm Jahrhundert. Erst in unserm Jahrhundert konnte ein Versuch gemacht werden, „die Vielheit der Erscheinungen des Kosmos in der Form eines rationalen Zusammenhanges zu umfassen," [1] und der Verfasser des Kosmos, welcher diesen Versuch gemacht hat, ist bescheiden genug, ausdrücklich nur von einer theilweisen Lösung des Problems zu sprechen. [2] Um so weniger kann jetzt schon an eine vollkommene Lösung der noch höhern Aufgabe gedacht werden, die Vielheit der Erscheinungen des Kosmos in der Form ihres göttlichen Zusammenhanges zu umfassen.

Vorerst haben die Theologen eine bescheidenere, aber dringendere Aufgabe: nachzuweisen, daß ein Gegensatz zwischen dem, was das Buch der Natur, und dem, was das Buch der Offenbarung uns lehrt, nicht besteht. Dieser uns zunächst vorliegenden Aufgabe wenden wir uns also jetzt wieder zu. Die hauptsächlichsten Berührungspunkte zwischen der Geologie und ihrer Zweigwissenschaft, der Paläontologie, einerseits und dem biblischen Schöpfungsbericht anderseits habe ich nunmehr im Einzelnen besprochen. Ich denke später die Resultate unserer einzelnen Untersuchungen noch einmal in einem einzigen Vortrage zusammenzufassen. In den nächsten Stunden aber werde ich zunächst noch einige Einzelheiten nachtragen und zugleich die Punkte der Geologie erörtern, welche bei einem andern Abschnitte der Genesis, bei dem Berichte über die Sündfluth, in Betracht kommen.

XXIII.

Die Grenze zwischen Urwelt und Jetztwelt.

Die beiden Theorien, durch welche die Angaben der hl. Schrift mit den jetzt geltenden geologischen Systemen in Einklang gebracht werden, haben

---

1) Humboldt, Kosmos I, 65.
2) S. 68.

das miteinander gemein, daß sie die Bildung der Versteinerungen enthaltender Schichten in die vormenschliche Zeit verlegen, die erste in die Zeit vor dem Sechstagewerk, die zweite in die sechs Tage der Genesis selbst, die dann als längere Perioden aufgefaßt werden. Die beiden Theorien sind exegetisch zulässig; nothwendig aber scheint die eine oder die andere darum zu sein, weil nach der jetzt geltenden Ansicht der Geologen die Bildung jener Schichten mehr Zeit erfordert hat, als seit dem Beginne des Menschengeschlechts verflossen ist und weil nach der Aussage der Paläontologen die Pflanzen und Thiere, deren Ueberreste wir in jenen Schichten finden, wenigstens ihrer Hauptmasse nach nicht mit der dem Menschen gleichzeitigen Fauna und Flora identisch sind, sondern derselben vorhergegangen sein müssen. Ich habe nun zwar hervorheben müssen, daß die Geologen und Paläontologen keineswegs mit ihrer Sache ganz im Reinen sind und daß wir nicht alles als baare Münze, d. h. als feststehende Thatsache annehmen dürfen, was in ihren Büchern vorgetragen wird; aber wenn sie auch in vielen Punkten einander widersprechen und in vielen im Laufe der Zeit ihre Theorien modificiren, so läßt sich doch nicht leugnen, daß sie im Ganzen und Großen übereinstimmen, und da ich jedenfalls nicht in der Lage bin, auf dem Gebiete der Geologie und Paläontologie selbstständig Meinungen aussprechen und begründen zu können, so denke ich, wir müssen in den Friedensvertrag zwischen Theologie und Paläontologie unserseits das Zugeständniß aufnehmen, daß die versteinerten Pflanzen und Thiere ihrer Hauptmasse nach vor der menschlichen Zeit existirt haben und vor der menschlichen Zeit in den Gebirgsschichten begraben worden sind. Wir können das weitere Zugeständniß beifügen, daß es Sache der Naturforscher ist, das Nähere über diese vormenschliche Periode der Geschichte der Erde nach ihrem Ermessen festzusetzen. Wir werden uns nur vorbehalten, — und dagegen wird die Naturwissenschaft ihrerseits nichts einwenden können — zu glauben, daß auch jene urweltlichen Pflanzen und Thiere Geschöpfe Gottes gewesen sind und daß auch jene vormenschliche Geschichte der Erde unter der Leitung des göttlichen Willens gestanden hat.

Diesen Friedensschluß kann nach meiner aufrichtigen Ueberzeugung der Theologe unterzeichnen. Und das ist nicht bloß meine Ueberzeugung, sondern auch die solcher Theologen, die größer sind als ich, und eine Ueberzeugung, welche wiederholt in der unumwundensten Weise ausgesprochen worden ist, ohne daß jemals von Seiten der Lehrauctorität unserer Kirche ein Protest dagegen wäre erhoben worden. Es gibt freilich auch noch jetzt Theologen, welche sich zur Unterzeichnung dieses Compromisses nicht herbeilassen wollen. Noch der neueste protestantische Ausleger der Genesis, Keil, [1] faßt die sechs Tage der Genesis als sechsmal vierundzwanzig Stunden und will auch vor diesen sechs Tagen keine längere Zeit einschieben lassen; er meint, die Bibel gestatte nicht, und die Naturwissenschaft nöthige nicht, die vormenschliche Zeit länger als sechsmal vierundzwanzig Stunden anzunehmen. Daß die Bibel dieses allerdings gestattet, glaube ich so ausführlich nachgewiesen zu haben, daß ich nicht darauf zurückzukommen brauche. Darum dürfen wir den andern Theil der Behauptung, daß die Naturwissenschaft zu jener Annahme nicht nöthige, auf sich beruhen lassen. Ich darf aber der Vollständigkeit wegen nicht unerwähnt lassen, daß in der neuern Zeit fast gleichzeitig zwei Gelehrte, ein englischer und ein französischer, [2] den Versuch gemacht haben, auf naturwissenschaftlichem Wege den Beweis herzustellen, daß die Bildung der Versteinerungen enthaltenden geschichteten Formationen in den sechstausend Jahren stattgefunden haben könne, die seit Adam verflossen sind, daß also die geologischen Systeme, in welchen eine viel längere Zeit dafür postulirt wird, auf Täuschung beruhen.

Auf eine Prüfung dieser Ansicht einzugehen, ist für unsern Zweck nicht nöthig. Wenn sich dieselbe wissenschaftlich rechtfertigen läßt, so können die Theologen natürlich nichts dagegen haben. Ob dieselbe aber richtig ist, das kann natürlich nicht auf theologischem, sondern nur auf naturwissenschaftlichem Wege ermittelt werden. Darauf aber kann ich mich nicht einlassen; ich verstehe einmal viel zu wenig von den Naturwissenschaften, um derartige Untersuchungen anzustellen, und wollte ich mich daran geben, Ihnen die Argumente der beiden Schriftsteller vorzutragen, so würde damit auch nicht viel gewonnen sein. Wer nicht selbst ein Naturforscher ist, für den müssen diejenigen, welche es sind, in Fragen ihres Faches Auctorität sein; wenn wir also die Harmonie zwischen Bibel und Naturwissenschaft nachweisen wollen, so werden wir zunächst das Gebiet begrenzen, auf welchem die Belehrungen der Bibel sich bewegen, und das, auf welchem die Naturwissenschaft sich zu bewegen hat; hinsichtlich der Punkte, welche zu dem legitimen Bereich der Naturforschung gehören, müssen wir das acceptiren, was die anerkannten Meister der Wissenschaft übereinstimmend als gesichertes Resultat

---

1) S. 9.
2) *C. B.* Geology in its relation to revealed religion, Dublin 1854. — *Sorignet,* la cosmogonie de la Bible, Paris 1854.

ihrer Forschungen vortragen. Thun wir das nicht, so wird man bei der Behauptung stehen bleiben, die wir widerlegen möchten, daß nämlich die Resultate der Naturforschung der Bibel widersprächen und daß also die Theologen die Naturwissenschaften zu fürchten hätten. So lange also die Ansicht, daß die Bildung der sämmtlichen Versteinerungen enthaltenden Formationen in den letzten sechs Jahrtausenden stattgefunden haben könne, bei den Geologen selbst nicht mehr Anklang findet, als sie bis jetzt gefunden hat, kann sie auch für uns nicht weiter in Betracht kommen, und werden wir bei dem Friedensschluß zwischen Theologie und Geologie die Ansicht gelten lassen müssen, welche die Geologen unserer Zeit bei aller Uneinigkeit in andern Punkten ziemlich einmüthig als sicher oder doch höchst wahrscheinlich vortragen, daß diese Schichtenbildung vor viel mehr als sechstausend Jahren begonnen habe.

Die Erörterung des Verhältnisses der Geologie zur Bibel oder den Nachweis der Harmonie zwischen beiden können wir hiemit als abgeschlossen ansehen. Ich könnte nun zu dem Verhältnisse übergehen, in welchem der Bericht der Bibel über die Erschaffung der organischen Wesen und des Menschen insbesondere zu den Lehren der Physiologie und Anthropologie steht. Ich ziehe es indeß vor, diesen Punkt noch zu verschieben und zuvor einen andern Abschnitt der Genesis ins Auge zu fassen, bei welchem die Geologie nochmals in Betracht kommt, ich meine den Bericht über die große Fluth, welche nach dem Berichte der Genesis beinahe zwei Jahrtausende nach dem Beginn der menschlichen Geschichte stattgefunden hat, und welche wir die Sündfluth zu nennen pflegen.

Zu dem Ende muß ich die Betrachtung dessen, was die Geologen und Paläontologen über die geschichteten Formationen der Erdrinde ermittelt haben, wieder aufnehmen und das, was ich bisher darüber vorgetragen, in einigen Punkten vervollständigen. Es werden bei dieser Gelegenheit auch noch einige specielle Fragen erledigt werden können, die ich bisher der Uebersichtlichkeit halber übergangen habe.

Ich recapitulire zunächst die bei den Geologen übliche Gruppirung der geschichteten Formationen, die ich früher erwähnt habe. Mit Rücksicht auf die Fossilien unterscheidet man folgende Gruppen: 1) die der azoischen Periode, welche im Unterschiede von den folgenden, über ihnen gelagerten und jüngern Bildungen keine Fossilien enthalten, 2) die der paläozoischen, 3) die der mesozoischen, 4) die der känozoischen Periode und endlich 5) die der recenten Periode. Letztere gehören sicher den letzten sechs Jahrtausenden

an und ihre Bildung setzt sich in den Fluß=Deltas, Koralleninseln, Torf=
mooren u. dgl. bis in die Gegenwart fort. In Bezug auf die ältern For=
mationen haben wir uns mit den Geologen dahin geeinigt, daß dieselben
ihrer Hauptmasse nach den vormenschlichen Perioden angehören. Es käme
nun noch darauf an, die Grenzlinie zwischen den Bildungen der historischen
Zeit, also der letzten sechstausend Jahre, und denen der vorhistorischen Zeit
genauer zu bestimmen. Die fünfte Periode gehört sicher der historischen
Zeit an, die drei ersten Perioden können wir ebenso unbedenklich der vor=
historischen Zeit zuweisen; es handelt sich also um die vierte, die känozoische
Periode. Fällt der Anfang der historischen Zeit, also der Beginn des Men=
schengeschlechts vor den Beginn oder nach dem Schlusse der känozoischen
Periode oder in diese Periode hinein? Auch Letzteres wäre denkbar; denn
die fünf Perioden sind nicht so scharf von einander geschieden, daß ihre
Grenzen unzweifelhaft feststständen. Die känozoische Periode umfaßt auch,
gleich den frühern Perioden, nicht eine einzige Formation, sondern eine ganze
Reihe von Schichten über einander. Die genaue Abgrenzung dieser Schichten
hat wieder ihre Schwierigkeiten, und die Grenze zwischen der obersten käno=
zoischen Schichte und der untersten recenten läßt sich wohl kaum festsetzen.
Es ist also immerhin denkbar, daß Bildungen, welche man gewöhnlich
der känozoischen Periode, also der vorhistorischen Zeit zuweist, vielmehr zu
der recenten Periode, also zur historischen Zeit gehören. Die Geologen
sagen, die Eintheilung und Bestimmung der Altersfolge der Formationen
habe gerade bei der känozoischen Periode besonders große Schwierigkeiten und
lasse sich hier noch weniger sicher bestimmen, als bei den andern Perioden.

Lyell, dem Viele gefolgt sind, unterscheidet vier Unterabtheilungen dieser
Periode, für die er etwas wunderliche Namen in Vorschlag gebracht hat.
Die ältesten Schichten der känozoischen Periode nennt er eocäne Schichten,
von ἠώς und καινός, also der Morgenröthe der neuen Zeit entsprechend;
die beiden folgenden Classen von Schichten heißen dann miocän und
pliocän, von μεῖον und πλεῖον und καινός, also minder und mehr neu;
die jüngsten Schichten nennt er pleistocän, also die neuesten. Die Geo=
logen wiederholen aber bei der Beschreibung dieser Unterabtheilungen das
eine Mal über das andere Mal, es sei nicht möglich, dieselben genau und
sicher gegen einander abzugrenzen, namentlich sei die Abgrenzung der plei=
stocänen Formation gegen die ältern pliocänen und die jüngern recenten For=
mationen sehr schwierig.

Bei allen diesen Eintheilungen und Untereintheilungen der geschichteten

Formationen haben die Geologen, wie ich schon angeführt habe, hauptsächlich auf die Fossilien Rücksicht genommen, die sich in denselben finden. Ehe die Paläontologie ihre jetzige Ausbildung erlangt hatte, theilte man etwas anders ein, und die Namen dieser ältern Eintheilung, die ich früher erläutert habe, sind auch noch jetzt vielfach gebräuchlich. Den ersten drei Gruppen der neuern Eintheilung entsprechen ungefähr die Uebergangsgebirge und die secundären Formationen der ältern Eintheilung; die Schichten der känozoischen Periode ihrer Hauptmasse nach fallen mit den tertiären Bildungen jener ältern Eintheilung zusammen. Man nennt die tertiären Bildungen auch wohl Braunkohlenformation oder Molassenformation, weil Braunkohlen und ein weicher, mergeliger Sandstein, Molasse genannt, Hauptbestandtheile derselben sind.

Diese tertiären Bildungen werden von den meisten Geologen noch der vorhistorischen Zeit zugerechnet. Die Bildungen aber, welche ich eben unter dem Namen der pleistocänen als diejenigen erwähnt habe, die den Bildungen der recenten Periode am nächsten stehen, heißen bei den ältern Geologen gewöhnlich Diluvialland oder Fluthland, oder auch Diluvium. Der Name ist meines Wissens von Buckland aufgebracht und darum gebraucht worden, weil er Anfangs meinte, diese Formationen seien durch Niederschläge der in der Bibel Diluvium genannten Fluth, der sogenannten Sündfluth, gebildet worden. Später hat er diese Meinung aufgegeben und angenommen, die Bildungen, welche er diluviale genannt hatte, seien Niederschläge aus großartigen allgemeinen Fluthen der vorhistorischen Zeit. Wenn das richtig ist, paßt natürlich auch der Name Diluvium nicht mehr und man hat darum für diese Bildungen, die der pleistocänen Periode in der zuerst vorgetragenen Eintheilung entsprechen, den Namen quaternäre oder besser quartäre Bildungen vorgeschlagen, weil sie auf die tertiären Bildungen folgen. Nachdem Buckland und nach ihm Andere das Diluvium der vorhistorischen Zeit zugewiesen hatten, wurde nun für die Bildungen der historischen Zeit oder der recenten Periode der Name Alluvium gewählt.

Ich habe diese etwas complicirten Auseinandersetzungen nicht vermeiden können, weil sie für das Verständniß der folgenden Erörterungen nöthig sind. Von den ältern oder tiefer liegenden Schichten will ich jetzt gar nicht mehr reden; wir wollen bei der Annahme stehen bleiben, daß sie der vorhistorischen Zeit angehören. Es wird sich nur noch um das handeln, was man nach der einen Terminologie tertiäre Formationen, Diluvium, oder quartäre Formationen und Alluvium, nach der andern Bildungen der känozoischen und der recenten Periode nennt. Das Alluvium oder die Bildungen der recenten Periode gehören nach der übereinstimmenden Ansicht aller Geologen der historischen Zeit an; wie weit aber die Grenzen dieser Bildungen zurückreichen und ob wir nicht auch die tertiären und Diluvialbildungen oder die känozoischen Bildungen der historischen Zeit zurechnen dürfen, darüber kann gestritten werden.

Ein Mittel zur Lösung dieser Frage scheint die Beantwortung der andern Frage sein zu können: wo finden wir in den Gebirgsformationen die ersten Spuren der Existenz des Menschen?

In meinen bisherigen Bemerkungen über die Paläontologie hatte ich noch keine Veranlassung, auf diese Frage einzugehen. Ich habe nur gelegentlich den Irrthum Scheuchzer's erwähnt, welcher ein Thierskelett als homo diluvii testis ansah. Aehnliche Mißgriffe hat man sich in älterer Zeit mehrfach zu Schulden kommen lassen.[1] Solche Irrthümer werden heutzutage nicht mehr vorkommen; aber die Frage, in welcher Formation zuerst Spuren der Existenz des Menschen vorkommen, ob erst in den Formationen der recenten Periode oder dem Alluvium, oder auch schon in tertiären und diluvialen Formationen, wird noch jetzt widersprechend beantwortet. Man hat schon mehrere Male menschliche Ueberreste gefunden, welche man dieser ältern Zeit zuschreiben zu müssen glaubte; die Sache hat aber immer Widerspruch gefunden. Im Jahre 1805 wurde in einem Kalksteinlager an der Küste von Guadeloupe, welches man zu den tertiären Bildungen zählte, ein Menschengerippe gefunden. Bei genauerer Untersuchung stellte sich aber heraus, daß der Kalkstein Korallen und Muscheln enthielt, welche noch jetzt existiren, und daß er zu den recenten Bildungen gehörte, die an jenen tropischen Küsten sehr schnell vor sich gehen. Bei Köstritz fand man um 1820 Menschenknochen unter Ueberresten von Mammuthen, Hyänen und andern Thieren der diluvialen Zeit. Sie lagen aber in den Spalten eines Gypsbruches, welche mit Lehm ausgefüllt waren, und man erkannte bald, daß sie wahrscheinlich durch Strömungen nach heftigen Regengüssen von ihren frühern Lagerstätten losgespült und dorthin versetzt worden seien, daß also die Menschengebeine recht gut aus späterer Zeit stammen könnten als die Thierknochen. Die Höhlen in der Auvergne, wo man Menschengebeine und Thonscherben zwischen fossilen Thierknochen fand, hält man für Wohnplätze alter gallischer Völkerschaften, die hier fossile Gebeine, wer weiß zu welchem

---

1) Vgl. Quenstedt, Sonst und Jetzt S. 234.

Zweck, ausgruben und mit den Gebeinen ihrer Vorfahren vermischten. Solcher Höhlen, in welchen sich Menschengebeine und Thierknochen der diluvialen Zeit zusammen finden, hat man in unserm Jahrhundert noch mehrere gefunden; während aber Einige daraus folgern, daß die Menschen Zeitgenossen jener Thiere gewesen seien, glauben Andere nachweisen oder annehmen zu dürfen, daß die Menschengebeine aus späterer Zeit und durch irgendwelche Zufälle den Gebeinen jener Thiere beigemengt worden seien.

Bei Athens=Georgia in Nord=Amerika glaubte man fossile Menschen= fährten gefunden zu haben, die also Zeugniß dafür ablegen würden, daß Menschen über die betreffenden Schichten hingegangen seien, als dieselben noch weicher Schlamm oder Lehm waren. Indeß hat man dem gegenüber an die Sitte herumziehender Indianerstämme erinnert, Fußspuren in Felsen= wände und harte Straten einzuhauen, um dadurch ihren Nachfolgern ihre Anwesenheit und die Richtung ihres Abzuges zu bezeichnen; derartige Zeichen, meint man, könnten auch jene vermeintlichen fossilen Menschen= fährten sein.

Ein Gegenstand sehr weitläufiger Discussionen ist gerade gegenwärtig ein Fund, den man bei Amiens und Abbeville in der Picardie gethan und auf welchen zuerst der französische Gelehrte Boucher de Perthes auf= merksam gemacht hat. In Sandgruben tief unter der Oberfläche der Erde hat man nämlich zwischen Knochen von Mammuthen und andern ur= weltlichen Thieren zwar nicht Menschengebeine, aber, wie man glaubt, menschliche Kunstprodukte, nämlich Hacken, Beile, Messer und dergleichen Geräthschaften aus Feuerstein gefunden. Während Einige darin einen sichern Beweis finden, daß in Frankreich in der antediluvianischen Zeit (im geolo= gischen Sinne) schon Menschen gelebt und, in Ermangelung von Erz oder unbekannt mit der Bearbeitung desselben, solche Geräthschaften aus Stein angefertigt haben, [1] glauben Andere, diese Producte des menschlichen Kunst= fleißes könnten spätern Ursprungs und durch Ueberschwemmungen oder der= gleichen Ursachen an jenen Ort zwischen die Fossilien geführt worden sein, und wieder Andere sind geneigt, die hacken=, beil= und messerartig geformten Feuersteine gar nicht für Kunstprodukte, sondern für lusus naturae zu halten. Zu Gunsten der letztern Ansicht führt man unter anderm an, daß die

---

1) Vgl. E. Littré in der Revue des deux mondes, Mars 1858. — Sir Ch. Lyell im Athenaeum, 24. Sept. (vgl. 1. Oct. und 31. Dec.) 1859. — Pictet und E. Lartet in der Genfer Bibliothèque universelle, 1860, VII, 364. VIII (Archives), 193. 265.

Hacken und Beile kein Loch haben, durch welches man den Stiel hätte stecken können, und daß die Arbeiter in jenen Sandgruben, die in diesem Punkte wohl als sachverständig und nebenbei auch wohl als unbefangener angesehen werden dürften, als die Gelehrten, die Steine nicht als Geräthschaften hätten anerkennen wollen. Wenn Einige an den in diesen Sandgruben gefundenen Knochen und Geweihen Einschnitte gefunden haben wollen, die mit dem Messer, also von Menschenhand gemacht seien, so haben Andere dagegen bemerkt, diese Einschnitte könnten ebensowohl später entstandene Risse und Sprünge sein.[1]

Sie sehen, es handelt sich hier um eine Reihe von Thatsachen, über deren Bedeutung sich streiten läßt und wirklich gestritten wird. Vogt, Schmerling, Lyell und Andere halten es für erwiesen, daß sich menschliche Ueberreste in den Bildungen der känozoischen Periode finden, Buckland, Burmeister, Wagner, Quenstedt und Andere bestreiten dieses.[2] Fassen wir das Ergebniß der einzelnen Untersuchungen über diesen Punkt kurz zusammen, so dürfen wir sagen: Viele Thatsachen, die man für die Existenz von Menschen in der Zeit vor den anerkanntermaßen recenten Bildungen angeführt hat, sind als nicht beweisend oder auf Irrthum beruhend allgemein anerkannt; in Bezug auf andere Thatsachen sind die Geologen nicht einig. Jedenfalls ist das Vorkommen von menschlichen Ueberresten in diluvialen oder tertiären Bildungen bis zur Stunde noch nicht erwiesen; daß sie nicht darin vorkommen, ist aber freilich auch nicht erwiesen und kann auch wohl schwerlich erwiesen werden. Das innere Asien, jedenfalls der älteste Wohnplatz der Menschen, ist geologisch noch gar nicht genau erforscht, und so wäre es immer noch möglich, daß sich in diesen Theilen menschliche Ueberreste in tertiären oder doch diluvialen Bildungen finden.

Ich gestehe, daß mir die Art und Weise, wie man einige der Fälle, wo sich menschliche Ueberreste in diluvialen Bildungen vorzufinden scheinen, erklärt, um die Existenz von Menschen in so früher Zeit nicht annehmen zu müssen, etwas gekünstelt vorkommt. Die Erörterungen der Geologen über diesen Punkt machen hie und da den Eindruck, als ob sie nicht ganz unbefangen seien, als ob die Einen im Interesse ihrer geologischen Theorien

---

1) Vgl. das „Ausland" 1859, Nr. 29. — A. Wagner in den Sitzungsberichten der k. bayer. Akademie 1861, II, 1. S. 34 ff. — Natur und Offenbarung VIII, 237.

2) Vgl. Burmeister, Gesch. der Schöpfung S. 499. — Quenstedt, Sonst und Jetzt S. 240. — Ulrici, Gott und die Natur S. 275.

geneigt wären, Beweise für die frühere Existenz des Menschengeschlechts zu
suchen, die Andern im Interesse i h r e r Theorien diese Beweise zu beseitigen
suchten. Das Noli turbare circulos meos scheinen die Geologen mitunter
den Thatsachen gegenüber geltend zu machen.

Ich fürchte, auch manche Theologen sind in Bezug auf diesen Punkt
von Befangenheit nicht ganz freizusprechen und haben aus Furcht, die Angaben der Bibel oder ihre Auslegung der Bibel zu compromittiren, zu rasch
Partei ergriffen. Das ist ganz verkehrt. Es handelt sich zunächst darum,
die geologischen Thatsachen zu constatiren; liegen unzweifelhafte Thatsachen
vor, so wird die Bibel damit sicher nicht in Widerspruch stehen, und wenn
Auslegungen der Bibel damit in Widerspruch kommen, so sind diese Auslegungen einfach aufzugeben. Wenn Buckland und Andere die Ueberfluthung
der Erde, als deren Niederschläge sie die diluvialen Bildungen ansehen, mit
den Wassermassen indentificiren, welche nach Gen. 1, 2 die Erde bedeckten,
und also annehmen, die Schöpfung des dritten, fünften und sechsten Tages
habe erst nach der Vollendung dieser diluvialen Bildungen stattgefunden, so
haben sie natürlich auch ein Interesse dabei, daß sich in diesen diluvialen
Bildungen keine menschlichen Ueberreste finden. Aber die Bibel hat gar
kein Interesse dabei, daß Buckland und die andern Vertreter seiner Ansicht
recht behalten. Wenn sich wirklich Menschengebeine da vorfinden, wo sie
sich nach dieser Theorie nicht vorfinden dürfen, so muß die Theorie aufgegeben oder modificirt werden. Dadurch wird die Bibel in keiner Weise
compromittirt, daß ein Versuch, sie mit den Resultaten der Naturforschung
in Harmonie zu bringen, sich als mißlungen herausstellt.

Andere Theologen scheinen zu fürchten, wenn sich die Existenz von
menschlichen Ueberresten in diluvialen Formationen nachweisen lasse, so
sei dadurch die Chronologie der Bibel gefährdet, nach welcher seit Erschaffung des Menschen ungefähr sechstausend Jahre verflossen sind. Auch diese
Befürchtung ist grundlos. Wir werden in diesem Falle, um die Chronologie
der Bibel festhalten zu können, nur anzunehmen haben, daß die Formationen, in welchen sich menschliche Ueberreste finden, vor nicht mehr als
fünf- bis sechstausend Jahren gebildet worden sind, also nicht der känozoischen, sondern der recenten Periode angehören. Diese Annahme aber werden die Geologen um so weniger als unzulässig erweisen können, als sie
offen eingestehen, daß es sehr schwierig sei, die Grenze zwischen den pleistocänen oder diluvialen und den recenten oder alluvialen Bildungen festzusetzen.

Wir müssen uns also in Bezug auf die Frage nach dem Vorkommen von menschlichen Ueberresten in den Bildungen der sogenannten känozoischen Periode vorerst mit einem Non liquet begnügen und von dem Fortschritte der geologischen Untersuchungen eine zuverlässige Auskunft darüber erwarten.

Sehen wir also, ob uns die sicher in den tertiären und diluvialen Ablagerungen vorkommenden Fossilien Aufschluß geben. Die Paläontologen geben darüber Folgendes an: Die Flora und Fauna entwickelt sich hier immer reichhaltiger und mannichfaltiger. Die Zahl der ausgestorbenen Arten von Thieren und Pflanzen nimmt ab, und die Arten, welche den jetzigen nahestehen oder mit ihnen identisch sind, nimmt zu, so daß sich diese Periode unmittelbar und allmälig an unsere jetzige Periode anschließt.

Die angeführte Eintheilung in eocäne, miocäne, pliocäne und pleistocäne Schichten beruht hauptsächlich auf dem verschiedenen Procentsatze, in welchem die Fossilien derselben mit jetzt lebenden Species identisch zu sein scheinen. Lyell hat hauptsächlich die Conchylien verglichen und nennt die Schichten eocän, in welchen unter je hundert Conchylien eine bis siebenzehn mit noch jetzt vorkommenden identisch sind; siebenzehn bis fünfunddreißig Procent charakterisiren miocäne Schichten, fünfunddreißig bis neunzig pliocäne, neunzig bis fünfundneunzig pleistocäne.[1]) Dieses Verfahren ist, wie Sie leicht sehen, ziemlich willkürlich und zeigt aufs neue, wie schwer es ist, die tertiären Schichten von einander zu scheiden. Die angegebenen Data zeigen aber auch, wie nahe die Fauna wenigstens der jüngsten Schichten dieser Gruppe, also der pleistocänen oder diluvialen, unserer Fauna steht.

Vogt[2]) verwirft diese Eintheilung Lyells ganz; er sagt, in den sogenannten eocänen Schichten ließen sich gar keine, in den miocänen nur wenige Arten von Thiere nachweisen, die mit den jetzigen Arten identisch seien; von da an nehme die Zahl der lebenden Arten beständig zu, während andere Arten mehr und mehr verschwinden. Als Eintheilungsgrund sei aber der Procentsatz der jetzt lebenden Arten unbrauchbar, da dieser fast an jedem einzelnen Orte verschieden sei. „Die dem jetzigen Stande unserer Kenntnisse entsprechendste Ansicht," sagt Vogt, „ist gewiß die, daß man die ältern Tertiärgebilde als eine für sich abgeschlossene Epoche auffaßt, mit dem Miocän aber eine neue geologische Epoche beginnen läßt, die sich durch all-

---

1) Nöggerath, Ges. Naturwiss. III, 278.
2) Natürliche Geschichte der Schöpfung S. 109.

mäliges Aussterben und Ersetzen der ausgestorbenen Arten mittelst jetzt leben=
der ununterbrochen in unsere jetzige Zeit fortsetzt."

Danach würden also die ältern Tertiärgebilde der Urwelt zuzuweisen
sein, die jüngern dagegen mit der Jetztwelt zusammengehören, und die große
Grenzlinie, welche Buckland zwischen den antediluvianischen und postdiluvia=
nischen Gebilden zieht, würde etwas weiter zurückzuverlegen sein. Das
Diluvium selbst und die zunächst demselben vorhergehenden Bildungen wür=
den noch der recenten Periode zuzuweisen sein.

Der weitere Fortschritt der Naturforschung wird mehr Klarheit und
Sicherheit in die Sache bringen. Für jetzt dürfen wir nach der Darstellung
von Vogt als gesichertes Resultat nur dieses ansehen, daß die organische
Welt der jüngern tertiären und der diluvialen Bildungen der jetzigen Flora
und Fauna erstens wesentlich näher steht, als die der ältern Formationen,
daß sie zweitens in manchen Arten sich von der jetzigen unterscheidet, aber
andererseits drittens in manchen Arten mit ihr übereinstimmt; d. h. es hat
unmittelbar vor der Bildung jener Schichten Thierarten gegeben, die jetzt
nicht mehr existiren, und wir finden andererseits von manchen jetzt existirenden
Thieren in jenen Schichten keine Ueberreste. Es kann nun gefragt werden,
ob diejenigen fossilen Thierarten, welche den jetzt lebenden gleich oder ähn=
lich gewesen zu sein scheinen, Vorfahren der jetzt lebenden Arten gewesen
sein können, oder ob alle Thierarten, welche vor der Bildung der tertiären
und diluvialen Schichten existirt haben, untergegangen und danach erst die
jetzt lebenden Thierarten geschaffen worden sind. Diese Frage ist aber noch
nicht entschieden: einige Paläontologen, namentlich Agassiz, behaupten, sämmt=
liche tertiäre Versteinerungen seien von den jetzt lebenden Arten specifisch
verschieden, d. h. keine der jetzt lebenden Arten könne durch directe Fort=
pflanzung von vormenschlichen abstammen. Andere nicht minder bedeutende
Auctoritäten, wie namentlich H. G. Bronn, bestritten dieses.[1]) In die
Gründe für und wider brauche ich hier nicht einzugehen; es handelt sich da=
bei auch nicht so sehr um geologische Argumente, als um die Bestimmung
des Begriffs von Species und um die Frage nach der Möglichkeit von
Veränderungen einer Species im Laufe der Zeit, einer Frage, über die ich
später ohnehin noch reden muß.

Ich habe bei diesen Erörterungen die Bibel ganz aus dem Spiele ge=
lassen und mich vorzugsweise an die Angaben der Naturforscher gehalten,

---

1) Vogt, Lehrb. der Geologie II, 666. — Keerl, Schöpfungsgesch. S. 591 ff.

welche den Gegenstand ohne Rücksicht auf die Bibel untersucht haben. Da sich nun ergeben hat, daß es sich hier um eine Reihe von Punkten handelt, über welche die bedeutendsten Auctoritäten der neuesten Zeit ganz entgegengesetzte Ansichten haben, so sehen Sie leicht, daß es für jetzt noch viel zu früh ist, in diesen Punkten das Verhältniß zwischen Bibel und Paläontologie zu regeln. Wir müssen geduldig abwarten, bis die Naturforscher selbst erst ins Reine gekommen sind; durch ein voreiliges Dreinreden können wir Theologen die Confusion jetzt nur größer machen. So viel läßt sich aber jetzt schon erkennen — und das ist für uns genug: — eine Vereinigung der Angaben der Bibel mit den naturwissenschaftlichen Resultaten wird immer möglich sein, mag nun die eine oder die andere Theorie schließlich den Sieg davon tragen. Stellt sich heraus, daß die fossilen Organismen der jüngsten tertiären und der diluvialen Bildungen nicht mit der Pflanzen- und Thierwelt der historischen Zeit zusammenhangen, so haben wir sie den frühern Schöpfungen zuzuweisen, — also nach der einen Theorie den urweltlichen Schöpfungen, die der Schöpfung des Heraemeron vorausgingen, nach der andern den Theilen der Schöpfungen der sechs Tage, welche während der letzten Tage untergegangen sind. Stellt sich dagegen heraus, daß die erwähnten fossilen Organismen mit den jetzt existirenden Eine Schöpfung ausmachen können, so haben wir anzunehmen, daß von dieser Schöpfung viele Arten und Individuen in den Gebirgsschichten begraben sind, welche sich seitdem gebildet haben, während andere Arten sich erhalten und fortgepflanzt haben. Die Bildung dieser Gebirgsschichten kann dann theils noch während der letzten der sechs Tage, theils seit der Erschaffung der Menschen stattgefunden haben. Stellt sich heraus, daß sich in einigen Formationen menschliche Ueberreste finden, so würden wir diese Formationen als in den letzten sechstausend Jahren gebildet ansehen müssen. Solange sich keine sichere Spuren von Menschen darin vorfinden, können wir über die Zeit der Bildung derselben nichts bestimmen.

XXIV.

Das Diluvium der Geologen.

Das Wort Diluvium hat, wie ich bereits erwähnt habe, bei den Geologen eine andere Bedeutung, als bei den Theologen. Wir bezeichnen damit die noachische Fluth, die Geologen eine frühere, vorhistorische Ueberfluthung der Erde und deren Niederschläge. Die Schichten, welche auf die tertiären Bildungen folgen und den Niederschlägen der recenten Periode vorhergingen, hielt nämlich Buckland anfangs für ein Product der noachischen Fluth und legte ihnen darum in seinen 1823 erschienen Reliquiae diluvianae den Namen Diluvium bei. Später nahm Buckland an, die Fluth, deren Product diese Bildungen seien, sei nicht die noachische, sondern eine vor= historische. Der Name wurde aber beibehalten, so daß nun das geologische Diluvium von dem biblischen zu unterscheiden ist; die Niederschläge der historischen Zeit, wohin wir nun also auch die Spuren der Sündfluth zu rechnen haben, nennen die Geologen Alluvium. Nach der in der vorigen Stunde wieder erwähnten paläontologischen Eintheilung fällt das geologische Diluvium mit den letzten Formationen der känozoischen Periode, den pleisto= cänen Bildungen zusammen.

Die spätere Ansicht Bucklands hat vielen Beifall gefunden, ist aber keineswegs über allen Zweifel erhaben. Als Grund dafür führte er zu= nächst an, daß sich in den diluvialen Bildungen keine menschlichen Gebeine fänden; ich habe in der vorigen Stunde gezeigt, daß dieses Argument nicht strenge beweisend ist. Ein weiterer Grund Bucklands ist der Umstand, daß sich in diluvialen Bildungen viele jetzt nicht mehr existirende Species von Thieren finden. In Bezug auf diesen Punkt habe ich bemerkt, daß die Naturforscher noch nicht darüber ins Reine gekommen sind, ob diejenigen fossilen Thierspecies, welche den jetzt lebenden sehr ähnlich sind, mit diesen identisch gewesen sein können und ob die Thiere, welche in den diluvialen Bildungen begraben sind, mit den jetzt lebenden Thierarten zusammen Ein System ausgemacht haben, oder ob die fossile Fauna des Diluvium eine von der jetzigen Fauna ganz verschiedene gewesen ist.

In einigen Punkten müssen wir aber das, was die Geologen über die diluvialen, quartären oder pleistocänen Bildungen lehren, etwas genauer betrachten. Ich spreche zunächst von den sogenannten Knochenhöhlen.[1] Es finden sich nämlich namentlich in den Kalksteinen der verschiedensten Formationen natürliche Lücken, die sich stellenweise zu hohen mächtigen Ge= wölben ausdehnen, an andern Orten sich wieder zusammenziehen, durch engere Zwischengänge in neue Weitungen führen und mitunter große Strecken weit unterirdisch fortlaufen. In diese Höhlen sind durch die Oeffnungen,

---

1) Burmeister, Gesch. der Schöpfung S. 462. — Vogt, Lehrb. der Geol. I, 594. — Nöggerath, Ges. Naturwiss. III, 290.

durch welche sie mit der Erdoberfläche in Verbindung stehen, Kalk-, Lehm-
und Sandmassen und allerlei Gerölle hineingeflossen. Unter diesem Gerölle
finden sich nun in manchen Höhlen Massen von Thierknochen, in der Regel
nicht eigentlich versteinert, sondern im natürlichen Zustande, oft aber von
Tropfstein überzogen oder mit einander verkittet. Mitunter können diese
Knochen mit dem Gerölle in die Höhlen hineingeschwemmt sein. Wo die
Knochen aber nicht abgeglättet sind und ihre äußern Umrisse nicht verloren
haben, wie das geschieht, wenn sie durch das Wasser fortgeschwemmt und
gerollt werden, da ist anzunehmen, daß die ganzen Thiere in die Höhlen
hineingerathen und darin verwest sind, und daß nur die Gebeine sich erhalten haben, über welche sich bald eine vor Verwitterung schützende Decke
ablagerte. Es ist dann ein doppelter Fall möglich: die Thiere haben entweder in den Höhlen gelebt und sind darin eines natürlichen Todes gestorben oder durch das einströmende Wasser erstickt und verschüttet, oder die
Cadaver derselben sind hineingeschwemmt worden. Ersteres nimmt man von
denjenigen Höhlen an, welche fast nur Knochen einer und derselben Thierart, z. B. von Hyänen oder Bären, enthalten. So finden sich in einer Höhle
bei Kirkdale in England, die Buckland untersucht hat, vorzugsweise Hyänen-
knochen. Man glaubt, daß Hyänen darin gewohnt haben; die Gebeine von
Pferden, Ochsen und Hirschen, die man dabei gefunden, sollen von Thieren
herrühren, welche von den Hyänen hineingeschleppt wurden; auch ganze
Schichten von Hyänenkoth will man dort gefunden haben. Andere Höhlen
enthalten bloß Knochen von pflanzenfressenden Thieren, z. B. Pferden, Nas-
hörnern, Schafen und Hirschen, und da diese Thiere sich nicht in Höhlen
aufzuhalten pflegen, so nimmt man an, daß sie, von den Schrecknissen irgend
einer Erdrevolution aufgescheucht, hier einen Zufluchtsort suchten, oder was
wahrscheinlicher klingt, daß ein benachbarter Ort die Heimath dieser Geschöpfe war und der Wasserstrom sie von dort an ihren jetzigen Fundort
versetzte. Aus der Gailenreuther Höhle in Baiern hat man nach und nach
die Gebeine von mindestens tausend Thieren herausgezogen, von denen über
achthundert von Bären, hundertdreißig von Wölfen, Hyänen, Löwen und
Vielfraßen herrühren. Diese Bestien können dort nicht wohl zusammen ge-
haust haben; es werden also ihre Cadaver mit allerlei Geröll und Schlamm
in die Höhlen hineingeschwemmt worden sein.

Neben den Knochenhöhlen verdienen noch die Knochenbreccien[1] er-

---

1) Nöggerath, Ges. Naturwiss. III, 159.

wähnt zu werden. Es sind Spalten in ältern Gesteinen, die nach oben hin offen und von oben her mit zertrümmerten Knochen und Zähnen von größern und kleinern Säugethieren, mit Muscheln, Pflanzen= und Holzüberresten, und mit Kalksteinbrocken und anderm Schutt angefüllt sind, welches Alles durch Kalksinter oder Thon zu einer festen Masse verbunden ist.

Berühmte Knochenhöhlen in Deutschland sind die bei Muggendorf und Gailenreuth in Baiern, bei Balve in Westfalen und die Baumannshöhle im Harz. Man hat solche Höhlen aber in sehr vielen Ländern gefunden, in Belgien, Frankreich, England, in den Karpathen und dem Altai, in Nord= und Südamerika, in Neuholland und Neuseeland. Die Knochenbreccien finden sich vorzugsweise an den Küsten und auf den Inseln des Mittelmeeres von Gibraltar bis nach Syrien, aber auch in Brasilien und Neuholland; auch in Deutschland hat man einige gefunden, z. B. bei Quedlinburg. Wahrscheinlich gibt es solche Höhlen und Breccien aber auch in andern Ländern, die noch nicht genau untersucht sind.

Die meisten Knochenhöhlen liegen so hoch über den nächsten Flüssen, daß keine Anschwellung dieser sie erreichen kann. Es müssen also viel größere Ueberschwemmungen stattgefunden haben, durch welche sie angefüllt wurden. Die Knochenbreccien finden sich bis zu fünfhundert Fuß über dem Niveau des Mittelmeeres.

Zu den pleistocänen oder diluvialen Bildungen zählt man ferner die bedeutenden Kalktuff=Ablagerungen von Kannstadt, in denen man zahlreiche Knochen und Zähne von Mammuthen findet, die massenhaften Thon=Ablagerungen der Pampas in Südamerika mit Gebeinen von riesenhaften Faulthieren, Ameisenfressern, Gürtelthieren und dergl., den Löß, einen gelblichgrauen sandigen Mergel, das Product von Anschwemmungen vieler Flüsse, namentlich des Rheines, an welchem sich solche Ablagerungen bis zu sechshundert Fuß über der Meeresfläche finden[1]) u. s. w.

Ueber die Thiere, deren Reste wir in diesen Höhlen, Spalten und Ablagerungen finden, bemerkt Burmeister:[2]) „Wir finden hier viele Gestalten, die sich sehr nahe an gegenwärtige Arten anschließen, ja von mehrern Naturforschern für bloße Varietäten derselben gehalten werden. Im Ganzen vermissen wir keine einzige noch lebende Säugethierfamilie, wohl aber begegnen wir einzelnen Formen, die sich nicht sogleich in den lebenden

---

[1]) Lyell, Geol. I, 161.
[2]) Gesch. der Schöpfung S. 464.

Familien unterbringen lassen, deren wirkliche Affinität noch fraglich bleibt. In der Regel sind es jedoch nur unvollständig erhaltene Bruchstücke, welche uns eben des Mangels ihrer charakteristischen Organe wegen im Stiche lassen. Was jene verwandten, den unsrigen höchst ähnlichen Arten betrifft, so sind sie meistentheils größer als die noch lebenden, und wenn es auch andere kleinere Species damals gegeben hat, so fehlten doch neben diesen die größern nicht leicht. Der Höhlenbär übertraf den Eisbären an Umfang noch beträchtlich, und die Hyäne der damaligen Zeit verhält sich den Dimensionen nach zur heutigen, wie der Bullenbeißer zum Pudel. Dagegen scheinen die damaligen Elephanten nicht gerade viel größer gewesen zu sein als die jetzigen, während die Nashörner und Nilpferde theils größer theils kleiner waren als die gegenwärtigen. Die Pferde und die Wiederkäuer waren damals nicht riesenmäßiger gebaut als jetzt. Von Nagethieren, Hasen, Erdmäusen, Stachelschweinen und dergl. hat man nur wenige kennen gelernt, die der Gegenwart ganz fehlen; es liegt aber in der Natur der Sache, daß diese und ähnliche kleinere Thiere sowie auch Vögel sich nicht in solchen Massen fossil finden, wie die größern. Die Existenz von Affen in der ältern Zeit ist lange bezweifelt worden; aber in der neuesten Zeit hat man ganz unzweifelhafte Reste derselben gefunden. Die Conchylien in Löß des Rheinthales sind zu $^{11}/_{12}$ mit jetzt lebenden identisch."

Besonders bemerkenswerth ist aber noch die Verbreitung der Thiere über die Erde, wie sie sich aus ihren Ueberresten in den diluvialen Bildungen ergibt. Es finden sich in dieser Hinsicht manche Uebereinstimmungen mit dem jetzigen Zustande, aber auch manche Differenzen. Die Beutelthiere, dermalen auf Amerika und Australien beschränkt, scheinen hier auch vormals ihren Hauptsitz gehabt zu haben; die urweltlichen Hyänen, Kameele und Giraffen sind auf die östliche, die Lamas auf die westliche Halbkugel beschränkt, wie jetzt. Auf der andern Seite finden sich Elephanten jetzt nicht mehr in Amerika, während sie früher dort existirt haben müssen. Auch die Pferde, die bei der ersten Ankunft der Europäer in Amerika von den Eingeborenen als Fremdlinge betrachtet wurden, hatten vormals diesen Continent bewohnt. Hyänen, Affen, Nashörner und Flußpferde, die jetzt nur in wärmern Klimaten heimisch sind, haben einst in Europa sich bis nach England verbreitet; von Krokodilen und Gavialen waren auch unsere Gewässer bevölkert, und von den den Elephanten nahe verwandten Mammuthen finden sich Ueberreste in ungeheuren Massen bis nach Sibirien hinauf.

Es scheint also anzunehmen zu sein, daß gleichzeitig mit den Ereigniſſen, durch welche jene Thiere untergingen, die Verbreitungsbezirke der Thier- und Pflanzengruppen weſentlich modificirt wurden. Daß eine Differenz der Zonen vorher gar nicht exiſtirt und auch in unſern nördlichen Ländern ein tropiſches Klima geherrſcht habe, braucht nicht angenommen zu werden. Die Elephanten, Hyänen u. ſ. w., welche vormals in unſern Gegenden gelebt haben, können, wenn ſie auch mit den jetzt in tropiſchen Ländern lebenden nahe verwandt waren, doch in ſoweit anders organiſirt geweſen ſein, daß ſie auch unter andern klimatiſchen Verhältniſſen leben konnten. Aber das halten faſt alle Geologen für höchſt wahrſcheinlich, daß der Unterſchied der Zonen vor dem Diluvium minder groß und in Europa und dem nördlichen Aſien ein höherer Wärmegrad herrſchend geweſen ſei als jetzt.

Buckland und Andere weiſen dieſe ganze Fauna der Knochenhöhlen und der andern diluvialen Gebilde, wie geſagt, noch der Schöpfung zu, welche vor der Erſchaffung der dem Menſchen gleichzeitigen Pflanzen- und Thierwelt bereits untergegangen war. Dieſe Anſicht würde feſtzuhalten ſein, wenn ſich wirklich nachweiſen ließe, daß alle jene Thierarten, wiewohl größtentheils den unſrigen ſehr ähnlich, doch ſpecifiſch von denſelben verſchieden ſeien. Einige Paläontologen glauben, wie ich in der vorigen Stunde ſchon angegeben habe, dieſes nachweiſen zu können; Andere beſtreiten dieſes. Die Frage läßt ſich jetzt noch nicht zur Entſcheidung bringen, da ſie mit der andern gleichfalls noch ungelöſten Frage aufs engſte zuſammenhängt, in wieweit eine Thierſpecies Variationen erleiden kann.

Es wäre alſo immer noch Folgendes möglich: Die Organismen der diluvialen Bildungen gehören zu der letzten organiſchen Schöpfung, zu der nämlichen, die in den jetzigen Pflanzen und Thieren noch forteriſtirt. Ueber die Pflanzen läßt ſich nichts Beſtimmtes ſagen, weil ſie nur unvollſtändig und unvollkommen in foſſilem Zuſtande erhalten ſind. Die foſſilen Thierſpecies aber ſind zum Theil mit den jetzigen identiſch, ſo jedoch, daß ſie ſich im Laufe der Zeit und unter dem Einfluſſe verſchiedener Verhältniſſe, namentlich in Folge der veränderten geographiſchen und klimatiſchen Verhältniſſe vielfach verändert haben. Manche der jetzigen Thierſpecies können auch in jener alten Zeit exiſtirt haben, ohne daß ſich foſſile Ueberreſte davon erhalten oder bis jetzt gefunden haben. Auf der andern Seite können manche Thierſpecies damals exiſtirt haben, welche jetzt nicht mehr exiſtiren, welche alſo entweder allmälig ausgeſtorben oder durch die Kataſtrophen ausgerottet worden ſind, deren Reſultat die diluvialen Bildungen ſind.

Daß Thierspecies aussterben können, dafür gibt es Beweise aus neuerer Zeit: ein Vogel, die Dronte, und das Borkenthier, zum Geschlecht der Seekühe gehörend, haben vor ein paar Jahrhunderten noch existirt, finden sich aber jetzt nirgend mehr. Diese Thiere sind zwar wahrscheinlich durch die Menschen ausgerottet worden, es ist aber nicht undenkbar, daß in der alten Zeit die Ausrottung von Thierarten durch andere Ursachen in größern Dimensionen bewirkt worden ist. [1])

Ich will diese Ansicht nicht als die richtige bezeichnen; es ist aber eine Ansicht, welche der zuerst vorgetragenen von Vielen gegenüber gestellt wird. Mithin darf es nach dem jetzigen Stande der Wissenschaft nicht als unzweifelhaft angesehen werden, daß das geologische Diluvium der vorhistorischen Zeit angehört; möglich ist es immerhin noch, daß es in die historische Zeit fällt, in die Zeit nach der Erschaffung der Thiere und Pflanzen, welche bestimmt waren, Zeitgenossen der Menschen zu sein, vielleicht auch in die Zeit nach der Erschaffung der Menschen selbst.

Betrachten wir nun noch die andern Spuren des Diluvium, welche die Geologen aufgefunden haben. Von untergeordneter Bedeutung sind die plusiatischen Ablagerungen oder Seifengebirge, [2]) d. h. solche Gesteinsschuttmassen (Kies, Sand und Lehm), in welchen sich werthvolle Metalle, namentlich Gold, Platin und Zinn und Edelsteine finden, welche von ihren ursprünglichen Lagerstätten durch fließende Gewässer mit hinweggeführt worden sind. Die Metalle und Edelsteine, nimmt man an, haben sich ursprünglich in ältern Gebirgsformationen befunden; die sie umgebenden Gesteine sind verwittert und zertrümmert worden, und durch Wasser ist nun der Gebirgsschutt aufgelöst und zerstört und sammt den darin befindlichen Metallklumpen und Edelsteinen fortgeführt und in Thälern, Schluchten und Vertiefungen abgelagert worden. Daß dieses Wegwaschen und Zusammenspülen in der diluvianischen Zeit stattgefunden hat, schließt man daraus, daß die Gold- und Platinseifen im Ural Mammuth- und Rhinocerosreste, die in Australien Knochen von ausgestorbenen Beutelthieren enthalten. Die Seifen in den Flußbetten sind zwar wahrscheinlich vorwaltend das Product der Aufwühlung und Zusammenspülung älterer Ablagerungen; aber eben

1) Vgl. Marcel de Serres und F. J. Pictet in der Genfer Bibliothèque universelle 1860, VIII (Archives), 109 und 265.

2) Nöggerath, Ges. Naturwiss. III, 292.

diese ältern Ablagerungen werden auf frühere bedeutendere Ueberfluthungen zurückzuführen sein.

Ein zweites bemerkenswerthes geologisches Phänomen sind die Denudationen oder Entblößungsthäler,[1] d. h. Thäler, deren Seitenwände in ihren einzelnen Schichten sich so genau entsprechen, daß man annehmen darf, sie seien früher mit einander verbunden gewesen und dann das Thal durch Wasserfluthen ausgehöhlt worden, welche den Hügel gleichsam mitten durchschnitten. Es finden sich dann in solchen Thälern, als weitere Zeugen des durchgeströmten Wassers, Kiesablagerungen mit Ueberresten von Thieren. Durch viele dieser Thäler fließt jetzt kein Bach, so daß also die Aushöhlung die Folge einer ältern Fluth zu sein scheint.

Besonders beachtenswerth sind aber die sogenannten erratischen Blöcke, Irrfelsen oder Findlinge.[2] Es sind das Felsstücke von kleinern und größern Dimensionen bis zu 40,000 Cubikfuß, welche sich an Orten ausgestreut finden, die von den Gebirgen, zu welchen sie ursprünglich gehört zu haben scheinen, weit entfernt sind. Die ganze norddeutsche Ebene bis nach Polen und Rußland hinein ist mit solchen Blöcken überstreut, von denen die Geologen mit allgemeiner Uebereinstimmung annehmen, daß sie dort nicht heimisch, sondern von den Gebirgen Skandinaviens oder Finnlands dorthin gerathen sind, da sie ihrer Beschaffenheit nach ganz mit den Gesteinen dieser Gebirge übereinstimmen. In ähnlicher Weise finden sich im Jura Granitblöcke, welche ursprünglich Bestandtheile der gegenüberliegenden Alpenkette gewesen sind. Dieselbe Erscheinung hat man in England, Belgien, Holland und Frankreich, in Nordamerika und in den Umgebungen der Cordilleren beobachtet.

Wie sind diese Massen dorthin transportirt worden, wo sie sich finden? Die Geologen geben verschiedene Antworten auf diese Frage. Humboldt hält den Durchbruch und Herabsturz zurückgefallener Wassermassen bei der Hebung der Gebirgsketten für die bewegende Kraft; ähnlich erklären Leopold von Buch, Nöggerath, Necker, Wagner u. A. die Erscheinung durch gewaltige Fluthen. Agassiz, Vogt, Lyell und Andere dagegen glauben, die Blöcke seien durch Eis transportirt worden. In der Schweiz sollen große Gletscher sie fortgeschoben haben, wie noch die jetzigen Gletscher Felsbruchstücke, die sich auf ihnen ansammeln, die sogenannten Moränen, aus den höhern

---

1) Lyell, Geologie I, 90.
2) Lyell, Geologie I, 160. — Vogt, Lehrb. der Geol. I, 601. — Wagner, Gesch. der Urwelt I, 438. II, 352.

Regionen in die Tiefe hinabführen. Den Gletschern analog sind die Eisberge, welche vom Meere aus den Polargegenden in die wärmern Regionen fortgeführt werden. Manche dieser Eisberge führen Gerölle und
Schutt auf ihrer Oberfläche mit sich, ja mitunter hat man große Felsblöcke
auf ihnen wahrgenommen. Von solchen Eisbergen ist dann anzunehmen,
daß sie vom Lande herstammen, auf dem sie nach Art der Gletscher sich
mit Felströmmern bedeckten, oder daß sie an Küsten festsaßen und vielleicht
von dorther die Schuttmassen aufhoben. Auf solche Art können die Eisberge ihre Steindecken in ferne Gegenden bringen, indem sie dort auf den
Strand gerathen, zerschmelzen und ihre Beischlüsse zurücklassen. Auf demselben Wege nun, glauben Manche, auf schwimmenden Eismassen, könnten
auch die erratischen Blöcke in Norddeutschland und den angrenzenden Ländern von den Höhen des Kjölengebirges in Skandinavien hergekommen sein.

Bei allen diesen Hypothesen muß also, worauf es uns zunächst ankommt, vorausgesetzt werden, daß der Theil der Erde, wo sich diese Irrfelsen finden, einst von Wasser überschwemmt gewesen ist.

An die Hypothese von einer Transportation der Irrfelsen durch Gletscher und Eisberge knüpft Agassiz eine weitergehende Hypothese an, welche
in den letzten Decennien unter den Geologen viel besprochen worden ist
und hier nicht ganz übergangen werden darf. Vor dem Beginn der jetzigen
Ordnung der Dinge, also in der antediluvianischen Zeit nach dem Sprachgebrauch der Geologen, soll nämlich ein plötzliches Sinken der Temperatur
bis unter den Gefrierpunkt stattgefunden und eine von den höhern Gebirgen
im Norden und im Süden herabkommende große Eiskruste den ganzen
nördlichen Theil der Erdkugel bedeckt haben, wie ein Gletscher. Nachdem
sich eine mildere Temperatur wieder eingestellt, schmolz das Eis und lagerte
die Felsblöcke und Thiergebeine ab, die es mit sich geführt. Die Eisberge
der Polarzone und die Eismassen in Sibirien mit den eingefrorenen Mammuthen sollen noch Reste dieser Eisdecke sein, die von den Alpen, den Karpathen und dem Altai bis zum Nordpol und von Frankreich bis nach
Kamtschatka reichte. Ein französischer Gelehrter Namens Adhemar hat sogar ausgerechnet, daß diese Eisperiode in das zehnte Jahrhundert vor
unserer Zeitrechnung falle und daß unfehlbar um das Jahr 6500 eine
ganz gleiche Katastrophe uns bevorstehe. Burmeister sagt [1]) mit einer rüh-
renden Naivetät, er habe schon in der ersten Auflage seiner Geschichte der

---

[1]) Gesch. der Schöpfung S. 272.

Schöpfung bemerkt, daß diese trostlose Zukunft seinen Gefühlen widerspreche; in der sechsten Auflage ist er so glücklich, hinzufügen zu können, daß die Grundlosigkeit aller darauf bezüglichen Befürchtungen inzwischen auch wissenschaftlich nachgewiesen sei.

Die Annahme einer Eisperiode, wie sie Agassiz vorgetragen, hat bei manchen Geologen, wie Lyell, Vogt und Andern, Beifall, bei Andern entschiedenen Widerspruch gefunden. Quenstedt meint, unsere Nachkommen würden ob solcher Kühnheiten, in der Mitte des neunzehnten Jahrhunderts ausgesprochen, den Kopf schütteln. Ich darf es bei dieser kurzen Erwähnung der Hypothese bewenden lassen.

Fassen wir die geologischen Data, die ich heute besprochen habe, zusammen, so weisen sie uns alle auf große Ueberfluthungen unseres Festlandes hin, welche in der letzten geologischen Periode, nach der Bildung der ältern tertiären oder känozoischen Formationen stattgefunden haben. Spuren dieser Ueberfluthungen finden wir, wie ich erwähnt habe, in allen Ländern der Erde, welche man untersucht hat, und zwar an manchen Orten bis zu mehrern tausend Fuß über der Meeresfläche. Man hat Fossilien gefunden 8000 Fuß hoch in den Pyrenäen, 10,000 Fuß hoch in den Alpen, 13,000 Fuß hoch in den Anden und 18,000 Fuß hoch im Himalaja.[1] Es fragt sich also nun, ob alle diese Spuren auf eine einzige Ueberfluthung hinweisen oder auf mehrere, und wann dieses Ereigniß oder diese Ereignisse stattgefunden.

Mehrere berühmte Naturforscher haben in den angeführten Data einen directen und sichern geologischen Beweis für die Sündfluth der Bibel gefunden. So sagt Cuvier:[2] „Ich glaube, wie auch Deluc und Dolomieu, daß, wenn irgend ein Gegenstand der Geologie feststeht, es der ist, daß die Oberfläche unserer Erde eine große und plötzlich eingetretene Umwälzung erlitten hat, deren Epoche nicht viel über 5—6000 Jahre hinausreichen kann; daß durch diese Umwälzung derjenige Theil des festen Landes, auf welchem vormals die Menschen und die heutigen Tages bekanntesten Thiere wohnten, versenkt und verschwunden ist, daß dieselbe Umwälzung dagegen den Boden des vorherigen Meeres trocken gelegt und dadurch das jetzt bewohnte Festland gebildet hat... Dieses ist eins der Resultate der rationellen Geologie, das

---

1) Lyell, Geologie I, 6; vgl. Keerl, Schöpfungsgesch. S. 500.
2) bei Nicolas, Philof. Studien I, 390, wo auch noch andere ähnliche Aeußerungen französischer Gelehrten zusammengestellt sind.

zugleich am besten bewiesen ist und am wenigsten erwartet wurde." Damit stimmt, wie ich im Anfange der Stunde erwähnte, die ältere Ansicht Bucklands überein.

Später hat Buckland selbst diese Ansicht aus folgenden Gründen verworfen: „Das Steigen und Fallen der mosaischen Sündfluth wird als ein allmäliges und nur verhältnißmäßig kurze Zeit dauerndes dargestellt, und die dadurch bewirkte Ueberschwemmung muß daher eine vergleichungsweise geringe Veränderung auf der Oberfläche des durch sie bedeckten Landes hervorgebracht haben. Ferner ist die große Zahl ausgestorbener Species unter den in Höhlen und Ablagerungen des Diluviums gefundenen Thieren und das Nichtvorhandensein menschlicher Gebeine in ihnen ein Grund, diese Species einer der Schöpfung des Menschen vorausgehenden Periode zuzuweisen." [1] Was den letzten Grund betrifft, so habe ich schon bemerkt, was auch Buckland selbst beifügt, daß die betreffenden Untersuchungen noch nicht als abgeschlossen angesehen werden können. Der erste Grund ist aber nicht ohne Gewicht; die Geologen sind gegenwärtig so ziemlich alle der Ansicht, daß, um die sogenannten diluvialen Bildungen und Erscheinungen hervorzubringen, eine Fluth, wie sie Moyses beschreibt, nicht hingereicht haben würde. Ich komme darauf zurück.

Die spätere Ansicht Bucklands, daß das geologische Diluvium ganz der vormenschlichen Zeit angehöre, ist namentlich von Kurtz und Wagner adoptirt und vertheidigt worden. Die große Ueberfluthung, deren Wirkungen die diluvialen Erscheinungen sind, wird dann mit der Bedeckung der Erde durch das Wasser identificirt, die im zweiten Verse der Genesis geschildert wird. Das organische Leben wurde von der ganzen Erde vertilgt, und demnächst im Sechstagewerk eine neue Gestaltung der Oberfläche der Erde bewirkt und die Pflanzen- und Thierwelt geschaffen, die zum Dienste des Menschen bestimmt war. Wagner [2] entwickelt diese Theorie noch weiter also: Wie in der Genesis vorausgesetzt wird, wurde gleichzeitig mit der Ueberfluthung die Erde auch in Finsterniß gehüllt. Es ist nicht unwahrscheinlich, daß mit dem Lichte auch die Wärme der Erde entzogen wurde und damit eine Eiskälte eintrat, in der auch die von der Fluth verschonten und in den Boden eingehüllten Keime organischen Lebens zu Grunde gehen mußten.

---

1) Die Urwelt und ihre Wunder S. 61; vgl. *J. Fleming*, the geological deluge, Edinburgh Philosophical Journal vol. XIV, 1826.

2) Gesch. der Urwelt II, 352.

So hätte auch die Eistheorie von Agassiz eine gewisse Berechtigung: die Fluthen mochten gewaltige Eismassen zu tragen haben, und der Boden der Erde fror bis zu einer solchen Tiefe ein, daß die in ihn eingesunkenen Leichname von Mammuthen und andern Thieren sich bis in unsere Zeit hinein in der Polarregion, wo die Sommerhitze nur die oberste Bodenschichte aufthaut, forterhalten haben. Als aus der Verwüstung der Erde eine neue Ordnung der Dinge hervorgehen sollte, ließ Gott zuerst das Licht wieder hervorbrechen und gleichzeitig durch die von diesem ausgehende Wärme die Eisstarre der Erdoberfläche lösen, und es folgte nun die Neugestaltung der Erde, welche im Heraemeron beschrieben wird.

Ich habe früher bereits über diese Theorie gesprochen. Fragen wir aber, ob denn die Geologie, wenn sie das von ihr sogenannte Diluvium in die vormenschliche Zeit verlegt, keine Spuren der noachischen Fluth nachweisen kann, so antwortet darauf Wagner:[1] „Wie es noch jetzt bei partiellen Ueberschwemmungen sich ereignet, daß eine spätere mit ihren Schuttmassen nicht bloß die einer frühern überdeckt, sondern auch hie und da durch und durch umwühlt, so wird es sich bezüglich der zwei großen allgemeinen Kataklysmen (des einen vor dem Sechstagewerk und des andern zur Zeit Noe's) verhalten. Die noachische Fluth hat mit ihren Schwemmbildungen nicht bloß die sogenannte Diluvialfluth regelmäßig überlagert, sondern letztere auch häufig umgestürzt, und die Trümmer beider sind in einer Weise durch einander gemengt worden, daß die Geologie jetzt nicht mehr im Stande ist, diese durch einander geworfenen Schuttmassen aus einander zu wirren und chronologisch zu scheiden."

Sie sehen, nach dieser Theorie müssen wir darauf verzichten, die Sündfluth geologisch als ein historisches Ereigniß zu erweisen. Ich stelle nun noch, ehe ich zur Untersuchung des biblischen Berichtes über dieselbe übergehe, das zusammen, was die neuern Geologen ohne Rücksicht auf diesen Bericht über das Diluvium ermittelt zu haben glauben.

Im Wesentlichen schließt sich an die bisher vorgetragenen Darstellungen die von Burmeister[2] an. Er sagt: „Unmittelbar über den jüngsten Tertiärgebilden trifft man auf Schichten, welche einen noch lockerern Zusammenhang haben, fast nur aus Lehm, Sand, Kies und Gerölle bestehen, in größerer Allgemeinheit und Aehnlichkeit über die Erdoberfläche, wenigstens

---

1) Gesch. der Urwelt I, 526.
2) Gesch. der Schöpfung S. 246.

über die meisten Gegenden von Europa sich verbreiten und gewöhnlich unter Verhältnissen angetroffen werden, aus denen man eine sehr gewaltsame, lange Zeit andauernde Wasserbedeckung früher bereits trocken gelegter Gegenden folgern zu dürfen glaubte. Die letzte große Umwälzung ist jedoch allem Anscheine nach früher eingetreten als das Menschengeschlecht den Erdboden betrat, weil wir noch immer nicht mit Gewißheit seine Gebeine zwischen den fossilen Thierknochen haben auffinden können. Viele Verhältnisse machten es den frühern Beobachtern wahrscheinlich, daß die bezeichnete Katastrophe zugleich sehr plötzlich und gewaltsam über die Erdoberfläche hereinbrach, eines Theils, weil sie sich über so weite Flächen ausgedehnt, und nicht bloß in der ganzen nördlichen Halbkugel, sondern auch an vielen Stellen der südlichen, wie namentlich in Amerika und Neuholland ihre Spuren hinterlassen hat, andern Theils, weil wir in ihren verschiedenen Produkten noch ganze Thiergerippe im Zusammenhange auffinden, ja selbst die wohlerhaltenen Fleischtheile in den Eismassen des nördlichen Sibiriens entdeckt haben." Es ist einigermaßen auffallend, daß Burmeister hier zweimal die frühern Beobachter die Schlüsse aus den Verhältnissen ziehen läßt, deren Thatsächlichkeit er nicht bestreitet, ohne sich selbst über die Sache klar auszusprechen. Sie sehen aber, daß in dieser Darstellung Eine große Ueberfluthung der Erde angenommen wird, die Burmeister auch sonst [1]) unter dem Namen der „letzten großen Katastrophe" oder der „letzten großen Niveauveränderung an der Erdoberfläche" erwähnt, und die er nur darum in die vormenschliche Zeit verlegt, weil sich — was aber keineswegs allgemein anerkannt ist — noch keine Menschengebeine in den diluvialen Bildungen gefunden haben.

Wenn Carl Vogt [2]) sagt, die Diluvialfluth sei von den Geologen längst aufgegeben worden, so ist das nach der Erläuterung, die er anderswo [3]) selbst gibt, so zu verstehen: die meisten Geologen der Gegenwart sind der Ansicht, daß die sogenannten diluvialen Bildungen nicht alle auf eine einzige große Fluth zurückzuführen sind. „Fluthen," sagt Quenstedt, [4]) „große Fluthen können wir nicht leugnen; aber sagen zu wollen, alle Spuren führten auf ein und dasselbe Ereigniß, dazu liegen die Sachen nicht

---

1) S. 472. 495.
2) Natürl. Gesch. der Schöpfung S. 123.
3) Lehrb. der Geol. II, 615.
4) Sonst und Jetzt S. 216.

klar genug vor." — „Ich habe früher," sagt Greenough [1]), „ausschließlich auf physicalische und geologische Gründe hin die Ansicht ausgesprochen, daß die ganze Erde zu einer Zeit, die nicht bestimmt angegeben werden könne, von Einer allgemeinen, aber vorübergehenden Fluth bedeckt gewesen sei. Es sind seitdem viele neue Data bekannt geworden, und ich muß meine frühere Erklärung zurücknehmen. Ich bin überzeugt, wenn vor 5000 Jahren eine Fluth die ganze Erde überschwemmt hat, so können ihre Spuren jetzt nicht mehr von denen neuerer und localer Störungen unterschieden werden. Ferner werden die Thiere, welche man früher für ausschließlich diluvial hielt, jetzt zwei oder drei verschiedenen Perioden zugewiesen und es ist sehr wahrscheinlich, daß die erratischen Blöcke nicht durch Eine, sondern durch mehrere auf einander folgende Ueberfluthungen umhergestreut worden sind."

In ähnlicher Weise hat ein anderer englischer Geologe, Sedgwick, seine Zustimmung zu der ältern Ansicht von dem Diluvium öffentlich zurückgenommen: [2]) „Ich glaube, Ein wichtiges negatives Ergebniß haben wir jetzt sicher gewonnen: daß die ungeheuren Massen von Diluvialkies, welche fast über die ganze Erde ausgebreitet sind, nicht von einer einzigen gewaltigen und vorübergehenden Fluth herrühren. Es war sehr voreilig, wenn wir die Gleichzeitigkeit aller dieser Ablagerungen annahmen. Wir fanden die deutlichsten Spuren von diluvialen Ereignissen und wir hatten in unserer heiligen Geschichte den Bericht von einer allgemeinen Fluth: auf dieses doppelte Zeugniß hin faßten wir eine große Reihe von Phänomenen, von denen wir noch keines vollständig begriffen, unter dem Namen Diluvium zusammen. Ich habe selbst die Meinung gehegt und verbreitet, die ich jetzt als eine naturwissenschaftliche Ketzerei ansehe. Ich nehme sie jetzt also förmlich zurück. Es war gefehlt, daß wir verschiedene unbekannte Formationen unter Einem Namen zusammenfaßten, sie auf einen gemeinsamen Ursprung zurückführten und ihre Zeit bestimmten."

Vogt selbst sagt, [3]) es halte außerordentlich schwer, die verschiedenen Ablagerungen, die er quaternäre nennt und die dem neuern Pliocän und Pleistocän oder Diluvium anderer Geologen entsprechen, mit einander zu

---

1) Address at the anniversary meeting of the geological society, London 1834, p. 30.

2) Addresses at the anniversary meeting of the geological society, 1831, p. 34. Vgl. andere ähnliche Aeußerungen englischer und amerikanischer Geologen bei *John Pye Smith*, The relation between the holy scriptures and some parts of geological science (5. Ed., London 1854) p. 109.

3) Lehrb. der Geol. I, 590. 601.

parallelisiren; die sämmtlichen mehr oder minder geschichteten Ablagerungen der quaternären Epoche aber, sowie die ungeschichteten Ablagerungen, die man als erratische Erscheinungen zusammenfasse, leiteten unmittelbar in die jetzige Zeit hinüber. In Bezug auf die Gesammtheit der tertiären und quaternären Gebilde aber, sagt Vogt,[1] ergebe sich Ein sicheres Resultat: daß unsere jetzigen Mittel noch nicht hinreichen, durchgreifende Trennungs= perioden zu bezeichnen.

Nach diesen Darstellungen hätten wir also in Bezug auf das, was die Aeltern Diluvium nennen, Folgendes festzuhalten: In der letzten geo= logischen Periode, welche bis an die historische Zeit hinan oder bis in die= selbe hineinreicht, haben große Ueberfluthungen der Erdoberfläche stattge= funden, welche mehr oder minder bedeutende Spuren hinterlassen haben. Als Ursachen derselben nehmen die Geologen, abgesehen von der problema= tischen Gletscherperiode, namentlich Hebungen und Senkungen des Bodens an.[2] Wie viele solcher Ueberfluthungen stattgefunden haben, wie ausge= dehnt dieselben waren und welche Ablagerungen auf jede einzelne zurückzu= führen sind, hat die Wissenschaft noch nicht ermitteln können. Ob diese Ab= lagerungen alle oder nur theilweise der vormenschlichen Zeit zuzuweisen sind, ist auch noch nicht sicher ermittelt und hängt namentlich ab von der noch ungelösten Frage nach dem Vorkommen von menschlichen Ueberresten und nach dem Verhältniß der Fossilien zu der jetzigen Flora und Fauna.

Die frühern Combinationen des geologischen Diluviums mit dem bib= lischen Berichte sind also mindestens wieder in Frage gestellt und das, was jetzt als Ergebniß der geologischen Forschung gilt, scheint zu unbestimmt zu sein, als daß eine neue Combination jetzt schon zulässig wäre.

XXV.

Die Sündfluth.

Der mosaische Bericht über die Sündfluth[3] unterscheidet sich in einem nicht ganz unwesentlichen Punkte von dem Schöpfungsberichte. Die Er=

---

1) S. 667.
2) Vogt, S. 623. Lyell, Geol. I, 164. 187.
3) Rudolf von Raumer bemerkt (bei Delitzsch, Genesis 628): „Die Form Sündfluth ist neuen Ursprungs; Luther schreibt noch in seiner letzten Bibelausgabe Sinbflut, peccatum dagegen heißt dort Sünde. Im Althochdeutschen ist die ge=

schaffung und Ausbildung der Erde fällt in die vormenschliche Zeit; Moyses konnte also darüber nur berichten in Folge einer göttlichen Offenbarung, die entweder ihm selbst zu Theil wurde oder, was wir als wahrscheinlicher erkannt haben, bereits den ersten Menschen zu Theil geworden und von ihnen der Nachwelt überliefert worden war. In Bezug auf die Sündfluth bedurfte es einer solchen Offenbarung nicht; Noe und die Seinigen waren Augenzeugen des ganzen Verlaufs derselben und haben ohne Zweifel, was sie erlebt, ihren Nachkommen überliefert. Moyses konnte also einen Bericht über die Sündfluth niederschreiben, ohne göttliche Offenbarungen darüber empfangen zu haben, indem er das aufzeichnete, was von Noe darüber überliefert worden war. Vielleicht fand er schon einen schriftlichen Bericht über diesen und über andere Punkte vor und nahm denselben ohne alle oder ohne wesentliche Abänderungen in sein Werk auf. Der ganze Charakter der Beschreibung der Fluth, ihre Umständlichkeit und Breite, ihre Anschaulichkeit und ihre Sorgfalt in vielen Einzelheiten macht den Eindruck, als hätten wir darin, wenn auch nicht gerade Aufzeichnungen eines Augenzeugen, so doch jedenfalls Aufzeichnungen einer von den Augenzeugen sorgfältig überlieferten Erzählung. [1] Nach den chronologischen Angaben der Genesis kann Abraham noch aus dem Munde Noe's selbst den Bericht über das große Ereigniß vernommen haben. Die treue Ueberlieferung dieses Berichtes in der Familie der Patriarchen werden wir von vornherein als wahrscheinlich ansehen, so daß wir sagen dürfen, Moyses könne aus guter Quelle über das Ereigniß berichtet haben.

Dieses günstige Vorurtheil für den historischen Werth des mosaischen Berichtes wird bestätigt durch die Fluthsagen der Völker. Sie stehen zu dem mosaischen Berichte in dem nämlichen Verhältnisse, wie die Schöpfungssagen zu dem mosaischen Schöpfungsberichte. Wir finden Fluthsagen wie Schöpfungssagen bei den verschiedensten Völkern, von China und Indien bis

---

bräuchlichere und ursprünglichere Form sinfluot, doch findet sich daneben auch schon sintfluot. Das Wort sin findet sich im Althochdeutschen nicht einzeln, sondern nur als erster Theil von Compositis (z. B. singruna, unser immergrünes Sinngrün) in der Bedeutung: immer, überall, vollständig. Die Bedeutung von sinfluot oder sintfluot wäre demnach eine große, allgemeine, andauernde Fluth." Die Schreibart Sündfluth ist aber eine sinnige und glückliche Substitution, indem sie an die Stelle einer unverständlich gewordenen Etymologie eine verständliche gesetzt hat, und die von mehrern Neuern beliebte Wiedereinführung der Schreibart Sintfluth ist darum nicht zu billigen.

1) „Der Bericht über die Fluth trägt den Charakter eines sorgfältig geführten Tagebuches." Kurtz, Gesch. des A. B. I, §. 26. Herder nennt ihn ein „Tagesregister aus der Arche."

nach Mexiko und Peru, von den Inseln der Südsee bis nach Wales und Lappland. Alle diese Sagen zeigen bei der größten Mannichfaltigkeit und Verschiedenheit eine merkwürdige Uebereinstimmung unter einander und mit der Genesis in Bezug auf die Hauptpunkte und auf eigenthümliche Einzelheiten: ein verschlossener Kasten, die Rettung auch von Thieren, die Landung auf einem Berge, ein Opfer nach der Fluth, der Regenbogen und andere Punkte kehren fast überall wieder. In Bezug auf die Einzelheiten verweise ich, wie bei der Schöpfungsgeschichte, auf die fleißigen Zusammenstellungen der Völkersagen, die wir bereits besitzen, namentlich auf Lükens Traditionen des Menschengeschlechts und Stiefelhagens Theologie des Heidenthums. ¹) Diese Sagen zeugen in doppelter Weise für den mosaischen Bericht. Erstens läßt sich ihre Existenz und Uebereinstimmung nicht anders erklären, als durch die Annahme einer gemeinsamen Quelle, und diese kann keine andere sein, als die Ueberlieferung, welche die Völker bei ihrer Trennung aus dem gemeinsamen Vaterhause mitgenommen haben. Zweitens macht bei einer Vergleichung der sämmtlichen Berichte der mosaische Bericht offenbar den Eindruck des relativ treuesten und geschichtlichsten. Die Fluthsagen der Völker, sagt Delitzsch ²) mit Recht, haben ebenso an dem biblischen Bericht ihr Correctiv, als dieser an ihnen ein Beweisthum seiner Geschichtlichkeit. Denn es sind gleiche Grundbestandtheile, welche den heidnischen Fluthsagen unterliegen, nur mythologisch ausgemalt und dadurch umgestaltet, daß die sittliche Bedeutung des Vorgangs zurücktritt, die Oertlichkeit den Heimathsitzen möglichst nahe gerückt wird, der Gesichtskreis einer allgemeinen Fluth sich mehr oder weniger in nationalem, particularistischem Interesse verengert und die Formen volksthümlichen Gemeinlebens schon in die vorfluthliche Zeit zurückgetragen werden. Der biblische Bericht aber in seiner Reinheit von allen mythologischen und national-particularistischen Elementen ist der treueste, rein geschichtliche Spiegel der durch die ganze Völkerwelt gewanderten Ursage.

Ich füge noch eine interessante Bemerkung von Humboldt ³) bei: „Es gewähren diese alterthümlichen Sagen des Menschengeschlechts, die wir gleich den Trümmern eines großen Schiffbruchs über den Erdball zerstreut antreffen, dem philosophischen Forscher der Geschichte des Menschen das höchste

---

1) Lüken S. 170. Stiefelhagen S. 528
2) Genesis S. 242.
3) Reise in die Aequinoctial-Gegenden III. 408.

Interesse. Wie gewisse Familien der Pflanzen, des Einflusses der Höhen und der Verschiedenheit der Klimate ungeachtet, das Gepräge eines gemeinsamen Urbildes beibehalten, so stellen auch die kosmogonischen Ueberlieferungen der Völker überall die gleichartige Gestaltung und Züge der Aehnlichkeit dar, die uns zur Bewunderung hinreißen. So mancherlei Sprachen, welche völlig vereinzelten Stämmen anzugehören scheinen, überliefern uns die nämlichen Thatsachen. Das Wesentliche der Angaben über die zerstörten Stämme und über die Erneuerungen in der Natur ist nur wenig abweichend; jedes Volk aber ertheilt ihnen sein örtliches Colorit. Auf den großen Festlanden wie auf den kleinsten Inseln des stillen Oceans ist es jedesmal der höchste und nächste Berg, auf den sich die Ueberreste des Geschlechtes der Menschen gerettet haben, und das Ereigniß erscheint in dem Verhältnisse jünger, als die Völker ungebildeter sind und als das, was sie von sich selbst wissen, auf einen engern Zeitraum beschränkt ist. Wer die mericanischen Alterthümer aus den Zeiten, welche der Entdeckung der neuen Welt vorangingen, aufmerksam erforscht, wer mit dem Innern der Wälder des Orenoko, mit der Kleinheit und Vereinzelung der europäischen Einrichtungen und hinwieder auch mit den Verhältnissen der unabhängig gebliebenen Völkerstämme bekannt ist, der kann unmöglich versucht sein, die bemerkten Aehnlichkeiten dem Einflusse der Missionarien und des Christenthums auf die National-Ueberlieferungen zuschreiben zu wollen."

Soviel dürfen wir also als unzweifelhaft annehmen: Moyses hat in seinem Berichte über die Sündfluth eine Ueberlieferung aufgezeichnet, welche bis auf die Augenzeugen des Ereignisses zurückreicht; und die Fassung, in welcher sich diese Ueberlieferung bei ihm findet, ist eine getreuere Reproduktion derselben, als wir sie in den Traditionen der andern Völker finden; ja, wir dürfen annehmen, daß sich die Ueberlieferung von der Zeit Noe's bis auf Moyses in der Familie der Patriarchen und dem israelitischen Volke unverfälscht erhalten hat und also der mosaische Bericht eine getreue Darstellung derselben ist.

Wir dürfen aber die Glaubwürdigkeit des Berichtes nicht als eine bloß menschliche ansehen. Moyses war nicht bloß ein sorgfältiger Erforscher und gewissenhafter Erzähler vergangener Ereignisse, sondern ein inspirirter Schriftsteller, und wir müssen also auf Grund der Lehre von der Inspiration annehmen, daß Moyses, indem er den überlieferten Bericht über die Sündfluth in sein Buch aufnahm, durch den übernatürlichen Beistand des göttlichen Geistes in der Weise geleitet worden ist, daß nichts Irrthümsich in seiner Darstellung sich eingeschlichen hat. Dem biblischen Berichte über die Sintfluth haben wir also nicht bloß den historischen Charakter in der gewöhnlichen Bedeutung des Wortes zu vindiciren, sondern auch, wenn wir an die Inspiration der Bibel glauben, den Bericht für durchaus richtig zu halten. Unsere Aufgabe ist es also hier, nachzuweisen, daß seine sichere Resultate menschlicher Forschung vorhanden sind, welche uns zu Zweifeln an der vollen Wahrheit dessen berechtigen, was die Bibel über die Sintfluth erzählt.

Im Anschluß an meine letzten Vorträge erinnere ich zunächst des Verhältnisses der Resultate der geologischen Forschungen zu dem biblischen Berichte und stelle zu dem Ende zuerst aus den Capiteln 6—9 der Genesis die Punkte zusammen, welche hier in Betracht kommen.

1) Gott erklärt, er wolle die Menschen und die Thiere von der Erde vertilgen: „Siehe, ich lasse die Fluth kommen, um zu vertilgen alles Fleisch, in welchem der Lebensodem ist, von der Erde; alles, was auf der Erde ist, soll sterben." Noe soll von allen Thieren ein Paar, von den reinen, d. h. den Opferthieren sieben Individuen mit in die Arche nehmen, „um einen Samen lebendig zu erhalten auf der Erde." „Und alle Wesen," heißt es dann weiter, „welche auf der Erde waren, vom Menschen bis zum Vieh, bis zum Gewürm und bis zu den Vögeln des Himmels, wurden vertilgt, und es blieb nur übrig Noe und was mit ihm in der Arche war."

2) Ueber die Dauer und Größe der Fluth wird Folgendes angegeben: „Im sechshundertsten Lebensjahr des Noe, am siebzehnten Tage des zweiten Monats brachen auf die Quellen der großen Tiefe und die Schleusen des Himmels öffneten sich und es regnete vierzig Tage und vierzig Nächte. Und das Wasser bedeckte alle hohen Berge unter dem ganzen Himmel; fünfzehn Ellen hoch stand das Wasser über den Bergen. Und das Wasser bedeckte die Erde hundertundfünfzig Tage." Nach dieser Zeit fing es an abzunehmen. „Am siebenundzwanzigsten Tage des siebenten Monats ließ sich die Arche nieder auf dem Berge Armon. Am ersten des zehnten Monats erschienen die Gipfel der Berge." Nach vierzig Tagen läßt Noe den Raben fliegen, darauf die Taube. Als diese nach sieben Tagen zum zweitenmale ausgesendet wird, kommt sie mit einem frischen Oelblatt zurück und Noe erkennt, daß das Wasser abgenommen hat. Als er sie nach sieben Tagen zum drittenmale aussendet, kehrt sie nicht zurück. Am ersten Tage des sechshundertundersten Jahres sieht Noe, daß das Wasser sich ganz verlaufen

natürlich den Menschen in der Arche. Somit hätten wir nicht gerade noth=
wendig eine Ueberfluthung aller Berge ohne Ausnahme anzunehmen, sondern
zunächst nur eine Ueberfluthung aller Berge im Gesichtskreise des Noe. Den
Ausdruck „all die hohen Berge, welche unter dem ganzen Himmel sind,"
streng buchstäblich zu nehmen, sind wir umsoweniger genöthigt, als sich die
hl. Schrift ähnlicher Ausdrücke auch sonst in einer Verbindung bedient, die
uns nicht gestattet, sie zu premiren. So sagt z. B. Gott im Deuterono=
mium (2, 25) zum Volke Israel: „Heute will ich anfangen Furcht und
Schrecken vor dir zu verbreiten unter allen Völkern, welche unter dem ganzen
Himmel sind, daß sie, wenn sie die Kunde von dir hören, zittern und beben
vor dir." Natürlich sind hier nicht absolut alle Völker der Erde gemeint,
sondern diejenigen, mit welchen die Israeliten in Berührung kamen oder
welche von den Wundern hörten, die Gott inmitten dieses Volkes gewirkt.
In der Apostelgeschichte (2, 5) wird berichtet, bei dem Pfingstwunder seien
Leute „von allen Nationen, welche unter dem Himmel sind," zugegen gewesen.
Ich kenne keinen Exegeten, der das buchstäblich nähme. Ebenso dürfen wir
auch hier die Bezeichnung „alle hohen Berge unter dem ganzen Himmel"
so verstehen, daß nicht nothwendig auch die Berge mit eingeschlossen sind,
welche ganz außerhalb des Gesichtskreises des Noe lagen, wie der Chim=
borasso und Dawalagiri.

Aber es heißt ausdrücklich, das Wasser habe fünfzehn Ellen hoch über
den Bergen gestanden. Auch diese Notiz läßt sich ganz gut erklären, ohne
daß man eine göttliche Offenbarung über diesen Punkt anzunehmen braucht.
Die Arche landete auf dem Gebirge Ararat, dessen Gipfel weit umher die
höchste Bergspitze ist. Nehmen wir an, daß die Arche fünfzehn Ellen tief
ging, so konnte Noe daraus, daß sie bis zum Gebirge Ararat emporge=
hoben wurde, schließen, daß das Wasser noch um fünfzehn Ellen höher ge=
standen haben müsse.

Sie sehen, der Bericht der hl. Schrift nöthigt uns nicht, die Fluth
als eine universelle in dem Sinne aufzufassen, daß alle Höhen der Erde
von Wasser bedeckt gewesen seien. Die Fluth war freilich eine universelle,
aber in einem andern Sinne. Alle Menschen mit Ausnahme der acht,
welche in der Arche waren, gingen unter — von den Thieren wird noch
besonders die Rede sein — das hebt die Genesis wiederholt und ganz be=
stimmt hervor; das bezeichnet Gott als den eigentlichen Zweck der Fluth,
und daß dieser Zweck erreicht worden sei, wird wiederholt ausgesprochen,
zuletzt am Schlusse des Berichtes in den Worten: „Von den drei Söhnen

Noe's ist die ganze Erde bevölkert worden; von ihnen aus verbreiteten sich die Völker auf der Erde nach der Fluth." [1]

Daß die Fluth als Strafgericht der Vernichtung universell war, darauf kommt es der Bibel an; ob sie auch als Naturereigniß, als Ueberschwemmung universell war, ist ein Punkt von ganz untergeordneter Bedeutung. Ich glaube die Bemerkung von Delitzsch [2] ist ganz richtig: „Die Schrift fordert Allgemeinheit der Fluth nur für die Erde als bewohnte, nicht für die Erde als solche, und sie hat kein Interesse an der Allgemeinheit der Fluth an sich, sondern nur an der Allgemeinheit des durch sie an der alten Welt vollzogenen Gerichtes. Daß bis auf Eine Familie das ganze damalige Menschengeschlecht sammt der Thierwelt in seiner Umgebung in einem großen Umkreise der Erde vertilgt ward, das und nur das ist die Schriftaussage."

Ich verhehle mir nicht, daß diese Auffassung nicht die herrschende bei den Exegeten ist, daß namentlich die ältern fast alle die Allgemeinheit der Fluth im strengen Sinne und zwar die simultane Allgemeinheit festhalten. Man hat zwar auch wohl in älterer Zeit schon Ausnahmen zu Gunsten der Berge statuiren wollen, deren Häupter über die Wolken emporragen; schon Augustinus [3] spricht von Einigen, die aus diesem Grunde den Gipfel des Olympus ausnehmen wollten, und der Cardinal Cajetan im sechszehnten Jahrhundert suchte zu erweisen, wenn die Genesis von allen Bergen „unter dem Himmel" spreche, so seien damit die Berge unter dem Wolkenhimmel gemeint, also diejenigen nicht mit eingeschlossen, welche über die Wolken emporragten. Mit diesen Argumentationen hatten die Exegeten leichtes Spiel; Sie bemerken aber wohl, daß die von mir vorgetragene Argumentation anderer Art ist. Die Beschränkung der Universalität der Fluth in der von Delitzsch angedeuteten Weise, hat denn auch bei katholischen Gelehrten der neuern Zeit [4] Beifall, und der Consensus der patristischen und

---

1) Gen. 9, 19; 10, 32.

2) Genesis S. 262. .

3) C. D. 15, 27.

4) Vgl. Michelis, Natur und Off. V, 263. — Sorignet; Cosmogonie p. 59. — M. de Serres, Kosmogonie S. 154. — Nach Lyell (Principles I, 44.) ist der Italiener Quirini (1676) der erste (Geologe), welcher lehrte, die Sündfluth brauche nicht als eine universelle im vollen Sinne angesehen zu werden. Nach dem Bulletin universel des sciences et de l'industrie von de Ferussac (1827, Febr. S. 202) hat Mabillon diese Ansicht vertheidigt. Unter den protestantischen Apologeten des mosaischen Berichtes gehen Hugh Miller, Hitchcock, J. P. Smith u. A. von derselben Ansicht aus; vgl. Smith's Relation etc. p. 132. 276.

überhaupt der ältern Exegeten kann in dieser Hinsicht nicht maßgebend sein, weil es sich nicht um eine theologische Frage handelt, so lange die Universalität des Vernichtungsgerichtes der Fluth festgehalten wird.

Wenn ich aber nicht für exegetisch geboten halte, die Fluth als Ueberschwemmung der Erde als eine universelle anzusehen, so können wir sie doch nach den Andeutungen der Genesis nicht als eine bloß locale Ueberschwemmung betrachten. Die Arche ließ sich nieder auf dem „Gebirge Ararat". Wenn wir das so zu verstehen haben, daß auch die höchste Spitze dieses Gebirges von Wasser bedeckt war, so kann von einer bloß localen Ueberschwemmung nicht die Rede sein. Denn der Gipfel des Ararat liegt 16,000 Fuß über der Meeresfläche und es findet sich dort kein Kessel, der von Gebirgen von solcher Höhe eingeschlossen wäre. Selbst wenn, wie Einige annehmen,[1] irgend ein anderer weniger hoher Berg Armeniens der Landungsplatz der Arche gewesen sein sollte, muß die Fluth, welche sich über das armenische Hochland verbreitete, eine sehr große Ausdehnung gehabt haben. Aber wir können uns die Sache so vorstellen, daß die Fluth im innern Asien, wo Noe und überhaupt wohl das damalige Menschengeschlecht wohnte, gleichsam ihren Mittelpunkt hatte; vielleicht war der Wasserzufluß von unten in der Ararat-Gegend der intensiv größte, der vierzigtägige Regen, den wir uns ohnehin nicht als einen allüberall gleichzeitig fallenden zu denken brauchen, dort am heftigsten; das Wasser wird sich dann von dort nach allen Seiten hin ausgebreitet haben, braucht aber nicht alle Länder und jedenfalls nicht überall gleichzeitig dieselbe Höhe erreicht zu haben.

Also eine Ueberfluthung, die stellenweise vielleicht bis zu 16,000 Fuß über der Meeresfläche stieg, das hätten wir vorläufig als exegetisches Resultat gewonnen. Was sagt die Geologie dazu? Humboldt fand Steinkohlenlager, begrabene Ueberreste alter Wälder und ehemaliger Wasser- und Landpflanzen bei Guanoco in Süd-Amerika in einer Höhe von 13,800 Fuß, nahe an der jetzigen Grenze des ewigen Schnee's. Knochen des Mastodon fanden sich auf den Cordilleren in einer Höhe von 8000 Fuß. Lawinen brachten aus der Schneeregion des Himalaja aus einer Höhe von 16,000 Fuß Knochenbreccien herab; ja nach Lyell[2] hat man dort 18,400 Fuß hoch Versteinerungen gefunden. Ueberhaupt sind in die höchsten Gebirge der drei Erdtheile, Montblanc, Himalaja und die Cordilleren, Knochen vorsündfluth-

---

[1] J. P. Smith a. a. O. S. 147. 273. 456.
[2] Geologie I, 4.

licher Thiere eingebettet. [1]) Wir dürfen nach dem, was ich in der vorigen Stunde vorgetragen, diese Thatsachen nicht als directe geologische Beweise für die Wirklichkeit der Fluth zur Zeit des Noe citiren. Aber wir dürfen sagen, daß durch diese Thatsachen die geologische Möglichkeit einer Ueberfluthung, wie sie in der Genesis berichtet wird, erwiesen ist. Wir dürfen nicht mit der Bestimmtheit, wie ältere Exegeten und Naturforscher, sagen: die Fossilien und andere Erscheinungen in solchen Höhen über der Meeresfläche bestätigen, was die Genesis berichtet, daß zur Zeit des Noe eine große Fluth stattgefunden hat. Aber wir dürfen wohl sagen: die Naturforscher schließen aus jenen Thatsachen, daß jene Höhen einmal unter Wasser gestanden haben; wenn also Moyses berichtet, daß dieses zur Zeit des Noe der Fall gewesen sei, so müssen die Naturforscher einräumen, daß gegen diesen Bericht nicht auf Grund geologischer Thatsachen die Einrede erhoben werden kann, es werde darin etwas Unmögliches behauptet. Das genügt uns aber vollkommen. Denn wir stützen ja unsern Glauben an die Geschichtlichkeit des mosaischen Berichtes, nicht auf geologische Beweise, sondern brauchen denselben nur gegen etwaige auf geologische Thatsachen gegründete Einwendungen sicher zu stellen.

Ich habe in der vorigen Stunde [2]) den englischen Geologen Sedgwick als einen von denjenigen erwähnt, welche die Ansicht von der Identität des geologischen Diluviums und der noachischen Fluth früher vertheidigt und später aufgegeben haben. In der Rede, worin er seine Meinungsänderung öffentlich ausspricht, sagt er, nachdem er die Gründe gegen seine frühere Ansicht entwickelt hat, sehr treffend: „Stehen also die Thatsachen unserer Wissenschaft in Widerspruch mit dem biblischen Berichte und leugnen wir die Wirklichkeit einer historischen Fluth? Ich verwahre mich ganz entschieden gegen eine solche Folgerung. In dem Berichte über eine große vernichtende Katastrophe, welcher uns nicht nur in unsern heiligen Büchern, sondern auch in den Traditionen aller Völker überliefert ist, findet sich kein Wort, welches uns zu der Erwartung berechtigte, daß wir physicalische Denkmäler jenes Ereignisses vorfinden müßten. Solche Denkmäler sind wenigstens bis jetzt noch nicht gefunden und es ist vielleicht nicht Gottes Absicht, daß sie jemals gefunden werden. Aber es besteht eine allgemeine

---

1) Delitzsch Genesis S. 261.
2) S. 295.

Uebereinstimmung zwischen unsern geschichtlichen Ueberlieferungen und den geologischen Erscheinungen. Beide sagen uns in einer leicht verständlichen, wenn auch in ganz verschiedenen Schriftzügen geschriebenen Sprache, daß der Mensch ein verhältnißmäßig junger Bewohner der Erde ist. Ferner, wenn wir noch keine sichern Spuren einer großen diluvialen Katastrophe gefunden haben, von der wir mit Bestimmtheit sagen könnten, daß sie in die menschliche Periode falle, so haben wir doch erwiesen, daß große Revolutionen, begleitet von der Erhebung von Gebirgsketten und von gewaltigen, ganze Länder verwüstenden Fluthen, mit zu dem Mechanismus der Natur gehören. Und was von den ältesten bis zu den neuesten Perioden der Geschichte der Erde wiederholt vorgekommen ist, das kann auch einmal während der wenigen Jahrtausende vorgekommen sein, die der Mensch auf ihr gewohnt hat. Wir haben also erwiesen, daß die Thatsache einer Fluth in recenter Zeit nicht als von vornherein unglaublich bezeichnet werden darf, und wir haben den Geist, welcher Dinge, deren Ursache und Zweck er nicht kennt, bezweifelt, zur Anerkennung dieser Thatsache auf Grund des Zeugnisses der Geschichte willig gemacht."

Ich erwähne hier gleich eine Einwendung gegen die Wirklichkeit der Sündfluth, welche in neuerer Zeit von Lyell [1]) erhoben und von Fr. Pfaff für beweisend angesehen worden ist. Auf den erloschenen Vulcanen der Auvergne findet sich eine Menge von ganz lockern Aschenkegeln, welche von dem Regen nicht leiden, weil sie diesen leicht einsaugen, welche aber durch die Sündfluth hätten zerstört werden müssen, wenn sie vor derselben bereits existirt hätten und wenn dieselbe auch diese Gegend berührt hätte. Daß aber diese Aschenkegel bereits vor der Sündfluth existirt haben, glaubt Lyell daraus folgern zu dürfen, daß in den Lavaströmen hie und da Knochen von Thieren eingeschlossen sind, welche der tertiären Periode, also der vormenschlichen Zeit angehören. Es scheint also diese Gegend wenigstens von der Fluth nicht betroffen worden zu sein.

Gegen diese Argumentation hat aber Andreas Wagner [2]) mit Recht Folgendes eingewendet. Aus den organischen Einschlüssen jener Lava mag man folgern, daß jene Vulcane in der vormenschlichen Zeit thätig waren; aber es läßt sich durch nichts beweisen, daß sie nicht auch noch in der Zeit

---

1) Principles IV, 219. Pfaff, Schöpfungsgesch. S. 646. Vgl. Delitzsch S. 262.

2) Gesch. der Urwelt I, 532.

nach der Sündfluth thätig waren. Jene Aschenkegel können also von Ausbrüchen dieser spätern Zeit herrühren. Zudem läßt sich nicht einmal behaupten, daß sie, wenn sie schon vor der Sündfluth da gewesen wären, unfehlbar durch diese zerstört worden wären; denn, wenn sie, wie Lyell selbst angibt, noch jetzt allen Regengüssen und Orkanen trotzen, so können sie allenfalls auch die Fluth überdauert haben.

Wie ich eben schon andeutete, brauchen wir von der Naturwissenschaft gar nicht positive Beweise für die Wirklichkeit der Sündfluth zu verlangen; die Wahrheit des biblischen Berichtes ist der Naturwissenschaft gegenüber vollkommen genügend sichergestellt, wenn wir zeigen können, daß in dem Berichte nichts vorkommt, dem entweder wissenschaftlich constatirte Thatsachen widersprechen, oder was durch die Naturwissenschaft als unmöglich erwiesen werden kann. Wissenschaftlich constatirte Thatsachen der angegebenen Art weist aber die Geologie nicht auf, vielmehr zeigen die von der Geologie constatirten Spuren von Ueberfluthungen in verschiedenen Ländern und bis zu großen Höhen, daß wenigstens eine relativ allgemeine Bedeckung des Landes durch Wasser einmal stattgefunden hat, welche, wenn sie mit der Sündfluth nicht identisch, doch derselben analog war.

Als unmöglich kann die Naturwissenschaft das, was in der Genesis berichtet wird, noch weniger erweisen. Die Naturwissenschaft gründet sich auf Erfahrung, auf die Beobachtung der jetzt sich darbietenden Thatsachen. Sie kann also die gegenwärtigen physicalischen Verhältnisse der Erdoberfläche und ihrer Atmosphäre constatiren, und kann, auf diese Verhältnisse gestützt, vielleicht behaupten, daß unter diesen Verhältnissen nach dem natürlichen Laufe der Dinge eine Ueberfluthung, wie sie die Genesis beschreibt, nicht möglich sei. Könnte aber die Naturwissenschaft dieses stricte beweisen, was wäre damit gewonnen? Wir können unbedenklich zugeben, daß die Ueberfluthung nicht nach dem natürlichen Laufe der Dinge stattfinden konnte. Die Genesis behauptet das gar nicht, stellt vielmehr deutlich genug das Strafgericht der Sündfluth als ein außer dem natürlichen Laufe der Dinge liegendes, singuläres Ereigniß dar. Gott erklärt nach dem Ende der Fluth ausdrücklich, es solle keine zweite derartige Fluth kommen, die Jahreszeiten und natürlichen Erscheinungen sollten fortan keine Unterbrechung mehr erleiden. Also Moyses weiß es ganz gut, daß das, was er berichtet, nicht nach dem natürlichen Laufe der Dinge geschehen war. Es handelt sich hier also um ein Ereigniß praeter naturam, und ein solches darf nicht nach den Naturgesetzen beurtheilt werden, welche die Wissenschaft auf Grund deſſen, was ſich jetzt begibt, feſtſetzt. Die Frage, ob ein Ereigniß auf dem Gebiete der Natur den von ihr ermittelten Naturgeſetzen gemäß ſei, kann die Naturwiſſenſchaft beantworten; die Frage aber, ob nicht irgend einmal etwas, was den bekannten Naturgeſetzen nicht gemäß iſt, ſich dennoch wirklich habe zutragen können, kann die Naturwiſſenſchaft gar nicht einmal erörtern; denn zur Unterſuchung dieſer Frage fehlen ihr alle Mittel.

Die Frage nach der Möglichkeit der Wunder iſt keine naturwiſſenſchaftliche. Der Naturforſcher kann in Bezug auf einen Vorgang erklären: nach den mir bekannten Naturgeſetzen und durch die mir bekannten Kräfte hat dieſes ſich nicht zutragen können; meine Beobachtungen bieten keine Analogie dazu und in dem, was ich durch meine Forſchungen ermittelt habe, finde ich keine genügende Erklärung dafür. Damit iſt der Naturforſcher als ſolcher nach dem engliſchen Ausdrucke an ſeines Witzes Ende angelangt. Zu dem Schluſſe, der Vorgang ſei erdichtet, berechtigt ihn ſeine Wiſſenſchaft nicht, ſondern nur zu dem Schluſſe, er liege außerhalb des Bereiches ſeines Wiſſens. Will er noch etwas hinzufügen, ſo kann es nur Folgendes ſein: Es bleibt noch eine doppelte Möglichkeit: entweder iſt der Vorgang doch ein natürlicher und es gibt Kräfte und Geſetze in der Natur, durch die er bewirkt worden iſt, die ich aber nicht kenne; oder der Vorgang iſt durch Kräfte und Geſetze bewirkt worden, die außerhalb der Natur liegen, von deren Exiſtenz die Naturwiſſenſchaft mithin nichts wiſſen kann.

Daß die erſte Alternative nicht unmöglich iſt, wird ein beſonnener Naturforſcher nicht beſtreiten. Noch vor ſechzig Jahren rechneten die Naturforſcher die Erzählungen von Steinregen unter die Märchen, als den Naturgeſetzen durchaus widerſprechend. Hat ja noch 1790 der mit ſo vielen Preiſen gekrönte Phyſiker Bertholon, als über den großen Steinfall im Departement des Landes Urkunden nach Paris eingeſandt wurden, nicht bloß die Naturforſcher, ſondern das ganze vernünftige Menſchengeſchlecht bedauert, welches ein ſolches Volksgeſchrei glaube; die Thatſache ſei falſch und die Erſcheinung phyſicaliſch unmöglich! Vier Jahre ſpäter ereignete ſich der große Steinfall von Siena, von dem faſt eine ganze Provinz Zeuge war. An der Thatſache war nun nicht mehr zu zweifeln; indeß erklärte man dieſe Meteore für Auswürflinge des fünfzig Meilen weit entfernten Veſuv, der zufällig achtzehn Stunden vorher einen fürchterlichen Ausbruch erlitten hatte. Aber im nächſten Jahre fiel in England ein ſechsundfünfzig Pfund ſchwerer Block nieder, der von dem hundertundſiebenzig Meilen entfernten Hekla einen gar zu weiten Weg gehabt haben müßte. Seitdem ſind ſo viele derartige Erſcheinungen constatirt worden, daß die Thatsache, daß Steine vom Himmel fallen, heutzutage von keinem Naturforscher mehr bestritten wird. [1]) Wenn aber, wie Quenstedt sagt, die Geschichte der Naturwissenschaften Fälle auf= weist, wo eine Generation vorher das für Aberglauben erklärt, was die nächstfolgende sofort über allen Zweifel erhebt, so haben die Naturforscher allen Grund, mit der Behauptung der physicalischen Unmöglichkeit einer Sache nicht zu voreilig zu sein.

Bei der Sündfluth indeß wird die andere Alternative anzunehmen sein: sie ist nicht ein natürliches Ereigniß in dem Sinne, daß sie rein durch natürliche Kräfte und nach den regelmäßigen Gesetzen der Natur bewirkt worden wäre, sondern sie ist auf eine- übernatürliche Wirksamkeit Gottes zurückzuführen. Wenn sie also nicht auf natürliche Weise erklärt werden kann, so theilt sie dieses Schicksal mit einer großen Anzahl von Ereignissen, welche die Bibel berichtet. Daß das Mehl und Oel der Wittwe von Sa= repta nicht abnahm; daß jene andere Wittwe zur Zeit des Eliseus mit dem wenigen Oel, welches sie noch übrig hatte, so viele Gefäße füllte, als sie von ihren Nachbarinnen zusammengeliehen hatte; daß der Heiland mit wenigen Broden und Fischen mehrere tausend Menschen sättigte: das sind auch Ereignisse, welche gar nicht darauf Anspruch machen, natürlich erklärt werden zu können. Wollte Gott also eine Ueberfluthung der Erde herbei= führen, so konnte er um die Mittel zur Ausführung seines Rathschlusses nicht verlegen sein. Er konnte nöthigen Falls, wie ältere Gelehrte wirklich angenommen haben, das vorhandene Wasser durch die Erschaffung neuer Wassermassen vermehren und diese, nachdem sie ihren Dienst gethan, wieder beseitigen, oder er konnte, wie es Neuere ausgedrückt haben, große Mengen von Oxygen und Hydrogen sich zu Wasser verbinden, darnach sich aber wieder trennen lassen. [2])

Wenn wir also den Versuch machen wollen, die Sündfluth physicalisch zu erklären, so haben wir uns nicht die Aufgabe zu setzen, zu beweisen, daß alles so zugegangen sei, wie es den uns als jetzt in der Natur wirk= sam bekannten Kräften und Gesetzen entspricht, sondern wir haben die Frage zu erörtern, ob und welcher natürlichen Mittel sich Gott bedient haben könne, um die Sündfluth herbeizuführen. Diese Frage werde ich in

---

1) Quenstedt, Sonst und Jetzt S. 264.
2) Ebrard, der Glaube an die hl. Schrift S. 82.

meinem nächsten Vortrage erörtern; lassen sie mich den heutigen mit einer kurzen Zusammenfassung der gewonnenen Resultate schließen:

1) Die biblische Erzählung von der Sündfluth wird bestätigt durch die Ueberlieferungen und Sagen der Völker.

2) Die noachische Fluth ist nach der Darstellung der Bibel wesentlich eine Katastrophe, deren Zweck und Folge die Vertilgung aller damals lebenden Menschen mit Ausnahme Noe's und der Seinigen war.

3) An eine allgemeine gleichzeitige Ueberfluthung der ganzen Erde zu denken, sind wir nicht genöthigt. Zu einer genauen Berechnung der wirklichen Ausdehnung der Fluth setzt uns der Bericht der Genesis nicht in den Stand. Derselbe nöthigt uns nur, uns die Fluth so groß zu denken, daß alle damals lebenden Menschen mit Ausnahme Noe's und der Seinigen vertilgt und die Erde, soweit sie im Gesichtskreise Noe's lag, vom Wasser bedeckt wurde.

4) Eine Reihe von geologischen Erscheinungen hat man vormals als Folge der Sündfluth angesehen und darum als Bestätigungen des mosaischen Berichtes aufgeführt. Gegenwärtig sind die meisten Geologen der Ansicht, daß diese Erscheinungen Wirkungen von mehrern Fluthen seien, und daß keine von diesen mit Sicherheit der historischen Zeit zugewiesen werden könne. Ist diese neuere Ansicht richtig, so dürfen wir doch immerhin diese Erscheinungen als Beweis dafür anführen, daß Ueberfluthungen bis zu der Höhe, welche die Genesis von der Sündfluth angibt, in der Geschichte der Erde nicht unerhört sind.

XXVI.

Die Sündfluth. Fortsetzung.

Die Sündfluth war nach der Darstellung der hl. Schrift ein von Gott herbeigeführtes Ereigniß zur Vernichtung der damals lebenden Menschen, insofern also analog der Katastrophe, durch welche später Sodoma und Gomorrha vernichtet wurden. Damit ist aber nicht ausgeschlossen, daß sich Gott zur Ausführung dieses Vernichtungsgerichtes natürlicher Mittel bedient hat. Wenn der Wille Gottes nach der Ausdrucksweise der ältern Theologen die primäre Ursache der Sündfluth war, so ist damit nicht ausgeschlossen, daß auch secundäre Ursachen derselben erkannt werden können. Für die Vergleichung der biblischen Berichte mit den Resultaten der Naturforschung ist die Kenntniß dieser secundären Ursachen nicht ohne Wichtigkeit. Ich werde also heute untersuchen, ob uns die Bibel selbst oder die Naturwissenschaft in den Stand setzt, zu erkennen, auf welche Weise die Ueberfluthung der Erde bewirkt worden ist.

Von der Bibel können wir von vornherein keinen vollständig genügenden Aufschluß über diese Frage erwarten. Sie interessirt sich für die Fluth nur, insofern dieselbe ein göttliches Strafgericht über die Menschheit, nicht insofern dieselbe ein physicalisches Ereigniß war. Die Fluth unter dem letztern Gesichtspunkte zu betrachten, ist Sache der Naturwissenschaft, nicht Sache der biblischen Geschichtschreibung. Moyses hatte also gar keine Veranlassung, uns in einer dem Naturforscher genügenden Weise darüber zu belehren, wie die Fluth entstanden sei. Demgemäß beschränkt er sich denn auch auf den einfachen Satz (Gen. 7, 11. 12): „Es brachen auf alle Quellen oder Brunnen der großen Tiefe und die Schleusen des Himmels wurden geöffnet und es kam der Regen auf die Erde vierzig Tage und vierzig Nächte." Dem entsprechend sagt er, wo er die Abnahme der Fluth beschreibt (8, 2): „Und es wurden geschlossen die Quellen der Tiefe und die Schleusen des Himmels und es ward Einhalt gethan dem Regen vom Himmel."

Eine Ursache der Fluth war nach dieser Darstellung jedenfalls der Regen. Er wird am Schlusse beider Stellen ausdrücklich genannt und wird vorher durch den bildlichen, anschaulich-populären Ausdruck „die Schleusen des Himmels wurden geöffnet" bezeichnet. Nach der populären Anschauungs- und Ausdrucksweise der Hebräer kommt der Regen von Wasservorräthen her, welche sich über dem Wolkenhimmel befinden. An diese Anschauung schließt sich Moyses auch im Hexaemeron an. Er berichtet dort, Gott habe die Wassermasse, welche die Erde im Anfange bedeckte, geschieden in Wasser unter und über dem Himmel, und habe die Rakiah, das Firmament, gemacht zu dem Zwecke, zu scheiden zwischen diesen beiden Wassermassen. Der Regen wird nach dieser Anschauung also dadurch bewirkt, daß diese Scheidewand theilweise beseitigt wird, daß gleichsam die Schleusen derselben geöffnet werden. Dieser Ausdruck selbst weist aber schon auf einen Regen hin, bei dem das Wasser massenhaft herabströmt. Durch einen solchen großartigen und dabei anhaltenden Regen konnte schon eine bedeutende Ueberschwemmung bewirkt werden. Denken Sie nur an die Wirkungen eines starken wolkenbruchartigen Gewitterregens, wie wir ihn vor wenigen Jahren am Tage vor Pfingsten auch in der hiesigen Gegend erlebt haben. Ein Augenzeuge [1]) beschreibt die Wirkungen eines solchen Regens in der Nähe von Heidelberg — es muß an demselben Tage gewesen sein: Es regnete von Morgens drei Uhr bis Mittag unaufhörlich. Schon um sechs Uhr schwollen die kleinen aus den Thälern des Odenwalds in die Rheinebene mündenden Bäche, welche sonst kaum ein Mühlrad treiben können, zu großen, mit ungeheurer Gewalt alles mit sich fortreißenden Flüssen an. Die meisten Brücken und mehrere Häuser stürzten ein, Felsen von zwölf bis fünfzehn Centnern wurden weit hinweg von ihren frühern Orten geschwemmt, Eichbäume von dreißig bis vierzig Fuß Länge und zwei bis drei Fuß Durchmesser emporgehoben und drei Stunden weit weggeschleppt, die festesten Gewölbe, welche seit Jahrhunderten allen Ueberschwemmungen Trotz geboten hatten, stürzten zusammen, gefüllte Fässer mit einem Gewicht von zwölf bis zwanzig Centnern schwammen wie leichtes Holz auf den brausenden Wogen davon, und an manchen Orten lagerte sich das Geröll, der Sand und Gruß vier bis fünf Fuß hoch. Und das war die Wirkung eines Regens, welcher nur acht Stunden anhielt, während der Regen zur Zeit Noe's Wochen lang dauerte.

Die Naturforscher [2]) sagen freilich, ein allgemeiner, auf der ganzen Erde gleichzeitig stattfindender atmosphärischer Niederschlag sei unter den jetzigen atmosphärischen Verhältnissen unmöglich. Aber zunächst nöthigt uns der Bericht der Genesis nicht zu der Annahme, daß der Regen gleichzeitig auf der ganzen Erde stattgefunden habe. Wenn es richtig ist, was ich wahrscheinlich zu machen versucht habe, daß wir in dem Bericht der Genesis zunächst einen Bericht Noe's und der Seinigen vor uns haben, so braucht dieser Regen auch zunächst nur dort stattgefunden zu haben, wo sich die Arche befand. Dann aber, und das ist die Hauptsache: es kann unbedenklich zugegeben werden, daß nach den jetzigen atmosphärischen Verhältnissen ein so gewaltiger und dabei so anhaltender Regen, wie ihn die Genesis beschreibt, nicht möglich ist, daß die Atmosphäre unter den gegenwärtigen Verhältnissen eine solche Wassermasse gar nicht enthalten kann, wie sie damals als Regen herabgekommen sein soll. Wenn das aber wirklich von den Naturforschern erwiesen werden kann, so wäre damit zugleich die Unmöglichkeit jenes Regens zur Zeit Noe's nur in dem Falle erwiesen, daß feststände, in der damaligen Zeit hätten ganz dieselben atmo=

1) Keerl, Schöpfungsgesch. S. 504.
2) Pfaff bei Wagner, Gesch. der Urwelt I, 532.

sphärischen Verhältnisse geherrscht, wie jetzt. Das kann aber von vornherein nicht als feststehend angenommen werden. Wir können annehmen, — auf die Rechtfertigung der Hypothese komme ich zurück — daß die atmosphärischen Verhältnisse der vorsündfluthlichen Zeit so beschaffen gewesen sind, daß ein Regen, wie ihn die Genesis voraussetzt, möglich war. Die jetzigen atmosphärischen Verhältnisse könnten dann bis in die Zeit gleich nach der Fluth hinaufreichen, und bis zur Fluth andere Verhältnisse bestanden haben. Die Fluth könnte dann gerade der Zeitpunkt sein, in welchem eine starke Veränderung der atmosphärischen Verhältnisse eingetreten wäre, und diese Veränderung selbst könnte mit der Fluth in einem ursächlichen Zusammenhange stehen. Die Genesis berichtet freilich von einer solchen Veränderung nichts; es lag aber auch gar nicht in ihrer Aufgabe die Fluth als physicalisches Ereigniß zu beschreiben und zu erklären; für sie haben bloß die äußerliche Thatsache und ihre Folgen Interesse.

Vielleicht hängt aber mit dieser Veränderung der atmosphärischen Verhältnisse, die ich vorerst als bloße Hypothese ausspreche, etwas zusammen, was die Genesis berichtet. Nach der Fluth erklärt Gott, dieses Ereigniß solle sich nicht wiederholen und der Wechsel der Jahreszeiten keine Störung mehr erleiden. Dürfen wir darin vielleicht eine Andeutung finden, daß jetzt die atmosphärischen Verhältnisse so gestaltet seien, daß, wie die Naturforscher sagen, nunmehr für eine solche Katastrophe die natürlichen Bedingungen fehlen? Als Zeichen dieser göttlichen Verheißung wird darauf der Regenbogen hingestellt: „Meinen Bogen setze ich in die Wolken und er soll sein ein Zeichen des Bundes zwischen mir und der Erde, daß nicht wieder eine Fluth kommen soll, zu verderben alles Fleisch." (Gen. 9, 12 ff.)

Ich will nicht behaupten, daß diese Worte zu der Annahme nöthigen, der Regenbogen sei jetzt zum ersten Male erschienen.[1] Aber am nächsten liegt diese Auffassung jedenfalls. Wir würden dann also aus dieser Notiz der Genesis entnehmen, nicht gerade, daß es in der vorsündfluthlichen Zeit nicht geregnet, wohl aber, daß diejenige Wechselwirkung von Luft, Wasser und Licht in der Atmosphäre, wodurch der Regenbogen entsteht, damals noch nicht stattfinden konnte, daß die damals bestehenden physicalischen Gesetze und Verhältnisse also in dieser Hinsicht andere waren, als die jetzigen. Daß solche atmosphärische Verhältnisse, unter denen der Regenbogen nicht

---

[1] Cornelius a Lapide z. d. St. und Andere nehmen an, der Regenbogen sei auch früher als Naturerscheinung vorgekommen und nur als Bundeszeichen etwas Neues.

entsteht, möglich sind, zeigt die Thatsache, daß noch jetzt unter den Tropen der Regen niemals fein genug ist, um die Bildung eines vollständigen Regenbogens zu ermöglichen. [1] Diese Verhältnisse und Gesetze, wodurch das Erscheinen des Regenbogens bedingt ist, hangen ohne Zweifel mit andern Gesetzen der Physik der Erde zusammen, für welche also dann gleichfalls eine Modification zur Zeit Noe's anzunehmen wäre. [2]

Ich erwähne für jetzt nur beiläufig, daß auch zur Erklärung der langen Dauer des menschlichen Lebens in der vorsündfluthlichen Zeit unter anderm auch die Verschiedenheit der damaligen physicalischen Verhältnisse der Erde von den jetzigen herbeigezogen werden kann. Auf die naturwissenschaftliche Seite der Frage komme ich zurück. Halten wir für jetzt dieses fest: die Genesis steht der Annahme nicht im Wege, scheint sie vielmehr zu begünstigen, daß der gewaltige Regen, den sie als eine Ursache der Sündfluth anführt, durch andere physicalische Verhältnisse bedingt war, als sie jetzt herrschen.

Die zweite Ursache der Fluth bezeichnet die Genesis mit den Worten: „Die Quellen oder Brunnen der großen Tiefe brachen auf." Das Wort, welches ich durch Tiefe übersetzt habe, hebräisch Thehom, in der Vulgata abyssus, bezeichnet an vielen Stellen einfach das Meer; an andern Stellen werden aber damit auch die Waffer, welche unter der Oberfläche der Erde sind und in den Quellen hervorbrechen, bezeichnet. So wenn der sterbende Jakob in dem Segen über Joseph (Gen. 49, 25) sagt: „Mögen dir kommen Segnungen des Himmels droben und Segnungen der unten lagernden Tiefe," d. h. Regen und Thau von oben, Quellen und Feuchtigkeit von

---

1) Nicolas, Philof. Studien I, 392.

2) „Es ist klar, daß im Sinne des Erzählers der Regenbogen jetzt zum ersten Male erscheint, jedoch, was wohl zu merken, der am Gewölk des Himmels, nachdem er seine Waffermaffen entladen, weithin sichtbare Bogen. Denn daffelbe Berechnungsphänomen ist auch an einem Wafferfalle wahrzunehmen, und auch in niederthauendem Nebel zeigt es sich zuweilen. Aber erst seit der Fluth sind die natürlichen Bedingungen eingetreten, welche die Erscheinung des Regenbogens als eines hoch und weithin über der Erde sich wölbenden Wolkenbogens ermöglichten. Die Entstehung des Regenbogens durch eine naturgesetzliche Wechselwirkung von Luft und Waffer und Licht ist kein Beweis gegen seinen hier berichteten Ursprung und Zweck. Die Naturgesetze sind ja selber eine göttliche Setzung, und eben in seiner Naturgesetzlichkeit ist der Regenbogen die Bürgschaft des naturgesetzlichen Fortbestandes der Erdwelt; denn so lange der Regenbogen erscheint, bestehen auch die unveränderten Wechselverhältnisse zwischen Luft und Waffer und Licht und Farbe und Dunst und Schwere, und wer wollte zweifeln, daß mit diesen Gesetzen die übrigen alle in der Physik der Erde enge zusammenhingen?" Delitzsch, Genesis S. 276.

unten sollen ihre befruchtenden Kräfte über Josephs Gebiet ergießen. Der Hebräer faßt also in dieses Eine Wort das Wasser der Erde zusammen im Gegensatze zu dem Wasser des Himmels oder der Wolken. Der Satz „die Quellen oder Brunnen der Tiefe brachen auf" besagt also jedenfalls, wenn wir ihn in unsere prosaische Ausdrucksweise übersetzen: die Quellen ließen Wasser in ungewöhnlicher Massenhaftigkeit hervorsprudeln, die Bäche, Flüsse und Seen traten über ihre Ufer und das Meer überschritt seine Gestade.

Die Genesis beschränkt sich auch hier darauf, das Aeußerliche des Vorganges zu berichten; über die Ursachen dieses Hervorbrechens des Wassers von unten gibt sie ebensowenig Andeutungen, wie über die des massenhaften Regens. Daß auch aus der Erde Wasser in größern Massen hervorkommen konnte, als die Quellen beim natürlichen Laufe der Dinge hervorsprudeln lassen, können wir uns wohl vorstellen. Schubert[1]) hat eine Reihe von Beobachtungen von Naturforschern zusammengestellt, aus denen hervorgeht, daß das Wasser außer den Meeren, Seen, Flüssen u. s. w. auch noch in mehr oder minder großen Massen im Innern der Erde vorkommt und unterirdische Flüsse bildet. Einerseits sieht man an vielen Orten die Gewässer in beträchtlicher Menge aus den Felsen hervorbrechen, was auf mehr oder minder lange unterirdische Ströme hinweist, anderseits haben die Bohrversuche, die man zum Behufe von artesischen Brunnen anstellte, an manchen Orten auf raschfließende und massenhafte Gewässer in verschiedenen Tiefen hingeführt. Andere Thatsachen beweisen, daß diese unterirdischen Gewässer oft bis auf bedeutende Entfernungen mit einander im Zusammenhang stehen. Die Fortpflanzung der Erdbeben in gewissen Richtungen und durch so weite Strecken lasse sich, sagen neuere Naturforscher, schwerlich erklären, wenn der Erdkörper als eine solide, gleichförmige Masse betrachtet werde, wohl aber durch die Annahme von Höhlenräumen, welche mit Wasser gefüllt und unter sich verbunden seien. Man hat zwar gegen die Annahme solcher unterirdischen Wasserbehälter eingewendet, daß das Wasser in größern Tiefen von der dort herrschenden Hitze zu Dampf verwandelt werden und sich Bahn brechen würde. Diese Einwendung beruht aber ausschließlich auf der Annahme einer constanten Temperaturzunahme im Erdinnern und eines

---

1) Gesch. der Natur I, 293. Die Urwelt und die Firsterne S. 207. Vgl. Keerl, Schöpfungsgesch. S. 495. Vogt, Lehrb. der Geol. II, 24. Grenough, Anniv. Address p. 27.

feuerflüssigen Erdkernes, und diese Annahme hat, wie wir früher gesehen haben, nur den Werth einer Hypothese.

Hat es auch vor der Sündfluth solche unterirdische Wassermassen gegeben, und es könnte solche ja möglicher Weise noch mehr gegeben haben, als jetzt, so können wir uns denken, daß in Folge von stellenweisen Hebungen und andern Revolutionen der Erdrinde diese Wasser nach der Erdoberfläche gedrängt worden seien. Wir können uns weiterhin vorstellen, daß die Wasser der Sündfluth sich nachher theilweise in diese unterirdischen Behälter verlaufen haben. Ein neuerer Physiker, Parrot, entwirft bei seiner Theorie der Erdbeben eine so großartige Darstellung von der Geräumigkeit und der weiten Ausdehnung der unterirdischen Wasserbehälter, daß wir, wie Schubert bemerkt, in diesen einen Bergungsort für wohl noch bedeutendere Fluthenmassen voraussetzen können, als die waren, welche bei der Sündfluth wirkten. Denn ein Raum, der noch kaum dem 260. Theile des Inhaltes der Planetenkugel gleich käme, könnte schon zehn Millionen Kubikmeilen Wasser umfassen. Solche Höhlungen würden sich aber zu dem ganzen Erdballe noch kaum so verhalten, wie die kleinen Klüfte und Höhlenräume eines Kalkberges zu dem ganzen Umfange desselben.

So viele Millionen Kubikmeilen Wasser brauchen wir aber für die Sündfluth nur dann zu postuliren, wenn wir die gleichzeitige Allgemeinheit derselben in der strengsten Bedeutung festhalten. Eine Wassermasse, die ungefähr dem 270. Theile des Erdkörpers gleich käme, würde hinreichen, die ganze Erde einschließlich der höchsten Gebirge gleichzeitig unter Wasser zu setzen. So brauchen wir uns aber, wie ich gezeigt habe, die Sündfluth nicht nothwendig vorzustellen. Um die Wirkungen hervorzubringen, welche wir nach meinen Erörterungen des Berichtes der Genesis nothwendig anzunehmen haben, genügte ein viel geringeres Quantum Wasser; wie viel, kann ich natürlich nicht sagen, da uns die Genesis nicht in den Stand setzt, uns die Ausdehnung und den Verlauf der Fluth, wenn wir sie als Naturereigniß betrachten wollen, im Einzelnen genau vorzustellen.

Eine große Rolle bei der Ueberfluthung der Erde wird natürlich das Meer gespielt haben. Ein großartiges Uebertreten desselben über seine Ufer können wir uns aber wohl nicht anders erklären, als durch die Annahme, daß sich der Meeresboden theilweise gehoben und das Festland theilweise gesenkt habe, also durch die Annahme ähnlicher Revolutionen, wie wir sie als die Ursache des Hervorbringens der unterirdischen Wasser postulirt haben.

Es scheint mir, daß wir zu der Annahme, Gott habe Wasser geschaffen oder durch die Verbindung von Wasserstoff und Sauerstoff gebildet, um
die Sündfluth zu bewirken, nicht genöthigt sind, wenn wir dieselbe auf die
jetzt aufgezählten Ursachen zurückführen, wenn wir also annehmen, daß sie
mit einer Katastrophe im Zusammenhange gestanden habe, durch welche die
atmosphärischen Verhältnisse der Erde modificirt und theilweise Veränderungen der Erdoberfläche und Erdrinde in Bezug auf die Vertheilung von
Land und Meer und das Niveau des Landes bewirkt wurden.

Diese Veränderungen sind freilich, wie ich zu bemerken nicht unterlassen
habe, nur Hypothesen. Die Genesis berichtet sie nicht, weil sie nicht zum
Bereich ihrer Erzählung gehören, und ich kann auch naturwissenschaftlich
nicht beweisen, daß sie wirklich stattgefunden haben. Solche Hypothesen
können aber einerseits dem Exegeten nur willkommen sein, sofern sie geeignet
sind, den Bericht der Genesis plausibler zu machen, und sie können vor dem
Richterstuhle der Naturwissenschaft bestehen, wenn sich nachweisen läßt, daß
sie nicht über das hinausgehen, was die Naturforscher selbst als möglich
zugeben. Wir wollen also zusehen, ob sich für diese Hypothesen An-
knüpfungspunkte in dem finden lassen, was die Geologen auf Grund ihrer
wissenschaftlichen Beobachtungen und Vermuthungen über die frühern Zustände und Ereignisse in der Geschichte der Erde lehren.

Ein englischer Geologe[1] hält es für wahrscheinlich, daß die Erde ursprünglich eine Kugel gewesen und durch eine plötzliche Hebung unter dem
Aequator zu ihrer jetzigen sphäroidischen Gestalt gelangt sei. Dadurch sei
zugleich eine Veränderung der Vertheilung von Land und Meer bewirkt,
namentlich alter Meeresboden in den tropischen Gegenden zu Festland geworden, wie die Wüste Sahara, und andererseits in den Polargegenden
festes Land zu Meeresboden gemacht worden; auch eine bedeutende Veränderung der klimatischen Verhältnisse sei die Folge davon gewesen. Jedenfalls würde eine solche Katastrophe, wenn sie, wie der Verfasser annimmt,
zur Zeit Noe's stattgefunden hätte, eine Fluth wie die Sündfluth zur Folge
gehabt haben können. — Andere ältere und neuere Gelehrte[2] halten es
für wahrscheinlich, daß die Stellung der Erdachse zu ihrer Bahnebene nicht
immer dieselbe gewesen sei, wie jetzt. Stände die Achse, um welche sich die

---

[1] *C. B.* Geology etc. p. 327.

[2] Fr. Klee, der Urzustand der Erde und die Hypothese von einer Aenderung der
Pole. Eine geologisch-historische Untersuchung über die sogenannte Sündfluthkatastrophe.
Stuttg. 1843.

Erde täglich dreht, senkrecht auf der Ebene der Bahn, in welcher sie um die Sonne läuft, so würde kein Wechsel der Jahreszeiten stattfinden; jahraus jahrein würden alle Punkte der Erde gleich lange Tag und gleich lange Nacht haben. Der Wechsel der Jahreszeiten und der Unterschied der Zonen, wie er besteht, hat seinen Grund darin, daß die Erdachse um 23 ½ Grad von der horizontalen Stellung abweicht. Hätte die Erde vormals ganz senkrecht oder senkrechter als jetzt auf ihrer Bahn gestanden, so würden ihre klimatischen Verhältnisse damals wesentlich anders gewesen sein, als jetzt, und hätte die Veränderung der Achsenstellung plötzlich stattgefunden, so könnte das hingereicht haben, Katastrophen von der Großartigkeit der Sündfluth herbeizuführen.

Diese beiden Hypothesen sind sehr kühn, freilich nicht kühner, als viele andere, welche von den Geologen vorgetragen werden. Was die letztere betrifft, so sagt Burmeister,[1] man könne für die Annahme einer Veränderung der Stellung der Erde zur Sonne keine entscheidenden Gründe ausfindig machen, und sei darum neuerdings von solchen Hypothesen zurückgekommen. Sie sehen, das ist zwar ein Verwerfungsurtheil, aber ein so mildes, daß die Hypothese als ganz unhaltbar gewiß nicht bezeichnet werden kann.

Indeß lassen wir diese Hypothesen bei Seite; daß früher auf der Erde andere klimatische und atmosphärische Verhältnisse geherrscht haben, wird von fast allen neuern Geologen, und zwar meist ohne alle Rücksicht auf die Sündfluth, als eine ziemlich sicher constatirte Thatsache ausgesprochen. „Daß die Gegenwart," sagt Burmeister,[2] „sich selbst von den allerjüngsten Epochen, die ihr vorangingen, merkwürdig unterscheidet, darüber läßt die Vergleichung der vorweltlichen Organismen mit den gegenwärtigen keinen Zweifel. Noch in der tertiären oder känozoischen Periode, also der letzten geologischen Periode vor der recenten Zeit, scheint auch die gemäßigte Zone noch etwas wärmer gewesen zu sein als gegenwärtig; das bezeugen manche ihrer thierischen Bewohner, welche in unsern Tagen sich das Tropengebiet als Heimath auserkoren haben." „Es konnte füglich," sagt er anderswo,[3] „alles von organischen Wesen bevölkerte Land eine höhere gleichmäßige Temperatur und einen tropischen Charakter besitzen."

---

[1] Gesch. der Schöpfung S. 269.
[2] S. 269. 451.
[3] S. 271.

„Eine der merkwürdigsten Folgerungen," sagt Quenstedt,[1] „aus der
Beschaffenheit der begrabenen Flora und Fauna der Tertiärzeit ist die der
höhern mittlern Wärme. Nicht bloß einzelne Pflanzen oder Thiere stützen
den Schluß, sondern auch die Manchfaltigkeit der Formen ganzer Thier=
classen, wie z. B. der Muscheln, beweist die Sache zur Genüge. Wir dür=
fen bestimmt in dieser verhältnißmäßig späten Zeit noch ein subtropisches
Klima in unsern Breiten annehmen."

Ueber die Ursache der Veränderung der klimatischen Verhältnisse spre=
chen die Geologen verschiedene Vermuthungen aus. Lyell stellt die Hypo=
these auf, die Quenstedt[2] als einen glücklichen Ausweg bezeichnet, die
größere Wärme in der frühern Zeit hange mit einer günstigern Vertheilung
des Landes zusammen. Wäre früher mehr Land gewesen oder hätte sich
nur das heutige Land statt am Nordpol um den Aequator angehäuft, so
mußte das auf die Summe von Wärme den größten Einfluß haben, da
Land stärker von den Sonnenstrahlen erwärmt wird, als Wasser, und da
die Intensität der Sonnenstrahlen von dem Pole nach dem Aequator zu=
nimmt. Sie sehen, da haben wir ein Analogon zu der Hypothese, daß
eine Veränderung in der Vertheilung von Land und Meer mit der Sünd=
fluth in ursächlichem Zusammenhange stehen könne.

Wenn mit der Sündfluth eine Veränderung der klimatischen und atmo=
sphärischen Verhältnisse zusammenhängt, so müßte diese Veränderung nicht
eine allmälige, sondern eine plötzliche gewesen sein. Auch für diese Annahme
finde ich Analogien in den Hypothesen, welche die Geologen ohne Rücksicht
auf die Sündfluth und überhaupt die Bibel aufgestellt haben. Manche
geologische Thatsachen deuten, wie ich früher[3] nach Burmeister erwähnt
habe, nach der Meinung vieler Naturforscher an, daß „die letzte große Kata=
strophe" in der Geschichte der Erde „zugleich sehr plötzlich und gewaltsam"
hereingebrochen sei. Manche glauben, daß „der Uebergang von der vor=
hergehenden zu der jetzigen Periode durch ein auffallendes urplötzliches Sin=
ken der Temperatur in der nördlichen Halbkugel eingeleitet wurde,"[4] woran
dann die frühere Gletscher=Hypothese angeknüpft wird. Das zeigt uns,
man mag von dieser Hypothese halten, was man will, daß die Geologen

---

1) Sonst und Jetzt S. 151.
2) S. 152.
3) S. 294.
4) Burmeister S. 246. 272.

große und plötzliche Veränderungen in den Verhältnissen der Erde nicht von vorn herein als unmöglich ansehen.

Wenn wir zur Erklärung des Uebertretens des Meeres Hebungen und Senkungen einzelner Theile der Erdoberfläche annehmen, so kann dagegen von Seiten der Geologie am wenigsten etwas eingewendet werden; denn solche Hebungen und Senkungen spielen in allen Systemen der Geologen eine Hauptrolle. „Wir haben viele Beweise," sagt ein englischer Geologe,[1] „für bedeutende Senkungen von Land in einer verhältnißmäßig jugendlichen Epoche." Auf die eben erwähnte angebliche Eiszeit folgte nach Vogt im Norden unseres wie des amerikanischen Continentes eine Senkung des Lan= des, welches sich später wieder hob.[2] In der Theorie der Erhebung der Gebirge, welche Elie de Beaumont aufgestellt, und welche bei vielen neuern Geologen Beifall gefunden hat, wird angenommen, daß gerade die größten und höchsten Gebirge die jüngsten sind, die Cordilleren, eine der ausgedehn= testen und höchsten Bergketten, vielleicht das jüngste unter allen.[3] Die heftigsten und großartigsten Durchbrüche der Art verlegt Burmeister[4] in die Periode, welche der historischen Zeit unmittelbar vorherging. Sollten solche Hebungen und Senkungen und in Folge davon Ueberfluthungen nicht auch, wenn auch nur vereinzelt und in geringerer Ausdehnung in der historischen Zeit stattgefunden haben können? Daß das nicht unmöglich ist und daß ziemlich bedeutende Hebungen auch plötzlich stattfinden können, zeigt die Thatsache, daß noch im Jahre 1822 tausend englische Meilen der Küste von Chili unter dem Einflusse eines Erdbebens in Einer Nacht um vier Fuß sich emporhoben.[5]

Ich recapitulire nunmehr das, was ich in diesem und den beiden vor= hergehenden Vorträgen über das Verhältniß des biblischen Fluthberichtes zu den naturwissenschaftlichen Thatsachen und Theorien auseinander gesetzt habe.

1) Wir sind exegetisch nicht genöthigt, uns die Sündfluth als eine gleichzeitig und ausnahmlos die ganze Erde bedeckende Ueberschwemmung zu denken, wohl aber als eine großartige Ueberfluthung, deren Wirkungen sich jedenfalls über einen großen Theil der Erde erstreckt haben.

---

1) De la Beche, Vorschule der Geologie, übers. von Dieffenbach, S. 234.
2) Lehrb. der Geol. I, 622.
3) Burmeister S. 265.
4) S. 272.
5) Natürl. Gesch. der Schöpfung S. 127.

2) Die Sündfluth ist ein von Gott herbeigeführtes Ereigniß; damit ist aber nicht ausgeschlossen, daß Gott dieselbe herbeigeführt habe durch natürliche Ursachen oder durch Benutzung der in der Natur vorhandenen Kräfte und Stoffe zu seinem Zwecke.

3) Die Genesis gibt an, daß die Fluth bewirkt worden sei durch ungewöhnlich starke Regengüsse und durch das Hervorbrechen des auf und in der Erde vorhandenen Wassers über das Land. Das Wasser ist dann nach der Fluth, abgesehen von dem, was die Atmosphäre absorbirte, in die Meeresbecken, Seen u. s. w. und vielleicht auch in unterirdische Wasserbehälter abgeflossen.

4) Der Regen, welcher bei der Sündfluth mitwirkte, scheint andere atmosphärische Verhältnisse vorauszusetzen, als sie jetzt bestehen. Von Seiten der Naturwissenschaft kann wenigstens nicht die Unmöglichkeit einer Veränderung der atmosphärischen Verhältnisse und dessen, was damit zusammenhängt erwiesen werden.

5) Durch welche Ursachen das Hervorbrechen des irdischen Wassers, die zweite Quelle der Sündfluth, bewirkt worden ist, gibt die Genesis nicht an und kann mit Sicherheit nicht gesagt werden. Es brauchen aber keine andere geologische Ereignisse und Revolutionen zur Erklärung dieser Erscheinung vorausgesetzt zu werden, als solche, die von den Geologen selbst in ihren Darstellungen der Geschichte der Erde vorausgesetzt werden und zwar vielfach in größerer Ausdehnung, als zur Erklärung der Sündfluth erforderlich ist.

6) Geologische Thatsachen, welche gegen die Wirklichkeit der Sündfluth sprechen, gibt es nicht. Aus den eben angeführten Gründen kann auch die Möglichkeit einer solchen Fluth nicht bestritten werden. Wäre es möglich, zu beweisen, daß unter den jetzigen physicalischen Verhältnissen nach dem natürlichen Verlauf der Dinge eine Ueberfluthung wie die Sündfluth nicht eintreten könne, so könnten wir diese Behauptung gelten lassen. Es hindert nichts und spricht manches dafür, anzunehmen, daß die Sündfluth unter andern physicalischen Verhältnissen, als die jetzigen sind, eingetreten ist, und die hl. Schrift stellt sie nicht als ein nach dem natürlichen Laufe der Dinge eingetretenes, sondern als ein außergewöhnliches, durch Gott, wenn auch mit natürlichen Mitteln bewirktes Ereigniß dar.

7) Aeltere Naturforscher haben aus einer Reihe von geologischen Thatsachen den Schluß gezogen, daß eine Katastrophe, wie die Sündfluth, stattgefunden haben müsse, und daß deren Epoche nicht über fünf= bis sechs=

tausend Jahre hinausreiche. Stände die Richtigkeit dieses Schlusses fest, so würden wir eine positive Bestätigung des biblischen Berichtes durch die Geologie besitzen. Von den meisten neuern Geologen wird aber die Richtigkeit dieses Schlusses bestritten. Mithin darf nach dem jetzigen Stande der Wissenschaft nicht gesagt werden, der biblische Fluthbericht werde durch die Geologie positiv bestätigt.

8) Die betreffenden geologischen Erscheinungen werden von den neuern Geologen für Wirkungen nicht einer Fluth in der historischen Zeit, sondern einer anologen Fluth oder verschiedener Fluthen in älterer Zeit gehalten. Sie liefern mithin nach dieser Theorie einen Beweis, nicht für die Wirklichkeit, aber für die Möglichkeit der Sündfluth. Anerkannte geologische Thatsachen beweisen, daß große Theile der alten und neuen Welt zu einer Zeit, als schon organische Wesen existirten, unter Wasser gesetzt worden sind und daß das Wasser auch Höhen von mehrern tausend Fuß überstiegen hat. Hat dieses in der vormenschlichen Zeit stattgefunden, so ist die Möglichkeit einer ähnlichen Ueberfluthung auch in der historischen Zeit erwiesen.

9) Einige Erscheinungen, welche mit diesen Fluthen in Verbindung gebracht werden, sind der Art, daß sie gar keinen sichern Anhaltspunkt zu sichern Schlüssen über die Zeit bieten, in welcher die Ueberfluthung stattgefunden habe, z. B. die Irrfelsen, die Entblößungsthäler und dergl. Was die organischen Reste in den Knochenhöhlen und Breccien und in den obersten Schichten der sogenannten känozoischen Periode betrifft, so führen die Geologen zwei Gründe an, weshalb dieselben aus der vorhistorischen Zeit zu stammen scheinen: einmal weil sich noch keine sichern Spuren von menschlichen Ueberresten darunter gefunden haben, und dann weil die Thierarten, von denen sie herrühren, nicht mit den jetzigen identisch zu sein, also einer frühern Schöpfung anzugehören scheinen. Ich habe bereits gezeigt, daß beide Gründe nicht als strenge beweisend anzusehen sind, komme aber auf den zweiten später noch zurück. Ein weiterer Fortschritt der Wissenschaft kann also möglicher Weise wahrscheinlich machen, daß die sogenannten diluvialen Bildungen, welche jetzt die meisten Geologen sämmtlich für Spuren vormenschlicher Fluthen halten, theilweise doch mit geologischen Ereignissen der historischen Zeit, zu denen auch die Sündfluth zu zählen ist, zusammenhangen.

XXVII.

Die Sündfluth. Schluß.

Die Sündfluth muß, wie wir gesehen haben, als eine universelle angesehen werden, sofern sie ein göttliches Gericht zur Vernichtung der Menschen war. Alle damals lebenden Menschen, mit Ausnahme der acht, die in der Arche waren, sind untergegangen. Wie verhält es sich aber mit der Thierwelt? Das ist eine der schwierigsten Fragen, die hier aufgeworfen werden können.

Von der Pflanzenwelt spricht die Genesis nicht ausdrücklich. Die Taube bringt aber ein frisches Oelblatt mit; danach haben wir uns, scheint es, zu denken, daß die Vegetation nicht vernichtet worden ist, daß sie wenigstens stellenweise auf der Erde die Fluth überlebte und sich von diesen Stellen aus auch dorthin wieder verbreitet hat, wo sie untergegangen war. ¹) Von einer Neuschaffung der Vegetation nach der Fluth sagt die Genesis nichts. Ich möchte aber nicht behaupten, daß die Annahme einer solchen Neuschaffung oder einer Ergänzung der erhaltenen Vegetation durch eine Nachschöpfung exegetisch unzulässig wäre. Das Schweigen der Genesis spricht nicht dagegen, und wenn es im zweiten Capitel heißt „Gott ruhte von seinem Werke", d. h. er hörte auf zu schaffen, so wird damit zunächst nur die Vollendung der Schöpfung der sechs Tage ausgesprochen, ein späteres nochmaliges Schaffen aber, namentlich ein Wiedererschaffen untergegangener Organismen nicht gerade ausgeschlossen.

Für die Erhaltung der Thierwelt aber trifft Noe in göttlichem Auftrage Veranstaltung durch den Bau der Arche. „Damit ein Samen lebend erhalten werde auf der ganzen Erde", wie es 7, 4 heißt, soll Noe Paare von allen Thieren mit in die Arche nehmen, d. h. die von Noe mitgenommenen und so geretteten Thiere sind, wie beim Ausgange aus der Arche gesagt wird, dazu bestimmt, sich zu vervielfältigen und die Erde wieder zu bevölkern. Haben wir das so zu verstehen, daß, wie von Noe und den Seinigen alle Menschen, so von den Thieren der Arche alle Thiere abstammen? Die Abstammung aller Menschen von Noe's Söhnen wird 9, 19 aus-

---

1) Vom Oelbaum sagt man, er könne auch unter dem Wasser grünen. Das Blatt, welches die Taube brachte, war wohl ein nach der Fluth gesproßtes; aber der Baum war jedenfalls vom Wasser bedeckt gewesen und in demselben triebfähig geblieben.

drücklich ausgesprochen. Einen solchen Satz in Bezug auf die Thiere finden wir freilich nicht; aber es scheint doch, als ob die Genesis in Bezug auf sie etwas Aehnliches angenommen haben wolle. „Es kam um," heißt es 7, 21, „alles Fleisch, welches sich bewegt auf der Erde, Geflügel, Vieh, Gethier und alles Gewimmel, welches wimmelt auf der Erde, und alle Menschen." Aber gleich der folgende Satz deutet auf eine Ausnahme hin. Die Vulgata fährt zwar fort: „Alles starb, in dem der Lebensodem war in terra;" aber dieses in terra darf nach dem Hebräischen nicht übersetzt werden „auf Erden", sondern „auf dem Lande"; denn während im vorhergehenden Verse der unbestimmtere Ausdruck Haarez steht, der Erde und Land bezeichnen kann, ist hier das Wort Hecharabah gewählt, d. h. das Trockene. Es versteht sich ja auch eigentlich von selbst, daß nur solche Thiere in die Arche aufgenommen wurden, die nicht anders gerettet werden konnten. So mögen außer den Wasserthieren, von denen die Genesis gar nicht spricht, auch andere Thierarten die Fluth überlebt haben, z. B. von Insecten Eier und Larven erhalten worden sein u. dgl. Wenn wir annehmen dürfen, daß die Fluth als Ueberschwemmung keine allgemeine, d. h. daß nicht gleichzeitig alles Land überschwemmt war, und daß die Wirkungen der Fluth nicht überall so groß waren, wie in der Gegend, wo Noe und die Seinigen Zeugen derselben waren, so können wir uns die Erhaltung auch mancher Landthiere ganz gut als möglich denken. In das Einzelne einzugehen und zu berechnen, welche und wie viele Thiere auch außerhalb der Arche am Leben bleiben konnten, geht natürlich nicht an, da wir, wie ich früher gezeigt habe, uns über die wirkliche Ausdehnung der Fluth keine sichere Vorstellung machen können. Dürfen wir aber solche Ausnahmen statuiren, so gewinnen wir damit ein Doppeltes: man hat es für unmöglich erklärt, alle Thiere in der Arche unterzubringen und die Verbreitung der Thiere über alle Continente und Inseln von dem Mittelpunkte der Arche aus begreiflich zu machen; beide Schwierigkeiten werden wenigstens wesentlich verringert, wenn wir annehmen dürfen, daß die Worte 7, 23: „alle Wesen, welche auf dem Erdboden waren, wurden vertilgt und es blieb nur übrig Noe und was mit ihm in der Arche war," nicht buchstäblich zu nehmen sind.

Ich komme auf diese letzte Frage zurück und erörtere zuerst ein paar andere Punkte. Sollten nicht manche Gattungen von Thieren damals überhaupt untergegangen sein? Von Wasserthieren in der Arche ist gar nicht die Rede; von ihnen leben aber manche nur in Meerwasser, manche nur in Süßwasser; viele Exemplare werden also untergegangen sein, wo bei der Fluth das Meerwasser zu stark mit Süßwasser oder dieses zu stark mit jenem vermischt wurde. Vielleicht sind ganze Species in dieser Weise untergegangen. Daß auch Species von Landthieren untergegangen sind, dürften wir annehmen, wenn der Befehl an Noe, Paare von **allen** Thieren mitzunehmen, nicht strenge buchstäblich zu fassen ist.

Die Schwierigkeit, die Verbreitung der Thiere von der Arche aus über alle Länder zu erklären, hat mehrere Gelehrte zu der Annahme veranlaßt, daß nach der Fluth eine neue Erschaffung von Thieren stattgefunden habe. [1] Delitzsch [2] bezeichnet diese Annahme als durchaus unzulässig; „denn," sagt er, „zwischen der vollendeten Schöpfung [der sechs Tage] und der von da an beginnenden Geschichte steht der göttliche Sabbath, welcher jede Nachschöpfung ausschließt." Daß diese Einwendung nicht durchschlagend ist, habe ich bereits bemerkt, als ich von einer möglichen Nachschöpfung der Pflanzen sprach. Auch das Schweigen der Genesis über ein solches Nachschaffen spricht nicht gegen die Möglichkeit desselben.

In neuester Zeit hat Ebrard [3] sogar in dem mosaischen Berichte eine solche Nachschöpfung von Thieren angedeutet gefunden. Im Heraemeron werden drei Classen von Landthieren unterschieden: 1) chajjath haarez, Thiere des Feldes, d. h. wild lebende größere Thiere, 2) behemah, Vieh, Hausthiere, 3) remes, kleine kriechende Thiere. Wie aber Noe den Befehl erhält, Paare von Thieren mit in die Arche zu nehmen, [4] da wird dieser Befehl näher dahin bestimmt, er solle mitnehmen 1) Vögel, 2) behema, also Hausthiere, 3) remes, also die kleinen Thiere. Von den chajjath haarez, den größern wilden Thieren ist in diesem Zusammenhange nicht die Rede. Wo aber von den Thieren gesprochen wird, die außer der Arche blieben und ertranken, [5] da werden neben den zuletzt erwähnten drei Classen die Thiere des Feldes ausdrücklich genannt. Dagegen fehlen dieselben wieder und nur die drei andern Classen werden erwähnt, wo die Thiere aus der Arche gehen. [6] Dieser Umstand, glaubt Ebrard, berechtige zu dem Schlusse, daß Noe gar nicht den Befehl erhalten

---

1) Prichard, Naturgeschichte des Menschengeschlechtes, herausg. von R. Wagner, I, 106.
2) Genesis S. 253.
3) Der Glaube an die hl. Schrift S. 83.
4) Gen. 6, 19; vgl. 7, 2. 3. 8.
5) Gen. 7, 21.
6) Genesis 8, 17.

habe, alle, auch die wilden Thiere in seine Arche zu thun, daß also diese letztern untergegangen und nach der Fluth neu geschaffen worden seien. Eine Bestätigung dieser Ansicht findet er in 9, 10, wo Gott sagt: „Ich schließe einen Bund mit allen lebendigen Wesen, die bei euch sind, den Vögeln, dem Vieh und allen Thieren des Feldes, von allen an, die aus der Arche gegangen sind, bis zu allen Thieren des Feldes," d. h. nach Ebrards Auffassung: sowohl mit den Thieren, die aus der Arche gegangen sind, als auch mit den Thieren des Feldes, die also nicht aus der Arche gekommen sind, und den aus der Arche gekommenen Thieren als eine zweite Hauptclasse gegenüber gestellt werden.

Diese exegetischen Erörterungen sind nun freilich nicht über alle Bedenken erhaben. Ich glaube nicht, daß die Begriffe der Wörter, womit die einzelnen Classen der Thiere bezeichnet werden, so scharf umschrieben sind, wie Ebrard annimmt. Behemah kann im Gegensatze zu den „Thieren des Feldes" die Hausthiere, im Gegensatze zu remes, dem kleinen Gethier, die größern Thiere bezeichnen. In den Aufzählungen der Thiere ist der Fluth= bericht nicht ganz consequent; bald werden diese, bald jene Bezeichnungen neben einander gestellt; an einer Stelle, 8, 1, über die Ebrard zu leicht hinweggeht, werden die Thiere in der Arche mit chajjath und behemah be= zeichnet. Alle Enumerationen scheinen nur den Zweck zu haben, den allge= meinen Begriff: Thiere der verschiedenen Classen anschaulich zu umschreiben. Aber die Annahme einer Nachschöpfung von Thieren selbst möchte ich nicht gerade, wie Delitzsch, als durchaus unzulässig bezeichnen.

Betrachten wir nun die Worte selbst etwas näher, in welchen von der Sammlung der Thiere in die Arche die Rede ist. Gott sagt zu Noe (6, 19): „Von allen lebenden Wesen, von allem Fleisch bringe je zwei in die Arche, um sie am Leben zu erhalten mit dir ... je zwei sollen kommen zu dir — ingredientur tecum." Dann heißt es weiter: Und Noe ging mit den Sei= nigen in die Arche, und „von allem reinen und unreinen Vieh, und von den Vögeln und von allem, was sich regt auf der Erde, kamen Paare zu Noe in die Arche, wie Gott dem Noe befohlen hatte."

Wie hat Noe alle diese Thiere zusammengebracht? Wenn man sagt, das über die Thierwelt gekommene Vorgefühl der nahen Katastrophe habe sie ihm zugetrieben, [1] und auf den noch jetzt vorhandenen Instinct der Thiere hinweist, die sich im Vorgefühl herannahender Naturkatastrophen aus freien

---

1) Delitzsch, Genesis S. 252.

Stücken um den Menschen schaaren, [1]) so wird damit die Schwierigkeit nur zu einem kleinen Theile erledigt. Das Bedenken, daß Noe große Reisen habe machen müssen, um die in verschiedenen Klimaten einheimischen Thiere zu sammeln, läßt sich auch wohl nicht vollständig durch die Hinweisung darauf beseitigen, daß die Zonenunterschiede damals wahrscheinlich noch nicht so scharf und die Verbreitungsbezirke der Thiere noch nicht so verschieden gewesen seien wie jetzt. Wie hätte ferner Noe ausnahmlos alle Thiere zusammenfinden können, ohne wunderbar über den Bildungszustand des Alterthums gesteigerte zoologische Kenntnisse? [2])

Ich glaube, es lassen sich zwei Annahmen einerseits diesen Bedenken gegenüber nicht wohl vermeiden und anderseits mit dem Bericht der Bibel ganz gut in Einklang bringen. Die erste deutet schon der hl. Augustinus an, daß nämlich für das Zusammenkommen der Thiere weniger die Thätigkeit des Menschen als die wunderbare Einwirkung Gottes in Anschlag zu bringen sei, daß Gott dem Noe nicht so sehr einen Befehl, die Thierpaare zu sammeln und in die Arche zu bringen, als seinen Willen, mit ihm Thierpaare zu retten, und den Befehl mitgetheilt habe, für ihre Unterbringung und Erhaltung in der Arche Sorge zu tragen. [3]) Der Bericht der Genesis nöthigt nicht, aber paßt recht gut zu dieser Auffassung, wenn es darin heißt: je zwei Thiere sollen kommen zu dir. Ein solches wunderbares Eingreifen Gottes bei einer ohnehin wunderbaren Katastrophe anzunehmen, ist jedenfalls nicht schwieriger, als die Bedenken auf andere Weise zu beseitigen, die sich so ganz einfach lösen.

Die zweite Annahme ist die, daß die paarweise Aufnahme „alles Fleisches" in die Arche auf eine gewisse Relativität zurückgebracht werden dürfe. Wenn Sie Sich erinnern, daß vieles für die Ansicht spricht, der mosaische Bericht über die Sündfluth sei ein vom Standpunkte des Noe und der Seinigen geschriebener Bericht, so werden Sie es nicht anstößig finden, wenn ich sage, der Satz: von allen Thieren seien Paare in die Arche gekommen, sei ebenso wenig buchstäblich zu nehmen, wie der Satz: alle hohen Berge unter dem ganzen Himmel seien von Wasser bedeckt gewesen. In diesem letzten Satze, haben wir gesehen, handelt es sich zunächst

---

1) Kurtz, Gesch. des A. B. I, §. 26.

2) Wagner, Gesch. der Urwelt I, 528. — Delitzsch S. 252.

3) *Aug.* C. D. 15, 27: Non enim ea Noe capta intromittebat, sed venientia et intrantia permittebat. Ad hoc enim valet, quod dictum est: *Intrabunt ad te*, non scilicet hominis actu, sed Dei nutu.

um die Berge im Gesichtskreise des Noe; werden wir zu weit gehen, wenn
wir annehmen, daß es sich in dem ersten Satze zunächst um die Thiere
handelt, „welche in irgend welche factische Beziehung zum Menschen getreten
waren und irgendwie seine Aufmerksamkeit und Theilnahme auf sich gezogen
hatten?" [1] Das waren ja für Noe „alle Thiere"; die er nicht kannte,
existirten für ihn nicht, und daß ihn Gott über die Existenz der ihm fremden Thiere belehrt und ihm die Einfangung derselben aufgetragen oder daß
Gott auch von den dem Noe sonst ganz fremden Thieren Paare herbeigeführt habe, um sie in der Arche zu erhalten, das werden wir nicht als unglaublich bezeichnen und unbedenklich annehmen, wenn die hl. Schrift es
berichtet, aber wir werden nicht geneigt sein, die Wunder in dieser Weise
zu häufen, wenn uns die Worte der hl. Schrift nicht dazu nöthigen.

Gott hatte auch andere Mittel, die Thiere zu erhalten, als die Arche.
Wie die Sündfluth um der Menschen willen gekommen ist, so ist die Arche
zunächst um der Menschen willen gebaut worden. Es gereut Gott im Hin-
blicke auf die allgemein gewordene Sündhaftigkeit, die Menschen geschaffen
zu haben. Darum macht er sein Schöpfungswerk zum großen Theile gleichsam wieder ungeschehen; er führt einen ähnlichen Zustand der Erde herbei,
wie er in der Mitte der sechs Tage war: die Wasser bedecken wieder die
Erde. Nachdem das Strafgericht ausgeführt ist, tritt das Land wieder
aus dem Wasser hervor, wie am dritten Tage. Gott hat aber nicht eine
neue Schöpfung, sondern nur eine Umbildung der vorhandenen beabsichtigt
und eine Restitution derselben in den ursprünglichen Zustand, wie er vor
der allgemeinen Corruption war; darum hat er von dem Menschengeschlechte
diejenigen erhalten, welche von der Corruption unberührt geblieben waren;
darum bleibt auch die alte Vegetation, und die Thierwelt, als deren Beherrscher die Menschen im Anfange eingesetzt waren, wird in ähnlicher Weise
aus der alten Zeit in die neue hinübergerettet, wie die Menschheit.

Das ist die historische und religiöse Bedeutung der Sündfluth. Sie
sehen, daß es dabei weniger auf die Erhaltung der gesammten Thierwelt,
wie sie die Zoologie kennt, als auf die Erhaltung der gesammten Thierwelt,
wie sie die damaligen Menschen kannten, ankommen konnte, und daß also
der Bericht der hl. Schrift über die Fluth als ein wichtiges Ereigniß der
heiligen Geschichte gar nicht alterirt wird, wenn wir, wie gesagt, die Erhaltung alles Fleisches in der Arche auf eine gewisse Relativität zurückführen.

---

[1] Delitzsch, S. 253.

Ich habe gezeigt, daß solche Ausdrücke wie „alles unter dem ganzen Himmel" auch sonst im Alten Testamente in nicht buchstäblicher Bedeutung vorkommen, und daß der Fluthbericht selbst, während er an einigen Stellen von dem Untergange aller lebenden Wesen auf der Erde mit Ausnahme der in der Arche befindlichen spricht, anderseits selbst andeutet, daß manche, namentlich die Wasserthiere nicht mit einbegriffen sind.

Das Maaß der Relativität des Begriffes „alle Thiere" läßt sich freilich noch weniger mit Sicherheit bestimmen, als die Ausdehnung der Fluth, abgesehen von ihrer Bedeutung als Vernichtungsgericht über die Menschen. Wir werden jedenfalls annehmen müssen, daß die Thierwelt, soweit sie Noe und den Seinigen bekannt war, in der Arche vollständig repräsentirt war. Anderseits konnte sich Gott vieler natürlichen und zufälligen Mittel bedienen, um viele ganz außer Noe's Gesichtskreis gelegene Thierarten trotz ihrer Nichtaufnahme in die Arche zu erhalten. Wir können mit demselben Fug voraussetzen, daß Landthierarten auch außerhalb der Arche erhalten wurden, — zumal wenn die simultane Allgemeinheit der Ueberschwemmung nicht festgehalten werden muß, — wie wir annehmen dürfen, daß auch Wasserthierarten durch die Fluth, indem diese Süßwasser und Meere vermischte, gänzlich untergegangen sind, obwohl die Genesis über beides schweigt.[1]) Es können weiterhin auch Landthierarten damals ausgestorben sein, und endlich läßt sich auch die Meinung, daß Lücken, die in der Thierwelt durch die Fluth entstanden waren, durch eine Nachschöpfung ausgefüllt wurden, nicht als geradezu unbiblisch bezeichnen.

Unter diesen Voraussetzungen, wobei aber eine göttlich-providentielle Mitwirkung immer festzuhalten ist, läßt sich die Sammlung der Thierpaare, ihre Erhaltung in der Arche und die Verbreitung der Thierwelt nach der Fluth recht wohl als möglich denken. In Bezug auf den letzten Punkt hat man daran erinnert, daß uns auch die Beobachtungen der Gegenwart allerlei, zum Theil auffallende Mittel kennen lehren, durch welche Thiere nach entfernten Punkten verpflanzt werden, im Norden Eisberge, in großen Flüssen und im Meere Treibholz u. s. w.[2]) Auch ist es nicht unwahrscheinlich, daß die jetzt getrennten Continente theilweise früher durch Mittelglieder verbunden waren, die jetzt untergegangen oder durchbrochen sind.[3])

---

1) Delitzsch, S. 253.
2) *Lyell*, Principles III, 54.
3) Kurtz, Gesch. des A. B. I, §. 26.

Wenn es nicht nöthig ist, anzunehmen, daß alle Landthiere in der Arche vertreten waren, so können wir uns auch eine nähere Prüfung der sehr ins Einzelne gehenden Berechnungen über den Raum der Arche ersparen, welche von Gegnern und Vertheidigern des biblischen Berichtes angestellt worden sind. Uebrigens war jedenfalls Raum genug in der Arche, um sehr viele Thiere aufzunehmen. Ein neuerer Erklärer der Genesis [1] berechnet den Raum auf $3\frac{1}{2}$ Million Cubikfuß, setzt $\frac{9}{10}$ des Raumes für die Nahrungsmittel an und beweist, daß in dem übrigen Raume, wenn man durchschnittlich vierundfünfzig Cubikfuß für jedes Thierpaar ansetzt, beinahe 7000 Paare untergebracht werden konnten. Friedrich Pfaff setzt zwar in seinen Bemerkungen gegen die Glaubwürdigkeit des mosaischen Berichtes [2] allein 2000 Arten von Säugethieren und 6500 Arten von Vögeln an; aber über den Begriff von Art sind die Naturforscher noch sehr uneinig, d. h. von vielen Thieren, welche in der Zoologie verschiedenen Arten zugezählt werden, ist nicht erwiesen, daß sie nicht von einem gemeinsamen Stammpaare hätten abstammen können. Gerade in der neuesten Zeit wird die Speciesfrage wieder sehr stark ventilirt. Ich werde in einem andern Zusammenhange später darauf zurückkommen. Ganz sicher aber können die Zoologen nach dem jetzigen Stande der Frage nicht behaupten, daß mehr als 7000 verschiedene Paare in der Arche hätten sein müssen, selbst wenn wir alle jetzt auf dem Lande lebenden Thiere als Nachkommen derselben ansehen müßten, wozu wir nach dem Gesagten gar nicht genöthigt sind. Wie gesagt, an Raum hat es in der Arche nicht gefehlt, selbst um eine zu der gesammten jetzigen Thierwelt im Verhältniß stehende Menge von Paaren sammt der nöthigen Nahrung unterzubringen. Ein französischer Marine-Offizier, der Vice-Admiral Thevenard, berechnet sogar, daß die Arche noch um ein Drittel zu groß gewesen sei. [3]

Es fehlt in den Anfeindungen des biblischen Berichtes nicht an wahren Spitzfindigkeiten, die eher Sophismen als Gründen ähnlich sehen. So setzt Pfaff z. B. sieben Paare Rinder, das Stück acht Centner schwer an, und vergißt dabei, daß die Genesis, wenigstens nach der Auslegung Vieler gar nicht von je sieben Paaren, sondern von je sieben Exemplaren der reinen Thiere spricht [4] und daß jedenfalls vom Rindvieh wie überhaupt von allen

1) Tiele bei Kurtz a. a. O.
2) Vgl. Wagner I, 529 ff.
3) Nicolas, Phil. Studien I, 380.
4) „Drei Paare mit einem überschüssigen siebenten Individuum, von dem anzunehmen, daß es ein zum Opfern bestimmtes männliches Thier war." Delitzsch, S. 256.

größern Thierarten nicht gerade ausgewachsene Exemplare in die Arche aufgenommen zu werden brauchten.

Weiter berechnet Pfaff: „Der Tag hat 1440 Minuten; von Säugethieren und Vögeln allein waren 18,700 Individuen da; die acht Menschen
in der Arche, wenn sie auch gar nie schliefen, hatten zusammen über 8
× 1440 = 11,520 Minuten Zeit an einem Tage zu verfügen. Wer
je nur einen Zimmervogel gehalten oder je nur in einem Stalle war, wird
ermessen können, ob zwei Drittel Minuten — soviel kämen gerade auf ein
Thier täglich — hinreichen, sie zu versorgen." Freilich nicht; aber, von
der angenommenen Zahl der Individuen abgesehen, wer je nur mehr als
Einen Zimmervogel gehalten oder je nur in einem Stalle mit mehr als
Einem Stück Vieh war, der weiß auch, daß sechs Thiere nicht sechs mal
so viel Zeit zur Versorgung erfordern, wie eins.

Was derartige Schwierigkeiten betrifft, so hat der Berliner Oberbau-
rath Johann Esaias Silberschlag im Jahre 1780 im zweiten Theile seiner
Geogonie schon sehr fleißig vorgebaut. Er hat einen vollständigen Plan der
Arche entworfen, der bis ins Einzelnste hineingeht und in dem alle nöthigen
Einrichtungen vorgesehen sind. Er findet Platz für alle nicht im Wasser
lebenden Thierarten des Linné'schen Systems. In der untersten Etage
werden die größern Thiere untergebracht, sammt den für sie nöthigen Ma-
gazinen, theils damit es nicht nöthig sei, ihr Futter erst anderswoher herbeizuschaffen, theils damit der unterste Raum genügend schwer sei, um die
Arche gegen das Schwanken sowohl, als besonders gegen den Umsturz aufs
sicherste zu verwahren. Die kleinern Sorten Thiere nebst den Menschen bewohnen die mittlere Etage, die Vögel können in der dritten ihre Gewahr-
same und Verschläge antreffen. Uebrigens hat Silberschlag die Vertheilung
so eingerichtet, daß, wie er sagt, nicht Thiere zu einander gelagert werden,
die sich nicht leiden können, damit nicht Thierkämpfe und die greulichsten
Unordnungen mitten in der Arche entstehen. Anfangs wollte ich, sagt er
weiter, alle philantropischen Thiere dem Noah zur nächsten Gesellschaft zu-
ordnen; aber das unausstehliche Geschrei der Esel, das Grunzen der Schweine,
das Brüllen der Kühe und Ochsen, das nächtliche Stampfen der Pferde
schien mir für einen so nahen Aufenthalt bei der Residenz des Monarchen
der ganzen Erdkugel unschicklich zu sein. Ich habe daher ihnen Quartiere
in der untersten Wohnung angewiesen und nur solche heraufgeführt, die den
Menschen theils zur Belustigung dienen, theils nicht zur Last fallen und
zum Verdrusse gereichen. Auf beigegebenen Grundrissen der Arche und Ver-

zeichniſſe der Thierarten iſt durch Nummern dieſe Diſpoſition bis ins Ein-
zelnſte anſchaulich gemacht. Auch für das Futtern und die Pflege der Thiere
hat Silberſchlag einen detaillirten Plan entworfen und das Tagewerk unter
die acht Menſchen paſſend vertheilt.

Ich zweifle gar nicht daran, daß ſich gegen dieſen Plan im Einzelnen
Einwendungen erheben laſſen; aber den Eindruck wird er auf Jeden machen,
welcher ihn unbefangen durchſieht, ohne ſich durch die oft mehr als naive
Darſtellung beirren zu laſſen, daß alle Bedenken, welche Neuere vorgebracht
haben, die Unmöglichkeit einer Unterbringung und Erhaltung einer ungeheuern Anzahl von Thieren in der Arche nicht beweiſen. Ins Einzelne einzugehen, halte ich, wie geſagt, bei der Vertheidigung des bibliſchen Berichtes
nicht für nöthig und nicht für rathſam. Die Bibel ſchildert uns die Sündfluth nur unter dem Geſichtspunkte eines großen göttlichen Vernichtungsgerichtes und die Arche als das von Gott gewählte Mittel, einen Theil
der lebenden Weſen aus der alten Zeit in die neue durch das Vernichtungsgericht hinüber zu retten. An ein göttliches Wirken haben wir dabei jedenfalls zu denken. Bei Gott aber iſt kein Ding unmöglich, auch nicht eine
Ueberfluthung der ganzen Erde ſelbſt im ausgedehnteſten Sinne, auch nicht
die Erhaltung aller Thierarten und die Wiederverbreitung der in der Arche
geretteten über die ganze Erde. Wir ſtehen ja beim ſiebenten Capitel der
Geneſis nur erſt im Anfange einer Geſchichte, in welcher nicht ausſchließlich
natürliche und menſchliche Potenzen wirken, ſondern die Gottheit oftmals in
großartiger und auffallender Weiſe eingreift. Alles das, was die Bibel
berichtet, natürlich erklären zu wollen, wäre ein wahnſinniges Beginnen.
Wer von dem Grundſatze ausgehen wollte, daß ſich nie etwas habe zutragen können, was nicht den Naturgeſetzen, wie wir ſie kennen, entſpreche,
mit dem kann man überhaupt keine Erörterungen über einzelne Ereigniſſe
der heiligen Geſchichte anſtellen; man muß da mit den principiellen Fragen
über den Begriff und die Möglichkeit des Wunders beginnen, welche wiſſenſchaftlich nicht zur Exegeſe, ſondern zur Apologetik gehören.

Wenn wir aber die Sündfluth und was damit zuſammenhängt, nicht
in die Reihe der natürlichen Ereigniſſe zu ſtellen haben, ſo iſt uns nicht
verwehrt, anzunehmen, daß ſich Gott, bei der Verwirklichung ſeiner Abſich-
ten, auch natürlicher Mittel bedient habe; es iſt uns weiter nicht verwehrt,
mit Rückſicht auf das, was die hl. Schrift ſagt, und auf das, was wir
über die Kräfte und Geſetze der Natur wiſſen, den Verſuch zu machen,
dieſe natürlichen Mittel zu erkennen, deren ſich Gott bedient haben könne.

Nur als einen solchen Versuch bitte ich Sie die Erörterungen der letzten Stunden anzusehen. Da der Bericht der Genesis nicht vollständig und bestimmt genug ist, um uns von der Fluth, als physicalisches Ereigniß betrachtet, eine genaue Vorstellung zu machen, so liegt es in der Natur der Sache, daß wir nur zu vermuthen vermögen, in welcher Weise die Sache verlaufen sein könne, daß wir aber nicht mit Sicherheit angeben können, wie sie unter dem Zusammenwirken von natürlichen und übernatürlichen Kräften wirklich verlaufen ist. Es liegt ebenso in der Natur der Sache, daß wir zwar manches, aber nicht alles natürlich erklären können. Wenn Sie darum finden, daß ich nicht den Beweis hergestellt habe, es sei bei der Sündfluth alles nach dem natürlichen Verlaufe der Dinge hergegangen, so bitte ich Sie, nicht zu vergessen, daß ich mich gar nicht anheischig gemacht habe, dieses zu beweisen: ein Ereigniß, welches außerhalb des natürlichen Verlaufes der Dinge steht, ist die Sündfluth jedenfalls und bleibt sie auch, selbst wenn wir nachweisen können, — was ich nachgewiesen zu haben glaube — daß sie von dem, was die Wissenschaft als physicalisch möglich oder erklärlich bezeichnet, nicht soweit abweicht, wie man vielfach behauptet hat.

Zum Schlusse noch der Vollständigkeit halber eine kurze Bemerkung über die Arche. Genau läßt sich ihre Größe nicht angeben, weil wir die Länge der Elle, welche die Genesis erwähnt, nicht genau kennen: setzen wir die Elle zu ungefähr zwei Fuß an, — das ist aber die höchste zulässige Annahme — so war die Arche noch etwas länger als der Kölner Dom, aber nicht halb so breit und nur etwa ein Drittel so hoch. Schon Celsus hat über diese ungeheuern Maaßverhältnisse gespottet; aber gerade die riesigsten Bauten gehören dem unvordenklichen Alterthum an.

Man hat auch an den Proportionen und der Construction der Arche Anstoß genommen und ihre nautische Unbrauchbarkeit behauptet. „Aber ein holländischer Mennonit, Peter Jansen, hat 1604 ein Schiff nach denselben Verhältnissen gebaut, nämlich hundertundzwanzig Fuß lang, zwanzig breit und zwölf hoch. Es war zum Schiffen wenig geschickt, konnte aber um ein Drittel größere Lasten tragen. [1]) Die Arche sollte ja auch ein Schiff im eigentlichen Sinne gar nicht sein; es werden weder Masten noch Segel noch Steuerruder erwähnt. Sie war ein schwimm- und tragfähiges vierseitiges Haus, ihr Boden wahrscheinlich ein wohlverbundenes Floß. Sie sollte nicht steuern und segeln, sondern nur schwimmen, ohne umgeworfen

---

1) Vgl. J. D. Michaelis, orient. und exeget. Bibliothek (Frankf. 1782) XVIII, 28.

zu werden. Sie sollte nicht in der Zeit eines Jahres eine Reise um die Erde machen, sondern nahe bei den ursprünglichen Wohnsitzen der Menschheit verbleiben." [1]

XXVIII.

Rückblick.

Bei der Besprechung des mosaischen Berichtes über die Sündfluth bin ich zuletzt von dem Zweige der Naturwissenschaft abgekommen, dessen Verhältniß zu der Bibel uns in den letzten Stunden beschäftigt hat, von der Geologie. Die Punkte, in welchen sich die Resultate der wissenschaftlichen Forschung auf diesem Gebiete mit den Angaben der Bibel berühren, habe ich nunmehr vollständig erörtert. Ich glaube aber, daß es von Nutzen sein wird, wenn wir jetzt, ehe wir diesen Theil unserer Aufgabe verlassen und zu einem andern übergehen, noch einmal die Resultate kurz und übersichtlich zusammenfassen, welche wir durch die Betrachtung der einzelnen Punkte gewonnen haben. Ich werde es Ihnen durch diese Recapitulation erleichtern, eine allgemeine Vorstellung von dem Verhältnisse der geologischen Wissenschaft zu der Genesis zu gewinnen. Darauf, daß ich Ihnen den Stand der Frage in seinen allgemeinen Umrissen klar mache und daß Sie den rechten Gesammteindruck von der ganzen Sache erhalten, lege ich überhaupt mehr Gewicht, als auf irgend welche einzelne Erörterungen, wiewohl diese Untersuchungen der einzelnen Punkte unumgänglich nöthig waren, um den Gesammteindruck hervorzurufen.

Zuvörderst erinnere ich Sie nochmals an den wiederholt ausgesprochenen und begründeten Satz: die Bibel hat die Aufgabe, uns über Gott und die göttlichen Dinge zu belehren, und uns religiöse Wahrheiten zu vermitteln, nicht aber die Aufgabe, unsere profanen, also auch nicht unsere naturwissenschaftlichen Erkenntnisse zu berichtigen, zu bestätigen oder zu bereichern. Zur Erkenntniß der Dinge der Natur hat uns Gott auf die eigene Beobachtung der Natur und auf den Gebrauch der geistigen Kräfte, die er uns gegeben, angewiesen. Die Bibel kann nur in dem Falle die Dinge der Natur in den Bereich ihrer Darstellungen ziehen, wenn das für die Darstellung der religiösen Wahrheiten erforderlich ist, deren Mittheilung ihre erste, ja ihre einzige directe Aufgabe ist.

---

1) Delitzsch S. 250.

Dieser Fall tritt ein bei dem Hexaemeron. Die Geschichte der Entstehung der sichtbaren Welt hat auch eine religiöse Bedeutung und die
Schrift kann die religiösen Wahrheiten, welche sie in dieser Hinsicht vorzutragen hat, nicht vortragen, ohne zugleich das zu berühren, was auch Gegenstand der naturwissenschaftlichen Forschung ist. Die Entstehung, Ausbildung und Geschichte des Kosmos ist also ein Punkt, in welchem die Bibel
und die Naturwissenschaften sich berühren müssen.

Aber auch bei diesem Gegenstande ist der Gesichtspunkt, unter welchem
die Bibel die Sache betrachtet und darstellt, ein wesentlich anderer, als der
der Naturwissenschaft. Der Bibel, welche direct nur die Aufgabe hat, uns
über religiöse Dinge zu belehren, kommt es hier auf mehrere Sätze ganz
vorzüglich an, welche die Naturwissenschaft als solche weder bestätigen noch
bestreiten kann, sondern einfach als extra artem, als für sie ganz indiffe-
rente Sätze bezeichnen muß; und umgekehrt haben manche Materien im
System der Naturwissenschaft große Bedeutung, welche die Bibel auf ihrem
religiösen Standpunkte ganz mit Stillschweigen übergehen oder doch mit wenigen und unbestimmten Worten erledigen kann.

Die Bibel legt bei ihrer Darstellung der Entstehung der sichtbaren
Welt erstens großes Gewicht auf den Lehrsatz, daß Gott der Schöpfer aller
Dinge ist, daß die Welt nicht von Ewigkeit her existirt und nicht durch
sich selbst geworden, sondern durch einen freien Willensact Gottes aus dem
Nichts hervorgebracht ist, und daß alles, was außer Gott existirt, in dem
Willen Gottes den Grund seines Seins hat. Diesen Satz stellt die Bibel
nicht nur an die Spitze in den Worten: „Im Anfange schuf Gott Himmel
und Erde," sondern sie führt denselben im ersten Capitel der Genesis auch
noch weiter aus, indem sie von den einzelnen Dingen, die wir um uns
herum sehen, sagt, sie seien dadurch geworden, daß Gott sprach: „Es werde
Licht, es sollen sich trennen die Wasser, es erscheine das trockene Land"
u. s. w. — Die Genesis hebt dann weiter zweitens bei der Beschreibung
dieser einzelnen göttlichen Willensacte und ihrer Ausführung jedesmal hervor: „und Gott sah, daß es gut war," um dadurch auszudrücken, daß
alles genau der göttlichen Idee und dem göttlichen Willen entsprechend
geworden sei, daß mithin die Welt, als ihre Erschaffung vollendet war,
so war, wie Gott von Ewigkeit her gewollt hatte, daß sie in der Zeit
werden sollte. Die Genesis berichtet drittens, daß Gott zuletzt den Menschen nach seinem Bilde geschaffen und ihn zum Beherrscher der Erde und
aller darauf lebenden Creaturen eingesetzt habe, um uns zu lehren, daß der

Mensch, wie der Schluß, so auch der Mittel- und Zielpunkt der sichtbaren Creaturen Gottes sei.

Diese drei Sätze sind für die Bibel Fundamentalsätze und sie muß dieselben also in der bestimmten und unzweideutigen Fassung aussprechen, wie das im Heraemeron und an andern Stellen geschieht. Im System der empirischen Naturwissenschaft haben diese Sätze an und für sich keine Bedeutung; ich finde es an und für sich gar nicht so auffallend, daß in den vier Bänden des Humboldtschen Kosmos so gut wie gar nicht, im ersten Bande bekanntlich kein einziges Mal des Schöpfers gedacht wird. Die Frage, ob die Welt durch ein überweltliches Wesen aus nichts geschaffen, ob die Bildung der Erde ein unter Gottes Einfluß und nach Gottes Absichten verlaufender Proceß, ob der Mensch nach Gottes Idee der Mittelpunkt der sichtbaren Schöpfung ist, — diese Fragen, sage ich, kann die empirische Naturforschung auf ihrem Standpunkte und mit ihren Mitteln weder verneinend noch bejahend beantworten; sie hat diese Fragen den Philosophen und Theologen anheimzugeben. Von einem Widerspruch der Naturwissenschaft gegen die angeführten drei Sätze der Genesis kann also ebensowenig die Rede sein als von einer directen Bestätigung derselben.

Der dritte Satz, daß die sichtbare Welt in einer besondern Zweckbeziehung zum Menschen steht, ist aber weiter von wesentlichem Einfluß auf die Darstellung der Genesis gewesen. Der Hauptzweck der Genesis ist die Darstellung des göttlichen Waltens in der religiösen Geschichte der Menschheit bis zum Aufenthalte der Israeliten in Aegypten; das Heraemeron bildet nur das erste Glied in dieser Darstellung, weil es berichtet, daß der Mensch von Gott geschaffen und die Erde ihm zum Wohnplatze und Reiche gegeben worden sei. Also nicht die Darstellung der Entstehung des Kosmos als solche, sondern nur die Darstellung der Entstehung des Kosmos im Verhältniß zum Menschen kann die Aufgabe des Heraemeron sein. Moyses kann mithin gar nicht den abstracten Standpunkt des wissenschaftlichen Erforschers des Kosmos einnehmen; sein Standpunkt ist der des concreten, natürlichen Menschen, die Dinge haben für ihn Bedeutung und Wichtigkeit, je nachdem sie für den Menschen in seinem natürlichen und religiösen Leben Bedeutung und Wichtigkeit haben. Darum ist das Heraemeron zunächst nicht eine Kosmogonie, sondern eine Geogonie, von der Erde, soweit der Mensch zu ihr in Beziehung steht, also vorzugsweise wieder von der Erdoberfläche und ihrer Vegetation und Thierwelt wird verhältnißmäßig ausführlich gesprochen; von dem Erdinnern und den andern Himmelskörpern nur in dem allgemeinen Satze: Gott schuf Himmel und Erde, und weiter von den Himmelskörpern nur insofern, als Gott sie bestimmt hat, dem Menschen zu leuchten auf der Erde und ihm zur Zeitmessung dienen. Nur in dieser Hinsicht sind die Sterne für Moyses erwähnenswerth, und von seinem Standpunkte aus bezeichnet er darum mit vollem Recht Sonne und Mond als die großen Lichter des Himmels und fertigt die Millionen andern Sterne mit einem einzigen Worte ab.

So erklärt es sich auch, daß Moyses die Sterne überhaupt erst in der Mitte des Sechstagewerks, am vierten Tage, erwähnt, — da nämlich, wo sie anfangen, in ihr jetziges Verhältniß zur Erde und zum Menschen zu treten. Daß auch die Sterne von Gott geschaffen sind, ist im ersten Verse gesagt, denn sie gehören jedenfalls mit zu „Himmel und Erde"; aber wann und wie die Sterne geschaffen worden sind, ob sie ihre jetzige Beschaffenheit von Anfang an gehabt, oder durch eine allmälige Ausbildung einer zuerst geschaffenen elementaren Materie erhalten haben, ob die Ausbildung der Gestirne vor oder gleichzeitig mit der Ausbildung der Erde stattgefunden hat, davon sagt Moyses nichts und braucht er aus dem angegebenen Grunde nichts zu sagen. Er berichtet nur, daß auch das Verhältniß der Erde zu den Sternen, in Folge dessen die Sterne Lichtträger und Zeitmesser für die Menschen sind, nach Gottes Willen und zu einer von Gott gewollten Zeit eingetreten ist; daraus folgt, daß dieses Verhältniß vorher nicht bestanden, sei es, daß die Sterne vorher noch gar nicht existirten oder noch nicht geeignet waren, diese Functionen für die Menschen wahrzunehmen, sei es, daß die Erde noch nicht geeignet war, in dieses Verhältniß zu den Sternen zu treten. Ob das Eine oder das Andere, das bleibt in der Genesis ganz dahin gestellt.

Sie sehen daraus, daß die Berührungen zwischen den Angaben der Genesis und den Resultaten der astronomischen Forschung jedenfalls nur sehr unbedeutend sind, und daß von einem Widerspruche in dieser Hinsicht — abgesehen von einer gleich zu erwähnenden chronologischen Schwierigkeit — gar nicht die Rede sein kann. Da sich Moyses fast ausschließlich mit der Bildung der Erde beschäftigt, so ist es vorzugsweise die Geologie und überhaupt die Erdkunde, welche sich mit der Genesis berührt.

Die Erde sammt allem, was darauf ist, ist erstens von Gott geschaffen, der Substanz nach hervorgebracht worden; sie ist zweitens durch Gottes Willen, und der Idee und dem Willen Gottes genau entsprechend

gestaltet, bekleidet und bevölkert worden; sie ist drittens um des Men=
schen willen und mit Rücksicht auf den Menschen gestaltet worden: das
sind drei religiöse Wahrheiten, welche das Heraemeron lehrt. Als vierter
Satz kommt noch hinzu: sie ist in sechs Tagen gestaltet, bekleidet, bevölkert,
zum Wohnsitze des Menschen eingerichtet worden. Das ist nur scheinbar
eine chronologische Angabe. Daß es Moyses nicht wirklich um chronolo=
gische Genauigkeit in seinem Berichte zu thun ist, daß auch diese scheinbare
chronologische Angabe eine religiöse Tendenz hat, zeigt die Verbindung, in
welche er selbst in den letzten Versen des Heraemeron die sechs Schöpfungs=
tage und den siebenten Tag, an welchem Gott ruhte von all seinem Werke,
d. h. an welchem Gott sein Schöpfungswerk definitiv abgeschlossen hatte,
mit den sechs Arbeitstagen und dem Ruhetage der israelitischen Woche
bringt. Der Sabbath ist der Tag, welcher zu Ehren Gottes, des Schöpfers
des Himmels und der Erde, gefeiert werden soll nach Vorschrift des Ge=
setzes, und zwar soll jeder siebente Tag ein solcher religiöser Ruhetag sein.
Gott hat das Werk der Erschaffung der Dinge vollendet, d. h. er ist schö=
pferisch thätig gewesen, und darauf hat er aufgehört, schöpferisch thätig zu
sein, — er ruht von seinem Werke, weil es vollendet ist; zum Andenken
daran soll der Mensch ruhen, nachdem er gearbeitet hat. Nach dieser gött=
lichen Vorschrift folgen also für den Menschen Ruhen und Arbeiten auf
einander, wie für Gott Ruhen und Schaffen auf einander folgten; für den
Menschen vollendet sich dieser Wechsel von Arbeit und Ruhe nach Gottes
Vorschrift je einmal in sieben Tagen; das göttliche Schaffen und Ruhen
ist das göttliche Urbild des menschlichen Wirkens und Ruhens; dieses con=
stituirt die Woche, mithin kann auch das göttliche Urbild desselben als eine
Woche bezeichnet werden. Die menschliche Hebdomas zerfällt in sechs Ar=
beitstage und einen Ruhetag; also darf auch die göttliche Hebdomas in
sechs Schöpfungstage und einen Ruhetag getheilt werden.

Da haben wir den eigentlichen Schlüssel zum Verständniß der Be=
zeichnung sechs Tage, und wir dürfen also ohne Bedenken den Schluß ziehen,
daß die Bezeichnung keinen chronologischen Zweck hat, daß also Moyses
uns nicht lehren will, Gott habe die Erde in sechsmal vierundzwanzig
Stunden gestaltet. Es kann in kürzerer, es kann in längerer Zeit geschehen
sein; Moyses konnte in dem einen und in dem andern Falle die von der
menschlichen Woche hergenommene bildliche Bezeichnung sechs Tage ge=
brauchen.

Ich habe diese Auffassung früher ausführlicher begründet und zugleich

auch andere Auffassungen angeführt; das Resultat, welches wir damals ge=
wannen, war dieses: jedenfalls enthält die Genesis keine chronologische
Angabe über die Dauer der vorhistorischen Zeit, d. h. derjenigen Zeit,
welche von dem ersten Anfange des Schaffens Gottes bis zum ersten Auf=
treten des Menschengeschlechts verflossen ist. Wenn aber die Genesis über
die Dauer dieser Zeit keine Bestimmung gibt, so kann auch rücksichtlich der
Chronologie kein Widerspruch zwischen der Bibel und den Ergebnissen na=
turwissenschaftlicher Forschung eintreten. Wenn mithin die Geologen und
Astronomen beweisen können, was sie behaupten, daß viele Jahrtausende er=
forderlich gewesen seien, bis die Erde die Gestalt erlangte, die sie beim Auf=
treten des Menschengeschlechts hatte, und bis das Licht der Sterne, welche
den Menschen nachweislich schon seit Jahrhunderten leuchten, den weiten
Weg von den fernen Himmelsräumen bis zur Erde zurückgelegt hatte, so
können wir auf dem theologischen Standpunkte das unbedenklich gelten lassen.
Die Bibel hat eine eigentliche Chronologie nur für die historische Zeit, für
die vorhistorische Zeit hat sie keine.

Ich habe weiter nachgewiesen, daß das, was Moyses über den Ver=
lauf der Schöpfung, speciell der Erdbildung, berichtet, auf einer göttlichen
Offenbarung beruht, und daß diese Offenbarung über die vormenschliche
Vergangenheit dem Menschen wahrscheinlich in derselben Weise vermittelt
worden ist, wie den Propheten die Offenbarung über die Zukunft, durch
ein übernatürliches Schauen. Jedenfalls hat Moyses nur das berichtet,
was Gott dem Menschen über den Schöpfungshergang geoffenbart hat, und
sowenig Gott dem geistigen Auge der Propheten die ganze Zukunft enthüllte,
ebenso wenig brauchte Gott dem Menschen die ganze vormenschliche Ver=
gangenheit vorzuführen: ja wir müssen von vornherein erwarten, daß Gott
eben nur das dem Menschen geoffenbart habe, was in religiöser Hinsicht
für ihn bedeutsam ist. Vom Standpunkte der Naturwissenschaft aus ge=
sehen, wird also der mosaische Schöpfungsbericht unvollständig sein — wir
haben eben schon gesehen, wie dürftig der astronomische Theil desselben ist
— mithin wird es der menschlichen Erforschung der Natur möglich sein,
die Geschichte der Erdbildung in manchen Stücken vollständiger darzustellen,
als die Genesis. Es wäre verkehrt, wollte man sagen, was die Genesis
nicht berichte, das sei auch nicht geschehen. Das argumentum ex silentio
wäre nirgendwo schlechter angebracht als hier, wo die Genesis gar nicht
den Beruf hat, alles zu sagen und in Dingen, welche eine directe religiöse
Beziehung nicht haben, der menschlichen Forschung vorzugreifen, welcher Gott

22*

die Erkenntniß derselben anheimgegeben hat. In manchen Punkten dürfen wir also eine strenge Uebereinstimmung zwischen Bibel und Naturforschung in dem Sinne nicht erwarten, daß die Resultate der naturwissenschaftlichen Forschung zur Bestätigung der biblischen Angaben dienten oder umgekehrt; wir müssen und können damit zufrieden sein, wenn sich nachweisen läßt, daß kein Widerspruch vorhanden ist, daß die Bibel nichts sagt, was durch naturwissenschaftliche Forschungen als sicher unrichtig erwiesen wäre, und daß die Naturforschung keine Resultate aufzuweisen hat, welche nicht in oder neben dem biblischen Berichte einen Platz finden könnten.

So brauchen wir z. B. zur Erklärung des Umstandes, daß im Heraemeron das Licht vor der Sonne erscheint, kein Gewicht darauf zu legen, daß die neuern Forschungen es mindestens wahrscheinlich gemacht haben, daß unsere Erde ihr Licht nicht von dem Sonnenkörper erhält, sondern von einer Lichtatmosphäre, welche den selbst dunkeln Sonnenkörper umgibt, und daß die Erde selbst der Lichtentwicklung fähig ist: die Genesis lehrt nur, daß es auf Gottes Befehl hell geworden sei, ehe Gott die Erde in ihr jetziges Verhältniß zur Sonne brachte und das Licht für die Erde an die Sonne knüpfte; wie es hell geworden, darüber sagt sie nichts, und daß es in irgend einer Weise auf Gottes Befehl habe hell werden können, kann kein Mensch bestreiten. Wie es sich jetzt um das Licht verhält, darüber kann die Naturforschung ins Klare kommen, — wiewohl sie dahin noch keineswegs gelangt ist — wie es sich aber darum verhalten habe, ehe die jetzigen Verhältnisse zwischen der Erde und den andern Himmelskörpern eingetreten waren, das bestimmen zu wollen, wäre unwissenschaftlich, da dazu alle empirischen Beobachtungen mangeln, welche die einzige sichere Grundlage der naturwissenschaftlichen Theorien bilden.

Gott hat, wie gesagt, den Menschen über die Erdbildung durch Offenbarung belehrt, soweit das für seine religiösen Erkenntnisse nöthig war. Der erste Zustand der Erde, welchen Gott dem geistigen, übernatürlich erleuchteten Auge des Menschen vorführte, ist der, welcher im zweiten Verse der Genesis beschrieben wird: „Die Erde war wüst und öde und Finsterniß über der Wassermasse und der Geist Gottes schwebend über den Wassern." Die Beschreibung ist vorwiegend negativ und oberflächlich; sie sagt: die Erde sei nicht so gewesen, wie jetzt, nicht mit Pflanzen und Thieren belebt, nicht in Wasser und Land gesondert und nicht erhellt. Wie ihr Inneres beschaffen war, ob sie ganz sich in einem flüssigen Zustande befand oder eine von Wasser bedeckte feste Masse war, wird nicht gesagt. Ebensowenig wird gesagt, ob dieser Zustand der erste war, oder ob demselben andere Daseinsweisen der Erde vorhergegangen waren. Wenn also die Naturwissenschaft nachweisen kann, daß andere Zustände der Erde vorhergegangen seien, so widerspricht dem die Genesis keineswegs; sie schweigt nur darüber, weil Gott nicht für gut befunden hat, in seinen übernatürlichen Belehrungen über den Verlauf der Erdbildung soweit zurückzugehen. Die Genesis hindert also die Geologen gar nicht, über frühere Perioden der Erde Vermuthungen aufzustellen und, so gut es angeht, zu begründen, wenn sie nur in ihrer Darstellung der Geschichte der Erde irgendwie bei einem Zeitpunkte ankommen lassen, wo die Erde wüst und öde und von Wasser bedeckt war.

Es ist also auf exegetischem Standpunkte nichts gegen die plutonistische Theorie der Erdbildung zu erinnern. Die Erde mag eine feurigflüssige, ja vorher eine gasartige Masse gewesen und durch Abkühlung und Erstarrung eine feste Masse geworden sein, — das ist jedenfalls vor der Zeit gewesen, welche der zweite Vers der Genesis beschreibt; daß aber die Erde auch mit Wasser bedeckt gewesen ist, wie dieser Vers angibt, wird von den Plutonisten ebensowohl wie von den andern Geologen anerkannt, da man allgemein die sogenannten geschichteten Formationen als durch Ueberfluthungen der Erde in der vorhistorischen Zeit gebildet ansieht.

Ebenso ist auf exegetischem Standpunkte die Ansicht als zulässig zu bezeichnen, welche wir unter dem Namen der Restitutionshypothese kennen gelernt haben und welche sich kurz so zusammenfassen läßt: Die Erde ist, nachdem sie, sei es auf plutonischem, sei es auf neptunischem Wege zu einer festen Masse geworden, oder nachdem sie von Gott als feste Masse geschaffen worden war, mit einer von der jetzigen verschiedenen Vegetation bekleidet und von Thieren, die den jetzt lebenden nicht gleich waren, bevölkert gewesen. Darauf haben weitere Entwicklungsprocesse der Erde stattgefunden, in Folge deren diese Pflanzen- und Thierwelt in einer neuen Erdschichte, die sich bildete, begraben wurde. Wahrscheinlich hat sich diese Bekleidung und Bevölkerung der Erde und die Wiedervernichtung der organischen Wesen durch die Bildung neuer Gebirgschichten noch einige Male wiederholt. In dieser Weise haben sich nacheinander die Gebirgschichten gebildet, welche man mit dem Namen Uebergangs-, Flöz- und Tertiärgebirge bezeichnet, oder mit Rücksicht auf die darin enthaltenen Versteinerungen der paläozoischen, mesozoischen und känozoischen Periode der Erdbildung zuweist. Die Reihe dieser geologischen Katastrophen und Entwicklungsperioden erhält ihren Abschluß in dem geologischen Diluvium, einer letzten großen

Ueberfluthung der Erde in der vorhistorischen Zeit. Dieses schildert der zweite Vers der Genesis und von hier an beginnt die Genesis ihren Bericht über die Erdbildung; es bildet sich der Wolkenhimmel durch das Aufsteigen der Wasserdünste, das Wasser sammelt sich in den Meeren, und es bilden sich die Festländer und Inseln. Darauf schafft Gott eine neue Vegetation und Thierwelt, dieselbe, von welcher das mosaische Heraemeron allein redet, da sie diejenige ist, welche für den Menschen geschaffen ist, während die Bibel die paläontologische Fauna und Flora ganz mit Stillschweigen übergeht, weil sie nicht bestimmt war, zum Menschen in ein näheres Verhältniß zu treten.

Neben dieser, wie gesagt, exegetisch angesehen unbedenklichen Theorie gibt es eine andere, welche mit der Bibel ebensowenig in Widerspruch steht und kurz so lautet: In dem Zeitpunkte, welchen der zweite Vers der Genesis im Auge hat, war der feste Kern der Erde, die Urgebirge, auf plutonischem oder neptunischem Wege oder durch directe Erschaffung bereits gebildet, aber von Wasser bedeckt. Es bildet sich nun an dem sogenannten zweiten Tage die Erdatmosphäre, und am dritten Tage scheiden sich Wasser und Land und es werden die ersten Pflanzen im Meere und auf dem Lande hervorgebracht. Unmittelbar darauf wird die Erde, deren Bildung im Wesentlichen nunmehr vollendet ist, in ihr jetziges Verhältniß zur Sonne gebracht und es beginnt der Wechsel von Tag und Nacht und der Wechsel der Jahreszeiten. Die Genesis bezeichnet diesen Zeitpunkt als vierten Tag. Danach werden die ersten Thiere hervorgebracht und zwar wie die Genesis angibt, Wasserthiere, wahrscheinlich nur unvollkommen organisirte. Es folgt nun eine Katastrophe, über deren Beschaffenheit sich nichts festsetzen läßt, welche aber eine Umgestaltung der Erdoberfläche, eine Vernichtung der organischen Wesen und die Bildung der ältesten fossilienhaltigen Gebirgsschichten zur Folge hat. Die neue Oberfläche der Erde wird wieder grün, — natürlich durch eine schöpferische Einwirkung Gottes — und das Meer erhält neue Bewohner, es kommen auch Luftthiere und vielleicht schon Landthiere hinzu. Auch diese organische Welt geht unter in ähnlicher Weise wie die erste, und derselbe Proceß mag sich noch mehre Mal wiederholt haben. So bildeten sich die Gebirgsformationen von den Uebergangsgebirgen bis zu dem Diluvialland hinauf. Bei der letzten Erschaffung von organischen Wesen kommt der Mensch hinzu, und die Erdoberfläche bleibt nun im Ganzen in ungestörter Ruhe bis zu der großen noachischen Fluth. Nach der Rechnung der Genesis fallen diese geologischen Ereignisse der vorhistorischen

Zeit auf den fünften und sechsten Tag, d. h. in die Perioden der Schöpfungswoche, welche Moyses mit diesem bildlichen Ausdruck bezeichnet. Eine chronologische Angabe enthält dieser Ausdruck, wie ich vorhin bemerkte, gar nicht, und die Exegese muß es der Geologie überlassen, die Dauer dieser Perioden zu bestimmen, wenn sie kann. Daß die Genesis alle diese Ereignisse in ihrem Berichte über den fünften und sechsten Tag nicht erwähnt, kann nicht auffallen. Gott hat dem Menschen aus der Geschichte dieser Zeit nur das geoffenbart, was für ihn unter dem religiösen Gesichtspunkte zu wissen nöthig war; und das sind die einfachen Thatsachen, daß Gott die Pflanzen und Thiere geschaffen und zum Nutzen und Dienste des Menschen bestimmt habe. Wir dürfen mithin jede geologische Theorie passiren lassen, in welcher diese und die andern wenigen Notizen der Genesis eine Stelle finden können, und das ist, wie Sie sehen, auch bei den am weitesten gehenden geologischen Theorien der Fall.

Ich brauche nur nebenbei nochmals daran zu erinnern, daß nicht alles in diesen geologischen Theorien darauf Anspruch machen kann, als erwiesene Thatsache zu gelten, daß manches bloße Vermuthung ist, daß über viele wesentliche Punkte die Geologen unter einander noch gar nicht ins Reine gekommen sind, und daß es andere geologische Theorien gibt, welche sich viel enger und genauer an den mosaischen Bericht anschließen. Daß z. B. die Erde ursprünglich in einem gasartigen Zustande existirt habe, ist nichts als eine Hypothese; aber nicht einmal die Ansicht, daß die Erde früher in einem flüssigen, sei es wasser, sei es feuerflüssiger Zustand existirt habe, läßt sich wissenschaftlich erweisen, und die Annahme, daß die Erde ihrer Hauptmasse nach so durch den göttlichen Schöpferwillen ins Dasein gerufen worden sei, wie sie jetzt besteht, läßt sich wenigstens nicht als wissenschaftlich unhaltbar bezeichnen. Was die Bildung der Versteinerungen enthaltenden Schichten betrifft, so kann diese freilich nur allmälig erfolgt sein, nachdem bereits Pflanzen und Thiere existirten. Es gibt aber Gelehrte, welche annehmen, es sei nur eine einzige Pflanzen und Thierschöpfung erfolgt, zu welcher sowohl die jetzt existirenden wie die in den Gebirgschichten begrabenen Organismen gehörten; die Bildung aller Formationen, welche organische Reste enthalten, sei erst nach dem Sechstagewerk erfolgt, theils in Folge der Sündfluth, theils in Folge von partiellen Ueberfluthungen und andern Wirkungen des Wassers, wie sie jetzt noch stattfinden. Solche Theorien, in welchen die buchstäbliche Fassung der sechs Tage und des ganzen mosaischen Berichtes mit den geologischen Thatsachen in Einklang zu bringen versucht wird, brauche ich, wie gesagt, nur nebenbei zu erwähnen; denn wenn sich erweisen läßt, daß selbst die am weitesten gehenden Theorien der als Auctoritäten geltenden Naturforscher mit der Genesis nicht in Widerspruch gerathen, so ist der Schluß a majori ad minus leicht zu ziehen.

Wenn ich gezeigt habe, daß die Genesis über die Dauer der vorhistorischen Zeit gar nichts angibt, und wenn ich daraus folgerte, daß wir es der Naturforschung überlassen könnten, die Dauer dieser Zeit zu bestimmen, und daß wir nichts dagegen einwenden könnten, wenn sie sehr große Summen von Jahren für die ganze Entwicklungsgeschichte der Erde postulirte, so habe ich dabei zu bemerken nicht unterlassen, daß wir nach der Lage der Sache gar nicht genöthigt oder auch nur berechtigt seien, irgend eine derartige Berechnung als sicher anzunehmen. Das können wir schon darum nicht, weil die Berechnungen verschiedener Forscher nicht übereinstimmen, noch mehr aber darum nicht, weil die Geologen selbst gestehen, daß dergleichen Berechnungen nur den Werth von ungefähren Vermuthungen hätten, die sich gar nicht in Ziffern darstellen ließen. Weiterhin ist noch zu berücksichtigen, daß diese Berechnungen großentheils mit bloßen Hypothesen zusammenhangen. Die vielen Millionen Jahre z. B., während welcher die Erde sich aus dem gasartigen Zustande condensirt und aus dem feurigflüssigen Zustande zu ihrem jetzigen gestaltet haben soll, können wir darum einfach auf sich beruhen lassen, weil diese ganze Entwicklung nur eine Hypothese ist. Was aber die geologischen Bildungen betrifft, die wirklich stattgefunden haben, die Bildung der geschichteten und Fossilien enthaltenden Formationen, so läßt sich über die Zeit, innerhalb deren dieselben stattgefunden haben können, eine ungefähre Berechnung nur mit Rücksicht auf die Gesetze anstellen, welche durch Beobachtung der jetzt verlaufenden Entwicklungen ermittelt werden können. Wie trügerisch aber solche Berechnungen sind, davon erzählt Schubert[1]) sehr ergötzliche Beispiele.

Als man unter Kaiser Franz I. einen ganz versteinerten Baumstamm fand, wünschte der Kaiser zu erfahren, wie lange wohl ein Stamm von solcher Dicke in der Erde liegen müsse, ehe er sich in eine solche Steinmasse verwandeln könnte. Da fiel es den damaligen Wiener Naturforschern ein, daß Kaiser Trajan bei Belgrad eine Brücke über die Donau habe schlagen lassen, von welcher noch jetzt Pfähle im Wasser sichtbar wären. Mit Erlaubniß des türkischen Hofes wurde einer dieser Brückenpfähle ausgehoben und nach Wien gebracht. Man fand ihn in der Mitte ganz

---

1) Die Urwelt und die Firsterne S. 279.

unverändert, außen herum einen halben Zoll dick versteinert, in Achat verwandelt. Da man nun wußte, daß jener Stamm seit 1700 Jahren in der Donau gewesen, so war leicht zu berechnen, daß zur vollkommenen Versteinerung von 6—8 Fuß dicken Stämmen — und solche hat man gefunden — mindestens 2—300,000 Jahre erforderlich gewesen seien. Die Berechnung wäre unfehlbar richtig, wenn nicht erwiesen wäre, daß die Versteinerung unter Umständen viel rascher vor sich geht, als bei jenen Brückenpfeilern. In Amerika hat man versteinerte Holzstämme gefunden, welche offenbar von europäischen Beilen behauen waren, also in wenigen hundert Jahren den ganzen Versteinerungsproceß durchgemacht hatten. — Irgendwo im Münsterlande hat man Kiesel- und Feuersteine gefunden, für deren Bildung die Geologen auch mindestens einige Jahrtausende postuliren müßten, wenn nicht beim Zerschlagen derselben Münzen zum Vorschein gekommen wären, welche nach dem Gepräge und der Jahreszahl bischöflich münster'sche Geldstücke aus dem sechzehnten und siebzehnten Jahrhundert waren.

Ein Lavastrom, der zur Zeit des Thucydides aus dem Aetna geflossen, liegt noch jetzt in nackter Unfruchtbarkeit, fast ohne eine Spur von Dammerde oder Vegetation. Es gehören also mindestens zweitausend Jahre dazu, damit ein Lavastrom mit fruchtbarem Erdreich und Pflanzen bedeckt werde. Finden wir nun zehn solcher Lavaströme, alle an ihrer Oberfläche mit fruchtbarer Erde bedeckt, über einander gelagert, so muß der Vulcan schon vor zwanzigtausend Jahren thätig gewesen sein. Die Berechnung ist sehr einfach und doch falsch. Herculanum ist vor achtzehnhundert Jahren verschüttet und bereits mit sechs solcher abwechselnden Schichten von Lava und fruchtbarem Erdreich bedeckt, und manche noch bei Menschengedenken aus dem Vesuv und Aetna ausgebrochene Materien sind schon jetzt zur Cultur geeignet.

Wir sehen also, daß geologische Processe unter gewissen Verhältnissen langsamer, unter andern rascher verlaufen, und da wir gar nicht wissen können, unter welchen Verhältnissen die einzelnen Erdschichten sich gebildet haben, so sind alle Berechnungen über die Zeit, welche ihre Bildung gedauert habe, sehr unsicher.

Doch, überlassen wir das den Geologen; die Bibel bestimmt über die Dauer dieser Zeit nichts, kann also auch mit den geologischen Berechnungen derselben nicht in Widerspruch kommen.

Ich habe, was ich von Anfang an als meine natürliche Aufgabe bezeichnete, immer meinen Standpunkt als Theologe und Exeget festgehalten und gezeigt, was auf diesem Standpunkte nöthigenfalls zugegeben werden kann. Ob die Naturforscher alle diese Concessionen benutzen müssen oder sich schon mit weniger weitgehenden Concessionen begnügen können, das ist eine Frage, die für uns von untergeordneter Bedeutung ist und deren Entscheidung wir den Naturforschern selbst überlassen können.

So viel über das Verhältniß der Geologie zu dem biblischen Schöpfungsberichte. Was den biblischen Bericht über die Sündfluth betrifft, so sind wir zu folgenden Resultaten gekommen: Es gibt eine Reihe von geologischen Erscheinungen, welche von ältern Geologen als eine Folge einer in der historischen Zeit stattgefundenen großen Ueberfluthung angesehen werden. Wäre diese Ansicht richtig, so würden wir in diesen Erscheinungen eine directe und positive Bestätigung des mosaischen Berichtes haben. Die meisten neuern Geologen halten aber diese Erscheinungen für Wirkungen von ältern Fluthen, welche vor der Existenz des Menschengeschlechts stattgefunden haben müßten. Sichere Spuren einer in die historische Zeit fallenden allgemeinen Fluth, sagen sie, ließen sich nicht nachweisen. Ist diese letztere Ansicht richtig, so behalten jene geologischen Erscheinungen für uns immer noch den großen Werth, daß sie uns zeigen, eine Ueberfluthung, wie die zur Zeit Noe's, sei nicht unerhört in der Geschichte der Erde, da ähnliche in früherer Zeit nach Aussage der Geologen unzweifelhaft stattgefunden haben. Daß sichere Spuren der letzten, der noachischen Fluth, nicht mehr wahrzunehmen sind, würde dann zum Theil aus der verhältnißmäßig kurzen Dauer derselben, zum Theil aus der von den Geologen anerkannten Unmöglichkeit zu erklären sein, die Folgen zweier auf einander folgender Fluthen sicher von einander zu unterscheiden. Uebrigens ist auch keineswegs erwiesen, daß die hier in Betracht kommenden geologischen Erscheinungen ausschließlich mit vorhistorischen Fluthen zusammenhangen; es ist immer noch möglich, daß sie zum Theil wirklich, wie man früher annahm, Folgen der Sündfluth sind. Die Entscheidung hängt zum großen Theil von zwei noch nicht gelösten Fragen ab, von der Frage, ob sich in den quartären Formationen und den Knochenhöhlen Menschengebeine finden, die aus derselben Zeit stammen, wie die thierischen Fossilien, und von der Frage nach dem Verhältniß zwischen diesen fossilen und den jetzt existirenden Thierarten.

Meine weitern Erörterungen über die Sündfluth betrafen Versuche, die Behauptung der Unmöglichkeit des Ereignisses selbst und der Erhaltung der Thiere durch das Mittel der Arche und die darauf gestützte Behauptung der Unglaubwürdigkeit des mosaischen Berichtes zurückzuweisen. Diese Erörterungen hingen also nicht mehr mit der Geologie zusammen.

Ich deute nach dieser Recapitulation des Inhalts meiner bisherigen Vorträge nun noch kurz die Punkte an, welche den Gegenstand der folgenden Vorträge bilden werden.

Das erste Capitel der Genesis berichtet, Gott habe die Pflanzenwelt und die Thiere der verschiedenen Arten schöpferisch hervorgebracht und zuletzt ein Menschenpaar geschaffen. In dem Fluthberichte wird weiterhin angegeben, die Menschen seien alle von der Erde vertilgt worden bis auf Noe und die Seinigen, und von den drei Söhnen Noe's stamme die ganze Menschheit ab. Wie verhalten sich zu diesen biblischen Angaben die Lehren der Naturforscher von der Entstehung des organischen Lebens und von dem Verhältniß der verschiedenen Organismen zu einander? Was sagt die Physiologie insbesondere zu der biblischen Lehre von der Einheit des Menschengeschlechts? Dieser letzte Punkt ist von um so größerer Wichtigkeit, als die Abstammung aller Menschen von Adam und Eva in der hl. Schrift auf das bestimmteste ausgesprochen wird und zugleich die nothwendige Voraussetzung des Lehrsatzes von der Erbsünde ist.

XXIX.

Die Generatio aequivoca.

Die neuern Naturforscher haben mit großer Sorgfalt die Frage erörtert, ob organische Wesen, Pflanzen und Thiere, nur auf dem gewöhnlichen Wege der Fortpflanzung durch Keime und Eier von andern entstehen können, oder ob auch eine sogenannte generatio aequivoca oder spontanea, eine Entstehung von Pflanzen und Thieren ohne Keime und Eier aus unorganischen Stoffen möglich sei. Die ältern Naturforscher von Aristoteles an und nach ihrem Vorgange auch die ältern Theologen nahmen eine generatio aequivoca für einzelne Classen von Organismen ganz unbedenklich an. Nicht bloß Mücken, Flöhe, Läuse und verwandtes Ungeziefer ließ man frei aus der Erde entstehen, sondern auch Frösche, Schlangen und Mäuse; selbst der Aal, bei welchem Aristoteles keinen Eierstock finden konnte, war lediglich ein Kind des Schlammes. Der gelehrte Athanasius Kircher gibt förmliche Recepte an, wie man Thiere wachsen lassen könne: Nimm Schlangen, so viel du willst, trockne sie, schneide sie in kleine Stücke, grabe solche in feuchte Erde, begieße sie fleißig mit Regenwasser und überlaß das Uebrige der Frühlingssonne. Nach acht Tagen geht die ganze Masse in kleine Würmer über, welche, mit Milch und Erde gemästet, endlich zu vollkommenen Schlangen werden, die durch Begattung sich ins Unendliche vermehren. [1]

Der hl. Augustinus [2] wirft in der Erläuterung des mosaischen Schöpfungsberichtes die Frage auf, ob „gewisse kleine Thiere" auch am fünften und sechsten Tage geschaffen worden, oder später aus verwesten Materien entstanden seien. „Denn viele Thierchen," sagt er, „entstehen aus krankhaften Feuchtigkeiten, aus Ausdünstungen der Erde oder aus Leichen, einige auch aus verfaulten Hölzern, Kräutern und Früchten. Gott ist aber der Urheber aller Dinge. Man kann also sagen, daß diejenigen Thierchen, welche aus den Leibern, namentlich den Leichen anderer lebenden Wesen entstehen, nur potentialiter et materialiter mit diesen geschaffen worden sind. Von denjenigen aber, welche aus der Erde oder dem Wasser entstehen, kann man unbedenklich sagen, sie seien am fünften und sechsten Tage geschaffen worden." Diese Stelle des hl. Augustinus wurde in das dogmatische Compendium des Mittelalters, in die Sentenzenbücher des Petrus Lombardus aufgenommen, und die Scholastiker lassen die Theorie gelten. Der hl. Thomas [3] verwahrt sich zwar gegen die Ansicht des Avicenna, daß alle Thiere ohne Samen aus einer bestimmten Vermischung der Elemente entstehen könnten; daß aber gewisse Thiere aus verwesten Pflanzen und Thieren entstehen, bestreitet er nicht.

Sie sehen daraus, daß die Frage über die generatio aequivoca keine directe theologische Bedeutung hat; die ältern Theologen haben die Annahme derselben in einer Ausdehnung theologisch unbedenklich gefunden, wie sie heutzutage von keinem verständigen Naturforscher mehr vorgetragen wird. Denn daß die Thiere, von welchen die Alten sprechen, nicht anders als durch natürliche Fortpflanzung entstehen, darüber sind alle Naturforscher einig. Es handelt sich nur noch um die Frage, ob Infusionsthierchen und die sogenannten Entozoen oder Binnenthiere, Eingeweidewürmer u. dgl. durch Urzeugung entstehen können. David Strauß behauptet nun freilich: „Es steht fest, daß theils aus unorganischen, theils aus ungleichartigen organischen Stoffen unter gewissen Umständen noch immer lebendige Wesen sich bilden: in Wasseraufgüssen nicht bloß auf animalische und vegetabilische, sondern auch auf mineralische Körper die sogenannten Infusorien, im thier-

---

1) Quenstedt, Sonst und Jetzt S. 229.
2) de Gen. ad lit. 3, 14. Petr. Lomb. Sent. 2, 15.
3) 1. q. 71, 1; q. 72, a. 1.

schen Leibe die Entozoen." Aber diese Behauptung gehört mit zu denjeni=
gen, welche Humboldt veranlaßt haben, in dem Briefwechsel mit Varn=
hagen [1]) in sehr strengen Ausdrücken den „naturhistorischen Leichtsinn" von
Strauß zu rügen, für dessen theologisches Treiben er sonst starke Sympa=
thien äußert. Denn, was Strauß als feststehend bezeichnet, ist, ganz
gelinde ausgedrückt, eine im höchsten Grade problematische Ansicht.

Der Verfasser der „natürlichen Geschichte der Schöpfung" [2]) führt zwar
eine Reihe von Thatsachen an, aus welchen die Wirklichkeit der Urzeugung
hervorgehen soll. Er erzählt namentlich von zwei Engländern, welche durch
die Einwirkung einer Volta'schen Batterie auf verschiedene Stoffe Insecten
gemacht haben. Einer hat einmal elf Monate dazu gebraucht, um eine
Anzahl Milben zu produciren; andere Male genügten wenige Wochen. Der
Verfasser verwahrt sich sehr heftig gegen das Publicum, welches es für
gottlos gehalten habe, selbst nur zu vermuthen, daß Thiere durch einen von
Menschen erdachten Apparat erzeugt werden könnten. „Nur durch die ge=
dankenloseste Unwissenheit," sagt er, „könnte der Experimentalist für den Ur=
heber der Existenz dieser Geschöpfe angesehen werden. Er hat höchstens die
natürlichen Bedingungen zusammengestellt, durch welche die wahre Schöpfer=
kraft, die ursprünglich von dem göttlichen Urheber aller Dinge ihren Anstoß
erhielt, in jenem Falle in Thätigkeit zu treten veranlaßt wurde. Jenes
Insect war ein von Anfang an vorherbestimmter Typus eines Wesens, das
unter gewissen physicalischen Bedingungen ins Leben treten sollte. Diese
Bedingungen stellte eine menschliche Hand zusammen; die Production des
Insectes, wenn sie wirklich stattfand, war aber ebenso klar ein Act des
Allmächtigen, als wenn dieser es mit seinen eigenen Händen geformt hätte."

So muß die Sache jedenfalls erklärt werden, wenn sie wirklich statt=
fand. Aber das ist eben die Frage. Carl Vogt macht in seiner Ueber=
setzung zu der Stelle die Note: „Die ganze Geschichte von den Versuchen
jener Engländer wurde sehr bald als Humbug erkannt," und an einer
andern Stelle sagt er: „Ueber die Erzeugung der Infusorien in Aufgüssen
lehrt die Beobachtung Folgendes. In Infusionen, die man durch Kochen
von allen organischen Keimen befreit hat, entsteht nie ein Organismus,

---

1) S. 117: „Was mir an Strauß gar nicht gefallen hat, das ist der naturhistorische
Leichtsinn, mit welchem er in Entstehung des Organischen aus dem Unorganischen, ja in
Bildung des Menschen aus chaldäischem Urschlamm keine Schwierigkeit findet."

2) S. 151 ff.

wenn nur die Luft, die man zu ihnen treten läßt, von allen organischen Einschlüssen befreit ist. Man erreicht dies mittelst Durchleiten derselben durch Schwefelsäure, Aetzkali, eine glühende Röhre oder dergleichen Mittel, welche alle die Luft chemisch durchaus unverändert lassen. Daß in der Luft nicht nur Keime, sondern eine große Anzahl von lebensfähigen organischen Wesen umherschweben, die durch den Wind u. s. w. fortgeführt werden, ist unzweifelhaft und durch die mikroskopische Analyse fallender vulkanischer Aschen u. s. w. vollkommen nachgewiesen. Die Infusionen also, welche in Aufgüssen entstehen sollen, sind nur hineingefallen, haben sich darin weiter entwickelt und durch Sprossung und Theilung vermehrt." [1]

Mit dieser Ansicht von Vogt stimmen die bedeutendsten Physiologen der Gegenwart, Ehrenberg, Rudolph Wagner, Johannes Müller u. s. w. vollkommen überein. [2] „Was die Erzeugung der Eingeweidewürmer betrifft," sagt Vogt, „so ist dieselbe noch in vieler Beziehung dunkel; doch sprechen alle bekannten Erscheinungen durchaus gegen ihre Entstehung auf Kosten der Organismen, welche sie bewohnen. Der dunkeln Wege, welche die Natur in Erzeugung und Entwicklung dieser Wesen befolgt, sind schon so viele aufgehellt worden, daß wir hoffen können, bald völliges Licht zu erhalten. So viel ist sicher, daß alle jene Behauptungen, mit denen man sich früher trug, vollständig durch die neuern Untersuchungen widerlegt sind,

---

1) „Infusionsthiere und Infusionspflanzen, die übrigens oft sehr schwer von einander zu unterscheiden sind, entstehen zwar schon nach wenigen Tagen in Aufgüssen über organische Stoffe beim Zutritt der Luft. Doch stellte sich bei genauerer Prüfung fast mit Gewißheit heraus, daß alle jene kleinen Wesen dennoch nur Keimen und Eiern ihr Dasein danken. Freilich müßten diese Eier in der Luft herumfliegen, aber, kleiner als die feinsten Sonnenstäubchen, können sie auch trocken durch den leichtesten Wind aus Dachrinnen und vom Boden fortgeführt werden. Schulze, Schwann und neuerlichst Unger haben in dieser Beziehung die genauesten Untersuchungen angestellt. Danach scheinen die Keime lediglich durch die Luft herbeigeführt zu werden, welche dann im Aufguß zum Leben kommen. Unger fand, daß selbst im reinsten destillirten Wasser der einfachste vegetabilische Körper, die niedrigste Alge, Protococcus minor, beim Zutritt gewöhnlicher Luft entstehe; ward aber die Luft vorher gereinigt, so zeigte sich selbst nach mehrern Jahren nicht die Spur von organischer Substanz; doch reichte das kaum einige Secunden während Oeffnen des Korks hin, um das grüne Pflänzchen nach kurzer Zeit in der wiedergeschlossenen Flasche wachsen zu sehen. Solche Versuche müssen allerdings nachdenklich machen und uns dem alten Harvey'schen Satze ,omne vivum ex ovo — alles Lebendige aus dem Ei' wieder in die Arme führen." Quenstedt, Sonst und Jetzt S. 232. — Ueber die neuern Versuche von Pouchet und Pasteur, vgl. Natur und Offenbarung VII, 478.

2) Vgl. Ulrici, Gott und die Natur S. 280. — Karsch, in Natur und Offenbarung III, 433.

und daß wir jetzt, nach den so vielfältigen Untersuchungen besonders deut=
scher Forscher über die Erzeugung der Band= und Saugwürmer mit voll=
kommener Sicherheit behaupten können, daß alle Binnenwürmer sich durch
Zeugung, durch Eier und Sprossung fortpflanzen, daß sie von außen in
ihre Wohnthiere eingeführt werden, und daß alles, was über die Ent=
stehung von Binnenwürmern aus Theilen des Organismus, den sie be=
wohnen, bisher gesagt wurde, eitel Dunst und Dampf ist." [1]

Auch Burmeister [2] obschon er kein Hehl daraus macht, daß er die
Möglichkeit der Urbildung gern wissenschaftlich erwiesen sähe, gibt zu, die=
selbe habe in der Gegenwart ihre Hauptstütze verloren, sie sei durch die
neuesten wissenschaftlichen Untersuchungen höchst unwahrscheinlich gemacht und
wir könnten uns nach den bisherigen Erfahrungen die Entstehung organi=
scher Materie aus anorganischen Elementen nicht wohl vorstellen, ohne den
Einfluß eines schon vorhandenen lebendigen Organismus. Von den In=
fusionsthierchen spricht er gar nicht; von den sogenannten Binnenthieren
aber sagt er, die Lehre von ihrer Urbildung scheine namentlich durch Siebold
zu deren Ungunsten erledigt zu sein.

Wenn sich aber eine Urbildung organischer Wesen für die Gegenwart
nicht erweisen läßt, ist man dann auf naturwissenschaftlichem Standpunkte

---

1) „Unsere Aerzte und Physiologen haben heute hinlänglich dargethan, daß die Band=
würmer nur aus Eiern entstehen und nie anders. Man weiß, daß jedes Glied des
Thieres eine Unzahl kleiner Eier birgt, die schon durch die Geburtsstätte daran gewöhnt
wurden, im Unrath nicht gleich umzukommen. Merkwürdiger und erschwerender Weise
bringen es die Thiere nie in Einem Körper zur Reife, sondern die Eierchen, welche auf
feuchtem Boden gesund und entwicklungsfähig bleiben, müssen von andern Thieren (be=
sonders Schweinen) verschlungen werden, im fremden Leibe zu Blasenwürmern (Cestoden,
Finnen) reifen, die mit Häckchen am Munde plötzlich eine gewaltige Wanderlust bekommen,
sich durch Darmcanal, Muskeln, Knochen bis zum Hirn und Auge innere Wege bahnen,
woraus bei Schafen die Drehkrankheit entsteht. Nach Dr. Küchenmeister lassen sich diese
Wege nach mehrern Wochen durch Exsudatstreifen noch erkennen. Ja, um alle Zweifel
zu heben, hat man durch Fütterung von Eiern in verschiedenen Hausthieren solche Para=
siten erzeugt. Sollen daraus nun Bandwürmer entstehen, so müssen diese Blasenwürmer
in den Magen eines andern Thieres zurück, was beim Menschen hauptsächlich durch un=
gekochte Fleischspeisen geschieht. Bei den Thieren hat der Haushalt der Natur noch leichter
für das Fortkommen gesorgt. So findet man in der Leber von Mäusen und Ratten gar
häufig kleine Cestoden, die ihrer Erlösung harren. Wird nun ein solches Mäuschen von
einer Katze gefangen und gefressen, so entwickelt sich daraus der Katzenbandwurm. Ge=
rade diese doppelte Gefahr des Untergangs, welche Eiern und Embryonen droht, beschränkt
zur Genüge das Ueberwuchern, zu welchem sonst leicht die Unzahl von Eiern die Ver=
anlassung geben könnte." Quenstedt, S. 231.

2) Gesch. der Schöpfung S. 287.

zu der Annahme berechtigt, daß dieselbe in früherer Zeit möglich gewesen sei? Das nehmen nämlich manche Forscher an. „Gegenwärtig," sagt Burmeister, „wo überall hinlängliche zeugungsfähige Geschöpfe leben, brauchen freilich keine neuen aus Urstoffen sich zu bilden; auch fehlt es dazu vielleicht an der materiellen Grundlage, woraus sie sich bilden könnten, da bei weitem die meiste organische Substanz der Gegenwart bereits in lebendigen Organismen sich befindet und kein Vorrath zur Entstehung neuer Individuen in anderer Weise als durch Zeugung da zu sein scheint. Aber in der Urzeit der Organisation war das alles anders und darum auch wohl der Hergang der Bildung ein anderer." Burmeister wirft sich nun weiter die doppelte Frage auf, woher die organische Grundmaterie kam, aus welcher die Organismen entstanden, und wie denn aus dieser Materie die ersten Organismen entstanden sein können.

Die Beantwortung der ersten Frage ist ihm nicht schwer: es gab eine aus Sauerstoff und Stickstoff gemischte Atmosphäre, es gab Wasser, welches Wasserstoff und Kohlensäure, Kalkerde, Kieselerde und andere Stoffe aufgelöst enthielt, welche im lebendigen Organismus sich finden. „Denken wir uns nun," fährt er fort, „bei einer solchen Fülle des Materials zugleich eine erhöhte Temperatur, die leicht noch auf sechzig Grad Reaumur verweilen konnte, so haben wir in ihr, da es zugleich an Feuchtigkeit nirgends fehlte, einen wirksamen Hebel für die Fruchtbarkeit des Bodens und ein wichtiges Hülfsmittel für die Bildung der ersten organischen Materie aus so vielfach vorhandenen Materialien." Angenommen, alle diese Materialien seien gerade so, wie Burmeister wünscht, vorhanden, Atmosphäre, Temperatur u. s. w. gerade so, wie er für gut befindet, beschaffen gewesen, so bleibt nur noch die zweite Frage: wie haben sich denn nun aus diesen Materialien die ersten Organismen gebildet? Hic Rhodus, hic salta. „Der Hergang ihrer Bildung," sagt unser Autor weiter, „ist das eigentliche Räthsel, welches wohl für immer unlöslich bleiben wird und deshalb hier nicht mit Bestimmtheit beantwortet werden kann. Gestehen wir es nur, unsere positiven Wahrnehmungen reichen zur Construction eines nur einigermaßen haltbaren Bildes der ersten organischen Schöpfung nicht hin. Sei also, wie du sein mußt, erster, ältester Tag des Lebens; wir haben kein Auge mehr, dich zu erkennen, keinen Sinn, dich zu begreifen, und darum auch keine Feder, dich deiner Natur nach zu beschreiben."

Das ist offen und ehrlich gesprochen. Bleiben wir bei dem stehen, was uns die Beobachtung der Natur lehrt, so ist die Entstehung der ersten organischen Wesen ein unauflösliches Räthsel. Jetzt entstehen Pflanzen und Thiere nur durch Fortpflanzung von andern Pflanzen und Thieren; in dieser Weise können die ersten Pflanzen und Thiere nicht entstanden sein; also wissen wir nicht, wie sie entstanden sind. So muß jeder Naturforscher sagen, welcher die Gesetze der Logik und die Grundgesetze seiner eigenen Wissenschaft achtet. Mithin muß sich die Naturwissenschaft in Bezug auf die Frage nach der Entstehung der ersten organischen Wesen einfach für incompetent erklären. Es sind drei Antworten auf die Frage möglich: 1) Pflanzen und Thiere hat es von Ewigkeit gegeben; ') 2) die ersten Pflanzen und Thiere sind geschaffen, d. h. durch eine außer der Natur stehende Kraft hervorgebracht worden; 3) die ersten Pflanzen und Thiere sind von selbst geworden. Alle drei Antworten muß der Naturforscher als solcher als gleich zulässig bezeichnen; denn er kann keine derselben begründen, also auch keine derselben widerlegen. Mithin ist die Lehre der Bibel, daß die ersten Pflanzen und Thiere von Gott geschaffen worden sind, gegen alle Einwendungen von Seiten der Naturforschung gesichert.

Es ist sehr zu beklagen, daß Burmeister nicht den Standpunkt des Naturforschers festgehalten, sondern in seine Darstellung allerlei eingemengt hat, was mit den von ihm selbst aufgestellten richtigen Grundsätzen seiner Wissenschaft sehr schlecht harmonirt. Er sagt: in Bezug auf die Bildung der ersten organischen Wesen müsse die Ansicht die größte Wahrscheinlichkeit für sich haben, welche am meisten an die gegenwärtigen Verhältnisse sich anschließe und das Eingreifen aller außergewöhnlichen Mächte verwerfe. Das ist richtig. Er fährt fort: „Wollen wir nicht zu Wundern und Unbegreiflichkeiten unsere Zuflucht nehmen, so müssen wir die Entstehung der ersten organischen Geschöpfe durch die freie Zeugungskraft der Natur selbst einräumen." Aber ist denn eine solche freie Zeugungskraft der Materie nicht auch auf dem Standpunkte der Naturwissenschaft ein Wunder und eine Unbegreiflichkeit und ein Eingreifen außergewöhnlicher Mächte? Burmeister stellt mit allen wissenschaftlich verfahrenden Naturforschern an die Spitze seines Buches den Grundsatz, daß die Basis alles naturwissenschaftlichen Wissens das Studium der Gegenwart sei und daß alle Erklärungen früherer Erscheinungen auf Aehnlichkeiten mit gegenwärtigen Begebnissen ruhen müßten. Nun bilden sich aber, wie Burmeister selbst festhält, gegenwärtig keine or-

---

1) So Czolbe, neue Darstellung des Sensualismus, 1855; vgl. Natur und Offenbarung IV, 457.

ganische Geschöpfe aus Urstoffen, die Materie hat also keine freie Zeugungs=
kraft; folglich ist es unwissenschaftlich, eine solche freie Zeugungskraft zur
Erklärung der Entstehung der ersten Organismen zu verwenden. Alle exacte
Wissenschaft hat ein Ende, wenn man zu der Voraussetzung seine Zuflucht
nimmt, daß in der Urzeit etwas geschehen sei, was nach den aus den ge=
genwärtigen Erscheinungen ermittelten Naturgesetzen nicht geschehen konnte.

Burmeister ist übrigens ehrlich genug, offen auszusprechen, weshalb
er die Urbildung als Naturgesetz aufstellt, trotzdem daß sich dieses Natur=
gesetz aus den gegenwärtigen Erfahrungen nicht erweisen läßt. Wenn man
nicht annehme, daß die ersten Pflanzen und Thiere von selbst geworden
seien — die Meinung, daß sie ewig seien, erwähnt er gar nicht, — so sei
ihr Entstehen nur durch unmittelbares Eingreifen einer höhern Macht denk=
bar. Weil nun Burmeister ein solches Eingreifen einer höhern Macht, also
ein göttliches Schaffen nicht anerkennen will, darum bezeichnet er die Ur=
bildung als ein nothwendiges Postulat der exacten Wissenschaft. Also, um
nicht die Schöpferkraft eines göttlichen Wesens anzuerkennen, muß man der
Materie eine freie Zeugungskraft zuerkennen, obschon sich für die Existenz
derselben keine wissenschaftlichen Gründe nachweisen lassen.

Ich breche hier ab, da das Gebiet der Naturwissenschaft hier zu Ende
ist. Wir sind bei demselben Punkte angekommen, bei welchem wir auch
bei der Frage über die Entstehung der Materie ankamen. Die Naturfor=
scher mögen glauben, die Geschichte der Erde von ihrem jetzigen Zustande
bis zu der Zeit hinauf verfolgen zu können, wo sie sammt den übrigen
Theilen unseres Planetensystems nur erst als kosmischer Nebel oder Gas=
masse existirte; wird aber die Frage aufgeworfen, woher diese Materie?
so hört die Competenz der Naturwissenschaft auf; denn für die Entstehung
einer Materie aus nichts bietet die Beobachtung der gegenwärtigen Erschei=
nungen keine Analogie. So mögen auch die Physiologen über die Geschichte
der Fortpflanzung und der etwaigen Veränderungen der organischen Wesen
wissenschaftliche Forschungen anstellen; die Frage nach der Entstehung der
ersten Pflanzen und Thiere müssen sie unbeantwortet lassen. Zu sagen,
dieselben seien von selbst aus der Materie entstanden, wäre nur dann ge=
rechtfertigt, wenn durch Beobachtung nachgewiesen wäre, daß eine solche Ur=
bildung noch jetzt stattfinde, oder wenn auf wissenschaftlichem Wege, nicht
bloß durch Vermuthung und philosophische Speculation, die Annahme er=
wiesen wäre, daß die Materie eine Zeugungskraft, die sie jetzt nicht besitzt,
früher besessen hätte. Beides ist nicht der Fall.

Auf solche Theorien, wie sie Burmeister vorträgt, finden die treffenden Worte Quenstedts[1] Anwendung: „Begreifen heißt für den Naturforscher sehen, und nur auf dieser Basis darf er Schlüsse ziehen. Wenn aber heutiges Tages nicht einmal ein ärmliches Pflänzchen ohne vorherigen Keim entstehen könnte, welcher besonnene Forscher wagte dann voreilig zu behaupten, der ganze Schmuck der Pflanzen- und Thierwelt bis zum Menschen herauf dürfe nur im todten Schooße der Erde erzeugt sein? Aber Manchen erscheint die Macht des Schöpfers, dem todten Erdkloß einen lebendigen Odem einzublasen, so mißbehaglich, daß sie lieber den absurdesten Träumen sich hingeben, um nur als scheinbare Sieger dazustehen. Ja, rufen sie, wenn auch unsere heutige Erde nichts Lebendiges mehr aus sich hervorbringen könnte, so ist das leicht erklärlich; jetzt gleicht sie einem alten Mütterchen, aber in ihrer Jugendzeit, da war es anders! Man lese nur die Werke derjenigen, die sonst mit der schärfsten Lauge des Verstandes alles zu beizen pflegen, was sich nur von menschlichen Regungen gegen abstracte Naturgesetze in uns aufthun will, man lese, wo es sich um organische Anfänge handelt, wie dann im Busen der alten Formationen plötzlich aller Dreck von Leben wimmelt und die Allmacht der todten Erde im Schaffen nicht satt werden kann! Das ist der Mensch in seiner Beschränktheit des Geistes, der da meint, er müsse alles denken können, sonst sei es nichts. Erlaubten sich Philosophen solches, so kann man darüber hinwegsehen, denn was bliebe ihnen, wenn sie nicht mehr denken sollten? Als Naturforscher dürfen wir jedoch nur aus richtigen Beobachtungen schließen, müssen aber dabei stets die Schranke bezeichnen, über die nichts hinausgeht. Wenn Unger Recht hätte, daß nicht einmal das niedrigste Pflänzchen aus unserm Boden ohne Keime aufsprossen könnte, müßte dann ein nüchterner Forscher nicht schließen: was nach unsern Naturgesetzen heute nicht ist, konnte auch früher nicht sein? Denn gerade auf der Stetigkeit jener ewigen Gesetze beruht der ganze Bau unseres irdischen Wissens.“

Selbst angenommen, die generatio aequivoca lasse sich für gewisse Infusorien oder, was noch eher als möglich anzusehen wäre, für gewisse Binnenthiere nachweisen, so würde das noch lange nicht hinreichen, um die Annahme der Entstehung der ganzen organischen Welt durch die freie Zeugungskraft der Materie plausibel zu machen. Wenn jene Pflanzen und Thiere so entstehen können, so ist damit naturwissenschaftlich noch nicht er-

---

[1] Sonst und Jetzt S. 233.

wiesen, daß auch andere so entstehen können. Strauß in seiner sogenannten Dogmatik knüpft in Bezug auf die Entstehung des Menschen, — erlauben Sie, daß ich den Unsinn anführe — an den Bandwurm an: da derselbe etliche zwanzig Fuß lang werde (er wird sogar mitunter sechzig Ellen lang), so sei er kein kleines Thier mehr gegen den Menschen; da nun feststehe, daß er in uns von freien Stücken ohne Zeugung komme, so könne auch der erste Mensch von selbst aus Erde geworden sein. Abgesehen davon, daß hinlänglich dargethan ist, daß die Bandwürmer nicht von selbst, sondern nur aus Eiern und nie anders entstehen, kann doch immer noch entgegnet werden, daß das Werden eines Bandwurms in unserm Leibe doch offenbar weiter nichts zeigen würde, als den Abfall eines niedern Thieres von einem höhern, während umgekehrt ein Fortschritt vom Unvollkommenern zum Vollkommenern nachgewiesen werden müßte. [1]

Jene Bemerkung von Strauß gehört, wenn sie überhaupt ernst gemeint ist, einem Standpunkte in der Naturforschung an, der jetzt längst ein überwundener ist. Vormals stellte man solche und ähnliche Vermuthungen über die Entstehung der Menschen auf, wie sie heutzutage keiner mehr vortragen darf, ohne von den Naturforschern einfach ausgelacht zu werden. Als Ritgen noch im Jahre 1832 das Hervorwachsen der Pilze aus der Erde als Analogon zur Entstehung der ersten Menschen anführte, da sprach er selbst dabei die Befürchtung aus, er werde dem Vorwurfe zu großer Willkür und der Gefahr, lächerlich zu werden, wohl nicht entgehen. [2]

Die wunderlichste Darstellung der Entstehung der ersten Menschen hat ein sonst berühmter Naturforscher, Oken, im Jahre 1819 gegeben. [3] Um die Tendenz seines Aufsatzes gleich zu kennzeichnen, setzte er ihm das Motto vor „laßt uns Menschen machen." „Ein Kind von zwei Jahren," sagt er, „wäre ohne Zweifel im Stande, sein Leben zu erhalten, wenn es Nahrung um sich fände, Würmer, Schnecken, Kirschen, Aepfel, Rüben, Kartoffeln, endlich gar Mäuse, Ziegen, Kühe; denn das Kind saugt ohne Unterricht; um diese Zeit hätte es Zähne und könnte gehen." Als ein solcher „Junge" also, wie ihn Oken in diesem Satze beschrieben und außerdem noch durch eine Zeichnung veranschaulicht hat, muß der erste Mensch entstanden sein. Aber wie? „Daß aus dem Meere alles Lebendige gekommen, ist eine

---

1) Quenstedt, S. 231.
2) Wagner, Gesch. der Urwelt II, 270.
3) Vgl. Wagner a. a. O.

Wahrheit, die wohl Niemand bestreiten wird, der sich mit Naturgeschichte und Philosophie befaßt hat; auf Andere nimmt die jetzige Naturforschung keine Rücksicht mehr. Embryonen solcher Jungen entstehen ohne Zweifel zu tausenden im Meere, wenn sie einmal entstehen. Die einen werden unreif auf den Strand geworfen und verkommen; andere werden an Felsen zerquetscht, andere von Raubfischen verschlungen. Was thut das? Sind ja noch tausende übrig, welche sanft und reif an den Strand getrieben werden, welche daselbst ihre Hüllen zerreißen, die Würmer ausscharren, die Muscheln und Schnecken aus den Schalen ziehen; wenn wir Austern roh essen können, warum nicht Meermenschen? Kommt die Fluth, so kann der Junge entfliehen; er kommt auf höheres Land und findet Pflanzen in Menge, sollten es auch nur Pilze sein. An Nahrung und Rettungsmitteln fehlt es also nicht mehr, auch nicht an Zeitvertreib; denn mit ihm sind wohl an derselben Küste Dutzende angetrieben worden. Warum soll dieser Junge nicht Töne ausstoßen, warum nicht andere bei Schmerz, andere bei Freude, andere beim Locken, andere beim Abstoßen, andere beim Liebkosen, andere beim Zanken? Wer kann an all diesem einen Augenblick zweifeln? Die Sprache wächst also aus dem Menschen wie dieser aus dem Meere. Daß also Kinder im Meere sich entwickeln, sich dann außer ihm erhalten können, wäre gezeigt. Aber wie kommen sie in das Meer? Von außen nicht; denn im Wasser muß alles Organische entstehen. Sie sind also im Meere entstanden. Wie ist das möglich? Ohne Zweifel ebenso, wie andere Thiere in ihm entstanden sind und noch täglich in ihm entstehen, Infusorien, Medusen wenigstens." Bloß der Mangel an Wärme, meint Oken zum Schluß, sei Schuld, daß das heutige Meer keine Menschen mehr hervorbringen könne; früher habe es Blutwärme gehabt, darum sei damals die Entstehung von Menschen in demselben möglich gewesen.

Das sind also die Ahnen so geistreicher Männer, wie Oken war. Ich kenne diesen Schriftsteller zu wenig, um Ihnen mit Sicherheit sagen zu können, ob er fähig war, den zehnten Theil von diesem Unsinn für möglich zu halten. Da er gewöhnlich als der „geistreiche Oken" citirt wird, und da die Moral uns gebietet, unsern Nebenmenschen möglichst milde zu beurtheilen, so will ich gern annehmen, daß er mit dieser Hypothese nichts anderes beabsichtigt hat, als Strauß mit seinem Bandwurm = Vergleich, nämlich die Theologen und die Bibelgläubigen zu ärgern. Es sollte mir leid thun, wenn Jemand so thöricht gewesen wäre, sich wirklich darüber zu ärgern.

Von diesen Thorheiten abgesehen, ist also Folgendes das Resultat der naturwissenschaftlichen Untersuchungen über die Entstehung der organischen Wesen:

1) Es ist höchst wahrscheinlich, daß nach der jetzigen Ordnung der Natur keine einzige Art von Pflanzen und Thieren durch Urbildung entsteht.

2) Nur in Bezug auf einige Infusorien und sogenannte Binnenthiere halten einige Naturforscher die Unmöglichkeit der Urbildung für nicht vollständig erwiesen.

3) Die Naturwissenschaft ist nicht berechtigt zu der Annahme, daß die Urbildung, welche jetzt nicht stattfindet, früher stattgefunden, daß die Materie vormals eine Zeugungskraft besessen habe, die sie jetzt nachweislich nicht besitzt.

4) Die Naturwissenschaft ist mithin gar nicht im Stande, über die Entstehung der ersten organischen Wesen eine wissenschaftlich begründete Ansicht auszusprechen.

5) Die Lehre der Bibel, daß die ersten Pflanzen und Thiere von Gott schöpferisch hervorgebracht worden sind, ist mithin eine solche, gegen welche Einwendungen von Seiten der Naturwissenschaft gar nicht möglich sind.

Selbst wenn die Urbildung in der Ausdehnung möglich wäre, wie die ältern Naturforscher und Theologen annehmen, würde immer noch nicht bewiesen werden können, daß die Lehre von der Erschaffung aller organischen Wesen naturwissenschaftlich unhaltbar sei. Auch wenn Pflanzen und Thiere aus der Materie von selbst entstehen können, kann nicht bewiesen werden, daß sie wirklich so entstanden und nicht durch Gott schöpferisch hervorgebracht sind. Darum nehmen die ältern Theologen an der Lehre von der generatio aequivoca keinen Anstoß. Sie sehen aber leicht, daß die Naturwissenschaft, indem sie bei ihrer weitern Entwicklung die allgemeine Unmöglichkeit der Urbildung, wenn nicht zur Evidenz, so doch zur höchsten Wahrscheinlichkeit erhob, der Lehre der Bibel entschieden näher gekommen ist, und daß sich also auch hier der Satz bewahrheitet, daß die Bibel dem Fortschritt der naturwissenschaftlichen Forschung eher hoffnungsvoll als ängstlich entgegensehen darf.

Von einem Vonselbstentstehen der Menschen und der höhern Thiere und Pflanzen wird heute kein Naturforscher mehr zu sprechen wagen. Will man den Schöpfer beseitigen, so ist man zu einem großen Umwege genöthigt. [1]) Man muß von der Möglichkeit der Urbildung der unvollkom-

---

1) Vgl. Natur und Offenbarung V, 17.

menſten organiſchen Weſen ausgehen und annehmen, daß dieſe urſprünglich
ohne ſchöpferiſchen Act entſtanden ſind; man muß dann weiter nachzuweiſen
ſuchen, daß aus dieſen unvollkommenen Anfängen die vollkommenern organiſchen Weſen bis zum Menſchen hinauf ſich natürlich entwickelt haben können, daß alſo unſere erſten Ahnen nicht aus dem Meere gekrochene zwei-
jährige Jungen, ſondern etwa Milben ſind, wie ſie unter der Hand jenes
Engländers aus kieſelſaurem Kali entſtanden ſein ſollen. Das führt uns
zur Prüfung der gerade gegenwärtig viel beſprochenen Speciesfrage.

XXX.
Die Speciesfrage.

Wir haben in der vorigen Stunde geſehen, daß die Naturwiſſenſchaft
keine Einrede dagegen erheben kann, wenn die Geneſis berichtet, die erſten
Pflanzen und Thiere ſeien durch einen ſchöpferiſchen Act Gottes hervorge-
bracht worden. Die Geneſis berichtet aber, in Bezug auf die Pflanzen,
Gott habe hervorgebracht Grün, ſamentragende Kräuter und fruchtbringende
Bäume nach ihrer Art, alſo nicht einerlei, ſondern Pflanzen von mancherlei
Art, und ebenſo, in Bezug auf die Thiere, er habe hervorgebracht große
und kleine Waſſerthiere nach ihren Arten, fliegende oder Luftthiere nach
ihren Arten und große und kleine, zahme und wilde Landthiere nach ihren
Arten. Wenn wir nun, ohne daß von Seiten der Naturwiſſenſchaft eine
Einrede dagegen erhoben werden kann, annehmen dürfen, daß die erſten
Pflanzen und Thiere, von welchen die jetzt exiſtirenden abſtammen, von
Gott geſchaffen worden ſind, ſo dürfen wir auch weiterhin annehmen, was
der Bericht der Geneſis nahe legt, daß die Pflanzen- und Thierwelt in
einer ähnlichen Mannichfaltigkeit der Formen hervorgebracht worden iſt, wie
ſie jetzt exiſtirt. Ich ſage, in einer ähnlichen Mannichfaltigkeit; denn
eine gleiche Mannichfaltigkeit anzunehmen, nöthigt uns der Bericht der
Geneſis keineswegs. Die Mannichfaltigkeit von Roſen, Nelken und Geor-
ginen z. B., welche jetzt unſere Gärten aufweiſen, hat vor hundert Jahren
noch nicht exiſtirt; ſie iſt durch die Kunſt der Menſchen hervorgebracht worden. In ähnlicher Weiſe haben auch natürliche Verhältniſſe die Pflanzen-
und Thierarten vielfach modificirt. Aber die Grundformen, auf welche ſich
dieſe Varietäten zurückführen laſſen, ſind von Gott geſchaffen worden, und
dieſe von Gott geſchaffenen Grundformen leben in den jetzt exiſtirenden

Exemplaren fort, im Wesentlichen unverändert, im Unwesentlichen vielfach
verändert. Welche Veränderungen bei einer Pflanze oder einem Thiere
eintreten können, und was das Wesentliche ist, das unverändert bleibt, das
ist durch wissenschaftliche Beobachtung zu constatiren. Vorerst halten wir
dieses fest, daß nach dem Berichte der Genesis, wenn wir ihn nach seinem
zunächst liegenden Sinne auffassen, Gott nicht einerlei, sondern mancherlei
Pflanzen und Thiere geschaffen hat. Die Annahme aber, er habe von
jeder verschiedenen Art nur Ein Exemplar oder Ein Paar geschaffen, von
welchem alle jetzt existirenden Individuen abstammten, wie alle Menschen
von Adam und Eva, ist ganz willkürlich, wie ich früher schon einmal erwähnt habe,¹) und liegt nicht im Sinne der hl. Schrift; ihr Bericht macht
vielmehr den entgegengesetzten Eindruck, daß auf Gottes Schöpferwort Land
und Meer auf der ganzen Erde mit einer Menge von organischen Wesen
belebt worden sei. Nach dem zunächst liegenden Sinne des biblischen Berichtes haben wir auch wohl anzunehmen, daß Gott die Pflanzen und
Thiere wenigstens zum großen Theile in einem ausgebildeten und ausgewachsenen Zustande geschaffen hat. Das ist wenigstens am natürlichsten
und einfachsten, wenn wir doch einmal einen schöpferischen Act des Allmächtigen annehmen.

Die Eintheilung der Pflanzen und Thiere, wie sie in den angeführten
Sätzen des Heraemeron zu Grunde gelegt wird, hat natürlich gar keine
wissenschaftliche Bedeutung. Moyses will sagen, Gott habe alle Pflanzen
und Thiere geschaffen, und um den Begriff „alle" mehr zu veranschaulichen,
dazu genügt vollkommen die rein äußerliche Aufzählung: Grün, Kräuter,
Bäume, — Wasser-, Luft- und Landthiere, große und kleine, zahme und
wilde Thiere. Die wissenschaftliche Botanik und Zoologie hat allerdings
andere Classen und Ordnungen; aber die Bibel hatte gar keine Veranlassung,
sich darüber auszusprechen. Die systematische Gruppirung des Pflanzen-
und Thierreichs ist also ein Gegenstand, der die Exegeten gar nichts angeht und für die Bibel kein Interesse hat. Diese Gruppirung ist auch im
Allgemeinen eine künstliche; nur Eine Unterabtheilung wird wenigstens von
den meisten Naturforschern als eine natürlich gegebene, reale angesehen,
nämlich die Art oder Species, und mit diesem Begriffe müssen wir uns
etwas genauer bekannt machen.²)

---

1) S. 106.
2) Zöckler über die Speciesfrage nach ihrer theologischen Bedeutung, in den Jahrb.
für deutsche Theol. (Gotha 1860) VI, 659.

Man bezeichnet mit dem Namen Art oder Species die Gesammt=
heit derjenigen organischen Individuen, welche in ihren wesentlichen Eigen=
schaften übereinstimmen. Es ist nun freilich oft sehr schwer, zu bestimmen,
welche Eigenschaften wesentlich und welche unwesentlich sind. Es können
dabei allerlei Punkte in Betracht gezogen werden, z. B. bei Pflanzen, ob
sie phanerogam oder kryptogam sind, ob krautartig oder baumartig, ob sie
Laub oder Nadeln, einzelnstehende Blüthen oder Dolden und dergl. tragen
u. s. w., bei Thieren, ob sie auf dem Lande oder im Wasser, ob sie in
Süßwasser oder Salzwasser leben, ob sie Eier legen oder lebendige Junge
gebären u. s. w. Daß ein Fisch und ein Vogel nicht zu Einer Art gehören,
ist freilich klar, und daß zwei Pferde, die sonst gleich gebaut sind, von denen
aber eins schwarz und eins weiß ist, nicht zu zwei verschiedenen Arten ge=
hören, ist auch klar. Aber bei einigen unvollkommenern Pflanzen und
Thieren ist es in der That sehr schwer, die Arten scharf zu begränzen.
Wo die Organismen den Gegensatz der Geschlechter hervortreten lassen,
wird die Sache einfacher. Man zählt da zu Einer Art alle diejenigen
Individuen, welche fähig sind, durch Vermittlung des Gegensatzes der
Geschlechter neue fruchtbare Individuen hervorzubringen, und von denen sich
darum annehmen läßt, daß sie möglicherweise von einem und demselben
Mutterorganismus ausgegangen sein könnten.

Bringt man den Blüthenstaub einer Pflanze auf den Stempel einer
andern, so können drei Fälle eintreten: entweder entwickelt sich gar kein
Samen, oder es entwickelt sich zwar Samen, aber die Pflanzen, die aus
diesem Samen entstehen, sind unfruchtbar, können keine neuen Individuen
hervorbringen, oder endlich, es entwickelt sich Samen und die aus diesem
Samen gezogenen Pflanzen sind in ununterbrochener Reihe fruchtbar. Nur
in letzterm Falle gehören die beiden Pflanzen der nämlichen Species an,
in den beiden erstern Fällen gehören sie zu verschiedenen Species. Pflanzen
von zwei verschiedenen, aber nahe verwandten Arten können allenfalls mit
einander fruchtbaren Samen erzeugen, aber die nächste oder übernächste
Generation der gemischten Form hat dann jedenfalls alle Fortpflanzungs=
fähigkeit verloren. Aehnlich bei Thieren: Bullenbeißer, Pudel, Windspiel,
Rattenfänger u. s. w. gehören ungeachtet ihrer großen Verschiedenheit im
äußern Habitus alle zu Einer Species, weil sie alle mit einander eine
permanent fruchtbare Nachkommenschaft produciren können. Pferd und Esel
dagegen sind sich zwar äußerlich ähnlicher, als mehrere der genannten
Hundesorten, gehören aber nicht zu derselben Species, weil sie sich in der

Regel nicht mit einander vermischen, und wenn dieses geschieht, ihre Nach-
kommen in der ersten oder zweiten Generation unfruchtbar sind.

In der unbeschränkten Fruchtbarkeit der Zeugung ist also ein objectives
Kriterium der Unterscheidung der Arten gegeben, welches in zweifelhaften
Fällen eine sichere Entscheidung darüber geben kann, ob Pflanzen und Thiere
derselben Species oder verschiedenen Species angehören. Natürlich läßt sich
dieses Experiment nur in verhältnißmäßig geringer Ausdehnung ausführen;
die meisten Species, welche die Naturgeschichte annimmt, sind nach der
Analogie festgesetzt. Absolute Gewißheit kann aber nur auf dem angegebenen
Wege erlangt werden, und die andern Speciesbestimmungen sind alle nur
mehr oder minder wahrscheinlich. Darum ist es in Bezug auf die urweltlichen Thiere auch ganz unmöglich, mit Sicherheit zu bestimmen, welche
von ihnen zu derselben Species gehören und welche von ihnen mit noch
jetzt existirenden Thieren zu einer Species zusammengefaßt werden, also
möglicher Weise die Vorfahren noch jetzt existirender Thiere gewesen sein
können.

Eine Species umfaßt also alle diejenigen organischen Wesen, welche
zum Zwecke der Fortpflanzung zu einander gehören.[1] Unter den Indivi-

---

1) Vgl. Natur und Offenbarung III, 454. — J. Müller, Physiologie II, 768:
„Die Art ist eine durch die Individuen zunächst repräsentirte Lebensform, welche mit gewissen
unveräußerlichen Charakteren in der Generation wiederkehrt und durch die Generation
ähnlicher Individuen constant wieder erzeugt wird. Der letztere Umstand unterscheidet die
Art von den Bastarden. Daß eine durch Generation erzeugte Lebensform sich mit einer
andern fruchtbar begatten könne, ist kein bloßes Kennzeichen der Lebensform, die wir Art
nennen, und nicht hinreichend, um beide sich fruchtbar begattende Individuen als zu einer
Art gehörend zu betrachten. Denn auch Individuen aus zwei verschiedenen Arten einer
und derselben Gattung können sich zuweilen fruchtbar begatten, wie Hund und Wolf,
Pferd und Esel u. s. w., wodurch Bastarde erzeugt werden. Nur die Lebensform der
Gattung, in Arten und Individuen repräsentirt, läßt keine fruchtbare Vermischung mit
Individuen von Arten einer andern Gattung zu. Aber die Bastarde, deren Erzeugung
schon durch die Abneigung der Individuen verschiedener Art erschwert wird, sind nicht
mehr fähig, sich durch Vermischung mit ihres Gleichen in ihren Charakteren zu erhalten.
Vielmehr sind diese Verbindungen entweder ganz unfruchtbar, oder wenn sie zuweilen
fruchtbar sind, wie bei der Vermischung eines Bastards mit einer reinen Art, die zur
Erzeugung des Bastarden mitgewirkt hat, so fällt das Product in die Lebensform der
einen oder andern Art zurück. Constante Wiedererzeugung derselben Lebensform durch
Begattung mit ihres Gleichen ist also ein unveräußerliches und nothwendiges Kennzeichen
der Arten." — C. Vogt, Lehrb. der Geologie II, §. 1400: „Zu einer und derselben
Art gehören, dem heutigen Stande der Wissenschaft gemäß, alle Individuen, welche von
gleichen Eltern abstammen und die selbst oder durch ihre Descendenten den Stammeltern
wieder ähnlich werden." §. 1403: „Wenn die Bestimmung und Abgrenzung der Art

tuen derselben Species finden sich oft bedeutende Verschiedenheiten, wie das eben angeführte Beispiel der Hunde zeigt. Man bezeichnet diese Verschiedenheiten mit dem Namen Varietäten, Spielarten, Abarten, bei Thieren auch, wenn sie constant sind, mit dem Namen Rassen. Solche Verschiedenheiten können durch allerlei natürliche und künstliche Mittel hervorgebracht werden. Das Klima, bei Pflanzen die Verschiedenheit des Bodens, bei Thieren die Verschiedenheit der Nahrung und Lebensweise, die Pflege und der Einfluß des Menschen u. s. w. können Varietäten hervorbringen; in dieser Hinsicht sind die Species also nicht stabil und unveränderlich, aber in allen solchen Varietäten lebt die nämliche Species mit ihren wesentlichen Eigenschaften fort, und es entsteht darum keine neue Species.[1] Ein englischer Taubenzüchter hat sich anheischig gemacht, binnen drei Jahren Tauben von einem bestimmten Gefieder und binnen sechs Jahren Tauben mit einer bestimmten Form des Kopfes und Schnabels zu produciren. Aber die verschiedenen Spielarten von Tauben, welche durch künstliche Züchtung hervorgebracht werden, bleiben immer noch Individuen der Einen Species Taube; ihr anatomischer Bau bleibt unverändert, sie können sich fruchtbar paaren, und die Erfahrung lehrt, daß die künstlich hervorgebrachten Eigenthümlichkeiten der einzelnen Varietäten nicht constant sind, daß sie bei den Nachkommen sich oft ändern und verlieren, daß die Varietäten ausarten, und

---

wesentlichen Schwierigkeiten unterliegt, so ist dies nicht nur deßhalb, weil die Arten durch äußere Einflüsse allmälig verändert werden können, sondern auch aus dem einfachen Grunde, weil in vielen Gruppen des Thierreichs wir über die Fortpflanzung nicht genügende Kenntnisse besitzen und nicht a priori bestimmen können, in welchen Punkten die Jungen von ihren Eltern abweichen, und wie weit diese Abweichungen sich erstrecken können. Bei denjenigen Thieren, welche wir stets unter unseren Augen haben, ergibt sich die Bestimmung der Grenzen dieser Abweichungen aus der Beobachtung. Bei den meisten indessen müssen wir dieselben aus der Analogie erschließen und gerathen dadurch in das Feld der Vermuthungen, welches nie Sicherheit bieten kann.“

1) „Die Abarten oder Varietäten sind innerhalb des Begriffs der Art vorkommende und durch Individuen repräsentirte Lebensformen, welche sich auch fruchtbar unter sich und mit andern Varietäten derselben Art vermischen können. Individuen verschiedener Gattungen sind keiner fruchtbaren Vermischung fähig; Individuen verschiedener Arten einer und derselben Gattung sind es, aber die Producte sind nicht zur Wiedererzeugung ihrer selbst befähigt; bei den Abarten der Arten findet auch dieses statt. Die aus der Vermischung zweier Rassen entstandene Mittelrasse pflanzt sich durch Vermischung mit ihres Gleichen fort, während die Vermischung mit schon vorhandenen ältern Rassen, die in ihre Production eingegangen, durch mehrere Generationen zum Charakter der bestehenden Rassen zurückführt. Wenn die Varietät perennirend wird, ist sie Rasse.“ J. Müller, Physiologie II, 769.

wenn der Taubenzüchter sich nicht darum bekümmert, allmälig die ordinärsten Sorten wieder herauskommen. [1]

Eine Species ist also in Bezug auf die unwesentlichen Eigenschaften großer Veränderungen fähig, in Bezug auf die wesentlichen Eigenschaften aber unveränderlich; eine Species ist ferner gegen jede andere, wenn auch ähnliche und verwandte Species scharf abgegränzt, so daß ein Uebergehen der einen in die andere und eine dauernde Vermischung der einen mit der andern und die Hervorbringung neuer Species nicht möglich ist. Die verschiedenen existirenden Varietäten können von Einem Mutterorganismus, von Einem Individuum oder Einem Paare oder von vielen gleichen Individuen oder gleichen Paaren abstammen; alle Hunderassen z. B. könnten möglicher Weise von Einem Hundepaare abstammen. Dagegen können Pflanzen und Thiere, welche verschiedenen Arten angehören, nicht auf einen einzigen Mutterorganismus zurückgeführt werden; Pferde und Esel z. B. können nicht gemeinsame Ahnen haben. Die scharfe Abgrenzung der Species von einander wird nie dauernd gestört; denn die Bastarde, welche von zwei Thieren verschiedener Species erzeugt werden, sind nicht dauernd fruchtbar; würden jetzt die Pferde und Esel ausgerottet, so würde es in hundert Jahren auch keine Maulesel mehr geben.

So lehren die bedeutendsten Naturforscher. Classis et ordo, sagt Linné, est sapientiae, species naturae opus, d. h. die Eintheilungen der Pflanzen und Thiere in Classen und Ordnungen sind künstliche, im Interesse der wissenschaftlichen Systematisirung von den Gelehrten erfundene, die Eintheilung in Species aber ist eine in der Natur objectiv gegebene. Zwischen den Individuen derselben Species besteht ein wirklicher, natürlicher Zusammenhang, sie bilden eine objective Einheit; und zwei Species sind von einander objectiv verschieden; daß diese Individuen der einen, jene einer andern zuzuweisen sind, beruht nicht auf menschlicher Willkür oder wissenschaftlicher Abstraction, sondern auf einer wirklichen, natürlichen Scheidung.

Wenn wir also die Worte, in welchen die Genesis die Erschaffung der Thiere berichtet, in wissenschaftliche Ausdrücke umsetzen wollen, müssen wir sagen: Gott hat die Species der Pflanzen und Thiere geschaffen; er hat mindestens Ein Individuum oder Ein Paar jeder Species, oder von jeder Species viele gleiche oder ähnliche Individuen oder Paare geschaffen;

---

1) Quarterly Review, vol. 108, p. 253.

diese von Gott geschaffenen Individuen und Paare haben sich vermehrt, jedes in den Grenzen seiner Species, aber in den mannichfaltigen Formen, deren eine Species fähig ist; und so sind die jetzt existirenden Individuen und Varietäten der einzelnen Species entstanden, unter einander in unwesentlichen Punkten mannichfaltig verschieden, aber in den wesentlichen Punkten einander und den von Gott geschaffenen Individuen gleich.

In dieser Weise wird die objective Einheit und die Unveränderlichkeit jeder einzelnen Species und die objective Verschiedenheit der einzelnen Species von einander von den meisten und bedeutendsten Naturforschern angenommen. Indeß fehlt es auch nicht an solchen, welche diese Theorie bekämpfen und behaupten, Species sei ebensowenig ein objectiver Begriff, wie Varietät und Genus, die Pflanzen und Thiere, die man zu einer Species zähle, könnten sich im Laufe der Zeit wesentlich ändern, Varietäten könnten zu Species werden, jetzt verschiedene Pflanzen- und Thiersorten könnten von einer und derselben Sorte abstammen und die große Anzahl der Species, die man jetzt zähle, könnten auf eine verhältnißmäßig geringe Anzahl von Grundformen zurückgeführt werden.[1]

Eine Theorie dieser Art hat Buffon aufgestellt. Er meinte, die Säugethiere z. B. ließen sich auf etwa zwanzig Grundtypen zurückführen; aus diesen zwanzig ursprünglichen Arten hätten sich nach und nach viele besondere Arten entwickelt und zwar durch Degeneration, so daß die jetzigen unvollkommenern Thiere ausgeartete Nachkommen von vollkommenern Vorfahren wären. Bären sind durch irgend welche Verhältnisse genöthigt worden, sich aufs Schwimmen im Meere zu verlegen; das ist von Einfluß auf ihre körperliche Constitution gewesen, und allmälig sind sie zu Seehunden geworden, die Seehunde ebenso allmälig zu Delphinen und Walfischen u. s. w.

Zahlreichere Vertreter hat die entgegengesetzte Theorie, wonach nicht die vollkommenern Organismen die ersten und die unvollkommenern durch Degeneration entstanden, sondern vielmehr aus den unvollkommensten und einfachsten Pflanzen und Thieren sich allmälig die vollkommenern entwickelt haben. Schon im vorigen Jahrhundert (1748) suchte der Franzose Demaillet, oder wie er auf dem Titel seines Buches den Namen corrumpirte: Telliamed,[1] die Möglichkeit zu erweisen, wie aus Kräutern allmälig

---

1) Vgl. Zöckler a. a. O. S. 660.

2) Telliamed ou entretiens d'un philosophe indien avec un missionaire français. Amsterd. 1748.

Sträuche und Bäume hätten entstehen können, wie der wiederholte Versuch von Fischen, sich über das Wasser zu erheben, die Entstehung von fliegenden Fischen veranlaßt habe, und wie, wenn diese durch Stürme vom Wasser fortgeführt und in Bäume hineingeweht worden seien, aus fliegenden Fischen Vögel hätten entstehen können.

Noch weiter wurde die Theorie in Bezug auf das Thierreich im Anfange unsers Jahrhunderts von Lamarck in seiner „zoologischen Philosophie" [1] durchgeführt. Es gibt nach ihm nur zwei Urformen des Thieres: das Infusionsthierchen und den Wurm, welche durch generatio aequivoca entstanden sind; aus diesen Urformen haben sich allmälig fortschreitend die andern Thierarten entwickelt: Weichthiere, Fische, Reptilien, Vögel, Säugethiere und zuletzt natürlich der Mensch.

Eine ähnliche Theorie wird in der mehrfach citirten, von Vogt aus dem Englischen übersetzten „Natürlichen Geschichte der Schöpfung" vorgetragen. In Deutschland hat sie Louis Büchner in seinem bekannten Buche „Kraft und Stoff" populär zu machen gesucht. [2] Der jüngste und zugleich bedeutendste Vertreter dieser Richtung ist der Engländer Carl Darwin. Sein Werk „über den Ursprung der Species" ist seit dem Jahre 1859 in England schon in einer Reihe von Auflagen, 1860 auch in einer deutschen Uebersetzung erschienen, [3] und hat, da der Verfasser mit umfassenden Kenntnissen und großem Scharfsinn eine wirklich glänzende Darstellungsgabe verbindet, nicht nur unter den Naturforschern, sondern auch bei dem größern Publikum viele Leser gefunden und in literarischen Kreisen großes Aufsehen erregt. [4] Darwin kommt zu dem Resultate, daß sich alle Thiere auf vier

---

1) Philosophie zoologique. Paris 1809.

2) Vgl. Natur und Offenbarung IV, 533; V, 14 ff.

3) On the origin of species by means of natural selection or the preservation of favoured races in the struggle for life, London 1859. — „Charles Darwin über die Entstehung der Arten im Thier- und Pflanzenreich durch natürliche Züchtung oder Erhaltung der vervollkommneten Rassen im Kampfe ums Dasein, von H. G. Bronn, Stuttg. 1860. — Vgl. Quarterly Review, vol. 108, 231. Edinburgh Review, vol. 111, 488. Dublin Review, vol. 48, Nr. 95, 50. Rambler, März 1860. Natur und Offenbarung VII, 261.

4) Gleichzeitig mit Darwins Werk hat der Amerikaner Hudson Tuttle ein Buch unter dem Titel Arcana of nature or the history and laws of creation, Boston 1859, herausgegeben, welches H. M. Achner „mehr als Curiosum, als wegen seines etwaigen selbstständigen Werthes" unter dem Titel „Geschichte und Gesetze des Schöpfungsvorganges." Erlangen 1860, ins Deutsche übersetzt hat. Der Verfasser steht im Wesentlichen auf dem Standpunkte der „natürlichen Geschichte der Schöpfung," ist nur entschiedener atheistisch. „Er wiederholt mit einer gewissen geistreichen Zungenfertigkeit des Raisonne-

oder fünf Urformen zurückführen laſſen, alle Pflanzen auf höchſtens ebenſo viele, ſpricht aber dabei die Vermuthung aus, daß noch eine weitere Re= duction möglich ſein dürfte und alle Thiere und Pflanzenarten, welche jetzt exiſtiren und jemals exiſtirt haben, „von einer einzigen Urform abſtammen könnten, welcher zuerſt das Leben eingehaucht wurde."

Dieſe Transmutations=Theorie oder die Theorie der Developiſten, wie man ſie auch nennt, ſteht, wie Sie ſehen, im geraden Gegenſatze zu der vorher vorgetragenen Anſicht von der abgeſchloſſenen Einheit und Unver= änderlichkeit der Species. Der Begriff der Species iſt nach dieſer Theorie ein künſtlicher; die Unterſchiede der Arten ſind nicht weſentlich höher anzu= ſchlagen als die Unterſchiede der Varietäten und Individuen. So gut wie Windhund und Pudel dieſelben Stammeltern haben können, ebenſogut können Hunde, Wölfe und Füchſe ſtammverwandt ſein; ja, wenn wir bis auf die erſten Glieder der Stammtafel zurückgehen, müſſen alle Thiere als Mitglieder deſſelben Geſchlechtes oder höchſtens einiger wenigen Geſchlechter angeſehen werden.

Mit dem Beweiſe für dieſe Theorie haben es ſich die ältern Anhänger derſelben leicht gemacht. Demaillet beſchreibt mit einer unglaublichen Nai= vetät, als handle es ſich um eine Sache, die alle Tage vor unſern Augen paſſire, wie die Fiſche, nachdem ſie in das Gebüſch auf dem Lande hinein= gerathen, zu Vögeln geworden ſind: die Bruſtfloſſen wurden zu Flügeln, die Bauchfloſſen zu Füßen, die Haut bedeckte ſich unmerklich mit Federn von derſelben Farbe, welche die Schuppen hatten — daher findet ſich bei den Papageien die nämliche Mannichfaltigkeit der Farben wie bei den Fiſchen — es fanden noch „einige andere kleine Veränderungen der Figur ſtatt:" der Schnabel und der Hals wurde bei einigen länger, bei einigen kürzer, und ähnlich veränderte ſich der übrige Körper, und die Vögel waren

---

ments und nicht ohne vielſeitige Beleſenheit die früher üblichen Hauptgründe für die Ent= wicklungstheorie und ſucht ſie durch eine ziemliche Anzahl neuer, zum Theil mit vieler Emphaſe geltend gemachten Einzelheiten zu vermehren" (Zöckler a. a. O. S. 679). Er iſt ein junger Menſch von 25 Jahren, ſeit ſeinem 16. Jahre ein „ſpiritualiſtiſches Medium," durch das die Geiſter ſich kundgeben, hat ſchon mehrere dahin einſchlagende Werke geſchrieben, und „unter anderm auch einen 360 Fuß langen Carton auf Leinwand künſtleriſch ausgearbeitet, die Bildungsproceſſe der Erdkruſte mit allen paläontologiſchen Attributen darſtellend, den er mit paſſiver von unſichtbaren Mächten geleiteter Hand ge= malt haben will." Dieſe ſelben Mächte ſind es nun auch, die ihm ſein Buch über den Schöpfungsvorgang dictirt haben, wie er in der Widmung an ſie, die Autorſchaft von ſich ſelbſt ablehnend, bekennt.

fertig. Sie sehen, wenn man etwas Phantasie hat, kann man sich die Sache ganz gut vorstellen.

So kurzer Hand wird nun freilich bei den folgenden Developisten die Sache nicht abgethan; aber auch bei ihnen spielen allerlei fast Ovidische Metamorphosen eine große Rolle. Lamarck stützt sich auf die physiologische Thatsache, daß Gebrauch und Uebung die Organe kräftigt und erweitert, während sie der Nichtgebrauch verkümmern macht. Er nimmt an, wenn ein Thier in neue Verhältnisse gebracht und dadurch aufgefordert werde, sich diesen anzubequemen, so werde durch die Uebungen, die es in Folge hievon mache, die Entstehung neuer Theile veranlaßt; während auf der andern Seite, wenn die neuen Verhältnisse den Gebrauch gewisser Körpertheile nicht gestatteten, diese allmälig verschwinden würden. Zum Beispiel: ein Vogel, der durch die Nothwendigkeit, dort sein Futter zu holen, zum Wasser hingetrieben wird, wünscht sich auf der Oberfläche der Fluth zu bewegen und streckt deshalb seine Zehen aus. In Folge des fortgesetzten Auseinandersperrens der Zehen wird die Haut, die sie an den Wurzeln verbindet, ausgedehnt und zuletzt eine Schwimmhaut. Auf der andern Seite ist der Strandläufer, der nicht schwimmen, sondern sich nur dem Wasser nähern will, um Futter zu holen, beständig in Gefahr, in dem Schlamme zu versinken. Der Vogel, dem dieses mißfällt, bemüht sich aus allen Kräften, seine Beine zu strecken. Die Folge davon ist, daß durch eine viele Generationen hindurch fortgesetzte Uebung die Beine dieser Ordnung zuletzt lang und fleischlos werden, wie wir sie bei den Störchen und dergleichen sehen. So sind auch die Gänse durch häufiges Strecken des Halses Schwäne geworden. Oder: einzelne Wadvögel begaben sich aus den Sümpfen auf das trockene Land oder ins Gehölz, zu diesem neuen Leben vielleicht durch eines jener Gelüste angelockt, die sich bei allen Thierarten finden. So setzten sie sich neuen Einflüssen aus und entzogen sich den frühern, und nach Verlauf eines ungeheuern Zeitraumes hatten sich die Charaktere der Fasanen und Hühnervögel ausgebildet.

Carl Vogt erklärt solche Speculationen mit Recht einfach für Absurditäten. Auf jedem Hühnerhofe, sagt er, wo man Enten durch Hühner ausbrüten lasse, könne man lernen, daß die Hühner keine Schwimmhäute bekommen und die Enten sie nicht verlieren. Ein Gelüste, auf trockenem Lande und im Gehölz zu wohnen, könne ein Wadvogel einfach darum nicht bekommen, weil seine Organisation ihn bestimme, im Sumpfe zu waden, wie denn überhaupt ein Thier kein Gelüste haben könne, welches nicht in seiner Organisation begründet sei und mit dieser in Widerspruch stehe.

Der Verfasser der „Natürlichen Geschichte der Schöpfung" verkennt es nicht, daß sich durch die Annahme von solchen Anbequemungen an die Verhältnisse allein die Entstehung der Thierarten aus einfachern Grundformen nicht erklären lasse; er hat darum noch eine andere Hypothese zu Hülfe genommen. Er meint, es liege in den Lebensformen ein Trieb, sich zu entwickeln und zu immer vollkommenern Formen zu gestalten. Er gibt zwar zu, daß sich solche Standeserhöhungen, wie die Vervollkommnung eines Fisches zu einem Reptil, nicht durch Beobachtung nachweisen lassen; aber was in den wenigen Jahrtausenden, die der Mensch kenne, nicht geschehen sei, könne darum doch wohl früher geschehen sein. Es sei durch Erfahrung constatirt, daß im Laufe der Zeit neue Varietäten einer Art entständen; nach der Analogie lasse sich schließen, daß im Laufe einer viel längern Zeit sich Individuen entwickelten, die so stark von den Ahnen verschieden seien, daß man sie als eine andere Species ansehe.

Darwin ist wieder mehr auf Lamarcks Theorie zurückgegangen, sucht dieselbe aber sorgfältiger zu begründen. Er geht hauptsächlich von den Veränderungen aus, welche sich bei den Hausthieren nachweisen lassen. Wenn die künstlich züchtende Einwirkung des Menschen Veränderungen bei den Pflanzen und Thieren hervorbringen könne, so meint er, entfalte auch die Natur eine züchtende Thätigkeit, welche eine Veränderung der Organismen zur Folge habe. Unter den Nachkommen eines Thierpaares finde man oft Individuen mit besondern Eigenschaften, und zwar mit Eigenschaften, durch welche diese Individuen vollkommener würden, als ihre Ahnen. Die Einflüsse des Klima's, der Bodenbeschaffenheit und der Nahrung, der Gebrauch und damit die Stärkung einiger Glieder und der Nichtgebrauch und in Folge davon die Verkümmerung anderer Glieder, — alle diese Umstände könnten dazu beitragen, daß sich diese besondern Eigenschaften bei den betreffenden Individuen besonders entwickelten. Wenn sich nun ausschließlich Individuen mit diesen besondern Eigenschaften mit einander verpaaren, so können diese Eigenschaften erblich werden. Sie können sich unter Umständen bei den Nachkommen in derselben Weise, wie bei den Vorfahren, immer weiter entwickeln, und so kann im Laufe der Zeit eine Familie von Thieren entstehen, welche sich von ihren Ahnen so wesentlich unterscheidet, daß wir genöthigt sind, sie als eine neue Species zu bezeichnen. Wenn wir solcher Entwicklungsprocesse einige tausend annehmen, von denen jeder im Laufe von vielen

Jahrtausenden sich vollendete, so kann eine Stammverwandtschaft zwischen einem Frosche und einem Ochsen nicht als undenkbar bezeichnet werden.

Dieser kühnen Theorie fehlt es nur an Einem, an wissenschaftlichen Beweisen. Allerdings gibt es bei den Hausthieren Veränderungen, aber man weiß aus Erfahrung nur von der Entstehung neuer Varietäten, nicht neuer Arten. Auch bei den wilden Thieren haben äußere Einflüsse Veränderungen zur Folge. Aber daß sich eine Art zu einer andern umgestaltet habe, dafür gibt es keine Beweise. Man hat noch bei keiner Thierart auch nur eine Spur einer Tendenz zu einer solchen Veränderung finden können; die vor dreitausend Jahren von den Aegyptiern einbalsamirten Katzen und Hunde waren von den jetzt lebenden nicht wesentlich verschieden. Freilich sagt Darwin, einige Jahrtausende seien für eine solche Veränderung zu kurz. Aber die Hunderte von Millionen Jahren, die er für genügend hält, sind ein bloßes unerwiesenes Postulat. Sein ganzes System ist eine Kette von bloßen Hypothesen; nicht wenige seiner Schlußfolgerungen sind in Ausdrücke eingekleidet, wie „es scheint mir nicht sehr schwer, zu glauben, ich kann in der That kaum daran zweifeln, ich finde die Annahme nicht bedenklich, ich sehe kein unübersteigliches Hinderniß für die Annahme" u. dgl. Da hört alle Wissenschaft auf; denn die Naturforschung muß grundsätzlich darauf bestehen, daß bloße Hypothesen nie Beweiskraft haben.

Wir dürfen, ohne daß ich auf eine Prüfung der Darwin'schen Argumente im Einzelnen einzugehen brauche, die Ansicht, daß alle Pflanzen= und Thierarten aus einigen wenigen ganz unvollkommenen Grundformen entstanden sein könnten, und daß sich aus der einen Thierart eine ganz verschiedene entwickelt haben könne, jedenfalls als eine wissenschaftlich nicht erwiesene bezeichnen und Folgendes als das von den meisten und bedeutendsten Gelehrten anerkannte Resultat der wissenschaftlichen Forschung festhalten: Die zu einer Species gehörenden Individuen können unter dem Einflusse natürlicher Verhältnisse in mancher Hinsicht sehr verschieden von einander werden. So können sich Varitäten in einer Species bilden. Die wesentlichen Eigenschaften der Species bleiben aber dabei unverändert. Eine Vermischung von zwei Species ist nicht möglich; denn die Nachkommen von Individuen verschiedener Species sind nicht permanent fruchtbar. Mithin kann auch auf diese Weise keine neue Species entstehen. Die Species ist also ein realer Begriff: es hat von Anfang an verschiedene Species von Pflanzen und Thieren gegeben, die gegen einander abgegrenzt und in ihren wesentlichen Eigenschaften unveränderlich sind. Daß es oft schwer ist, den

Unterschied zwischen Varietäten und Species scharf zu bestimmen, daß die Mannichfaltigkeit der Formen, deren eine Species fähig ist, oft sehr groß und bei einer Species viel größer ist, als bei der andern, ist richtig, spricht aber nicht gegen die wesentliche Einheit und Unveränderlichkeit der Species.

Diese Auffassung wird mit mancherlei Modificationen im Einzelnen von Cuvier, Forbes, Owen, Murchison,[1] Hugh Miller, Agassiz u. A., in Deutschland von Joh. Müller,[2] Rudolf und Andreas Wagner, Eduard von Bär[3] u. A. vorgetragen.

Der Bericht der Genesis, daß Gott Pflanzen und Thiere verschiedener Art geschaffen habe, stimmt also mit den Resultaten der naturwissenschaft= lichen Forschung ganz gut überein. Genauer zu bestimmen, wie vielerlei Pflanzen und Thiere Gott geschaffen habe, hat für die Auslegung der hl. Schrift gar kein Interesse und ist der Naturwissenschaft wenigstens jetzt nicht möglich. Wenigstens alle Species sind geschaffen worden, und zwar in einer Vielheit von Individuen, vielleicht auch schon in verschiedenen Varie= täten. Wie viele Species aber mindestens anzunehmen sind, das kann die Naturwissenschaft erst dann sagen, wenn durch Beobachtung festgestellt ist, wie weit die specifischen Eigenschaften einer jeden Species veränderlich sind und welcher Variationen eine Species fähig ist. Für den biblischen Bericht über die Erschaffung der organischen Wesen hat die Entscheidung dieser Frage, wie gesagt, keine Bedeutung, wohl aber, wie ich wiederholt bemerkt habe, für die Entscheidung der andern Frage, ob und welche fossile Pflanzen und Thiere mit den jetzigen Pflanzen und Thieren zu denselben Species zu zählen sind, ob z. B. die Mammuthe, Höhlenbären, Höhlenhyänen u. s. w.

---

1) Sir Charles Lyell, der früher dieselbe Ansicht vertrat (Principles II, 405; III, 20), neigt sich jetzt zu Darwins Theorie hin. Vgl. Zöckler a. a. O. 684. Quart. Rev. vol. 89, 417.

2) „Die Arten der Thiere bieten keine entfernte Möglichkeit einer Erzeugung der einen aus der andern dar. Diese müssen vielmehr nach allem, was jetzt in der Geschichte der thierischen Welt vor sich geht, einzeln und unabhängig von einander geschaffen sein." Physiologie II, 769. — „Man hat noch nie eine neue Species entstehen sehen; noch Niemand hat der Verwandlung einer Art in eine andere beigewohnt. Die Naturwissen= schaft kennt nur Hypothesen, welche auf Beobachtungen und Analogien beruhen. Sie kann deßhalb nur sagen, daß die Arten zu einer gewissen Zeit entstanden sein müssen. Ueber das Wie hingegen steht ihr kein Urtheil zu, weil sie eben keine Thatsache kennt, die sich darauf beziehen ließe." Vogt, Lehrb. der Geol. II, §. 1407.

3) Bär sagt (Jahrb. für deutsche Theol. VII, 169), je mehr er in Darwins Buch gelesen, um so mehr sei er von seiner eigenen beschränkten Transmutationshypothese zu= rückgekommen.

zu derselben Species gehören, wie unsere Elephanten, Bären und Hyänen, und ob sie also die Vorfahren von diesen sein können. Von der Beantwortung dieser Frage hängt die Entscheidung der andern Frage mit ab, ob wir die fossilen Thiere und Pflanzen alle oder zum Theile mit der jetzigen Fauna und Flora zu der Schöpfung des dritten, fünften und sechsten Tages zählen oder als besondern Schöpfungen angehörig anzusehen haben. Ließe sich darauf eine bestimmte Antwort geben, so könnten wir uns mit größerer Entschiedenheit über den relativen Werth der verschiedenen Theorien aussprechen, durch welche sich die Resultate der paläontologischen Forschung mit dem biblischen Berichte in Einklang bringen lassen. So lange aber die Naturwissenschaft die angeführten Fragen nicht mit Sicherheit zu beantworten vermag, — und das vermag sie leider jetzt noch nicht und wird sie aller Voraussicht nach noch lange nicht vermögen, — so lange müssen wir uns mit dem Beweise begnügen, den ich hergestellt zu haben glaube, daß die biblischen Angaben erstens mit allen sichern Resultaten der naturwissenschaftlichen Forschung harmoniren und daß sie zweitens nicht der Art sind, daß sie mit den Resultaten, welche der weitere Fortschritt der Naturforschung möglicherweise noch gewinnen kann, in Conflict gerathen könnten.

XXXI.

Mensch und Thier.

Linné beginnt seine Eintheilung des Thierreiches folgendermaßen: A. Mammalia: I. Primates: 1) Homo, a. diurnus — der Mensch, b. nocturnus — Drang-Utang und Kukurlacko, 2) Simia, 3) Lemur, 4) Vespertilio u. s. w. Bei Neuern findet sich folgende Eintheilung: A. Wirbelthiere: I. Säugethiere: 1) der Mensch, 2) die Handfüßler oder Affen u. s. w.

Die Eintheilung ist so widerlich wie möglich. Die Menschen bilden nicht eine Species, die mit den Affen coordinirt und mit diesen und andern Bestien unter die Genera Säugethiere und Wirbelthiere als höhere Einheiten subordinirt werden kann. Die einzige höhere Einheit, unter welche Menschen und Thiere subsumirt werden können, ist animal in der Bedeutung lebendes sichtbares Wesen; die erste Eintheilung, die bei diesem Begriffe gemacht werden kann, ist animal rationale und irrationale; denn daß der Mensch ein vernunftbegabtes Wesen ist, ist jedenfalls eine wichtigere

Eigenschaft und darum eher geeignet, als differentia specifica verwendet zu werden, als daß er eine Wirbelsäule hat und lebendige Junge gebiert.

Bei jenen Eintheilungen wird, — das kann zu ihrer Entschuldigung gesagt werden, — von der geistigen Natur des Menschen abstrahirt und nur die Beschaffenheit seines Leibes in Betracht gezogen, hinsichtlich derer er sich allerdings den Säugethieren anschließt und zunächst an die höchste Ordnung derselben, die Vierhänder oder Affen, angrenzt.

Viel widerlicher, als die angeführten Eintheilungen, ist jedenfalls der Versuch der in der vorigen Stunde besprochenen Partei der Developisten, den Menschen in einen genealogischen Zusammenhang mit den Affen zu bringen. Wenn in der Transmutationstheorie angenommen wird, daß die Thierspecies nicht gegen einander natürlich abgegrenzt sind, sondern eine Species sich aus der andern entwickeln kann, so lag allerdings die Frage nahe, ob die Möglichkeit eines solchen Zusammenhanges zwischen zwei Species auch auf die Species Mensch und irgend eine Thierspecies anzuwenden sei. Buffon, welcher, wie Sie Sich erinnern werden, die Entstehung einer niedern Species aus einer höhern durch Degeneration annimmt, würde also die Affen als ausgeartete Nachkommen von Menschen anzusehen haben, während nach der andern Transmutationstheorie, in welcher eine Entwicklung der unvollkommenen Organismen zu vollkommenern angenommen wird, der Mensch die letzte bis jetzt erreichte organische Entwicklung repräsentiren würde. Der neueste bedeutende Wortführer der Developisten, Darwin, führt, wie ich angegeben habe, alle Pflanzen und Thiere auf je vier bis fünf Urformen zurück, von denen er aber als wahrscheinlich annimmt, daß sie aus einer einzigen Urform entstanden sein könnten. Daß auch der Mensch mit zu den Organismen gehöre, die sich aus dieser Urform entwickelt haben, sagt Darwin nicht ausdrücklich, läßt es aber als seine Meinung deutlich genug durchblicken, wiewohl er auf die Frage gar nicht eingeht. Was aber der Meister mit dem Schleier eines geheimnißvollen Schweigens bedeckt, das haben seine Schüler in England, wie z. B. Hurley, bereits ausgesprochen. [1]

Die ältern Developisten, wie Lamarck und der Verfasser der „natürlichen Geschichte der Schöpfung", sprechen ohnehin von der Verwandtschaft des Menschen mit den Affen und andern Bestien ohne alle Prüderie. Letzterer

---

1) Vgl. Jahrb. für deutsche Theol. VI, 702. — Bericht über die Zusammenkunft einiger Anthropologen im Sept. 1861, von K. E. von Bär und R. Wagner (Leipz. 1861), S. 31.

belehrt uns sogar ganz ernsthaft darüber,[1] es sei ein bloßes Vorurtheil, wenn unser Gefühl sich dagegen sträube, den Bestien einen Platz unter unsern Ahnen einzuräumen. Eine Quelle dieses Vorurtheils liege in dem Begriffe, den wir mit dem Namen Vorfahren verbinden. Weil wir unsere unmittelbaren Eltern mit ehrwürdigen Eigenschaften begabt sähen, seien wir natürlich geneigt, unsern Voreltern überhaupt Verehrung zu zollen; wir hielten die constituirenden Elemente derselben gleichsam für etwas Höheres, als uns selbst. Das sei aber eine irrthümliche Vorstellung: wie der einzelne Mensch sich aus dem Kinde zum Manne entwickle, so müsse auch der Mensch in abstracto sich aus einem unvollkommenen Zustande zu dem jetzigen entwickelt haben. In der Entstehung des Menschen „aus organischen Formen von bescheidenem Aussehen", wie der Verfasser sich euphemistisch ausdrückt, findet er sogar ein tiefes moralisches Princip. „Der Mensch ist das anerkannte Haupt aller Geschöpfe, aber sein Verhältniß zu ihnen erscheint bei alle dem als ein Verwandtschaftsverhältniß. Neben der Herrschaft über sie trägt er von Natur die Verpflichtung in sich, sie soweit als möglich zu lieben und zu schützen. Wenn die hülflose Kindheit eine freundliche und gütige Behandlung beansprucht, so geschieht dies noch mehr [!] durch den wesentlich schwächern Charakter der unvernünftigen Creatur. Und hat die Unschuld der Kindheit etwas Rührendes, so hat es noch mehr der noch harmlosere Charakter, der den niedern Thieren eigen ist." Hier läßt der Verfasser indeß eine Ausnahme gelten wegen „gewisser fleischfresserischer Instincte einiger Familien von Thieren." „Unter der Herrschaft der Vorurtheile," meint er weiter, „thun wir dem Charakter der niedrigern Mitglieder der Naturgemeinde großes Unrecht. Wir ziehen ihre ehrbaren Eigenschaften nicht genugsam in Erwägung. Und doch: müssen wir uns um den Typus der Tugend der Treue an den Hund wenden, und um den der Betriebsamkeit an die Biene. Die Kindesliebe mancher Thiere steht nicht unter, wenn nicht beträchtlich über derjenigen der menschlichen Mutter. Nirgends zeigt der Mensch die Tugend der Geduld in der praktischen Vollendung, wie wir sie im Pferde und vielen andern Thieren sehen, die er zu Sklaven seiner Bequemlichkeiten gemacht hat; nie zeigt der Mensch die vollständige Genügsamkeit, wie viele Thiere [z. B. der Esel?]. O, über des Menschen gerühmte Ueberlegenheit! In wie manchen Beziehungen fällt sie unter die bescheidenen Verdienste des großen Haufens der Natur!"

---

1) S. 187.

Durch diese erbaulichen Betrachtungen unseres Engländers sind Sie hoffentlich von allen Vorurtheilen geheilt und bereitwillig gemacht worden, die Vorfahren anzuerkennen, welche die Naturwissenschaft Ihnen nachweisen wird. Sehen wir wenigstens, wie der Stammbaum ausfällt. Ich lasse unsern Führer wieder selbst reden: [1] „Wir können die Frage in Betreff unserer eigenen Ahnenreihe nur mit tiefem Interesse betrachten. Wir denken hier sogleich an die Affenfamilie, deren Gestalt, Größe des Gehirns und allgemeiner Charakter unserer eigenen Gattung so nahe tritt." Die Affen stammen aber selbst wieder von einer andern Familie ab, die wir unter den Reptilien zu suchen haben. Unter allen reptilischen Ordnungen hat aber die der Batrachier — die Familie, zu welcher die Frösche und Kröten gehören — die meisten Ansprüche auf eine Stelle unter den Urhebern der Primaten. „Es ist seltsam, daß der Frosch, obgleich von anderm Range unter den Wirbelthieren, eine so auffallende Aehnlichkeit mit dem menschlichen Körperbau in seinen Fortbewegungswerkzeugungen besitzt." Die Aehnlichkeit ist Ihnen vielleicht noch nicht aufgefallen; aber hören Sie nur weiter. „Der Frosch ist außer dem Menschen das einzige Thier, dessen Bein eine Wade hat. Er nähert sich offenbar den höhern Ordnungen der Säugethiere. Der gemeine Frosch ist übrigens nur ein niederer Nebensproß der Hauptlinie, die mit den Primaten endet" — also jedenfalls nur ein Seitenverwandter von uns. „Einem Vorfahr in gerader Linie ähnlicher steht der Labyrinthodon, jener massive Batrachier, der seine fossilen handähnlichen Fußstapfen in dem neuen rothen Sandstein zurückgelassen hat und dann nicht wieder erscheint. Wir fahren nicht umsonst vor dem Bilde jenes seltsamen Abdruckes zurück — wie vor dem Geiste anticipirter Menschheit; — denn augenscheinlich ist es wirklich so: der oberflächliche Denker wird hierin nur Stoff zum Lachen finden, der großherzige, wahrhaft fromme Mann, der nichts von der Natur von sich weist, wird dagegen in demselben interessante Fingerzeige der Wege Gottes zu den Menschen finden und tiefer athmen bei der Lehre, daß alles, was lebt, ihm verwandt ist."

Wenn wir uns einmal darein ergeben müssen, daß Batrachier zu unsern Vorfahren gehören, werden wir auch gegen die Verwandtschaft mit den Delphinen nichts einwenden können. Diese Verwandtschaft findet nach unserm Autor eine ganz besondere Unterstützung in dem Gehirn des Delphins, welches nächst dem des Orang-Utang und des Menschen im Verhält-

---

[1] S. 238.

niß zum körperlichen Umfange das größte sei. „Wir erfahren auch durch Tiedemann, daß jede Gehirn-Hemisphäre beim Delphin wie beim Menschen und Affen, aus drei Lappen zusammengesetzt ist und daß diese Hemisphären mehr Windungen und Vertiefungen darbieten, als die irgend eines andern Thieres." Bemerken Sie die Vorsicht unseres Autors, wenn er fortfährt: „Es wäre vielleicht voreilig, in diesem Umstande eine Bestätigung der alten Erzählungen vom Delphin, von seiner Zuneigung zu dem Menschen, von der Hülfe, die er beim Schiffbruche und bei andern Unfällen auf dem Meere bringt, finden zu wollen, obgleich es schwer ist, anzunehmen, diese Sagen seien ohne allen thatsächlichen Grund. Ohne Zweifel hat der Delphin eine Vorliebe für die Gesellschaft des Menschen; er belustigt den Seefahrer durch die Sprünge, die er neben seinem Fahrzeuge macht," — offenbar um sich als Verwandten bemerklich zu machen.

Wir brauchen unsern Stammbaum nicht noch höher hinauf zu verfolgen, können uns vielmehr fortan auf die Verwandten beschränken, die uns zunächst stehen. Worauf stützt sich die Behauptung unsers Engländers und seiner Gesinnungsgenossen, daß der Mensch in einem verwandtschaftlichen Zusammenhange mit dem Affen stehe? Natürlich auf die Aehnlichkeit beider hinsichtlich der körperlichen Constitution. Unser Engländer scheint diesen Punkt für so sehr in die Augen springend zu halten, daß er ihn gar nicht besonders erörtert; und in der That, wenn man die Aehnlichkeit zwischen dem Frosch und dem Affen zugibt, kann man gegen die Aehnlichkeit zwischen dem Affen und dem Menschen in dem Bau des Körpers nichts einwenden. Sagte ja doch schon Linné, er finde kein charakteristisches Merkmal, welches den Menschen von dem Affen unterscheide. Freilich finden neuere Naturforscher ganz wesentliche Unterschiede. So sagt Burmeister:[1] „Der Mensch unterscheidet sich von den Affen seinem Körperbau nach durch die größere Entwicklung des Gehirns, durch den zum aufrechten Gang bestimmten Bau des Knochengerüstes, durch die stärkere Entwicklung des Beckens und durch die auffallende typische Differenz in der Anlage der beiden Extremitäten; denn bei dem Menschen ist die vordere allein wahre Hand, die hintere nie, während von den vier Händen des Affen gerade umgekehrt die hintern allein immer Hände sind, die vordern mehr den Pfoten gleichen, ja öfters gar keine Daumen haben."

Aber solche Differenzen, so groß sie auch sind, können den Anhängern

[1] Gesch. der Schöpfung S. 371.

der Transmutationstheorie keine unübersteigliche Hindernisse bereiten. Lamarck erklärt uns die Fortbildung des Affen zum Menschen ebenso anschaulich, wie die Fortbildung der Gans zum Schwan. Eine Sorte Affen gab aus irgend einem Grunde die Sitte auf, auf den Bäumen herumzuklettern und auf allen Vieren zu gehen. Nachdem viele Generationen sich bemüht hatten, auf den hintern Extremitäten zu gehen, nahmen diese allmälig eine der neuen Lebensweise entsprechende Gestalt an und wurden Füße. Die Affen brauchten jetzt ihr Gebiß nicht mehr, um Früchte zu pflücken oder mit einander zu kämpfen, da sie nun ihre Vorderfüße oder Hände zu diesem Zwecke frei hatten, und dadurch verkürzte sich allmälig ihre Schnauze und ihr Gesicht wurde mehr senkrecht. Weiter fortschreitend auf dem Wege der Vermenschlichung wurde ihr Grinsen zum freundlichen Lächeln und ihr Geklapper vervollkommnete sich zu articulirten Lauten.

Wie gesagt, diese Hypothese ist nicht kühner als andere, welche bei der Theorie von der Entwicklung einer Thierspecies aus der andern aufgestellt werden. Nur in Einem Punkte geht sie weiter: auch die geistigen Anlagen des Menschen müssen dabei nur als auf einer höhern Stufe stehende geistige Anlagen des Thieres angesehen werden. „Der Unterschied zwischen Geist in den Menschen und in den niedern Thieren ist nur ein Grad-Unterschied, kein specifischer.“ So drückt sich unser englischer Freund über diesen Punkt aus, und sein Uebersetzer Carl Vogt macht dazu[1]) die laconische Anmerkung „Sehr richtig.“ „Die Thiere sind zu Liebe, Eifersucht und Neid fähig; sie zanken mit einander, sind der Schmeichelei zugänglich, zärtlich gegen ihre Jungen, treu gegen ihren Herrn u. s. w. Das Pferd staunt bei dem Anblick ungewöhnlicher Gegenstände, wie der Mensch; der Hund und manche andere Thiere zeigen ein hartnäckiges Gedächtniß. Der Hund beweist durch sein Träumen, daß er auch Einbildungskraft besitzt. Pferde, die ein Hufeisen verloren hatten, gingen aus freiem Antriebe vor die Schmiede, wo sie beschlagen wurden. Katzen, die in ein Zimmer eingeschlossen sind, springen auf die Thürklinke oder läuten die Schelle, um die Freiheit zu erlangen u. s. w. Das sind Vernunfthandlungen, die sich in keinerlei Hinsicht von ähnlichen Handlungen des Menschen unterscheiden. Was man Instinct nennt, ist nur ein anderer Ausdruck für Geist oder ist Geist auf einer besondern Entwicklungsstufe.“

Das ist also die Vorstellung, welche wir uns nach der Transmutations-

---

[1]) S. 281.

theorie von der Genesis des Menschen zu machen haben: er ist in körperlicher und geistiger Hinsicht von den Thieren verschieden, aber die Verschiedenheit ist nur eine graduelle, keine wesentliche. Er ist die höchste und vollkommenste Form, welche das thierische Leben in seiner consequenten natürlichen Entwicklung, die mit dem Wurm oder einem andern einfachen Organismus beginnt, bis jetzt erreicht hat. Die Entstehung des ersten Menschen war ein Fortschritt in der Entwicklung der organischen Natur; aber dieser Fortschritt hat seinen Grund nicht in dem Eintreten eines neuen Lebensprincips, sondern er ist ebenso naturgemäß eingetreten, wie der Fortschritt vom wirbellosen zum Wirbelthier.

Was sagt nun die Wissenschaft zu dieser Theorie? Was die Lehre von der wesentlichen Identität und der bloß graduellen Verschiedenheit des thierischen Instinctes und des menschlichen Geistes betrifft, so werde ich dieselbe aus zwei Gründen nicht weiter erörtern. Einmal handelt es sich dabei um eine nicht rein naturwissenschaftliche, sondern zugleich philosophische Frage; ich beschränke mich aber in diesen Vorträgen auf die Erörterung des Verhältnisses der Naturwissenschaft zur Bibel. Dann aber ist der Gegenstand noch vor Kurzem so sorgfältig und eingehend, wie man nur wünschen kann, in der Apologetik von Bosen[1]) erörtert worden, und ich würde Ihnen, wenn ich die Sache besprechen wollte, nur einen Auszug aus den Capiteln dieses Buches vorzutragen haben, von denen ich nur wünschen kann, daß Sie dieselben vollständig und im Zusammenhange bei dem Autor selbst nachlesen. Alle Erscheinungen, welche man zu Gunsten der Meinung von einer menschenähnlichen geistigen Thätigkeit des Thieres anführt, sind nicht beweisend; dagegen sprechen viele Erscheinungen ganz entschieden für einen wesentlichen Unterschied zwischen dem menschlichen Geiste und dem thierischen Instincte. Selbst solche Naturforscher, die in keiner Weise für die Lehre der Bibel oder der übernatürlichen Offenbarung voreingenommen sind, sprechen sich in dieser Hinsicht mit der größten Bestimmtheit aus. „Die intellectuelle Anlage," sagt Burmeister, „und die Fähigkeit der Selbstbetrachtung, deren das Thier unfähig ist, erhebt den Menschen weit über alle andern Geschöpfe und macht ihn ebenso zum Herrn der organischen Natur, wie das sittliche Grundprincip seines Handelns zum Ebenbilde Gottes."

Was aber das Verhältniß des menschlichen Körpers zum Thiere, speciell zum Affen betrifft, so hängt die Frage, ob die vergleichende Anatomie

---

1) S. 106 ff.

und Physiologie die Möglichkeit einer Abstammung des Menschen vom Affen nachgewiesen habe, mit der allgemeinern Frage zusammen, die ich in der vorigen Stunde behandelt habe, mit der Frage, ob überhaupt eine Entstehung einer organischen Species aus der andern möglich ist. Denn der Mensch bildet, auch von seiner geistigen Natur ganz abgesehen, jedenfalls eine vom Affen mindestens ebenso scharf unterschiedene Species, wie das Pferd vom Esel. Selbst zwischen dem menschenähnlichsten Affen und dem thierähnlichsten Menschen ist der Unterschied noch zu groß, als daß sie ein Naturforscher zu Einer Species zählen könnte.

In neuester Zeit ist in England die Frage über das Verhältniß des Menschen zu den menschenähnlichen Affen, die man mit dem Namen Anthropoiden beehrt, wieder sehr lebhaft ventilirt worden. Die Veranlassung dazu hat einerseits Darwin durch seine Transmutationstheorie gegeben, anderseits ein gewisser du Chaillu durch die Berichte über die Gorilla-Affen, welche er im innern Afrika genauer als alle frühern Reisenden beobachtet haben will. Ueber die Glaubwürdigkeit der Berichte du Chaillu's ist in englischen Zeitschriften im vorigen Jahre sehr lebhaft gestritten worden,[1] und dieser „Gorilla-Krieg" ist nicht sehr ehrenvoll für du Chaillu ausgefallen: manche seiner Angaben sind als Schwindel erwiesen und dadurch ist der Werth der andern sehr zweifelhaft gemacht worden.

Die vergleichenden Studien über den Menschen und die ungeschwänzten Affen haben bis jetzt folgende Resultate geliefert.[2] Die Affen, welche dem Menschen am nächsten stehen, sind der Orang-Utang, der Tschimpansi, der Kulukambo und der Gorilla; aber während der eine in einer Hinsicht den Menschen ähnlicher ist, ist es der andere in einer andern Hinsicht, so daß sich eine eigentliche Rangordnung für jene vier nicht festsetzen läßt. Die Extremitäten sind beim Gorilla am menschenähnlichsten: aufrechtstehend reicht der Tschimpansi mit den Fingern bis unter die Kniee, der Gorilla nur bis zum untern Theile des Schenkels; auch die Hand des Gorilla ist der menschlichen ähnlicher, als die der übrigen Affen; desgleichen der Fuß; er kann unter allen Affen mit der geringsten Anstrengung aufrecht stehen. Aber der aufrechte Gang bleibt doch immer auch für den Gorilla Ausnahme und also ein Characteristicum des Menschen. Ueberhaupt bleibt der ganze Kör-

[1] Vgl. das Londoner Athenaeum 1861, 11. Mai bis 14. Dec.
[2] Vgl. Th. Bischoff, über den Unterschied zwischen Thier und Mensch, in den „Wissenschaftlichen Vorträgen, gehalten zu München", Braunschweig 1851. — Ulrici, Gott und die Natur, S. 310. — Ausland 1861, S. 833.

perbau des Affen immer noch von dem menschlichen sehr verschieden, wenn auch die seitliche Zusammenpressung des Schädels, die Entwicklung der Zähne, die Länge der Arme, die schmale Gestalt des Beckens Punkte sind, in welchen die Neger sich weniger stark von den menschenähnlichen Affen unterscheiden, als höher stehende Menschenrassen.

Einen sehr wesentlichen Punkt bei der Vergleichung bildet der Schädelbau und die Größe und Gestaltung des Gehirns. Man kann in dieser Hinsicht bei den Menschen und bei den Affen eine Stufenfolge festsetzen, die mit den höherstehenden Menschenrassen, namentlich den Europäern beginnt; am tiefsten, den Affen am nächsten stehen dann die afrikanischen und australischen Neger; aber der Unterschied zwischen diesen und den am höchsten stehenden Affen ist immer noch sehr viel größer, als zwischen den verschiedenen Menschenrassen. Man hat den Rauminhalt der Schädel dadurch gemessen, daß man sie mit Hirsenkörnern füllte und diese dann wog; so kommen für den Europäer als Maximum 57 Unzen, für den Neger 38—51 Unzen heraus, für den Gorilla 17—19 Unzen, also immer erst noch, bei ungefähr gleicher Körpergröße, die Hälfte von dem Minimum des Negergehirns. Nach einer andern Messung beträgt der Schädelraum bei Kaukasiern 92, als Maximum 114 englische Kubikzoll, bei den Malayen 85, bei den afrikanischen Negern 83, bei den Amerikanern 79, bei den australischen Negern 75; das Minimum, welches bei einem Menschen ermittelt ist, beträgt 63 englische Kubikzoll, also immer noch viel mehr als das Maximum, welches man beim Gorilla beobachtet hat, 34 Kubikzoll. Die Durchschnittsgröße ist bei ihm nur 29, beim Kulukambo 25, beim Tschimpansi 23 Zoll.

In der Größe des Gehirns liegt aber der Unterschied nicht allein; [1]) es kommen noch andere Punkte in Betracht. Bei den Affen ist das große Gehirn kleiner im Verhältniß zum kleinen Gehirn, als beim Menschen; in dieser Hinsicht steht nicht der Gorilla, sondern der Orang-Utang dem Menschen am nächsten. Ferner ist das Verhältniß der einzelnen Hirnlappen beim Menschen viel verschiedener, als bei dem Affen; auch in dieser Hinsicht steht wieder nicht der Gorilla, sondern der Kulukambo dem Menschen am näch-

1) Die frühere Behauptung, daß der Mensch das absolut größte Gehirn besitze, läßt sich nicht halten, da der Elephant, der Walfisch, der Narwal ꝛc. weit größere Gehirnmassen aufweisen. Auch die Annahme, der Mensch habe das relativ größte Gehirn (im Vergleich zum Gewichte des Körpers) scheint dadurch widerlegt, daß viele kleinere Vögel, z. B. Meisen und Zeisige, ein relativ größeres Gehirn besitzen, obwohl dieser Umstand noch nicht vollkommen festgestellt ist. Ulrici S. 311.

ften. Endlich kommt es vorzüglich auf die Windungen und Furchen des Gehirns an; diese sind beim Menschen viel zahlreicher, verwickelter und unsymmetrischer als beim Orang, der auch in dieser Hinsicht höher steht, als der Gorilla. Damit hängt noch ein Anderes zusammen. Man unterscheidet zwischen der grauen und der weißen Gehirnsubstanz; jene halten die Physiologen für die materielle Trägerin des Bewußtseins und der höhern Seelenfunctionen, die Röhren der weißen Substanz sehen sie als die Vermittler, Leiter und Verbindungsglieder zwischen Gehirn und Körper und zwischen den einzelnen Theilen des Gehirns an. Je zahlreicher und tiefer nun die Windungen und Furchen des Gehirns sind, desto größer ist auch die Oberfläche des Gehirns und desto mehr graue Substanz ist vorhanden; denn diese zeigt sich vorzugsweise an der Oberfläche, namentlich des großen Gehirns.¹) Das Gehirn des Affen ist also nicht nur bedeutend kleiner, sondern auch unvollkommener, als das des Menschen, weil das große Gehirn kleiner ist, viel wenigere und unbedeutendere Furchen und Windungen, darum eine geringere Oberfläche und weniger graue Gehirnsubstanz hat. Zwischen dem unvollkommensten Negergehirn und dem vollkommensten Affengehirn ist immer noch ein viel größerer Abstand, als zwischen dem vollkommensten und dem unvollkommensten menschlichen Gehirn.

Man hat zwar einzelne menschliche Schädel aus der Erde gegraben, welche mit Affenschädeln noch mehr Aehnlichkeit haben, als die Schädel der jetzigen Neger. Aber der Schluß, daß früher die Menschen den Affen ähnlicher gewesen seien, als jetzt, ist durch solche einzelne, nicht einmal vollkommen erhaltene Schädel doch noch sehr schwach begründet. Man müßte

---

1) „Die vergleichende Anatomie lehrt, daß die Ausbildung der sogenannten Windungen des Gehirns, d. h. der die Oberfläche durchziehenden Furchen mit den zwischen ihnen befindlichen Substanzleisten, in bestimmter Beziehung steht zu der Ausbildung und Entwicklung der Thiere und ihrer Intelligenz. Das Gehirn der Vögel, der Nager, der Beutelthiere, der Zahnlosen entbehrt sie noch ganz oder zeigt geringe Spuren derselben; erst in den höhern Ordnungen der Säugethiere treten sie entwickelter auf. Kein Thier aber hat gleichzeitig so zahlreiche und so tief und mannichfaltig angeordnete asymmetrische Windungen auf beiden Hemisphären, als der Mensch. Die Bedeutung derselben ist, daß sie auf eine Vergrößerung der Oberfläche des Gehirns abzielen. Jede Windung besteht wieder aus einer Lamelle oder einem Blatte weißer Substanz, das von einer grauen Rinde bedeckt ist. Die Windungen sind daher der Ausdruck der Massenbildung der grauen Substanz und ihrer Berührungsfläche mit der weißen, — d. h. mittelst ihrer wird nicht nur die Masse der grauen (psychischen) Substanz, sondern auch die Mannichfaltigkeit der Communication derselben mit der weißen vermehrt und folglich der psychische Standpunkt des Menschen erhöht." Bischoff a. a. O. S. 318.

dabei auch das Gehirn vergleichen können und namentlich sicher sein, daß die Personen, denen diese Schädel angehört haben, nicht Ausnahmen von der Regel gebildet haben, wie sie auch jetzt vorkommen.

Also die Affen bilden jedenfalls eine von den Menschen verschiedene Species. Nun haben wir aber in der vorigen Stunde gesehen, daß von den bedeutendsten Auctoritäten der Uebergang einer Species in eine andere als unmöglich bezeichnet wird. Es muß also nach dem jetzigen Stande der Wissenschaft die Abstammung des Menschen von irgend einer Thierspecies als eine wissenschaftlich nicht begründete Behauptung bezeichnet werden.

Lassen Sie uns aber einmal voraussetzen, die Naturwissenschaft gelangte in ihrer weitern Entwicklung dahin, wohin sie aller menschlichen Berechnung nach nie gelangen wird, — zu dem Resultate, daß die Species nicht in dem jetzt angenommenen Sinne unveränderlich und objectiv von einander unterschieden seien, daß vielmehr die Entwicklung einer Species aus der andern möglich sei, würde damit die Unrichtigkeit des biblischen Berichtes von der Erschaffung der organischen Species und des Menschen durch Gott wissenschaftlich erwiesen sein? Keineswegs. Die Naturwissenschaft könnte auch dann nur sagen: es ist erwiesen, daß aus den einfachsten organischen Wesen ohne irgend welches Eingreifen einer höhern Macht, rein durch die in der Natur liegende Kraft einer allmälig fortschreitenden Entwicklung sich vollkommenere organische Wesen entwickelt haben können, aus diesen wieder vollkommenere und so fort durch eine sehr große Zahl von Zwischenstufen und im Verlaufe von vielen hundert Millionen Jahren zuletzt die höchsten organischen Wesen, die Menschen. Die Naturwissenschaft kann also die Existenz der Menschen erklären, ohne die Erschaffung derselben durch ein außer der Natur stehendes Wesen anzunehmen; sie reicht mit der Annahme aus, daß in der Natur eine Kraft und ein Gesetz der Entwicklung vorhanden ist, wodurch das einfachste organische Wesen sich allmälig und langsam bis zur höchsten Stufe vervollkommnen kann, und daß ein solche Kraft und ein solches Gesetz der Entwicklung in der Natur vorhanden ist, hat die Naturwissenschaft durch Beobachtung erwiesen.

Soweit ist die Naturwissenschaft, wie gesagt, bis jetzt sicher nicht gekommen; sie wird dahin, — das ist so gut wie sicher, — nie gelangen weiter kann sie aber der Natur der Sache nach niemals kommen. Gesetzt also, sie erreichte dieses Ziel wirklich, so würde ihr immer noch Eins fehlen um die Behauptung, die Menschen, Thiere und Pflanzen seien nicht so entstanden, wie die Bibel lehrt, als wissenschaftlich begründet bezeichnen zu können. Sie müßte, nachdem sie gezeigt hat, die jetzt existirenden Wesen hätten in der eben angegebenen Weise entstehen können, auch noch zeigen, sie hätten nur in dieser Weise entstehen können. Das läßt sich aber nie nachweisen. Wenn es einen allmächtigen Gott gibt, so konnte derselbe, um die jetzt existirenden organischen Wesen hervorzubringen, allerdings den Weg der allmäligen Entwicklung einschlagen, wie ihn die Developisten darstellen; er konnte aber auch, wie die Bibel es darstellt, organische Wesen gleich in der Entwicklungsstufe erschaffen, die sie jetzt haben und die sie nach der Lehre der Developisten erst durch viele Zwischenstufen hindurch erreicht haben würden. Ob es aber einen allmächtigen Gott gibt, das ist eine Frage, deren Beantwortung, wie ich früher ausführlicher gezeigt habe, jedenfalls nicht zum Bereiche der Naturwissenschaft gehört.

Die Sache liegt also hier ähnlich, wie bei der Frage über die Bildung des Erdkörpers. Auch da kann die Geologie höchstens die Möglichkeit erweisen, daß der Erdkörper, wie er jetzt ist, sich aus einem Gasball entwickelt haben könne; daß aber die Erde sich jemals wirklich in diesem gasartigen Zustande befunden habe und nicht in einem dem jetzigen näher stehenden Zustande aus dem Nichts ins Dasein getreten sein könne, das kann die Geologie nie erweisen. Ich würde mich nur wiederholen müssen, wenn ich in der Weise, wie ich diesen Gegenstand früher erörtert habe, auch die jetzt vorliegende Frage weiter besprechen wollte. Ich darf um so eher hier abbrechen, als, wie gesagt, die ganze Transmutationstheorie nur die Bedeutung einer von einigen Naturforschern aufgestellten Hypothese hat, die bis jetzt noch sehr schwach begründet ist und keine Aussicht hat, jemals sicherer begründet zu werden. Ich habe mich anheischig gemacht, zu zeigen, daß die Resultate der naturwissenschaftlichen Forschung mit der hl. Schrift nicht in Widerspruch stehen; genug also, daß ich gezeigt habe, daß die developistische Theorie kein gesichertes Resultat der Forschung, sondern nur eine von den bedeutendsten Naturforschern perhorrescirte luftige Hypothese ist.

Es hat mir — aufrichtig gesagt — einige Ueberwindung gekostet, die Lehre von unserer Stammverwandtschaft mit den Affen durch ruhige Abwägung der Gründe pro et contra zu erörtern. Es ist gewiß eine betrübende Erscheinung, daß in der Mitte des neunzehnten Jahrhunderts eine solche Frage überhaupt zur Discussion gestellt werden kann, daß der Mensch, um die Worte des Psalmisten zu gebrauchen, da er in Ehren ist, es nicht einsieht und sich den unvernünftigen Thieren gleich macht — homo, cum in honore esset, non intellexit et comparatus est jumentis insipienti-

bus.[1]) Aber wie die Sachen einmal liegen, konnte ich eine solche Erörterung nicht umgehen. Gerade in den populären und oberflächlichen Büchern
und Aufsätzen über naturwissenschaftliche Fragen, woraus unsere sogenannten
Gebildeten ihre Weisheit lernen, werden derartige Theorien vorgetragen.[2])
Dabei wird dann den armen Lesern und Leserinnen, gewiß oft zu ihrem
großen Schrecken, vorgeschwindelt, es handle sich hier um die Resultate der
sorgfältigsten, gewissenhaftesten und eingehendsten Beobachtungen und Untersuchungen. Die Naturwissenschaft, anerkanntermaßen eine exacte, rein auf
Beobachtung und Induction beruhende Wissenschaft und dabei eine Wissenschaft, welche gerade in unserer Zeit anerkanntermaßen mit einer früher nie
geahnten Gründlichkeit cultivirt werde und darum auch schon die großartigsten Resultate erzielt habe, — diese Wissenschaft führe mit Nothwendigkeit
zu diesen Enthüllungen, und es bleibe dem geehrten Leser und der geschätzten
Leserin keine andere Wahl, als entweder die Wissenschaft zu ignoriren,
oder das alte Vorurtheil aufzugeben, daß Gott am sechsten Tage erst die
Erschaffung der Thiere, inclusive der Affen, vollendet und darauf den Adam
aus Lehm der Erde und die Eva aus einer Rippe des Adam gebildet habe.

Einem solchen Unfug gegenüber gibt es kein anderes Mittel, die
Ehre der Bibel und die Ehre der Wissenschaft zugleich zu retten, als
daß wir zeigen, was die Wissenschaft wirklich ermittelt hat und ermitteln
kann, was wirklich das Resultat ernster und gewissenhafter Forschung ist,
und was anderseits zu den luftigen Hypothesen und phantastischen Speculationen gehört, an denen sich allenfalls die Phantasie ergötzen, die aber
der nüchterne Verstand immer nur verachten kann, die ein Naturforscher
mit den Resultaten seiner Forschung nur vermengt, wenn ihm die Phantasie
mit dem Verstande einmal durchgeht, oder wenn er seine philosophischen
oder theologischen Ansichten einmal in die Darlegung seiner wissenschaftlichen
Ueberzeugungen einmengt. Beides wird den Meistern der Wissenschaft,
mögen sie bibelgläubig sein oder nicht, so leicht nicht passiren; aber das
eigentliche Element ist ein solcher Mischmasch von wahren und unwahren,
sichern und unsichern naturwissenschaftlichen Sätzen, von kühnen Hypothesen
und philosophischen und theologischen Meinungen für den großen Haufen
der Dilettanten und Halbwisser in naturwissenschaftlichen Dingen und für
Krakehler, wie Carl Vogt und David Strauß, die es sich ausschließlich

---

1) Pf. 48, 21.
2) z. B. Morgenblatt 1862, 1. Heft.

oder nebenbei zum Lebensberuf gemacht haben, die Theologen zu ärgern. Was in solchen Schriften und Aufsätzen als Naturwissenschaft vorgetragen wird, das steht allerdings oft in einem unversöhnlichen Widerspruch mit der Bibel und der Lehre der christlichen Kirche; es ist aber bei Lichte besehen gar keine Naturwissenschaft und man braucht nur das auszuscheiden, was nicht Resultat der naturwissenschaftlichen Forschung ist, und was übrig bleibt, widerspricht der Offenbarung gar nicht.

Eine besonders merkwürdige Erscheinung ist es, daß in derselben Zeit, wo man sich bestrebt, die Verwandtschaft des Menschen mit dem Affen nachzuweisen, ebenso eifrig die Verwandtschaft des Europäers mit dem Neger bestritten wird. Mitunter behauptet sogar ein und derselbe Naturforscher die Möglichkeit unserer Abstammung von den Vierhändern und die Unmöglichkeit der Abstammung der Neger und Kaukasier von Einem Paare. So kommt der Verfasser der „natürlichen Geschichte der Schöpfung" [1]) zu dem Resultate, es seien zwei Entstehungsorte für die Menschen als nothwendig anzunehmen, einer für die europäische, asiatische und amerikanische, und ein anderer für die afrikanische Rasse. Die Entstehung der erstern Rasse scheine mit der großen Entwicklung der Vierhänder im südlichen Asien, die der letztern mit derjenigen des westlichen Afrika in Verbindung zu stehen.

Die Frage über die Einheit des Menschengeschlechts wird uns in den nächsten Stunden beschäftigen. Die Abstammung aller Menschen von Einem Paare ist eine unzweideutige Angabe der hl. Schrift und zudem die nothwendige Voraussetzung des christlichen Dogma's von der Erbsünde. Ich werde also zeigen müssen, daß die Resultate der Naturforschung damit nicht in Widerspruch stehen. Die Frage aber, welche wir in dieser Hinsicht der Naturwissenschaft zur Beantwortung vorzulegen haben, ist so zu formuliren: bilden die verschiedenen jetzt existirenden Menschenrassen verschiedene Species oder nur Varietäten derselben Species? Ist ersteres der Fall, so ist die Abstammung aller Menschen von Einem Paare unmöglich; ist letzteres der Fall, so ist noch nicht erwiesen, daß die Menschen alle wirklich von Einem Paare abstammen, sondern nur, daß sie von Einem Paare abstammen können. Denn von den Thieren haben wir ja angenommen, daß ursprünglich viele Individuen derselben Species geschaffen worden seien; so könnten also auch, selbst wenn die Zugehörigkeit aller Menschen zu Einer Species

---

1) S. 260.

erwiesen wäre, immer noch angenommen werden, daß mehrere Paare der=
selben Species die Stammeltern der Menschen seien. Ob dieses der Fall
ist oder alle von Einem Paare abstammen, das ist keine naturwissenschaft=
liche Frage mehr. An die Naturwissenschaft haben wir also nur die Frage
zu richten, ob sie erweisen könne, daß die Menschen mehrere Species bilden;
kann sie das nicht, so ist in Bezug auf die Frage nach der Einheit des
Menschengeschlechts zwischen ihr und der Theologie kein Widerspruch; denn
dann kann von Seiten der Naturwissenschaft keine Einrede gegen die Lehre
von der Abstammung aller Menschen von Einem Paare erhoben werden.

XXXII.
Die Einheit des Menschengeschlechts.

Ueber die Lehre von der Einheit des Menschengeschlechts sagt Bur=
meister in seiner Geschichte der Schöpfung S. 504: „Den wissenschaftlich
geläuterten Blicken eines vorurtheilsfreien Forschers stellt sich die ganze Lehre
in einem so ungünstigen Lichte dar, daß er getrost annehmen kann, kein
ruhiger Beobachter würde jemals auf den Gedanken gekommen sein, alle
Menschen von Einem Paare abzuleiten, wenn nicht die mosaische Schö=
pfungsgeschichte es gelehrt hätte. Ihr zu Liebe und um die Auctorität der
hl. Schrift auch auf solchen Gebieten zu bewähren, für welche sie ihrem
ganzen Wesen nach nicht als normirend angesehen werden kann, auf die sie
auch keinen bestimmenden Einfluß mehr ausübt, seit der Mensch seinen
eigenen, eben so mühsam erworbenen, wie wohl geprüften wissenschaftlichen
Erfahrungen gefolgt ist, — hat eine Anzahl größtentheils nicht sattsam mit
den Ergebnissen der Naturwissenschaft bekannter Forscher sich veranlaßt
gesehen, den alttestamentlichen Mythus zu vertheidigen, und eine darauf ge=
baute wissenschaftliche Ansicht vertreten, die sich beim nähern Eingehen auf
dieselbe durchaus nicht halten läßt."

Sie sehen, hier werden zwei Behauptungen ausgesprochen: die Ver=
theidiger der Einheit des Menschengeschlechts lassen sich erstens hauptsächlich
durch die Rücksicht auf die Bibel bestimmen, und sind zweitens eine Anzahl
größtentheils nicht sattsam mit den Ergebnissen der Naturwissenschaft bekann=
ten Forscher. Was die erste Behauptung betrifft, so widerlegt sie Burmeister
selbst, — wie es scheint, ohne daran zu denken, — gleich in dem nächsten
Satze seines Buches, indem er sagt: „Die Anzahl der Vertheidiger jener

Aufgabe scheint sich wieder zu mehren, seitdem die Wissenschaft das Dogma als gleichgültig fallen gelassen hat." Also die Bibel ist Schuld daran, daß die Ansicht von der Einheit des Menschengeschlechts von Naturforschern vertheidigt wird, und seit man die Bibel nicht mehr als Auctorität in dieser Frage ansieht, hat sich die Zahl der Vertheidiger jener Ansicht gemehrt; wie reimt sich das? — Was die zweite Behauptung betrifft, so bezeichnet Burmeister einige Seiten weiter Prichards Naturgeschichte des Menschengeschlechts [1] als das Hauptwerk über diesen Gegenstand — woraus wir doch wohl schließen dürfen, daß dieser Schriftsteller mit den Ergebnissen der Naturwissenschaft sattsam bekannt ist. Er ist trotzdem ein Vertheidiger der Einheit des Menschengeschlechts. Wenn Ein Naturforscher unseres Jahrhunderts eine Vertheidigung gegen den Vorwurf, er sei mit den Ergebnissen der Naturforschung nicht sattsam bekannt, nicht bedarf, so ist es Alexander von Humboldt. Auch der Voreingenommenheit zu Gunsten der Bibel könnte er nur mit dem größten Unrecht beschuldigt werden; er rühmt es sogar [2] ausdrücklich an der neuern Naturwissenschaft, daß sie sich wenigstens auf dem Continente den „semitischen Einflüssen" endlich entzogen habe. Humboldt aber spricht sich ganz entschieden für die Einheit des Menschengeschlechtes aus. [3] Er beruft sich dabei auf die Zustimmung des verstorbenen Johannes Müller, den er als einen der größten Anatomen unseres Zeitalters bezeichnet, ein Lob, welches meines Wissens von keinem Fachgenossen bestritten wird. Als eine der größten Auctoritäten auf dem Gebiete der vergleichenden Anatomie gilt nicht bloß in seinem Vaterlande der Engländer Owen; er spricht sich gerade so aus. Unter den ältern Gelehrten hat unsere Frage unstreitig keiner mit solchem Fleiße erforscht, wie Blumenbach; seine Forschungen haben zu dem nämlichen Ergebnisse geführt. Ich nenne außerdem unter den ältern Gelehrten noch Buffon, Cuvier, Linné, unter den Neuern Steffens, Schubert, Rudolf und Andreas Wagner, von Bär, Wilbrand u. s. w. Sind das größtentheils Forscher, die nicht sattsam mit den Ergebnissen der Naturwissenschaft bekannt sind, und nimmt Burmeister diese satt-

---

1) Naturgeschichte des Menschengeschlechts von James Cowles Prichard. Nach der 3. Aufl. des englischen Originals mit Anmerkungen und Zusätzen herausgeg. von Rudolph Wagner. 5 Bände. Leipz. 1840 ff. — Vgl. außerdem A. Wagner, Geschichte der Urwelt, 2. Band. — H. Lüken, die Einheit des Menschengeschlechts. Hannover 1845. — Natur und Offenbarung II, 49 ff. III, 398 ff. IV, 65 ff.

2) Kosmos I, 284.

3) Kosmos I, 379.

fame Bekanntſchaft für ſich, Oken, Carus, Carl Vogt, Agaſſiz,[1] Giebel u. ſ. w. allein in Anſpruch? Es erweckt keine günſtige Meinung für die wiſſenſchaftliche Behandlung einer Frage, wenn wir gleich in den erſten Sätzen ſolchen handgreiflichen Gedankenloſigkeiten oder Unaufrichtigkeiten begegnen.

In der neueſten Zeit hat Vogt die Unmöglichkeit der Abſtammung der Menſchen von Einem Paare mit der größten Zuverſicht behauptet und die entgegengeſetzte Anſicht mit der größten Heftigkeit und Bitterkeit bekämpft; es handelt ſich nach ihm bei dieſer Frage um den Gegenſatz zwiſchen „Köhlerglauben und Wiſſenſchaft." Hören wir nun aber, wie er da, wo er die Sache kurz reſumirt, in den Noten zu der „natürlichen Geſchichte der Schöpfung" ſich ausſpricht. „Die Verſchiedenheit der Menſchenraſſen," ſagt er an einer Stelle,[2] „wird weit beſſer durch die Annahme vielfältiger, urſprünglich verſchiedener Arten erklärt, welche durch Kreuzung Miſchlinge hervorriefen, als durch die Annahme einer einzigen Art, deren Verſchiedenheit durch äußere Einflüſſe bedingt worden wäre." Die Gründe für die eine und die andere Annahme werden wir prüfen; bemerken Sie aber ſchon hier, wie wenig mit der Behauptung der Unmöglichkeit der einen Annahme die andere Behauptung ſtimmt, daß ſich durch die zweite Annahme die jetzige Verſchiedenheit der Menſchenraſſen — nicht ganz allein, ſondern nur „weit beſſer" erklären laſſe.

An einer andern Stelle[3] ſagt Vogt: „Die Frage, ob das Menſchengeſchlecht nur Eine oder mehrere Arten in ſich enthalte, ob es von Einem Paare herſtammen könne oder nicht, würde ſchon längſt entſchieden ſein, wenn nicht eine alte, gänzlich ungegründete Sage in die Bücher Moſis übergegangen wäre, ſo daß die Theologie ſich dieſer Frage bemächtigte, um ſie vom Gebiete der Wiſſenſchaft und der Thatſache auf das des Glaubens zu übertragen." Iſt es wiſſenſchaftlich, von vornherein die alte Sage als eine gänzlich unbegründete zu bezeichnen, wenn man erſt noch beweiſen will, daß ſie ungegründet iſt? Und will denn Vogt im Ernſt behaupten, auch Humboldt und alle die andern eben genannten Naturforſcher hätten die Frage als dem Gebiete des Glaubens und nicht dem Gebiete der Wiſſen

---

1) Er hat früher die einheitliche Abſtammung der Menſchheit feſtgehalten, jetzt nimmt er an, die Menſchen ſeien in ganzen Nationen auf einmal geſchaffen worden, ſ. Jahrb. für deutſche Theol. VI, 711.

2) S. 252.

3) S. 260.

schaft und der Thatsache angehörend behandelt? „Aber so gut als die richtige Ansicht vom Sonnensystem dennoch durchbrechen mußte," fährt Vogt fort, „trotz aller Bannflüche und Ketzersprüche, die über ihre Vertheidiger ergingen, ebenso sicher wird es nicht lange dauern, bis man von dem ersten Menschenpaare, dem einfachen Ursprunge des Menschengeschlechtes und allem, was an dieser Sage hängt, als von einem unbegreiflichen Irrthume sprechen wird." Humboldt wenigstens ist doch nicht bekannt dafür, daß er vor Bannflüchen und Ketzersprüchen jemals Furcht gehabt und sich dadurch habe abhalten lassen, einer Ansicht, die ihm richtig schien, zum Durchbruche zu verhelfen, und bekanntlich hat ein Naturforscher in unserer Zeit, wenn er überhaupt darauf Rücksicht nimmt, ob seine Ansichten populär oder unpopu= lär sind, viel eher zu fürchten, wegen Köhlerglaubens als wegen Abweichung von der Bibel den Bannflüchen und Ketzersprüchen der öffentlichen Meinung zu verfallen. Trotzdem dürfte Vogts Prophezeiung, es werde nicht lange mehr dauern, bis man die Ansicht von der Einheit des Menschengeschlechts allgemein als einen unbegreiflichen Irrthum erkennen werde, nicht viele Aus= sicht haben, in Erfüllung zu gehen, wenn es wahr ist, was wir von Bur= meister gehört haben, daß sich die Zahl der Vertheidiger wieder mehrt, seitdem die Wissenschaft das biblische Dogma als gleichgültig fallen gelas= sen hat.

Hören wir Vogt weiter: „Die vergleichenden Untersuchungen über die Rassen, die Eigenthümlichkeiten ihrer Organisation, ihrer Sprache stehen noch unendlich weit zurück. Wir haben bis jetzt darüber nur zerstreute No= tizen von geringer Bedeutung gegenüber dem ungeheuren Material, welches vorliegt. Die vergleichende Anatomie der Menschen und der Sprachen muß in der Weise betrieben werden, daß man die Urtypen ausscheidet, ihre Eigen= thümlichkeiten genau durch massenhafte Untersuchungen feststellt" u. s. w. „Das ist aber die Aufgabe von Generationen, nicht von Einzelnen." Wenn die bisher angestellten Beobachtungen und Vergleichungen wirklich noch so ungenügend sind, wie Vogt hier behauptet, so dürfte daraus eben nur gefolgert werden, daß die Frage noch nicht spruchreif sei. Wenn Vogt die Unmöglichkeit der Einheit des Menschengeschlechtes behauptet, so ist diese Folgerung in diesen Prämissen wenigstens nicht begründet. Daß die vergleichende Anthropologie noch einer großen Entwicklung fähig und bedürftig ist, muß anerkannt wer= den;[1] die Frage, die uns vorliegt, ist aber eben diese, ob die bis jetzt auf

---

[1] „Es wird in einem Kreise wissenschaftlicher Männer nicht paradox klingen, wenn ich bemerke, daß es ein großes Vorurtheil des allgemeinen Publikums ist, die Wissen=

diesem Gebiete angestellten Beobachtungen und Vergleichungen zu Gunsten oder zu Ungunsten der Lehre von der Einheit des Menschengeschlechts sprechen.

Diese vorläufigen Erörterungen werden Ihnen wenigstens gezeigt haben, daß die Bibel mit ihrer Lehre von der Einheit des Menschengeschlechts der Naturwissenschaft gegenüber, wie sie durch die bedeutendsten Forscher der Gegenwart vertreten wird, gar keine ungünstige Stellung einnimmt. Wir können sogar jetzt schon sagen: Die Bibel steht auch in dieser Hinsicht mit keinem gesicherten Resultate der Naturforschung in Widerspruch; denn wenn die Unmöglichkeit der Abstammung des Menschengeschlechts von Einem Paare von Humboldt und den andern oben genannten Gelehrten nicht als ein ge-

schaft habe nur aufzubauen; sie hat oft viel mehr einzureißen, als sie an die Stelle setzen kann, und von der vergleichenden Anthropologie gilt dies ganz besonders, weil man in ihr sich vielfach versucht, ohne über einen hinlänglichen Vorrath von Beobachtungen verfügen zu können und ohne lange Arbeit zu verwenden. Dasselbe gilt freilich mehr oder weniger von allen Wissenschaften, die ein allgemeines Interesse haben.... Es wird nicht zu viel gesagt sein, wenn man behauptet, daß die vergleichende Anthropologie einer festern und umsichtigern Begründung bedarf." K. E. v. Bär in dem Bericht über die Zusammenkunft einiger Anthropologen S. 16. 17. — Derselbe Gelehrte hebt einen Punkt hervor, der auf die Beantwortung unserer Frage wohl eben so sehr von Einfluß gewesen ist, als die Rücksicht auf die Bibel: „Sind, erlauben wir uns zu fragen, bei Aufstellung der Ansicht, das Menschengeschlecht bestehe aus mehrern Arten, die positiven Kenntnisse, die wir von den Arten und Rassen der Thiere, namentlich der Säugethiere und insbesondere der Hausthiere besitzen, gewürdigt und abgewogen worden, oder hat das Gefühl, daß der Neger, besonders der geknechtete, von dem Europäer, dem Homo Japeticus Bory de St. Vincents, verschieden ist und ihm häßlich erscheint, oder vielleicht gar die Sehnsucht, ihn außer aller Ansprüche und Rechte des Europäers sich zu denken, zu dieser Ansicht geleitet? Ernste und kenntnißreiche Männer haben sich oft gegen sie mit allen zoologischen Gründen ausgesprochen, sie wird dennoch nicht so bald sich ganz verlieren, weil zoologische Gründe nicht auf alle Personen wirken, die in solchen Sachen eine Meinung haben zu können glauben.... Die Ansicht von den mehrfachen Species oder Arten im Menschengeschlecht, welche nach naturhistorischen Principien sich so wenig begründen läßt,. ist sie nicht ein Gewissensbedürfniß der Anglo-Amerikaner? Mit unmenschlicher Härte hat man die Urbewohner zurückgedrängt, mit Egoismus den afrikanischen Stamm zur Knechtschaft eingeführt. Es war natürlich, daß man sich sagte: gegen diese Menschen könne man keine Verpflichtung anerkennen, denn sie seien von anderer, schlechterer Art. Ich bin weit davon entfernt, die Herren Morton, Nott, Glibbon und Andere anzuklagen, daß sie eine Ansicht verfochten hätten, bloß um damit Beifall zu erlangen. Allein ich berufe mich auf die Erfahrung aller Länder und Zeiten, daß, wenn ein Volk ungerecht gegen ein anderes verfährt, es auch nicht unterläßt, das andere sich sehr schlecht und unfähig zu denken und diese Ueberzeugung oft und nachdrücklich zu wiederholen. Es ist nicht leicht, sich dem Einflusse einer solchen allgemeinen Meinung zu entziehen, wenn man sich nicht in entschiedener Opposition zu ihr fühlt." S. 17. 24.

fichertes Refultat der Naturforſchung angeſehen wird, ſo iſt ſie auch für jetzt wenigſtens kein ſolches.

Wir wollen indeß den Stand der Frage genauer betrachten. Wenn man unter Species den Inbegriff ſämmtlicher Individuen verſteht, welche eine unbeſchränkt fruchtbare Nachkommenſchaft unter einander zu erzeugen vermögen, ſo iſt die Frage, ob die Menſchen Eine Species bilden, ohne Zweifel zu bejahen. Denn ſelbſt Vogt[1]) erkennt ausdrücklich an, daß „die verſchiedenen Menſchenraſſen ſich nicht nur mit einander begatten und Baſtarde zeugen können, ſondern daß dieſe Baſtarde auch wieder fruchtbar ſind.“ „Die Menſchenraſſen,“ ſagt Joh. Müller,[2]) „ſind Formen einer einzigen Art, welche ſich fruchtbar paaren und durch Zeugung fortpflanzen; ſie ſind nicht Arten eines Genus: wären ſie das Letztere, ſo würden ihre Baſtarde unter ſich unfruchtbar ſein.“ Ueber dieſen Punkt liegen ſo zahlreiche und mannichfaltige ſichere Erfahrungen vor, daß er gar keinem Zweifel unterliegt.[3]) Was alſo ſonſt in der animaliſchen Welt als ſicherſtes Merkmal einer Species gilt, das trifft beim Menſchen zu.

Nehmen wir noch andere Punkte hinzu, in denen alle, auch die verſchiedenſten Menſchenraſſen mit einander überein ſtimmen. Dahin gehören: der gleiche anatomiſche Bau des Körpers, die gleiche Grenze der Lebensdauer, die gleiche Krankheitsfähigkeit, die gleiche Normaltemperatur des Körpers, die gleiche mittlere Pulsfrequenz, die gleiche Dauer der Schwangerſchaft, die gleiche Periodicität der Katamenien. Solche Gleichheit findet ſich in der Thierwelt nirgend bei verſchiedenen Species Eines Genus, ſondern nur bei den Varietäten Einer Species.[4])

Auch hinſichtlich der Größe findet ſich, wie Burmeiſter[5]) hervorhebt, keine weſentliche Verſchiedenheit. „Allerdings ſind die nordiſchen Nationen im Ganzen kleiner, als die der gemäßigten Zonen; allein wahre Zwergnationen gibt es nicht. Fünf Fuß, eine Höhe, die von vielen Individuen europäiſcher Nationen nicht überſchritten wird, iſt das Minimum, worunter nicht leicht eine ganze Nation zu fallen pflegt, während auf der andern Seite ſechs Fuß Höhe das Maximum zu ſein ſcheint, worüber ſchwerlich ganze Nationen hinausgehen, obgleich es überall einzelne größere Indivi-

---

1) S. 261.
2) Phyſiologie des Menſchen II, 773.
3) Vgl. Prichard I, 185 ff. und beſonders Bär a. a. O. S. 17 ff.
4) Delitzſch, Geneſis S. 290. Vgl. Prichard I, 151 ff.
5) Geſch. der Schöpfung S. 506.

buen gibt." Die Größe des Patagoniers steht zu jener des Eskimo's noch kaum in dem Verhältnisse, wie drei zu zwei, während sich bei den verschiedenen Varietäten des Hundes selbst das Verhältniß eins zu zwölf, bei den Abarten des zahmen Stieres das Verhältniß eins zu sechs findet.[1]

Burmeister fügt noch bei: „Am nächsten steht die Hagerkeit mit der Größe in Verbindung und scheint von ihr theilweise abhängig zu sein. Denn Nationen kleiner Statur sind im Ganzen solider, fettreicher gebaut, als die großen, und bei letztern pflegt, wenn sie keinen wirklich hagern Typus haben, die Muskulatur die Fettmasse zu überwiegen. Indeß wirkt auf keinen Theil des Körpers mehr, als auf das Fett, die Lebensweise oder das Klima, was selbst bei wilden Nationen nicht außer Acht gelassen werden darf. Kalte Zonen scheinen im Ganzen bei reichlicher Nahrung das Fettwerden zu begünstigen, warme und gar heiße die Fettentwicklung zu hemmen. Offenbar trägt die in solchen Klimaten vermehrte Ausdünstung, die geringere, leichtere Kost und die leichtere Bekleidung viel zur Austrocknung des Körpers bei und bewirkt nicht bloß einen schlanken, sondern auch einen zierlichen Körperbau, der namentlich bei den Südseeinsulanern augenfällig ist, während die robuster gebauten Neger doch fast unter demselben Himmelsstrich wohnen, aber freilich eine ganz andere Lebensweise führen. Ganz allein läßt sich freilich der Unterschied (der Corpulenz und Muskelentwicklung) auf solche klimatische Differenzen nicht schieben, und eine primäre nationale Anlage spielt immer dabei eine Rolle mit. Der robuste Körperbau ist nationaler Charakter, keineswegs bloße Folge von der Lebensweise und den äußern Umgebungen." Auch diese Bemerkungen sprechen, trotz der zuletzt beigefügten Beschränkung, entschieden mehr zu Gunsten als zu Ungunsten der Ansicht von der Einheit des Menschengeschlechtes.

Die auffallendsten Unterschiede der verschiedenen Menschenrassen liegen in der Farbe der Haut, in der Beschaffenheit der Haare und in dem Bau des Schädels und des Beckens. Namentlich mit Rücksicht auf die Farbe und den Schädelbau hat man die verschiedenen Völkerschaften zu Rassen gruppirt. Blumenbach, der bedeutendste unter den ältern Forschern auf diesem Gebiete, nimmt fünf Rassen an, die er die kaukasische, mongolische, äthiopische, amerikanische und malaiische nennt. Diese Eintheilung haben im Allgemeinen auch die Neuern festgehalten und können wir sie also auch bei unsern Untersuchungen zu Grunde legen.

---

1) Schubert, Gesch. der Natur III, 407.

Das augenfälligste Merkmal der fünf Rassen ist die Hautfarbe: die Kaukasier sind weiß, die Mongolen gelb, die Aethiopier schwarz, die Amerikaner kupferroth, die Malaien braun. — In sehr naher Beziehung zu der Farbe der Haut steht die Farbe und Beschaffenheit des Haares. Die Unterschiede sind jedoch in dieser Hinsicht viel weniger durchgreifend und constant. Im Bau zeigt das Haar nur zwei Hauptunterschiede, die krause, wollige Beschaffenheit beim Neger, den langen, schlichten oder großlockigen Habitus bei Europäern, Malaien und Amerikanern. Die Verschiedenheit hat ihren Grund im Bau der einzelnen Haare. Was die Farbe betrifft, so sind die Haare der ersten Form im Allgemeinen schwarz, die der zweiten Classe wechseln dagegen in mehrern Farben, vom tiefsten Schwarz bis zum hellsten Gelb oder Blond. „Bau und Farbe der Haare," sagt Burmeister[1]) „ändern sich aber sehr bald, nicht bloß in Folge der Vermischung verschiedener Rassen, sondern auch in Folge veränderter Lebensweise. Ueberhaupt ist das Haar, und nicht bloß beim Menschen, sondern auch bei den Säugethieren, leichter als irgend ein Körpertheil zu Variationen geneigt, verliert daher immer zuerst seinen nationalen Charakter und schwankt am meisten von allen Körpertheilen des Menschen auf zahlreichen neu entstandenen Zwischenstufen und Modificationen."

Blumenbach hat übrigens bei seiner Eintheilung hauptsächlich Gewicht auf den Schädelbau gelegt. Schon vor ihm hatte der Holländer Peter Camper in dieser Hinsicht eine sinnreiche Regel aufgestellt, die auf dem sogenannten Gesichtswinkel beruht. [2]) Um diesen zu bestimmen, betrachtet man den Schädel von der Seite und zieht zuerst eine Linie von der Ohröffnung bis zum Nasengrund, dann eine zweite Linie von dem hervorragendsten Punkte der Stirn bis zum äußersten Rande der Oberkiefer, wo die Zähne wurzeln. Der Winkel, unter welchem sich diese beiden Linien schneiden, ist der Gesichtswinkel. Das Minimum des menschlichen Gesichtsichtswinkels, welches nur bei krankhaften Formationen, wie bei Cretins, nicht erreicht wird, beträgt nach Burmeister[3]) 75 Grad. Bei 70, nach Andern bei noch viel weniger Graden[4]) fängt der Affentypus an, und von

---

1) S. 508.
2) Prichard, I, 326. Wiseman, Zusammenhang S. 130.
3) S. 510.
4) „Der Winkel beträgt nach Campers Messung an den Köpfen von Europäern 80°. Bei einigen Menschenschädeln fand man ihn beträchtlich geringer; ja er maß nach demselben Schriftsteller an den Köpfen von Negern nur 70°. Beim Orang schätzte man

da an nimmt der Winkel bei den Säugethieren durch alle möglichen Grade ab; der Walfischkopf bietet das Minimum dar. Bei regelmäßig gebauten menschlichen Schädeln variirt der Gesichtswinkel zwischen 75 und 85 Grad; je größer derselbe ist, um so edler und schöner ist durchgängig die Form des Schädels. Bei griechischen Statuen, in denen wir das Ideal menschlicher Körperbildung bewundern, erscheint der Gesichtswinkel bis zu 90 Grad gesteigert, gleichsam als hätten die alten Meister dadurch die höchste geistige Vollendung ihrer Heroen und Götter bethätigen wollen. Eine Steigerung über 90 Grad hinaus wird unschön und führt die gesunde menschliche Form in die kranke Gestalt eines Wasserkopfs hinüber.

Blumenbach unterscheidet drei Hauptformen des Schädels, die den Kaukasiern, Mongolen und Aethiopiern eigenthümlich sind, weshalb er diese auch als die drei Hauptrassen, die Malaien und Amerikaner als Nebenrassen bezeichnet. Der europäische Schädel ist oval, hat die größte Breite in der Höhe der Stirne, einen kugeligen Scheitel, einen oberwärts mehr gewölbten Hinterkopf, eine hohe senkrechte Stirn, schmale Backenknochen, ein kleineres, senkrechtes Gebiß, ein schmales Kinn und einen Gesichtswinkel von 83—85 Grad. Der mongolische Schädel ist mehr sphärisch oder kubisch, hat einen in der Hauptsache kreisförmigen Gesichtsumriß, eine niedrige, aber breite Stirn, starke Backenknochen, ein breites senkrechtes Gebiß und ebenso breites senkrechtes Kinn, einen flachgewölbten Scheitel, ein stumpfes Hinterhaupt und den größten Schädeldurchmesser in der Höhe der Backenknochen oder des Ohres; der Gesichtswinkel beträgt hier gegen 80 Grad. Der Negerschädel ist elliptisch oder keilförmig, hat ein schmales Gesicht, dessen größter Durchmesser zwischen den Backenknochen liegt, eine schmale, niedrige, geneigte Stirn, ein hervortretendes Gebiß, ein zurückgezogenes Kinn, einen

---

ihn auf 64, 63 oder 60°; aber dies war das Resultat der Messung junger Affenschädel. Owen hat festgestellt, daß der Gesichtswinkel des erwachsenen Troglobytes nur 35° beträgt und der des Orang-Utang 30°." Prichard I, 340. „Frühere Anatomen, welche über den Bau der eigentlichen Affen geschrieben haben, machten alle ihre Beobachtungen an unausgewachsenen Orangs, daher sind ihre Bemerkungen über den Gesichtswinkel, die Zähne und das gegenseitige Verhältniß des Schädels und des Gesichtes unrichtig, wenn sie auf das ausgewachsene Thier angewandt werden, und haben, wie Owen klar bewiesen hat, zu der Ansicht geführt, daß der Uebergang von dem Menschengeschlecht zu dem der Affen viel allmäliger sei, als er in der That ist. Es ist eine bekannte Sache, daß im unreifen und unentwickelten Zustande die anatomischen Verhältnisse mehr Analogie zeigen, als wenn ein Wesen vollständig ausgebildet und zu allen Functionen, wofür die Natur es bestimmt hat, gehörig vorbereitet ist." Das. 337.

engen, fast scharfkantigen Scheitel, ein weit hinterwärts hervorragendes Hinterhaupt und einen Gesichtswinkel von nicht viel mehr als 75 Grad. [1]

Die Amerikaner und die Malaien bezeichnet Blumenbach hinsichtlich des Schädelbaus als Varietäten, welche zwischen der kaukasischen Rasse einerseits und der mongolischen und äthiopischen anderseits die Mitte halten.

Bei dieser Classification der Schädel fällt das Hauptgewicht auf die Formen des Gesichtes und die Neigung der Stirn. Ein neuerer Forscher, der Schwede Anders Retzius, hat der eigentlichen Schädelhöhle größere Beachtung schenken zu müssen geglaubt. [2] Er geht davon aus, daß es besonders die Entwicklung eines der drei Hauptlappen des großen Gehirns sei, welche die Mannichfaltigkeit im äußern Ansehen der Schädel bedinge. Die Verlängerung des Schädels nach hinten und seine schmale Form, wodurch die Negernationen sich verrathen, hängt nämlich ab theils von der geringern Größe des ganzen großen Gehirns, theils von der auffallenden Kleinheit seiner Mittellappen. Eben diese sind bei cubischen (mongolischen) Schädeln sehr groß, die hintersten Lappen dagegen, welche bei den Negern die stärkste Ausdehnung besitzen, auffallend klein. Bei den ovalen (kaukasischen) Schädeln überwiegen die vordern Lappen des großen Gehirns, wölben dadurch die Stirn stärker und bringen eine allseitige Entwicklung des Gehirns mit sich, welche auch die hintern Lappen weiter nach hinten vortreibt, als in den kubischen Schädeln. Von der Größe dieser hintersten Lappen geht Retzius aus, wenn er die Nationen in Langschädel und Rundschädel (Dolichokephalen und Brachykephalen) eintheilt; unter jene Form bringt er die elliptischen und ovalen (äthiopischen und kaukasischen), unter diese die cubischen (mongolischen) Schädel. Beide Classen theilt er weiter nach der Stellung des Gebisses, womit die Neigung der Stirn in Harmonie steht, in senkrechtzahnige und geneigtzahnige oder gerabkieferige und schiefkieferige (orthognathische und prognathische) Nationen. So erhält er vier Hauptschädeltypen. Zu den Langschädeln mit senkrechter Zahnstellung gehören die celtischen, germanischen, romanischen und Hindu-Völker; zu den Rundschädeln mit senkrechtem Gebiß die Slaven, Lappen, Perser, Türken, Süd-Oceanier u. s. w.; zu den Rundschädeln mit geneigtem Gebiß die Tartaren, Mon-

1) Burmeister S. 509.
2) Vgl. Burmeister S. 510. A. Wagner S. 32. Bibliothèque universelle (Genf 1860) VII, (Archives), 151.

golen, Malaien und mehrere westamerikanische Volksstämme; zu den Lang=
schädeln mit geneigtem Gebiß die Neuholländer, Chinesen, Japanesen, Neger,
Grönländer und die meisten ostamerikanischen Völker.

Sie bemerken, — und das ist nicht unwichtig, — daß diese verschie=
denen Gruppirungen sich nicht decken. Die Differenzen zwischen den ver=
schiedenen Volksstämmen würden viel bemerkenswerther sein, wenn dieselben
Stämme, die sich hinsichtlich der Farbe unterscheiden, sich auch ebenso hin=
sichtlich der Schädelbildung unterschieden und wenn bei dem Eintheilungs=
princip, welches Blumenbach, und bei dem, welches Retzius bei den Schädeln
festgehalten hat, die nämlichen Völker zusammengezählt und die nämlichen
von einander gesondert würden. Das ist aber nicht der Fall. Die Ameri=
kaner und Malaien erhalten bei Blumenbachs Eintheilung nach der Schä=
delform keinen selbstständigen Platz. Die germanischen und slavischen Völker
gehören in Blumenbachs Schädelsystem, wie hinsichtlich der Hautfarbe zu
Einer Gruppe, bei Retzius zu verschiedenen Gruppen. Umgekehrt zählt
Retzius Neger, Neuholländer und Grönländer zu Einer Gruppe, während
sie bei Blumenbach getrennt werden. Jedes Theilungsprincip führt also,
wenn es einseitig festgehalten wird, zu Trennungen und Verbindungen, die
nach dem andern Theilungsprincip als unnatürlich bezeichnet werden müssen.
Daraus dürfen wir schon jetzt wohl schließen, daß die Menschenrassen sich
jedenfalls nicht so scharf von einander unterscheiden, wie verschiedene, wenn
auch einander ähnliche Thierspecies.

Wenn man bei der Gruppirung der Menschenrassen auf den Schädel=
bau Rücksicht nimmt, so müssen übrigens nicht nur die vereinzelt vorkom=
menden krankhaften Abnormitäten, sondern auch die Abnormitäten außer
Betracht bleiben, die mitunter bei ganzen Volksstämmen gewöhnlich, aber
nicht natürlich, sondern durch künstliche Mittel hervorgebracht sind. Bei
manchen Stämmen herrscht nämlich die Unsitte, durch eine gleich nach
der Geburt an den Kindern vorgenommene Verdrückung oder Einschnürung
dem Schädel eine Form zu geben, welche sich der bei diesen Stämmen als
Ideal eines schönen Schädels geltenden Form annähert, und zwar suchen
die Einen den Schädel möglichst zu verflachen, die Andern ihn möglichst in
die Höhe zu strecken. Dieser Unfug ist hauptsächlich bei amerikanischen
Völkerschaften im Schwange, kommt aber auch in andern Ländern vor und
ist auch im Alterthum vorgekommen, wie uns alte Schriftsteller berichten.
Ob solche künstliche Umformungen des Schädels, wenn sie eine Reihe von

Generationen hindurch gehandhabt werden, am Ende erblich werden, dar= über streiten die Gelehrten. [1])

Auch das Becken, der Kranz von starken und breiten Knochen am untern Ende der Bauchhöhle, ist verschieden geformt; man unterscheidet vier Hauptformen: die ovale, runde, vierseitige und keilförmige, oder drei, wenn man die ovale und runde Form zusammenfaßt. [2]) Dieser Punkt ist indeß für unsern Zweck von untergeordneter Bedeutung, weil die Differenzen in dieser Hinsicht nicht durchgreifend und constant sind. Burmeister und Andere übergehen diesen Punkt ganz.

Als Hauptpunkte, wonach die Rassen zu unterscheiden sind, behalten wir also, da auch die Differenzen des Haares nur untergeordnete Bedeu= tung haben, nur zwei, die Hautfarbe und die Schädelbildung. Daneben berücksichtigt man drittens auch noch die Sprache, ja der Engländer Latham benutzt die Sprachdifferenzen als hauptsächlichstes Eintheilungsprincip und legt den Verschiedenheiten im Körperbau nur eine secundäre Wichtigkeit bei. Ich komme auf diesen Punkt noch zurück; aber die Anthropologen haben offenbar nicht Unrecht, wenn sie sagen, in einer Naturgeschichte der Men= schenvarietäten müsse die Rücksicht auf die leibliche Beschaffenheit des Men= schen die maßgebende sein. Die Sprache ist jedenfalls ein viel flüssigeres Element, als der leibliche Typus. Sie kann von einem Volke auf ein an= deres von ganz verschiedener leiblicher Beschaffenheit und von ganz anderer Abstammung übergehen.

Unsere nächste Aufgabe wird also sein, zu untersuchen, welches Gewicht den Differenzen hinsichtlich des Schädelbaus und der Hautfarbe und da= neben der Sprache, gegenüber den Uebereinstimmungen, die wir bei allen Menschen finden, beizulegen ist. Diese allen Menschen gemeinsamen Eigen= thümlichkeiten und namentlich die fruchtbare Vermischung aller Rassen unter einander beweisen jedenfalls, daß die Menschenrassen nicht als verschiedene Species Eines Genus, sondern als Varietäten Einer Species zu bezeichnen sind. Es könnten nun aber noch zwei Möglichkeiten angenommen werden:

1) Die verschiedenen Menschenrassen haben gemeinsame Stammeltern, sei es Ein Paar, seien es mehrere einander gleiche Paare; die Differenzen hinsichtlich der Farbe, des Schädelbaus u. s. w. haben sich erst bei den Nachkommen dieser Stammeltern herausgebildet.

---

1) A. Wagner II, 39. Burmeister 514.
2) M. J. Weber, die Lehre von den Ur= und Rassenformen der Schädel und Becken des Menschen. Düsseld. 1830. — Prichard I, 377. — A. Wagner II, 36.

2) Jede Menschenrasse hat besondere Stammeltern, welche hinsichtlich der Punkte, die noch jetzt allen Menschen gemeinsam sind, einander gleich, hinsichtlich der Punkte aber, in welchen die Menschenrassen differiren, von einander verschieden waren.

Die vielen Mittelstufen hinsichtlich des Schädelbaus und der Hautfarbe zeigen uns nach der ersten Annahme den Weg, wie sich ein großer Theil der Menschheit allmälig von dem Urtypus entfernt hat. Die Neger würden den ersten Eltern, wenn diese Kaukasier gewesen sind, am entferntesten stehen und durch die zahlreichen Mittelstufen mit ihnen verbunden sein, welche mehr oder weniger von dem reinen kaukasischen und dem reinen Negertypus an sich haben. Umgekehrt würden nach der andern Ansicht die Neger ihren Stammeltern, dem schwarzen Adam und der schwarzen Eva, am nächsten stehen, gerade so nahe, wie die Kaukasier ihren Stammeltern; die Völker aber, welche nicht rein den einen oder den andern Typus repräsentiren, wären als ausgeartet oder als Mischlinge anzusehen, bei welchen die ursprünglichen Differenzen sich verwischt hätten.

Für unsern Zweck ist es nicht erforderlich, daß wir die zweite Ansicht als auf dem Standpunkte der vergleichenden Anthropologie durchaus unhaltbar, die erste als einzig richtig nachweisen können. Es genügt uns vollständig, wenn sich der wissenschaftliche Beweis herstellen läßt, daß die erste Ansicht haltbar, daß die Abstammung der verschiedenen jetzt existirenden Rassen von denselben oder gleichen Eltern möglich und die Entstehung der vorhandenen Differenzen ohne die Annahme von verschiedenen Stammeltern erklärlich ist. Läßt sich dieser Beweis herstellen, — und das werde ich in den nächsten Stunden versuchen, — so kann nicht behauptet werden, daß die Lehre von der Einheit des Menschengeschlechts mit der wissenschaftlichen Anthropologie in Widerspruch stehe.

XXXIII.

Die Einheit des Menschengeschlechts. Fortsetzung.

Wie ich in der vorigen Stunde bereits erwähnte, wird die Gruppirung der verschiedenen Volksstämme nach ihrer muthmaßlichen Verwandtschaft nicht ganz übereinstimmend ausfallen, wenn man ausschließlich entweder auf den Schädelbau oder die Hautfarbe Rücksicht nimmt. Bei der jetzt von den Meisten angenommenen Eintheilung der Menschen in fünf Rassen, welche

Blumenbach zuerst aufgebracht hat, wird auf die physischen und geographischen Verhältnisse in der Weise Rücksicht genommen, daß keinem einzelnen Momente eine entscheidende Bedeutung beigelegt wird. Ich gebe jetzt eine kurze Uebersicht über die fünf Rassen und lege dabei hauptsächlich die Darstellung von Burmeister zu Grunde, welche von der gewöhnlichen Gruppirung dadurch abweicht, daß darin die Malaien nicht als eigene Rasse, sondern zur kaukasischen Rasse gezählt werden und dafür die Urbevölkerung von Neuholland nicht zur äthiopischen Rasse, sondern als fünfte Rasse gerechnet wird. Ich bitte Sie, nicht übersehen zu wollen, wie oft Burmeister, ein Gegner der Einheit des Menschengeschlechts, Differenzen in der nämlichen Rasse und Uebereinstimmung zwischen verschiedenen Rassen erwähnen muß, — zum deutlichen Beweise, daß die verschiedenen Rassentypen nicht scharf gesondert, sondern durch viele Mittelstufen verbunden sind.

1) Die amerikanischen Völkerschaften harmoniren weit mehr mit einander, als die Völker anderer gleichmäßig unter allen Zonen sich ausbreitenden Erdtheile. Es ist fast sprüchwörtlich geworden, bemerkt Morton, einer der besten Kenner des amerikanischen Menschenschlages, daß wer Einen Indianerstamm gesehen hat, sie alle gesehen habe; so sehr gleichen sich die Individuen dieser Rasse, trotz der weiten geographischen Verbreitung und dem extrem verschiedenen Klima ihres Wohngebietes. Sie alle bieten dem Beobachter das lange, schwarze, schlaff hängende Haar, die zimmtbraune Haut, die düstere Stirn, das matte, schläfrige Auge, die vollen zusammengepreßten Lippen und die hervortretende, aber ausgeweitete Nase dar, zu welchen Merkmalen wir noch die stark vorspringenden, aber abgerundeten Backenknochen, die mangelhafte Bartbildung der Männer, die nach oben ziemlich breite, aber hagere, nicht gerade sehr kräftige Statur und die verhältnißmäßig kleinen Hände und Füße hinzufügen können. In ihrem Schädelbau herrscht große Verschiedenheit. Ursprünglich vielleicht überall dem sphärisch-quadratischen Typus am nächsten stehend, hat die Schädelform der Amerikaner doch nirgends den rein mongolischen Ausdruck, sondern neigt zu eigenthümlichen, zum Theil mehr ovalen, selbst elliptischen Formen. Diese natürlichen Differenzen werden noch weit übertroffen von den künstlichen Deformitäten, welche bei den verschiedensten Nationen im Norden wie im Süden Amerika's durch Pressung oder Einschnürung der Köpfe der neugeborenen Kinder hervorgebracht werden. Die Hautfarbe ist röthlich, nach Mortons Bezeichnung zimmtbraun. Durch das bei vielen Stämmen übliche Bemalen der Haut ist diese Farbe nicht hervorgebracht, aber die Natur von

der Kunst unterstützt worden. Daß diese rothe Farbe nicht bei allen Nationen gleich stark entwickelt ist, wer wird sich darüber wundern, der die mannichfaltigen Farbennuancen der östlichen Rassen kennt? Die Farbenschwankungen der Amerikaner sind sogar ungleich geringer als die der östlichen Nationen. Amerikaner werden nie schwarz wie Neger oder weiß wie Europäer; sie schwanken nur zwischen einem dunkelern und hellern Zimmtbraun, das bisweilen ins Kupferige, bisweilen mehr ins Fleischrothe hinüberspielt. Merkwürdiger Weise erscheinen die tiefsten Färbungen bei nördlichen und südlichen Stämmen, zumal bei den Californiern und Patagoniern, während gerade die mittlern, fast unter dem Aequator ansässigen Stämme die hellsten sind. Die Eskimos scheidet Morton von der amerikanischen Rasse aus, und verbindet sie mit der mongolischen. Der große, nach hinten ziemlich lang ausgezogene, an der Stirne flache Kopf, die große Breite und Abplattung des Gesichts, die kleinen schwarzen Augen, der kleine runde Mund, die Anlage zur Wohlbeleibtheit, welche den Amerikanern durchweg mangelt, und eine weißere Hautfarbe, bestimmen Burmeister, dieser Annahme beizutreten.

2) Durch die Eskimos schließt sich an die amerikanische Rasse die mongolische an. Die Hauptmerkmale derselben sind: entschieden cubische Schädelformen, ein breites, flaches Gesicht mit niedriger Stirn, kleine, schiefgestellte Augen, stark hervortretende Backenknochen, ein kräftiges, etwas vortretendes, breites Gebiß, ein geringer Bart und schwarze, schlaff hängende Haare, wie bei den Amerikanern, eine kleine, aber volle, zur Fettbildung geneigte Statur und eine gelbliche, bald der braunen, bald der weißen mehr genäherte Hautfarbe. Zur mongolischen Rasse gehören die Bewohner des mittlern und östlichen Asiens und wahrscheinlich auch die Nord-Polarvölker. Sie theilt sich in mancherlei verschiedene Gruppen, unter denen die eigentlichen Mongolen mit den Kalmücken und Buräten im Innern Hochasiens als die entschiedensten Typen der Rasse hervorragen. Die Chinesen nähern sich im Körperbau der malaiischen Rasse. An die Chinesen schließen sich die Japaner, durch welche der mongolische Typus auf die Bevölkerung der Kurilen und Aleuten übergeht und von da zu den Eskimos sich ausdehnt, die den Uebergang zur amerikanischen Rasse bilden. Auf dem Festlande Asiens verbreiten sich die Kamtschadalen, Tungusen und Samojeden als mongolische Völker bis nach Europa hin und stoßen hier an die Tschuden und Lappen, welche letztere Einige ebenfalls noch den Mongolen beizählen, während Burmeister sie zu den tartarisch-kaukasischen Völkern rechnet, wiewohl er eine nahe

habituelle Verwandtschaft zwischen ihnen und den benachbarten mongolischen Stämmen zugibt.

3) Die kaukasische Rasse hat eine ovale Schädelbildung, eine meist hohe gewölbte Stirn, einen abgerundeten Hinterkopf, große offene Augen, senkrecht gestellte Zähne, ein senkrechtes Kinn, einen starken Bart und weiche, glatte oder großlockige Haare. Weniger bestimmt ist daneben die Farbe. Zwar tritt bei den reinsten Typen der Kaukasier eine röthlich weiße Haut auf, allein nur wenige Völkerschaften behalten sie; bei den südlichen Nationen des kaukasischen Stammes, zumal da, wo sich derselbe den Negerstämmen nähert, wird die Hautfarbe braun und selbst so dunkel, daß sie einzelnen Nationen der Negerrasse gleichkommt. Mit dieser Farbe der Haut harmonirt im Allgemeinen die Färbung der Haare und des Augensterns. Rein weiße Kaukasier haben meist blonde oder röthliche Haare und blaue Augen, bei den intensiver gefärbten Völkern stellen sich braune Haare, dann schwarze Haare mit braunen Augen, zuletzt ebenfalls schwarze Augen ein. Auf dieser Stufe ist die Aehnlichkeit mit den (malaiischen) Südsee-Insulanern oder gewissen äthiopischen Völkern unverkennbar. — Zu den Kaukasiern gehört die Bevölkerung von Europa, von Afrika im Küstengebiete des Mittelmeeres und von Asien bis an das östliche Hochland der Mongolen. Eine Eintheilung nach der Färbung und andern körperlichen Merkmalen hält Burmeister wegen der großen Schwankungen für unausführbar; er theilt die westlichen Kaukasier nach den Sprachen in Indogermanen, Semiten und Berbern. Letztere haben sich jetzt nur in den dürftigen Resten der Kabylen und Kopten erhalten, früher in den Aegyptern ihre höchste Blüthe erreicht. Ihre Hautfarbe war dunkler, als die der meisten Semiten und Indogermanen, mehr bräunlich, selbst kupferig und scheint dem Colorit der Hottentotten einigermaßen geglichen zu haben; ihr schwarzes Haar war nach Herodot kraus, während die Untersuchung der Mumien schlichte Haare nachgewiesen hat. — An diese westlichen kaukasischen Stämme schließt Burmeister als östliche Glieder des kaukasischen Typus noch zwei Volksstämme an, die gleichfalls eine ovale Schädelbildung zeigen: die Malaien und die Scythen. Erstere sind bräunlich von Farbe, bald heller, als die Berbern, bald ebenso dunkel. Sie haben zierlich gebaute, aber meist nicht sehr große Körper, rundliche Schädel, schwarze, schlichte Haare, schmale Augen, nach unten breite Nasen und mäßig dicke Lippen. Sie gleichen durch diese Eigenschaften manchen mongolischen Stämmen, zumal den Chinesen. Blumenbach und Andere zählen, wie gesagt, die Malaien als eine besondere Rasse, der sie

dann aber noch einige Völkerschaften mehr beizählen, als Burmeister. Dieser theilt die Malaien in eine westliche und östliche Unterfamilie. Jene nennt er die echten Malaien und zählt dazu die Bewohner der Halbinsel Malaccas, von Sumatra, Java, Borneo, den Philippinen und Molucken. Die östliche Unterfamilie der Oceanier umfaßt die Bewohner Neuseelands und der ferner gelegenen australischen Inselgruppen. Diese letztern sind ebenmäßiger, schlanker, kräftiger und namentlich muskulöser gebildet und brauner gefärbt, als die eigentlichen Malaien.

Der letzte Volksstamm, den Burmeister zur kaukasischen Rasse zählt, ist der scythische. Bei einigen wenigen Völkern dieses Stammes, den Tscherkessen und Türken, erreicht der menschliche Leib eine hohe typische Vollendung, wetteifernd in der Wirklichkeit mit den Idealen der griechischen Vollendung. Die meisten Völker aber ähneln theils mongolischen, theils slavischen Gestalten. Dahin gehören im Osten die Jakuten, im Westen die Lappen und Finnen, von denen die erstern bei Einigen schon zu den Mongolen gezählt werden, in der Mitte die Tartaren, Kirgisen und Usbecken. In den Magyaren ist die scythische Völkerfamilie quer durch die slavischen Stämme bis nach Ungarn vorgedrungen.

4) Wie die zuletzt erwähnten kaukasischen Völker in einer deutlichen Beziehung zu den Mongolen stehen, so reihen sich an die kaukasischen Berbern die Nationen der äthiopischen Rasse an, indem sie ihnen in gleicher Weise mit körperlicher und sprachlicher Aehnlichkeit nahetreten. Die allgemeinen Eigenschaften dieser vierten Rasse sind am vollständigsten ausgeprägt im Neger: schwarze Farbe, wolliges, krauses Haar, eine schmale Stirne, eine kurze, unten breite Nase, ein vorspringendes Gebiß, mehr vorgetriebene, flache als aufgeworfene Lippen, lange Arme mit schmalen Händen, kürzere Beine mit schwachen Waden und Plattfüßen. Zu dieser Rasse gehören alle afrikanischen Völker südlich von der Sahara, welche sich in drei große Familien theilen, die Neger, Kaffern und Hottentotten, ferner die Papuas auf den Inselgruppen nördlich von Neuholland. Die eigentlichen Neger zerfallen in zahlreiche Völkerschaften mit elliptischer Schädelbildung, aber bald mehr brauner, bald tief schwarzer Hautfarbe. Die Kaffern, im mittlern Afrika unterhalb des Aequators und an der Ostküste weiter nach Süden bis zur Weihnachtsbai (Port Natal), haben einen hohen kräftigen Wuchs, eine nicht ins Nußbraune spielende, vielmehr bronzebraune oder reiner schwarze Farbe, eine größere Nase mit erhabenem Rücken und eine höhere Stirn als die Neger. Ihre Physiognomie hat etwas Edles, Europäisches. Die Hot-

tentotten im südlichen Afrika haben eine hellere, kupferbraune Farbe, einen kleinern und schwächern Körperbau, auffallend schmale Hände und Füße, schmale, nach innen abwärts geneigte Augen und mehr rundliche Schädel. Dadurch erinnern sie an die Mongolen. Die Papuas oder australischen Neger sind den ächten Negern sehr ähnlich, haben aber längeres, dickeres, indeß ebenfalls wollig gekräuseltes Haar und nicht elliptische, sondern runde Schädel, obwohl sie das weit vortretende Gebiß der ächten Neger behalten haben; die Stirn wölbt sich höher, als bei den ächten Negern und gleicht dem Kafferntypus.

5) Während Blumenbach und Andere die Malaien als fünfte Rasse zählen, stellt Burmeister unter Nro. 5 die Urbevölkerung von Neuholland. Sie hat die rußschwarze Haut, die schmale elliptische Schädelbildung, das vortretende Gebiß, die dicken Lippen und die breite Nase der Neger, unterscheidet sich aber von diesen durch rauhes, schlichtes oder leicht gekräuseltes, nicht sehr langes, nie wolliges Haar, merkwürdig dicke Bäuche und eine ganz auffallende Schlankheit der Gliedmaßen. Diese Völker, sagt Burmeister, mahnen, ohne die wesentlichen Charaktere der Menschheit zu verlieren, ganz deutlich an das menschliche Zerrbild der Affen. Die physische und sittliche Verkommenheit der meisten Stämme, das Umherschweifen in den Wäldern, die körperliche Nahrung und die bei ihnen beliebten künstlichen Verunstaltungen thun das Ihrige dazu, diese Aehnlichkeit noch größer zu machen. Von Andern werden übrigens die Neuholländer mit den eben erwähnten australischen Negern zusammen als eine Familie der äthiopischen Rasse behandelt.

Vorausgesetzt nun, die jetzt im Einzelnen beschriebenen Volksstämme hätten sich von Einem Mittelpunkte aus über die Erde verbreitet, — eine Voraussetzung, deren Zulässigkeit vorläufig dahin gestellt bleiben mag, — so würden wir uns etwa folgendes Bild von der Verbreitung zu entwerfen haben.[1] Als Ausgangspunkt nehmen wir das vordere Mittelasien an und betrachten zunächst die alte Welt. Hier finden wir die drei Hauptrassen in großen Complexen zusammen. Die kaukasische nimmt die Westhälfte von Asien, fast ganz Europa und Nordafrika ein. Ost- und nordwärts von ihr finden wir die mongolische Rasse im Besitze der Osthälfte von Asien, und zugleich der nördlichen Polarländer auch in Europa und Amerika. Südwärts von der kaukasischen Rasse finden wir die äthiopische Rasse, ihrer

---

1) A. Wagner II, 223 ff.

Hauptmaſſe nach in Afrika, in einzelnen Seitenzweigen auch in Auſtralien, wohin ſie von Südarabien und Südindien her über die Inſeln des indiſchen Archipelagus ſich ausgebreitet haben wird. Sie iſt hinſichtlich der klimatiſchen Verhältniſſe am beſchränkteſten; nur wenige ihrer Verzweigungen gehen über die Grenzen der heißen Zone hinaus. Die kaukaſiſche und die mongoliſche Raſſe haben ihren Hauptſitz in der gemäßigten Zone, reichen aber auch in die heiße Zone hinein, und die mongoliſche Raſſe hat auch Länder der kalten Zone bevölkert.

Die Völkerwanderungen werden alſo vom vordern Mittelaſien aus nach allen Weltgegenden hin begonnen haben. Die auswandernden Völker kamen zunächſt in Länder, deren klimatiſche Verhältniſſe von denen ihrer Urſitze nicht weſentlich verſchieden waren. Rückten ſie ſpäter in heißere oder kältere Regionen vor, ſo hatte die Acclimatiſation keine Schwierigkeit, weil die klimatiſchen Differenzen bei dem ſchrittweiſen und allmäligen Vorrücken jedes einzelne Mal nicht erheblich waren.

Neben dieſen drei Hauptraſſen finden wir die malaiiſche und die amerikaniſche faſt ausſchließlich in den erſt ſpäter bekannt gewordenen Erdtheilen. Die Malaien wohnen ihrer Hauptmaſſe nach in der heißen Zone. Sie haben aber nur auf Einem Punkte auf dem Continent feſten Fuß gefaßt, auf der Halbinſel Malaccas, wo ſie ſich an die mongoliſche Raſſe anſchließen, denen ſie hier auch körperlich am nächſten ſtehen. Von da aus breiten ſie ſich über die Inſeln des indiſchen und ſtillen Oceans aus, ſüdwärts bis Neuſeeland. Dieſe Inſelvölker zeigen hinſichtlich der leiblichen Beſchaffenheit, der Sprache, der Sitten und Einrichtungen eine ſo große Uebereinſtimmung, daß ihre Zuſammengehörigkeit und die allmälige Bevölkerung der einzelnen Inſeln durch Einwanderung keinem Bedenken unterliegen kann. Dieſe oceaniſchen Malaien werden alſo von Oſtindien herſtammen; dort finden wir die kaukaſiſche und die mongoliſche Raſſe neben einander, und wenn ſich bei den Malaien bald mehr mongoliſche, bald mehr kaukaſiſche Formen finden, ſo erklärt ſich das durch die hier nahe liegende Annahme, daß ſie aus einer Miſchung von kaukaſiſchen und mongoliſchen Elementen hervorgegangen ſind, wobei indeß die letztern vorwiegend geweſen ſind.

Am meiſten Schwierigkeiten macht die Herſtellung einer Verbindung zwiſchen den Amerikanern und den Raſſen der alten Welt. Die amerikaniſchen Völker ſind ſich, wie wir geſehen haben, in vielen Stücken ſehr ähnlich. Bei dieſer großen Aehnlichkeit findet ſich aber hinſichtlich des Schädelbaus eine merkwürdige Verſchiedenheit; er nähert ſich bald der mongoliſchen,

balb der malaiischen Form. An diese beiden Raffen schließt sich die ameri=
kanische überhaupt zunächst an. „Die Aehnlichkeit der amerikanischen und
der mongolischen Raffe," sagt Humboldt,[1] „zeigt sich besonders in der Farbe
der Haut und der Haare, dem wenigen Bart, den stark heraustretenden
Backenknochen und der Richtung der Augen. Die menschliche Gattung zeigt
keine sich mehr nähernde Raffen als die amerikanische und die mongolische,
die der Mandschus und der Malaien."

Eine Einwanderung aus der alten Welt in die neue konnte nun zu=
nächst im Norden über die Beringstraße stattfinden. Die Eskimos im äußer=
sten Norden gehören, wie wir gesehen haben, zu den Mongolen, die über=
haupt die Nordpolarländer innehaben. Andere mongolische Stämme können
über die Inselkette der Aleuten eingewandert sein. Von Südasien her breitet
sich ferner in der Richtung nach Südamerika hin eine Reihe von Insel=
gruppen aus, welche auf hundert Längegrade hin in gedrängten Haufen sich
folgen, während für die übrigen fünfzig Längegrade eine Lücke bleibt. Daß
dieser Gürtel von Inseln bis zu den Sandwich=Inseln durch allmäliges Vor=
rücken von Asien her bevölkert worden ist, zeigt die Uebereinstimmung der
Bewohner im Körperbau, in den Sprachen und Sitten. Ein weiteres Vor=
rücken nach Amerika ließe sich leicht erklären, wenn man annehmen dürfte,
daß die Lücke, welche jetzt dort ist, früher durch Zwischenglieder unterbrochen
gewesen sei, daß die Inseln dieses tropischen Gürtels gleichsam die übrig=
gebliebenen Pfeiler einer Brücke seien, die sich hier vordem von Asien nach
Amerika hinüberspannte.[2] Undenkbar ist es übrigens auch nicht, daß Be=
wohner dieser Inseln oder der Ostküste von Asien zu Schiffe, etwa durch
Stürme verschlagen, nach Amerika gelangt sind. Man hat einzelne Bei=
spiele aus der neuern Zeit, daß japanische Schiffe bis zu den Sandwich=
Inseln, bis in das nördliche stille Meer, ja bis zur Mündung des Colum=
biaflusses verschlagen wurden.[3]

Auf diesen Wegen können also mongolische und malaiische Einwanderer
von Osten her nach Amerika gelangt sein; unmöglich ist es nicht, daß auch

---

1) bei Prichard I, 363.

2) „Der stille Ocean bietet überhaupt in seiner ganzen Gestaltung mit seinen un=
zähligen Inselgruppen das Bild eines untergegangenen Continents, dessen höchste Spitzen
nur aus dem Meere hervorschauen, und es erscheint nach der Häufigkeit der Atolls (La=
gunenriffe), welche sich in diesem Raume finden, zu schließen, daß diese Senkung des
Meeresbodens in der stillen See noch immer fortdauert." Vogt, Geologie II, §. 1005.

3) A. Wagner II, 233. Andere Beispiele bei Lyell, Principles III, 92.

von Westen, von Europa her, also vom Sitze der kaukasischen Rasse ein=
zelne Einwanderungen stattgefunden haben. Schon vom zehnten Jahrhun=
dert an sind Normannen über Island und Grönland nach der Ostküste
Amerika's gelangt; unmöglich ist es nicht, daß auch in der alten Zeit auf
diesem Wege Europäer nach Amerika verschlagen worden sind.

Wenn diese Darstellung der Verbreitung der Rassen über die Erde
richtig ist, so ist es bemerkenswerth, daß die Bevölkerung der neuen Welt,
Amerika's sowohl als Australiens, fast ausschließlich von der mongolischen
und äthiopischen Rasse ausgegangen ist, während es seit der Entdeckung
der neuen Welt die Völker der kaukasischen Rasse sind, welche massenhaft ihre
Einwanderer hinsenden und zugleich die Oberherrlichkeit über die neuen
Welttheile erlangen.

Daß sich jene Verbreitung der Völker von dem alten Continente aus
über die Inseln und neuen Continente nicht historisch nachweisen läßt, liegt
in der Natur der Sache.

Die vorgetragene Darstellung wird aber dadurch sehr empfohlen, daß
sich eine Menge von Mittelstufen nachweisen lassen, durch welche die Völker,
in denen sich der Typus der verschiedenen Rassen am schärfsten ausprägt,
mit einander verbunden sind. Ein Deutscher, ein Patagonier, ein Kalmücke
und ein Neger sind freilich sehr verschieden von einander; aber dazwischen
liegen so viele Mittelstufen, daß der Uebergang von jedem einzelnen Volke
zu dem ihm zunächst stehenden immer ein nicht sehr schroffer ist. Stellen Sie
das hellste und das dunkelste Blau, welches es gibt, neben einander, so haben
Sie contrastirende Farben; bringen Sie aber alle Schattirungen, deren das
Blau fähig ist, in die rechte Reihenfolge, so wird der Contrast verschwin=
den und der Uebergang von der hellsten zur dunkelsten Schattirung ein
stufenweise ganz unmerklich vermittelter werden. In der Skizze, welche ich
nach Burmeister entworfen habe, wurde auf diese Mittelstufen der einzelnen
Rassen hingewiesen; sie fehlen in keiner einzigen Gruppe und Sie werden
Sich erinnern, daß bei mehrern Völkerschaften der Uebergangstypus so
deutlich hervortritt, daß die Gelehrten nicht einig darüber geworden sind,
ob sie der einen oder der andern Rasse zuzuweisen seien; so ist es streitig,
ob die Eskimos zu den Amerikanern oder zu den Mongolen, ob die Lappen
zu den Mongolen oder zu den Kaukasiern gehören u. drgl.

„Eine scharfe Eintheilung der Menschenrassen," sagt Joh. Müller, [1)]

---

1) Physiologie II, 774.

„ist unmöglich. Die gegebenen Formen sind sich ungleich an typischer Schärfe und Eigenthümlichkeit, und ein sicheres, wissenschaftliches, inneres Princip der Abgrenzung liegt nicht, wie bei den Arten, vor. Es würde unstreitig weit zweckmäßiger sein, die fünf Rassen Blumenbachs als constante und extreme Formen der Variation entgegenzustellen, als alle Völker in diese Rassen vertheilen zu wollen. Der Versuch dazu führt unvermeidlich zum Willkürlichen. Die tatarischen und finnischen Völker werden immer eine unbekannte Stellung in Beziehung zu der mongolischen und kaukasischen Rasse behaupten; nicht ohne Willkür zieht man sie zu der einen von beiden herüber. Ebenso ist es mit den Papuas und Alfuros im Verhältniß zu den Malaien und Negern."

„So lange man nur bei den Extremen in der Variation und der Ge= staltung verweilte," sagt Humboldt, [1] „und sich der Lebhaftigkeit des ersten sinnlichen Eindrucks hingab, konnte man allerdings geneigt werden, die Ras= sen nicht als bloße Abarten, sondern als ursprünglich verschiedene Menschen= stämme zu betrachten. Für die Einheit des Menschengeschlechts sprechen aber auch meiner Ansicht nach die vielen Mittelstufen der Hautfarbe und des Schädelbaus, welche die raschen Fortschritte der Länderkenntniß uns in neuern Zeiten dargeboten haben ... Der größere Theil der Contraste, die man ehemals zu finden geglaubt, ist durch die fleißige Arbeit Tiedemanns über das Hirn der Neger und der Europäer, durch die anatomischen Un= tersuchungen Vroliks und Webers über die Gestalt des Beckens hinweg= geräumt. Wenn man die dunkelfarbigen afrikanischen Nationen, über die Prichards gründliches Werk so viel Licht verbreitet hat, in ihrer Allgemein= heit umfaßt, und sie dazu noch mit den Stämmen des südindischen und westaustralischen Archipels, mit den Papuas in Alfurus vergleicht, so sieht man deutlich, daß schwarze Hautfarbe, wolliges Haar und negerartige Ge= sichtszüge keineswegs immer mit einander verbunden sind ... Man mag die alte Classification Blumenbachs nach fünf Rassen befolgen oder mit Prichard sieben Rassen annehmen: immer ist keine typische Schärfe, kein durchgeführtes natürliches Princip der Eintheilung in solchen Gruppirungen zu erkennen. Man sondert ab, was gleichsam die Extreme der Gestaltung und Farbe bildet, unbekümmert um die Völkerstämme, welche nicht in jene Classen einzuschalten sind."

Was die hier hervorgehobenen Mittelstufen betrifft, so wird es genü=

---

1) Kosmos I, 379.

gen, im Einzelnen die Mittelglieder der beiden Rassen zu erwähnen, deren Typen sich am weitesten von einander entfernen, der kaukasischen und der äthiopischen. Bei den südlichen Nationen der kaukasischen Rasse, sagt Burmeister, wird die Hautfarbe braun und selbst so dunkel, daß sie einzelnen Nationen der Negerrasse gleichkommt; auch hinsichtlich der Färbung der Haare und des Augensterns ist die Aehnlichkeit mit gewissen äthiopischen Völkern unverkennbar. Die Berbern in Nubien im obern Nilthal zeigen diesen Uebergang am deutlichsten. Sie haben einen schönen Körperbau, ein ovales Gesicht, eine gekrümmte Nase, wie die Kaukasier; die Lippen sind dick, aber noch nicht wulstig aufgeworfen, die Haare kraus und gelockt, aber noch nicht wollig, wie bei den Negern; die Farbe ist bronzeartig im Mittel zwischen dem Ebenholzschwarz der echten Neger und dem Olivenfarbig der Aegypter. Die Nuba in Kordofan schließen sich den Negern noch näher an: ihre Farbe ist noch nicht so dunkel, aber schon kupferartig, ihre Gesichtszüge haben schon etwas Negerartiges, aber doch etwas Regelmäßigeres; die Nase ist kleiner, als die der Europäer, aber weniger platt als die der Neger; die Lippen sind nicht so dick und die Backenknochen nicht so vorspringend, die Haare bei Einigen wollig, bei den meisten aber denen der Europäer ähnlich, nur stärker und immer gelockt. Einige Beduinenstämme zwischen dem Nil und dem rothen Meere sind dunkelbraun, theilweise fast schwarz; das Haar ist schwarz und zwar nicht wollig, aber gelockt, der ganze Körperbau nicht negerartig, sondern mehr europäisch.

Alle diese Stämme werden zur kaukasischen Rasse gezählt. Bei den äthiopischen Negern wechselt die Intensität der Farbe sehr nach Völkern und Individuen, eine dunkelschwarze Haut haben nur sehr wenige. Plätschnasen, Wurstlippen und vorspringende Kiefer sind zwar in der Regel zu finden, aber die Ausnahmen hiervon sind nicht selten, und öfters stellen sich europäische Physiognomien inmitten des rein afrikanischen Typus ein. Mitunter mag dieses von Vermischung mit Europäern herrühren; weit häufiger aber ist an eine solche gar nicht mehr zu denken, es sind dann also ursprüngliche Uebergänge zur kaukasischen Rasse. Einzelne Stämme sind tief schwarz, haben aber dabei gar nicht die eigentlichen Negerphysiognomien, sondern eher europäische oder indische Gesichtszüge. Das Wollhaar ist die constanteste Eigenthümlichkeit der Negerrasse, findet sich aber z. B. bei den Fullahs vielfach nicht. Die Kaffern haben mit den Negern die dunkle Hautfarbe und die wolligen Haare gemein, in der Physiognomie und in der ganzen Leibesgestalt aber entfernen sie sich von den Negern und zeigen sie eine überraschende Aehnlichkeit mit den Europäern, obschon sie geographisch von der kaukasischen Raße weiter entfernt sind, als die Neger. Die Hottentotten haben mit den Negern das wollige Haar, die Plätschnasen und die aufgeworfenen Lippen gemein, unterscheiden sich aber durch die gelbbraune Farbe, die vorstehenden Backenknochen und die schmalen Augen, und nähern sich in dieser Hinsicht und im Schädelbau den Chinesen, also dem mongolischen Typus. „Es gibt vielleicht nicht einen einzigen Stamm," sagt Prichard,[1] „bei welchem sich alle Kennzeichen, die man dem Neger zuschreibt, im höchsten Grade finden; im Allgemeinen sind sie unter verschiedene Stämme auf alle Weise vertheilt und in jedem Falle mit mehr oder weniger Eigenthümlichkeiten, die dem Europäer oder dem Asiaten angehören, vermengt."

„Wenn die verschiedene Hauptstämme alle gesonderte Ursprünge hätten," sagt von Bär,[2] „so ließe sich erwarten, daß ihre Eigenthümlichkeiten in gewissen Gegenden besonders stark ausgeprägt sich fänden, oder, da die Völker ihre Sitze bedeutend verändern können, wenigstens an bestimmten Völkern hafteten. Nun ist bekannt, daß das prognathe (schiefkiefrige) Gesicht am meisten an den Negern von Guinea und namentlich an der Sklavenküste auffällt, von wo die europäischen Colonien in Amerika besonders ihre Sklaven bezogen. Aber nicht allzuweit von ihnen kommen Völker vor, welche von allen Besuchern derselben als sehr viel schöner beschrieben werden. Die Joloffs z. B. haben hohe Stirnen, wenig vortretende Kiefern, senkrecht stehende Zähne und sind überhaupt schön gebaut; aber sie sind vollständig schwarz. Ihre Nachbarn, die Mandingos, haben viel mehr den Charakter ausgeprägt, den wir als den typischen für die Neger zu betrachten gewohnt sind, vortretende Kiefern, eingedrückte Nasen, flache Stirnen; aber ihre Farbe ist viel weniger schwarz. Es wäre zu wünschen, daß wir von beiden Völkern auch Messungen der Körperverhältnisse und der Schädel hätten, um noch sicherer zu beurtheilen, ob die Unterschiede zwischen den Europäern und den Negern auch in anderer Hinsicht bei ihnen sich vertheilen. Schon was wir wissen, scheint mir nicht für abgesonderten Ursprung der Neger zu sprechen; denn ich würde erwarten, daß alle Unterschiede von den Europäern sich vereint fänden. — Ganz ebenso geht es mir, wenn ich den Ursitz der mongolischen Bildung aufsuche. Der Schädel

1) II, 364.
2) Bericht über die Zusammenkunft einiger Anthropologen, S. 68.

scheint mir am breitesten in der Mitte von Asien in den eigentlich mongo=
lischen Völkern. Das breite und flache Gesicht reicht viel weiter. Beide
Verhältnisse sind sehr auffallend in den tungusischen Völkern, in denen der
Schädel auffallend mehr in die Länge gezogen ist. In den Eskimos wird
er ganz lang, das Gesicht bleibt aber breit. Welches Volk ist nun Träger
des Typus?"

Diese zahlreichen Mittelstufen lassen, wie gesagt, die gemeinsame Ab=
stammung der verschiedenen Rassen glaubhaft erscheinen, sowenig Europäer
und Neger, in denen der Typus ihrer Rasse am vollkommensten entwickelt
ist, einander ähnlich sein mögen. Besonders bemerkenswerth ist, daß gerade
die beiden Hauptkriterien der Rassen, Schädelbau und Hautfarbe, wie wir
gesehen haben, in vielen Fällen nicht zusammentreffen, daß manche Stämme,
wenn man ausschließlich auf den Schädelbau Rücksicht nehmen wollte, der
einen Rasse, nach ihrer Hautfarbe dagegen der andern zuzuweisen sein
würden.

Man muß sich weiterhin vor dem Irrthum hüten, sich alle charakteri=
stischen Eigenthümlichkeiten einer Rasse oder auch nur eines Volksstammes,
z. B. eine bestimmte Form des Schädels, als bei allen Individuen ungefähr
gleich stark hervortretend zu denken. Man hat oft etwas als einem Volks=
stamme eigenthümlich bezeichnet, was man durch Beobachtung nur bei einzel=
nen Individuen constatirt hatte. Retzius zählt die Slaven zu den entschie=
den rundschädeligen Nationen, weil er bei der kleinen Anzahl von slavischen
Köpfen, die er untersuchen konnte, diese Form fand. Bär, welchem viel
mehr russische Schädel vorlagen, fand diese Form wohl bei einigen klein=
russischen Köpfen, aber nicht bei andern, die als russische ohne nähere An=
gabe der Geburtsörter eingetragen waren.[1] Derselbe Forscher überzeugte
sich bei dem Besuche einer Sammlung, welche sehr viele Schädel von Ne=
gern enthält, daß man noch viel zu wenig die Verschiedenheiten in diesem
Menschenstamme beachtet habe, worauf die neuesten Reisebeschreibungen so
vielfach hinweisen, und daß man irriger Weise die Kopfform gewisser
Völker in Guinea als für die ganze Negerrasse gültig angenommen habe.[2]

Dazu kommt nun noch, daß das, was bei der einen Rasse Regel ist,
sich auch bei andern Rassen wenigstens als Ausnahme findet. Rothe
Haare sind gewöhnlich nur in der kaukasischen Rasse; einzelne rothhaarige

---

1) Bericht rc. S. 4.
2) Das. S. 6.

Individuen finden sich aber in allen Rassen, selbst bei den Negern. So findet man ja auch unter uns einzelne Menschen, deren Haar dem schwarzen wolligen Haare der Neger nahe kommt, andere, deren Hautfarbe ungewöhnlich dunkel ist, und noch mehrere, deren Gesichtsbildung der der Neger oder Mongolen nahe kommt. Unter den Negern findet man ovale, und unter den Europäern elliptische Schädel u. s. w.[1])

Es ist ferner durch vielfache Beobachtung constatirt, daß körperliche Eigenthümlichkeiten sehr oft erblich werden, selbst solche, die man als sehr auffallend, ja fast als unnatürlich bezeichnen kann, wie z. B. sechs Finger an der Hand oder sechs Zehen am Fuße, hornartige Auswüchse auf der Haut und dergl.[2]) Solche Fälle lassen es wenigstens glaublich erscheinen, daß eine leibliche Eigenthümlichkeit, nachdem sie einmal entstanden, dauernd werden kann, wenn sich mehrere Generationen hindurch nur Individuen, welche dieselbe besitzen, geschlechtlich verbinden, und wenn die Umstände, welche von Einfluß sein können, der Erhaltung dieser Eigenthümlichkeit günstig sind.[3])

---

1) „Die Rasseneigenthümlichkeiten sind keine absoluten, zu welchen der Variationstrieb nicht auch in andern Rassen in einzelnen Fällen hinneigt oder klimatische Einflüsse Annäherungen darbieten. Denn die wollartige Kräuselung des Haares kommt auch bei den Europäern zuweilen vor und fast so stark, wie bei den Negern. Ihre Gesichts- und Schädelform findet sich in einzelnen Fällen unter den Europäern wieder, bei welchen man nach Weber außer der ovalen herrschenden Schädelform noch die langgezogene und viereckige Form des Schädels als sporadische Hinneigungen zum Neger- und Mongolentypus unterscheiden kann. Vrolik hat über die Verschiedenheiten des Beckens in verschiedenen Rassen viel Licht verbreitet: es ist zuweilen von dem Typus der Europäer sehr abweichend, am meisten bei den Negern und den Buschmännern; indeß gibt es auch hier Aberrationen von dem Rassentypus. Nach Webers Untersuchungen finden sich bei den verschiedenen Menschenrassen auch Beispiele von einer Beckenform mit ovalem, rundem, vierseitigem, keilförmigem Beckeneingang." Müller, Physiologie II. 773.

2) Prichard I, 222. 404. 426.

3) „Je öfter sich das Gleiche mit Gleichem ohne fremdartige Einmischung paart, um so länger wird sich der Typus, zu welchem die Zeugenden gehören, erhalten. Man stelle sich eine Brut von möglichst gleichen Eltern vor, deren Junge sich wieder unter sich begatten, und lasse diese Vermischungen immer innerhalb der Familie bleiben, so wird man eine Zucht, eine Rasse erhalten, deren Glieder bei allen möglichen individuellen Verschiedenheiten von dem Typus der ursprünglich zeugenden auf die Dauer beherrscht werden. Zuweilen wenn der formgebende Typus einmal durch eine Folge der Generationen in den Gliedern einer Familie fixirt ist, wird selbst die Einmischung des Fremdartigen nicht hinreichend sein, den ältern fixirten Familientypus zu verwischen, und das einbringende Element wird von dem ältern, ahnenreichen absorbirt werden. Dahin gehört ohne Zweifel die Erscheinung, daß in manchen fürstlichen Geschlechtern, trotz aller Verbindungen mit

Ein englischer Reisender[1] erzählt von einer Familie im Hauran am östlichen Ufer des Jordan, in welcher die Eltern weiß waren und keine Neger unter ihren Vorfahren zählten, während die Kinder schwarz waren. Die äußern Verhältnisse sind dort der Erhaltung dieser Eigenthümlichkeit günstig; denn die arabische Bevölkerung jener Gegend zeichnet sich überhaupt durch eine dunklere Haut, eine flachere Gesichtsbildung und strafferes Haar vor allen Stämmen ihrer Nation aus. Auch der umgekehrte Fall soll vorkommen, daß unter den Negern Weiße geboren werden und daß sich die Tendenz zu solchen Ausnahmen fortpflanzt.[2]

Das Klima und andere äußere Verhältnisse sind in dieser Hinsicht gewiß von Einfluß. Daß das Klima und die Sonne auf die Hautfarbe einen gewissen Einfluß üben, gibt selbst Burmeister[3] zu: „Man kann von einem gewissen Verbleichen afrikanischer Individuen in der gemäßigten Zone reden, wenn sie sich mehrere Generationen hindurch unter dem Einfluß schiefer Sonnenstrahlen befunden haben, wiewohl sie nie weiß wie die Europäer werden. Auf der andern Seite bräunen sich weiße Nationen unter tropischem Sonnenlicht, aber sie werden weder in Afrika schwarz, noch in Amerika roth, sondern ihre dunklere Farbe ist ein eigenthümlicher, leicht unterscheidbarer Ton, eine einfache Steigerung der nationalen Grundfarbe. Eben daher rührt es auch, daß in einer und derselben Nation die Vornehmen und Reichen hellfarbiger erscheinen, als die ärmere Classe; denn jene setzen sich dem Sonnenlichte weniger aus und schützen sich vor seinen Strahlen durch künstliche Mittel, während der Arme ihm ohne Schutz überall bloßgestellt und seiner ganzen Einwirkung ausgesetzt ist. Bei Nationen, wo es solche Standesunterschiede nicht gibt, fällt auch die Folge derselben in der äußern Erscheinung weg, und alle Individuen der Papuas sind gleich dunkel, wie alle Individuen der Botokuden gleichfarbig rothbraun; allein bei den Mexikanern und Peruanern hat man früher, wie noch jetzt, Farbennuancen in gleicher Weise erkannt, wie sie in Europa unter uns jeder aufmerksame Beobachter täglich wahrnehmen kann. Sie sind Folgen

---

andern Häusern, auf eine erstaunenswürdige Weise der Typus des fürstlichen Hauses sich erblich wiederholt, wie in dem Hause der Bourbonen und nicht minder in mehrern deutschen Fürstenhäusern." Müller, Physiologie II, 770.

[1] Vgl. Wiseman S. 153.
[2] Prichard I, 269.
[3] S. 507.

der Lebensweise, wie so viele Unterschiede, welche mit der höhern geistigen Entwicklung sich einstellen."

Auch auf die Schädelbildung scheinen klimatische und sonstige örtliche Verhältnisse einen gewissen Einfluß zu üben. Eine Reihe von Beobachtungen, welche Bär[1] anführt, scheinen zu beweisen, daß Volksstämme, die an den Gestaden oder in Ebenen wohnen, flachere, Bergbewohner dagegen hochgewölbte Schädel haben. Jedenfalls übt aber, wie das Klima auf die Hautfarbe, so die Lebensweise und die geistige Entwicklung auf die sonstige leibliche Beschaffenheit des Menschen, namentlich auf die Schädel- und Gesichtsbildung einen bedeutenden Einfluß. Prichard[2] führt folgendes Beispiel an: Vor zweihundert Jahren wurde eine Anzahl Volks durch eine barbarische Politik aus den irischen Grafschaften Antrim und Down an die Seeküste getrieben, wo sie seitdem in selbst für Irland außerordentlich elenden Verhältnissen gelebt haben. Die Folge davon war, daß sie jetzt besondere Gesichtszüge der abstoßendsten Art darbieten, hervorstehende Kiefern mit großem offenem Munde, eingedrückte Nasen, hohe Backenknochen, Säbelbeine und dabei eine außerordentlich kleine Statur. Hierin und in einer abnormen Dünnheit der Gliedmaßen liegen überall auf der Erde die äußern Merkmale niederer und barbarischer Lebensverhältnisse. Dies zeigt sich besonders bei den Ureinwohnern Australiens.

Bei den tatarischen Völkern fand Bär[3] deutliche Spuren des Einflusses der Lebensweise und insbesondere der Nahrung auf die Schädel und Gesichtsbildung. „Die Tataren von Kasan haben durchaus nicht breite Gesichter und abstehende Jochbogen, sondern schmale, oft lange Gesichter mit stark hervortretenden Nasen, die nicht selten die gekrümmte Habichtsform zeigen. Ihre Schädel zeigen eine Mittelform, in welcher keine Dimension prävalirt. Noch schöner fand ich die Tataren am Kurflusse, wo eine gewisse Gemeinheit, die man den Wolga-Tataren anzusehen glaubt, nicht bemerkt wird. Woher kommt es nun, daß andere Tataren, die nicht weit von den Kasanschen in der Wolga-Uralischen Steppe wohnen und deren Sprache dieselbe ist, breite Gesichter und weniger vortretende, aber breitere Nasen, überhaupt ein viel roheres Ansehn haben? Ich suche den Grund, ganz übereinstimmend mit Prichard, in der verschiedenen Lebensart; denn ich be=

---

1) Bericht 2c. S. 9.
2) II, 373.
3) Bericht 2c. S. 10.

merke ausdrücklich, hier ist nicht von verschiedenen Völkern die Rede, die nur der Ethnograph in einen Collectivnamen zusammenfaßt, sondern von einem Volke, das sich selbst als ein einheitliches betrachtet. Die Tataren um Kasan und den Kur, wie ihre Nachbarn in den transkaukasischen Provinzen, sind seit langer Zeit ansässig, leben in ordentlichen Häusern, die wenigstens bei den Kasanschen Tataren reinlich gehalten werden, treiben Feld- und Gartenbau neben Viehzucht; Cerealien, besonders Weizen und Reis bilden einen bedeutenden Theil ihrer Nahrung. Die Tataren in der Steppe sind Nomaden, haben also bewegliche Kibitken, leben nur von animalischer Kost, und von Reinlichkeit kann in ihren engen Behausungen wenig die Rede sein. (Geht man noch weiter nach Osten, überblickt man Völker, die sich zum Theil anders nennen, aber doch eine Sprache reden, die zu dem türkisch-tatarischen Stamme gehört, so findet man das Gesicht immer breiter werden, mit weit abstehendem Jochbogen.... Der große Abstand der Jochbogen, gewöhnlich um so mehr mit Breite des Schädels verbunden, je entschiedener die Fleischnahrung ist, erinnert daran, daß die Fleischfresser (unter den Thieren) auch durch abstehende Jochbogen von den Pflanzenfressern sich auszeichnen, und läßt die Frage auftauchen, ob sich hierin nicht der Einfluß der Nahrung auf die Variationen des Menschengeschlechts zeigt. In der That bin ich geneigt, diese Frage mit Ja zu beantworten; denn bei allen Völkern, welche nur von animalischer Kost leben, finde ich den Jochbogen weiter abstehend, als bei denen, welche eine bedeutende Menge Pflanzenstoffe verzehren, wie die Hindus und die indogermanischen Völker Europa's."

Ich führe diese Data nicht an, um daraus direct den Schluß zu ziehen, daß sich die Verschiedenheiten der Menschenrassen aus den Einflüssen des Klimas, der Lebensweise und anderer äußern Verhältnisse erklären lassen, sondern nur um zu zeigen, daß diese Verhältnisse einen wirklichen Einfluß üben und bei der Rassenbildung mitgewirkt haben können. Die andern noch in Betracht kommenden Punkte zu erörtern und im Zusammenhange darzustellen, wie sich die Bildung verschiedener Rassen als möglich nachweisen läßt, wird aber noch eine besondere Vorlesung erfordern.

XXXIV.

In den Erörterungen über die Einheit des Menschengeschlechts habe ich zunächst den Satz von Joh. Müller begründet: „Die Menschenrassen sind Formen einer einzigen Art, welche sich fruchtbar paaren und durch Zeugung fortpflanzen; sie sind nicht Arten eines Genus. Wären sie das Letztere, so würden ihre Bastarde unter sich unfruchtbar sein." Außer der fruchtbaren Vermischung aller Menschenrassen unter einander sprechen für specifische Einheit der Menschen der gleiche anatomische Bau, die gleiche Grenze der Lebensdauer und andere Punkte, die ich früher aufgezählt habe mit dem Bemerken, daß sich eine solche Gleichheit in der Thierwelt nur unter Individuen und Varietäten Einer Species, nirgend unter den Species Eines Genus finde. Wir müssen hinzunehmen die Gleichheit der geistigen Grundkräfte und Grundzüge. Denn so große Verschiedenheiten wir auch in intellectueller, moralischer und socialer Hinsicht unter den verschiedenen Völkern finden mögen: daß dieselben geistigen Grundkräfte und Grundzüge das gemeinsame Eigenthum Aller sind, unterliegt keinem Zweifel. Graduelle Unterschiede in den geistigen Anlagen finden wir unter den Angehörigen Eines Volkes, ja Einer Familie ebensowohl, wie unter verschiedenen Volksstämmen; aber bei aller graduellen Verschiedenheit finden wir überall bei den Menschen die nämlichen geistigen Vermögen, Verstand, Gedächtniß, Selbstbewußtsein, Gewissen, die Sprachfähigkeit u. s. w., und die Erfahrung lehrt, daß die Verschiedenheiten, die sich zeigen, durch Gewohnheit und Erziehung, und überhaupt durch äußere Einflüsse bewirkt werden. Neger, welche unter gleichen äußern Einflüssen, wie Europäer, aufwachsen, können dieselbe geistige Ausbildung erlangen, und Europäer, die unter wilden Völkern aufwachsen, werden sich über den Culturzustand ihrer Umgebung nicht erheben.

Die specifische Einheit des Menschen darf also als eine wissenschaftlich gesicherte Thatsache angesehen werden. Damit ist aber die Abstammung des ganzen Geschlechts von Einem Paare noch nicht erwiesen. Es wäre immer noch möglich, daß die jetzt lebenden Menschen auf verschiedene Stammpaare zurückzuführen wären, welche sich in allen den Punkten geglichen hätten, die wir jetzt in leiblicher und geistiger Hinsicht als gemeinsames Erbtheil aller Menschen finden, die sich aber anderseits in den Punkten unterschieden hätten, in welchen sich die verschiedenen Menschenrassen unterscheiden. Es fragt sich also weiter: kann es wissenschaftlich erwiesen werden, daß eine Mehrheit von Stammpaaren anzunehmen ist? lassen sich die Verschiedenheiten, die wir bei den Aehnlichkeiten jetzt unter den Menschen finden, nicht anders erklären, als durch die Annahme mehrerer Stamm=paare?

Diese Verschiedenheiten sind in leiblicher Hinsicht hauptsächlich die Ver=schiedenheit der Hautfarbe und des Schädelbau's, auf welchen die Eintheilung der Menschen in Rassen beruht. Die Contraste, welche in dieser Hinsicht sich finden, verlieren nun aber, wie wir gesehen haben, sehr an Gewicht durch die zahlreichen Mittelstufen, welche sich nachweisen lassen. Die Eintheilung in Rassen läßt sich nicht so durchführen, daß die charakte=ristischen Merkmale einer Rasse sich sämmtlich bei allen derselben zugewie=senen Individuen und nur bei diesen finden; wir haben vielmehr gesehen, daß die Rassen nicht scharf gegen einander sich abgrenzen, daß sich Ueber=gänge von der einen zur andern nachweisen lassen und daß sich Individuen und ganze Volksstämme finden, welche einige charakteristische Merkmale der einen und einige der andern Rasse aufweisen. Diese Uebergangsformen glauben zwar Einige durch die Annahme erklären zu können, daß sie sich durch Vermischung der ursprünglich von einander gesonderten Rassentypen gebildet hätten. Es fragt sich aber, ob diese Hypothese die einzige ist, durch welche sich die uns jetzt vorliegenden Erscheinungen erklären lassen, und ob nicht die Verschiedenheit der Rassen, so wie sie sich jetzt zeigt, in andern Ursachen eine solche Erklärung findet, daß die ursprüngliche Einheit festge=halten werden kann.

Eine Reihe von Thatsachen, welche ich in der vorigen Stunde zusam=mengestellt habe, zeigt nun, daß das Klima, die Lebensweise und andere Verhältnisse von großem Einflusse auf die leibliche Gestaltung des Menschen sind; aber zur Erklärung der Rassenbildung reicht der Einfluß dieser Ver=hältnisse allein nicht aus; denn wir haben keine Beispiele, daß Negerfamilien bei Jahrhunderte langem Aufenthalte in den Wohnsitzen der Kaukasier oder Amerikaner ihre Rasseneigenthümlichkeiten ganz verlieren. Wollen wir also die einheitliche Abstammung der verschiedenen Menschenrassen festhalten, so müssen wir außer jenen Einflüssen noch andere Ursachen und Gesetze der Rassenbildung nachweisen können.

Zu dem Ende müssen wir einen Blick auf die Bildung der Varietäten und Rassen bei den andern organischen Wesen, den Pflanzen und Thieren, werfen. „Die Geschlechter der Thiere und Pflanzen," sagt Joh. Müller, „verändern sich während ihrer Ausbreitung über die Oberfläche der Erde; diese Veränderungen gehen innerhalb der den Arten und Gattungen vorge= schriebenen Grenzen vor sich; aber sie pflanzen sich als Typen der Variation der Arten durch die Generationen der organischen Wesen fort.[1]) Aus dem Zusammenfluß verschiedener, sowohl innerer als äußerer, im Einzelnen nicht nachweisbarer Bedingungen sind die gegenwärtigen Rassen der Thiere hervor= gegangen, von welchen sich die auffallendsten Formen bei denjenigen Thieren zeigen, welche der ausgedehntesten Verbreitung auf der Erde fähig sind."[2])

Die erste Thatsache, welche der große Physiologe hier hervorhebt, ist die, daß die Species sich bis zu einem gewissen Grade verändern können. „Jede Art der Pflanzen und Thiere," sagt er,[3]) „hat an und für sich schon, unabhängig von allen äußern Einflüssen, einen gewissen Variationskreis. Jedes Individuum einer Art trägt in sich die Möglichkeit, Glieder dieses Variationskreises zu produciren, insofern jedes Individuum einer Art nicht allein das ihm vollkommen gleiche zeugt, sondern unter den Gesetzen, welche die Art überhaupt beherrschen, zeugt. So können aus Einer Ehe Indivi= buen stammen mit blondem und dunkelm Haar, von hagerer, schlanker Ge= stalt, von üppigen und von untersetzten robusten Formen, von verschiedenem Temperament, von verschiedener Bildung des Gesichtes, der Augen, des Mundes, der Nase, von krausem und schlichtem Haar."

Zweitens hebt Müller hervor, daß die Grenzen der Veränderlichkeit bei einer Species weiter gesteckt sind, als bei der andern, am weitesten bei denjenigen Thieren, welche der ausgedehntesten Verbreitung auf der Erde fähig sind. In dieser Hinsicht ist noch zu bemerken, daß die wilden Thier= und Pflanzenarten sich weniger bedeutend und mannichfaltig verändern, als die Species von organischen Wesen, welche der Mensch unter seine Zucht und Pflege nimmt. Im natürlichen, wilden Zustande sind aber auch die meisten Pflanzen und Thiere auf bestimmte Verbreitungsbezirke beschränkt. Am größten sind die Differenzen, welche uns die Varietäten unserer ge= wöhnlichen Hausthiere und Nutzgewächse darbieten, welche seit unvordenk= licher Zeit zum Hausstande des Menschen gehören.[4]) Bei Hunden, Rin= dern, Schafen und Ziegen und bei den Gemüse= und Obstarten sind die Va=

---

1) Physiologie II, 768.
2) S. 772.
3) S. 770.
4) Prichard I, 408.

rietäten, in welche sich jede Art aufgelöst hat, viel mannichfaltiger und verschiedenartiger, als dies beim Menschen der Fall ist. Vergleichen Sie nur einmal die Hunderassen mit einander, welche enorme Differenzen weisen sie auf in der Behaarung, in der Größe, in der Kopfbildung, in dem ganzen Körperbau, ja auch in den intellectuellen Anlagen und dem Charakter, soweit davon bei Thieren die Rede sein kann. Eine ähnliche Mannichfaltigkeit bieten die Rassen der Tauben und Hühner. Bei andern Hausthieren ist die Differenz der Rassen viel geringer, z. B. beim Esel, bei den Pfauen, den Perlhühnern u. s. w. In der Naturanlage selbst ist also der Umfang des Kreises bestimmt, innerhalb dessen die Einheit der Art sich zu differenziren vermag. Das Gesetz dieser Beschränkungen ist noch nicht aufgefunden.

Eine dritte Thatsache, welche Müller in Bezug auf die Rassenbildung hervorhebt, ist die, daß sich die in einer Species entstandenen Veränderungen als Typen der Variation der Arten fortpflanzen.[1]) Man muß in dieser Hinsicht unterscheiden zwischen eigentlichen Rassen und bloßen Spielarten. Die Hauptrassen unserer gewöhnlichen Hausthiere existiren seit unvordenklicher Zeit und die Entstehung neuer eigentlicher Rassen in der Gegenwart läßt sich wohl kaum nachweisen. Durch sorgfältige Auswahl der Zuchtthiere kann allerdings der Viehzüchter eine Rasse veredeln und bei fortgesetzter Bemühung neue Spielarten oder Schläge hervorbringen; allein diese werden wieder degeneriren, sobald die nöthige Sorgfalt in der Auswahl der Zuchtthiere und in der Wartung und Pflege unterbleibt. Die Grundrassen der Hausthiere dagegen bleiben in ihrem Typus beständig.

Die Rassen der Thiere, sagt Müller schließlich, sind durch das Zusammenwirken von innern und äußern Bedingungen entstanden, die sich im Einzelnen nicht immer nachweisen lassen. Die klimatischen Verhältnisse sind gewiß bei der Rassenbildung von bedeutendem Einfluß gewesen; denn sie wirken noch jetzt bedeutend auf die Thiere ein. Die Versuche, in Westindien Wolle zu produciren, schlagen fehl, weil die Schafe dort ihre Wolle verlieren und sich mit Haaren bedecken. Die Schafe in Guinea würde ein Fremder, ohne sie blöcken zu hören, kaum erkennen, da sie mit hellbraunen oder schwarzen Haaren bedeckt sind, wie Hunde, so daß ein launiger Schriftsteller bemerkt, hier scheine die Welt verkehrt, denn die Schafe hätten Haare und die Menschen Wolle. Einer ähnlichen Erscheinung begegnen wir in

---

1) S. oben S. 411, Note 3.

der Gegend von Angora, wo Schafe, Ziegen, Kaninchen und Katzen mit
schönem langem Seidenhaar bedeckt sind.

Daß Eigenthümlichkeiten, wenn sie in einer Thierart einmal entstanden
sind, constant werden können, dafür wird ein Beispiel noch aus der neuern
Zeit angeführt. Auf einem englischen Pachthofe trat in den letzten Jahren
des vorigen Jahrhunderts eine Schafvarietät mit ungewöhnlich kurzen Beinen
hervor, die man durch Züchtung fortpflanzte, weil man es bequem fand,
Schafe zu haben, die über keine niedern Zäune springen konnten.[1)]

Sie sehen leicht, daß wir nur dieselben Gesetze, welche sich bei den
Thierarten nachweisen lassen, auf die Menschen anzuwenden brauchen, um
die Entstehung der verschiedenen Rassen zu erklären. Wie eine Thierspecies
mannichfaltiger Variationen fähig ist, so auch die Menschen. Wir dürfen
bei diesen aber sehr weite Grenzen der Variation annehmen, weil sie der
größten Verbreitung über die Erde fähig sind. Und doch sind die Men=
schenrassen nicht so verschieden von einander wie die Hunderassen. Daß
klimatische Verhältnisse, die Civilisation und sonstige äußere und innere
Einflüsse große Veränderungen bei den Menschen hervorbringen können, davon
habe ich in der vorigen Stunde eine Reihe von Belegen angeführt. Wenn
aber jetzt die Menschenrassen constant sind und nicht in einander übergehen,
so haben wir eben gesehen, daß dasselbe bei den Thierrassen der Fall ist.
Es haben sich in alter Zeit die Variationen gebildet, deren die Species
fähig war, und diese haben sich dann organisch fortgepflanzt und sind con=
stant geblieben. Daß in der ersten Zeit solche Differenzirungen stattgefunden
haben, die aufhörten, nachdem sie bis an die natürlichen Grenzen fortge=
schritten waren, ist nichts weniger als unglaublich. Der Cardinal Wise=
man[2)] führt eine sehr schöne Analogie dazu an: „In dem Kinde sind der
Kreislauf des Blutes, die Absorption und Digestion und alle Lebensver=
richtungen ganz wie in dem Manne; sie beginnen mit dem Leben und sind
regelmäßig während seiner ganzen Dauer, nur durch größere oder geringere
Thätigkeit verschieden. Aber in seinen frühern Stadien ist noch außerdem
eine bildende Kraft in uns thätig, keinem Gesetze der Nothwendigkeit er=
reichbar, scheinbar unabhängig von dem allgemeinen Laufe der gewöhnlichen
Lebenskräfte, eine Kraft, welche den Gliedern Wachsthum und Festigkeit,
dem Gesichte eine eigenthümliche Bildung, den Muskeln allmälige Entwick=

---

1) Prichard I, 291.
2) S. 185.

lung und Stärke gibt, dann allem Anscheine nach in Unthätigkeit zurück-
sinkt und zu wirken aufhört, bis das Alter noch einmal die außerordent-
lichen Gesetze in Thätigkeit zu rufen scheint, um den Eindruck zu verwischen
und das Werk ihrer frühern Wirksamkeit zu zerstören. Ebenso waren im
Kindesalter der Welt außer den ordnungsmäßigen Regeln des beständigen,
täglichen Laufes der Dinge Ursachen thätig, welche nothwendig waren, große
und dauernde Wirkungen hervorzubringen, deren es jetzt nicht mehr bedarf,
und die darum jetzt nicht mehr thätig sind; es war ein Streben vorhanden,
der Erde und ihren Bewohnern bestimmte Züge aufzuprägen, Länder sowohl
als ihre Vegetation, Rassen wie Individuen hervorzubringen. Es ist nicht
unwissenschaftlich anzunehmen, daß Eindrücke, die charakteristisch und dauernd
sein sollten, damals leichter mitgetheilt und unvertilglicher aufgeprägt wurden," [1] wenn wir auch, wie Müller sagt, die Ursachen der Rassenbildung
im Einzelnen nicht vollständig nachweisen können.

„Ueberall in der Natur," sagt ein neuerer Naturforscher, [2] „ist ein sprin-
gender Punkt. Fehlt das Geringste zu ihm, so bleibt der Körper in seinem
ursprünglichen Zustande; wird aber durch das Hinzutreten eines kleinsten
Theilchens das Maß voll, so bemerken wir plötzlich die tiefsten Veränderungen. Man sagt zwar, wenn es eine Zeit höherer [oder stärker einwir-
kender] klimatischer [und anderer] Verhältnisse gegeben hätte, unter denen
sich die Rassenunterschiede gebildet hätten, so müßte doch mit dem Aufhören
der Ursache auch die Wirkung aufhören. Aber dem logischen Satze cessante
causa cessat effectus widerspricht die Physik. Ueberall in der Natur ist
die Eigenschaft an den Körpern zu bemerken, die man Trägheit oder besser
Beharrungsvermögen genannt hat, nach welcher ein Körper in dem Zustande
und der Form, in der er einmal ist, sich unter den äußern Veränderungen
zu erhalten strebt. Eis bleibt Eis bis zu Null Grad Wärme, und Wasser
bleibt Wasser bis zu zwölf Grad Kälte, ja der Phosphor, der erst bei
vierundvierzig Grad schmilzt, kann, einmal geschmolzen, bis zu vier Grad
abgekühlt werden, ohne wieder zu erstarren. Dieselbe Bewandtniß mag es
mit dem Rassenunterschiede haben: einmal unter gewissen Einwirkungen entstanden, erhält er sich trotz der veränderten äußern Einflüsse durch das

---

1) „Es scheint mir gar nicht widersinnig, anzunehmen, daß in der ersten Reihe von
Generationen der Typus ein mehr veränderlicher war, also auch stärker von den Einwirkungen der äußern Natur influenzirt wurde." von Bär (Jahrb. f. deutsche Theol.
VI, 710).
2) Thum bei A. Wagner II, 253.

allen Körpern und den organischen Körpern im höchsten Grade eigene Be=
harrungsvermögen."

Was die Bildung der schwarzen oder dunkeln Hautfarbe betrifft, so
ist Folgendes zu bemerken.[1]) Die Hautfarbe hat ihren Sitz nicht in der
obersten Haut, der sogenannten Epidermis, sondern theils in den untern
dichter zusammengedrängten Zellenkernen des Epitheliums, theils in einer
Lage vieleckiger Zellen, die mit dem körnigen Farbestoff erfüllt sind. Von
der Zahl dieser beiden Farbemittel, der Menge, in welcher sie nebenein=
ander liegen, hängt die Intensität im Farbentone ab, er selbst aber ist durch
die primäre Verschiedenheit des Pigmentes bedingt. Bei den weißen Na=
tionen fehlen nun die Farbenzellen oder Chromatophoren nicht ganz, sie ent=
halten aber nur stellenweise, wie z. B. an den Wangen und einigen andern
Körpertheilen ein wirklich gefärbtes Pigment. Bei den andern Nationen
ist dasselbe durchweg gelb, braun, röthlich oder schwarz, und zwar ist es bei
ihnen jetzt unabhängig von der Zone — denn die Neger werden überall
schwarz; — aber seine Intensität richtet sich nach der Einwirkung des Son=
nenlichtes und nimmt zu, sobald dessen Strahlen senkrechter auffallen; deß=
halb werden die Neger in der gemäßigten Zone bleicher, die Europäer unter
den Tropen brauner.

Die Farbenkerne sind also auch bei den Weißen vorhanden und an
einigen Stellen dunkler; ja man hat Fälle constatirt, daß sich die ganze
Haut, wenn auch nur vorübergehend, ganz dunkel färbt. Es ist also die
Disposition zu einer dunklern Färbung vorhanden, und wir können es uns
also als möglich denken, daß in der Jugendzeit des Menschengeschlechts
unter der Einwirkung der klimatischen Verhältnisse sich diese Disposition bei
den jetzt nicht weißen Rassen entwickelt hat und bleibend geworden ist.

Die Differenz in der Haarbildung ist von untergeordneter Bedeutung,
da sich in dieser Hinsicht, wie wir gesehen haben, häufige Uebergänge finden
und schlichte Haare unter kraushaarigen, sowie wollige unter schlichthaarigen
Völkern als zahlreiche Ausnahmen vorkommen.

Auch die verschiedenen Schädelformen stehen sich nicht schroff gegenüber,
verlaufen vielmehr nach allen Richtungen unmerklich in einander. Es kommt
auch, wie ich früher gezeigt, nicht bei der einen Rasse diese, bei der an=
dern jene Schädelform ausschließlich vor, sondern nur vorwiegend, aber mit
vielen Modificationen und Ausnahmen; namentlich finden sich bei der kau=

---

1) Burmeister S. 507. — A. Wagner II, 180. 254.

kasischen Rasse alle Differenzirungen wenigstens sporadisch. Unter dem Ein=
fluße des Klimas, der Lebensweise, der Civilisationsstufe u. s. w. können
also in alter Zeit die Menschen hinsichtlich des Schädelbaus sich eigenthüm=
lich entwickelt haben, und diese Eigenthümlichkeiten können allmälig schärfer
ausgebildet und zugleich erblich geworden sein.

Die angeführten Thatsachen zeigen also, daß in der kaukasischen Rasse
eine Disposition zu Variationen hinsichtlich der Hautfarbe, des Haarwuch=
ses und des Schädelbaus selbst jetzt noch vorhanden ist, obwohl der Proceß
der Rassenbildung schon lange abgeschlossen ist. Was wir jetzt noch von
Aenderungen des physischen Typus durch den Eintritt in andere klimatische
Verhältnisse wahrnehmen, ist nur ein schwacher Nachklang des großen Dif=
ferenzirungsprocesses, der in der Urzeit vor sich ging.

Diese Erörterungen sollten nicht beweisen, daß die Entstehung der ver=
schiedenen Menschenrassen aus Einer Urrasse aus physiologischen Gründen
angenommen werden müsse, sondern nur, daß sie physiologisch erklärt und
also als möglich bezeichnet werden könne. Das ist aber für unsern Zweck,
wie ich früher bemerkte, vollkommen genügend; denn wir dürfen jetzt sagen:
die biblische Lehre von der Einheit des Menschengeschlechts steht nicht in
Widerspruch mit einem gesicherten Resultate der physiologischen Untersuchun=
gen; vielmehr sprechen viele wichtige Uebereinstimmungen aller Menschen=
rassen sowie die unbeschränkte fruchtbare Vermischung derselben entschieden
für die specifische Einheit des Menschengeschlechts, und die Verschieden=
heiten beweisen nicht die Ursprünglichkeit der Rassen.

Was die Sprache betrifft, die ich bei den bisherigen Erörterungen bei
Seite gelassen habe, so darf ich auf Grund der vortrefflichen Schrift von
Kaulen¹) Folgendes als das Ergebniß der namentlich in den letzten Jahr=
zehnten mit großem Erfolg angestellten sprachvergleichenden Studien bezeich=
nen. Die hunderte von verschiedenen jetzt bekannten Sprachen bilden nicht
ebensoviele selbstständige, genetisch verschiedene Systeme, sondern stellen bloß
Varietäten höherer Einheiten, der Sprachenfamilien dar; diese hinwiederum
sind Differenzirungen einer kleinen Anzahl von Hauptsprachen, die man
Sprachstämme nennt. Es ist ausgemacht, daß die einzelnen Völker, welche
Sprachen Eines Sprachstammes reden, ursprünglich auch nur ein einziges
Volk waren, und daß mit dessen stufenweiser Spaltung auch die stufenweise
Ausbildung niederer Spracheinheiten (Familien, Einzelsprachen, Dialekte,

---

1) Die Sprachverwirrung zu Babel. Mainz 1861.

Mundarten) erfolgt ist.[1]) Da nun der Gang der sprachwissenschaftlichen
Ergebnisse bisher der gewesen ist, daß die einheitlichen Sprachengruppen
dem Umfange nach immer ausgedehnter, der Zahl nach immer beschränkter
erscheinen, so haben wir ein Recht zu erwarten, daß es fortgesetzter Unter=
suchung gelingen wird, auch die jetzt noch unvereinbaren Sprachstämme
als geschichtlich entstandene Varietäten Einer obersten Spracheinheit nach=
zuweisen. Der Anfang dazu ist bereits gemacht, indem für einzelne Sprach=
stämme, wie den indogermanischen und den semitischen, ein ursprünglicher
Zusammenhang nachgewiesen worden ist.[2])

Allein auch noch ehe ein allgemeines Resultat gewonnen ist, liefert
schon die Gewißheit von der anfänglichen Identität der Völker, welche Einem
Sprachstamme zufallen, einen wichtigen Beitrag zur Bestätigung der Lehre
von der ursprünglichen Einheit des Menschengeschlechts. Denn wenn sich
innerhalb eines und desselben Sprachstammes (vorausgesetzt daß die Volks=
stämme immer ihre eigene Sprache behalten haben) physiologische Unter=
schiede finden, so folgt daraus, daß solche Differenzen auch in einem und
demselben Menschenstamme hervortreten können. Nun zeigen sich aber
z. B. innerhalb des indogermanischen Sprachstammes solche physiologische
Abstände, wie von den fast schwarzen Hindus bis zu den weißen Deut=
schen, und da hier von Sprachentausch nicht die Rede sein kann, so
kann das Dasein physiologischer Unterschiede unter den Menschen die ge=
netische Einheit derselben nicht als unmöglich erweisen. Aehnlich ist
das Arabische auf Angehörige der kaukasischen und der äthiopischen Rasse
vertheilt.[3])

Einen ähnlichen Beweis gewinnen wir, wenn wir die Natur der zwi=
schen den Sprachen obwaltenden Verschiedenheiten betrachten. Letztere sind
nämlich, insoweit sie die Selbstständigkeit einer Sprache bedingen, bloß formell
und beruhen nicht auf physiologischen, sondern auf psychologischen und cultur=
historischen Gründen. Nun ist aber die Sprachenkunde heute noch nicht im
Stande, auf Grund dieser Wahrheit das Gemeinschaftliche und das Unter=

---

1) S. 16.
2) S. 21.
3) S. 202. Bei der Durchsicht einer reichhaltigen Sammlung von Schädeln aus
dem russischen Reiche fand Bär (Bericht ꝛc. S. 4), „daß die Kopfform eines Volkes,
aus einer Anzahl Individuen als Mittelform abgeleitet, von den Mittelformen eines
andern Volkes, das man der Sprache wegen als stammverwandt annehmen kann und an=
nimmt, doch bedeutend abweichen könne.“

scheidende auch nur zwischen Sprachenfamilien zu sondern; noch viel weniger aber kann sie über das Verhältniß der Sprachstämme und der diesen zuzutheilenden Menschenstämme urtheilen. Die Linguistik kann folglich jedenfalls den Beweis nicht herstellen, daß die verschiedenen Sprachen auf mehrere grund- und urverschiedene Anfänge zurückzuführen seien und nicht in einer gemeinschaftlichen Ursprache ihren ersten historischen Anknüpfungspunkt finden könnten, und daß die Differenzirung der Sprachen nicht in der Weise stattgefunden haben könne, wie der merkwürdige Bericht der Bibel über die Sprachenverwirrung zu Babel angibt.[1])

Die Einheit des Menschengeschlechts in dem Sinne, daß die verschiedenen Menschenrassen nicht auf verschiedene Stammeltern zurückzuführen sind, ist also ein Satz, welcher mit den Ergebnissen der physiologischen und sprachvergleichenden Forschungen nicht in Widerspruch steht. Wenn nun die Bibel weiter lehrt, daß die Menschen nicht bloß von gleichen, sondern von den nämlichen Stammeltern, also von Einem Paare abstammen, so ist das ein Satz, über welchen die Physiologie gar nicht urtheilsberechtigt ist, der vielmehr einen rein historischen Charakter hat. Der Satz könnte nur bestritten werden, wenn sich die Unmöglichkeit der Bevölkerung der Erde von Einem Mittelpunkte aus erweisen ließe. Das ist aber nicht der Fall, wie ich in der vorigen Stunde gezeigt habe.

Noch weniger hat eine andere Einwendung zu bedeuten, welche Vogt in folgender Weise formulirt hat: „Wer an die Bibel glaubt, muß an die ganze Bibel glauben; wer in Adam den Einen Stammvater des Menschengeschlechts sieht, muß diese Würde auch Noah zuerkennen, der allein mit seinen drei Söhnen nach der Sündfluth auf Erden übrig blieb. [Ganz richtig.] Welche Productivität mußte aber diesen drei Stämmen Sem, Ham und Japhet einwohnen, um in einem Zeitraume von höchstens fünfhundert Jahren Millionen von Nachkommen in Aegypten allein zu erzeugen, während uns die Denkmale von Khorsabad, Ninive u. s. w. ebenfalls Zeugniß von äußerst zahlreichen Völkern geben, die unmittelbar [d. h. einige Jahrhunderte] nach der Sündfluth Kleinasien bevölkerten. Selbst Mäuse und Kaninchen müßten an einer ähnlichen Emporbringung ihrer Nachkommenschaft in so kurzer Zeit verzweifeln."

Vogt erwähnt einmal gelegentlich, er sei kein Mathematiker; die angeführten Sätze beweisen das. Wenn durchschnittlich ein Menschenpaar vom

---

1) Kaulen S. 26 ff. 65 ff.

fünfundzwanzigsten bis zum fünfzigsten Lebensjahre sechs Kinder zeugte, so konnte die Zahl der Menschen vierhundertfünfundzwanzig Jahre nach der Sündfluth achthundert Millionen Seelen betragen, also beinahe soviele als man jetzt annimmt. In solchen Progressionen vermehrt sich freilich jetzt die Seelenzahl in keinem Lande; sie braucht sich in solchen Progressionen auch in der ältesten Zeit nicht vermehrt zu haben, aber immerhin viel rascher als jetzt. Es ist auch gar nicht unglaublich, daß jetzt gar keine wesentliche allgemeine Vermehrung der Menschen mehr stattfindet, seit die Erde die Zahl der Bewohner erreicht hat, die sie zu tragen fähig oder bestimmt ist, daß dagegen, so lange diese Zahl nicht erreicht war, eine raschere und ungestörtere Vermehrung stattgefunden habe.[1] Nehmen wir auch nur eine Vermehrung um 2½ Procent jährlich an, — und eine solche Vermehrung kommt noch jetzt unter günstigen Verhältnissen in wenig bevölkerten Ländern vor, — so konnte es fünfhundert Jahre nach der Sündfluth hundertundsechs Millionen, bei einer Vermehrung von 3½ Procent nach fünfhundert Jahren schon hundertundachtzig Millionen Menschen geben. Analoga einer so raschen Vermehrung sind auch aus neuerer Zeit constatirt. Auf einer Insel des stillen Meeres siedelten sich gegen Ende des vorigen Jahrhunderts einige englische Matrosen und einige Eingeborene von Tahiti an. Im Jahre 1800 waren dort neunzehn Kinder, ein Mann und einige Frauen, 1855, obschon durch außergewöhnliche Umstände Mehrere umgekommen waren, hundertundsiebenundachtzig Personen; das ist eine Vermehrung von mehr als 3½ Procent.[2] Auf einer Insel, die zuerst im Jahre 1589 von einigen schiffbrüchigen Engländern bewohnt und im Jahr 1667 von einem holländischen Schiffe entdeckt wurde, soll nach diesen achtzig Jahren sich eine Bevölkerung von zwölftausend Seelen, Alle Nachkommen von vier Müttern, vorgefunden haben. — Acosta, der die Naturgeschichte von Neuspanien hundert Jahre nach seiner Entdeckung beschreibt, berichtet uns, daß schon vor seiner Zeit dort Besitzer von siebenzig- bis hunderttausend Schafen nicht selten waren; und doch war in diesem Lande vor seiner Entdeckung durch die Spanier kein Schaf vorhanden und der ganze Schlag stammte von denen ab, welche die Spanier hingebracht hatten. Auch Pferde und Rinder sind bekanntlich erst seit der Entdeckung Amerika's durch Columbus dorthin gekommen; sie sind jetzt schon lange im zahmen wie im verwilderten Zustande

---

1) A. Wagner II, 278.
2) Natur und Offenbarung III, 69.

in unzähliger Menge dort vorhanden. Schon Acosta spricht von zahlreichen verwilderten Rinderheerden, die auf der Insel Hispaniola umherschweiften und auf die man Jagd machte; im Jahre 1585 wurden schon von dieser Insel fünfunddreißigtausend, von Neuspanien vierundsechszigtausend Häute ausgeführt. Aus Paraguay und Buenos-Ayres allein führte man zu Ende des vorigen Jahrhunderts jährlich eine Million Ochsenhäute aus, und diese zahllose Menge von Rindern in jenen Gegenden stammt von sieben Kühen und einem Stiere ab, welche 1546 dort zurückgelassen wurden. Konnten sich diese Thiere trotz der Nachstellungen der Menschen und der Raubthiere in verhältnißmäßig kurzer Zeit so vermehren, warum nicht unter günstigern Verhältnissen in längerer Zeit das Menschengeschlecht?[1])

Die Unmöglichkeit der Abstammung aller Menschen von Einem Paare läßt sich also nicht erweisen, und ein Widerspruch zwischen der Lehre der Offenbarung und den Ergebnissen der wissenschaftlichen Forschung ist auch in dieser Hinsicht nicht vorhanden. Wenn man in der Erzählung der Genesis selbst Gründe finden will, daß neben Adam schon andere Menschen, die nicht von ihm abstammten, auf der Erde gewohnt haben könnten,[2]) so bedarf es nur weniger Worte, um dieses Mißverständniß zu beseitigen. Es heißt Gen. 4, 17: „Und es erkannte Kain sein Weib, und sie empfing und gebar den Henoch; und er baute eine Stadt und nannte sie nach dem Namen seines Sohnes Henoch.“ Die Genesis theilt aus der Geschichte der Urzeit nur einzelne fragmentarische Notizen mit und es finden sich darum Thatsachen unmittelbar an einander gereiht, die chronologisch weit aus einander liegen. Die Zeit des Brudermordes und der Flucht Kains und die Zeit des Baues der ersten Stadt werden gar nicht angegeben und können Jahrhunderte aus einander liegen. Das Weib Kains aber ist entweder eine mit ihm in die Verbannung gezogene Tochter Adams, oder eine seiner erst nach Seth geborenen Schwestern, oder auch eine seiner Nichten; — daß eine solche Geschwisterehe, an welcher Neuere Anstoß genommen haben, in der ersten Zeit unvermeidlich war, wenn die Menschheit von Einem Paare abstammen sollte, hat schon Augustinus[3]) hervorgehoben. Wenn Kain, da er aus dem Lande Eden flieht, die Befürchtung ausspricht, „jeder, der mich findet, wird mich tödten“ (Gen. 4, 14), so darf daraus nicht geschlossen werden, daß er auch

---

1) Wiseman, Zusammenhang 187. A. Wagner II, 280.
2) Quenstedt, Sonst und Jetzt S. 254.
3) Civ. D. 15, 16.

andere Gegenden für bewohnt gehalten habe. Er scheint vielmehr auf die Blutrache anzuspielen, welche er fürchtet, wenn seines Vaters Familie sich erweitert. Fürchtet er aber außerhalb Edens als der bekannte Mörder erkannt zu werden, so setzt das voraus, daß es nur Eine Menschenfamilie, die Familie Adams, und keine außer Verbindung mit ihr stehende andere gab. [1])

XXXV.
Die Lebensdauer in der Urzeit. Die Chronologie der Genesis.

Die Angaben der Genesis über die Dauer des menschlichen Lebens in der ältesten Zeit haben schon den Kirchenvätern zu Erörterungen Anlaß gegeben. „Unsere Lebenstage sind siebenzig Jahre, und wenn mit Kraft, achtzig Jahre," sagt Moyses in seinem Psalm. [2]) In der Stammtafel aber von Adam bis Noe, die er im fünften Capitel der Genesis mittheilt, finden wir nur Wenige, die nicht über 900 Lebensjahre zählten. Methusala starb 969 Jahre alt. Noch Noe erreichte ein Alter von 950 Jahren. In der nachsündfluthlichen Zeit nimmt die Lebensdauer ab: in der Stammtafel des elften Capitels finden wir Sem mit 600 Jahren, die drei nächsten Glieder mit weniger als 500, die folgenden mit wenig über 200 Jahren. Das Lebensalter der drei Stammväter des israelitischen Volkes beträgt nur noch 175, 180 und 147 Jahre.

Der hl. Augustinus [3]) erwähnt die Ansicht, die Jahre, nach welchen das Alter der vorsündfluthlichen Menschen angegeben werde, seien nur sechsunddreißig Tage lang, also nur ein Zehntel der unsrigen gewesen; die Jahre hätten ja auch sonst bei verschiedenen Völkern eine verschiedene Länge gehabt; bei den Acarnaniern sechs Monate, bei den Arcadiern drei, bei den Aegyptiern vier oder gar nur Einen Monat. Augustinus widerlegt aber diese Ansicht durch die Hinweisung darauf, daß nach dem hebräischen Texte, dessen Ziffern, wie wir sehen werden, hier jedenfalls zuverlässiger sind, als die davon abweichenden der alten griechischen Uebersetzung, Seth 105, Kainan 70 Jahre alt gewesen seien, als sie einen Sohn zeugten, was nach jener Reduction ein Alter von nur 10 und 7 Jahren ergeben würde.

1) Delitzsch, Genesis S. 205.
2) Ps. 89, 10.
3) Civ. D. 15, 12; vgl. Lact. Inst. 2, 12.

In der neuern Zeit hat ein dänischer Gelehrter[1] durch die Annahme von kürzern Jahren die Lebensdauer der Erzväter auf die jetzige zu reduciren versucht. Er muß aber bei seiner Hypothese, was schon sehr bedenklich ist, eine Reihe von Ziffern ändern und, da nach Noe die Angaben der Lebensdauer in der Genesis immer geringer werden, weiterhin annehmen, was noch bedenklicher ist, daß die Jahre anfangs zu Einem, dann zu zwei, vier und sechs, und von Moyses an zu zwölf Monaten gerechnet seien. Der Verfasser der Genesis deutet aber mit keiner Silbe an, daß er in den verschiedenen Abschnitten seines Werkes verschiedene Zeiträume mit dem Worte „Jahr" bezeichne. Die chronologischen Angaben in dem Berichte über die Sündfluth zeigen vielmehr, wie schon Augustinus erinnert hat, daß er auch für die älteste Zeit nach denselben Jahren und Monaten rechnet, wie für die spätere Zeit, — ob nach Mond- oder nach Sonnenjahren, macht für unsere Frage keinen Unterschied. Im sechshundertsten Lebensjahre des Noe, am siebenzehnten Tage des zweiten Monats begann die Fluth; am siebenundzwanzigsten Tage des siebenten Monats ließ sich die Arche auf dem Ararat nieder; am ersten Tage des zehnten Monats erschienen die Spitzen der Berge; nach weitern vierzig und drei mal sieben Tagen, am ersten Tage des sechshundertundersten Jahres war die Erde wieder trocken.[2]

Der Verfasser der Genesis hat also nach Jahren, wie die unsrigen sind, die Lebensdauer der Erzväter angegeben, und wir sind zu einer Aenderung der Ziffern und zu einer Umdeutung der Bezeichnung „Jahr" nicht berechtigt. Als noch unberechtigter muß auf exegetischem Standpunkte der Versuch von Bunsen[3] bezeichnet werden, die Jahressummen als cyclische Zahlen zu erklären, so daß nicht die Lebensdauer der Erzväter, sondern „die Epochen der vorfluthlichen Urwelt" angegeben würden; desgleichen die Meinung Anderer, mit den Patriarchen seien Stämme und Völker gemeint, oder die älteste Geschichte habe in Genealogien bestanden, welche sich mündlich fortpflanzten und daher im Laufe der Zeit manche Namen verloren; als man ihnen später eine Chronologie gegeben, habe man die ganze Zeit auf die wenigen noch erhaltenen Namen vertheilt und so unglaubliche Lebensalter in die Geschichte gebracht. Die Patriarchen, bemerkt Knobel[4] solchen

---

1) Rask bei A. Wagner, Gesch. der Urwelt I, 310 und bei Knobel, Genesis S. 69.
2) Gen. 7, 11; 8, 4—13.
3) Bibelwerk V, 49.
4) Genesis S. 68.

Willkürlichkeiten gegenüber ganz richtig, erscheinen bei dem Verfasser der Genesis durchaus als einzelne Individuen, von denen jedes in einem bestimmten Alter seinen Erstgeborenen, dann noch weitere Kinder zeugt und zuletzt stirbt, und zwar läßt der Text auf den Vater immer unmittelbar den Sohn folgen.

Der Exeget, welcher den Sinn der zu erklärenden Schrift darzulegen hat, kann also zu keinem andern Ergebnisse kommen, als daß die Genesis berichtet, die Erzväter hätten ein viel höheres Alter erreicht, als jetzt vorkommt, in der vorsündfluthlichen Zeit das Zehnfache der jetzigen Lebensdauer. Die weitere Frage ist dann, ob diese Angabe mit Knobel kurzweg als mythisch zu bezeichnen sei, oder ob sie als historisch richtig festgehalten werden könne, wie auf Grund des Glaubens an die Inspiration der Bibel jedenfalls geschehen muß.

Schon Flavius Josephus[1]) hat darauf hingewiesen, daß auch die Geschichtschreiber anderer alten Völker, Manetho, Berosus und andere, des hohen Alters der ersten Menschen gemäß den Traditionen ihrer Länder gedenken. Auch bei mehrern Völkern, die Josephus nicht erwähnt, findet sich eine solche Tradition. Diese Ueberlieferungen der Völker sind aber freilich nur eine schwache Stütze für die Glaubwürdigkeit des biblischen Berichtes, wenn das, was derselbe erzählt, wirklich, wie vielfach behauptet wird, als physisch unmöglich bezeichnet werden muß. Ist aber diese Behauptung begründet?

Ich glaube, wir dürfen kurzweg antworten: „Die Frage nach der Möglichkeit eines sieben-, acht- und neunhundertjährigen Alters in der Urzeit des Menschengeschlechts gehört nicht vor den Richterstuhl der heutigen Physiologie, und es ist eine Unbesonnenheit oder eine unwissenschaftliche Anmaßung, wenn der Physiologe hier von Unmöglichkeit spricht." [2]) Das Normalmaß des menschlichen Lebens kann die Physiologie nur auf Grund der Empirie festsetzen; ihre Beobachtungen kann sie aber nur in der Gegenwart machen, also auch nur sagen: unter den Verhältnissen, wie sie jetzt sind, kann der Mensch ein so hohes Alter nicht erreichen, wie von den Erzvätern gemeldet wird; die Lebensdauer, welche die Genesis ihnen zuschreibt, ist theilweise das Zehnfache von derjenigen, die der Mensch regelmäßig jetzt erreichen kann. Das von der Physiologie festgesetzte Normalmaß der Lebensdauer wird übrigens auch jetzt noch mitunter bedeutend überschritten. Es

---

1) Ant. 1, 3, 9; vgl. Lüken, die Traditionen 165.
2) Kurtz, Gesch. des Alten Bundes I, 74.

gibt nicht wenige hinlänglich beglaubigte Beispiele von 150, bis 200jähriger Lebensdauer aus der Gegenwart; bei Prichard [1]) finden Sie eine sehr reich= haltige Sammlung von solchen Beispielen. Nach der Aussage von neuern Reisenden ist eine solche Lebensdauer unter den Wüsten=Arabern in Afrika sogar nicht selten. Wenn aber noch jetzt unter besonders günstigen Ver= hältnissen sich das menschliche Leben auf das Doppelte und Dreifache der von der Physiologie festgesetzten Normaldauer erheben kann, so wird nicht behauptet werden dürfen, daß es nicht Verhältnisse habe geben können, unter welchen die Menschen das zehnfache Alter erreichten. Auf Grund der Be= obachtung der gegenwärtigen Thatsachen, der einzigen Grundlage der Phy= siologie, läßt sich die frühere Existenz anderer Verhältnisse eben so wenig bestreiten wie erweisen.

Wir können auch nichts Sicheres darüber sagen, welcher Art die Be= dingungen gewesen sein müssen, unter denen die Menschen ein so hohes Alter erreichen konnten. Die äußern Verhältnisse, unter denen der Mensch in der Urzeit lebte, werden andere und die leibliche Constitution derselben wird insofern von der jetzigen verschieden gewesen sein, daß eine so lange Lebensdauer dadurch ermöglicht wurde. Daß die klimatischen und atmosphä= rischen Verhältnisse vor der Sündfluth von den jetzigen wahrscheinlich ver= schieden gewesen seien, habe ich schon früher erwähnt; [2]) damit kann die lange Lebensdauer der damaligen Menschen zusammenhangen, wenn sie auch nicht dadurch allein bedingt war.

Wir werden uns also darauf beschränken müssen, zu sagen: die Men= schen haben nach Gottes Plan in der Urzeit unter solchen äußern und innern Verhältnissen gelebt, daß sie ein viel höheres Alter erreichten, als jetzt. Auf die Frage, warum Gott den Menschen in der Urzeit ein so viel längeres Leben beschieden habe, als jetzt, eine sichere und vollkommen erschöpfende Antwort zu geben, ist nicht wohl möglich, da die hl. Schrift selbst nichts darüber andeutet. Man kann aber mit Delitzsch [3]) sagen: „Wenn Lamech, Noe's Vater, der neunte in der Reihe der Erzväter, noch sechsundfünfzig Jahre gleichzeitig mit Adam lebte, wenn Noe den Enkel Adams, Enos, noch gekannt hat, wenn sechszig Jahre Noe's in das Leben Abrahams hin= einreichen: so ist für die treue und unverfälschte Vererbung der Ueberliefe=

---

1) Naturgesch. des Menschengeschlechts I, 151.
2) S. 318.
3) Genesis S. 222.

rung innerhalb des auserwählten Geschlechtes alle nur mögliche Bürgschaft gegeben. Und auch das Leben der Gottlosen währte Jahrhunderte, damit alles, was die Sünde in sich birgt und dessen sie fähig ist, zu ihrem eigenen Gerichte ans Licht komme. Wie die Urzeit der Kirche zeigen sollte, was der Geist Gottes zu wirken vermöge, so sollte jene Urzeit der Menschheit den Abfall von Gott in der ganzen Fülle und Macht seiner verdammlichen Folgen offenbar machen. Nach der Sündfluth sank die Lebensdauer bald zu dem jetzt noch gewöhnlichen Maße herab, damit weiterm Wachsthum der Sünde zu solcher Riesenhaftigkeit gesteuert werde."

Wie die Lebensdauer der einzelnen Menschen zu lang, so hat man vielfach die Summe der Jahre, welche nach der Genesis von der Welt=schöpfung bis zur Zeit Abrahams verflossen ist, zu klein gefunden. Die Genesis zählt nach dem hebräischen Texte und der Vulgata von der Er=schaffung Adams bis zur Sündfluth 1656, von da bis zur Berufung Abra=hams 365 Jahre; von Abraham bis auf Christus sind wieder ungefähr 2000 Jahre, so daß also die Erschaffung der ersten Menschen ungefähr 4000 Jahre, die Sündfluth ungefähr 2400 Jahre vor den Beginn unserer Zeitrechnung fällt. Die Vergleichung dieses chronologischen Datums der Bibel mit den Ergebnissen der wissenschaftlichen Forschungen mag der letzte Gegenstand unserer Untersuchungen sein.

Ich glaube diesen Punkt nicht übergehen zu dürfen; denn es ist nicht, wie Delitzsch [1]) meint, „apologetische Befangenheit," sondern nur eine Con=sequenz der richtigen Auffassung der Inspiration, wenn man auch die be=stimmten chronologischen Angaben der hl. Schrift für zuverlässig wahr hält. Daß sich ein Irrthum in die Chronologie der Genesis eingeschlichen habe, ist möglich; er ist dann aber nicht durch den Verfasser, sondern durch die Abschreiber verschuldet. Daß sich an mehrern Stellen des Alten Testa=mentes in unserm hebräischen Texte unrichtige, d. h. corrumpirte Zahlenan=gaben finden, ist allgemein anerkannt. Bei den chronologisch=genealogischen Verzeichnissen im fünften und im elften Capitel der Genesis könnte zu Gun=sten einer Aenderung der Ziffern der Umstand angeführt werden, daß der samaritanische Text und die griechische Uebersetzung theilweise andere Ziffern haben, als der hebräische Text, mit welchem die Vulgata übereinstimmt. Von Adam bis zur Sündfluth zählt der hebräische Text, wie gesagt, 1656 Jahre, der samaritanische 1307, der griechische 2262, von der Sündfluth

---

1) Genesis, S. 223.

bis zur Berufung Abrahams der hebräische Text 365, der samaritanische
1015, der griechische 1215 Jahre. Nehmen wir die Angaben des griechischen Textes, so fällt die Erschaffung des Menschen also ungefähr 5500 Jahre
vor den Anfang der christlichen Zeitrechnung.

Die Chronologie der Septuaginta hat in der That bei einigen Neuern
darum Beifall gefunden, weil sich 5500 Jahre leichter als 4000 mit den
Zeiträumen in Einklang bringen lassen, welche nach der Aussage profanwissenschaftlicher Forscher seit dem ersten Auftreten des Menschengeschlechts
verflossen sind.[1] Indeß dürfen wir doch den Ergebnissen dieser profanwissenschaftlichen Forschungen keinen entscheidenden Einfluß bei der Beantwortung einer Frage einräumen, welche zunächst eine exegetische oder biblisch-
kritische ist. Jedenfalls ist zunächst nach den Regeln der biblischen Kritik
zu untersuchen, ob die Zahlen des hebräischen Textes als richtig anzusehen
sind. Ist diese Frage zu bejahen, so dürfen wir uns durch die Rücksicht
auf andere Forschungen nicht bestimmen lassen, die Zahlen zu ändern. Nur
dann, wenn sich die Zahlen als kritisch nicht gesichert herausstellen sollten,
dürfen wir die Resultate dieser Forschungen als Hülfsmittel zur Berichti-
gung des Textes mitbenutzen.

Die Antwort auf die kritische Frage nach dem relativen Werthe der
Zahlen des hebräischen, des samaritanischen und des griechischen Textes fällt
nun aber so günstig wie möglich für den hebräischen Text aus. Mit der
Erörterung der Frage selbst darf ich Sie um so mehr verschonen, als alle
neuern Theologen von Bedeutung, welche sich mit dem Gegenstande beschäftigt haben, zu dem nämlichen Ergebnisse gelangt sind: daß nämlich die
Zahlen des samaritanischen und des griechischen Textes auf einer willkürlichen Aenderung der Zahlen des hebräischen Textes beruhen. In Bezug
auf die Septuaginta läßt sich dieses bis zur Evidenz nachweisen und bei
den meisten Zahlen das System noch ganz gut erkennen, nach welchem der
griechische Uebersetzer sie geändert hat.[2] Der Zeitrechnung der Septua-

1) Vgl. *Sorignet*, Cosmogonie p. 189.

2) „Es kam den alexandrinischen Uebersetzern unnatürlich vor, daß die Erzväter in
einem Lebensalter sollten Kinder gezeugt haben, das durchschnittlich nur den neunten
Theil aller ihrer Jahre umfaßte. Es war ebenso, wie wenn man behaupten wollte, daß
zu ihrer Zeit ein Knabe von neun Jahren einen Sohn haben könnte. Der Ausweg, den
sie wählten, war einfach. Man brauchte die Summen gar nicht einmal zu verletzen, nur
die Vertheilung zu ändern. Wo der Grundtext schon vor der Zeugung mehr als andert-
halb Jahrhunderte angab, waren sie völlig zufrieden. Gab er weniger, so fügten sie
seiner Zahl hundert Jahre hinzu, die sie dann von der Zeit nach der Zeugung des Sohnes

ginta vor der des hebräischen Textes den Vorzug zu geben, ist also auf exegetischem Standpunkte als unzulässig zu bezeichnen, und wir werden bei der Vergleichung der biblischen Chronologie der ältesten Zeit mit den chronologischen Ergebnissen der wissenschaftlichen Forschung auf andern Gebieten als biblische Angabe dieses festzuhalten haben, daß die Sündfluth ungefähr 2400, die Erschaffung Adams 4000 Jahre vor Christi Geburt fällt.

Diesen Summen gegenüber hat man früher vielfach auf die viel größern Zeiträume hingewiesen, welche in der Geschichte anderer Völker, der Indier, Chinesen, Babylonier u. s. w. vorkommen. Diese Vergleichung darf gegenwärtig als erledigt angesehen werden: die Chronologie jener Völker, das wird jetzt wohl allgemein anerkannt, beruht auf willkürlichen Uebertreibungen und kann an Zuverlässigkeit der biblischen Ueberlieferung nicht zur Seite gestellt werden. [1]) Das einzige Volk, von welchem auch jetzt noch Gelehrte annehmen, daß seine urkundlich beglaubigte Geschichte höher hinaufreiche, als mit den angeführten Zahlen der Bibel vereinbar ist, sind die Aegyptier.

Auf Grund des Verzeichnisses der ägyptischen Dynastien in den Aegyptiaca, welche dem ägyptischen Priester Manetho im dritten vorchristlichen Jahrhundert zugeschrieben werden, und auf Grund der entzifferten Hieroglyphen-Inschriften auf den alten ägyptischen Denkmälern versetzen nämlich manche neuere Forscher den Beginn der ersten geschichtlichen Dynastie von Aegypten in einen Zeitpunkt, der nach der alttestamentlichen Chronologie noch lange vor die Sündfluth fallen würde; Lepsius berechnet das Jahr 3893 v. Chr. als das erste Regierungsjahr des Menes, Bunsen und Andere gehen noch weiter zurück. Ließe sich ein so früher Anfang der ägyptischen Geschichte wirklich beweisen, so müßte natürlich die alttestamentliche Chronologie als sehr zweifelhaft erscheinen. Indeß nöthigen die bis jetzt gewonnenen Ergebnisse der ägyptologischen Forschungen uns keineswegs, an ein so hohes Alter der ägyptischen Königsherrschaft zu glauben und an der Richtigkeit der alttestamentlichen Chronologie zu zweifeln. Es ist auch gar nicht zu befürchten, daß der Fortschritt der Forschung auf diesem Gebiete

subtrahirten. Adam hatte den Seth in seinem hundertdreißigsten Jahre erhalten, von da bis zu seinem Tode sind achthundert Jahre. Statt 130 + 800 schrieben die Septuaginta 230 + 700." E. Preuß, die Zeitrechnung der Septuaginta, Berlin 1859, S. 37. Aehnlich schon Augustinus, Civ. D. 15, 13; nur schreibt er die Aenderung nicht dem Uebersetzer, sondern den Abschreibern zu.

1) Wiseman, Zusammenhang 2c. 7. und 8. Vorlesung. — Nicolas, Philof. Studien I, 341.

zu sichern Ergebnissen führen könne, die der Autorität der Bibel gefährlich werden könnten. Was Manetho betrifft, so sind die Gelehrten zunächst noch gar nicht einig darüber, welche historische Glaubwürdigkeit er beanspruchen kann. Hengstenberg mag zu weit gehen, wenn er den Verfasser der Aegyptiaca für einen „Windmacher von Profession" erklärt, der lange nach der Zeit des Ptolemäus Philadelphus gelebt habe; aber Bunsens Verehrung gegen den „Priester von Sebennytos" grenzt an Aberglauben. Der Verfasser der Aegyptiaca mag wirklich im dritten vorchristlichen Jahrhundert gelebt und die Tempelarchive für sein Geschichtswerk benutzt haben; es ist aber nicht ausgemacht, ob er, wie Einige wollen, ein zuverlässiger und urtheilsfähiger Forscher, oder, wie Andere sagen, ein zwar ehrlicher, aber kritikloser Compilator war. Dazu kommt, daß uns der Text seines Werkes weder vollständig, noch unverfälscht erhalten ist. Böckh nimmt an, daß das Werk schon zur Zeit des Flavius Josephus im ersten christlichen Jahrhundert durch Zusätze entstellt war und nach und nach zu einem Gemisch der mannichfaltigsten Lappen wurde; und die Untersuchungen von Lepsius zeigen, daß es wenigstens einer Reihe von verwickelten und unsichern kritischen Operationen bedarf, um aus den vorhandenen Recensionen der Königslisten bei Josephus, Africanus, Eusebius und Andern die ursprüngliche Gestalt des Textes herauszufinden. Weiterhin sind die größten Forscher auf diesem dunkeln Gebiete noch ganz uneinig darüber, wie die Königslisten Manetho's anzusehen sind. Böckh hält sie für fortlaufende Dynastienverzeichnisse, erklärt aber die ganze Chronologie derselben für eine theils von vornherein cyclisch angelegte, theils später cyclisch gestaltete; Bunsen will ein cyclisches Element in Manetho's Chronologie gar nicht anerkennen, Lepsius nur in der Berechnung der mythischen Zeit vor Menes; Andere halten mehrere Dynastien, die bei Manetho auf einander folgen, für solche, die gleichzeitig in verschiedenen Theilen Aegyptens regierten. Die Entzifferung der Hieroglyphen ist auch noch nicht so weit gediehen, daß die alte ägyptische Geschichte dadurch sichere Aufklärungen erhalten hätte.

Daß man bis jetzt noch so gut wie gar keine gesicherte Resultate für die ägyptische Chronologie gewonnen hat, wird von bedeutenden Aegyptologen selbst eingestanden. H. Brugsch bemerkt in seiner „Geographie des alten Aegypten", [1] er enthalte sich der chronologischen Angaben, „da über die wichtigsten Punkte der Chronologie die abweichendsten Ansichten der

---

[1] Leipz. 1858, II, 41.

größten Auctoritäten vorliegen;" und de Rougé sagt: „Ich kann mich der Meinung keines derjenigen Gelehrten anschließen, welche einen chronologischen Canon erwiesen zu haben glauben, welcher als Gerüst für das mit Hülfe der Monumente zu errichtende historische Gebäude dienen könnte. Die Texte des Manetho sind sehr entstellt und die Reihe der monumentalen Data ist sehr unvollständig." [1]

Wenn es jemals gelingen sollte, eine gesicherte ägyptische Chronologie herzustellen, so wird sie auch mit der alttestamentlichen vereinbar sein; bis jetzt ist es aber noch nicht gelungen, und wenn man die vorliegenden Hülfsmittel unbefangen betrachtet, muß es sehr zweifelhaft erscheinen, ob es je gelingen könne. Jedenfalls kann aber bis zur Stunde nicht behauptet werden, die alttestamentliche Chronologie sei durch die ägyptologischen Forschungen als unrichtig erwiesen.

Indeß diese Forschungen gehören nicht zu denjenigen, deren Ergebnisse ich in diesen Vorträgen mit den Angaben der Bibel vergleichen wollte. Das Verhältniß der geschichtlichen Berichte des Alten Testaments zu den Forschungen auf dem Gebiete der alten Geschichte und der Kunde des Alterthums überhaupt wird vielleicht später einmal das Thema meiner Vorträge sein; für jetzt habe ich die biblischen Berichte nur mit den Ergebnissen der naturwissenschaftlichen Forschungen zusammenstellen wollen. Kann also von Seiten der Naturwissenschaft, insbesondere von Seiten der Geologie, — denn diese kommt hier zunächst in Betracht — eine gegründete Einrede gegen die Angabe des Alten Testaments erhoben werden, daß seit der Erschaffung des Menschen nicht mehr als 6000, seit der Sündfluth nicht viel mehr als 4000 Jahre verflossen seien?

Ich habe schon früher darauf hingewiesen, daß die Geologie zwar auch ihre Perioden und ihre Chronologie hat, sofern sie ermitteln kann, in welcher Aufeinanderfolge die einzelnen Formationen der Erdrinde sich gebildet haben; daß sie aber, nach dem Eingeständnisse der Geologen selbst, nur ganz allgemein die Frage, ob früher oder später, und sofern es sich um die Dauer der Bildungsprocesse handelt, die Frage, ob länger oder kürzer, nicht aber die Frage über das absolute Wann und Wielange beantworten kann. [2] Die Dauer der einzelnen Perioden in Ziffern auszudrücken, darauf verzichten die besonnenern Geologen, und wenn es einmal versucht wird, so

---

1) Vgl. Delitzsch, Genesis S. 223.
2) Naumann in den Ges. Naturwiss. III, 237.

stellt sich gleich die Unzuverlässigkeit einer solchen Berechnung dadurch her=
aus, daß bei der Bestimmung derselben Periode verschiedene Gelehrte oder
sogar die nämlichen Gelehrten zu verschiedenen Zeiten zu sehr abweichenden
Ergebnissen kommen. Ich habe früher Beispiele davon angeführt[1]) und zu=
gleich gezeigt, wie leicht die Geologen irre gehen können, wenn sie bestimmte
chronologische Data ermitteln wollen.[2]) Es ist freilich sehr erklärlich, daß
man immer aufs neue wieder den Versuch macht, den geologischen Perio=
den eine bestimmte Chronologie zu geben; die Geschichte der Erde bleibt ja
so lange eine unvollständige, als die Jahreszahlen darin fehlen; aber die
Zeit ist jedenfalls noch nicht gekommen, wo diese Lücke ausgefüllt werden
könnte, und die bis jetzt gewonnenen Ergebnisse der geologischen Forschung
berechtigen nicht zu der Hoffnung, daß diese Zeit je kommen werde.

Was insbesondere das Datum des ersten Auftretens der Menschen
in der Geschichte der Erde betrifft, so sind die Geologen, wie wir gesehen
haben,[3]) noch nicht einmal im Reinen darüber, in welcher geologischen
Periode der Mensch zuerst auftrete, ob sich Spuren seiner Existenz erst in
der recenten Periode oder schon in den diluvialen Bildungen, also in der
letzten Zeit der känozoischen Periode finden, ob der Mensch nur mit den
jetzt noch existirenden Thierarten gleichzeitig gelebt habe oder schon ein Zeit=
genosse der letzten erloschenen Fauna gewesen sei. Sofern also die Frage
nach dem Datum der Erschaffung des Menschen mit dieser Frage zusam=
menhängt, ist sie für jetzt noch nicht zu beantworten. Auch das Datum
der Sündfluth auf geologischem Wege zu berechnen, ist so lange ganz un=
möglich, als die Geologen noch nicht einig darüber sind, welche geologischen
Erscheinungen als Folge der Sündfluth und überhaupt von Fluthen in der
historischen Zeit angesehen werden können.

Indeß hat man mehrfache Versuche gemacht, unabhängig von diesen
Controversen auf geologischem Wege das Datum des ersten Erscheinens der
Menschen auf der Erde zu berechnen, und diese Versuche sind es, über
welche ich heute noch zu berichten habe.

Viele Flüsse führen bedeutende Quantitäten von Schlamm, Erde, Sand
und Gerölle mit sich fort und lagern diese an ihren Mündungen ab. So
entstehen die sogenannten Delta's, Sandbänke und Untiefen, durch welche
die Mündung des Flusses sich allmälig ändert und immer weiter ins Meer

---

1) S. 220.
2) S. 344.
3) S. 276.

hinausrückt. Auch während ihres Laufes zum Meere hin setzen manche Flüsse solche von ihrem Wasser fortgeführte feste Substanzen an den Ufern und in dem Bette ab. Am genauesten kennt man in dieser Hinsicht den Nil: man weiß, daß das Land, welches er überschwemmt, zugleich aber auch der Boden seines Bettes alljährlich durch Ablagerung des Sandes und Schlammes, die er mit sich führt, erhöht wird und daß sich das Delta an seiner Mündung im Laufe der Zeit vielfach verändert hat. Aehnliche Erscheinungen hat man bei andern Flüssen beobachtet. Ferner hat man an manchen Seeküsten ein allmäliges Vorrücken der Sanddämme, die man Dünen nennt, vom Meere nach dem Innern des Landes hin wahrgenommen. In der Beobachtung der Zunahme solcher Ablagerungen der Flüsse, des Vorrückens der Dünen und ähnlicher Erscheinungen hat man nun ein Mittel zu chronologischen Berechnungen zu finden geglaubt. Läßt sich z. B. constatiren, daß die Ablagerungen des Nil einen halben Fuß in einem Jahrhundert betragen, so scheint durch Messen der Tiefe dieser Ablagerungen die Zeit berechnet werden zu können, innerhalb welcher sie erfolgt sind. Durch Messungen und Berechnungen dieser Art sind Deluc, Cuvier und andere französische Gelehrte zu der Folgerung gelangt, daß der jetzige Zustand unserer Continente „nicht sehr alt sei" und daß „das Datum der letzten großen Revolution auf der Erdoberfläche, (nach ihrer Ansicht der Sündfluth), nicht viel weiter als 5—6000 Jahre zurückgehen könne." [1])

Auf demselben Wege sind aber andere Gelehrte zu ganz andern Ergebnissen gekommen. Der Engländer Leonard Horner stellt folgende Berechnungen an: Die Basis der colossalen Statue Ramses' II. in Memphis, die nach Lepsius um 1360 v. Chr. errichtet worden ist, ist jetzt 9 Fuß 4 Zoll hoch mit Nil-Sedimenten bedeckt; also hat der Nil im Jahrhundert eine Schicht von 3½ Zoll abgelagert. Nun hat man 39 Fuß tief Scherben eines thönernen Gefäßes gefunden; zu der Bildung der 39 Fuß dicken Ablagerung, welche dasselbe bedeckte, gehören nach der eben gegebenen Berechnung über 12,000 Jahre; also muß Aegypten schon 10,000 vor Christi Geburt bevölkert gewesen sein. — Diese Schlußfolgerung beruht aber auf einer ganzen Reihe von sehr unsichern Prämissen. Vorausgesetzt, daß man die Scherben wirklich 39 Fuß tief unter der Erdoberfläche gefunden hat, — Horner spricht nicht als Augenzeuge, und bei solchen Ausgrabungen sind schon oft Täuschungen vorgekommen — wer bürgt dafür,

---

1) vgl. Wiseman, Zusammenhang S. 277. S. oben S. 291.

daß der Platz, wo die Scherben lagen, jemals die Erdoberfläche und nicht der Boden eines Brunnens, einer Spalte oder eines frühern Flußbettes gewesen ist? Denn der Nil hat nachweislich seinen Lauf wiederholt geändert. Ferner wird bei der Berechnung der jährlichen Zunahme der Sedimente des Nil vorausgesetzt, daß die Ablagerung in Memphis gleichzeitig mit der Errichtung der Statue des Ramses im vierzehnten Jahrhundert vor Christus begonnen habe. Dann müßte ja aber damals Memphis alljährlich bei der Ueberschwemmung des Nil unter Wasser gestanden haben. So lange Memphis bewohnt war, wird es gegen die Ueberschwemmung durch seine Lage oder durch künstliche Mittel geschützt gewesen sein; die Nil=Ablagerungen werden dort erst nach der Verödung der Stadt, also seit 500 nach Christus begonnen haben; mithin hat die Ablagerung in jedem Jahrhundert viel mehr betragen, als 3½ Zoll. Horner selbst macht seine Vermuthung sehr zweifelhaft durch die weitere Notiz, man habe gebrannte Ziegel selbst 40 bis 50 Fuß tief gefunden; gebrannte Ziegel hat man aber in Aegypten nachweislich erst unter römischer Herrschaft gebraucht. [1])

Das Berechnen der Dicke der Nil=Ablagerung jedes Jahrhunderts ist aber überhaupt ein sehr unsicheres Verfahren. Nach den verschiedenen örtlichen Verhältnissen, namentlich nach der verschiedenen Schnelligkeit des Flußlaufes ist die Productivität des Nils gewiß an verschiedenen Stellen und auch zu verschiedenen Zeiten mehr oder minder bedeutend gewesen. Die Thätigkeit des Nil mag sich, wie Burmeister [2]) sagt, in ihren verschiedenen Zeiträumen mächtig geändert haben, und wir können mithin gar keine sichern Berechnungen über die Folgen derselben anstellen.

Dasselbe gilt noch mehr von andern Flüssen; denn kein anderer Strom ist so regelmäßig thätig, wie der Nil. Auch andere Flüsse schwellen alljährlich an und überfluthen die Ebenen an ihren Ufern; aber die Höhe dieser Fluth und danach das Maß der Zunahme ihrer Ablagerungen und ihrer Delta's ist nach den Jahren sehr verschieden, und alle Berechnungen über die Zeit, innerhalb welcher die jetzt vorhandenen Ablagerungen sich gebildet haben können, müssen mit Lyell [3]) als mindestens unvorsichtig bezeichnet werden. Es wird sich überhaupt nicht beweisen lassen, daß Ablagerungen von Alluvialschichten oder sonstige geologische Veränderungen, die nach der

---

1) Vgl. Quarterly Review 1859, CV, 418.
2) Geschichte der Schöpfung S. 19.
3) Principles I, 335.

Beobachtung der jetzigen Erscheinungen eine Reihe von Jahrhunderten brauchen, um eine bestimmte Wirkung hervorzubringen, nothwendig auch in allen frühern Perioden gleich lange Zeiträume erfordert haben, daß z. B., wenn eine Erd=schichte an einer Stelle sich in den letzten Jahrhunderten durch ganz allmä=lige langsame Anschwemmung gebildet hat, nicht anderswo und zu andern Zeiten eine gleich dicke Schichte durch eine plötzliche großartige Ueberschwem=mung abgelagert sein könne. Wenn also amerikanische Gelehrte durch ein solches Messen der Alluvialschichten für gewisse am Mississippi gefundene Menschenschädel ein Alter von 57,000 Jahren berechnet haben, so ist eine solche Berechnung einfach zu den geologischen Phantasien zu zählen. [1]

Nach diesen Erörterungen wird es uns leicht möglich sein, uns über die neuesten Versuche, durch geologische Mittel das Alter der europäischen Urbevölkerung zu bestimmen, ein Urtheil zu bilden. Ich lege bei der Be=sprechung derselben hauptsächlich einen Aufsatz von Andreas Wagner zu Grunde; [2] es ist eine der letzten Arbeiten des in den letzten Tagen des vorigen Jahres verstorbenen verdienstvollen Gelehrten.

Man hat in neuerer Zeit in verschiedenen Ablagerungen alterthümliche Werkzeuge und Geräthschaften zugleich mit Ueberresten von Thieren und hie und da auch mit Menschengebeinen gefunden. In den ältesten dieser Abla=gerungen sind diese Geräthe durchgängig aus Steinen, in den spätern aus Erz oder Bronze, in den jüngsten aus Eisen angefertigt; danach unterschei=det man eine Stein=, Erz= und Eisenperiode in der ältesten Geschichte der Völkerschaften, von denen diese Geräthe herrühren. Von den angeblichen Kieselgeräthen, die man in der Picardie gefunden hat, war schon früher die Rede; [3] ich brauche sie also hier nicht mit in Betracht zu ziehen.

Am frühzeitigsten und sorgfältigsten hat man in Scandinavien diese Ueberreste der alten Zeit untersucht. In Muschelanhäufungen an verschiedenen Punkten der dänischen Küste findet man rohe Werkzeuge von Stein und Reste grober Töpferwaaren, dazwischen Kohlen und Asche und zertrümmerte Knochen von Thierarten, welche noch jetzt existiren, wiewohl sie theilweise jetzt in Dänemark nicht mehr einheimisch sind. Menschengebeine hat man

---

1) Jahrbücher für deutsche Theologie 1861, S. 708; 1862, S. 166.

2) „Bedenken über einige neuere, hauptsächlich auf naturgeschichtliche Anhaltspunkte begründete Versuche, das Alter der europäischen Urbevölkerung zu bestimmen", in den Sitzungsberichten der bayer. Akademie der Wissenschaften, 1861, II, S. 29 ff. Vgl. „Ausland" 1861, S. 1153.

3) S. 277.

in diesen Ablagerungen nicht gefunden, glaubt aber wohl mit Recht in den erwähnten Anhäufungen Ueberreste von Mahlzeiten der Bewohner Dänemarks aus der Zeit zu erkennen, als sie mit der Bearbeitung der Metalle noch nicht bekannt waren; denn von Metallwerkzeugen findet sich keine Spur. Auch in den Torfmooren der drei skandinavischen Länder findet man Waffen, Beile, Messer und sonstige Geräthschaften von Stein, hie und da auch von Knochen und Geweihen, erst in den obern Torflagern von Erz und dann von Eisen. Endlich hat man in den sogenannten Hünengräbern Geräthschaften von Stein, keine von Metall, gefunden. Ueberreste von Hausthieren, mit Ausnahme des Hundes, finden sich hier ebensowenig wie in den Muschelanhäufungen, dagegen einige Schädel, die in ihrem Bau mit denen der Lappen übereinstimmen, welche auch nach geschichtlichen Angaben früher weit südlicher gewohnt haben und erst durch spätere Einwanderer immer mehr nach Norden gedrängt wurden. Neben den Ueberbleibseln aus der Erz- und Eisenzeit finden sich auch Knochen von unsern Hausthieren, die in der Steinzeit fehlten. Menschenschädel aus der Erzzeit haben sich bis jetzt noch nicht gefunden; die aus der Eisenzeit haben den Typus der kaukasischen Rasse.

Versucht man die Zeit genauer festzuhalten, in welcher diese Menschen gelebt haben, so kann nur soviel mit Sicherheit gesagt werden, daß sie der recenten Periode angehören, da sich bei ihren Gebeinen keine Ueberreste von antediluvianischen, sondern nur von jetzt noch lebenden Thierarten finden. Weiterhin hat man nach einer Schätzung der zur Bildung der Torflager nöthigen Zeit berechnen zu können geglaubt, daß zwischen der Steinzeit und der Gegenwart etwa 4000 Jahre liegen müßten. Diese Berechnung hat aber keinen Werth, da sich der Jahresbetrag im Wachsthum eines Torflagers unmöglich mit Sicherheit numerisch ausdrücken läßt.

In der neuesten Zeit haben ähnliche geologische Funde in der Schweiz die Gelehrten viel beschäftigt. Man sieht nämlich bei niederm Wasserstande an mehrern Stellen des Bodensees und anderer Schweizerseen unweit des Ufers Pfähle aus dem Wasser hervorstehen, auf welchen ehemals Wohnungen aufgesetzt waren, die durch leicht abtragbare Brucken mit dem Lande in Verbindung standen. Anderswo findet man Reste solcher Pfahlbauten, theilweise mit Torf überwachsen, über den ehemaligen Betten von Landseen. Diese Seewohnungen erinnern an ähnliche Bauten, die man noch jetzt bei Küstenstämmen auf Neuholland und Borneo antrifft. Man glaubt, daß solche Pfahlbauten in der Schweiz bis zum Einfall der Römer benutzt worden seien. Bei den Resten derselben hat man nun Geräthe von Stein, Erz und Eisen gefunden, in derselben Aufeinanderfolge, wie in Standinavien. Von menschlichen Ueberresten ist bis jetzt nur Ein Schädel gefunden worden. Gehört er wirklich der Pfahlbautenzeit an, was mindestens fraglich ist, und darf man aus Einem Exemplare einen allgemeinen Schluß ziehen, so würde der Schädeltypus seit jener Zeit in der Schweiz keine Aenderung erlitten haben. Von Pflanzen und Thieren haben sich zahlreiche Ueberreste vorgefunden. Nach den sorgfältigen Untersuchungen schweizerischer Gelehrten stimmt die Flora und Fauna der Pfahlbautenzeit im Wesentlichen mit der jetzigen überein; es finden sich Reste unserer Hausthiere und sonst von Thieren, die noch jetzt in der Schweiz heimisch oder doch erst später ausgerottet worden sind. Die Pfahlbauten gehören also, geologisch gesprochen, der recenten Periode an.

Der Schweizer Morlot hat aber versucht, das Alter der Pfahlbauten auf einen Zahlenausdruck zu bringen. Er benutzt dabei den Schuttkegel, den die Tiniere bei ihrem Einflusse in den Genfer See bildet. In dieser Ablagerung hat man nämlich ungefähr vier Fuß tief Bruchstücke römischer Backsteine und eine römische Münze gefunden, sechs Fuß tiefer Ueberreste der Erzzeit und noch neun Fuß tiefer viele Reste sehr grober Töpferwaaren, die man der Steinzeit zuschreibt. Bei der einförmigen Zusammensetzung des ganzen Schuttkegels hält sich nun Morlot für berechtigt, eine langsame und gleichmäßige Bildung desselben anzunehmen, so daß sich, wenn die für die oberste der drei Abtheilungen erforderliche Bildungszeit ermittelt werden könnte, das Alter der ganzen Anschüttung und damit auch der Töpferwaaren der Steinzeit festsetzen ließe. Stammen nun die römischen Ueberreste etwa aus dem sechsten christlichen Jahrhundert, der letzten Zeit der römischen Herrschaft, so hätte die Anhäufung der obersten vier Fuß 1000 bis 1500 Jahre erfordert, die Anhäufung des ganzen Schuttkegels, die Anfangs jedenfalls um so langsamer erfolgte, je weiter sich das Material auszubreiten hatte, etwa 10,000 Jahre. Von solchem Alter wären also die Geräthschaften der Steinzeit, und wir müßten den Anfang des Menschengeschlechtes viel, viel weiter zurück datiren, als die Genesis.

Indeß bezeichnet Wagner mit Recht die Voraussetzungen, worauf diese Berechnung beruht, als ganz unsicher. Die obern vier Fuß des Schuttkegels können, sagt er, in ebenso vielen Minuten aufgeschüttet worden sein, als Morlot für sie Jahrhunderte annimmt, und das Vorkommen römischer Münzen beweist nichts für das Alter der Schuttmasse selbst; denn diese, ein Resultat der Anschwemmungen durch Fluthen, kann dieselben in viel späterer Zeit mit sich fortgeschleppt und abgelagert haben. Das Alter des Menschengeschlechts wird sich überhaupt aus den Schuttkegeln der Schweizerseeen ebenso wenig berechnen lassen, als aus dem Nilschlamm, und es wird wohl auch in Bezug auf die geologischen Bildungen der historischen Zeit der Satz wahr bleiben, daß die Geologie wohl die Frage beantworten kann, ob sie früher oder später, ob in längerer oder kürzerer Zeit entstanden sind, aber nicht die Frage nach dem absoluten Wann und Wielange ihrer Entstehung.

Jedenfalls ist die Frage nach dem Alter des Menschengeschlechts auf geologischem Wege bis jetzt noch nicht gelöst. Es wird den Geologen wahrscheinlich gelingen, mehr Material zur Lösung der Frage, als gegenwärtig vorliegt, herbeizuschaffen; die Frage ist aber ihrer Natur nach eine solche, bei welcher sich die Geschichte der Erde und die Geschichte der Menschheit berühren, an deren Lösung also die Historiker und die Geologen gemeinsam werden arbeiten müssen. Bis jetzt hat die wissenschaftliche Forschung noch kein Ergebniß gewonnen, welches uns hinderte, die Genesis als die zuverlässigste geschichtliche Urkunde für die älteste Periode des Menschengeschlechts anzusehen; wir dürfen hoffen, daß sie sich auch bei dem weitern Fortschritte der Forschung als solche bewähren wird.

Sie werden mich nicht mißverstehen, meine Herren, wenn ich bei diesem Punkte, wie bei mehrern andern mich nicht ganz apodiktisch über die Uebereinstimmung der Ergebnisse der wissenschaftlichen Forschungen mit den Angaben der heiligen Schrift ausspreche. Daß ein Widerspruch zwischen beiden nicht vorhanden sein könne, habe ich in meinen ersten Vorträgen nicht nur als meine feste Ueberzeugung ausgesprochen, sondern als eine nothwendige Folgerung aus dem Glaubenssatze von der Inspiration der hl. Schrift nachgewiesen. Dadurch ist aber nicht ausgeschlossen, daß ich die vollständige Harmonie zwischen der Bibel und der Natur nicht in allen Punkten unwidersprechlich nachgewiesen habe; denn einmal ist, wie ich im Allgemeinen und bei vielen Einzelheiten nachgewiesen, die naturwissenschaftliche Forschung noch lange nicht abgeschlossen, und anderseits verkenne ich selbst am allerwenigsten, daß sich manches besser hätte darstellen lassen, wenn meine Fähigkeiten, insbesondere meine naturwissenschaftlichen Kenntnisse in einem bessern Verhältnisse zu meinem guten Willen ständen. Ich bin aber mit dem Erfolge meiner Bemühungen vollkommen zufrieden, wenn es mir gelungen ist, die Ueberzeugung von der Wahrheit folgender Sätze bei Ihnen zu befestigen: Die Bibel gibt uns einerseits über manche Fragen, welche die Wißbegierde des Menschen interessiren, keinen vollständigen Aufschluß, weil das nicht ihres Berufes ist, und sie verweist den Menschen in dieser Hinsicht auf die eigene wissenschaftliche Forschung. Anderseits aber hat die Bibel den Fortschritt der Forschung auf dem Gebiete der Natur in keiner Weise zu fürchten. Die bisher gewonnenen sichern Ergebnisse der naturwissenschaftlichen Forschungen stehen vielmehr mit den biblischen Angaben vollkommen in Einklang und berechtigen zu der Erwartung, daß auch die noch zu gewinnenden Ergebnisse nicht anderer Art sein werden. Bisher hat noch immer, wenn sich ein Widerspruch zwischen Bibel und Natur herauszustellen schien, eine gründlichere Untersuchung die Harmonie beider nachgewiesen. Ohne Zweifel wird sich bei dem weitern Fortschritte der Forschung immer deutlicher zeigen, daß, wenn die Bibel über manches schweigt, worüber zu reden sie keine Veranlassung hatte, alles, was sie sagt, die Feuerprobe der Vergleichung mit jeder auf wissenschaftlichem Wege gewonnenen Erkenntniß bestehen kann.

Register.

Druckfehler.